历史学的实践丛书

历史学的实践丛书

西方史学史
古代、中世纪和近代
（第三版）

Historiography
Ancient, Medieval and Modern
(Third Edition)

〔美〕恩斯特·布赖萨赫 著
(Ernst Breisach)

黄艳红 徐翀 吴延民 译

北京大学出版社
PEKING UNIVERSITY PRESS

著作权合同登记号　图字：01-2007-1908
图书在版编目(CIP)数据

西方史学史：古代、中世纪和近代/（美）恩斯特·布赖萨赫著；黄艳红，徐翀，吴延民译. —3版. —北京：北京大学出版社，2019.6
（历史学的实践丛书）
ISBN 978-7-301-30486-0

Ⅰ.①西…　Ⅱ.①恩…②黄…③徐…④吴…　Ⅲ.①史学史—西方国家　Ⅳ.①K091

中国版本图书馆CIP数据核字（2019）第084537号

Ernst Breisach
Historiography: Ancient, Medieval and Modern
Licensed by The University of Chicago Press, Chicago, Illinois, U.S.A.
© 1983, 1994, 2007 by The University of Chicago. All rights reserved.

书　　　名	西方史学史：古代、中世纪和近代（第三版） XIFANG SHIXUESHI: GUDAI、ZHONGSHIJI HE JINDAI（DI-SAN BAN）
著作责任者	〔美〕恩斯特·布赖萨赫　著　黄艳红　徐翀　吴延民　译
责任编辑	李学宜
标准书号	ISBN 978-7-301-30486-0
出版发行	北京大学出版社
地　　　址	北京市海淀区成府路205号　100871
网　　　址	http://www.pup.cn　新浪微博：@北京大学出版社
电子信箱	pkuwsz@126.com
电　　　话	邮购部 010-62752015　发行部 010-62750672 编辑部 010-62752025
印刷者	大厂回族自治县彩虹印刷有限公司
经销者	新华书店
	965毫米×1300毫米　16开本　39.75印张　552千字 2019年6月第1版　2022年10月第2次印刷
定　　价	125.00元

未经许可，不得以任何方式复制或抄袭本书之部分或全部内容。
版权所有，侵权必究
举报电话：010-62752024　电子信箱：fd@pup.pku.edu.cn
图书如有印装质量问题，请与出版部联系，电话：010-62756370

目 录

序 言　I

导 论　1

第一章　希腊历史学的诞生　6
　一　神和英雄的永恒历史　6
　二　过去的人类维度的发现　10

第二章　城邦时代及其历史学家　15
　一　城邦时代及其历史学家　15
　二　城邦的衰落　27

第三章　临界点上的希腊历史学　34
　一　特别的十年与历史学　34
　二　超越城邦视域的希腊化时代的历史学　38
　三　新的地域和人民的问题　43

第四章　早期罗马史学神话、希腊人和共和国　51
　一　朦胧意识中的早期史　51
　二　罗马的过去和希腊的学术　55
　三　希腊—罗马历史著述　58

第五章　历史学家和共和国的危机　66
　一　作为理想和结构分析的历史　66
　二　历史与罗马命运的分离　72

第六章　奥古斯都和罗马帝国时代的历史意识　77
　一　奥古斯都"新罗马"时期的历史著述　77

二　历史学家和帝国　84

第七章　基督教史学革命　101
　　一　早期基督教史学的形成　101
　　二　动荡时代的连续性问题　114
　　三　加洛林和盎格鲁-撒克逊在史学上的巩固　127

第八章　新的人民、新的国家、新的王朝与史学　140
　　一　不同的人民汇入拉丁史学　140
　　二　为新的国家和王朝寻找依据　148

第九章　历史学家与基督教共同体理想　160
　　一　最后的融合尝试：帝国和基督教　160
　　二　基督教主题依旧存在　166
　　三　宗教史传统的时间调整　173
　　四　十字军东征：一场宏大的神圣历险的历史　175

第十章　变革的加速和史学的调整　183
　　一　探索发展模式　183
　　二　年代记的转型　190

第十一章　两个转折点：文艺复兴和宗教改革　202
　　一　意大利文艺复兴时代的史学家　203
　　二　意大利之外的人文主义修正　214
　　三　精神统一体的瓦解　219

第十二章　持续变化中的传统史学　225
　　一　理论应答和爱国主义回声的叠加　225
　　二　世界史：一个让人困惑的传统　233
　　三　史学家、新政治学和新世界意识　244
　　四　美国史学的发端及早期形态　256

第十三章　18世纪对新式史学的探索　262
　　一　对历史秩序和历史真相的再评估　262
　　二　有关历史真相的新观点　264

三　新的宏大解释:历史进步　271

四　新的宏大解释:周期模式　278

第十四章　来自三个国家的响应　284

一　不列颠人对博学传统、典雅叙事和经验主义的糅合　284

二　德意志的启蒙史学　288

三　记录美国的诞生　296

第十五章　作为进步和国家阐释者的史学家(上)　301

一　德意志历史学家:追求真相与民族统一　302

二　法国:史学家、民族与自由　314

第十六章　作为进步和国家阐释者的史学家(下)　327

一　革命年代的英国史学　327

二　历史学家与美利坚民族的构建　337

三　史学的"黄金时代"　346

第十七章　现代史学引言之一(1860—1914)　353

第十八章　历史与对一种统一科学的追求　358

一　孔德的呼吁和相关回应　358

二　德国人和英国人对实证主义挑战的回应　367

三　特有的美国式综合　378

第十九章　经济力量的发现　384

一　一种观察过去的经济学视角　384

二　卡尔·马克思:泛经济化的史学　386

三　马克思之后的经济史　391

第二十章　历史学家遭遇大众　398

一　欢愉却黯淡的图景　398

二　作为制度史的社会史　403

三　美国"新史学":呼唤民主的历史　412

第二十一章　世界历史的问题　420

第二十二章　两次世界大战之间的历史学(1918—1939)　425
　　一　20世纪的背景　425
　　二　对历史学家的挑战　426
　　三　历史主义:从兴盛到危机　430
　　四　历史学家与战争罪责的争论　436

第二十三章　自由民主时代的历史写作(1918—1939)　439
　　一　第一次世界大战之后的美国史学　439
　　二　美国进步史学　440
　　三　其他的社会史　445
　　四　衰落的大英帝国的历史学　451
　　五　法国史学家:革命传统与新的历史视野　452

第二十四章　历史学与极权主义意识形态　457
　　一　意大利法西斯主义与历史学(1922—1943)　457
　　二　魏玛共和国时期的德国历史学家与希特勒帝国　459
　　三　受臆想的未来支配的苏联史学　463

第二十五章　1945年之后的美国史学　468
　　一　新的社会现实与传统的历史视野　468
　　二　美国强国地位在史学研究中的反映　470
　　三　寻求改革的历史学　477

第二十六章　科学的历史学　484
　　一　用数字来表达的历史　484
　　二　重塑经济史　489
　　三　叙述主义对科学历史学的挑战　496
　　四　心理史的前景与问题　502

第二十七章　英国和法国史学的转变　509
　　一　对战争罪责的不同看法　509
　　二　大英帝国衰落后的英国史学　510
　　三　法国史学的传统及其发展　511

第二十八章　苏联和西方民主国家中的马克思主义史学　520
　　一　苏联马克思主义的问题及其终结　520
　　二　西方国家的马克思主义历史理论　522

第二十九章　法西斯主义灭亡后的历史学　528
　　一　战后意大利的历史观　528
　　二　劫后重生的德国历史学　530

第三十章　介于想象和现实之间的世界历史　537
　　一　多样的文化模式　537
　　二　进步与西化　541
　　三　世界体系理论　545

第三十一章　近来历史学所面临的基本挑战及其影响　549
　　一　新史学的成熟　549
　　二　历史学及其对后现代性的两种想象　552
　　三　新文化史　559
　　四　对未来史学的几点展望　563

参考文献　567
索　引　602

序　言

　　本书不是一时心血来潮的结果，也非作者赶时髦的产物。毋宁说，它是从我对史学问题多年的潜心思索中生发出来的。西方文化为何对过去表现出如此持久的关切？为何能产生如此繁多的史学诠释？这些问题一次次地摆在我的面前。当我还是个年轻的史学工作者时，我便期待自己能找到现成的清晰答案，但现在，这个期待早已让位于对这一问题的复杂性的敬畏之情，让位于一种令人困惑——如果不是尴尬的话——的意识，即历史作为一门被等同于对过去的反思的学科，竟没有一个令人满意的关于其履历的阐释——无论是英语的还是其他任何语言的。在那些平和的岁月中，这个缺陷也许无关紧要，尽管它依然是个不应有的缺陷。但在20世纪末，当人们正广泛谈论史学危机时，当历史学家们试图构建历史理论以论证这一学科的合理性并捍卫历史学的领域时，一部关于历史学的综合性回顾却仍付阙如，这便不止是件让人苦恼的事了。这甚至使得历史学家们特地对历史的本质和理论做出一些评判，然而，这些评判并不能以历史的方式来理解史学问题，这真是讽刺中的讽刺。

　　有些著作对史学史的特定方面或特定时代做了很精彩的阐述。它们至为重要，但不能代替连续性的叙述。只有置身于整个西方史学发展的背景下，我们才能真正洞悉历史作为人类的一项活动所扮演的角色及其本质。展现这一整体背景的愿望促使我固执地把重点放在主要的发展脉络上，并使我拒绝撰写一本手册或百科全书的诱惑，以及这样的著作中固有的责任,即尽可能多地提及值得一提的史学家和他们的著作。我既没有、也不可能详尽地追述西方史学历程中的各种影响力及其相互影响,这样的工作可能需要很多部论著,况且,用瓦尔特·罗利(Walter Raleigh)爵士①的话来说,我很担心"功业未竟,而衰老和死亡或许早已将我和我的事业淹没在黑暗之中"。

眼下的这部著作揭示了历史学和历史学家在西方文化的不同社会和阶段中所扮演的角色,它充分证明,这比写一部"某人在某时写了些什么"之类的著作要困难得多。后一类著作需要很多时间和耐心,但不需要阐发和解释的意识。如果读者在该书中没有发现曾期待过的人名和著作,那么他应该记得,这本书旨在叙述和阐释,而不是列举名单。省略并不意味着某个历史学家或历史著作不够卓越,而仅仅是他们或它们对解释某个学派的发展及其思想而言并不是必需的。读者也可以注意到,我避免对历史学家或思想流派作出判断。我将评判工作委托给读者和生活。读者期待这种自由,而生活有着自己的判断方式——严厉的、不留情面的终极判断。如果说一些现代历史学家赖以进入史学史的成就逊色于修昔底德(Thucydides)、塔西陀(Tacitus)或吉本(Gibbon),那恰恰是因为生活对他们价值的判断仍然悬而未决。最后,那些更喜欢主题性而非叙述性阐述的读者,将可以在本书详尽的目录和索引中找到足够充分的线索。至于日期,我已经注明了很多,但在另一些情形下,我依据叙述的语境来确定史学发展的时间顺序。此外,书中探讨的作者的年代跨度已附在索引中。

我自己对这本书的期望颇为有限。如果这部书能为关于历史学本质的讨论多提供一丁点的信息,如果它能以更为现实主义的方式来协助所谓的史学危机的维度的界定工作,如果它能激发对历史学科的热情,哪怕仅仅是引起对这一学科的尊重,乃至引导人们在过去历史学家的著作中解读出更多的东西,那么它的目标便达到了,我也将为多年的

---

① 瓦尔特·罗利爵士(1552—1618),英国作家、诗人、探险家,著有《世界史》。——译注

辛劳深感欣慰。

　　在致谢开始之时,我首先要对几十位曾就特定时期撰写过专著的学者一并表达我真挚的谢意,没有他们的辛勤劳动,我的工作或许要延宕多年。从这个意义上说,我挑选的文献也是我谢意的一部分。还有一些以各种方式为我提供更直接帮助的人:芝加哥大学的埃里克·柯克兰斯(Eric Cochrance)和伊利诺伊大学的理查德·米切尔(Richard Mitchell),他们对该书的某些章节做了批判性的审阅;我在西密歇根大学的同事,尤其是阿兰·布朗(Alan Brown)、阿尔伯特·卡斯特尔(Albert Castel)、爱德华·O.埃尔萨瑟(Edward O. Elsasser)、罗伯特·哈恩(Robert Hahn)、保罗·迈耶尔(Paul Maier)和戴尔·帕蒂森(Dale Pattison),他们曾为我提供多方面的帮助;伊丽莎白·怀特(Elisabeth White)为编辑工作提供了协助;西密歇根大学的官员给了我两个学术假期;奥帕尔·埃里斯(Opal Ellis)和贝吉·莱德(Becky Ryder)耐心地打印和重打了文稿。我对他们表达谢意不仅仅是客套,而是出于真诚的感激。

导　论

在 19 世纪——通常被称为历史学的黄金时代——历史学家们是国王的顾问,是德国和意大利统一运动中的领导者,他们中间诞生了一位法国首相和总统,他们为新兴或古老的民族提供了身份认同,他们激励年轻的美利坚民族去执掌新大陆,他们赋予革命以历史的权威,而他们自己也上升到科学家的行列。他们首先使大多数学者确信,一切都必须以发展的眼光来理解,简言之,以历史的眼光来理解。无怪乎托马斯·卡莱尔(Thomas Carlyle)宣称历史是不朽的:"有些民族有先知预言,有些民族没有;但全人类中还没有哪个部落粗陋到不去尝试一下历史学的地步。"①

今天,令很多人觉得好笑的不仅是卡莱尔怪诞的语言,还有他自以为是的信念。生在这样一个怀疑主义的时代,他们在这段话中看不到出于怀疑和慎重的特别考量——如果不是分享他们关于历史已变得有点过时的怀疑主义观点的话。19 世纪的历史学家不是声称万事万物都在转变、不存在永恒的观念么？而历史学的时代不也随着 19 世纪的远去而逐渐消逝了么？这些怀疑主义者争辩说,要想对人类生活做出"最终"的解释,我们的时代也许需要一些新的方法和途径,而另一些人或许会说,需要新的思想工具来把握这个世界;在这个世界中,像传统的历史学家们那样去研究"事物是怎样逐渐形成的"已经不够了,如今的历史学家只能满

---

① T. Carlyle, "On History", in *Works of Thomas Carlyle*, 5 vols. (reprint, New York, 1969), 2:83.

足于为社会科学家发掘原始材料,而只有后者才能以"科学方法"去解释、也许是重构人类生活。最近,有些人劝告历史学家认识这一点:重建过去的事实状况——即便是不完善的重建——的目标完全是个幻影。历史是文学的一个特殊类型。因此,文学批评和文学理论才是恰当的解释模式。

对于这样的怀疑主义,历史学家的反应中带着困惑,有时还带着愤怒。然而,在一个热衷于各种新的史学理论——或是偏向科学性的理论,或是偏向文学性的理论——的世界中,历史学家日益关注理论性的探讨。在面对"为什么要有历史学"的质问时,历史学家们会求助于那种流传已久的辩护词,如历史是道德和实践的教师,是缅怀的对象,是旧体制或新体制的合理性的依据,是对人类好奇心的满足,是神的力量的见证,当然,历史本身还是一门科学。历史学的历史已经表明历史的这些用途所扮演的角色,它们大多是共同发挥作用的。然而,历史的实用主义功能也意味着一个更为根本的见解。关于历史应该长期存在下去的诉求,不能以有限的功能列表为基础,而只能以论证一种必然存在的关联为支撑:这就是作为对过去之反思的历史学与人类生活的关联。

许多世纪以来对历史学的功能表的考察表明,这些功能源自这样一个核心事实,即人类生活受时间的支配。此刻人们最好不要去追问何谓时间,除非是希望分担一位古代发问者的恼怒之情:"时间究竟是什么?无人问我,我倒明白;有人问我,我想说明,但茫然无解。"(圣奥古斯丁[St. Augustine])心理学家喜欢实验方法,喜欢以数字来表达结果,这使得他们能获得严格意义上的瞬时性材料,他们以自己的方式重申,时间维度对人的存在具有关键意义。他们发现,我们实际经验中的"现在","心理上的"当下,其时间跨度只有一秒钟的一小部分。在日常生活中,我们所指的现在是个较长的时间跨度,这一点无关紧要,重要的是这样一个无法回避的事实:人类生活绝不是仅仅存在于当下,而是存在于三个世界:一个是当下,一个是过去,一个是未来(更准确地说,人们预想的世界)。从理论上说,我们可以分别理解三个世界的概念,但在我们的实际经验中,它们相互联系,难以分割,并以各种方式相互影响。每个关于过去的重大发现都会改变我们对现在的理解和对未来的期望;另一方面,当下的局势、对未来的展望的转变也会改变我们对过去的认知。这种关系构成生活的枢纽(nexus),因而也成为对生活的历史研究的枢纽。这个枢纽可以称为历史枢纽。史学史学者已经辨明过去的人们在自己的生活中塑造的历史枢纽,这些过往之人也曾努力理解人类的状况——一种充满时间维度的状况,其中既有变革也有延续。这些枢纽,连同它们关于变革和延续的具体表述,都见证了生活与历史思想之间不可分割的联系。

有些读者可能认为,这样的历史遐思是从哲学家的园地中生发出的一朵奇葩。根本不是这样;过去、现在和未来之间存在必然的联系,每个人都在日常生活中体验到这种联系,它否决了将历史学类比于在故纸堆里漫无目地搜寻的看法,并使其成为人类生活所必需的一项活动。正是因为这种联系,我们可以注意到,对未来的展望是如何首先转向对当下现实的关注,进而变成对过去的回忆的——无论是白日在暮色中的隐去、季节的轮转、政府和国家的兴衰,还是我们自己的成长和衰老。所有这些都见证着时间的持续性"流淌",尽管初看起来它们突出的是变迁现象。然而,如果我们认为变迁是人类生活的唯一基本特征的话,那么我们可能要犯严重的错误。那些关于似乎毫无联系之变迁的历史,即便它们撰写得十分出色,在读者看来可能像用万花筒去看一段漫长的风景,起初读者为变幻不止的花样而目眩神迷,接着他会渐觉厌倦,最终是一种深刻的虚幻感。历史不能仅仅记载变迁,因为这会否定人类生活的本质,而在这种本质中,变迁的经验还有延续的经验来平衡。个人和群体都很早意识到这一点:即便在最激烈的革命之后,"新时代"也仍然保留着过去的诸多痕迹。这种延续性让骤然彻底之变革的倡导者们感到不快,但它有助于人类生活获得某种稳定感、安全感,甚至某种舒适感。人类生活中既有使得过去、现在和未来各不相同的变革,也有将三者联系在一起的延续,如果我们认可这一点,我们便开始理解,历史学家何以在西方文明中扮演如此关键的角色。历史学家们试图实现过去、现在和未来之间的伟大调和,他们总能同时意识到变革与延续。换言之,他们意识到,或用某些人的话来说,他们赋予人类生活以意义,同时又没有否认其历时性的发展。生活与史学之间的这种关系也可以说明,一代又一代、一个社会又一个社会的历史学家何以能创造出对过去的新阐释。有些人利用历史认识的不断变化来证明历史真实是不可靠的,但他们忽视了这样一个事实:生活总在创造不同的世界——既不焕然一新,也不因循旧貌——而历史学家所必然应对的正是这样的生活。迄今为止,探讨人类生活的所有其他学科在揭示永恒的真理时都曾遭遇失败,尽管很多学科声称其理论和见解是超越时间的。

这样看来,史学史学者的任务并非困难到不可描述的地步;这个任务不是去追述西方文化中的人们思考历史的方式,以及这些思想在人生问题上给人们带来了什么启示——而人生总是在过去、现在和未来之间不断地流转。但是,时间不是事物赖以发生的唯一维度,毋宁说,时间在任何特定的时刻都与生活的所有其他方面交织在一起。时间将无法逃避的变化与人对于连续性之需求的紧张关系引入人类的生存状态中。一切都发生在对个人与集体生活不可逆的线性特征的意识中。

历史叙述诉说着过去人的事件和思想——所有这些都打上了历史枢纽的烙印,这些枢纽曾指引着过去的人们。史学史学者揭示生活是如何检验和修正这类枢纽的,而检验和修正的方式通常采取戏剧性的方式。然而,史学史学者如何叙述那些看似潮涨潮落的波浪形的发展呢?他们可以简单地编纂一个过去的历史观的清单,也许还能创作出一部历史学的百科全书。但这可能与历史学家们认为年代次序具有关键意义的主张相抵牾。但另一方面,如果按年代次序罗列历史学家及其观点,仿佛在画廊里排列一组画卷一样,那恐怕也说明不了什么,因为这可能仍不能解决一个至关重要的问题,这就是:对史学发展史而言,除了记录那些仅仅反映各个时代的独特立场的史学观念之外,是否还有更重要的工作?如果按年代次序去罗列的话,各个时代获取的生活经验及洞见在它们的具体情境之外便可能变得毫无意义。即便现代历史科学也可能只对我们的时代具有正当性,而对普遍有效性则不能有任何特别的诉求。因此,这样的罗列看不到史学中的固有方向,实际上也体察不到生活的固有方向。

相反,另一些史学史学者更看重这样一些历史学家,这些历史学家的观念被认为曾对史学发展迈向一个清晰明了的目标有所助益。在这类史学史学者中,最著名、也是目前最有影响力的一个见解是将史学史等同于现代历史科学的出现。持这种见解的学者们在他们的阐述中去芜存菁,就是说,他们在过去的全部历史学中区分出两种观念,一种对现代历史科学的形成起过推动作用,另一种则基于"错误的"认识,前者值得赞扬,后者应受责备。

没有任何简单的技术诀窍可以让我们在上述两种见解或其他见解中做出轻松的选择。当我们能从各个方面理解历史书写与人类状况的复杂关系时,任何简单的解决方案都会被摈弃。意识到这一点后,我才尝试追踪历史书写中的复杂故事,我的叙述方式将能启发读者,但它不会让热爱简单化的人满意。正因为历史作为人类的一项努力曾经存在并将继续存在下去——尽管当代人有各种怀疑和批评——正因为历史曾拒绝苍白的理论模式,并始终对生活的复杂性和创造性保有敏感意识,因此,如果史学史研究不被简化为标语和公式,而是对史学本身进行全面考察的话,那将至为引人入胜,也是最值得为之努力的。只有这样,史学史才能告诉我们历史学在整个西方历史中的历程,以及它对人类生活的贡献。

第一章

希腊历史学的诞生

一 神和英雄的永恒历史

我们和诗人。荷马史诗如今已经毫无困难地被供奉在我们所称的伟大文学的珍宝殿上,而在过去的很多世纪中,这些诗歌曾是灵感和骄傲的源泉。古希腊人认为它们拥有无穷无尽的魅力和启迪意义,而且特别有益于年轻人的教育。罗马人把自己的起源追溯到特洛伊人那里,另一些民族在追寻名望时同样如此。直到 400 年前,一些英国和法国的学者还骄傲地宣称他们的人民是特洛伊人的血脉。

今天我们已经知道,荷马笔下辉煌的特洛伊(很可能位于特洛伊遗址 7a 层[Troya VIIa],大约毁灭于公元前 1240 或 1230 年前后)只是一个幸运地坐落在赫勒斯庞海峡(今达达尼尔海峡)入口处的城镇,这里的居民因为经营商业贸易、征收通行税、从事纺织品制造和饲养马匹而创造出并不显赫的繁荣。它的征服者是一批五颜六色的、一心想着毁灭和掠夺的迈锡尼贵族。特洛伊之战可能是迈锡尼人(Mycenaeans),或亚该亚人(Achaeans)"最后的骚动",在公元前 1600 年到公元前 1200 年间,他们曾统治爱琴海地区,他们既是精明的商人,更是好战的武士。特洛伊战争后不久,多利亚人(Dorians)迁入爱琴海地区,他们摧毁了爱琴海世界,希腊进入了黑暗时代。在特洛伊毁灭 400—500 年后,荷马(或如某些学者所称的一批 rhapsodes——游吟诗人)"创作"了《伊利亚特》(*Iliad*)和《奥

第一章　希腊历史学的诞生

德赛》(*Odyssey*),这种创作或者是以艺术的想象从传统素材中创造出新的史诗,或者是对一些既有的史诗的简单整理。对历史学家而言,更为困扰的是这样一个事实:这两部深刻影响了西方文明的史诗留存下来的版本当然是那些记录下来的版本;然而,最早的书面版本直到公元前6世纪才在雅典出现,但这已经是史诗诞生后两个世纪的事了。最有影响的版本是公元前 2 世纪萨摩色雷斯岛(Samothrace)的阿里斯塔库斯(Aristarchus)留下的,在这个版本中,迈锡尼的或亚该亚的、多利亚人荷马的、以及荷马以后的各种因素已经混合在一起了。迈锡尼时代和希腊黑暗时代的现代意象就这样逐步形成,但这仍然是个朦胧的意象。它的基本要素是商业联系,帝国,旨在掠夺和毁灭的远征,战争和贸易策略,以及盘根错节的社会关系:这种观念化的图式也会让荷马时代的诗人困惑不已。古希腊人与现代人在历史认识上的差异不仅仅是由交流上的问题引起的。如何才能知晓过去?哪些力量造成了事件的发生?历史叙述的目的何在?对于这类根本性的问题,希腊诗人的看法与我们并不一致。两个世界的不同经验形成了反差。

语言、神和英雄。当希腊的诗人们歌唱神、英雄、武功、磨难和光荣时,他们便创造出一种典型的评价过去的方式:英雄史诗。英雄史诗中可能有幽默风趣的因素,也可能有关于平淡生活的故事,甚至有一些不够严肃的片段,但它主要是以伟大崇高的方式来诉说人生和神的故事。因此,史诗的语言不是日常生活中的套话或市井用语。诗人以一种崇高的方式讲述过往的故事,他们用的是有韵律的话语,这种话语依据严格的程式变换着长短音节。荷马史诗继承了许多歌谣传统,其六音部诗行更平添了朗诵和聆听英雄故事时的庄重。这样的韵律大大提升了听众对记录着遥远过去的史诗的崇敬,以及他们对作为历史教导者的诗人们的敬重之情;诗人们则通过不断的改编来维系似乎不曾中辍的史诗传统。在没有"权威的"书面文献的情形下,诗人们可以根据人们不断变化的偏好和集体生活的现实来调整诗歌的意旨。

《伊利亚特》是一段贵族的历史。商人、工匠和农民所起的作用很小。它不是按时间顺序讲述一场持续了十年的战争,而是几个星期内发生的戏剧性故事,这很适合贵族的口味;它还暗指围城的间歇期乏味无趣,也没有什么重大意义,于是这个间歇期只是出现在解释性的倒叙中。驱使大量人员和船只的战争成为神的行动、武功、激情、光荣以及几个英雄的失败的背景。"歌唱吧,女神,珀琉斯(Peleus)之子阿喀琉斯(Achilleus)的愤怒和愤怒招致的毁灭……",这是《伊利亚特》的开篇词,也是它始终如一的主题。① 例外的情况很少见,最重要的例外是乏味地罗列亚该亚人的同盟者和战船的名字。现代历史学家对这个名单感到欣喜,因为它描述了进攻特洛伊的迈锡尼同盟,但它也使情节变得拖沓,并冲淡了激越昂扬的情绪。喜欢聆听《伊利亚特》的听众更加着迷的是史诗中的核心,即阿喀琉斯的故事,他的勇敢、力量、道德准则、超人的激情,以及他的宿命——还有与此相关的其他英雄的业绩;贵族妇女的磨难;以及男女众神的计谋。

荷马在《伊利亚特》中可曾越出贵族世界,提及更为宽广的人类生活及其秩序?他几次说道,"宙斯(Zeus)的意志实现了"。② 但宙斯远非一切人类事件的创造者,甚至也不是特洛伊战争的发起者;战争的缘由在现代人看来必定是不值一提的:这是雅典娜(Athena)和赫拉(Hera)对帕里斯(Paris)的特洛伊的报复,因为帕里斯认为前两位女神的美貌不及阿芙罗狄特(Aphrodite)。阿芙罗狄特为了报答帕里斯,便让他拐走了世上最美的女子海伦(Helen)。海伦的丈夫门涅劳斯(Menelaus)于是就成了复仇的工具。其他的男女众神也按各自的偏好介入了战争,他们或者主动参加战斗,或者操纵武器或让武器失灵,或者策划反对其他神的阴谋,或者游说宙斯,或者对人施加影响,或者在人中间制造纷争。英雄可以分享神的影响力,他们的战斗、获胜、受伤和死亡在史诗中俯拾皆是。的确,英雄的历史使得世界和时间被简化为英雄的世界,在这个世界里战斗的英

---

① Homer *Iliad* 1.1-2. Trans. and ed. Richmond Lattimore.
② Ibid., 1.5.

第一章　希腊历史学的诞生

雄受永恒的荣誉准则的召唤,指引他们的通常是过分的激情,他们受到男女众神的阻挠或帮助,最后以崇高的方式迎接死亡,结束自己光辉的一生。

对非英雄主义的鄙视。英雄的历史很少关注人类的集体命运。《伊利亚特》对围攻特洛伊、甚至对它的毁灭都只字不提;而续篇《奥德赛》讲的是个人的历险故事,仿佛亚该亚人的命运无关紧要。在亚该亚人的历史中,有意义的都是那些因卓然不群的人物的出现而显得崇高的片段,而这样的人物就是与神混合英雄。史诗中的历史显然旨在激励鼓舞,而非提供知识,因此事件就是没有时间概念的。对那些模仿和崇拜英雄的人来说,特洛伊战争究竟什么时候发生的又有什么重要的呢?

只有日常生活中那些非英雄主义的现象才置于不断流逝的时间之中。荷马懂得非英雄生活的流逝:太阳的起落;人的生、长、老、死;冬去春来,春天又走向夏天。他意识到了芸芸众生的命运——他们的欢乐和痛苦,他们的习俗和财物——但他很少讲述这些。没有哪位诗人会向贵族听众朗诵缺少英雄主义气概的故事,或者在宗教节日和公共集会上向群众讲述那些让他们想起日常辛劳的事情。听众来此为的是受到激励鼓舞,为的是最完美意义上的愉悦。无论是他们还是诗人,都没有这样的观念:当大大小小的事件按准确时间顺序来讲述时,便能产生一种有解释力的叙述。过去揭示的只有在孤立的重大事件中完成的英雄业绩,未来也只有通过神谕和征兆来预知。过去的事件可能对当前的事件产生影响——这样的思想与诗人和他们的听众的头脑还有很远的距离。他们认识到的只是一连串毫无时间概念的理想和美德,这些理想和美德就是过去的英雄对当下人们的教导。因此,当生活现实不再与古朴时代的希腊类似时,英雄主义的历史仍然流传了好几个世纪。公元前4世纪时,荷马的影响还如此强烈,以致柏拉图(Plato)对这位诗人对希腊教育的控制力和对个人的强大影响而深感遗憾。

后来《伊利亚特》中的故事拉长为一个基本具有连续性的叙述,其中对荷马史诗作了发挥、添加了一些情节,但《伊利亚特》在教育上的用途并没有消退,尽管它那令人赞叹的戏剧完整性有所削弱。这些对史诗进行修补的作者们认为,他们"填充"了《伊利亚特》中曾失落的联系:于是便产生了一个精心设计的故事,其中心是海伦被诱拐、特洛伊木马、拉奥孔(Laocoön)的传说以及英雄们从特洛伊回归。

二 过去的人类维度的发现

赫希俄德和人类的集体命运。虽然人们对荷马抱有持久的热情,但英雄主义历史的支配地位还是不能一直持续下去。大约与荷马同时代的阿斯科拉的赫希俄德(Hesiod of Ascra)已经提出一种关于过去的不同观念。他的《神谱》(*Theogony*, 700s B.C.)已对从混沌中诞生的宇宙抽象秩序表现出更大的思辨力,并确定了众神之间的粗略谱系。最为引人注目的是,赫希俄德表述的是人类整体的过去,他把过去分为五个时代(或"种族"):黄金时代,那时的人类过着像神一样的生活,无忧无虑,不知苦难和辛劳,并且在未经衰老的情形下平静地死去;白银时代,那时的生活以极度的残忍和毫无节制的尚武好战为标志,人们反叛一切神圣事物,最终过早地死去;青铜时代的人类具有异乎寻常的体魄和精力,这也使得他们在绵延不断的战争中毁灭了自己;英雄时代(它不以任何金属为标志)充满高贵的人类和半神的英雄,但不幸的是,他们也在战争中毁灭了自己,其中的一场战争就是荷马笔下的特洛伊战争;最后是黑铁时代,也就是赫希俄德的时代、普通人的时代,这个时代除了苦难、不公、仁爱的普遍缺乏、衰老和死亡之外几乎没有别的东西。

过去不仅获得了某种类似于连续性的东西,而且还有某种方向。人类历史就是一段黄金时代以来不断衰退的故事,整个西方史学中都将回荡着这种声音,不过其中的原因将不仅仅是宙斯的意志,还有别的因素。

新的世界观和时间观。公元前800年以后,希腊世界由于城邦(polis)的兴起而发生了显著变化,所谓城邦就是由一个中心城区和周边农村地带构成的城市国家。这些国家在幅员、政府类型和文化发展程度上

第一章　希腊历史学的诞生

都有很大差异,但它们都是组合紧密的自治社区,都具有一种鲜明但富有创造性的紧张关系;这就是关于个人独立的主张与服从法律和风俗制度之间的紧张。鼎盛时期的城邦为希腊人的生活提供了一个可以释放人类能量波的环境。这种释放效应的一个明显表现是殖民运动,很快希腊人就在地中海沿岸落足,"宛如池塘四周的青蛙"。当希腊殖民者,特别是来自小亚细亚沿岸的殖民者,与另一些具有不同风俗和信仰的文化发生碰撞时,他们便回想起自己作为希腊人(Hellenes)的身份。虽然希腊人的优越感限制了文化同化,但关于一个更为广阔和多样的世界的意识还是影响了希腊人的思想。这大大促进了诗歌、艺术和思想的变革,不过人们最为关注的还是哲学。

开启这场知识革命的是公元前6世纪米利都的泰勒斯(Thales of Miletus),而另一些哲学家则继续着他的事业。不过,哲学家们寻找的是构成我们所知的万物的根本物质,以及这种根本物质演变为万千事物的过程。这些早期的哲学家们所探讨的全都是宇宙的奥秘,而非人类生活中的问题。直到(公元前)4世纪时,智者们(Sophists)才将注意力转向与人类生活有关的现象。但是,希腊生活中的变革——知识革命是其中的一个重要方面——很快就影响到希腊人对过去的看法。

由于希腊人、特别是爱奥尼亚人(Ionians)对在实践中和思想上把握这个世界越来越有信心,他们便对 *oikoumenē*(文明世界,人类世界)的地理和民族展开了广泛的探究。那些涉足这种探究(ιστορια 或 historia)的人们改变了对所有生活的两个基本维度(空间和时间)的看法。从希腊人对地中海和黑海、中东,甚至一部分大西洋海岸的探险中,产生了对当时世界的各个辽阔地区的描述,特别是对米利都的赫卡泰俄斯(Hecataeus)所称的 Periegesis(其意思近似于"世界之旅")的描述。赫卡泰俄斯和其他先行者的作品揭示并描绘了希腊人已知的地理空间,并对这个空间进行了理性化的组织。

同样的探索和理性化组织的热情很快也改造了希腊人对于时间维度的认识。地理学家的世界和哲学家的宇宙是连续的,而英雄主义历史本质上是非连续性的。荷马诗歌中的英雄"生活"在过去的某个不确定的点上,他们仅仅通过自己业绩所唤起的启示和教导而与现在发生联系。《伊利亚特》中没有日期。荷马没有可以为特洛伊战争定位的时间框架,对他来说,"了解日期"可能无关紧要。既然英雄史诗用不着考虑时间的延续,于是在荷马看来,年复一年的时光流逝便没有什么意义。格劳克斯(Glaucus)对狄俄墨得斯(Diomedes)说的这番话反映了荷马的时间观:"人的生长有如树叶的生长。风将树叶吹散到大地上,当春天归来时,树木又萌生新芽;人也是如此:当一代人走向死亡时,另一代人会成长起来。"①

正是借助于这种关于生长(generation)、关于人的生命层次的概念,一些希腊人终于迈出了构建连续性的过去的第一步。但是在《伊利亚特》中,关于生长的那些诗句仅仅是想指出平常人生的无足轻重,甚或徒劳无益。

公元前500年前后,希腊人开始探索连续性的时间观,并通过这种时间观探索一种具有不间断的、充满各种事件的年代序列的历史,这种历史从现在一直延伸到最遥远的过去。永恒的神不曾颁布这种时间观,英雄也不需要这种观念,因为英雄的业绩超越一切时间,但城邦的居民需要它,因为他们开始塑造自己的生活。城邦的生活不是由英雄人生中的孤立片段构成的,它仰赖于制度、规则、法律、契约和期盼中的连续性。

对过去的历时性把握。米利都的赫卡泰俄斯曾以理性概念为依据,努力构建关于当时世界的地理学,但他也在自己的《年代记》(*Genealogies*)中探讨过时间问题。这部著作的残篇表明,作者试图将人类的年代与此前一直被视为永恒的神话年代联系起来,办法是在二者之间漫长的间隔中构建一个连续的、由各个独特年代组成的序列。人们总喜欢在茫远的英雄时代和神的时代寻找城邦、民族和家族的显赫祖先,这种习惯已经确立起同遥远过去的联系,而赫卡泰俄斯现在要用人的话语来构建这

---

① Homer *Iliad* 6.146-51. Trans. and ed. Richmond Lattimore.

第一章 希腊历史学的诞生

种联系。

公元前 5 世纪,吕底亚人克桑托斯(Lydian Xanthus)将自己人民的过去一直追溯到他们的国王克鲁索斯(Croesus)的垮台。很显然,他已经尝试把过去的人类事件——不管神秘与否——与值得纪念的、有可能确定日期的自然事件联系起来,如地震和干旱。这个世纪晚期,莱斯博斯的赫拉尼库斯(Hellanicus of Lesbos)在其《特洛伊史》(Troica)中以代的数目作为纪年工具,据此推算特洛伊城陷落的年份,其结果大致相当于公元前1240 年。在《阿提卡历史》(Attic History)中,赫拉尼库斯试图超越简单的以代为单位的方法,提出一种后来为修昔底德诟病的确定事件年代的新办法:这就是参照各城邦和神庙保存的官职持有者的名录。他自己曾使用过阿尔戈斯(Argos)的赫拉的女祭司名录,在另一部著作中,他利用了卡尼亚竞赛(Carnean games)①的优胜者的名单。在使用阿尔戈斯的名录时,赫拉尼库斯大胆地将诸多事件——希腊的、西西里的、罗马的(包括罗马建城)——编排到年代顺序中。

赫拉尼库斯的想法催生了其他的名单:奥林匹克竞赛优胜者的名单(俄里斯的希皮亚斯[Hippias of Elis]),斯巴达监督官的名单(始于公元前 755 年),雅典执政官的名单(始于公元前 683/682 年)。但怎样才能将这些关于监督官、执政官、祭司和竞赛的分散记录合拢起来、使它们构成一个共同的时间框架呢?这个问题很长时期内没有得到解决。当答案产生的时候,回答者主要不是出于思辨的乐趣,而是出于实际需要。对这个碎裂的城邦世界中的全体希腊人而言,统一的时间刻度在实践中还没有必要。因此,赫拉尼库斯的两位著名的同代人,哈里卡尔纳苏斯(Halicarnassus)的希罗多德和修昔底德,在年代问题上仍然遵循传统做法。

希罗多德的叙述范围广泛,这本来更需要年代顺序,但他只是即兴而作。由于没有意识到吕底亚人、波斯人、埃及人和希腊人历史之间的统一联系,希罗多德也就没有给予这些历史以恰当的年代关联。每段历史都

---

① 卡尼亚是斯巴达崇拜阿波罗神的一个重大节日的名字。——译注

有其独特的年代结构。他偶尔尝试协调希腊人和东方人的时间图式,但这种尝试失败了,最明显的是他关于埃及王朝列表的尝试。他的《历史》(*Histories*)中的民族志和地理学描述漫无条理,这样的铺陈不需要贯穿始终的时间框架;在叙述性的章节中,他以故事的逻辑来暗示时间次序。直到爱奥尼亚人反叛之后,希罗多德书中的年代才变得更有条理。

在年代问题上,正如在大多数问题上一样,修昔底德更为系统。当他确定伯罗奔尼撒战争开始的年代时,他既展示了当时希腊年代学的成就,也暴露出其局限性:

> 第 14 年,收复优波亚(Euboea)后缔结的三十年和约还没有破裂。在第 15 年,也就是阿尔戈斯的克里西斯(Chrysis)担任女祭司的第 48 年,在斯巴达的泽尼希亚斯(Zenesias)担任监察官的那一年,即雅典的执政官皮托多鲁斯(Pythodorus)的执政任期还有四个月,波提狄亚(Potidaea)战役后第 10 个月,正值初春,一支底比斯的军队,约 300 余人,大约在头更的时候,进入普拉泰亚(Plataea),一个与雅典结盟的波奥提亚(Boeotia)的城镇。①

不过,当修昔底德从时间上确定了战争的开端后,他就不再求助于官员的名单了。此后他只是简单地叙述夏天和冬天的来去。因此这场战争的历史立足于自身的时间框架。

---

① Thucydides *The Peloponnesian Wars* 2.2. Trans. Benjamin Jowett.

第二章

城邦时代及其历史学家

一 城邦时代及其历史学家

新的城邦历史

旧的历史学（ιστορια）慢慢走向没落。在希罗多德的《历史》中，虽然重点最终落在了伟大的波斯战争上，但民族志和地理学的因素仍占突出地位。希罗多德喜欢讲述民族的起源和风俗、城镇、地区状况、组织制度、政治，以及埃及、阿拉伯和印度、斯基泰（Scythia）、利比亚和色雷斯（Thrace）的各种奇珍。他著作中的这些描述性部分不完全是题外话，不仅仅是为了满足人们对于异域人民和境况的好奇心，还是实实在在的研究，是范围广阔的文化史的构成部分。对于希罗多德的《历史》能否被视为一部统一的著作，学者们曾有过激烈的争辩。不过，若要论证城邦在希腊史学上的地位，只要指明伟大的波斯战争已经使各种关于波斯人和希腊人的著作产生了统一性就足够了。此后，希腊人关于过去的思考将集中于城邦的命运之上，从而大大压缩了旧的 ιστορια 的视域。修昔底德的著作就是这一潮流中产生的最重要的作品。

战争是决定性的集体经验。对英雄主义历史而言，特洛伊战争是个宏大的人生舞台。英雄们在这个舞台上生存和死亡，从次要的层次上说，亚该亚人作为一个民族在这个舞台上展现自己的辉煌和衰落。但在希罗多德和修昔底德的著作中，特洛伊战争失去了显要地位，取而代之的是两场更为切近的重大战争。当希罗多德叙述伟大的波斯战争时，他成了希腊胜利与光荣时代的历史学家，而修昔底德则以对伯罗奔尼撒战争的叙述和分析而成为希腊自我毁灭时代的史学家。

在这些历史著作中，改变的东西远不止战争和英雄的名字。特洛伊战争是贵族英雄的事业，但希罗多德和修昔底德记述的战争是普通人的集体经历。他们的描述已不大求助于诗性天才和灵感，而是更多地运用散文技艺和分析手法。毕竟，特洛伊战争发生在遥远而朦胧的众神和英雄的时代，而波斯战争和伯罗奔尼撒战争是最近的经历，在市场上或在波斯的宫廷中，人们还能碰上曾卷入其中的人。对于一场被视为全体人的经历的战争，人们也可以询问为什么、是什么、什么时候、什么地方之类的问题，而且期待以人类的动机和行动来进行解答。同样，由于反思的对象是被如此清晰地聚焦的过去，对过去的研究也不再淹没在宽泛的、也即旧式的 ιστορια 中，而是获得了一个清晰的、独立的身份特征：这就是通过对过去的分析来研究人的经验。

希罗多德和修昔底德的差别不仅在于研究的是不同的战争，也在于他们的研究方法。希罗多德完善了旧式 ιστορια 中的要素，他的论述以伟大的波斯战争（公元前490年和公元前480/479年）收尾。于是，他那广阔的文化史在对希腊城邦、特别是雅典的歌颂中结束。但修昔底德不是这样，他的目的是撰写一部根本不同于希罗多德作品的历史，虽然有关他和他的著作的很多其他信息还不明了：如为什么他描写的伯罗奔尼撒战争仅仅到公元前419年，而那时战争还远未结束；他在何时撰写这部历史；他去世的日期；他是否真正认识到自己描写的一系列战争构成的就是一场伯罗奔尼撒战争。不管学者们对这些问题的最终解答如何，没有人怀疑修昔底德历史的统一特征，这一特征使他的历史成为一部不同于希罗多德的广义文化史的戏剧性阐释。只有五个片段似乎偏离了战争的主要情节，而即使是这些片段也能加深对战争的解释，或者对修昔底德的著述方法的解释。修昔底德的著作通篇都在不懈地探求当代史；这就意味

第二章 城邦时代及其历史学家

着讲解和探讨伯罗奔尼撒战争。既然"从前的时代在战争和其他任何方面都谈不上伟大"①，为何还要为从前的事物操心呢？

两位历史学家描写战争都不是为了歌颂战争，而是因为他们都意识到，战争是塑造希腊命运的一个基本力量。希罗多德认为，伟大的波斯战争是专制主义力量和自由力量、东方和西方、专制君主制和公民自己管理的城邦之间的一场伟大斗争。希罗多德担心人们将这场斗争等同于简单的善与恶的斗争，因而他直截了当地提醒读者和听众，波斯人也有很多令人赞叹的风俗，民主制中的大众也有轻浮躁动的毛病，他还对波斯帝国宁静的统一与希腊城邦中尖锐的争吵作了对比。这种对"野蛮人"——即非希腊语人民——的理解方式表现出一种不同寻常的世界主义，对此很多希腊人难以接受，只是因为希罗多德歌颂了波斯战争中希腊人的事业，他们才原谅了他。

修昔底德是作为一个见证了雅典的权力和辉煌开始衰落、进而遭受悲惨失败的目击者来描述伯罗奔尼撒战争的；这个发展过程是如此宏大，激励他去揭示战争中的力量、紧张、决策、战略、政策和激情。因此伯罗奔尼撒战争是一部记录，这不仅仅是因为它是希腊人经验中的关键事件，还因为这场大战最为清晰地揭示了构成政治事件的基本的和不可改变的模式。修昔底德在寻找这些模式，他觉得战争不完全受人类意志的控制。当斯巴达和雅典发生冲突时，冲突似乎仅仅是双方自由的、有意识的决策造成的，但是，战争的强大推动力正在于政治局势的结构中：斯巴达和雅典在利益上存在根本冲突。这些利益又根源于人类对于权力的不懈追求，后者是人类事件中的关键动力。

神的退隐。在荷马史诗中，男女众神积极介入人的事务。赫卡泰俄斯和其他早期历史学家在寻找神和英雄的谱系时并没有质疑这些故事。不过，从精神上说，他们处理这类传说的方式已不再那么恭敬，更多的是一致冷静的观察。这些作者并不质疑神和英雄，但他们把神话和史诗传

---

① Thucydides *The Peloponnesian Wars* 1.1.

说降低到人类生活的层次上。赫卡泰俄斯在他的《年代记》中曾鲜明地表达了这种精神:"我以我认为真实的方式来写作;因为希腊人有关(神话传说)的说法有相当大的出入,在我看来,这些传说很可笑。"①

在希罗多德的著作中,男女众神仍有显赫的地位;虽然他仍在谈论神的重要作用,但已不太频繁,而且方式也更微妙。自大、过分的骄傲、盲目地享用财富、似乎无穷无尽的成功——这些都能触发众神的愤怒和嫉妒。"我的主人,"梭伦(Solon)在回答克鲁索斯提出的问题时答道,"我知道神嫉妒人的繁荣,喜欢给我们带来麻烦;你问我的问题涉及人的命运!"②阿塔纳布斯(Artanabus)也以同样的情理警告薛西斯(Xerxes)不要发动战争:"你知道,我的主人,在所有的人当中,神的霹雳打击的是最强者,因为神嫉妒他们的骄傲。弱者不会让神烦恼。闪电打击的总是庞大的建筑和参天的树木。这是神让高傲者低头的方式。"③除了这类偶尔出现的神谴插曲,神在希罗多德的阐述中隐退了。这一模棱两可的做法表明,希罗多德对人的决策、人的命运与神的裁决之间的确切联系感到困惑。最后,他认为人在塑造自己的生活,而人的缺点造成的厄运是神早已判定了的,人的伟大带来的成功经常是神赠予的。只要人在神的影响面前有相对的自由,历史就可能成为人的历史,希罗多德试图描写的就是人的作为。

在修昔底德看来,神从未直接影响人类事件的进程。他承认,那些塑造人类命运的人物通常以对神、神谕和神意的信念为向导,但他不赞成这样的向导。不过,修昔底德有时候还是表现出某种动摇。在他的历史阐述开始时,他宣称伯罗奔尼撒战争是最伟大的战争之一,并认为严重的地震、造成饥荒的旱灾、瘟疫和日食是战争的预兆。不过,在接下来的分析中,他没有借助这类现象。他对战争和帝国的解释基于源自人类生活结

---

① Hecataeus *Genealogies*, in Felix Jacoby, ed., *Fragmente griechischer Historiker* (Leiden, 1957), 1: 1a; p. 1.

② Herodotus *The Histories* 1. 32. Trans. Aubrey de Selincourt.

③ Ibid., 7. 10.

第二章 城邦时代及其历史学家

构的力量。激情、错误的估计、过分的野心注定了人类的劫数和成就。对于神,修昔底德确实意识到了,但他不需要提到神。

力量和原因。关于过去的观念的变化,特别明显地表现在荷马、希罗多德和修昔底德为各自描述的战争所提出的原因中。在荷马看来,特洛伊战争起源于帕里斯的愚蠢判断及赫拉与雅典娜的报复欲望。在希罗多德关于波斯战争的描述中,推动战争的力量是命运的偶然:波斯宫廷中一群挑拨离间的流亡者怂恿薛西斯对希腊人开战;欺骗性的神谕;一种古怪的责任感告诉薛西斯必须扩张波斯的权威;掠夺和控制"希腊财富"的渴望;当然,还有报复雅典支持爱奥尼亚人反抗波斯统治的叛乱的意愿。但首要的原因在于薛西斯那虽然有点朦胧但很狂热的野心:"太阳将会蔑视任何坐落在朕的边境之外的国家。"① 到头来,这一宏大抱负也因为触怒众神而给波斯人招致灾难,众神对过分的权威颇感不悦。从根本上说,希罗多德开出的战争理由目录是一个人类动机的目录。

修昔底德认为希罗多德的解释不够充分。引人瞩目的是,他区分了触发性事件和根本原因,前者如斯巴达和雅典介入科林斯和科西拉(Corcyla)关于埃庇达诺斯(Epidamnus)的争吵,后者"虽然最不为人承认,但我相信这就是雅典权威的增长,它吓坏了拉栖戴蒙人(Lacadaemonians),使他们认为必须一战"。② 伯罗奔尼撒战争不是起源于神或国王们反复无常的意志,也不是源自被错误引导的人类激情,而是起源于人类永无休止的对权力的追求。于是,当雅典将过去反抗波斯的自愿性的城邦联盟逐步转变成雅典帝国时,它就招来了一些屈服于它的城邦和它的竞争对手斯巴达的敌意。另一方面,由于受到支配他人这一人类根本性的强迫症的驱使,雅典人走向了帝国主义,而盟邦的惰性进一步助长了它的野心,这些盟邦宁愿支付贡金,也不愿为筹备和进行战争而努力。

当战争爆发后,荷马和希罗多德都认为,战争是各种相互冲突的激情

---

① Herodotus *The Histories* 7.9. Trans. Aubrey de Selincourt.
② Thucydides *The Peloponnesian Wars* 1.23.

所上演的戏剧。但是,修昔底德指出了战争与塑造人类集体生活的力量之间的联系,他在分析中指出,权力一旦被获取是如何影响国家命运的。雅典人选择了一种艰辛的生活,他们理应统治他人,但他们很快就发现,这个已然创立起来的帝国不能被任意抛弃,因为,如果这样做的话,他们将摧毁自己的新生活方式。于是,随着岁月的流逝,帝国的直接存在理由改变了:它之所以统治他人,首先是出于恐惧,其次是为了荣誉,最后是为了利益。在这样的过程中,当"强者尽力索取、而弱者不得不付出"①时,唯有在平等者之间方能存在的正义便丧失了。

在和平时期,雅典国家的弱点仅仅是让人厌烦,但在战争的重压下,这些弱点便是致命的了,于是雅典的霸权崩溃了。战争初期,瘟疫,即一场偶然的不幸,打击了雅典,使得很多雅典人失去了对未来的一切希望。当人完全为眼前而生活时,传统的影响力便削弱了。准则、约束、节制,所有对于生活延续性的信念的先决条件都失去了创造力,一些地方的社会组织开始瓦解。当社会的内聚力松弛时,战争的压力变得愈发沉重。战争本来是为解决雅典的难题而开始的,但它显示出另一种倾向:它放大了风险、滋生出灾祸、惩罚各种误判、引发针对内部反对派的激烈行动,侵蚀了本应加以利用的社会根基。对人民的残酷镇压,如对米洛斯人(Melians)的屠杀,激起了猛烈的反抗。战场上的挫折为煽动家——特别是修昔底德最憎恶的克里昂(Cleon)——登上政治舞台铺平了道路。修昔底德对群众大会上聪明的雄辩术很是怀疑,他认为,受挫折的民众所轻信和追随的演说家们,其许诺的方案一开始得人欢心,但到头来是灾难性的。无论是过去的教训,还是对未来的长远规划,统统因为需要立刻缓解那些让人觉得沉重的负担而被牺牲掉。但这样的做法看来是轻松的,因为民众和煽动家们都不必为意想不到的后果承担责任。

在追述雅典国家的命运时,修昔底德的历史既是一种出色的叙事史,同时也是一种分析的历史。他认为这两种历史之间没有矛盾。毕竟,生

---

① Thucydides *The Peloponnesian Wars* 5.89.

第二章 城邦时代及其历史学家

活本身就证明了个别事件(叙述的对象)和普遍模式(分析的关注点)是共存的。在描述个人的角色时,修昔底德探讨了人生这两方面的复杂关联。他强调煽动家的破坏性影响,但更注重政治家的积极作用。政治家对大众的影响力使其明智的决策具有可行性,因此他能够维持始终很脆弱的国家秩序,并保障国家的生存。但修昔底德没有回答这样一个引人入胜的问题:如果瘟疫没有夺去伯利克里(Pericles)的生命,雅典是否会遭受最终的失败?一个杰出的政治家是否能让国家克服政治中的更为强大的力量?对于个人力量和塑造人类生活的更为强大的力量之类的问题,修昔底德没有给出明确的回答。在他看来,二者之间的紧张只是人类生活中的一个构成部分。

新风格和旧意图。荷马史诗可以被朗诵,而且听众也会从中感到愉悦,赫希俄德的作品也是如此,但程度不如荷马史诗。但赫卡泰俄斯和其他早期"历史学家"已经以希腊语散文来表达自己的思想。有趣的是,从诗歌向散文的转变恰好与对过去态度的转变同时发生。荷马和游吟诗人们也许无法在英雄历史中运用散文,但这种平淡的文体能够对神和英雄进行分类和编排,并创建起谱系。

希罗多德摆脱了诗歌规则的约束,但也丧失了韵律赋予语言的力量,于是,为了吸引读者和听众,他不得不求助于人的好奇心和故事的内在张力。尽管如此,他的散文仍十分可人,朗诵起来很是优美,在一个口传文化仍很强大的时代,这一特征具有很大价值。让人惊奇的是,最有表现力、最为准确的散文风格却是修昔底德发展出来的,但他否认有任何取悦读者的意向,并声称希望他的作品反映"某种传奇性的欠缺"。他对历史本质、而非对仅具趣味性的细节的不懈追求获得了一种与之匹配的风格,这就是散漫而有节奏的散文,这种文风对其读者和听众产生的影响类似于诗歌。这种风格和内容上的高度统一让读者和听众着迷——虽然后世修辞学家曾有过批评和鄙视。

然而,现代人对修昔底德的赞赏从未包括他在《伯罗奔尼撒战争史》中对30—40篇演说词的使用。荷马和希罗多德也在作品中使用演说词,但修昔底德认为荷马是个不可信的诗人,他也不能接受希罗多德创造的史学模式。演说词显然不是其所言说的事物的准确记录,修昔底德如何论证利用演说词的合理性呢?

> 关于战争前夕或战争期间发表的演讲,对于曾聆听这些演讲的我,对于曾记载它们的其他人,要准确地回忆当时的言辞是很困难的。于是我把每个演讲者在特定局势下最可能表达的观点还原到他的口中,同时尽可能贴近地保留实际演讲中的主旨。①

他也可以声称,这些演讲布置了历史舞台,描绘了历史局势,并且揭示了历史中的动机而不必借助于冗长的列举和抽象的言语。这些演讲在背诵时更为出彩,甚至悦耳。当演讲包含着部分确被言说的言辞时——如人们所称的伯利克里的葬礼演说——它们也更接近于真实的理想。换言之,修昔底德笔下的演说词既包含已被言说的话语,也包括可能被言说或应被言说的话语。的确,演讲词已经成为如此有效的叙述手段,以致直到几个世纪前才被历史学家们抛弃。

应以能对读者和听众产生预期影响的方式写作:希腊历史学家们十分在意这一点;他们从未忽视历史知识的公共用途,从荷马开始就是这样:作为过去的故事的历史学首先应有启迪和教育之效(有时可能还有娱乐功能)。《伊利亚特》向人们诉说英雄时代,诉说那个时代的神和英雄,歌颂高贵而正派行为的价值。早期历史学家从事的 ιστορια 是一种广泛的调查、研究、事实的搜集和认知,但他们同样也有公共意图:创建一种剔除了"虚构"成分的新传统,在英雄时代和当下的时代之间建立起联系。

希罗多德在其《历史》的开篇就阐明了这一公共意图。他希望"记录

---

① Thucydides *The Peloponnesian Wars* 1.22.

第二章 城邦时代及其历史学家

我们自己和亚细亚人民的惊人成就,以此来保存关于过去的回忆"。① 接着他试图去启迪人们、为他们提供知识并——偶然地——给他们带来愉悦。他叙述那些教导人们应适当节制的故事、诉说人类生活方式的多样性、引导人们将注意力从个人转向过去的重大问题,从而实现了自己的意图。由于他讲述过去时采用的广阔视野,希罗多德不仅被后世誉为"历史学之父",而且被认为创造了历史学的一个特别类型:文化史。

与此同时,修昔底德也在或多或少地教导希腊人。他将希腊历史学从对更早时代和异域人民生活的宽泛研究,引向了对小得多的城邦世界及当代生活的关注。由于从时间和空间跨度上限定了自己的研究领域,修昔底德在对那些塑造国家命运的普遍力量的探究中便能进行透彻的分析和描述。从其分析和意旨上来看,修昔底德的《伯罗奔尼撒战争史》就像他关于雅典瘟疫的报告那样。他在这篇报告中仔细描述了这场病害的所有症状,以便医学专家们能应付将来可能爆发的瘟疫。而公共官员则得到一份关于战时政治、民主制和帝国的临床研究报告,并认识到应该汲取的教训。修昔底德力求准确地重建事实,他并不把历史当作智力思辨的对象。不过,尽管竭力追求精确,但他从不以简单的重构过去发生的事件为目标,而是像古代的其他历史学家一样,坚持历史研究的公共效用。

但是,由于一个终极意义上的反讽,修昔底德无意之中限制了他极力倡导的历史学的公共效用。对那些追求高深而复杂的答案的人而言,他的"新"历史学的确很可贵,但这种历史学逐渐疏远了广大民众的意识。对大多数希腊人来说,当他们尊重并聆听修昔底德的历史时,他们觉得关于历史的传统叙述已经足够,甚至更为宜人。像很多新的希腊宇宙论和哲学一样,修昔底德的历史学也只是引起一部分人的特别关注;可以说,它具有某种精英主义特色。

新的问题:真实和方法。《伊利亚特》故事的强大影响力持续了好几个世纪。这些故事在诗人们抑扬顿挫的吟唱中进入了听众的心灵和头

---

① Herodotus *The Histories* 1.1.

脑。然而,一些超越诗性美感和当时理想追求的要素增强了《伊利亚特》的影响力;在很长的时间里,它在塑造过去之意象方面没有真正的竞争者。虽然荷马时代也出现了书面创作,但这一点无关紧要,因为当时很少人能够阅读。另外,最初写下的那些文字,如官员、男女祭司和竞赛优胜者的名单,如官方行为的记录,都不能对关于过去的英雄主义见解的至上地位构成挑战。口头传统具有权威性,对此它的听众很少产生质疑,这种情况的部分原因在于,这些传统总是与听众的意识和观念十分契合。而故事中那些不再"契合"的部分则逐渐被废弃不用,不再被吟诵,并逐渐消失,同时,那些更为贴切的说法会取而代之。然而,叙述一旦见诸文字便失去了灵活性,并经常同其他关于过去的竞争性叙述产生抵牾。这样一来,在公元前5世纪,荷马史诗中的历史便退居希罗多德和修昔底德的历史之后。从题材上说,荷马的叙述与两位后来者并无多少重合之处,双方的历史反映的时代相距几个世纪,但这两种历史观存在对立关系。这时候的希腊历史学家——偶然以一种粗浅的方式——开始意识到需要有恰当的方法。不过,这一意识导致的唯一结果是试图辨明叙述中某些要素的准确性。

　　希罗多德论述的是不同的传统,他在很多地方提到准确性和证据的问题:"一直到现在为止,埃及人是我的权威来源;但接下来我将叙述其他人民也愿意接受的埃及历史,在某些地方,我将添加自己的评论。"[1]希罗多德甚至将艺术品等物质性遗迹和语言本身看作证据。不过他还是可能上当。当他估计公元前480年薛西斯的大军有5283320人时[2],他相信的是那些关于昔日战争的说法。但更常见的情况是,他显示出了不错的判断力:"在这一点上,我觉得自己必须表达一个大多数人都会反对的观点;不过,既然我相信这个观点是正确的,我就不必隐瞒。"[3]

---

[1] Herodotus *The Histories* 2.147.
[2] Ibid., 7.185-86.
[3] Herodotus *The Histories* 7.138-39.

第二章　城邦时代及其历史学家

修昔底德在文献考证方面贡献不多。作为一位当代史著者,他赞同的是目击材料的价值。他猛烈抨击所有关于希腊早期史的说法,认为它们证据不足。而一个关注过去的人绝不可对诗人的夸张溢美之词、对那些编纂著作以取悦人们的耳朵而非诉说真实的编年史家的故事有过多的信任。他们的说法经不起检验;时间的流逝使得这些说法总体来说并不可靠,它们已经滑入了传说的领域。①

《伊利亚特》中只有少数章节有价值,如战船的名单。修昔底德计算船只的数量,估算它们的载荷量,他认为这只远征军是一支相当小的部队。由于一部分军队总是在寻找给养,因而能投入战斗的部队就更少了。

当修昔底德将他认为的事实与虚构甄别开来时,他也显示出其历史观已变得多么的理性化。米利都的赫卡泰俄斯也曾试图区分"历史中的"赫拉克勒斯和"传说中的"赫拉克勒斯。莱斯博斯的赫拉尼库斯重写了阿喀琉斯在斯卡曼德罗斯河(River Scamander)的战斗,不过目的是使这个故事符合当时的可信度标准,而不是否认这个故事。但修昔底德的历史具有纯粹的人的视野。他认为,此前一直为人敬重的《伊利亚特》的大部分篇章是一种诗意的狂想,其中没有什么有用的信息。他同样认为,赫拉尼库斯的《阿提卡史》中有益的篇章很少,因为他觉得该著在年代方面不准确。对其他历史学家的负面评价预示着后来希腊历史学的一个特点。然而,合理的批评经常演变成更多受批评者的虚荣和好辩驱使、而非受学术上的真诚驱使的批判。

当历史学家将英雄和神从他们著作的核心地位上撤下来时,他们碰到了另一个问题:在众多人类事件中,究竟应该选取哪些作为历史叙述的对象呢?在希罗多德的著作中,我们可以看到两个选择原则。作为传统 ιστορια 的继承人,他搜罗了大量地理学和民族志方面的材料,并从不同的侧重点将这些材料与波斯战争的故事融合到一起。他的民族志和地理学叙述表明,人类所有形式的经验均可以充实历史叙述;他关于一些个

---

① Thucydides *The Peloponnesian Wars* 1.21.

人——如克鲁索斯和波利克拉特(Polycrates)——的戏剧性故事效仿的是史诗传统,而他笔下的波斯战争也表明了当代史和政治史的价值。

> 这部著作是我对历史进行研究后的结果,我希望在这部书中做两件事:记录我们自己和亚细亚人民的惊人成就,以此来保存关于过去的回忆;第二点,也是更特别的一点是,揭示两个民族是如何发生冲突的。①

修昔底德拒绝宽泛的文化史方法。历史学家必须叙述人类过去生活的本质——不多也不少。唯有本质是有益的,因而也是唯一值得记载的。

> 但是,如果谁想检验有关已发生的事件、未来可能发生的事件(从人类事物的角度看,它们将与已发生的事件类似)的清晰真理,并宣称我写下的文字是有益的话,我会感到满足。②

但有时他也因为剥离一切他认为非本质的东西而付出代价。后世学者叹息说,由于他完全专注于政治和军事,政治和军事因而失去了广阔的时代背景,而一个希罗多德式的历史学家也许会交代这些背景。

对于这两位经历过政治流亡的历史学家而言,他们的著作有什么偏见么?希罗多德和修昔底德都认为,与过去事件相一致的真实性是历史学的必要条件,这一认识将他们和诗人分离开来。虽然他们对雅典的同情显而易见,但同情从来没有变成狭隘的偏见。希罗多德曾以明智的方式探讨最佳的政府形式,但并没有想当然地把这一奖赏赐给雅典。修昔底德希望理解事件的结构,他恐怕不能承受盲目的偏见。的确,对于公共生活的信念——即便不是有公共生活的经历——是大多数古代史学家的

---

① Herodotus *The Histories* 1.1.
② Thucydides *The Peloponnesian Wars* 1.22.

第二章 城邦时代及其历史学家

共同背景,特别是那些生活在共和国的史学家。修昔底德可能难以理解现代人关于他的客观性的争论:有人称赞他是现代客观派史学家的鼻祖,因为他想"按其本来发生的那样"诉说事情的经过;而另一些人责备他一厢情愿地挑选那些符合他的历史观的"事实"。然而,修昔底德也许会指出,无论是他热情的捍卫者还是激烈的诋毁者,都不曾很好地理解他撰写历史的原因。

二 城邦的衰落

专注点的迷失

公元前479年以后,当波斯人的直接威胁结束后,希腊世界变成了一个相对自足的城邦国家体系,其支配者是雅典帝国及来自斯巴达的平衡势力。72年后,雅典的霸权崩溃,斯巴达和底比斯(Thebes)曾先后试图建立统治体系,但都只取得过暂时的成功,并且都因此耗尽了它们单薄的资源,最终遭受失败。雅典时断时续地介入斗争之中。其他城邦从未追求过大国地位,但它们也经常卷入战争。到公元前350年,普遍的厌倦感弥漫整个希腊城邦世界。对昔日光荣的回忆、相对稳定和繁荣时期中的欣喜之情、社会紧张,这些成为希腊生活中的标志,直到公元前338年:在那一年的喀罗尼亚(Chaeronea)战役中,希腊人因为无力创建一个超越城邦的政治结构而付出代价。当马其顿国王菲利普(Philip of Macedonia)终结城邦的独立时代之时,权力中心便转移到马其顿的宫廷中,虽然城邦仍然是生活中的基本单位。

没有戏剧感的政治史。那个时代的希腊人如何看待他们的过去?他们可以参考荷马的史诗,希罗多德的《历史》和修昔底德的著作。对于深信知识具有积累和增长性质的现代史学家,他们可能立即着手将这三种历史阐述方式组合在一起,但对公元前4世纪的希腊人,这三种关于过去的故事是相互独立的,每一种都有其权威性。这种情况之所以可能,是因为三者的题材实际上并不存在很多的重叠。这种情况还是不可避免的，因为，在全体希腊人的文化统一体意识并非必需的情形下形成统一的历史阐述，希腊人还没有这样的想法，而且他们所能利用的资源也使他们不能有别的选择。过去越是遥远，重写过去的可能性也就越渺茫。当代史是切近的过去与当下的一种结合，它对希腊史学家颇有吸引力，因为当代史的资料较为方便，而且更适合于史学家对资料的使用方式。另外，他们不仅没有对过去进行成功的再研究，而且他们也没有预见到可能不同的未来。未来的岁月上演的只是古老的人类戏剧的新花样，但这个戏剧的脚本早已被永恒的人性写好了。即使那些展望泛希腊主义——希腊人关于未来的唯一宽广的视野——的人也深信，城邦作为生活的基本单位是不可取代的。

当代史的书写遇到了其特有的难题。修昔底德能够将过去多样繁复的事件组合在一个统一的阐述中，因为他的叙述和分析以一场重大战争为中心。但现在，历史学家所要描述的是公元前400年到公元前338年之间的许多事件，而所有这些事件都不够重大，都缺少长期的影响，而且首先是缺少清晰的统一性。在关于非希腊世界的章节中，希罗多德的描述性文化史提供了一条通往过去的可能路径，但这样的历史并未获得认可，因为修昔底德的政治史和当代史获得的赞赏太强烈了。于是问世的是一系列当代希腊史著作，每件作品都属于"希腊史"(*Hellenica*)，而且都在有意识地延续修昔底德的阐述——克拉提普斯(Cratippus)延续到公元前394年，特奥彭普斯(Theopompus)延续到公元前394年或387年，色诺芬(Xenophon)延续到公元前362年。他们讲述的大多是城邦危机正在迫近，但希腊城邦世界看来仍足够安稳，以至于可传诸久远的时期。

色诺芬的笔下没有重大斗争的戏剧场面，他所描写的只是按固定节拍连续演变的人类生活，这种生活有时骚动不安，有时相当平静。修昔底德思考的是政治中的动力，而色诺芬的《希腊史》提供的是更为简单和常见的教导：如对传统(包括其中的神、规范和价值)的培养是件有益的事；神帮助的是那些自律、自为和奉献牺牲者；忠诚是值得赞誉的，等等。

第二章　城邦时代及其历史学家

无声的泛希腊宣言。在希腊人的辉煌岁月中,城邦让其公民展现出全身心地投入公共事务的崇高意愿。然而,同样的对于自己城邦的忠诚也使得城邦和城邦之间有着严格的区分。一些强大城邦的霸权曾产生过一些比城邦更大的实体,但这类实体建立在强力之上,因而不能持久。不过,希腊人自始至终都有一种强烈的文化一体性意识。既然这种共性精神渗透在希腊的政治生活中,难道它不可以赋予后者一种迈向希腊统一的发展意识么?公元前4世纪的著名修辞家伊索格拉底(Isocrates)已经认识到,反对波斯的战争曾赋予希腊政治生活一种共同感和连续感,于是他倡导一场新的反波斯战争,以此作为实现政治泛希腊主义的手段。两位很可能与伊索格拉底有直接联系的历史学家在其作品中反映了当时人的关怀:他们是基姆的厄弗鲁斯(Ephorus of Cyme)和开俄斯(Chios)的特奥彭普斯。

现存的厄弗鲁斯的《历史》残篇告诉我们,他是以希罗多德的宽广视角来书写历史的,他的眼界超越希腊世界,涉及"野蛮人",他认为野蛮人的过去既令人尊敬又富有意义。不过,厄弗鲁斯首先关心的还是希腊世界,他始终将希腊世界当作一个整体来看待。但是,厄弗鲁斯的泛希腊主义似乎没有政治内涵。由于没有一个强有力的统一概念,看来他描绘的是一幅人类的——尽管主要还是希腊的——生活画卷。更为鲜明的一点是,他对更为广阔的希腊世界的忠诚并未削减他对故土城邦的赤诚之心,这体现在他对基姆历史的描绘中。

当现代学者追问厄弗鲁斯的《历史》有何新颖之处时,他们也许提出了一个希腊历史学家可能无法理解的问题。像大部分古代历史学家一样,厄弗鲁斯对探究遥远的过去并无兴趣。他只想证明一个不同的观点、以更出色的文风来书写或者提出一种新教导,而不是发掘新的素材。

对保守主义希腊的召唤。公元前4世纪出现了大量论述理想政府形式的文献。雅典在伯罗奔尼撒战争中的失败成为民主制的一个沉重负担,而希腊城邦世界的不稳定激发了关于泛希腊主义的讨论。开俄斯的史学家特奥彭普斯在他的《菲利普传》(*Philippica*)中提出了解决上述两个问题的方案。这部准人物传记式的历史只有一些残篇传世,它论证了马其顿的菲利普二世(公元前359—前336年)的重要意义,特奥彭普斯认为他是当时最伟大的人物。他希望,以马其顿为领导的泛希腊主义能以保守的方式实现希腊社会的重建。特奥彭普斯曾两度被民主制的开俄斯流放,他对民主制没有什么热情。

但特奥彭普斯并没有那种不加批判地奉承的缺点。当时人称他为爱争吵的人,他喜欢揭露著名人物身上的缺陷,否认他们的成就,并认为他们有些很阴暗的动机。特奥彭普斯直截了当地批评菲利普热衷宴饮、性生活放荡、缺乏自制力。这些弱点毁灭了一位可能成为希腊人的伟大领袖的人物——代价太高了,以致不能原谅。

不过,像厄弗鲁斯一样,特奥彭普斯也不能接受修昔底德目标单一的史学模式。他喜欢恣意挥洒。他书中的枝蔓表明,作为旧式 ιστορια 的灵感源泉,那种对世界的广泛兴趣从未随着修昔底德式的历史学的出现而消失。从整体上说,《菲利普传》仍然坚持其主要目标——诉说甚至歌颂那位曾于公元前338年率军摧毁希腊城邦制度的君主。

马其顿的统治导致的是一种被指为表面化的泛希腊主义,因为很少有希腊人愿意弥合一直被视为野蛮人的马其顿人和他们自己之间的鸿沟。虽然公民意识普遍处于消退之中,但城邦依旧是个体希腊人的直接的生活环境。即使对于那些以个人享乐为生活中心的人,身为城邦的一员也会让他们感到骄傲,并有一种归属感。每个城邦都在培育其独特的传统,在这一过程中,国家、地方和区域的历史已成为支柱。

地方史是希腊人在对其过去的追寻中取得的最早成果之一,赫拉尼库斯就是一个很好的例证。从那以后,对城邦的自豪感和资料方面的便利进一步推动了这类史学的发展。现在又出现了另一个动机。

当理性主义和强烈的个人主义力量开始挣脱传统的网罗时,为平衡这种倾向,城邦中出现了自觉的传统主义的增长。地方史被用来增强当时集体生活中那些将当下和过去联系在一起的特征,这些特征如今被视为健全而纯洁的。所谓的阿提卡作家(attidographers,这是对那些以赫拉

第二章 城邦时代及其历史学家

尼库斯的《阿提卡史》的方式来书写历史的阿提卡史学家们的一个笨拙的称呼)也是传统主义者。他们的著作探讨的是当地节日、神庙和仪式的确切历史,他们运用的是当时对准确性的热情,这实际上是具有侵蚀性的理性主义的作用,但它服务于传统主义的事业。这样,传统主义史学家忙于——比方说——寻找理性主义时代最易接受的提秀斯(Theseus)传说的版本,期望以此捍卫传统免受根本性的质疑。

传统主义者是最早的古文物研究者,这类人在寻求对遥远过去的新见解时发掘并保存了很多有价值的资料。虽然他们的工作可能很乏味,但与当代史学者的工作相比,他们实际上更有决心超越关于过去的一般认识。他们的目标也使得他们放弃古代史学家的典型关怀:对于个人的动机和行为的关怀、对当前和未来的人们从这类动机和行为中取得的永恒教训的关怀。他们关注的是无名的集体生活的方方面面。但是,传统主义史学家没有实现其主要目标,即通过保持传统来强化集体精神。不过,由于阿提卡作家们对共有传统的准确的考证研究,对那些已经沾染上怀疑主义的人们来说,此类传统接受起来稍微容易了些;但是,这些作家也把学术争论带进了传统之中,而传统需要的只是认可而不是精确性。历史本来是为了支持传统的,但它并没有抑制怀疑主义的冲击,相反,它至少迫使传统主义者部分地接受系统的怀疑方法。

没有明确的公共用途的历史书写。色诺芬的《长征记》(*Anabasis*)与其他希腊历史著作的题材大不相同,他不是追踪国家或英雄的命运,而只是记述一群雇佣兵及其首领们——其中就有色诺芬本人——的故事。这批人受雇于波斯亲王居鲁士(Cyrus),以帮助推翻他兄弟阿塔薛西斯(Artaxerxes)的统治。希腊雇佣兵的动机完全是为了追求冒险、光荣和战利品。公元前401年的库纳克萨(Cunaxa)战役粉碎了他们的希望,于是一场逃离波斯的艰苦斗争开始了,《长征记》描述的就是这场斗争。

斗争的一方是希腊人,另一方是荒原、野蛮人部落等和波斯总督提萨菲尼斯(Tissaphernes)。当提萨菲尼斯诱捕并杀害希腊将领后,色诺芬这个貌似有经验的战士带领希腊人穿越了重重险阻。所有这一切都不是为了任何国家的光荣或事业,而是为了一个简单的原因:"伙计们,快想想吧,这场角逐是为了希腊人的,去寻找你们的儿子和妻子吧——行动就在此刻!"①这个目标实现的时刻不是在决定性的战斗获胜之时,而是随前卫部队的呼喊声而到来:"海! 海!"(Thalassa! Thalassa!)他们得救了。这是一次辉煌的冒险历程,但对历史学而言无非是一场业余表演。

无论是在《长征记》还是在《希腊史》(Hellenica)中,色诺芬都没有显露出其作者身份,虽然他的作品有很强的个人主义气质。在他的著作中,个人创造了历史,个人凭自己的行动和卓越取得权势和声望,又因为对手的密谋策划和偶然的局势而遭受失败。色诺芬从不去寻找或理解那种冷酷无情的力量,而在修昔底德看来,这种力量决定了社会和政治制度的命运。因此,可以恰当地说,色诺芬是早期的希腊传记作者之一。

作为过去的一种阐述的传记。荷马的《伊利亚特》具有毫不掩饰的个人主义色彩。不过,这部史诗中的人物可不是在公共广场上能碰到的;他们是遥远的光辉时代的典范人物,他们的举止能激励人们超越其平庸的人生。研究早期的名人生平传记的学者们曾依稀提到,曾有人为缪拉萨(Mylasa)的僭主赫拉克里底(Heraclides)作传,这位作者很可能是卡吕安达的斯居拉克斯(Scylax of Caryanda),此人是个探险者。一些证据表明,吕底亚人克桑图斯和开俄斯的伊翁(Ion of Chios)写过传记作品。由于所有这些作者都生活在小亚细亚及其紧邻地区,学者们怀疑是某种来自东方的推动力刺激了传记写作。事情很可能是这样,因为近东的传记创作是个确定的事实,但必须补充的是,近东的传记的旨趣与希腊本土长期风行的趣味明显不同。

在公元前5世纪的希腊,人们的兴趣集中于国家、权力和霸权。但希罗多德的历史讲述了一些个人的故事,这些人物的生平可能有教育意义,而修昔底德是在言及政治家和煽动家时承认个人的重要作用。在公元前

---

① Xenophon *Anabasis* 3.4, in *The Greek Historians*, ed. F. R. B. Godolphin, 2 vols. (New York, 1942), 2: 289.

第二章 城邦时代及其历史学家

4世纪,公共纽带逐步松散,个人也因此日益受到重视,这些都有利于传记的发展。色诺芬的《长征记》可被视为一群人的集体传记,虽说他们的命运对历史的进程无甚影响。那次冒险还促使色诺芬创作了《居鲁士的教育》(*Cyropaedia*),该著说的是居鲁士大帝(Cyrus the Great)的故事。由于强调国王的道德和政治培养,于是它便代表了专论"某某的教育"这一特别的传记类型,这一类型在古代颇受欢迎,后来还在文艺复兴中再度复活。"传记"一词几个世纪后才开始使用,希腊人很长时期内只用"生平"(bios),但这只是个术语问题。

后来,在致斯巴达国王阿哥西劳斯(Agesilaus)的颂辞中,色诺芬将作为史学类型的传记创作引向了对人生的哲理沉思。颂辞是一种褒扬性的诗歌,它尤其是献给竞赛中的优胜者的,公元前4世纪的演说家们发现颂辞可以为自己服务,而伊索格拉底则在致塞浦路斯的埃瓦格拉斯(Evagoras)的颂辞中确立了这一文体的典范,他在这篇颂辞中歌颂了这位国王,并以埃瓦格拉斯的生平作为明智统治者的榜样。在致阿哥西劳斯的颂辞中,色诺芬在评论阿哥西劳斯的生平事件时仍保留一些历史学的要素,不过他主要关注的是这位他侍奉的国王的美德:虔诚、公正、自制、勇敢、睿智、理性、文雅。

第三章

临界点上的希腊历史学

一 特别的十年与历史学

突然之间,激动人心的当代事件开始令所有政治花招和马其顿的征服相形失色。菲利普22岁的儿子、马其顿的亚历山大(Alexander of Macedonia)开始东征,以彻底的胜利和征服为希腊人反对波斯人的漫长斗争画上了圆满的句号。他赢得了辉煌的胜利,他激励着很多希腊人,他建立了城市,他涉足此前杳无人迹的远方,他既完成了令人炫目的勇武业绩,也对自己的老伙伴犯下了种种罪行。最初他的作战动机相当简单,就是要击败波斯帝国,但当这个动机转变成统一希腊和波斯文化时,作战的目标也变成了追求军事冒险的荣耀。但是,当亚历山大暴亡之时,马其顿人或希腊人并没有控制一个统一的国家,毋宁说,亚历山大留给他们的是激动人心的回忆,是初露端倪的文化交融,以及很不稳定的政治局势。

那些描写亚历山大非同凡响的生平、讲述其中的惊险事件和恢宏功业的作者当中,没有一位堪比希罗多德或修昔底德,甚至没有谁能与色诺芬相比。乍看起来,这是件让人困惑的事。在关于亚历山大的众多著述——只有少量不完整的著作传世——当中,不太可能没有一部伟大的作品。但现存的著作完全没有感染力。古代地理学家斯特拉波(Strabo)曾批评那些追随亚历山大、后来又成为他的历史学家的人,他指责这些人

第三章 临界点上的希腊历史学

"更喜欢新奇而非真实"。① 他们的描述缺乏洞见、深度和创造性。亚历山大本人很关注历史学者,他还鼓励其中的一些人随他一起远征,但他们如此单薄的成就实在是对亚历山大的一种寒酸的回报。不过,所有这类责难都须归结为部分历史学者才能或技艺之匮乏。在希腊史学的语境中,亚历山大远征的成就及其影响是很难阐述的。在对亚历山大的史学家们稍加审视后,其中的原因也就更加一目了然了。

英雄,异域情调与闲言碎语。亚历山大喜爱荷马史诗,亚里士多德(Aristotle)曾为他准备了一个抄本,也许亚里士多德的亲戚、历史学家、奥林特的卡利斯特尼斯(Callisthenes of Olynth)也曾参与此事。卡利斯特尼斯曾陪伴亚里士多德左右,关于他的记述,我们只知道梗概。但他似乎毫不犹豫地将亚历山大描述为一个受神眷顾的英雄:这位英雄的祖先甚至可以追溯到宙斯和阿喀琉斯那里。另一些人则给他添加了一个源自普里阿摩斯和高贵的特洛伊人的谱系,于是亚历山大可以声称他是特洛伊遗产的继承人,而这份遗产现在的代表者是波斯帝国。对于那些并不了解此类谱系的人而言,他们只能觉察到,希腊人和马其顿人对波斯的进攻类似于亚该亚人对特洛伊的攻击。卡利斯特尼斯没有机会完成他的亚历山大史,他因为涉嫌一桩反对亚历山大的随从密谋而丧命。他为希腊人及后世史学家留下了《希腊史》(*Hellnica*),其时间跨度为公元前387年到前357年。

阿斯提帕拉亚的奥尼希克里图斯(Onesicritus of Astypalaea)笔下的亚历山大是个完全不同的英雄,他将成年的亚历山大描述为"手执武器的哲学家",特别是个西诺普的狄奥根尼斯(Diogenes of Sinope)式的犬儒派哲人。读者很可能感到奇怪的是,亚历山大是个热爱生活和冒险的人,后来他还爱上了波斯国王的财富、排场和权力,这样一个人怎么会与禁欲主义者狄奥根尼斯相同呢?他们之间也许只有一点共同的世界主义情怀。不管怎样,奥尼希克里图斯在讲述一些有趣的故事——如亚历山大

---

① *The Geography of Strabo* 15.1.28. Trans. H. L. Jones.

在药杀河(river Jaxartes)边碰到亚马孙(Amazon)女王后便不再继续东征——时,在描述异域的人民、奇特的动植物、印度的圣徒和传说中和平的缪西堪人(Musicanus)的王国时,他并没有把亚历山大当作哲学家。他的书中还有关于季风雨和穿越波斯湾的海上航行的精确评述,他以舰队司令涅尔库斯(Nearchus)的主舵手的身份来构想这次航行。然而,斯特拉波不能原谅他所认为的奥尼希克里图斯书中的荒诞成分,并因此称这位作者为"妄想的主舵手"。而那位曾率领亚历山大的舰队、将部分军队从印度运往美索不达米亚的克里特人涅尔库斯才是一位希罗多德式的观察者。涅尔库斯没有任何特别的目的或主旨,只是记载引起自己好奇心的东西,如河流、老虎、猴子或鹦鹉。他对其他人民的判断很慎重,如他认为印度人虽然不同于希腊人,但他们勇敢而文明。遗憾的是,在涅尔库斯的所有记载中,关于亚历山大的东西很少,只有一处例外:他提出过一个很有意思的看法,即 pathos(精神疾苦)驱使亚历山大从事伟大的冒险,这种 pathos 就是他性格中追求尚未实现之目标的朦胧而强烈的渴求,不过,亚历山大在征战期间无意之中把希腊文明带到了东方。

另一批历史学家关注"富有人情味的故事",或者说高级的流言蜚语。米蒂利尼的卡勒斯(Chares of Mytilene)曾服侍过亚历山大,他的官职是受波斯影响而设立的官职当中的一个,这是个兼内侍、特别秘书、文书总长等职责于一身的职务。他的《亚历山大故事集》(Stories of Alexander)表明了这个职务所要求和培育出的思想框架。亚历山大是个热衷吃喝聚会——虽然他本人并不饮酒——并爱吃苹果的人。《故事集》讲述了很多有关亚历山大的宴会、奇装异服和趣味生活之事,也谈到了亚历山大周围的人,还有这位国王的帐篷和家具,但对他的远征的用意和光荣则只字未提。其他几位作者,如亚历山大的秘书、卡尔迪亚的欧麦尼斯(Eumenes of Cardia)的著作看来也是同一风格,因此没有什么可说的。

随着时光的流逝,关于亚历山大的历史也在改进。卡桑德拉的阿里斯托布卢斯(Aristobulus of Cassandrea)在84岁高龄时开始撰写亚历山大的历史,他出色地阐述了这位君主的统治,其著作的一大特色是对于战

第三章 临界点上的希腊历史学

斗、国王的宴饮和自然现象着墨不多。另外,虽然阿里斯托布卢斯描绘了斩断戈尔迪结(Gordian Knot)①、水手因找回亚历山大的王冠而受到奖赏和惩罚、预言亚历山大将暴亡的巴比伦祭司所受的礼遇等场景,但他也记述了大量富有条理的严肃信息,并避免了很多奇思幻想的东西。当他认为合适的时候,他甚至批评亚历山大,特别是后者永不餍足的征服欲。但阿里斯托布卢斯的克制和文风没有赢得赞赏。他的作品只是被频繁地复制。

托勒密(Ptolemy)同样没有受到充分重视,除了很久之后的阿里安(Arrian),他认为托勒密是"一个可能认为说谎是特别丢脸之事的国王"。② 托勒密是亚历山大最宠幸的将军之一,他不关心地理、总体的历史发展或地方风俗。战斗是他最喜欢的话题,他对战斗的描述很出色、很冷静。他觉得没有必要去润色,因为他没有取悦读者的意愿。

克莱塔库斯(Cleitarchus)关于亚历山大的历史现在已经遗失,但很多人阅读或聆听过他的著作,虽然他本人很可能没有参加过亚历山大的远征。他通过迪奥多鲁斯·希库鲁斯(Diodorus Siculus)而影响后世。他所写的历史中的已知内容鲜有可信的东西,虽然该著曾一度使他扬名。

难题。亚历山大的天才及成就与关于他的历史的贫乏之间的这种刺目的反差,其原因究竟何在? 历史学家们仅仅觉得很难将亚历山大纳入他们关于过去的叙述中。他的辉煌行动可以看作旨在摧毁波斯人力量的诸多战役中的一个,并可以用这种方式来解释。这种思路启发了一些希腊人。但亚历山大是马其顿人、野蛮人,他摧毁反叛的底比斯的行径冷却了希腊人对他的热情。因此,有些历史学家,如奥林特的艾菲普斯(Ephippus),以一种敌对的方式来描述亚历山大大帝如何过于频繁地饮

---

① 相传公元前334年,亚历山大东征经过小亚细亚的佛吕基亚(Phrygia),以前这里有个叫戈尔迪的国王,用乱结把轭系在他原来用过的马车的辕上,几个世纪无人能解开此结,神谕说,凡能解开者即为亚洲之主。亚历山大得知此神谕,但他也解不开。为鼓舞士气,亚历山大挥剑斩断此结。——译注

② Flavius Arrianus *Anabasis of Alexander* 1. Preface. Trans. E. I. Robson.

用过多的纯葡萄酒,如何将祭祀礼服当作日常的穿着。当接踵而至的胜利摧毁波斯帝国时,有些希腊人甚至并不高兴,因为这注定要使希腊城邦继续成为马其顿的依附国。当亚历山大的远征转变成追求一个帝国、一种文化的文明开化使命时,另一些希腊人却丧失了对其伟大胜利的骄傲感。由于亚历山大的暴亡,希腊文化和波斯文化融合的观念只有足够的时间引起反感和抵触,但不能使人确信。所有这些都造成了一个根本性难题:亚历山大辉煌的功业及其短命的帝国涉及众多民族和野蛮人的区域,但这一功业和帝国不能置身于希腊人关于过去的视角中,因为后者仍然固执地以城邦为轴心。因此,历史学家们把亚历山大的生平和功业的历史转变成一个英雄人物的故事,这类故事以旧式 ιστορια 或希罗多德的方式来满足希腊人对于 oikoumenē(人类世界)的人民和地域的好奇心,或者蜕变为闲言碎语。对于希腊史学的整体而言,这一难题的含义甚至更为广阔。英雄、城邦和帝国衰亡之外的真正历史主题仍在寻找之中。

二 超越城邦视域的希腊化时代的历史学

当亚历山大死去时,他的帝国也随之终结。远大前景化为将领们之间的权力斗争,这些人最终获得了各自统治的省份,而省名义上是总督辖区(satrapy)。20 年的战争过后,出现了一个由亚历山大的继承者们(Diadochi)支配的国家体系;在这个体系中,统一成为空想,但一定程度的稳定还是存在的。安提柯的马其顿(Antigonid Macedonia),托勒密的埃及(Ptolemaic Egypt),囊括波斯、美索不达米亚、叙利亚和巴勒斯坦的塞琉古帝国(Seleucid Empire),成为东地中海地区的三个大国。马其顿统治下的希腊各城邦还能勉强而脆弱地维持下去,它们的自治权时而增强,时而削弱。终于,一些城邦联盟的形成——特别是埃托利亚(Aetolian)和亚该亚(Achaean)同盟——给城邦带来了某种影响。君主制地区和城邦地区存在多方面的差别,双方的历史学同样如此。塞琉古和托勒密两个王国在发展对过去的恰当反思方面遇到了特别的困难。在这两个国家,一

第三章 临界点上的希腊历史学

个小型的希腊统治集团和稍大一点的希腊商人集团生活在众多拥有悠久文化和独特传统的人民中间。这里的希腊化从来都是局部现象。而大陆上的各希腊城邦——它们甚至有界限清晰的自治权——则仍然可以运用其古老的史学模式,但修昔底德式的霸权结构分析除外。

作为学术的历史学。在托勒密时代的埃及,学者是希腊精英的一部分,而且还颇受优待。国王的庇护保证了著名的亚历山大里亚博物馆的运转,这个博物馆是一个从事纯粹学术研究的机构。一批学者在优越但与世隔绝的环境中对很多问题展开了研究。在历史方面,他们主要关注的是遥远的过去;对这些学者而言,这个选择并非不合常理,因为他们各自的国家并不了解彼此之间真正的连续性,除了精英阶层与希腊文化的联系。以学术努力保存遗产并将其记录下来,看来是个义不容辞的任务。希腊化时代的学者搜集和保存了一些古老文献,特别是荷马的著作。在这个过程中,他们对文献进行了批评研究,他们试图剔除后来添加的文字和讹误,试图以句读和重音标记来方便读者的理解,他们还出版了词汇和人名辞典。所有这些工作都显示出精深的学术性,但很难提供能广泛传阅的读物。另一些学者,特别是后来的学者,开始满足听众和读者的需要。与人世生活的隔绝自然有其代价。很多著作的复制品相对来说很少,因而很容易遗失。第蒙(Timon)曾把亚历山大里亚博物馆称作"鸡笼",人们指望笼中的学者能按时生产出作品,这个说法虽然过于严厉,但是,学者们的创造性工作虽然有其精深之处,但缺乏自发性,与其周围的生活也缺少真正的联系。

这种学术性的文献批评是否对史学理论产生了影响呢?只有很小的影响。历史真实性的问题仍然被归结为对叙述准确性的要求。希腊史学家普遍从这个意义上理解其叙述的真实性关怀。既然问题在于准确地描述过去的个别现象、而非——但修昔底德是例外——构成这些现象的力量,当然也就不存在究竟能否发现真实的疑问。真实性仅仅依赖于史学家的技艺、可利用的材料以及说真话的意愿。因此,人们谈论的智慧是如何信赖目击材料、文献、个人的亲身经历、可靠的作者及其他资料。米利都的赫卡泰俄斯对神话故事的筛选开启了这样一种潮流,即仅仅接受人类的理智能够赞同的那些关于过去的叙述。几十年后,叙拉古的安条库斯(Antiochus of Syracuse)开始在希腊神话传说中寻找"最清晰、最令人信服的要素"。公元前4世纪的厄弗鲁斯则完全忽略这类传说,认为它们并不可信。同样,神对人类事务的干涉也逐渐从史学中淡出。准确的历史被认为是关于纯粹的人类维度的阐述,它应以可靠的报道为根据,应涉及一种永恒的、能为理智所认识的事物秩序。

在亚历山大继承者们的国家,很少有希腊史学家渴望脱离学者型的研究、再度撰写具有公共用途的历史著作,因为他们已经不是积极参与城邦事务的公民了。像所有其他人一样,他们的生活中没有辩论公共事务、对决策施加影响的机会。火热的关切之情曾促使修昔底德去分析希腊人之间手足相残的战争、去追寻撕裂雅典帝国的各种力量,但这样的热切之情已然远去。因此,虽然希腊化时代的史学家们偏向某位庇护人、某个地区以及希腊的所有事物,但他们却毫无困难地表现出超脱与客观的气质。

希腊化时代的哲学家对如何界定历史学努力的方向并无帮助。哲人们忽略关于国家和世界的探讨,转而为在传统中失去系泊的个人构想恰当的生活方式。然而,当时的史学家和哲学家从未有过合作。亚里士多德关于历史在诗歌面前——含蓄地说也是在哲学面前——的地位的箴言,只是表达了一种有关历史学本质的长久看法。

> 因此诗歌比历史更具哲学意味,更为严肃;因为诗歌所言说的有更多的普遍性,历史言说的是个别的。这里所说的"普遍"是指某一种人根据或然或必然将会行动或言说之事;这就是诗歌的目标,虽然诗歌然后会赋予人物以特别的名字;而"个别"则是亚西比德(Alcibiades)所做过或所碰到过的。①

---

① Aristotle *Poetics* 11:1451b. Trans. G. F. Else (Ann Arbor, 1967), p.33.

第三章 临界点上的希腊历史学

历史诉说的只是转瞬即逝的现象，如个别事件、人物和制度，因此历史不能为哲学家认可，哲学家追求的是永恒的真理，并期望以普遍命题的体系来表达这一真理。历史学家要想与哲学家协调立场，只有当他在事件和行为中看到永恒的人类动机和教训之时，不过，此种工作是不足以让哲学家满足的。历史书写被驱逐出哲学领域，于是它和修辞学联系在了一起，而修辞学一开始是一种语言技巧——即劝说的艺术——但在希腊化时代，修辞学变成了一种宽泛而高深的学问，其中包括文学理论和文学批评。在修辞学领域，历史书写成为叙述的一种形式。整个希腊化时代的教育体制和学科体系都在重申历史学的这种定位，而亚里士多德的威望更确保历史学在以后的许多世纪中仍是修辞学的一部分。

当民主政体退化为希腊化时代一个无足轻重的要素时，修辞学也像历史学一样，失去了其公共功能，特别是政治方面的功能。而另一方面，修辞学成了教育体制的中心，一代代的学者和教师都将它视为文体和论证的训练、视为一种语言科学，因而保持了修辞学的活力。随着精心编订的课本的出现、虚拟争辩和演说实践的进展，修辞学发展成一种高度技术化的学问。伟大的历史文本成为传授正确的语法和文体、以典范的人生教导道德哲学等事业中的特选范本。

历史与古老的城邦。到此为止，希腊的过去分为四个不同的阶段：神和英雄的时代，希腊城邦的时代，亚历山大大帝时期，以及随后出现的各后继国家的时代。这些后继国家的历史学家无意撰写涵盖所有四个时代的历史。这样做可能只会强调城邦时代与后继国家世界之间的严重断裂。希腊大陆的史学家撰写此类准世界史的动力也只是稍微强烈一点点。希腊和马其顿新近发生的事件引起了他们的关注。这尤其是因为，随着马其顿的到来，城邦不仅发现了一种新的生活方式，而且发现了一种新的政治组织形式，这就是联盟或联邦，这样的组织可以保持城邦的自治权，但它已经超越了城邦的边界。雅典的丢勒斯（Diyllus）、赫拉克莱亚－庞提卡的努菲斯（Nymphis of Heracleia Pontica）、卡尔迪亚的希罗努摩斯（Hieronymus of Cardia）都曾写过近期的希腊历史，这些著作现存的残篇表明,虽然它们都具有一定的价值,但它们没有带来新的解释,或带来新的史学观念。在希腊的中心地带,大多数历史学家仍坚持地方史和区域史的传统。

作为巧妙叙述技艺的历史学。很少有人了解作为学术的历史学。从某种程度上说,作为政治叙述或地方故事的历史具有更大的公共号召力。作为戏剧性叙述——无论是严肃的还是轻佻的——的历史吸引了多数人的注意力。历史的这一侧面已经呈现在荷马《伊利亚特》中的英雄业绩故事中了,它同样反映在希罗多德津津乐道的趣闻轶事中、在色诺芬《长征记》的故事中,甚至在修昔底德一丝不苟地阐述的个别片段中。但是现在,吸引公众注意的意愿已成为一些历史著作的重要特点。亚历山大大帝之后希腊世界的生活促进了这一趋势的发展。至少在城市地带,大部分居民已经享受到和平、闲暇,以及相对的舒适。这些居民渴望兴奋和娱乐,历史学家自然考虑到了这一点。

萨摩斯的多里斯(Duris of Samos)和菲拉库斯(Phylarchus)(公元前2世纪前期)曾吸引大量读者,不仅是因为其著作题材的意义,也因为他们的写作方式。一个多世纪以后,这种写作方式引起波利比乌(Polybius)的愤怒,他谴责多里斯所属的整个一类历史学家:

> 尽管他们的题材很简单,没有任何复杂之处,但是,为了追求历史学家的名头和声望,他们不是从其叙述的事实的真实性出发,而是扩充其著作的数量,于是他们竭力让鸡毛蒜皮的小事看起来很重要,对于那些本来可以表述得很简洁的东西,他们以华丽的修辞大肆铺张;本来很不起眼的行为和成就,他们也要修饰打扮一番;对斗争经过的叙说不厌其烦;他们描写的对垒战有时只有10个或更少的步兵倒下,而骑兵就更少了……我所指的这种历史学家,当他们的著作描述围城战时……总是强迫自己去展示所有的机巧、所有勇猛的攻击、以及围城战中的所有其他方面……他们一定要动用自己的才智去拉长恼人的文字、去夸张地润饰画面,但他们根本不能让我满意,因为

第三章 临界点上的希腊历史学

他们没有按事件发生的本来面目给出更为真实的阐述。①

……由于渴望以自己的故事去激发读者由衷的同情、博取读者的好感,他笔下的妇女张开双臂拥抱、撕扯她们的头发、袒露她们的胸怀;对于同孩子及年迈的父母一起身陷囹圄的男男女女,他一再诉说他们的眼泪和叹息。他的整个历史著作中都连篇累牍地贯穿着这些东西,意在将可怕的场景鲜活地呈现给读者。②

叙述渲染夸张、讲述趣闻轶事、不回避细枝末节以增强人们兴趣的历史学家们,他们希望历史能给读者和听众提供某种 mimesis,即某种对真实的模仿,这种模仿也像戏剧一样,得以激发读者和听众的情绪甚至激情,使其"介入其中"。历史是用来再体验的,而不仅仅是用来聆听或阅读的。菲拉库斯和其他人可能申辩说,以这种方式来传播历史的教导最为有效,只可惜他们头脑中还没有具体的教导。尽管波利比乌后来提出过批评,但作为一种纯粹的叙述艺术,戏剧化的历史相当切合希腊化时代;决定性的政治事件已不再有,积极的公民生活也已凋零,精英们关心的是个人德行的理论,而娱乐需求则有所增长。历史学家很久前就被阻止与哲学一起携手解释人类生活,他们从未意识到,历史学可以仅出于对真理的热爱而去尝试重构过去;历史学家们运用戏剧技巧去调动人们的情绪,传达一个或两个历史教训,而其首要目标则是娱乐。

三 新的地域和人民的问题

亚历山大的远征使得希腊人与不同的文化建立起持久的联系,这刺激了希腊人古老的好奇心,并由此产生了众多民族志和地理学的材料。这些材料虽然大多与人们描绘的历史没有直接联系,但历史学的维度很

---

① Polybius *The Histories* 29.12. Trans. E. S. Shuckburgh.

② Ibid., 2.56.

少被忽视。简单的好奇之外通常还有很实际的动机。例如,由于塞琉古君主国的东部边境抵达了印度次大陆,于是对塞琉古的国王们来说,与北印度强大的旃陀罗笈多(Chandragupta)王国保持良好关系就成为政治上的必需。公元前300年左右,希腊人麦加斯提尼(Megasthenes)曾在这个印度王国的宫廷逗留。他在《印度记》(*Indica*)中记载了自己的经历和评论,这本著作描述了恒河和印度河一带的地域和人民。遗憾的是,他的著作流传下来的很少,除了一些让人困惑的数字:如它宣称,这个地区6042年的历史中有153位国王,因而每个国王的平均在位时间长达39.5年。不太让人迷惑的是,麦加斯提尼试图揭示狄奥尼修斯神(Dionysius)在这个地方的活动踪迹。亚历山大大帝的历史学家们也"发现了"这类踪迹,特别是赫拉克勒斯留下的踪迹。说实话,这类准历史只是将新发现的区域融入希腊世界的一种简单方式。

巴比伦和埃及的历史。东方的希腊人可能从非希腊人那里学到了很多有趣的东西,在这些非希腊人当中,很多人以他们拥有比其征服者更辉煌的过去和更古老的历史记录而感到骄傲。有两部著作希望这一事实给新统治者留下深刻印象,同时也是想博取后者的宠幸。公元前280年到前270年,巴比伦的贝尔神(Bel)祭司贝罗苏斯(Berossus)在其分为三部分的《巴比伦史》(*Babyloniaca*)中阐述了美索不达米亚人民悠久的历史和辉煌的成就。他推算说,世界的历史大约为468215年,巴比伦和迦勒底(Chaldea)的历史可追溯到435600年前。当这段历史过去432000年之时,发生了大洪水,这个事件是《巴比伦史》中的转折点。大洪水后3600年,亚历山大闯入了中东。贝罗苏斯是怎么知道这些的呢?在亚述帝国(Assyrian Empire)之前,他依靠的都是神话和其他传说,但亚述帝国之后他参考了广泛的神庙档案。

赫里奥波利斯(Heliopolis,太阳城)的一位埃及祭司、色本尼图斯的马尼托(Manetho of Sbennythus)著有《埃及史》(*Aegyptiaca*,约公元前280年),他可能也利用了神庙中的档案,他在书中同样也强调了新统治者到来之前他的故土的辉煌历程。这部献给托勒密二世(Ptolemy II)的著作

第三章 临界点上的希腊历史学

在纪年方面做得很好,它将埃及各王朝作为纪年的原则。

除了纪年技巧外,贝罗苏斯和马尼托的著作还有另外两个共同点:他们都以希腊语写作,而且他们都被后世忽视。从人气上说,马尼托那严肃认真的著作逊色于一部较早的希腊人撰写的埃及史,其作者是阿布德拉的赫卡泰欧斯(Hecataeus of Abdera),这是一部怪诞的、印象式的、通常很不可信的著作,其目的是要让世人知道,托勒密王朝统治的疆域是多么辽阔。不过贝罗苏斯和马尼托的历史终于得到了赏识。到公元前70年,亚历山大·波利西斯托(Alexander Polyhistor)关于贝罗苏斯《巴比伦史》的摘要引起了犹太人的兴趣,后者在其中发现了很多关于犹太早期史的材料。犹太史学家弗拉维乌斯·约瑟夫斯(Flavius Josephus)利用《巴比伦史》以及赫卡泰欧斯和马尼托的埃及史来重构犹太史。早期基督教学者,尤其是尤西比乌(Eusebius),在试图确定创世及亚当的日期时曾仔细参阅过《巴比伦史》。

历史和年代学。当文化与文化在新的政治统一体中碰撞时,人们需要再次面对一个曾长期被忽略的问题:这就是构建一种统一的历法。希腊文明已经渗透到十分辽阔的土地上,对于这片土地上的许多不同民族留下的记录,历史学家只有依靠统一的历法的帮助才能将它们协调起来。如果他们要撰写著作,已经不太可能采用"雅典的执政官皮托多鲁斯的执政任期还有四个月"之类的说法,这种说法过去对斯巴达人没有多少意义,对现在托勒密治下的埃及和塞琉古治下的巴比伦而言,其意义就更小了。

整理众多历法的新尝试绝非仅仅来自学术兴趣的推动。塞琉古已经将众多中东地区和人民统一到自己的君主国中。出于行政管理方面的考虑,塞琉古给他的王国颁布了一部统一的新历法,该历法的起始点为公元前312年他征服巴比伦之时。由于这部历法的起始日期太近,因而对历史学者而言,它解决不了多少问题,不过它还是为该地区提供了一个有益的纪年基准,故而很多犹太人按塞琉古纪元来纪年,一直到公元11世纪,而叙利亚的基督徒至今仍然采用这种纪年法。贝罗苏斯在《巴比伦史》

中提出了另一种具有普遍适用性的时间标准。他以沙罗周期(Saros period)为基本单位,它表示的是太阳、地球和月亮两次处于同一特定星座位置所间隔的时间,共计 6585 又 1/3 天。当《巴比伦史》湮没后,沙罗周期也遭遇到同样的命运。

希腊史学家最终为时间同步问题找到了一个希腊式的解决方案,人们把这归功于陶罗梅纽姆的蒂迈欧斯(Timaeus of Tauromenium)。如果给他的荣誉恰如其分的话,他是当之无愧的。公元前 3 世纪时,他"从早期历史中提取了一份斯巴达监察官和国王的对比列表,还有一份雅典执政官和阿尔戈斯女祭司与奥林匹克优胜者的对比列表"。① 简单地说,蒂迈欧斯延续了那些研究既存的地方时间框架的传统,但他试图在这些框架之间建立起准确的联系。他很可能接触过关于这一问题的早期著述,包括亚里士多德对奥林匹亚纪年的改进,以及亚里士多德的侄子卡利斯特尼斯编制的、带有日期的皮托竞技会(Pythian games)优胜者的名单。对蒂迈欧斯来说,首先要做的工作是在自己的《奥林匹亚志》(*Olympionicae*)中改进前人的工作,然后在自己的著作中始终如一地使用奥林匹亚纪年标准。

蒂迈欧斯的奥林匹亚历法的有效性在埃拉托斯特尼(Eratosthenes)那里得到了印证。埃拉斯托特尼是著名的地理学家、数学家、天文学家和诗人,他写下了一部博学的著作:《论年代学》。但是,当他自己的希腊喜剧史需要某种年代学时,他选用了蒂迈欧斯的体系,从而也认可了这一体系。不过,无论是他还是蒂迈欧斯,都没有把奥林匹亚纪年标准回溯到第一次奥林匹亚竞赛会(公元前 776 年)之前。

蒂迈欧斯之后,希腊史学家终于有了一种共同的历法,他们可以利用这一历法来确定过去事件的日期。但是,由于地中海世界中的希腊区域没有政治统一,奥林匹亚历法也无法通用。人们依然生活在地方性或区域性的情境中。只要地方性或区域性历法能够满足他们的日常生活,他

---

① Polybius *The Histories* 12.11.

第三章 临界点上的希腊历史学

们就没有采纳奥林匹亚历法为普遍标准的紧迫感。

希腊人与其未来的际遇：罗马。最终决定性地改变希腊政治的人们生活在亚历山大及其继承者们未曾涉足的西方。当希腊化东方的生活逐渐展开之时，位于意大利半岛的罗马城也将其统治扩展到伊特鲁里亚人（Etruscans）、拉丁人（Latins）和萨谟奈（Samnites）人那里，到公元前275年，罗马已控制意大利南部大希腊地区（Magna Graecia）的希腊人。在巩固了对意大利中部和南部的控制后，罗马开始觊觎西西里（Sicily），而它在这里即将遭遇其最重要的对手：迦太基（Carthage）。

对于希腊核心地带的史学家而言，西方希腊人的形象是模糊的，他们只是间或出现在一些知名史学著作中。只有西西里——一个频繁上演着文化冲突和军事冲突的岛屿——本地或来自西西里的史学家对西部希腊的历史有广泛的描述。希罗多德和修昔底德的同代人、叙拉古的安条库斯曾阐述过从神话时代到公元前424年杰拉（Gela）和约的西方希腊人的历史。他的记述中有一个重大事件：公元前480年，当东方的希腊人在萨拉密（Salamis）取得对波斯人的著名胜利时，西西里的希腊人同样也赢得了一场大捷。叙拉古的僭主杰隆（Gelon）在希米拉（Himera）击败迦太基人，从而使得西西里的希腊移民点免受迦太基的控制。西方的第二个决定性事件是叙拉古人摧毁雅典的远征军；公元前4世纪的西西里人菲利斯图斯（Philistus）曾记述过这一事件。菲利斯图斯的《西西里史》（*Sicelica*）还有一些暗示，这些暗示提示人们，西西里的历史为何难以书写。僭主扮演的广泛角色表明，许多城邦内部不够稳定，这反过来妨碍了稳固的传统的形成和连续意识的发展。

政治问题同样决定了第三位、也是最重要的一位西西里史学家陶罗梅纽姆的蒂迈欧斯的人生，他曾在雅典度过了50年的流亡生涯。我们已经讨论过的《奥林匹亚志》是一部关于奥林匹亚竞赛优胜者的编年研究。他的主要著作是《历史》（可能应称作《西西里史》：*Sicelica*），但这部著作只有386段残篇传世。我们对蒂迈欧斯的了解，很大程度上归功于他不留情面的批评者波利比乌，后者告诉我们，蒂迈欧斯曾论述过意大利、西西里和北非的历史。他的补充论著《皮洛士战争史》(History of the Pyrrhic Wars)留下来的片段就更少了。

蒂迈欧斯看来是以希罗多德式的宽广视野来书写历史的,他似乎在古代世界享有过很高的声誉,尽管波利比乌很反感这种枝蔓丛生的历史。不过,希罗多德的方式有助于蒂迈欧斯叙述罗马势力开始急剧上升时期的历史。关于罗马的起源,他简短提到过赫拉克勒斯在罗马横渡台伯河(Tiber River)的故事,这位神当时受到了热情的招待,而这个故事已预示着罗马的远大前程。蒂迈欧斯还知道罗马的特洛伊祖先伊尼阿斯(Aeneas)的故事,也了解关于罗慕路斯(Romulus)和雷穆斯(Remus)的罗马传说。不过,蒂迈欧斯并没有将罗马的奠基归功于神、英雄或特洛伊人。他把罗马的起源和迦太基的起源联系起来,他认为,迦太基是由腓尼基城邦推罗(Tyre)的逃亡者建立的。根据自己在推罗年鉴中发现的资料,他推算迦太基建立于公元前814/813年。接着他又简单地认为罗马建城也在同一年,其中的理由无从知晓。蒂迈欧斯肯定很清楚,这个相对较近的日期——在特洛伊陷落后400余年——对于当时已然为人熟知的罗马源自特洛伊的说法意味着什么。他认为,特洛伊移民点的建立可能早于拉丁罗马。罗马人每年都在战神广场(Campus Martius)宰杀一匹战马,除了表达他们对使其特洛伊祖先遭受如此不幸的特洛伊木马诡计的怒火之外,还有什么理由能解释这一做法呢?

蒂迈欧斯的作品堪称希腊化时代的历史学所能产生的最佳著作的代表:对过去的论述娴熟精致,但仍然囿于久已确定的观念和解释模式之内。从形式和内容而言,希腊史学已经穷尽其潜力。下一个激励它的因素来自希腊世界的外部——罗马。蒂迈欧斯死后大约半个世纪,希腊史学开始担当罗马历史学家的导师,不过它有很多东西教给自己的学生。

当希罗多德将 ιστορια 从对世界的全面研究转变成对过去事件的探究时,希腊人便开创了自己的史学观念。与近东地区关于过去的记录——全然是国王和朝代的名单——不同,希腊历史学是关于人类世界

第三章 临界点上的希腊历史学

的故事;这个世界充满偶然性,它远非哲学家笔下那永恒不变的本质。与此相应的是,当希腊世界发生变化时,希腊史学也随之转变。随着城邦制度的胜利,史诗中的英雄和业绩淡出了城邦公民和领袖、以及城邦活动所关注的中心。在很多世纪中,修昔底德式的政治史仍占有突出地位,尽管这种地位的根基随着马其顿霸权的建立及其希腊化的后果而瓦解。不过,希腊化世界的生活使希腊史学的另一些方面更具活力;其中有传记,色诺芬为其在历史学上的运用树立了楷模,它是好奇心的表达,并提供了卓越人生的典范;还有民族志方面的描述,这种政治史叙述中的枝蔓自有理由受到人们的喜爱;再就是作为戏剧和娱乐的历史,它深受缺乏强烈的集体忠诚的人们的青睐;最后还有进展已很深入的年代学,而奥林匹亚纪年法中的年代学则象征着某种希腊式的统一。

这份光彩夺目的记录有一个黯淡的斑点。当希腊人试图调和过去、现在和未来时,他们只在较短的时段和较小的空间内取得了成功。但是,史诗时代构成过去的历程中一个无法逾越的界限,而期望中的未来与现在、即与城邦和后来亚历山大继承者们的王国,从来没有显著的不同。由于缺乏整体发展意识,希腊史学也就没有强劲的动力。希腊史学从未找到一种书写已知世界的普遍历史的方法,这一点毫不奇怪。厄弗鲁斯曾试图超越以城邦为导向的政治史,但他只能设想一种接近于泛希腊主义的希腊史,附带一些关于野蛮人的章节,仅此而已。唯有罗马能够带来一种更为广泛的新统一观念,不过这是希腊人不大愿意接受的。

另一方面,罗马人获得了翔实的信息和充分发展的史学形式:从史诗到散文体历史,这些成就是希腊人历尽艰辛后得来的。当罗马史学家用这些形式为自己的目的服务时,他们只是照搬了希腊人关于历史理论的各种观念。但希腊人自己对于方法论并未有太多的思考。最初,他们以理性的权威——从较小的程度上说还有经验的权威——取代了神话和史诗的权威。由于无法找到揭示遥远过去的恰当方法,希腊史学家更偏向于当代史,后者可以以目击材料为证。关于过去的其余岁月,人们只是在对权威作者的信赖中带有某种温和的批判色彩。希腊历史学家们从未把史学设想成首先是为了追求真理，或为了思想上的好奇而对过去的一种重构，而总是设想成一种有目的的努力——或者是保存辉煌的记忆，或为了教育积极公民，或是为满足娱乐的渴求，甚至是说些闲话而已，但方法论的问题从来没有被提出来过。上述这些目的都不要求某种方法论，而当史学家着手一点一滴地重构过去时，这类方法论本来可能成为某种必需。古物史和地方史虽然具有较大的史料意义，但它们的地位不足以改变局面。

第四章

早期罗马史学神话、希腊人和共和国

一 朦胧意识中的早期史

关于建城者和国王们。在历史教科书中,罗马国家从默默无闻走向伟大的征途迅速而坦荡,但实际上,罗马国家通往帝国霸权的道路蜿蜒曲折。罗马人的种族来源很复杂,这群人逐渐在台伯河边的七座山丘上定居,但直到公元前509年,他们才真正成为自己命运的主人。此前他们只是拉丁人的一部分。拉丁人很幸运,他们生存的土地很优良,而且有两个高度发达的文明为邻;一个是北方的伊特鲁里亚人,另一个是南方的西方希腊人。但几个世纪以来,伊特鲁里亚人的影响对罗马人来说肯定是支配多于利益。伊特鲁里亚人大多组织在一个城邦联盟中,他们推行一种积极的文化和政治扩张主义,罗马看来难以逃脱。直到公元前509年左右罗马共和国兴起、叙拉古在库麦击败伊特鲁利里海军(公元前474年),伊特鲁里亚的霸权才被遏制。不过到这时,伊特鲁里亚文化已经给罗马文化留下了难以磨灭的印记。

西方希腊人的影响不那么强烈。希腊人于迈锡尼(或亚该亚)时期率先到达意大利半岛。公元前8世纪,希腊人再次向西发起一场广泛的殖民运动,这场运动将意大利南部的广大地区变成了大希腊,西西里岛很大程度上也被希腊化。当然,希腊移民带来了他们的神话,包括那些关于向西远航的希腊和特洛伊英雄的神话,他们当中有伊尼阿斯、奥德赛和狄俄墨得斯(Diomedes)。

希腊人的新邻居当中有拉丁人,后者当时并不值得特别的关注。直到公元前 600 年之后,仍在伊特鲁里亚影响之下的罗马才开始成型,当时山丘的居民建立了一个公共集会场所——罗马广场(Forum Romanum),这是在一块排干了的沼泽低地上铺成的。这个广场连同台伯河边的牛市(Forum Boarium)后来发展成罗马的城市核心。

公元前 6 世纪早期,罗马人必定熟知希腊神话传说中关于过去的诸要素,这从如下事实可以判断出来:在当时伊特鲁里亚和罗马使用的陶器上,装饰着伊尼阿斯背着他父亲安吉希斯(Anchises)逃离焚烧中的特洛伊城的场景。这种孝顺之情肯定迎合了罗马人一直很强烈的家庭休戚与共的观念。我们可以设想,当时的罗马人已经知道关于伊尼阿斯西逃的希腊传说。像该地区的其他居民一样,罗马人最终也接受了伊尼阿斯是他们祖先之一的说法,虽然我们还不知道他们接受这一说法的确切时间。比较容易确定的是希腊人何时开始声称伊尼阿斯或其后代创建了罗马。公元前 5 世纪时,莱斯博斯的赫拉尼库斯(Hellanicus of Lesbos)曾告诉人们,伊尼阿斯如何在奥德赛之后或与后者一起来到意大利、如何创建罗马的。

上面这个例子再次说明希腊人对于一个新近闯入他们视野的人民的典型反应。希腊人将这个新人民的早期历史融入当时已经编织得很精致的希腊神话版本的历史之中,从而实现对他们的希腊化。没有人可以生活在希腊人的轨道之外,也很少有哪族人民能抗拒这个轨道的吸引。关于过去究竟发生了什么,在某种恰当的范围内一直有各种说法,但这一点无关紧要。比如,一个版本认为,一个叫罗默(Rhome)的特洛伊妇女迫使伊尼阿斯留在了意大利,因为她烧毁了特洛伊的船只;而在另一个版本中,伊尼阿斯成了罗默的丈夫。但在两个版本中,伊尼阿斯都是罗马人共同的祖先。

不过,罗马人也有一个关于罗马起源的罗马版本的故事。在公元前 509 年——这个日期一般被认为是罗马共和国的开端,不过还没有充分的依据——之前的几个世纪中,统治罗马的是国王们。后来的罗马史学家认为,在位的国王共有七位,如果算上与罗慕路斯共治的第图·塔提乌斯(Titus Tatius)则有八位,不过现代历史学家对其中的任何一位都不够

第四章 早期罗马史学神话、希腊人和共和国

确信。这些国王中的第一位,即罗慕路斯,也是另一个关于罗马建城传说的核心。他的名字中有一个伊特鲁里亚词缀:-ulus,其意思看来是"某某的奠基者"。在一个经历数个世纪而发展完善并广泛流传的故事中,罗慕路斯是雷穆斯的孪生兄弟。这两个孩子是战神马尔斯(Mars)强奸贞女祭司雷亚·西尔维娅(Rhea Silvia)后留下的。雷亚·西尔维娅的叔叔、阿巴隆加(Alba Longa)的国王下令将孩子杀死,但负责此事的人只是将他们遗弃了。一头母狼喂养了两兄弟,后来一对牧人夫妇将他们抚养长大。罗慕路斯在杀死雷穆斯后建立了罗马,并成为罗马的第一位国王。罗马人究竟什么时候认可罗慕路斯是他们城市的奠基者,这一认可又是何时传播开的,这些问题仍然不清楚。不过,到公元前296年,两个年轻人的故事必定已经家喻户晓了,因为在那一年建起的一座雕塑和铸造的货币上,都刻画有罗慕路斯、雷穆斯和母狼的图像。

希腊人第一次提到罗慕路斯和雷穆斯,是在西西里史学家阿尔基穆斯(Alcimus)的著作中(约公元前300年),不过在这部著作中,罗慕路斯和雷穆斯不是同代人。有些学者认为,第一个认为罗慕路斯是罗马奠基者的希腊人是埃拉托斯特尼。

传说之外关于过去的痕迹。根据传说,随着高傲者塔克文(Tarquinius Superbus)的下台,七位国王的序列也就终结了,罗马共和国随之诞生。通常认为这个事件发生于公元前509年,在罗马历史中,它是早期历史学关照的主题。有位历史学家——有人认为是希佩罗库斯(Hyperochus)——曾写过库麦城邦的统治者、娘娘腔阿里斯托德穆斯(Aristodemus the Effeminate)的传记,这位统治者想削弱伊特鲁里亚的影响力,为此他介入了罗马反对塔克文父子的斗争——希佩罗库斯的记录中曾提到此事。

尽管希腊的影响很强,但罗马人对历史的意识植根于其基本的社会单位之中:这就是部落(gens)和家族(familia)。部落由一群有亲缘关系的人组成,他们声称来自共同的史前祖先,彼此间以共同的仪式、甚至共同的葬礼和墓地而紧密地联系在一起。家族以类似的祖先崇拜而聚合起来,尽管其祖先的渊源不甚遥远。在罗马人的家中,祖先的蜡制面具和记

载着祖先之荣耀和职务的铭文占据着显赫地位。颂扬死者功绩的葬礼演说(laudationes funebres)是葬礼的一部分,这篇演说词的副本将保存在祖先画像的近旁。这类死者传记难免溢美之词,但它们构成关于前辈人的松散记录,并成为后代作者的一项基本史料。对于罗马的个人来说,过去和现在通过部落和家族的回忆和记录而交融在一起,这些资源唤起虔诚之情,并为当下的行为提供了历史典范(exempla)。

希腊人曾利用代际次序作为创造某种简易的年代学的工具,但罗马人没有这样做。数个世纪以来,罗马人只满足于一种各片段之间无法协调的历史记录。他们的确发展出一种历法,根据传说,这部历法是通过第二位国王努马·彭皮利乌(Numa Pompilius)的改革而获得其持久形态的。这基本上是一部月历,附带有一些太阳历的校正。罗马人以这部历法来保证各种献祭、宗教仪式、举行集会和其他须在特定时间完成的活动。早期的罗马人虽然在度量一年内的时间方面力求准确,但在纪年体系方面,他们留给我们的信息太少。我们只知道,卡庇托林神庙(Capitoline Temple,密涅瓦神的空间)中神像室的墙上有敲钉子的痕迹,这可能是一种纪年方法,此外还有一种根据圣王(rex sacrorum)之年来纪年的方法。

历史记录的保管者和编写者是罗马祭司,他们都属于一个特殊的祭司集团,农业、游行、公共仪式上的聚餐、占卜(auspices)等神圣事务均有专人负责。监督这个祭司集团的祭司长(pontifices)之上还有一位大祭司(pontifex maximus)。这位大祭司负责编纂一份总清单,那上面记载着神圣法律允许进行商业和法律事务的日子(dies fasti:吉日表),这也意味着那些不能进行此类事务的日子(dies nefasti:禁日表)。这些记录究竟可追溯到什么时候,对此我们并不清楚。公元前304年,这些记录被刻在木板上,放到 regia 展出——regia 一度被认为是国王努马·彭皮利乌的宫殿,后来成为大祭司的宅邸。《大祭司编年》(Annales Maximi)开始逐步收入高级官员的名字、宗教集会的准确日期、祭司的死亡及其继承者的名字,并记载火灾、洪水、饥荒、战斗、法律和条约。我们不可牵强地认为,这种年复一年地记录国家集体生活中的事件的习惯已然构成编年史这一史

第四章 早期罗马史学神话、希腊人和共和国

学类型,虽然编年史后来的确是很多罗马史学的一个典型特征。编年史与希腊人所偏爱的较为自由的著述形式构成强烈对照,也见证了罗马公共生活与罗马史学之间密切而持久的联系。共和国早期生活中诞生的其他编年形式的记录,同样也见证了这种联系。《执政官年表》(fasti consulares)是记载每年的高级官员的名单。法官名单保存在天后朱诺·莫涅塔(Juno Moneta)的神庙中(直至约公元前50年),条约名录在卡庇托林神庙中(直至被苏拉[Sulla]时期的大火摧毁),法规名录在农神撒图恩(Saturn)的神庙中(直至尤里乌斯·恺撒[Julius Cesar]时期),元老院条理的清单在谷神色列斯(Ceres)的神庙中(直至奥古斯都[Augustus]时期)。

二 罗马的过去和希腊的学术

公元前390年左右,布伦努斯(Brennus)率领的高卢人(Gauls)差一点灭亡罗马国家,这段插曲极具戏剧性,以至于阿里亚(Allia)的惨败①、马库斯·曼留斯(Marcus Manlius)英勇保卫卡庇托林山丘、守卫者得到山丘上的鹅的帮助等故事在罗马史中一再被复述。甚至特奥彭普斯和亚里士多德也兴味盎然,他们的有关叙述第一次把罗马历史事件置于希腊的语境中。不过,希腊和罗马史学的联系来得较晚,而且是逐步建立起来的。除了陶罗梅纽姆的蒂迈欧斯,希腊史学家们对后来罗马追求对拉丁同盟的统治权、对罗马人征服赫尔尼克人(Hernici)、沃尔西人(Volsci)、埃魁人(Aequii)、萨宾人(Sabines)和维爱城(Veii),都不曾予以关注。但是,罗马反对希腊城市塔兰托(Tarentum)的战争(公元前282—前275年)改变了这一局面。与塔兰托结盟的伊庇鲁斯王皮洛士(Pyrrhus of Epirus)甚至利用希腊史诗来赋予这场斗争以更高的意义。皮洛士称自己是阿喀琉斯的后裔,自认为是在为亚该亚人而向罗马复仇,因为这个城市

---

① 阿里亚是条河的名字,罗马在这次战役中溃败,高卢人打开了洗劫罗马的通道。——译注

据称是特洛伊人伊尼阿斯建立的。当罗马获胜并成为大希腊的主人后,希腊史学家看来对罗马更感兴趣了。陶罗梅纽姆的蒂迈欧斯一度较为深入地探讨过这个地中海体系中的新来者的过去,如此便在希腊史学和罗马史学之间建立起持久的联系。公元前273年,托勒密派遣使团前往罗马,以评估这个新兴势力,其中有一位是亚历山大里亚图书馆的成员兼历史学家吕克弗隆(Lycophron),他曾谈到罗马已逐步上升为西地中海的霸主。

罗马古代传说的年代厘定。罗马史学传统和希腊史学传统的交汇开始了一段不可避免的历程,但这段历程进展很缓慢。在学术方面,这两种传统之间没有兼容的紧迫性,因而一时也难以建立恰当的联系;不过,随着两种文化和两个民族的命运日渐交织在一起,调和两种史学传统也一代比一代更显必要。问题的关键是,关于罗马起源的各种传说很快就在年代学上表现出严重的不一致。作为特洛伊战争的幸存者,伊尼阿斯显然生活在罗马创立期间和其后不久。蒂迈欧斯把特洛伊陷落的时间定在公元前1193年(埃拉托斯特尼认为公元前1184/1183年更为确切),接着又称罗马奠基于公元前814/813年,二者之间便出现了近400年的隔阂。到公元前300年,罗马人开始认为,他们自己的罗慕路斯故事至少和伊尼阿斯故事一样重要,于是需要调和这两种传说。显然,伊尼阿斯和罗慕路斯之间的关系不可能永远是那种广泛认可的父亲和儿子或祖父和孙子之间的关系,虽然一些早期的罗马史家仍坚持后一种关系。最后,另一些拉丁传说提供了帮助,特别是拉维纽姆(Lavinium)和阿巴隆加传说。阿巴隆加最终赢得了这场与拉维纽姆之间的声望之争:它的一系列国王填补了伊尼阿斯与罗慕路斯之间的空缺。

两种早期罗马史——以希腊语书写。就史学而言,罗马世界与希腊世界的碰撞带来的第二个结果是罗马人撰写的叙事史的出现。作为一个小小的族群,罗马人能在如此短的时间内征服和控制如此众多的人民,这本来是一种富有戏剧性的成功,但他们带着思索的眼光来审视和歌颂这一成就却是令人难以置信地滞后。到公元前272年,罗马已成为意大利中部和南部的主宰者。接着,在富有历史意义的第一次和第二次布匿战

第四章 早期罗马史学神话、希腊人和共和国

争（Punic Wars）中，罗马遭遇强大的迦太基。这些极富震撼性的集体经历终于催生了一些罗马史学家，其中有来自坎帕尼亚（Campania）的诗人奈乌斯·奈维乌斯（Gnaeus Naevius），以及两位罗马元老：昆图斯·法比乌斯·匹克托（Quintus Fabius Pictor）和卢修斯·辛修斯·阿里门图斯（Lucius Cincius Alimentus）。

他们都曾为罗马而撰写著作，但是作品流传下来的很少。奈维乌斯将其作品命名为"布匿战争"（Bellum Poenicum）。虽然这个标题似乎含有罗马对于第一次布匿战争的看法，但实际上，这部作品是一部罗马民族史诗，其中有关于罗马神话历史的长篇记述，相比于希腊的农神传说，作者对古老的罗马版本表现出谨慎的偏好。

昆图斯·法比乌斯·匹克托和卢修斯·辛修斯·阿里门图斯都参加了后来被视为罗马最伟大战争的第二次布匿战争。公元前216年康奈（Cannae）战役的惨败使得辛修斯成了战俘，而法比乌斯·匹克托则代表元老院前去德尔菲（Delphi），就罗马该怎么办而寻求神谕。法比乌斯在旅途中肯定见识了希腊人对于罗马和迦太基的各种见解，也体验到史学在塑造这种见解中的作用。迦太基人找到了历史学家为自己的事业辩护，如阿卡拉加斯的菲里努斯（Philinus of Acragas），他指出，罗马的事业总是缺乏正当性。当罗马人率先进入西西里时，他们不是破坏了同迦太基的条约吗？另一方面，声望卓著、广为人知的陶罗梅纽姆的蒂迈欧斯更加同情罗马。毫无疑问，为罗马在希腊化世界中争取好感是法比乌斯·匹克托和辛修斯·阿里门图斯以希腊语撰写罗马史的动机之一。有些人曾认为，当时的罗马散文还很不发达，这可能也让他们较为轻松地决心以希腊语写作，但这很可能不是主要原因。在现存的古罗马演讲词中，有足够的范本表明，罗马散文根本不像人们所说的那样原始。

法比乌斯·匹克托的作品只有残篇和标题传世，从各种迹象来看，他的著作要胜于那位元老院的同僚。他逐年记述过去——编年体——这也是为什么西塞罗（Cicero）将其作品类比于《希腊编年史》（*Graeci Annales*）的原因所在。我们可以稳妥地说，他的编年史提供了一个从神话时代到

当代的连续性记述。这部著作看来还具有未来罗马史学的另一些特征。对过去的反思与道德判断联系在一起,对罗马的早期史十分关注,强调元老院是事关罗马命运的核心制度,以及提升某个家族之地位的倾向。最为重要的是,到公元前2世纪早期,罗马人已经获得了一种关于其过去的统一看法,虽然这种看法还只是以希腊语来表述的。

三 希腊—罗马历史著述

胜利与拉丁语的回响

当先驱者法比乌斯·匹克托和辛修斯·阿里门图斯以希腊语撰写著作时,他们便承认了希腊文化的权威;这个权威是如此强大,以至于早期罗马史学可以被准确地称为希腊—罗马的(Greco-Roman)。在史学方面,希腊的影响很轻易地通过蒂迈欧斯和阿格里根图姆的菲里努斯(Philinus of Agrigentum)的渠道传递过来,这两位作者都曾写过地中海地区的历史,因而也对罗马人特别关注。狭义上的希腊—罗马史学家一说,指的是那些以希腊语书写罗马史的作者,与法比乌斯·匹克托和辛修斯·阿里门图斯相比,他们的地位稍逊一筹。

但波利比乌是个例外,他生于麦加罗波利斯(Megalopolis),堪称最伟大的希腊—罗马史学家。他大约生活在公元前200年到前118年之间,在这个时期,罗马将其在西地中海最强大的对手迦太基压制到无足轻重的地位,并开始转向东方,在同马其顿的菲利普五世(Philip V)、帕加马的安条库斯三世(Antiochus III of Pergamum)、塞琉古帝国、马其顿的佩尔苏斯(Perseus of Macedonia)的战争中征服了大片希腊化世界的土地。公元前168年,佩尔苏斯在皮德纳(Pydna)战败,亚该亚同盟的一千名显要人物被当作人质迁往意大利,其中就有波利比乌。这批人质直到公元前150年才被释放,因为到这时,局势已经很安全,正如老加图(Cato the Elder)所讥讽的,可以委任他们为希腊的殡仪员。在这期间,大部分希腊

第四章　早期罗马史学神话、希腊人和共和国

人质都在意大利的乡间浪费时光。波利比乌逃脱了这种命运,因为皮德纳的胜利者卢修斯·埃米留斯·保卢斯(Lucius Aemilius Paullus)使得他可以留在罗马,他先是普波留斯·科尼留斯·西庇阿·埃米利亚努斯(Publius Cornelius Scipio Aemilianus)的老师,后来是后者的朋友。从法律上说,在罗马的波利比乌必须处于军事执政官的监督之下,但实际上,没有人阻止他做广泛的旅行,有时他还充当罗马的战地观察家。作为西庇阿的知己,波利比乌能亲眼目睹公元前146年迦太基的彻底毁灭。因此他的《历史》(Histories)是一个外来者关于罗马最近历史的报道,这个外来者能从一个非常有利的位置来观察罗马的政府、军事艺术和外交。在撰写罗马在公元前220年到前167年的扩张史期间,波利比乌对罗马人的赞赏超越了大多数希腊人,但是后来,当他叙述公元前167年到前146年的历史时,他对罗马更具批判色彩,而且对罗马的成功能否延续下去也不太有信心。

波利比乌论历史的秩序和力量。《历史》紧密围绕罗马崛起为大国这一主题。波利比乌严格控制叙述中的枝蔓,这种风格让人想起修昔底德;不过在古代史学中,这种作为叙述过程中的休息点的枝蔓还是被许可的,波利比乌当然也不排斥,如在罗马宪法、在陶罗梅纽姆的蒂迈欧斯、在地理学(每部著作都如此)等问题上的枝蔓,甚至还因为一些小问题而离题,如他自己对火信令———一种联络技术——的贡献。

波利比乌从不满足于单纯的描述,他在思索罗马人为什么能在希腊人的失败之处获得成功,对于这个问题,他给出了一种三重答案。第一是有一系列正确的态度。罗马人的特征表现在政治才能、意志坚韧、目标坚定之中;罗马的公众人物对国家具有强烈而无私的献身精神;罗马对战败者避免采取残暴的报复政策,注重克制和人道。所有这些态度和政策结合在一起后,罗马国家便更为稳定,罗马的帝国主义也比雅典和斯巴达产生的任何后果都更显温和与开明。但是,波利比乌后来不再那么相信罗马的慈悲了。

第二,罗马的政治制度比雅典的民主制更适合于保障必要的社会稳定。波利比乌探讨的是一种循环论:诞生、成长、兴盛和衰退,早期哲学家

曾讨论过这种循环论,非哲学家的修昔底德甚至也曾提到过,而柏拉图和其他哲学家则将它转变成一种政府形式的顺序的理论(见表4-1)。

波利比乌可能一度认为,罗马可以避免政府形式的循环,因而也能避免衰退,因为它具有一种混合宪政。在这种宪政体制中,通常前后相继的政府形式能够同时共存(见表4-2)。正如波利比乌看到的,莱喀古(Lycurgus)曾为斯巴达设计过这样一种混合宪政,但罗马人是以试错的方式发展出其杰出的宪政的。

表4-1　波利比乌的宪政革命常规循环示意图

"前文明":人们受个人力量不足之驱动而聚集在一起;最强大最勇敢者成为首领。结果:专制主义。随着家庭联系和其他社会关系的建立,责任和正义观念开始出现;它们导致

　　　　　　　　　　　第一种政府形式:君主制

　　　　　　　　　　　首领为国王而非专制者,按照善与正义
　　　　　　　　　　　的观念组成。
　　　　　　　　　　　国王具有勇气;提供保护;其统治因其
　　　　　　　　　　　理智而被接受;生活与臣民很是接近。

回归:　　　　　　　　　　　　　　　腐化为:

毫无原则的首领利用暴民,后者　　　僭政
已习惯于不断满足其贪婪;腐败　　　在国王的后代自认为是"超人"时
和煽动蔓延;使用暴力。于是专　　　到来;他们沉溺于暴力;引起了对
制者回归以重建秩序。　　　　　　　其奢侈、贪婪和高傲的反抗。

暴民统治　　　　　　　　　　　　　转变成:

腐化为:　　　　　　　　　　　　　第二种形式:贵族制
那些心怀公共利益之人接管并统　　　反抗者出于人们对其废黜暴君的感
治。但最后那些从未经历寡头统　　　激而被认可为领袖。他们最初以公
治之人不再尊重平等和自由。　　　　共利益为指引。几代之后

第三种形式:民主制　　　　　　　　腐化为:

　　转变成:
　　　　　　　　　　寡头制

　　　　　　　　　　贵族把权威和地位看作自己的权利;
　　　　　　　　　　并加以利用;贪婪,道德败坏……

资料来源:汇编自波利比乌《历史》,6.6-9。

第四章　早期罗马史学神话、希腊人和共和国

表 4-2　罗马的混合宪政

普遍形式	君主制	贵族制	民主制
	↓	↓	↓
权力主体	执政官	元老院	民众大会

最终，波利比乌开始怀疑罗马是否能避免这种循环，他还指出，罗马同样会遭遇一个强国及与此相连的繁荣通常导致的结局。当民众的支持与好感被奢侈败坏、可以被煽动家收买之时，领袖的腐败很难避免。到这个阶段，古老的美德将会消失，随之而去的还有对神的敬畏，于是人们开始为所欲为。到那个时候，混合在罗马宪政中的三种形式会一起走向腐化。

第三是 Tyche，即命运或时运。从公元前 217/216 年以来，命运曾引领事态发展，将地中海的诸多人民汇聚在罗马领导的同一个国家制度之下；这的确是一种很大的恭维，因为波利比乌认为，命运并不是变化无常或一种中性的力量，而是道德法则的维持者。他跟当时人争辩说，"如果有人想批评命运女神对人间事务的管理的话，那他也许会与她在这个问题上达成一致；因为这位女神带给君主们的惩罚是他们罪有应得的，通过这种鲜明的警告，她就给后世以正义的教导"。① 有的时候，波利比乌直截了当地把 Tyche 称呼为一种普遍的天道，历史学家必须找出天道的意旨。"正因为命运女神使得世上的几乎所有事务有一个方向，并迫使它们汇聚于同一点上，因此作为一个历史学家，我的任务是将命运女神所起的作用以简明扼要的观念展现在读者面前。"② 然而，Tyche 拥有的权力有其特定的界限。波利比乌像他的先辈修昔底德一样，也希望把历史看作一个有序的过程，但又不愿贬低人在这一过程中所必须扮演的角色；这种两难困境使得波利比乌没有对 Tyche 的本质、对人的行为与命运女神的权威之间的关系作出准确的界定或解答。

---

① Polybius The Histories 6.6-9.
② Ibid., 15, 20.

时代、年代学和史料的统一。波利比乌称赞厄弗鲁斯引领希腊史学走出了区域史的狭隘范围。他自己则强调说,第140届奥林匹亚运动会的那一年(公元前217/216年),意大利、希腊世界和北非第一次成为同一历史的组成部分。从这一刻起,关于个别地方和区域的历史书写必须让位于对更广阔的地中海地区的关怀。不过,对于史学涵盖的时间段,波利比乌并不追求全面性。他没有利用关于早期史的各种故事,而是从阿拉图斯(Aratus)的《自传》(Memoirs)煞尾的时候(公元前220年)开始写起,而且主要讲述的是最近时段的历史,特别是公元前217/216年到公元前144年。这使得他的叙述具有某种统一感,即从罗马历史的一个低谷到罗马统一地中海地区的大片土地。他以蒂迈欧斯为榜样,始终以奥林匹亚纪年法为其年代体系,从而进一步增强了其叙述的整体性。

波利比乌承认——有时很不情愿——他的前面有一些身影伟岸的历史学家。他阅读这些人的著作,向他们学习,并严厉批评他们。特奥彭普斯的道德教化和哲学化倾向、菲拉库斯和其他戏剧化历史学家的情感主义和耸人听闻的手法、阿格里根图姆的菲里努斯的亲迦太基立场、法比乌斯·匹克托对罗马的偏袒,所有这些波利比乌都不满意。凯雷亚斯(Chaereas)和索希鲁斯(Sosilus)等不太知名的历史学者则只能得到他的嘲弄,因为他们的著作"更像理发店里和人行道上的流言蜚语,而不像历史"。① 著名历史学家陶罗梅纽姆的蒂迈欧斯受到的批评尤其严厉——整个一卷都在批判他(第12卷)。波利比乌指责蒂迈欧斯表述错误、不懂战争和政治、屡犯过失、观察能力贫乏、研究能力欠缺、爱说谎话、年代学上有讹误,而且只说阿加托克勒斯(Agathocles)②的坏话。对于他的严厉批判,人们会觉得有些东西已不再是出于学术上的纯洁动机了,换言之,是出于对蒂迈欧斯的声望的嫉妒。

---

① Polybius *The Histories* 1.4.
② 阿加托克勒斯(361 B.C.-289 B.C.)是叙拉古城邦的僭主,后来还当过西西里的国王。——译注

第四章 早期罗马史学神话、希腊人和共和国

有待探讨的是准确性问题。即便是撰写当代史的古代史学家,他们涵盖的时间范围也经常超越自己的人生跨度,涉及的区域也比自己所在的地区更广;因此他们碰到了史料的问题。波利比乌认为,最可靠的材料来自目击者,至少应来自有相关的个人经历的人。不知道他是否利用过文献资料。作为一名流亡者,他多年不能接触希腊的文献,而且,波利比乌是用希腊语写作,即便当时的拉丁语他也掌握得不好,因此人们怀疑他能否驾驭那些用古拉丁语撰写的罗马文件。他的知识很可能来自他与希腊世界和罗马世界的个人接触。另外,他还视察过一些历史事件发生的地点。例如他曾试图追踪汉尼拔(Hannibal)翻越阿尔卑斯山的足迹。总之,波利比乌坚持一些深思熟虑的方法论原则,虽然他没有写过方法论方面的著作。

关于历史的目的。波利比乌愤怒地拒绝像萨摩斯的多里斯和菲拉库斯那样为娱乐而写历史,也拒绝为满足好古癖或本地人的好奇心而写历史。历史必须提供生活的教导。教导有时可以意味着慰藉受命运打击的个人,因为"要想学会从容地应对命运的无常,最富教益或曰唯一的方法就是回想别人的不幸"。① 不过,历史应首先教导那些积极参与公共生活的人,这样他们才能在现实中运用这些教训。

严格意义上的历史应是实用主义的历史,应以政治和军事为核心,努力揭示根源,关心国家及其福祉。具有讽刺意味的是,波利比乌在这方面很可能对其同代人毫无影响。我们可以作这样的推想:很少有罗马人能理解以希腊语写成的著作,而且很少有希腊人如此关心罗马史,以至于要去看波利比乌的书。如果真有这样的希腊人,那他们肯定对是否接受这位同胞的观点感到十分犹豫,因为波利比乌在说服他们臣服于罗马,命运之神 Tyche 已经选定罗马为统治者。波利比乌的《历史》主要对罗马的一小批知识精英产生了影响,包括随后几代的历史学家,特别是李维(Livy)。

---

① Polybius *The Histories* 3.20.

拉丁语的罗马史。公元前200年到前146年之间,随着罗马不懈地将统治权扩展到地中海世界的辽阔地区,一种根本性的变迁改变了罗马生活的整个背景环境。罗马人的权力和财富大为增长,这给他们的社会造成了严重的后果。与希腊文化的碰撞具有最直接的意义,希腊文化在诸多方面,包括文学、哲学和史学,都比罗马文化更为精深。不过,希腊的货物、思想和观念的输入也催生了一种更为强烈的意识,即罗马文化具有独特性。对于很小一部分以罗马事物为骄傲的罗马人而言,与希腊文化的碰撞变成了一场对峙,这虽然不是系统或笼统的敌视,但至少是一种能唤起激情的竞争。因此,罗马传统主义者很快就转向了第二次布匿战争的那一代人中涌现出的罗马史学家的著作,并对罗马的一切都感到无比的骄傲。这些传统主义者中,有一位是诗人鲁迪埃的昆图斯·恩尼乌斯(Quintus Ennius of Rudiae),另一位是个公共人物:马库斯·波尔修斯·加图(Marcus Porcius Cato)。

恩尼乌斯来自卡拉布利亚的鲁迪埃,这个地方深得希腊文化的浸润,因此他称自己是"半个希腊人"。不过,恩尼乌斯以自己的希腊学识将罗马历史融入拉丁史诗中。他在诗歌中运用的六步格以及他给作品取的标题——"编年史"(Annals),表明了他的两个精神家园所在。另外,在讲述从起源到公元前171年的罗马历史时,恩尼乌斯肯定了罗马的一切,但并不拒绝希腊的一切。

马库斯·波尔修斯·加图的《起源》(Origins)是以散文创作的,缺少任何情节上的统一性,著作中谈论的一系列话题漫无联系,如治国术、战争、政治事件、阿尔卑斯山南的肥母猪,还有马匹的饲养。不过书中还是有一个中心主题,这就是罗马传统和罗马国家的逐步建立:加图审视这一过程的视角超出了罗马城。

在加图撰写《起源》的动机中,突出的一点是他希望巩固正派的也即罗马传统的生活方式。他以丰富多彩的散文笔调劝诫罗马人为自己的过去而骄傲——尤其是在面对罗马日益深入的希腊化的情形下,在加图和很多其他罗马人看来,希腊化不仅仅是私人趣味的问题,而且是个公共问

第四章 早期罗马史学神话、希腊人和共和国

题。加图指出,罗马战士是如何击败大希腊、西西里和希腊本土的全部对手的;而当战士们带回希腊的书籍、学者、孩子的教师、奴隶、家具和服装时,他们又如何输入了罗马自己的征服者:这就是希腊文化。统治如此广阔的地区自然增加了罗马的财富,罗马人的生活也明显向舒适、休闲、安逸和个人主义的方向转变。付出的代价是集体精神和传统的削弱。于是,希腊化被视为导致老罗马消失的一个因素而受到责备,也就毫不奇怪了。公元前161年,希腊哲学家和修辞学者被逐出罗马,公元前155年,一个雅典代表团被迫缩短在罗马的逗留时间,因为代表团中三位哲学家的思想和态度冒犯了很多罗马人。有些人觉得,过度的财富、对希腊的生活和思想过分热情的接受已威胁到罗马的传统,尤其是罗马人的公民责任感和军事精神,对于这些人来说,加图是他们最能言善辩的代言人;加图很容易有上述看法,这个来自图斯库鲁姆(Tusculum)的外省人终生都固守简朴的传统观念和朴素的生活方式。

于是,作为一名元老,加图努力阻止罗马介入东方,因为这会导致希腊对罗马的影响进一步增长。相反,他敦促罗马人结束同迦太基的古老战争。加图曾作为使团成员前往迦太基,他对这个城市恢复的程度深感震惊。

不过,加图并非对希腊的一切都不加分别地简单排斥。他甚至欣然认为,希腊神话传说中的要素是罗马历史的一部分。虽然他对雅典不感兴趣,但莱喀古和莱奥尼达斯(Leonidas)的斯巴达却与加图期望中的未来的罗马有亲近之处:简朴严格、骄傲自豪、在财富方面很节制,而且有一群可避免有害于罗马国家的趣味和标准的统治精英。但是,必须排斥当代的希腊,因为它过分关心太理论化的思维、财富、奢侈以及个人,所有这些都严重削弱了公共精神,而没有公共精神,罗马将不可能保持伟大。加图在特别指责过分的个人主义的同时,强调罗马的崛起是一项集体成就。

第五章

历史学家和共和国的危机

一 作为理想和结构分析的历史

到公元前146年,历时几个世纪的斗争宣告结束,罗马已确保在地中海大片地区的统治权。战争虽然仍在继续,但它们只是霸权在军事上的例行公事。然而,这时的罗马人发现,当过去的难题退去时,新的难题又来了,不幸的是,对于这些新难题,并不是派遣军团上战场就能解决的。

无法化解的恼人难题有很多。由于征服得来的广阔公地分配不公,触发了受到强烈质疑的改革尝试,主要是格拉古(Gracchi)兄弟的改革尝试。家庭农场的消失使大批失去根基的人民聚集在罗马的贫民窟中,他们成为罗马政治中的一个变化无常的因素。一个被称为骑士(equites)的新兴阶层虽占有财富,但一般而言缺少权力和元老院贵族的影响力。罗马的很多盟邦想获得公民权,但元老院贵族和城市贫民不能满足它们的要求,这两个团体都很为它们那很不平等的特权而担心。接着,对沙漠地带的努米底亚(Numidia)国王朱古达(Jugurtha)的战争虽然本身是件小事,但它暴露出奢侈和财富对罗马社会、特别是对其精英阶层造成的损害。这表现在糟糕的军事纪律和耐力的欠缺上,表现在高级职位的腐化以及个别杰出人物的勃勃野心上。朱古达战争过后,罗马又开始了像格拉古时期那样的内部斗争。在马略(Marius)领导的"平民派"(populares)和苏拉(Sulla)领导的贵族派(optimates)之间的内战中(公元前88—前82

第五章 历史学家和共和国的危机

年),罗马人对罗马人实施大规模屠杀和流放。共和国现在就好似一具空壳,苏拉、庞培(Pompey)和随后的恺撒(Cesar)等人的野心支配着事态的发展,这通常损害了共和国。罗马人第一次意识到,他们的生活与其祖先大不相同,罗马传统的延续中断了。这样的体验是极为令人不安的。被视为光荣而理想的过去如何能与这混乱的现实协调起来呢?人们将带着对这个问题的思索撰写历史著作和准历史著作。

作为逃避和理想的老罗马。在政治和社会冲突的岁月里,过去被设想为一个安宁、正派和有意义的世界,过去通常成为自豪、慰藉和方向感的源泉。希腊过去曾有过这种情况,罗马现在也是如此。加图曾在自己的时代捍卫罗马的传统美德,这种美德如果确实存在的话,现在也只是一个回忆了。一些罗马人满怀深情地回望老罗马,现在他们发现自己的怀旧情结可在新的古物研究中得到些许慰藉。加图的同代人、鲁迪埃的恩尼乌斯的赞助者 M. 福尔维乌斯·诺比里奥尔(M. Fulvius Nobilior)发表了一份《年表》(fasti)合集。公元前 130 年后,有人——很可能是大祭司波比利乌斯·穆修斯·斯凯沃拉(Publius Mucius Scaevola)——编纂了《大祭司编年》(Annales Maximi)。如果罗马史学家更为关心文献的话,他们本来可以在这些编年中找到丰富的资料。

旨在弘扬老罗马的独特传统主义在罗马上古史的详尽研究——通常会有新颖奇特的结果——中找到了其史学上的表达,这种表达贯穿了整个动荡岁月。L. 埃留斯·普雷克尼努斯·斯蒂罗(L. Aelius Praeconinus Stilo)的研究给他带来了很高的声望,并对西塞罗产生了巨大影响。斯蒂罗的学生马库斯·特伦提乌斯·瓦罗(Marcus Terentius Varro)成为最伟大的古物研究者之一。瓦罗年迈之时有幸看到,奥古斯都把当时的罗马社会稳定在老罗马的形象之内。瓦罗是个元老阶级的保守派地主,他热爱罗马的古物,并为此写下了 39—74 卷著作。瓦罗对罗马文化的罗列是如此卓越,以至于他对罗马神话时代的解释以及他确定的罗马建城日期(即公元前 753 年)成了权威。他的《罗马古物研究》(Roman Antiquities)大部分是历史著作,但遗憾的是我们只知道其中的很小一部分。

除了古物研究论著外,历史著作的方向不够明确。呼唤更强的公民意识也许是唯一的联系纽带。一些历史学家毫无抵制地接受了希腊的影响。盖约斯·范尼乌斯(Gaius Fannius)对扰攘不宁的罗马作了冷静客观的记述,并以希腊文风技巧为作品润色。当时的森普罗纽斯·阿瑟里奥(Sempronius Asellio)比范尼乌斯稍微年轻一点,此人曾担任过军事保民官,他以波利比乌为榜样,在单纯的历史叙述的快乐之外,更追求历史的动机和根源。他试图以散漫的文风和严厉的训诫来影响他的公民同胞们,但他失败了。

另一些人可能受希腊化时代的戏剧化史学家的影响,他们希望以戏剧表现形式来唤起听众和读者对老罗马的崇敬。科留斯·安提帕特(Coelius Antipater)是他们中间最著名的之一,他的身份也很典型:不仅是位法学专家,还是公共人物的修辞学老师。他的历史仅限于讲述第二次布匿战争,这样他便能保证其叙述的戏剧感和整体性,于是他着手展现这一点。恐怖的地震摧毁了整座城市,这是可怕之事即将到来的不祥之兆(omina)。巨大的风暴伴随着西庇阿的大军前往非洲。他坚持认为,西庇阿的大军人数众多,导致意大利和西西里的人口都减少了,而当士兵齐声呼喊时,天上的飞鸟都要掉在地上摔死。后来的 L. 科尼留斯·西塞纳(L. Cornelius Sisenna)同样对历史作了戏剧化处理,不过其手法较为克制,在情绪化的刻画方面更讲技巧。他特别喜欢描绘战场上士兵的呼喊声、盾牌的撞击声以及对不幸者的屠杀。读者能再次体验到其中的可怕、恐慌、疑虑和迷狂。

随后出现了一批编年史作者,通常被称为"苏拉派编年史家"(Sullan Annalists),他们依其写作程式而被归为一类。奈乌斯·盖留斯(Gnaeus Gellius)关于罗马过去的故事约有 30 卷,它们对罗马早期生活的记述十分详尽,但很多不可信。一些编年史家试图维护自己时代与老罗马之间的连续性,但又不必追随古物研究者去考究罗马的神话时代。Q. 克劳迪乌斯·夸德里加留斯(Q. Claudius Quadrigarius)认为,那些最古老的说法并不可信,也不具有他期望的可读性,于是他仅仅追溯到高卢人的入侵。

第五章 历史学家和共和国的危机

L. 科尼留斯·西塞纳写的只是当代史（公元前90—82年，且主要是关于意大利内战）。这两位作者都以运用上古拉丁词汇和成语的方式而与老罗马建起联系。

两种"自建城以来"（ab urbe condita）开始叙述的历史出自 C. 里奇纽斯·马塞尔（C. Licinius Macer）和瓦勒留斯·安提亚斯（Valerius Antias）之手。马塞尔因受执政官西塞罗的控告而自杀，他生前撰写了一部非同寻常的民主派历史，而且亚麻书（libri lintei，上有法官名单）中新资料的发现也应归功于他。相形之下，瓦勒留斯·安提亚斯的著作看起来像是半虚构的，不过它颇受欢迎。

萨鲁斯特的分析史学。被视为理想化时代的罗马过去与纷乱动荡的现实之间的鸿沟困扰着很多罗马人和他们的历史学家们。然而，对这种鸿沟的解释不但很少见，而且很肤浅。在公元前1世纪，罗马人可能从修昔底德那里学会了对政治事件的系统分析，修昔底德的著作风靡一时，虽然人们更多是研究他的文风而非其作品的实质。波利比乌和阿帕米亚的波希多纽斯（Posidonius of Apamea）关于国家衰落的思考都没有得到认可。当萨鲁斯特（C. Sallustius Crispus）关于近期罗马的历史著作问世后，人们的态度有了部分转变。据说萨鲁斯特因损公肥私而发了大财，因而被迫退出公共生活。他没有西塞罗那种在哲学中寻求慰藉的能力，于是以历史著述作为其夭折的政治生涯的替代品。

科留斯·安提帕特已将历史专论的形式介绍给罗马人。现在萨鲁斯特则以《喀提林战争》（The War with Catiline）和《朱古达战争》（The War with Jugurtha）完善了这一形式，而他的《历史》（Histories）则将卢修斯·科尼留斯·西塞纳的叙述从公元前78年延续到公元前67年，这部著作遵循传统的连续性叙述方式。

萨鲁斯特的两部历史专论表达了其核心见解：内部力量正在摧毁罗马共和国。在对迦太基的最后一战开始前的辩论中，西庇阿·纳西卡（Scipio Nasica）警告说，如果没有确信的外部威胁，罗马社会中绷紧的弦将会松懈。萨鲁斯特对这一论点进行阐发：

当迦太基这个罗马追求帝国进程中的对手被消灭后,所有陆地和海洋都向罗马敞开了。这时命运之神不再友善,罗马的所有努力都遭受挫折。对于曾在辛劳和危险、焦虑和逆境中处之泰然的人们来说,通常被认为颇合人意愿的安逸和富庶却成了重负和咒语。人们对金钱的热爱日渐增长,随之而来的是权势欲的膨胀,这就滋生出各种邪恶。贪婪摧毁了荣誉、诚实和所有其他美德,贪婪教导人们傲慢残忍,漠视宗教,以致认为世上没有任何东西神圣得不能出卖。野心怂恿人们弄虚作假、暗藏心机、口是心非,人们不再根据他人是否有德行,而是根据此人是否能带来回报而决定成为其朋友或敌人,而他们这样做的时候还要披上美德的伪装。最初这些邪恶是渐渐滋长的,有时还会受到惩罚;到后来,病症就像瘟疫一样蔓延,罗马变了……①

《喀提林战争》讲述的是公元前66年到前63年的历史,它揭示了罗马精英思想中的各种有害的转变。L. 塞尔吉乌斯·喀提林(L. Sergius Catiline)为人凶残,野心勃勃,腐化不堪,如果不是因为西塞罗的反对和萨鲁斯特意图揭露罗马公共组织的腐败的话,此人可能只是历史的一个注脚而已。

《朱古达战争》记载的同样是精英的腐败,这个精英主要是元老阶层,而元老中又主要是执政官家族。朱古达战争本身只是一个强大帝国对一个狡猾的沙漠君主的小型战斗,但它奇特反复的过程只能以朱古达造访罗马之后的那番话来解释:罗马的精英已经腐化了,金钱可以收买他们,权势的傲慢可以左右他们。至于苏拉的国家,那只是稳固了寡头的统治。大众和平民都不能扭转这一潮流,而且在萨鲁斯特看来,他们甚至更不值得信任。

---

① Sallust, *The Jugurthine War and the Conspiracy of Catiline*, trans. and intro. S. A. Handford (Harmondsworth, Middlesex, 1963), *The Conspiracy of Catiline* 10.1-6, p.181.

第五章 历史学家和共和国的危机

一些罗马公民曾长期抱有这样的信念：如果召唤人民的道德感，如果历史学家发出这样的召唤，腐败是可以治愈的，但萨鲁斯特不同意其同胞的看法。当他简短评说帝国的普遍宿命以反思罗马的命运时，他在试图追寻腐败的原因，至少是尝试进行系统分析，这可能是受到修昔底德和波利比乌的影响。

这种宿命过程开始于不可遏止的战争和统治欲望。对于成功的国家来说，胜利的奖赏就是霸权。然而，建立帝国也意味着获取财富，而财富立刻就会腐化国家及其公民。随着迦太基的毁灭，罗马达到了其命运的转折点。因为这时罗马人已经没有明确的目标，"没有人是在真正生活，或从生活中获得任何的满足，除非他在为某个目标而竭尽全力、以某种出色的成就或培育某种杰出的才华而追求声望"。① 奢侈和财富很快就腐蚀了罗马人的美德。

看来留给萨鲁斯特的只有一件悲哀的工作，即描述罗马如何走向罗马人无力挽救的腐败。不过萨鲁斯特也发出了防止悲哀情绪蔓延的告诫。罗马人决不可灰心绝望，不可抱怨"他们生来是虚弱和短暂的，决定他们命运的并非功勋而是偶然"。② 虽然萨鲁斯特诊断罗马因为财富和奢侈而陷入看似无可救药的腐败，但作为一位历史学家，他还是呼吁其公民同胞采取正确的行动。不管怎样，萨鲁斯特拒绝——其他罗马史学家也会如此——将"财富导致衰落"的说法扩展为一种广泛的国家发展理论。即便对于他这样的历史学者来说，罗马也注定是永恒的。

但是说到底，萨鲁斯特的作品没有哪种个别特征能保证他在历史学家中的地位。不过以下事实弥补了这一不足：他的著作架起了一座反思与批判史学的桥梁，这座桥梁跨越了编年史家和叙事史家的海洋，从加图一直通往塔西陀。

---

① Sallust, *The Jugurthine War and the Conspiracy of Catiline*, trans. and intro. S. A. Handford (Harmondsworth, Middlesex, 1963), *The Conspiracy of Catiline* 22.8-9, p.176.

② Ibid., *The Jugurthine War* 1.1-2, p.35.

二 历史与罗马命运的分离

作为历史的传记。加图曾警告说,面对个人崇拜给共和国造成的损害,罗马人将束手无策。各种形式的个人主义一直深深植根于罗马的生活中。从很早的时候开始,罗马人便在歌颂其部落或家族成员的功勋,赞美那些为共和国服务的人们。在所有例子中,个人成就都被视为美好人生的典范,而且这种例子一直在传诵。但是现在,随着罗马社会内聚力的削弱,个人获得认可的愿望越来越成为野心、声望和权势之渴求的一种表现。这些特征尤其体现在越来越多的传记和自传中。到这时,传记写作已经达到细致复杂的层次。在希腊化的东方,从事传记写作的一部分人是修辞学者,他们将这种创作视为表达喜悦、悲剧、颂扬、鞭挞的工具,另一些人是哲学家,这些人喜欢在传记中罗列一些范例,以晓谕何谓正确的人生行为之问题。

在罗马,动荡斗争的年代里也有个人崇拜,这就产生了传记创作的最佳气氛。因此,希腊传记传统于公元前1世纪找到了它的第一位拉丁代表科尼留斯·内波斯(Cornelius Nepos)就没有什么奇怪的了。内波斯知道,传记的声望不那么高。"我并不怀疑,阿提库斯(Atticus),很多人会认为这种作品本质上说无足轻重,而且不足以与杰出人物的个性相配。"①而且他很担心跨越历史与传记之间的界线,并指出了界线所在:"因为我担心,如果我全面叙述他的行为,我可能就不是在讲述他的生平,而是在写一部历史。"②不过,内波斯质朴的文风和他透过个人生平看历史的视角深受当代人的欢迎,也深得后几个世纪语言学习者的喜爱。

在这个斗争动荡的年代,自传作品也流行起来,因为当时的人们觉得

---

① Cornelius Nepos 16, 1.1, in *Justin, Cornelius Nepos, and Eutropius*. Trans. J. S. Watson (London, 1910), p.305.

② Ibid., 1.1. *Praefatio*, p.384.

第五章 历史学家和共和国的危机

有必要表明他们的人生过得很有光彩,或者需要证明其行动的合理性,而且个人的成就感不再被视为公共生涯中理所当然的产物。Q. 鲁塔提乌斯·卡图鲁斯(Q. Lutatius Catulus)和 P. 鲁提留斯·鲁福斯(P. Rutilius Rufus)的自传就属于这种情况。更为重要的是苏拉为其行为辩护的《纪事》(*Commentaries*)。当他宣称神和命运选择他为执行命令的工具时,他便预言了某种未来的思想立场。而 C. 尤里乌斯·恺撒写《高卢战记》(*Commentaries*)却不是为了回首过去,而是为了通往权力巅峰。那个时候他还几乎不能宣称命运之神指派他为领袖。的确,他在《高卢战记》中甚至避免使用"我"一词,而是用第三人称、用名字来指称自己。实际上,《高卢战记》甚至不是一部真正的自传;作品的主旨是向那些关注恺撒征战的罗马人通报情况,尤其是通报他的成功和辉煌。恺撒在修辞学上素养颇佳,他十分出色地达到了这一目的。他以简洁明快的语言叙述了自己在高卢的战斗,以及他对英格兰和日耳曼地区的远征。虽然这部现存最早的拉丁语历史具有宣传的目的,但它的准确性令人惊叹。很久以后,当恺撒达到了权力顶峰时,他已在《内战记》(*Civil War*)中把自己描绘成一个从未犯错的命运之神的宠儿。

作为学术追求的历史。罗马已经赋予希腊化东方的学者型史学家们一片和平的天地,学术在这片天地中可以继续发展,尤其是在亚历山大里亚。这个地区的史学家主要不是语法学者和修辞学家,他们很多人是对传统文献进行批判性研究。在这种背景下,他们提出了一些方法论问题,特别是关于准确性的问题。典型的成果是对荷马史诗精心细致——如果不是迂腐的话——的研究,例如雅典的阿波罗多鲁斯(Apollodorus)对《伊利亚特》中船只目录的深入分析。在希腊化时代的学者当中,对于史诗的这类学术性考察被视为敬重之情的一种恰当表达。

虽然希腊的思想和艺术作品源源不断地涌入,但罗马仍是一片贫瘠的土地,这里难以培育出希腊人珍爱的理论性、思辨性的兴趣和态度。从公元前150年到奥古斯都的整个时期内,只有一次关于几个史学理论问题的讨论值得注意。有意思的是,这位讨论者,马库斯·图里乌斯·西塞罗（Marcus Tullius Cicero），既精通希腊修辞学，也深深涉足公共事务。

西塞罗敦促他的罗马同胞在史学著述上学习并赶超希腊人的成就，并赞扬那些认真关注真实性（veritas）、描述之优美、动机、行为、原因和时间次序的罗马史家。他的贡献堪称最后一次召唤历史学去教导人们如何成为共和国更好的公民、如何度过更富建设意义的人生。但是，要想有效地达到这些目标，历史学就必须真实。因为，"谁不知道历史的首要法则是非真实者不可言说呢？谁不知道第二个法则是作者应敢于说出全部真相呢？……他的文字中不得有任何偏袒之处，亦不得有任何恶意"。① 有的时候，这种西塞罗式的真实观念对西塞罗本人来说都太严厉了。有一次，他这样告诫另一位作者（卢塞乌斯[Lucceius]）："所以我一再坦率地请你更为热情地称颂我的行动，这热情甚至应强于你可能的感受，在这个问题上不必理会历史的准则……对我们珍爱的事物的馈赠甚至可以稍微超出真实的允许。"②

在这里，西塞罗偏离了自己对不加修饰的真实性的要求，这是由于他的第二个理想，即历史作为教师的效用，而这就要求历史学家必须进行艺术性的写作，而不是编写乏味的编年。但这样一来，历史学家可能像其他作者一样，对材料进行整理和筛选，以便能产生关于过去的有益的回忆，并引导读者采取正当的行动。西塞罗的历史与虚构故事或弄虚作假仍保持着足够的距离。理想中的历史仍然是真实的，它"见证时代的变迁，揭示当下的现实，激活对过去的追忆并指引人的生活，并且保留过去岁月的音讯"。③ 到这里，关于历史书写的反思便终结了。罗马气质和修辞学的藩篱都限制了理论探讨的范围。西塞罗的思考，其理论性也是古代史学家所能达到的水平。对于一个其国家统治了人类世界（oikoumenē）的大部分地区的人民来说，历史就是通往霸权的故事，这样的人民产生的历史

---

① Cicero *De oratore* 2.15.62. Trans. E. W. Sutton.
② Cicero *Epistulae ad familiars* 5.12.3. Trans. W. G. Williams.
③ Cicero *De oratore* 2.36.

第五章　历史学家和共和国的危机

著作具有或多或少的准确性，但史学的目的性更为确定。历史真实是排除了实用目的、来自冷静公正之研究的纯粹重构；这种观念对所有罗马史学家而言都是陌生的。

希腊化东方视野中的过去。希腊化东方虽然被征服了，但希腊人并没有受到罗马内部动乱的太大影响。由于希腊史学家不太关注罗马的内战和争吵，他们因而凭自己的兴趣向很多方向发展。他们创作了大量难以归类的史学著作：从古文物汇编到怀旧的情感召唤，从为学生准备的语法和修辞课本到道德训诫文本，从高级流言蜚语到对过去的重构。

有一个问题是，为什么希腊人现在生活在罗马人强加的泛希腊主义的保护伞下。流亡的波利比乌曾认为，罗马的成功在于其宪政安排、命运之神（Tyche）的眷顾以及卓越的公民精神。大部分希腊人谈论的只是从前的光荣自公元前404年伯罗奔尼撒战争结束后走向衰落，对此他们以各种各样的方式责备对待盟友和非公民的不明智做法，以及嫉妒、贪婪、腐败和分裂。但是，即使在这个令人不满的时代，希腊学者发现他们的泛希腊主义见解与城邦难以调和，他们当中突出的有埃留斯·阿里斯泰德（Aelius Aristeides）、普鲁萨的狄奥（Dio of Prusa）和菲罗斯特拉图斯（Philostratus）。一方面，他们赞扬过去在希腊人中间建立统一与和谐的尝试，另一方面，他们又歌颂由个体城邦特别是雅典和斯巴达组成的"老希腊"，因为后者的伟大是悲惨的当下所不具有的。在雅典和其他阿提卡城邦，每年都在纪念很久前战胜波斯人的马拉松（Marathon）、萨拉密、普拉泰亚战役，而斯巴达每年也纪念温泉关（Thermopylae）和普拉泰亚战役。

虽然存在各种地方性和区域性的倾向，但对于有头脑的观察者来说，很明显的一点是，罗马的统治使得过去单纯的地理单位变成了一个统一的世界。现在，历史学家们有机会将地中海各民族的历史融为一体，如果他们能找到确切的解释方式的话。波利比乌找到了这样的解释方式，因为他认为罗马的霸权是几个世纪来事态发展的总体目标，但大多数希腊人不愿意这样看。但是，无论是在对各民族早期历史的处理上，还是在对与罗马历史并无直接关系的地区的论述上,波利比乌的《历史》都不具有真正的综合性。波利比乌的著作只是随着罗马自身于公元前 140 年发展为普世国家才具有普遍性。他论述的主题是罗马以武力创建一个文明世界(oikoumenē),因此他强调战役、斗争、条约、宪政安排和政治行动。

可以有一种关于地中海历史的统一叙述,同时又可回避希腊人厌恶的"罗马人带来统一"的主题吗?雅典的阿波罗多鲁斯曾有过一次尝试,但失败了。他的《年代记事》(Chronica)讲述从特洛伊陷落到公元前 120 年左右地中海各民族的历史,作品采用抑扬格,颇有学术水准,但缺少统一的观念。这样他的作品就成了一种关于旅行探险、移民、国家、战争、艺术创作、思想事件的全景式考察,并成为学者们的手册。

四分之三个世纪过后,阿帕米亚的波西多尼乌斯创作了一部公元前 143 年到苏拉之间的地中海史,这部著作囊括了所有相关的民族,并论及思想和艺术领域。作者斯多噶式的世界主义拓宽了其视野,并使他能公正地讨论帝国的兴衰。最后,罗得的卡斯托尔(Castor of Rhodes)的影响最大,他的《年代记》(Chronicle)叙述从亚述到公元前 60 年的事件,该著以阿波罗多鲁斯为依据,并采取了年代表的形式。在年代表中,亚述、米底亚(Media)、吕底亚、波斯和马其顿的国王列表,西息温(Sicyon)的国王和祭祀列表,雅典的执政官列表,全都按统一的纪年年份排列在一起。这部《年代记》读起来很不容易,但是它具有百科全书和准教科书的优点,因而对瓦罗、塞克图斯·尤里乌斯·阿菲利加努斯(Sextus Julius Africanus)和尤西比乌等各式各样的作者产生了重大影响。尤西比乌在创作自己的基督教世界年代记时运用了卡斯托尔的图表式综合史,并因此推动了古代晚期及中世纪时期世界年代记的形成。

第六章

奥古斯都和罗马帝国时代的历史意识

一 奥古斯都"新罗马"时期的历史著述

公元前20年,罗马的雅努斯(Janus)神庙的大门自第一次布匿战争结束后首次合上了,对罗马人而言,这意味着再无重大战事,首先是罗马乃至意大利已不再受内部冲突的困扰。屋大维(Octavian)战胜马克·安东尼(Mark Antony)后,在凯旋中回到罗马,他开始重建共和国。屋大维集各种荣誉头衔和职务于一身,还有这些头衔和职务的固有权力:国家的首席公民(princeps civitatis)、元首(imperator)、恺撒(Caesar),最后还有奥古斯都(Augustus)。此外他还掌握着某些重要权力,如平民保民官和监察官。对渴望稳定的民众来说,这种集权无关紧要。他们欢迎这个新国家及其井然有序的政府;国家的军队至少暂时被置于严密的控制之下;繁荣的中产阶级为自己的抱负找到了出路;元老院三次被清洗,清洗的对象既有政治死敌,也有其中最为人不齿的成员;传统的宗教和道德观念得到了官方的支持。只有古老的元老家族仍持暧昧态度。但在奥古斯都统治下,他们接受了权力的外衣而放弃了权力的实质。

罗马国家的新局面对文化气氛产生了决定性影响。罗马的和平保障了各地区之间货物和人员交流的安全。因此,文化上更为高深的东方必然再次彰显其影响力。

第二次遭际:罗马与希腊东方。在公元前1世纪,四位希腊人再次尝试解决如下难题:如何论证不同的集体经历与罗马统治的当下之间的联系? 其中的三个人试图将历史的时间和空间延伸到罗马帝国之外,同时又避免"罗马带来统一"的主题。其中的哈里卡尔纳苏斯的狄奥尼修斯(Dionysius of Halicarnassus)选择了一个较为狭隘的问题,即寻找希腊传统和罗马传统之间的历史联系。

历史学家蒂马根尼斯(Timagenes)是个被释的战俘,他对罗马的历史诉求持最为否定的立场。他在其赞助者阿西纽斯·波里奥(Asinius Pollio)的保护下编写了一部准世界史,从古代近东一直写到罗马和帕提亚(Parthian)帝国。蒂马根尼斯以马其顿而不是以罗马为其著作的核心要素。

这种反罗马情绪并非大马士革的尼古劳斯(Nicolaus of Damascus)的灵感源泉,此人曾为克丽奥帕特拉(Cleopatra)服务,其主要赞助者是希律一世(Herod I),但最后终老于罗马。从现存的残篇来看,他从早期的记述中编纂了一部庞大的世界史。书中包括各种故事、道德训诫、梦的解析、战争描述、女巫的预言、戏剧性片段、琐罗亚斯德(Zoroaster)的教导,还有关于罗马崛起的叙述,不过对这个中心事件的关注来得太迟了。这部《历史》是希腊化时代的历史概要类型中的代表作:所谓历史概要就是大量题材的汇集,但没有全面的单一主题或多元主题。

西西里人迪奥多鲁斯(Diodorus Siculus)的《历史丛书》(Library of History)以他从旅行中和其他历史学家那里得到的信息为依据,他真诚地把他们的著作当作史料来引用。后来有人指责说,他的旅行并没有他宣称的那样多,他借用的东西比他承认的要多。不过,他关于世界历史的作用的看法明显高于那些剪刀加浆糊的历史学家。"所有人都应该对那些撰写过世界史的作者表达崇高的敬意,因为他们渴望以个人的劳动来协助整个人类社会。"① 虽然他承认罗马是最近历史的中心,但他论证说,世界历史并不开始于罗马世界,也不会以罗马世界为终极目标。当迪奥多

---

① Diodorus Siculus *The Library of History* 1.1.1. Trans. C. H. Oldfather.

第六章 奥古斯都和罗马帝国时代的历史意识

鲁斯追溯到"太初之时……宇宙正在形成,天空和大地看起来还不能区分,因为它们的各种要素混合在一起"①的时候,他便将人类历史置于一种宇宙论的框架中,这是自神话学者以来的第一次。后来,人类出现了,迪奥多鲁斯对早期人类生活发表了一些大胆的看法:

> 据说,最早的人天生过着毫无约束的野兽般的生活,他们渐次而出,各自寻找生计,或以嫩草果腹,或以野果充饥。后来,由于他们受到野兽的袭击,他们出于自身利害的考虑而开始相互帮助,当他们因为恐惧而聚集在一起时,他们就逐渐意识到他们共同的特点。②

随后他在各个人民的历史中追溯文明的产生和发展,这些人民如埃及人、亚述人、印度人、斯基泰人、阿拉伯人(Arabs)、埃塞俄比亚人(Ethiopians)、亚马孙人、亚特兰蒂斯(Atlantis)人、希腊人、罗马人(到公元前60年)。说他具备一种清晰的人类统一体意识,那可能太过了,但迪奥多鲁斯肯定比当时其他史学家都更接近于这一意识。

哈里卡尔纳苏斯的狄奥尼修斯的期望较为有限。他于公元前30年来到罗马,并为自己撰写罗马史找到了理由:首先是一个众所周知的借自修辞学的论据,即"著史者……应首先挑选伟大而崇高的题材"。③ 他认为他选择的题材毫无疑问是有价值的:

> 如果人们关注城市和民族中连续不断的霸权……然后对它们分别进行考察并对它们综合比较,人们便能期望确定它们中间谁取得了最广大的支配权,谁在和平和战争中取得了最辉煌的成就,人们将会发现,罗马人的至上权威远胜于过去所有有记录的霸权,不仅在于

---

① Diodorus Siculus *The Library of History* 1.7.1.
② Ibid., 1.8.1-2.
③ Dionysius of Halicarnassus *The Roman Antiquities* 1.1.2. Trans. E. Cary.

它统治的范围和其成就的辉煌,也在于它延续的时间——一直持续到今天。①

但对狄奥尼修斯而言,撰写罗马史还有第二个理由。他希望弥合罗马人和希腊人之间的文化隔阂,特别是要劝告希腊人承认罗马并向后者学习。

因为,到现在为止,所有希腊人都不了解罗马的早期史,他们中间的大多数人都被各种以道听途说的故事为依据的虚妄观念支配,这些观念使得他们相信,罗马在通往世界霸权的过程中碰到的是各式各样居无定所的流民和野蛮人,甚至还有像罗马的奠基者一样的非自由人,罗马的霸权不是通过对神和正义的敬畏或任何其他美德而取得的,而是通过命运的偶然和不公而实现的,命运之神因考虑欠周而将最大的恩惠降临到最不配享有此恩惠的罗马头上。②

这就是狄奥尼修斯《罗马古代史》(Roman Antiquities)一书的主旨,该著论述的是罗马的形成阶段。但这种对罗马的赞美是否会冒犯希腊人的骄傲呢?根本不会,因为狄奥尼修斯从这样一个信念出发:罗马人和希腊人具有共同的起源。"我以这种方式来论证,他们(罗马的缔造者)是希腊人。"③那么为何"罗马希腊人"要比"希腊希腊人"成功得多呢?因为正如波利比乌已经论证过的,罗马人更善于创建和维持国家。

这四位希腊作者都没有赢得广泛的读者,部分原因是他们的散文风格要么不够激动人心,要么呆板乏味。甚至哈里卡尔纳苏斯的狄奥尼修斯也没有引起广泛关注,虽然他对文风的关注表明他和蒂马根尼斯是一

---

① Dionysius of Halicarnassus The Roman Antiquities 1.2.1.
② Ibid., 1.4.2.
③ Ibid., 1.5.1.

第六章　奥古斯都和罗马帝国时代的历史意识

个修辞学派的领袖。但他希望复活过时的古典雅典方言——这种方言在修昔底德的著作重新被发现后一度复兴——但排斥绚丽多彩、受人欢迎的小亚细亚方言。狄奥尼修斯以这种对雅典语言的热忱创作了关于修昔底德的批评著作(*De Thucydide*),他根据自己的鉴别力重写了《伯罗奔尼撒战争》中的一些段落,并完全省略了其他一些段落。但这些工作没有引起广大罗马公众的兴趣,大部分罗马人依然主要沉醉于罗马自己的过去,而这一过去也被等同于文明世界的权威历史。

狄奥尼修斯和其他三位历史学家的功绩主要是影响了其他历史学家。受他们影响的可能有他们的同代人——凯尔特人特罗古斯·庞培乌斯(Trogus Pompeius),我们接触到的他的著作是一个名叫查斯丁(Justin)的人的缩写本。特罗古斯和蒂马根尼斯一样,也是以马其顿帝国作为其历史的中心(*Historiae Philippicae*),但他叙述的范围非常广,以至于其著作成为了一部准世界史。基督徒曾广泛使用查斯丁的缩写本,并在著中发现帝国统治的转移,即从亚述到米底亚、再到波斯及马其顿,因而也暗指转向罗马。这与但以理(Daniel)的预言和奥罗修斯(Orosius)的论断一起强化了"统治权转移"(translatio imperii)的观念,这一观念后来成为世界历史的铸模。

骄傲与忧伤之间的罗马史。罗马历史学家不太关心普遍事务,他们发现了一个特别的问题。奥古斯都的国家蕴藏着一种矛盾:官方声称共和国仍在延续,但当时正在发生的深刻的结构变革却以帝制国家为方向。罗马历史学家能否继续论证发展的延续性,还是需要——后来甚至敢于——承认奥古斯都带来的断裂呢?

共和制形式和奥古斯都国家的准帝国结构之间的矛盾开始给拉丁史学打上烙印。共和制中个人的极端权力使得对切近的过去、对内战时代的探讨特别困难。第图斯·拉比努斯·雷比努斯(Titus Labienus Rabienus,"野蛮者")曾写过一部带有激进的共和色彩的著作,但公元前12年,官方下令烧毁该著。不过,在奥古斯都时代,仍然有人能写出对各竞争派别作出公允评价的历史来。

奥古斯都时代最具代表性、最多产的历史学家来自保守的外省帕多瓦(Padua),此人就是狄特·李维(Titus Livius),但他一生大部分时间是在罗马度过的。李维大约在32岁时开始撰写其卷帙浩繁的罗马史,从"建城以来"一直写到提比略(Tiberius)的兄弟德鲁苏斯(Drusus)死去。当然,他使用了很多材料。已经证实的材料来源包括下列史学家:波利比乌、瓦勒留斯·安提亚斯、克劳迪乌斯·夸德里加留斯、克留斯·安提帕特、里奇纽斯·马塞尔、埃留斯·图比罗(Aelius Tubero)以及L.卡尔普纽斯·皮索(L. Calpurnius Piso),但关于这些材料来源的影响至今仍有争论。不管怎样,李维的著作超越了他的前辈,并给他带来持久的声望,虽然很多赞扬他的人看的主要是关于罗马崛起和第二次布匿战争的章节。但没有人注意到,李维的罗马史是第一部由一个从未担任过公职的罗马学者撰写的重要著作。

展现罗马崛起的故事,这一核心主题将众多的著作联系在一起,不过,对于决定罗马兴起的力量,作者只是在偶尔的暗示中有某种普遍思考或论述:植根于罗马人民的意志和目标中的使命感,神的意愿,甚至还有幸运之神的眷顾,这使得罗马在其领袖失败时依然能前进。

但更明显的是另一个主题,即从老罗马向新罗马的过渡。为什么罗马人更感兴趣的是这一过渡而不是有关世界计划和幸运之神的抽象概念呢?老罗马的规矩、勇气、自制、纪律、活力、节俭,以及对父权、法官和法律的敬重,都是罗马人的最佳体现。只有具备这些特点的人民才能成为卓越的战士,也只有这样的人民能克服通往帝国道路上的艰难险阻,并取得吵吵嚷嚷、以演讲术影响政府的希腊人所不能取得的成就:这就是一个强大统一的国家。显然,在李维看来,一个伟大国家的崛起,其根基在于拥有众多美好品性(virtues)的人民,而不是如波利比乌认为的那样,在于合适的宪政安排。在整个共和时代早期,公共美德得到了认真的培养。但是,随着统治范围的不断扩展,罗马的财富和其公民生活的舒适也在增长,对此李维也像其先辈一样,认为昔日德行高尚的罗马人已沉迷于奢侈,受到贪婪和软弱之风的侵害。每次新的征服都带来其他文化的新影

第六章 奥古斯都和罗马帝国时代的历史意识

响,从而进一步削弱了罗马的美德和传统,瓦解了社会组织,最后导致内部冲突。

李维有时把奥古斯都视为老罗马的复兴者。但也有迹象表明作者的烦恼与疑虑以及对问题深刻性的意识。如果李维审视一下自己的话,他肯定会发现自己也沾染了对于神和神谕的怀疑主义,而他认为这种怀疑主义对罗马精神极具腐蚀性。像很多古典时代的其他学者一样,他也认识到宗教的社会作用。"在这种新环境下,民族精神力量显然存在全面松懈的危险,为了防止这一情形的发生,努马(·彭皮利乌)决定对当时仍然十分粗野无知的罗马人采取一个步骤,他认为这个步骤比其他任何做法都更有效:这就是唤起他们对神的敬畏。"①既然宗教传统和法律是构成一个强大社会的根基,李维又如何能证明自己对这一传统的冷淡态度的合理性呢?

李维在有关"不祥之事"(prodigia)的问题上同样经历了内心的彷徨。他的理智让他部分否认自己作为历史学家而认为必须保留的东西。谨慎而传统的方式使得李维的著述很有条理,虽然他并未提出某种方法论。他像其他古代史学家一样,认为真理的捍卫不能仅靠以虚构、想象中迷人的家族历史或吹捧当权者来填充空白。他自己认识奥古斯都,但他对后者的赞赏很有节制,依据的是后者的功绩。不过,李维没有按照流行的方式来裁剪自己的描述,虽然这使他对共和国领导人的积极评价看来有点不明智。他对大众缺乏热情,觉得后者有暴力倾向,反复无常,甚至狂热躁动,这种见解可能有助于平衡他对共和派的同情性描述。

李维的叙述很流畅,其语言与措辞考究和日常用语保持着同等距离。必要的时候,他会遵从修辞学的要求,以便取得 delectatio 的效果,就是说,以取悦读者的方式来吸引读者的关注。他的书中有很多旨在阐明问题的对话,有事态的急剧转变,作者甚至向戏剧化的历史让步:阿巴隆加

---

① Livy *The Early History of Rome*, bks. 1-4, 1. 19. 4-5. Trans and intro. De Selincourt (Baltimore, 1960), p. 38.

溃败后心碎的男子和呜咽的妇女,尸横遍野的康奈战场上毛骨悚然的场景。

但所有这些用意何在？李维可能与此前的史学家不同,他实际上不指望教育良好的公民或帮助培养领导人和政治家。虽然他有时希望自己的《历史》能帮助恢复老罗马的美德,但他内心的体察、他对传统的理性怀疑主义以及对现状的默认,都告诉他这种希望是多么徒劳。他在书中重建的过去与现在的连续性,到头来像奥古斯都的妥协一样虚弱。萨鲁斯特曾认为,对迦太基的恐惧一旦被消除,各种对社会而言具有摧毁性的特征势必会发生;李维像萨鲁斯特一样,虽然他已经意识到波利比乌和波塞多纽斯(Poseidonius)的著作中可能暗示了罗马的衰落,但他并未从这一意识中得出明确的结论。与此前的萨鲁斯特一样,李维秉承的也是维吉尔(Vergil)在《伊尼阿德》(Aeneid)中完美刻画的"罗马永恒"(Roma aeterna)的精神。维吉尔的诗篇是荷马史诗的当代回响,它意在歌颂罗马的光辉使命,而罗马的祖先伊尼阿斯的命运便是预兆。朱庇特(Jupiter)宣告说,罗马人所知道的就是他们的命运:"对他们(罗马人)我不设定空间和时间的限制。"[①]因此,萨鲁斯特和李维都认为,罗马的衰朽只能以老罗马向新罗马的可悲转变来解释,从而排除了波利比乌和波塞多纽斯的循环模式。新罗马虽然比老罗马低劣,但它毕竟是个稳定的国家,而且不是持续的衰朽过程中的一个阶段。

二 历史学家和帝国

元首体制谨慎地维持着其共和制外表,但这种体制还是不断向帝制演变。这种趋势对历史学的影响不仅仅是——像人们经常认为的那样——历史学家不得不考虑到皇帝们的心思甚至乖张。一个更为根本的难题是,共和制的过去和帝国的现状之间明显而深刻的断裂,历史学家们

---

① Vergil *Aeneid* 1.278. Trans. F. O. Copley.

第六章 奥古斯都和罗马帝国时代的历史意识

再也不能掩盖这一断裂了。更为严重的是,新的政治局面让罗马过去的一些特征完全变成了可疑的东西。罗马官方清楚地认识到,历史学家在描绘过去时也在评论现在,并含蓄地指出了他们对未来的期待。公元前12年,第图斯·拉比努斯·雷比努斯的著作因为作者"错误"的同情心而被焚毁。13年后,危险进一步升级了。

> 执政官科尼留斯·科苏斯(Cornelius Cossus)和阿西纽斯·阿格里帕(Asinius Agrippa)在位的那一年,克雷姆提乌斯·科尔杜斯(Cremutius Cordus)受到一种新的控告,这种控告还是头一次听说。他发表了一部历史,书中赞扬了马库斯·布鲁图斯(Marcus Brutus),并称盖约斯·卡西乌斯(Caius Cassius)是最后一个罗马人。他的控告者是萨特留斯·塞昆杜斯(Satrius Secundus)和皮纳留斯·纳塔(Pinarius Natta),后二者是塞雅努斯(Sejanus)的人。这足以毁灭被控告者。①

文字现在和行为一样危险,虽然危险的程度在各个时代不一样。在尼禄(Nero)和图密善(Domitian)的专制时期,没有几个历史学家敢于公开发表著作,不过弗拉维(Flavian)王朝的皇帝们比较宽容,除了图密善。

此外,历史著述的材料搜集工作困难大为增加,因为元老院失去了其重要地位,而来自皇宫的信息要么是官方的说法,要么是谣言,这两种信息来源从其不可靠来说不相上下。直到后来,历史学家才能借助较为良好的帝国资料记录。在另一个方向上,读者已不再是有文化的公民,而是受过教育的臣民。由于没有切实的政治参与,他们多半只想获得知识或娱乐一下。对于作为公民教育的历史,他们既没有兴趣,也用不上。

几位皇帝也写过历史。克劳迪(Claudius)是位受李维影响的学者,在他否认自己更偏爱历史研究后,他被士兵抬在肩上并欢呼为皇帝。遗

---

① Tacitus *Annals* 4.34. Trans. A. J. Church and W. J. Brodribb.

憾的是,我们没有克劳迪的《传记》(Vita)、他的恺撒以后的罗马史、以及他关于伊特鲁里亚人和迦太基人的历史。韦帕芗(Vespasian)写过数量可观的回忆录,图拉真(Trajan)记述了他在达西亚(Dacia)的征战,哈德良(Hadrian)撰写了一部自省式的自传——更确切地说,让人给他写了这部自传。

衰亡的主题。不祥的预感开始于加图的忧虑,它在萨鲁斯特关于腐化的描述和分析中得到强化,并在李维关于老罗马之消失的叹息中再次表达出来。但有多少人抱有这类忧惧之情呢?公元30年左右维莱乌斯·帕特库鲁斯(Velleius Paterculus)写下的罗马史也许能帮助回答这一问题。维莱乌斯是个颇有才华的业余作者,他在一段反思性的文字中提到,人类成就昙花一现的意识已经开始蔓延,而不仅限于少数富有远见的历史学家。当他对天才为何集中于某些时期感到困惑,当他注意到一种文化达到其创造力的顶峰时发生的状况,他便提出了问题。"臻于完美便难以继续,不能前进者自然会后退。最初我们雄心勃勃地追赶被我们视为领导的人物,而当我们能够超越他们、甚至能与他们不相上下时,我们便感到失望,我们的热情也随希望一起衰竭。"①

然而,关于罗马发展方向的忧惧从未使罗马产生对帝国或文化之兴衰的系统探讨,指出这一点很重要。罗马史学始终关注的是罗马的故事,这个城市和国家越来越被视为永恒的。罗马人不能承认,这个如此杰出的国家会服从曾支配此前各帝国之命运的循环模式。他们认为罗马是独一无二的,罗马的问题是其独特的内部衰落中的问题。因此,从萨鲁斯特到李维笔下那个熟悉的论题仍是最受青睐的论题;老罗马生机勃勃的榜样与麻烦不断的新罗马并列在一起。即便是塔西陀这个来自纳尔榜高卢(Gallia Narbonensis)、在罗马城没有深厚根基的"新人"(novus homo),也没有找到新的视角,尽管他为老主题带来了新的深度和精妙之处。

---

① Velleius Paterculus *Compendium of Roman History*; *Res Gestae Divi Augusti* 1.17.7. Trans. F. W. Shipley.

第六章 奥古斯都和罗马帝国时代的历史意识

塔西陀宣称,他是以"不带怨愤和偏袒"(sine ira et studio)的态度进行工作的。不过,他的座右铭所担保的是一种免除了有害偏见的真实,而不是一种不受其个人经历影响的真实。很难说还有别的可能。塔西陀在《历史》(Histories,从公元69年到图密善死去)、《编年史》(Annals,公元前14年到68年)和作为其岳父奈乌斯·尤里乌斯·阿格里科拉(Gnaeus Julius Agricola)的传记的《阿格里科拉传》(Agricola)中描述的许多过往经历,都是他个人曾涉足其中的。四皇之年(公元69年)的混乱和残暴是一场精神上的创伤,而图密善治下的恐怖更强化了这一创伤,当时罗马人之间再度兵戎相见。作为图密善时期的一名公职人员,塔西陀在某种罪责意识的驱使下追寻尼禄和图密善的插曲发生的原因。

他了解罗马的病症,因为他自己就受这一病症的袭扰。作为前执政官和元老,塔西陀认为,罗马在明智的元老院的领导下曾是一个卓越的国家。老罗马的公民在法律之下生活和谐,并珍视他们的自由。但国家如此明显的衰退究竟是如何发生的呢?

老罗马是以个人的卓越和社会的和谐为特征的国家,它之所以衰败是因为公共道德和公民精神的退化。波利比乌曾认为,罗马特殊的混合政体有助于罗马获得长期的稳定,但塔西陀不同意这一论断。在塔西陀看来,波利比乌的观点太过理论化,而他自己认为,引领罗马走向伟大的是领导阶层的卓越、公民大众的恪尽职守和普遍的朴素生活作风,而不是某种特别的政府形式。当罗马的权威带来财富的咒语时,公民美德被摧毁了,于是到处蔓延的奢侈、贪婪和野心腐化了领导人,将公民变成既能不忍受完全的奴役、亦不能享有自由的臣民。元首制诱使大众走向冷漠,控制如今毫无权威且低声下气的元老院,从而最终完成了这一毁灭过程。"奥古斯都以赠礼争取士兵,以廉价的粮食争取民众,以安逸中的甜头来争取所有人,而当他将元老院、法官和法律的职责集中于一人之手时,他的伟大也在逐步上升。"①作为历史学家的塔西陀虽然承认罗马权力结构

---

① Tacitus Annals 1.2.

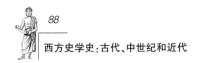

的转变不可逆转,但作为公民他从未迁就过这种转变。他知道,元老院统治的恢复只是回归冲突状态,而不是理想中的共和国,他也知道,罗马人民绝不会用当下秩序和安全的外表去换取"充满危险的过去"。唯一能做的是防止绝对权威变成专制权威。塔西陀作品中渗透的深刻的悲观主义正是来源于这一洞见。

塔西陀:因果、风格和意图。塔西陀的题材主要是奥古斯都去世后的罗马史,他在反思这一题材时发现了它的不足之处:

> 我意识到,在我已经叙述和应该叙述的东西当中,很多看来是鸡毛蒜皮的记录。但不必将我的编年史与过去曾描写罗马的作者的作品作比较。他们讲述的是伟大的战争、对城市的攻击、国王们的战败或被俘,当他们选择转向内部事务时,他们大肆铺张,如执政官和保民官的冲突、土地和谷物法令、以及平民与贵族之间的斗争。①

对于众多小事件来说,现在唯一恰当的中心就是皇帝。他们的个性成为一种驱动性力量,并需要作透彻的分析。塔西陀像其他古代人一样,也认为性格是固定的,这种内在品格能在一系列局势中渐次展现出来,但它绝不会改变。于是提比略的性格只有在掌权之后、在针对他的阴谋发生过后才完全为人所知。尼禄的地位使他能指挥一批观众,能沉湎于自己的表演虚荣。出现在特定环境中的激励因素会激发个人潜在的心理力量,使其采取行动并形成事件。

塔西陀具有坚定的心理学和政治学观念,但与此形成对照的是,他对各类控制因素缺乏明确的认识,虽然他间或提到了它们,如神、时运和宿命。对于这类因素的作用,他形成的解释严格说来是随意的。神介入人类事件"不是为了我们的幸福,而是为了惩罚我们",②神以不祥之兆

---

① Tacitus *Annals* 4.32.
② Tacitus *Histories* 1.3. Trans. A. J. Church and W. J. Brodribb.

第六章 奥古斯都和罗马帝国时代的历史意识

(omina)和异象来表现其愤怒和不悦,对人类以示警告,塔西陀的《编年史》中逐年对此类预兆作了概说。不过他对其中一些预兆的有效性表示怀疑:

> 异象的发生过于密集,因而没有任何意义。一个妇女生了条蛇,另一个在丈夫的怀抱里被雷劈死。太阳突然变暗,城里的14个区遭受闪电的袭击。所有这些现象的发生都没有特别的神意;而随后的很多年中尼禄的罪恶统治仍在延续。①

这种部分怀疑是否表明塔西陀认可其他的不祥之兆呢?我们不知道。他对时运和宿命的看法甚至更难辨别。

塔西陀政治上的传统主义与其文风和方法上的传统主义相呼应。他所记载的都是来自他自己的经历、来自早期历史学家的著作(如奥菲迪乌斯·巴苏斯[Aufidius Bassus]、老普林尼[Pliny the Elder]和克鲁维乌斯·鲁弗斯[Cluvius Rufus])。像其他古代史学家一样,他也不经常造访文献贮藏室。但应该认为他掌握了很多资料,并以批判的意识去运用这些资料,虽然权力中心和很多政府程序已经转移到不够透明的宫廷之中。

塔西陀坦然"逐年地"记述历史,甚至把自己的一部著作称为"编年史"(Annals)。年终总结记载了使节名单、官员的选举、圣礼仪式的变化、杰出人物的去世、自然灾害、疾病、犯罪和审判。他的作品之所以不是简单的年表型的历史,全赖于他的天才和对帝制罗马的历史作用的全面评价。有的时候,他也像此前的萨鲁斯特和李维一样,服膺希腊化时代的戏剧化史学家们,以攻城略地、激烈战斗和失败者的悲惨命运的细节来为故事润色。当然,他也运用古典史学家们常用的素材:演说。

在一篇关于文风的谈话中,塔西陀提出了一个惊人的见解,即文风不是一种独立的实体,而是服从于文化的整体变迁。因此当时肤浅造作的

---

① Tacitus *Annals* 14.12.

文风与罗马国家的衰落有关。然而,塔西陀很可能没有注意到,他经常使用条件句和间接疑问句,而萨鲁斯特则使用、甚至更为经常地使用因果陈述句和表明时间顺序的陈述。与萨鲁斯特时代比起来,塔西陀时代的罗马人看来大大丧失了对事件解释能力的信心。

塔西陀撰写历史是为了复兴老罗马么?有人认为,《阿格里科拉传》意在展现一个德行高尚的罗马人的典范,《日耳曼尼亚志》意在描写正派的日耳曼人,这两部著作都在召唤罗马人回归传统美德。但塔西陀的意图更为微妙。即便在一个恐怖皇帝的统治下,阿格里科拉依然恪尽职守并始终保持其德行。他没有密谋反对提比略;他甚至不拒绝为后者效劳。国家的堕落不构成公民缺乏公共献身精神的托词。《日耳曼尼亚志》揭示了当时日耳曼人的虔诚、雄壮、勇于牺牲的精神与共和早期罗马人的相似之处。但日耳曼人依然生机勃勃,如今他们的力量已威胁到罗马。

像其他罗马史学家一样,塔西陀也对未来没有多少展望,因为他同样没有将衰落论推向既有的循环理论。撰写历史而不承认任何塑造人类事件的普遍模式,撰写当代史而不展望未来;于是塔西陀不自觉地走向了斯多噶主义者(Stoics)的立场,虽然他实际上对后者并无好感。罗马人必须坚定地承受各种厄运,必须表现出不可动摇的责任感。

两位叙述史家。帝国时代的非罗马史学家没有塔西陀那种对老罗马消亡的惆怅。他们注视着罗马帝国,认为它依然能维持稳定与和平。犹太上层阶级的弗拉维乌斯·约瑟夫斯曾访问过罗马,返回巴勒斯坦后,他投身韦帕芗和第图斯(Titus)发动的犹太战争,同罗马作战,但最后他回到罗马并在那里生活。他在发表《犹太战争史》(*History of the Jewish War*)后声名大噪,该著描写犹太人自安条库斯·埃皮法尼斯(Antiochus Epiphanes,约公元前170年)到犹太战争之间的经历。约瑟夫斯以希腊语写作,但遵循的是犹太传统,他歌颂犹太人的勇敢、坚韧和技巧,但他也赞赏罗马人的克制和宽大。不少犹太人对约瑟夫斯的公正感到愤怒,他们认为这应归因于作者过分的罗马化。

犹太语境在约瑟夫斯的《犹太古代史》(*Jewish Antiquities*)中表现得

第六章 奥古斯都和罗马帝国时代的历史意识

更为清晰,这是一部以犹太人为中心的准世界史,而且其中阐发的历史的意义也远高于罗马的命运。该著一直追溯到世界的起源。"起初,神创造天地。大地还没有显现出来,而是藏在漆黑中,当神说要有光时,灵气就在大地上运行。"①这种范围广阔的历史,使得犹太人在地中海人民之间关于集体身份的古老争论中有了一个突出的地位,对这些人民来说,年代就是标准。因此,犹太人可以轻易地摆脱希腊人的"神话帝国主义",因为他们比亚该亚人还要古老。摩西(Moses)早于荷马。后来,一些教父也认为,这一点在他们对付希腊哲学时也很重要。当然,他们也接受约瑟夫斯的如下论断:神直接而有条理地指引着整个历史,"任何认真研读历史的人从中得出的主要教训就是:服从神的意志、不妄图僭越设计精妙之律法的人,万事皆能取得意想不到的成功,因为他们的奖赏乃蒙神恩所赐"。②

公元 2 世纪的另一位东方人、亚历山大里亚的阿庇安(Appian of Alexandria)写过一部《罗马史》(*Roman History*,下限到图拉真皇帝),该著上溯到伊尼阿斯,然后迂回曲折地讲述各个因战争或其他事件而同罗马发生接触的人民。他告诫那些偏爱马其顿帝国的人们说,"亚历山大帝国的辉煌在于其幅员、军队、征服的成功和迅速,以及它的无边无际和史无前例,然而从其维系时间的短暂来说,它只是一次耀眼的闪电"。③阿庇安同样对罗马人在帝国扩张中表现出的克制印象深刻。"虽然他们占有最好的土地和海洋,但整体而言,他们旨在以谨慎的做法来维持其帝国,而不是将他们的支配权漫无边际地扩展到贫困交加、无利可图的野蛮部落那里。"④

传记的新气象。既然罗马国家具有君主制的特色,既然罗马公民已经变成臣民,传记在罗马也找到了曾在希腊化东方盛行的那种有利条件。

---

① Flavius Josephus *Jewish Antiquities* 1.27. Trans. H. St. J. Thackeray.
② Ibid., 1.14.
③ Appian of Alexandria *Roman History* 1.1. Trans. Horace White.
④ Ibid., Preface. 7.

文学学者认为传记提供了展示修辞技艺的机会,哲学家用这样的著作来搜罗伦理学上的典范(exempla),而读者只是想满足对于其他民族的生活的古老好奇心。在公元1—2世纪的罗马世界,这种对个人的关注甚至有更充分的理由,因为个人在社会和政治中扮演着重要而明显的作用。人们完全可以指出,皇帝至高无上的地位是一种重要的刺激因素。

71　　一个来自外省喀罗尼亚(Chaeronea)的希腊人普鲁塔克(Plutarch)的著作使得当时的传记领域内形成了希腊-罗马趣味,这部作品就是《希腊罗马名人合传》(*Parallel Lives*)。普鲁塔克总是选择两个生平故事,一个希腊的,一个罗马的,二者之间有某些相同的特点或经历,并将它们放在一起,大多数情形下还进行了比较。普鲁塔克的评价并不必然倾向于希腊人,因为在他看来,伟大和失败不具有种族身份。他唯一的倾向性针对的是他的读者,他只为那些认真思索人生问题的人写作。

普鲁塔克甚至比内波斯更强烈地意识到历史学家的工作与传记作者的工作之间的差异。他辩称:

> 如果我没有记载他们所有杰出的成就、没有详述他们(著名人物)中的任何一位,而只是总结大多数人的成就,我就要请求我的读者不要把这视为过错。因为我写的是传记而不是历史,事实是这样的:最辉煌的业绩通常丝毫不会告诉我们成就这些业绩的人物的美德或缺点,而另一方面,一个偶然的评论或一个笑话对人物性格的揭示,可能要远胜于单纯的战斗中的胜利伟业,尽管战斗中有成千上万的人倒下,有庞大军队的集结,或有包围城市的行动。①

历史学家和传记作者相互补充,因为他们对同一事实具有两种视角。历史学家在事件的背景中叙述人物的生平,而传记作者分析促成事件

---

① The Age of Alexander: *Nine Greek Lives by Plutarch*. Trans. Ian Scott-Kilvert, intro. G. T. Griffith (Harmondswort, 1973), p.252.

第六章 奥古斯都和罗马帝国时代的历史意识

的人物。

史学家世界中的原因,就是传记作者世界中的性格——这是解释的关键。普鲁塔克像所有古代人一样,认为性格是一种生来就有的、确定不变的个人特征体系。生活不会改变性格,而只能显现一个人的特征。但这不是人的托词或劫数,因为普鲁塔克指出,虽然人不能改变自己的性格,但他们能以美德的力量控制其固有弱点。比如,没有人必然会成为暴君,因为这需要性格上的弱点和特定的机会。人们可以抵御诱惑,如果以正派的人生为榜样的话,这种抵御甚至更为容易。的确,从传记的角度来看,整个世界历史都浓缩为一系列伟大的人生经历及这种经历中的道德斗争。

普鲁塔克同时代的苏维托尼乌斯(Suetonius)在他的《罗马十二帝王传》(The Twelve Caesars)中表明,罗马人和希腊人在对于事件和人的看法上仍有怎样的分歧。苏维托尼乌斯曾当过哈德良皇帝的秘书长,跟普鲁塔克不同的是,他能接触帝国的资料库;在该著第一部分的每篇传记中,他在描述皇帝的政治行为和突出业绩时,将个人生平与集体命运紧密地结合在了一起,不过第二部分他只是论述皇帝的生平和性格。作为罗马人,苏维托尼乌斯没有把统治者设想为纯粹的道德评论的范本,因此,他笔下的传记远比普鲁塔克更接近于历史。即使是那些能大力渲染或仅仅可视为娱乐的片段,即使是在散布谣言,皇帝的性格或思想状态对于公共事务的影响至少也被暗示出来。当卡里古拉(Caligula)吻他妻子的脖子时,总会低声对她说,他可以随时命人割断她的脖子,这究竟是位怎样的皇帝呢?而那位枯坐宫中,百无聊赖地捕捉苍蝇,用笔尖捅死它们的图密善又是怎样一个人呢?

普鲁塔克和苏维托尼乌斯之后的传记作家弗拉维乌斯·阿里亚努斯(Flavius Arrianus)(阿里安[Arrian])既不能与两位前辈相媲美,也没有选择他们作为自己的典范。他更喜欢把色诺芬当作其《亚历山大远征记》(Anabasis of Alexander)的典范,他在书中描述了那位"无论在数量还是伟大上"都成就了"众多杰出功绩"①的国王。

阿里安的叙述参考了很多材料,但他最信任的是两位作家。"如果拉古斯(Lagus)的儿子托勒密(Ptolemy)和阿里斯托布卢斯(Aristobulus)的儿子小阿里斯托布卢斯在他们关于菲利普的儿子亚历山大的历史中存在一致之处,那我就认为他们的说法相当准确并将其记录下来;如果他们有不一致的地方,我会选择我觉得更可能的、也是更值得讲述的东西。"②总体而言,阿里安旨在进行一种平稳的叙述,其中心在于亚历山大的军事行动。正是由于这一中心点,阿里安的《亚历山大远征记》成了中世纪作家最喜爱的作品之一。亚历山大有"赶超阿喀琉斯的意志,自孩提时代起他就有了一个竞争者",这位英雄很容易转变成中世纪亚历山大传奇中的骑士般的人物。③

绝无仅有的方法论著作。古代史学家在方法论上的主要关怀只是叙述的准确性,他们通常在序言中,或在夹杂于正文的评论中申述其关于历史学的有限看法。在西塞罗的历史评论之后,公元2世纪只有奥鲁斯·盖留斯(Aulus Gellius)的《阿提卡之夜》(*Attic Nights*)中的史学评论,以及萨摩萨塔的琉善(Lucian[us] of Samosata)的论著《如何撰写历史》(*How to Write History*)。琉善认为,历史学家的主要问题是"如何着手,如何安排他的材料,如何协调各个部分的比例,哪些该省略,哪些应展开,哪些最好寥寥几笔带过,以及如何将事实转换成话语并将它们组合在一起";④所有这些看法都与现代史学没有太大的不同,但是琉善没有进一步探讨历史学家首先应如何了解真相,因为这个问题不属于修辞学的领域而属于哲学家的领域。但琉善像其他古代史学家一样,非常关心准确性和真实性,与他比起来,那些天真地认为历史和修辞的简单联合会将历史变成虚构的人则显得浅薄了。琉善告诫说,为统治者或其他赞助者服务的历

---

① Flavius Arrianus *Anabasis of Alexander* 1.12.4.
② Ibid., 1. Preface.
③ Ibid., 7.4-5.
④ Lucianus of Samosata *How to Write History* 6 Trans. K. Kilburn.

第六章 奥古斯都和罗马帝国时代的历史意识

史学家应该认识到,"历史和颂辞之间的边界不是一条狭窄的小沟,而是一堵高大的墙"。① 唯有真实的历史才是有益的历史。否则历史就只是为好事者或无聊之人准备的多种娱乐当中的一种。

琉善对涉猎历史写作的浅薄之人感到恼火,因为他们"觉得写历史是件十分简单轻松的事,人人都能做,只要他能将自己想到的东西见诸文字"。② 真正的历史学家是很罕见的,因为他必须同时具备政治理解力和表达能力。第一种才具要求具备一种先天禀赋,这种禀赋将因源自生活阅历的洞见而被升华,第二种则可以通过写作和文风的训练培养出来。因此可以看到,优秀的历史著作尽管可能颇具诗意色彩,但绝"不会雷同于添油加醋的闲话",而且肯定远离市井之间的庸俗话语。

年代学。年代学研究衰落了,因为占支配地位的罗马人以"建城以来"当作纪年体系的基础,而对别的纪年毫无兴趣。在东方,年代学继续以蒂迈欧斯和埃拉托斯特尼的成就为基础。公元 2 世纪的克劳迪乌斯·托勒迈欧斯(Claudius Ptolemaeus)是这个领域唯一有重大贡献的人,他制作的年代表中包括一份"王典"(kanón basiléon),这份文献提供了古代近东国王、马其顿国王和奥古斯都以后罗马统治者的名单。但他的著作从未流行过,不过其修订过的版本对尤西比乌和其他基督教年代记作者的年代学框架的形成起过帮助作用。

伟大阴影中的历史学家。罗马的和平(Pax Romana)确保罗马帝国能获得广泛的支持。不过满足——甚至还有感激——并没有在广大公众中激起多大的自豪感,也没有激发人们对罗马过去的好奇心。公元 200 年后不久,最后一部综合性的罗马史问世,但它是一个具有反讽意义的转折:像法比乌斯·匹克托的第一部罗马史一样,它也是用希腊语写成的。但是,作者狄奥·卡修斯(Dio Cassius)再不必在抱有敌意的希腊世界里为罗马辩护,因为正如狄奥自己的人生所揭示的,即使一个说希腊语的比

---

① Lucianus of Samosata *How to Write History* 7.
② Ibid., 5.

提尼亚(Bithynia)人这时也已坚定地忠诚于罗马。不过,共和制的老罗马对他而言毫无意义,他毫不犹豫地宣称,君主制从本质上说优越于所有共和制。这样的态度自然使他不能洞悉罗马的衰落。

狄奥之后,历史著作越来越少见。手稿保存不力可能是历史著述衰减的一个原因,不过更重要的原因是,如今生活在罗马帝国的众多人民对罗马的整体历史越来越缺乏理解力。帝国现状与罗马共和国的过去之间的联系确实已经非常微弱。至于未来,历史学家们只是期望简单地延续现状,虽然有时他们也为疑虑所困扰。在这种局面下,有些历史著作,如塞克图斯·奥勒留斯·维克托(Sextus Aurelius Victor)的《帝王传》(*Caesars*,约公元360年),就带上了道德教化和传记的色彩。有的史书仍然试图囊括罗马的全部过去,如卢修斯·埃纳欧斯·弗洛鲁斯(Lucius Aennaeus Florus)的作品;而2世纪的一部早期史书摘要(当然是李维的)几乎毫无新意。4世纪时,这类摘要大为增加。鲁菲乌斯·菲斯图斯(Rufius Festus)和欧特罗皮乌斯(Eutropius)都写过一部《简史》(*Breviarium*),他们两人都曾担任皇帝瓦伦斯(Valens,365—378)的文书长(magister memoriae)。人们觉得越来越有必要简写罗马史,这不仅是因为罗马史太浩繁,而且特别是因为其早期部分对罗马帝国的一些居民(看来也包括皇帝)而言几乎无法理解。欧特罗皮乌斯的作品对中世纪早期的基督教史学家的影响最大,后者经常参阅他的著作。直到公元8世纪,保卢斯·迪亚克努斯(Paulus Diaconus)①还将《简史》延续到553年。

4世纪最富才华的历史学家们都远离上述潮流。阿米雅努斯·马塞里努斯(Ammianus Marcellinus)将塔西陀的著作延续到公元378年,他的后续作品是一部信笔而成的 *Res gestae*,这个标题在此最好译为"大事记"。这部可敬作品的作者来自一个富裕的家庭,游历广泛,并作为一名军官体验过战争的风险。他深知塔西陀的衰落论。然而,作为一名来自4世纪安条克(Antioch)的叙利亚人,他无法对已经失落的元老共和国产

---

① 此人即主祭保罗(Paul the Deacon),这是他的拉丁名。——译注

第六章 奥古斯都和罗马帝国时代的历史意识

生类似的同情,何况这时共和国对大多数人而言只是个模糊的记忆。在阿米雅努斯看来,晚期帝国不是处在衰落之中,而是在逐步成熟之中。事实上,罗马"正在步入老年,通常单凭它的名字就可取胜,这说明罗马迎来了生命中一个较为平静的时期"。① 不过,作者并未以准生命有机论的类推法得出其逻辑结论,即罗马帝国最终会灭亡;这样的结论对阿米雅努斯而言简直不可设想。不过他可能也得不出这样的结论,因为像许多古代史学家一样,他也没有把国家问题归因为结构转变,而仅仅认为是个别人物的失败造成的。

对于历史学家而言,比较合适的优良题材是论证构成国家稳定要素的关键性制度。阿米雅努斯尤其抨击那些削弱皇帝职权的人。阿米雅努斯曾赞赏尤里安(Julian)皇帝的军事才能、苦行精神、学识及其恢复罗马宗教的措施,但他激烈批评这位皇帝对反对者的严厉,批评他性格冲动,其行为经常不合乎皇帝的职责。阿米雅努斯·马塞里努斯赞扬元老院——虽然这个机构的作用被大大削弱,但他谴责个别元老荒淫放荡、追逐名望、缺乏正派教养。如果皇帝和元老院丧失威望和权力,罗马国家将可能任由民众摆布,而民众在任何国家都不是促进稳定的因素。阿米雅努斯完全接受他曾认真研读的罗马史学家的教导;这个世界上最重要的是领袖人物的行为。历史学家在记录过去时,必须以道德、政治和军事教训来影响现在,如果不是影响未来的话。这是个困难的任务,因为在罗马帝国晚期,个人的创造性自由受到了各种限制,当时很难"逃避真话通常会带来的危险"。②

在伟大的罗马史学家的漫长名单上,阿米雅努斯·马塞里努斯是最后一位。在他著书立说的时候,基督教已经与罗马国家结盟,当然皇帝尤里安时期除外;这时塞克图斯·尤里乌斯·阿菲利加努斯和尤西比乌的基督教世界年代记已经问世,它们预示着一种全然不同的人类历史观;而

---

① Ammianus Marcellinus *Res Gestae* 14.6.4. Trans. J. C. Rolfe.
② Ibid., 26.1.1.

此时留给罗马帝国西半部的生存时间只有一个世纪。但罗马史学留给了后人另一份遗产：一个谜。在一部名为"拉丁宫廷纪899"(*Palatinus Latinus 899*)的中世纪抄本中，人们发现了神秘的《奥古斯都史》(*Historia Augusta*)。这部历史声称由六位作者写成：埃留斯·兰普利迪乌斯(Aelius Lampridius)、埃留斯·斯帕迪亚努斯(Aelius Spartianus)、尤里乌斯·卡皮托里努斯(Julius Cpitolinus)、弗拉维乌斯·沃皮斯库斯(Flavius Vopiscus)、特雷贝留斯·波里奥(Trebellius Pollio)和乌尔卡修斯·加里卡努斯(Vulcacius Gallicanus, 元老[vir clarissimus])。他们都有一个共同点：我们对他们一无所知。当时人也从未提到过《奥古斯都史》。

著作本身是大约30篇皇帝和恺撒的传记合集，时间从哈德良到戴克里先(Diocletian)(公元117—284年)。该著结构松散，叙述之中穿插着信件、演讲和法令。遗憾的是，这些文献中只有很小一部分不是彻头彻尾的捏造。如果不是那个时代的资料极其匮乏的话，《奥古斯都史》也许被束之高阁了——除非是遇到爱好历史探秘著作的读者。目前来看，学者们在涉足有关《奥古斯都史》的激烈争论，特别是其年代和创作方法的争论时，已然为从中得出的微不足道的见解而深感欣慰。

罗马史学的回顾。罗马史学家自觉地改造了希腊的史学形式，但是他们在这一充满摩擦的过程中给这类形式打上了罗马-拉丁(romanitas)的印记。希腊和罗马起源故事之间的矛盾，对波利比乌关于罗马崛起的解释的尊重与争执之间的矛盾，加图对希腊文化要素的接受与排斥之间的矛盾，希腊化史学中前后相继的各种思潮的影响与无能为力之间的矛盾：所有这些都见证了改造过程的复杂性。反过来说，编年史传统表现出了鲜明的罗马精神，因为它卓越地反映了罗马的历史命运逐步展开，进而席卷整个文明世界的进程。后来的基督徒发现，逐年叙述的方式很适合其目的论的历史观。至于希腊历史叙述形式，同样也打上了罗马—拉丁的印记：传记从未严重脱离公共生活，从未成为纯粹的个人美德的褒奖辞；历史专论总是多少带有道德和政治评论色彩；由特奥彭普斯的希罗多德史学摘要开启的历史概要(epitomes)形式，有助于把握罗马历史的漫

第六章 奥古斯都和罗马帝国时代的历史意识

长时段,它也成为向公共官员介绍他们知之甚少的罗马历史的简介;不过年代学留给了希腊人去钻研,因为罗马人发现"建城以来"的纪年体系最合他们的意图。

希腊人在理论问题上完全占据上风;罗马史学家很少关心这类问题。历史鲜明的公共用途使得理论探讨的范围明确而狭隘,这种范围与希腊史学的范围是一致的。古代史学家缺乏从细节上重建过去的意图,并坚持历史具有实用性,因此他们觉得,叙述准确、信赖"可靠"权威之类的理念足以维持史学作为一种非虚构的叙述类型在修辞学中的地位。西塞罗和琉善是仅有的对史学发表过较为正式的评论的罗马人,即便是他们也认为,真实的必要性仅在于产生说服力。至于愉悦(delectatio)和戏剧效果,他们在某种程度上也是容忍的——只要满足以下两个前提:具有说服力、避免蓄意的偏袒。撰写罗马"古物史"(antiquities)的作者,如瓦罗和哈里卡尔纳苏斯的狄奥尼修斯,本来可能拓宽方法论的视角,但他们的著作不能被视为历史。

"重大的"题材从未受到质疑。几个世纪以来,罗马国家为罗马史提供了一个清晰的关注焦点;而希腊人只在城邦时期短暂享有这种清晰性,随后他们限于小国的局促地域。不过,罗马史学家在调和过去、现在和未来时遭遇到特有的麻烦。从奥古斯都时期开始,他们就注意到老罗马和新罗马的问题,前者是楷模,后者向残缺中滑落。但他们拒绝以循环论来看待罗马史,因为他们觉得罗马是不朽的,罗马帝国稳定的权威也支持着这样的印象。甚至当老罗马的美德褪去时,对外扩张还在继续,这甚至给新罗马带来了希望。因此,在与过去比较时,人们对现在的看法是消极的(虽然罗马人从不认为老罗马与新罗马完全断裂),而期望中的未来被认为与现在类似,甚或更为辉煌。罗马史学家从未解决过这些矛盾,因为他们拒绝将罗马与其他帝国作比较分析。衰朽是罗马的、而非普遍的社会现象;这是罗马人内在品德的恶化,因而是个道德问题,而不是制度问题。没有理由超越罗马世界。于是他们便缺少对其他人民的历史的兴趣,包括希腊人的历史,这就形成了通往世界史的道路上的障碍。尝试撰写世界史的非罗马人发现,当罗马人不能担当统一者的角色时,他们只能撰写各民族的平行史、文化大观或者方便的年表式的历史。波希多纽斯似乎想以帝国循环的方式来写历史,但他的著作遗失了。基督徒可以很好地利用这些资料和年表,因为他们知道存在一种超越地区的统一性。

因此,罗马史学的活力随罗马国家而逐渐衰竭是毫不奇怪的。活力现在属于基督教史学,这是因为它对人类命运具有远为广阔的视野,也因为它应对新局面的能力;这一新局面就是日耳曼人的迁徙和入侵、贫困化,以及支撑"罗马和平"的结构的崩溃——简言之,真实的罗马世界的消失。在剧烈的、看来永无休止的变革中,基督徒将表达出自己的历史,以维系过去、现在和未来之间的连续性。

第七章

基督教史学革命

一　早期基督教史学的形成

罗马传统的拥护者起初对基督徒感到困惑。当罗马传统与基督教的信仰和实践之间的距离日益明显时,这种困惑变成了恼怒,并最终发展为公开的敌视。公元 2 世纪,罗马传统主义者和柏拉图主义者塞尔苏斯(Celsus)谴责基督徒拒绝参加官方宗教仪式,以及他们对罗马的异教过去的冷淡。他认为这种举止有害于罗马国家,因为它使罗马公民丧失了必需的延续感。他还指出,罗马国家显而易见的困扰就是明证。公元247 年,基督徒对"罗马千年"庆典的冷淡便是一个象征。在这一刻,基督徒显然对永恒的罗马(Roma aeterna)不感兴趣。

罗马帝国的异教徒和基督徒生活在两个截然不同的精神世界中。就历史问题来说,前者认为过去、现在和未来的世界与罗马国家合而为一;他们的历史学家讲述的是罗马共和国的光荣、伟大的战役和英雄业绩。但基督徒并不关心这些东西。然而,一种明晰的基督教历史观在教父们的探讨之中、通过对基督教文献的诠释、在事态的影响下逐步发展出来。这一过程比人们经常提到的从循环论向线性发展模式的转变更为复杂,只有在最为宽泛的意义上,这两种模式之间的区分才有其正确性。柏拉图和其他哲学家的大宇宙循环——每数千年重复一次——的确让位于一个从虚空中(ex nihilo)创造、唯有一次行程的世界。但是在这个行程中,基督徒仍然承认循环论的轮廓,特别是罪(或背教)—审判—惩罚—复归的循环,这个循环涉及个人和群体。

根本性的转变来自对《旧约》观念的肯定,即上帝以自己的方式影响历史。《旧约》表明了犹太人和上帝之间的特殊关系,这种关系是由族长时代的圣约(Covenant)规定下来的,当时上帝挑选犹太人作他的选民,应许他们一块定居地并作为一个民族而生长发展。对未来而言,这种应许既包含着希望,也意味着严厉的惩罚的威胁,如果犹太人偏离上帝的意志或偏离正当的宗教崇拜的话。总之,犹太诸部落的故事——一个历史现象——表明了外在事件背后上帝的意图。统治整个世界及世间万物的上帝不像希腊人和罗马人的神,他行事专断,不与宿命或时运分享权威,不过他对事物的引导直接而明智。他在这个过程中显现自己。

当基督徒谈论上帝道成肉身(Incarnation)的时候,他们更强化了上帝与世界的关联:上帝曾作为耶稣基督现身于世上。这是从创世到救世主(Christ)的再度降临(Parousia)之间的演变中的核心事件,这一事件使得基督徒不可能像希腊人和罗马人那样,把人类历史视为人类永恒本性的无限变化。相反,历史展现的是《圣经》所诉说的发展过程,它有独特的开端,有中心事件和终极目标。这种对人类事件的截然不同的理解方式终将难以包含于古典史学形式之中。

《圣经》:源头和权威。像基督教信仰本身一样,基督教对历史的解释也以《圣经》的两个圣典——《旧约》和《新约》——为中心,这是其最重要的历史记录。因此,基督教的历史解释从一开始就同对"纯正"文本的追求及其准确诠释联系在一起。众多现存文献中哪些是上帝的意志及上帝对历史之影响的可信记录呢?在翻译希伯来文本的时候,基督徒如何以其他的语言表达那些重要的术语呢?最后,何种解读最贴近文本的精神呢?这种对文本的尊重,也许曾使弗拉维乌斯·约瑟夫斯以文献来丰富其关于犹太史的著作,并促使尤西比乌在其关于基督教会历史的《教会史》(*Ecclesiastical History*)中也这样做。神圣传统中出现错误代价太大了,因为它扭曲了神的启示,败坏了使徒的传统。西方世界后来的文

第七章 基督教史学革命

本批判部分根源于犹太教和基督教对"纯正"传统的关切。

不过异教徒并不愿意承认神的启示是基督徒诉求的基础,他们需要的是不同的权威依据。基督徒很快就发展了年代方面的论证。由于古代人喜欢用某个民族的历史长度作为集体身份的尺度,犹太人和基督徒声称摩西在时间上先于荷马,殉道者查斯丁甚至怀疑荷马借用了摩西。证实犹太—基督教传统年代久远的愿望最终推动了基督徒对年代学的关注。但是,更为重要的是,对文本传统和不间断的权威的关心还只是一个更为广阔的关心的一部分,这就是对连续性的关心。

连续与断裂。早期基督徒中的千禧年派(chiliasts)强调,人类历史将随着基督的再度降临而越来越逼近终点。在这一点上,基督徒无疑受到巴比伦之囚以后犹太人中的末日论和弥赛亚观念的影响,但在一个时遭迫害、世界的基督教化希望渺茫的时代,切近的终点看来是一个比漫长的未来更合逻辑——至少更可取——的期待。《圣经》中的《但以理书》《以赛亚书》《马太福音》和《启示录》中均很容易找到这方面的意指。殉道者查斯丁、德尔图良(Tertullian)和罗马的希波吕托(Hippolytus of Roma)期待着在末日审判前有一个基督在尘世的千年统治——一个希望、和平和富足的时代。但千禧年派可能很难创造出某种基督教史学,因为他们那种与过去一刀两断的未来产生不出追求过去、现在与未来之间的协调的动机。类似的阻力可能是因为完全专注于基督带来的断裂,这种断裂缩短的不是未来而是过去。马西昂派(Marcionites)在否认《旧约》对基督徒的有效性时便是如此。当诺斯替派(Gnostics)认为使徒只具有部分可知性、将关于基督的讨论从历史领域推向哲学领域时,他们同样否认了基督教的历史性质。不过上述看法并不占主流。

基督教仍然是有两种圣约的宗教。虽然《旧约》只是关于基督的不完美的认识,但它毕竟预言了基督的降临和事功。反过来说,《新约》讲述的是这些预言的实现,因而也解释了《旧约》。但是,两部圣约中描述的事件不是以一种连续的因果关系链串在一起。它们之间的联系由上帝的意志来确定,因而只能凭信仰来理解。协调过去、现在和未来之事件的独特方法是寓意(allegory)、预兆(prefiguration)和预表(typology)。这三种方法都认为，《旧约》中的事件或言谈对《新约》的具体要素而言都具有直接的启示和解释价值——这种联系方式后来也运用于后圣经世界中。比如，爱任纽(Irenaeus)说亚当"预示着"基督，并在历史中看到早期事件在更高层次上的重演。他关于《旧约》是《新约》之准备的观点和解释意味着某种全面的"向上"发展。从《旧约》到《新约》的发展揭示了神对人类的教育——从亚当堕落并导出上帝之戒律的童年时代到基督(新亚当)的时代，新亚当使得所有人有可能变得更成熟。从这个意义上说，爱任纽讲述的启示是一个逐步的过程，一直到上帝道成肉身。

当教父们与希腊哲学争斗时，"人类的教育"观念对他们特别有用。具有反讽意味的是，希腊哲学不仅仅是基督教最可怕的思想对手，在早期的神学辩论中，它也为超验之物转换为人类语言提供了最有用的概念。基督徒既没有彻底拒绝也没有全盘接受看起来恰当的东西，他们对希腊哲学采取了一种历史化的视角：希腊哲学是真理发展的一个阶段，而真理最后在基督的启示中臻于完美。对于基督，"甚至苏格拉底都有部分了解"，殉道者查斯丁这样说。① 亚历山大里亚的克莱门(Clement of Alexandria)曾说，上帝很早就在撒播种子。因此，柏拉图和亚里士多德不是完全错误的，但他们也仅仅是得到了不完全的启示。各个时代和个人对神启的理解不尽一致，这要看它们(他们)把握真理的能力。只有基督能提供把握全部真理的可能性。

每过去一年都会削弱对切近的基督再临的期待，终于，基督徒眼中的时光流逝渐渐不再由末日目的论来决定，而日益决定于普世救赎的应许。基督再临的推迟是因为上帝的怜悯。因为在末日到来之前，"福音必须先传给万民"。② 这一传道使命的最早表现是巴勒斯坦的犹太基督教转

---

① Justin the Martyr, 2 *Apologia* 10.8, in E. J. Goodspeed, ed. *Die ältesten Apolegeten* (Göttingen, 1915), p.86.

② Mark 13:10.

第七章　基督教史学革命

变成带有普世视域的非犹太人的基督教。时间是上帝赐予人类实现其使命之伟大功业的场所。现在，人们在漫长的时段过后期待"时间的完成"，因而基督徒必然认为世界及其过去符合这一期待。劝导全人类皈依、以利于普世救赎的使命将不断塑造和改造这类观念，包括历史观念。在两种对人类历程的阐释——"人类的教育"和普世救赎之中，早期教父时期的基督教有一种可资利用的关于人类不断增长之潜力的有力原则，后者可以将过去、现在和未来组合起来。然而，正如后面将看到的，这个原则并没有成为中世纪基督教史学中占支配地位的主题。

罗马帝国和基督教史学。基督徒无法回避罗马帝国的影响。最初，基督教的生存和传统是在反罗马中形成的，它以小小的"圣徒共同体"来反对庞大的帝国。而罗马人则经常指责基督徒导致了罗马的衰落。基督徒最初的反击出乎意料，他们并不是去论证神圣历史与罗马的命运如何毫无关联，而是从《旧约》、从其控告者的一个论据出发：即真正的宗教信仰和仪式能增强国家的福祉。奥利金（Origen）坚持认为，如果罗马人拥有正确的信仰，他们本可以克服"众多困扰之敌，其数量将远胜摩西的祈祷所摧毁的敌人"。① 另一位教父德尔图良则怀疑，罗马的伟大并非神的意旨，因为罗马人崇拜虚妄的神明。很多人把罗马的和平归功于罗马，但甚至这种和平也仅仅是因为基督诞生于奥古斯都时代。不过，这种对罗马的否定态度在313年之后变得不合适了，因为基督教在这一年首次得到容忍，最终成为了官方信仰。早在2世纪，萨尔迪斯的墨利托（Melito of Sardis）曾暗示说，上帝创造罗马帝国是为了作为基督教的支柱。在君士坦丁大帝（Constantine the Great）皈依之后，以下看法甚至更为方便了：罗马的和平是上帝用以在开阔的大道和安全的海洋上传播福音的工具。当普世罗马在普世神圣历史中获得一席之地后，基督教和异教世界之间的史学鸿沟开始弥合。

约在313年之前的半个世纪时，基督徒试图赋予人类历史一种基督

---

① Origenes, *Contra Celsum* 8.69. Trans. H. Chadwick (Cambridge, 1965), p.505.

教框架,这的确是件困难的工作。希腊化时代撰写世界史的努力最后通常只是简单的编纂,如西西里的迪奥多鲁斯的叙事史和罗得的卡斯托尔的年代表。不管怎样,基督教的年代学与犹太人的某些尝试有着更为直接的联系:这就是在时间顺序中追溯犹太传统的尝试。《旧约》是一份错综复杂的历史记录,但它没有年代。时光的流转以时间词("然后""后来""不久")和代际转换来表示。一种主要停留在单一文化之内的叙述不需要更多的东西。当然,犹太人在日常生活中对时间的计算更为仔细,但就一个漫长的时代来说,他们很少关心将过去的事件与日期联系起来。在亚历山大大帝之后,犹太人用塞琉古纪元来标记自己的年代,一直到公元70年(塞琉古381年)圣殿被毁,这个事件为真正的犹太纪元提供了起点。犹太人对自己传统之久远十分自豪,一度(但我们不知道究竟在何时)尝试以创世作为他们的起始点。这些纪年数字后来被标为 A. M.:自创世以来多少年(anno ab origine mundi)。巴比伦《塔木德经》中曾涉及最古老的犹太年代记的相关内容,这就是《世界次序书》(Seder Olam Rabbah),该书把创世当作标记事件年代的参考点。然而,几十年后出现了弗拉维乌斯·约瑟夫斯的著作,后者已经知道了这种纪元。犹太人对这类问题的兴趣不如基督徒在年代学追求上的兴趣。

3世纪时塞克图斯·尤里乌斯·阿菲利加努斯的《大事记》(Chronography)是一系列早期基督教历史的开山之作,这类著作将近东、希腊和罗马的神话与历史排列在犹太—基督教的时间框架中。阿菲利加努斯补充了圣经人物的生卒年,并利用了其他文化的年代学,从而得出这样的结论:从亚当到耶稣基督诞生之间有5500年。阿菲利加努斯的同代人、罗马的希波吕托可能了解《大事记》并曾利用之,只是他的主要目的是为了推算复活节的准确日期。

在教父时代,年代学的最大成就来自恺撒里亚(Caesarea)的主教尤西比乌。他生活在4世纪头几十年的幸运时期,当时尤西比乌是君士坦丁皇帝的亲密顾问,这位皇帝使基督教变成了可被容忍——即便不是受优待——的信仰,皇帝本人甚至参加了确定共同信纲的尼西亚公会议

第七章 基督教史学革命

（Council of Nicaea，325年）。罗马帝国与基督教产生了错综复杂的关系，以至于那个时代的神学通常被称为"帝国神学"。尤西比乌在其《年代记》（Chronicle）和《教会史》中阐明了这一神学的史学蕴含。《年代记》表明，基督教在史学中也取得了胜利。这一史学的核心是年代学准则，为了创立这一准则，尤西比乌从希腊化时代的史学家们那里、尤其是罗得的卡斯托尔那里借用了材料。《年代记》中有一页论述远古时代的独特文字：它将亚述、西息温和埃及的名人、统治者和王朝与《旧约》中的主要人物和事件排列在一起。随着其他民族崭露头角，时间表和年份也越来越多。当罗马统一地中海世界时，罗马和犹太—基督教的时间序列便足够了，而奥林匹亚纪年则成为合适的校订手段。

至于耶稣基督诞生的时间，尤西比乌认为在亚当之后5198年，或亚伯拉罕（Abraham）之后2015年，这与塞克图斯·尤里乌斯·阿菲利加努斯的A.M.5500有相当大的差距。这一差距是因为使用的《旧约》版本不同而造成的，当东方的历史学家主要依靠用拉丁语写作的阿菲利加努斯的年表，而西方史学家更青睐于以希腊语写作的尤西比乌时，这种差距具有了重要意义。在哲罗姆（Jerome）将尤西比乌的《年代记》翻译过来以后，尤西比乌成为拉丁世界诸多年代记的基础，一直到比德（Bede）提出一个不同的时间刻度之时。实际上，在尤西比乌之后的许多年代中，作为历史的一个类型的世界年代记鲜有变化。试图自行创作年代记的作者——其中有普罗斯珀·蒂罗（Prosper Tiro）——成果微不足道。年代记作品正走向一个清晰的极限。只要回避叙述和阐释，除了推敲世界年代中的时序表之外就没有别的工作了。

尤西比乌不是罗马帝国的歌颂者。他和其他基督徒都知道，基督教会和帝国不是一回事。真正意义上的基督教史是神圣的故事，正如尤西比乌在其开创性作品《教会史》中展示的那样。这部作品写于基督教胜利的岁月，在叙述耶稣基督及其使徒的生平时，作品还讲述了信众——教师、作家、殉道者和主教——和迫害及最后的胜利。为了保证记录的准确和感召读者，尤西比乌采纳了很多资料和文本，若非此举，这类资料文本有可能遗失。尤西比乌也许是出于某种区分事实和解释的动机而采用资料文本,但这种可能性不大,虽然后世学者过分关注这种区分。

由于教会继续延续着其制度性存在,尤西比乌的历史也得以扩充和延续:索克拉茨(Socrates)和两位法学家补充了306—439年的历史,索佐门(Sozomen)补充的是323—425年,提奥多勒图斯(Theodoretus)补充的是325—428年。鲁菲努斯(Rufinus)以拉丁文对最初的版本进行了缩写,他还续写至410年,不过续写部分是由埃皮法纽斯(Epiphanius)译成拉丁文的。对这部作品的最后浓缩——下限至518年——在卡西奥多鲁斯(Cassiodorus)的主持下编辑完成,标题为《三部史》(*Historia Tripartita*)。

面对这样的竞争对手,苏尔皮修斯·塞维鲁斯(Sulpicius Severus)的神圣历史不可能占据上风,但该著的写作风格更为可人,叙述很有层次,神圣历史与世俗历史的融合更为完善,篇幅也较短。大约一千年后,文艺复兴时代的人文主义者重新发现了它的价值。不过他们更喜欢的是它的风格,而不是它的内容,后者很大程度上以尤西比乌为根据。

基督教的时间组织。基督徒认为,人类的发展以创世到末日审判为时间轴,这一过程的中心事件是基督的事功和受难。但这一历史有多少年呢?如果说神意引领世界的命运,有哪些体现神意的特别片段能帮助组织这些绵延漫长的年代呢?

世界的时间长度曾是千禧年派急切关心的议题,甚至在这个派别消逝以后依然是个问题。2世纪的巴拿巴书信(Epistle of Barnabas)表明了对世界延续6000年的早期信仰。后来一个被广泛接受的说法是,6000这个数字来自对《圣经》文本段落的分析。首先,《创世记》说世界是在6天内创造出来的,余下的一天是休息。其次,《诗篇》90:4说:"在你看来,千年如已过的昨日。"《彼得后书》3:8也有同样的意思,因为文中说:"主看一日如千年,千年如一日。"如果创世中的每一天等于一千年,结果就是六千年。

各个阶段的次序就是基督徒对于历史分期问题的解答。这种探讨必然导致《圣经》中的预言成为理解上帝关于未来的意旨的机会。巴比伦

第七章 基督教史学革命

之囚后的犹太教以异象、梦境和《但以理书》提供了某种模式。有个故事说的是巴比伦国王尼布甲尼撒(Nebuchadnezzar)如何梦到一个大像:"这像的头是精金的,胸膛和臂膀是银的,肚腹和腰是铜的,腿是铁的,脚是半铁半泥的。"① 一块巨石打碎了这像,于是

> 金、银、铜、铁、泥都一同砸得粉碎,诚如夏天禾场上的糠秕,被风吹散,无处可寻;打碎这像的石头变成一座大山,充满天下。②

但以理对这个梦的解释,其深远影响贯穿17世纪前的西方史学:上帝的意志让尼布甲尼撒成为国王,他的王国相应地成为金头。在巴比伦王国之后,"必另兴一国,不及于你;又有第三国,就是铜的,必掌管天下。第四国,必坚壮如铁"。③ 正如基督徒认为的,但以理预言了历史上先后出现四大王国或帝国,它们最后终结于一个高贵的永恒的王国,如同那巨石变成一座大山。同样的道理也见于但以理见到的从海中上来的四兽异象。《新约·启示录》中戏剧性地揭开七封印也是一种组织时间的先知模式。

更为常见的是关于世界年代或时代(aetates mundi)的模式。在一个早期的此类模式中,奥利金将葡萄园的故事(《马太福音》20:1-16)解释为对世界历史五个阶段的预言。后来,六阶段或七阶段模式越来越多,所有这些模式都以上帝六天创造世界、第七天休息的《圣经》记录为依据。在哲罗姆关于尤西比乌《年代记》的见解中,看不到明确区分的阶段,但年代顺序上的"标记"(亚当、亚伯拉罕、摩西、建造圣殿、恢复圣殿、基督的诞生)仍暗示着六个时代。这种模式的各种变种后来渗透到中世纪的史学中。

奥古斯丁的再评估:历史的宇宙论解释。从君士坦丁大帝开始,基督徒已把罗马帝国视为神意安排的生活构架,而他们对帝国的积极态度也

---

① Daniel 2:32-34.
② Ibid., 35-36.
③ Ibid., 38-41.

表现在尤西比乌、哲罗姆、安布罗西(Ambrose)和拉克唐修(Lactantius)的作品中。但接下来的一场灾难结束了这一舒适的协调状态。本身也是基督徒(虽然是阿里乌斯派)的西哥特人(Visigoths)一时间踏遍了罗马帝国,抢劫、纵火、破坏。410年,他们攻占并洗劫了罗马。外在的痛苦是巨大的,但心理冲击甚至更为严重。在将近八百年之后,永恒的罗马毕竟还是能被攻破的,即使还不是可以终结的话。这个事件同样引发了难民潮和反责浪潮。它复活了异教徒的古老控诉,即基督徒应对罗马的衰落负责,并引起了对基督徒的下述看法的质疑:罗马帝国是神圣的世界历史的支撑性角色。

对上述控诉的一个回答来自奥勒留斯·奥古斯丁努斯(Aurelius Augustinus),这位北非王城希波(Hippo Regius)①的主教更以圣奥古斯丁(St. Augustine)而闻名,他碰到了罗马的难民,从他们口中听说了抢劫、强奸和匮乏的故事。他意识到将基督教信仰与罗马帝国过分紧密地联系在一起的错误。教会作为一种普世机构绝不能与任何国家联系在一起。

于是,奥古斯丁在其《上帝之城》(City of God)中重新界定了神圣与世俗在所有时间之中的关系。他规定了宇宙中的两大力量场域:上帝之城和地上之城。这两个城或两个共同体彼此之间判然有别:

> (它们)由两种爱构成;地上之城由对自己的爱、甚至是对神的蔑视构成;天上的城由对上帝的爱、甚至对自己的蔑视构成……在前者,君主和臣服的人民受对统治的爱的支配;在后者,君主和臣民在爱中相互服务,臣民服从,而君主为一切人考虑……但在另一个城(上帝之城)中没有人的智慧,只有虔诚,虔诚产生对真神的应有的崇拜,虔诚在圣徒、天使和圣洁之人的共同体中,总之,在神可能在的地方寻求其回报。②

---

① 希波之所以被称为王城是因为它是努米底亚国王的驻地之一。——译注
② Augustin, *The City of God*, 14, 28. Trans. M. Dods (New York, 1950), p.477.

第七章 基督教史学革命

世界只能在两个共同体的相互混杂中而不能从它们的纯粹形态来认识它们。在奥古斯丁看来,即使千禧年派关于尘世的上帝王国的期待,也是世俗和神圣的混合物。上帝之城不能以纯粹形态存在于世俗(saeculum)之中。正是因为有这种混杂,研究过去的基督徒必须始终整理出并努力理解那些与上帝之城的身份有直接关联的事件。苏拉和马略之间的权力斗争之类的事件对基督徒而言毫无意义,而君士坦丁皇帝和他的对手之间的战斗对上帝之城在尘世的推进至关重要,因为它涉及对基督教的承认问题。地上之城既无意义也不稳定,它是一个变动不居的领域。每个国家或帝国在扮演完其历史角色后都会永远消失。罗马帝国虽然可能负有统一所有人民以传播福音的使命,但它也不能逃脱衰落的命运。国家就像个人一样,在上帝的眼里不会有更多的价值。一个基督徒只能在上帝之城中期待历史中的稳定和秩序。于是接下来的基督教史学家们肯定要利用以神圣传统为依据的分期模式。

奥古斯丁没有运用但以理关于四个世界帝国的见解,虽然后者可以支持他关于地上之城中各帝国往来兴灭的观念。关于世界末日等同于罗马帝国末日的看法,奥古斯丁仅仅点到为止。他觉得另三种次序更为合适。在《论三位一体》(De Trinitate)中,他提到了一种三分模式,即前法律时代、法律时代和上帝的荣耀时代。这种模式通常被指为 vaticinium Eliae(伊利亚预言),它可以在巴比伦的《塔木德经》中找到。"世界将存在六千年;头两千年将是虚空;第二个两千年是律法(Torah)时代,最后两千年是弥赛亚时代。"① 奥古斯丁在另一种模式中将整个人类历史分成世界年代,他之前的教父们也曾这样做过。《启示录》5:1 暗示了第一封印和第七封印开启之间的六个时代,上帝用一周来创造世界同样有此种寓意——六天工作,一天休息。这样的划分把上帝道成肉身以来的整个历史分为六个年代。奥古斯丁反对任何推算世界末日的尝试,他也拒绝接受六个世界年代每个延续千年的设定。更令人奇怪的是,奥古斯丁有时参照人

---

① *The Babylonian Talmud*. ed. I. Epstein, 2 vols. (New York, 1939), 1:47.

的生理年代作为世界历史分期的原则。这种模式是异教徒的,它可以追溯到西塞罗、李维和塞内卡(Seneca),尽管奥利金也曾利用过。后来的拉克唐修将这种模式改造为一种展现人类创造(包括"永恒的罗马")的框架,但所有这些创造都注定要衰朽,唯有宗教创造能免于衰老过程。奥古斯丁只是简单地把人生年代对应于六个世界年代(见表7-1)。

表7-1 奥古斯丁的时代次序模式

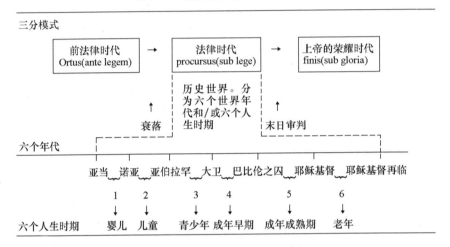

有意思的是,在所有这些分期的努力过后,奥古斯丁的《上帝之城》并不服从任何一种分期模式。他肯定觉察到,要将上帝之城和地上之城的动态关系容纳在这类模式中是很困难的。尽管如此,事实仍然是,在后世基督教史学家看来,他对这些分期模式的发挥赋予了它们突出的地位。

罗马和基督:联系的复苏。奥古斯丁对上帝之城和尘世制度的一致性的否认并没有说服多少人。即使他的知己奥罗修斯也在其《反异教史七篇》(Seven Books of Histories against the Pagans)中偏离了他。奥古斯丁曾敦促奥罗修斯以历史例证来说明,基督徒并未造成最近罗马帝国遭受的苦难。奥罗修斯以复仇之心来履行他朋友的建议;他描述道,甚至在基督之前就有各种苦难:"战争的重负,疾病的肆虐,饥荒的悲苦,地震、罕见的洪水、可怕的火灾、凶猛的雷电冰雹造成的恐惧,甚至还有贫穷,以及

第七章 基督教史学革命

由弑父和各种丑行引起的不幸。"①他还"发现过去的岁月不仅像现在这样压抑,而且同样地,越远离真正的宗教的慰藉便越是不幸"。② 但更重要的是,奥罗修斯回归了"帝国神学家"的论断,即上帝的意图把奥古斯都和基督联系在一起,接受基督教使得罗马帝国具有了合法性。基督教史学家有理由对罗马史感兴趣,而且,由于中世纪年代记作者更喜欢奥罗修斯的《反异教史七篇》,而不是奥古斯丁的《上帝之城》,因而罗马和基督教的联系也就传递给了他们。这些作者也注意到奥罗修斯对后《圣经》世界的象征性解释。《圣经》中的过去为现在和未来的事件提供了解释。因此,埃及的十场灾害预示着罗马人对基督徒的十次迫害。

最后一点,奥罗修斯强调的是但以理的四个王国或帝国的模式而不是奥古斯丁的六个年代。虽然此前的模式中有过巴比伦人、米底人(Medes)、波斯人和马其顿人的序列,而后来的版本为了容纳罗马而改成了巴比伦人、米底人和波斯人、马其顿人、罗马人,奥罗修斯提出的序列是:巴比伦、马其顿、非洲(即迦太基)和罗马这四个帝国。虽然奥罗修斯从未尝试把他颠三倒四的叙述按四帝国的条理组织起来,但他和哲罗姆率先对四帝国的承认为中世纪史学家奠定了一个重要典范。对所有后一类史学家而言,四这个数字的限制意味着,从现在到末日审判为止,世界历史就是基督教版本的罗马史。虽然有奥古斯丁的激烈反对,但奥罗修斯最重要的遗产是基督教罗马帝国的概念:罗马在某种意义上成为神圣历史得以延续的关键。

从 5 世纪开始,当日耳曼人的迁徙开始摧毁现实中的罗马帝国、永恒的基督教罗马帝国观念面临严峻考验时,基督教史学家面临着新的任务。其中的重要一项是应付这样一种意识:神圣与世俗之间的关系不再等同于调和基督与罗马的关系问题。

---

① Paulus Orosius, *The Seven Books against the Pagans*, 1 (Prologue). Trans. R. J. Deferrari (Washington, D.C., 1964), p.4.
② Ibid., p.5.

二 动荡时代的连续性问题

到500年,罗马帝国西部已蜕变成日耳曼各新兴后继国家的世界,基督徒不但发现他们的生活改变了,而且发现已经习惯了他们的信仰模式。耶稣曾活在世上,曾教导信徒,后来受难死去;使徒曾传播信仰;教会在罗马帝国内部成长起来。自从君士坦丁大帝以来,帝国甚至就已经在很多人的脑海中成为神意计划中的核心和持久的角色。奥古斯丁曾以理论形式阐发同帝国的分离,既然现在这一分离已成事实,基督徒就须重新界定神圣历史和世俗历史的关系。主要的重新界定工作开始于6世纪,并深刻影响了人们通常了解的中世纪史学。这一工作的中心是重申神圣历史的普世性,而这一历史在世俗世界中再度呈现出明显的多样性,这个世界不是一个帝国,而是众多王国。

日耳曼人的融合。5世纪早期,奥古斯丁和奥罗修斯以这样的结论——但有某种保留——来处理日耳曼人的问题:教会将福音传播给所有人民的使命必定是上帝让日耳曼人闯入罗马历史的理由。萨尔维安(Salvian)甚至认为,日耳曼人是上帝用来惩罚腐败的罗马世界的工具。这样的看法有利于日耳曼文化和拉丁文化的融合。

在史学方面,日耳曼人为融入拉丁文化世界付出了沉重代价。他们本来以史诗和故事吟唱着他们昔日的英勇武士和国王们,这是个与拉丁世界大为不同的世界。只要过去仍属于两个世界——日耳曼—异教世界和古典—基督教世界,要叙述过去、现在和未来之间的延续性是很困难的。这个时代的历史学家是教士,他们是各新兴王国中受过教育的精英阶层的成员。这个群体深受拉丁传统的浸润,他们把日耳曼的过去和人类的救赎史——包括罗马史那一章——联系起来。即使对日耳曼各部落写下同情性文字的历史学家,他们认可的日耳曼传统,也仅仅是对联系这一传统与基督教拉丁世界中根基深厚的历史框架"有用的"部分。这种联系虽然有害于日耳曼古老的异教口传文化,但它满足了连续、稳定,以

第七章 基督教史学革命

及征服者和被征服者所意识到的合法性的需要。日耳曼各民族的史诗传统现在已没有正式的用途,它们大部分没有以文字形式记录下来,但继续在口头传承。这些传统最终在中世纪的传奇中找到了其文学表达,而且偶尔也会在历史中被提及。但在史学领域,正如在别的领域一样,融合的过程及其后果仍然带有种群和地域多样性的痕迹,这就使得基督教必须不断重申普遍的人类概念。

489年,东哥特人(Ostrogoths)迁徙到意大利,建立起自己的王国,并立即采取与罗马世界和解的政策。这一政策的设计者、国王狄奥多里克(Theodoric)鼓励他的行政官员、元老弗拉维乌斯·马库斯·奥勒留斯·卡西奥多鲁斯(Flavius Marcus Aurelius Cassiodorus)撰写哥特人的历史。关于他的作品,我们掌握的只有被后来的历史学家约尔丹内斯(Jordanes)纳入其《哥特人的起源和事迹》(*The Origin and Deeds of the Goths*)中的内容。这两位作者都想论证哥特人的高贵及他们与罗马帝国的联系。

> 由于不满足于颂扬在世的国王们——他(卡西奥多鲁斯)可能希望从他们那里得到奖赏——于是他将哥特人的国王从岁月的尘埃中爬梳出来,他揭示说,阿马尔(Amal)家族当了七代国王,并证明哥特人的起源是罗马史的一部分,他以从广泛的文献中撷取的学识之花来点缀自己的论题。①

哥特人也与斯基泰人有联系,后者是个神秘的民族,但希腊人和罗马人早有关于他们的叙述。卡西奥多鲁斯的《年代记》(*Chronicle*)中同样表现出将哥特和罗马传统联系起来的意愿,该著透露出这样的含义:永恒的罗马现在由日耳曼人来继承。至于在西班牙建立王国的西哥特人

---

① Cassiodorus Senator, *The Letters of Cassiodorus*, trans. and ed. T. Hodgkins (London, 1886), 9, 25, p.412.

(Visigoths),塞维利亚(Seville)的主教伊西多尔(Isidore)在他关于哥特人、汪达尔人(Vandals)和苏维汇人(Suevi)的历史中赞成卡西奥多鲁斯和约尔丹内斯的哥特人早期史。伊西多尔强调哥特人起源的高贵,他宣称,"哥特人是玛各(Magog)的后代,是雅弗(Japhet,诺亚的一个儿子)的儿子,看来他们和斯基泰人是同一源头,他们在名字上与斯基泰人也没有很大差别。因为,当一个字母改动时,另一个字母就要移位,盖塔人(Getae)①起名字时总像斯基泰人"。②

不过,伊西多尔并不想在西哥特人和罗马帝国之间建立联系以改进前者的地位。西哥特人有自己独特的尊严和价值。都尔的格里高利(Gregory of Tours)的《法兰克人史》(History of Franks)目的不在于崇敬早期法兰克人,而旨在对他们进行冷静的评价。当这个"特别的人民"从潘诺尼亚(Pannonia)兴起时,他们是优秀的武士,但也是狂暴无知的偶像崇拜者,从其祖先或特征而言完全不是杰出的人民。直到7世纪的《弗里德加年代记》(Chronicle of Fredegar)——很可能是三位作者的作品——才为法兰克人找到了一个崇高的起源:特洛伊的祖先。这部著作复活了伊尼阿斯率领一批特洛伊人渡海迁往意大利的传说。这个传说还认为普里阿摩斯带着一群人迁往马其顿,有些人在那里成了菲利普和亚历山大的祖先,而另一些人则继续西行,成为法兰克人的先祖。

盎格鲁-撒克逊人要等到他们找到一位辩护者时才巩固了他们的统治,此人就是比德修士。6世纪时,凯尔特修士吉尔达斯(Gildas)认为盎格鲁-撒克逊人是破坏者,虽然他把这些人看作上帝惩罚罪孽的布立吞人(Britons,或译不列颠人)的工具。他在其《不列颠的毁灭》(Ruin of Britain)中追述了罗马英格兰的衰落。"他们(罗马人)走后不久,皮克特人(Picts)和苏格兰人(Scots)像炎热正午从洞穴中涌出来的蠕虫一般,从他

---

① 盖塔人是希腊人对居住在多瑙河下游以南的几个色雷斯和达西亚部落的称呼。——译注
② Isidore of Seville, *History of Kings of the Goths, Vandals, and Suevi*, trans. G. Donini and C. B. Ford, Jr. (Leiden, 1966), pp. 30-31.

第七章 基督教史学革命

们的独木舟上急急忙忙地再次登陆上岸。"①处境窘迫的布立吞人因延请凶猛而不信神的撒克逊人的帮助而注定了自己的厄运,撒克逊人是"为人憎恨"的种族,他们后来成为布立吞人的凶猛对手,继而成为征服者。比德于731年完成了他的《英格兰人教会史》(Ecclesiasitcal History of English People,或译《英格兰教会史》),作为诺森布里亚(Northumbria)这个强大的日耳曼王国的居民,他已能较为平静地看待盎格鲁-撒克逊人。这些异教徒虽然凶猛甚至残暴,但他们也是惩罚罪孽的布立吞人的"正当裁决"的工具,布立吞人没能让撒克逊人皈依。但在基督教化完成后,盎格鲁人、撒克逊人、朱特人(Jutes)将英格兰土地上的各族人民统一在正确的信仰中。

追求普世性。日耳曼人融入罗马文化世界是一个通过基督教信仰的普世性而逐步体验连续性的步骤。然而,即使在面对罗马帝国解体时,通过罗马来保持连续性的希望仍没有快速消逝。

罗马的连续性在卡西奥多鲁斯那里得到最强有力的论证,他曾多年探讨所谓的罗马的政要系列(cursus honorum),以便为东哥特人服务。他的《年代记》(Chronica)回溯了从早期罗马到哥特人欧塔里克(Eutharic)担任执政官之间的不间断的线索(5721年)。约尔丹内斯运用的是四个帝国的模式,他仍然认为罗马帝国是其中的最后一个,虽然他在表述时说的是"看起来可能是"。两位作者都通过罗马觉察到一种连续性,在他们那个时代,哥特人和东罗马帝国也在捍卫这种连续性。

当都尔的格里高利提到帝国时,他指的是东罗马帝国。这个帝国与法兰克人顶多只有非常虚弱的联系,正如克洛维(Clovis)被视为执政官的奇特局面所揭示的那样。实际上,法兰克人的历史看起来无非是各种粗糙残暴之激情的支离破碎的循环记录,如果这些事件不被视作走向克洛维统一法兰克人的步骤的话。但是,格里高利以自己的方式将法兰克

---

① The Works of Gildas, in *Six Old English Chronicles*, trans. and ed. T. A. Giles (London, 1900), 19; p. 307.

人的命运与神圣历史联系在一起，例如，他的信仰表白就是方式之一。"当我准备描写国王与不信神的敌人的斗争、殉教者与异教徒的斗争、教会与异端的斗争时，我的首要意图是要表明我的信仰，以便我的读者不会怀疑我是个正教徒。"①但格里高利没有将神圣历史和世俗历史系统地揉合在一起。他只是简单地暗示道，这个世界的所有事件都是在上帝事先按时安排好的场域内发生的。若以这种方式来理解，叙述的年代顺序就从简单的材料组织手法，变成时间如何流向其完满结局的镜像。因此，他的作品以看起来单调平庸的逐年罗列事件——时间顺序（temporum series）——而成为中世纪年代记的先声。

塞维利亚的伊西多尔不仅忽视甚至公开反对延续中的罗马帝国的观念。他认为帝国是查士丁尼（Justinian）的帝国，这位皇帝对西班牙南部的入侵既威胁到伊西多尔的家庭，也威胁到西哥特人的西班牙。在他看来，罗马帝国的终结并不意味着一切都终结了。人们崇敬的罗马帝国和巴比伦帝国只不过是尘世现象，而上帝道成肉身则奠定了基督的帝国（imperium Christi），在这个帝国中，所有民族都有其王国（regnum）。上帝在尘世的代理人的角色从皇帝转移到了诸位国王那里。在格里高利的记述中，国王应该建造教堂，救助穷人，满足所有人的需求。伊西多尔和其他西哥特史学家，如比科拉罗的约翰（John of Biclaro）和托莱多的朱利安（Julian of Toledo），都称国王为"最圣洁的国王"（sacratissimus princeps）、"正教君主"（orthodoxus imperator）或"人民的君主"。在他们看来，这样的人物显然不需要任何尘世的帝国最高统治者。

真正的连续：神意。 日耳曼人融入古典世界、新的国家被认可为新的生活环境，这些是走向新的稳定性的步骤。然而，由于失去了"永恒的罗马"，如今唯有基督教信仰可以提供过去、现在和未来之连续性的可行性概念。这就是神意概念，所谓神意就是"尘世"万物背后的力量，是理解

---

① Gregory of Tours, *History of the Franks*, 1 (Preface), trans. L. Thrope (Harmondsworth, 1974), p. 67.

第七章　基督教史学革命

它们的钥匙。神意从未被否认或忘却,但人们曾简单地认为,神意选择罗马帝国作为工具,这样人们理解它就要容易得多。现在,既然罗马帝国已经消失,基督徒不得不再次追寻如下的基本问题:上帝如何、何时、何地显示其关于人类事件进程的计划?他们觉得很难找到答案,因为他们的时代,即第六个时代,从本质上说没有类似于圣经时代那样的清晰可辨的征兆。在追求答案的过程中,他们研究了年代学,尝试过世界史,考察过预言,运用过罪孽与惩罚的循环理论,解释过神迹,还讲述过各种凶兆。

年代学:普世性和秩序的见证。尤西比乌曾赋予过去的事件以可被接受的秩序。400—650年间,所有史学家都接受了这种秩序(通过哲罗姆的版本);只有生活在东方的约尔丹内斯选择了塞克图斯·尤里乌斯·阿菲利加努斯的体系。有些史学家的想法类似于都尔的格里高利,后者这样评述尤西比乌、哲罗姆和奥罗修斯:

> 恺撒里亚的主教尤西比乌和哲罗姆教士的编年史……清晰地解释了世界的时代是如何计算的,并系统地提出了完整的年代次序……我将追溯我提到的这些作者的榜样,推算从最初的人被创造出来到我们今天的整个年代顺序。①

伊西多尔对时间及其性质有过很多思考,但仍停留在尤西比乌的层次上。但是,当时所有历史学者在纪年时既求助于过去罗马帝国的方法,也运用新的地方性方法,这就表明各种年代模式之间相互竞争的影响。执政官年表、建城以来、帝国纪年、西班牙和法兰克国王纪年,所有这类方法的使用表明,存在各种与基督教"尘世年代"(anni mundi)模式及其关于人类经历之普遍性的论断相矛盾的时间概念。比德在其主要的年代学著作《论时间》(*On Time*)和《论时间的推算*》(*On the Reckoning of Time*)

---

① Gregory of Tours, *History of the Franks*, 1 (Preface), trans. L. Thrope (Harmondsworth, 1974), p.69.

中,曾提出如何才能增强基督教的年代学,不过他的一项创新也显示了尤西比乌的年代学模式是何等脆弱。

由于各地区之间数个世纪缺乏交流,各地的宗教礼仪出现了很大差异,包括复活节的仪式。比德对年代学的兴趣很大程度上来自一场争论,这就是关于准确计算复活节日期的凯尔特礼仪和罗马礼仪之间的争论。在比德看来,这不仅仅是个外在的一致性问题,还是更为广泛的信仰统一和真理问题的一部分,他的全部工作正是以这一问题为中心的。他倾向于罗马的方法,后者在 6 世纪初就已在狄奥尼修斯·艾克西古斯(Dionysius Exiguus)那里发现了年代学天才。罗马的方法将复活节定在春分后首个望月后的第一个周日。比德描述了英格兰在惠特比教务会议(Synod of Whitby,664 年)后如何开始以狄奥尼修斯的方案为基础而走向一致的过程。

在这个年代学模式中,上帝道成肉身之年取代了广泛使用的基督徒的迫害者戴克里先登基的日期,成为计算所有年份的出发点,因此道成肉身(或译耶稣诞生)这个关键事件也得到了正式的承认。比德使用 Anno Domini(耶稣纪元),但偶尔也用"耶稣诞生之前"(B.C.)来纪年。虽然耶稣纪元年(A.D.)后来逐渐成为标准,但 B.C.纪年法直到 15 世纪才有新的倡导者。在耶稣诞生之前的时代,世界年代法和罗马纪年法仍在使用。

比德在重新推算世界年代时不够成功。他结合哲罗姆的拉丁文本《圣经》(*Vulgate*)和拉丁古本《圣经》(*Vetus latina*,七十子希腊文本《圣经》[*Septuagint*]的另一拉丁文译本),推算从创世到耶稣降生共为 3952 年,而不是阿菲利加努斯的 5500 年或尤西比乌和哲罗姆的 5198/5199 年。如此大的差别成为人们接受比德之数字的障碍,直到 11 世纪以后,比德的推算才开始发生影响。至于将这数千年分成不同的时期、以标志着上帝意图的事件来区分这些时期,此类工作在这个时代没有哪位史学家谈出新意。对研究这一问题的史学家,特别是塞维利亚的伊西多尔和比德来说,奥古斯丁的年代序列仍是模本。这个年代序列中的每个阶段

第七章　基督教史学革命

都更为清晰地有助于解释耶稣降生前的历史,但对耶稣复活后的岁月却不是这样。第六个年代缺少在意义上等同于《圣经》人物和事件的人物和事件来标示各个时期——就是说,那些上帝为独特目标而发生作用的时间跨度。由此造成的混乱体现在都尔的格里高利那里:他曾将圣马丁(St. Martin)的死放到与耶稣复活同样的层次上,把它作为一个时间标记,尽管他不准备提出一种年代模式。伊西多尔则以这样的话回避了这个问题:"只有上帝知道第六个年代剩下的岁月。"①

预言、神迹和征兆。对于将历史解释等同于探究神意目的的基督教史学家而言,预言是很重要的实例,在这些实例中,那些被选中的人物获得了窥视上帝意图的某些方面的灵感。因此,基督徒认为,《旧约》中的很多预言预示了《新约》的核心事件——基督的降临。不过,早期的教父和基督教史学家已经利用《圣经》预言来解释后圣经时代的事件。于是,塞维利亚的伊西多尔把西哥特国王阿陶夫(Artaulf)和加拉·普拉西迪亚(Galla Placidia)没有子嗣的婚姻同但以理的下述预言联系了起来:南方王的女儿与北方王的婚姻没有孩子。后来他再度引用但以理作为随后事件的先兆:盖塞里克(Geiseric)国王对正教徒的迫害。对于基督徒来说,这类预言历史的准确性完全依赖于联系的恰当性,而奥古斯丁早就对可能产生的问题感到担心。危险在于随时会滑向永恒的、因而也是非历史的寓言,或者滑向过分的琐碎化。比如,都尔的格里高利曾讲述这样一个故事:一位公主的随从在其穿越的土地上抢劫,于是他把《约珥书》1:4变成了对这件事的预言。他还讲述了当时法兰克先知们特别表达的预言——正是奥古斯丁曾警告的类型——这类预言涉及的是某位国王将不久于人世,或某些小型政治斗争的结局,但他从未认真考虑过《圣经》预言和后《圣经》预言的差别,以及预言在事件解释中的作用。

神迹是神意在日常生活中造成的短暂悬疑,它们很少与重大的历史

---

① Isidore of Seville *On Times*, 39, 42, in E. Brehaut, *An Encyclopedist of of the Dark Ages* (New York, 1912), p.183.

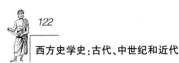

解释联系到一起。都尔的格里高利曾讲过很多神迹,在他看来,神迹主要是无所不在的神的力量的见证,而不是事件过程中的决定点。神迹通常治愈疾病、拯救生命,或者为某个着魔的人驱魔。早期基督教史学家们提到的众多神意征兆对历史解释的意义就更小了,他们对这类征兆对事件进程的确切作用不是很明确,就像古代史学家们一样。这两类史学家主要是记录征兆,并尽可能地暗示其作用。空中的闪电、山崩、火球、彗星、城中的狼或公鸡夜间鸣叫都能引起敬畏,人们认为它们与随后的事件有难以辨识的关系;它们是上帝对即将到来的事情的警告(见塞维利亚的伊西多尔列举的匈人在卡塔劳尼亚原野遭受决定性失败之前的各种征兆);或者证实了某件事的重要性。所有这些征兆本身提供的解释仍是不够的。

因果模式:罪与罚。由于世界的第六个年代没有鲜明的宏观路线图,作为事件解释工具的罪与罚的因果循环,其意义便得以提升。这种循环是《圣经》关于人类状况的核心观念,奥古斯丁和奥罗修斯的作品中都曾大量使用这一循环论。这个时期的当代史家也如法炮制。瓦伦斯(Valens)皇帝因为使哥特人成为阿里乌斯派而暴死(约尔丹内斯的说法),而西哥特国王尤里克(Euric)则因为迫害正教基督徒而死。一个主教因为为人邪恶而丧命,法兰克人弗劳查德(Flaochad)因为在一次战役中焚烧城市而殒命(都尔的格里高利)。不过,当历史学家们审视全体人民的命运时,因果循环就有了更广阔的视域。塞维利亚的伊西多尔认为,匈奴人是惩罚那些到处流浪的民族的工具,吉尔达斯的《不列颠的毁灭》则以集体惩罚为核心论题。他提醒布立吞人,上帝是如何因为以色列人的罪行而惩罚他们的,虽然以色列人是上帝的选民;作者还警告布立吞人,上帝不会宽恕他们的。的确,最近不列颠的历史事件可以完全以布立吞人的罪孽和随之而来的惩戒来解释。而吉尔达斯撰写历史就是为了解释布立吞人为何应忏悔:罪与罚的循环可能中断。与古代的命定论模式的一个决定性差异是,人类可能影响上帝的思想。比如,都尔的格里高利曾记载说,一位王后的祈祷如何防止了一场大战,而某个民族的斋戒又是

第七章 基督教史学革命

如何结束一场瘟疫的。

有形的统一:教会。历史学家们把神意视为在过去、现在和未来各世界之间建立起真正的连续性关系的纽带,而他们在教会中看到了这种连续性的有形象征。教会捍卫信仰、归化非基督徒、将信仰化于生活的方方面面,这些行为提供了一种动力因素。不过,这种动力的类型已经远非基督教信仰中内在的末日期待了。虽然不同的时代都有各种纷乱,但通常作为"目光远大的思想者"的史学家们并不预感到世界末日即将来临。正如我们看到的,都尔的格里高利曾安慰读者道:"对于那些看到世界末日越来越近而丧失希望的人,"他希望"解释自世界开始以来过去了多少年",并还有多少年没有过去。① 伊西多尔没有表现出任何末日期待,他只是说自己对还有多少时光留给这个世界一无所知。两位史学家更感兴趣的是为使异教徒和阿里乌斯派皈依而进行的斗争的发展过程,这一过程看来在当时的教会与神圣历史(historia sacra)之间建立起了显而易见的联系。不过,只有在一种情况下,当时教会的工作才与《圣经》历史有直接的联系:这就是犹太人的皈依。各种解释表明了对犹太人不愿皈依基督教的由来已久的困惑,以及一些人认为这一皈依唯有在末日审判时到来的看法。

教会还卷入了另一过程之中。正如塞维利亚的伊西多尔所说的,越来越多的国家从罗马帝国分离出来,教会必须与每个新国家在很不相同的局面下建立起联系。这不仅要准确地界定国王个人的代理权限,还要确定教会和国家这两种制度之间的关系。当时的教士历史学家们曾记述过这一复杂的工作,不过他们总是维护教会的崇高角色,他们在阐述中证明了奥古斯丁的观点:身处俗世的教会是一个同时具有上帝之城和地上之城特征的复合机构。都尔的格里高利悲叹某些教士的野心、嫉妒、酗酒、贪婪和无知,但他从未怀疑过,教会是人类生活的普世性面相,它与世俗权威这一纯属暂时性的结构相对立。不过,有意思的是,当时的史学家

---

① Gregory of Tours, *History* 1, 1; p.67.

在记载与这一调适过程相关的事件时,从来没有从整体上把握这一过程。这种视角与整个中世纪盛行的观点是一致的,这一观点将教会与俗世机构之间的史学摩擦,转变成一种哲学家和神学家最能把握的静态的调整和再调整问题,因为这两类人是以逻辑和辩证法的方式来解决这个问题的。历史学家像个解说者和叙述者,而不是问题的解释者。

同样的静态方法也表现在社会正义这一古老问题中。奥古斯丁和奥罗修斯不是以发展的角度来看待这个问题,除非是基督的降生可能给所有社会带来更大的恩惠——通过仁爱的治愈力量。这种力量涉及的是对个人的救助,而不是制度性变革的源泉,后一种观点对当时所有人都是全然陌生的。所以伊西多尔反对农奴身份的任何变化,格里高利追述了教会从严酷环境中崛起为一个极为富庶的机构的历程,但他没有将这种发展与社会正义联系起来。

意图、真实和风格。到 750 年,历史学已经表明它可以应付新的局面:一个由不同王国构成的世界与基督教信仰的普世性及其机构——教会——的调和。这一工作在史学中完成,但人们对这一史学上的努力缺乏有意识的反思。塞维利亚的伊西多尔在其《词源学》(*Etymologies*)的历史部分中有最接近此类反思的文字。他在书中复活了古典晚期关于叙述过去的作品的分类法,历史:关于最近过去的事件的充分而略事加工的叙述;年代记(Chronicles):以尤西比乌和哲罗姆提出的日期为中心而进行的简单叙述;编年(annals):对一个漫长时期作逐年记述;年历(calendaria):逐月记述;日志(ephemerida):逐日记述。但伊西多尔不接受这样的区分,即历史(histories)是解释性阐述,而编年是事实记录,因为他认为二者都是"事实性"的。根本不存在纯粹的人类解释的可能,因为"事件是历史事实,而在意义上,它们指出的是教会的秘密"。① 解释只可能来自《圣经》。这种看法与广泛认为的史学的意图有牢固的关系,而从这种意图出发,又产生了关于历史真实、史料、风格和创作的关键性的推论。

---

① Isidore of Seville, *De ordine creaturarum*, MPL, 83, 939-940.

第七章 基督教史学革命

　　日耳曼人融入新的基督教罗马世界只是短暂地被史学家们当作其工作的意旨。甚至从前的卡西奥多鲁斯对此也有不同的看法。历史学家该做什么？"基督教研究也应为历史叙述者关注，他应秉持宗教的庄重沉着，以雄辩然则十分审慎的文采详述事态之演变和各王国变动的历史。"①都尔的格里高利则补充了一个特别的愿望："保持对逝者和过往的鲜活记忆"，以便鼓励信众。比德最为明确地把这一意图表述为教育与启发："若历史记录善人之善事，有头脑的听众会受鼓舞而去仿效善者；若历史记录恶人之恶行，正派的信徒听众或读者会受警醒，从而避免所有罪恶和乖谬，以他认为的善者、取悦于上帝者为榜样。"②

　　这样的意图被认为不会危及而是会增强历史真理。尽管真理的标准依然是过去的准确性标准，但真理的试金石却不是感官经验，而是以神圣传统为参照。因此书面资料起着重要作用，随之而来的是对正确的文本的信念。卡西奥多鲁斯呼唤"无懈可击的文本……以免书写错误定格于粗糙的头脑中；因为植根于记忆深处的东西很难消除"。③ 一个半世纪后，比德对资料的关注很好地表达了对资料的可靠性和正统性的关注。"为避免任何对我所写文字之准确性的疑虑——你本人及任何可能听到或读到该历史的人都可能有此种疑虑——请允许我简短陈述一下我主要依靠的材料的权威性。"④的确，比德是如此"现代"，以至于有学者赞扬他勤奋地使用史料，赞扬他对文献和信件敏锐的鉴别力（他经常辛勤搜集这类材料，并将其纳入自己的著作中），并赞扬他在引述史料时异乎寻常地清晰地标明作者和作品。当然，比德并不是受到"科学"动机的驱使，而是因为他尊重史料的权威性，因为他意识到，叙述和史料不匹配或歪曲

---

① Cassiodorus Senator, *An Introduction to Divine and Human Readings*, trans. and intro. L. W. Jones（New York, 1966）, 19, 1, p. 115.
② Bede, *A History of the English Church and People*, trans. L. Shepley-Price（Baltimore, 1955）, Preface, p. 33.
③ Cassiodorus Senator, *An Introduction*, I, 2. p. 68.
④ Bede, *A History*, 3, 7, pp. 148-49.

文献会损害一位撰写神圣题材的作者所期望的真实性。

当时史学中的宗教意图也支配着写作风格和方式。卡西奥多鲁斯依然浸润着崇尚优雅的古代修辞学理想,但对于都尔的格里高利,放弃对文风的追求不仅仅意味着那句古老的套话,即说某人的风格朴实。在他之后,《弗里德加年代记》的一位作者宣称,"在我的粗鄙和无知所能许可的情形下,我须尽可能简短地转述我所学到的东西"。① 学识的广泛匮乏可能是文风不加修饰的原因,但教会人士认可并推动这一风格,认为这反映了基督的谦卑,并有利于教化大众。不过,当都尔的格里高利以下述鲜活的文字来描写世界及事件时,他就以自己的实践表明,这种文风并不必然是枯燥的:

> 这一年的冬天是个严冬,比通常要寒冷,河流凝结成一条条冰链,这为人们提供了道路,就像旱地上的路。鸟儿也受冻挨饿,积雪很深时,无须设罗网就能捕捉到它们。②

6 世纪和 7 世纪的基督教史学家在经常需要摸索前进的道路上,以基督教信仰来改造史学,并使其能适应由多个王国组成的新世界。在从事这一改造工作时,他们欣然放弃了古代人对雄辩术的执着,而且很少提到末世学的问题。在 8 世纪中叶以后的三个世纪中,他们的史学观念与当时的世界是相容的,而且这些观念具有足够的灵活性,能够容纳各类史学形态。而这些史学形态也足以通过罗马和年代学而展开对连续性的讨论,同时也足以将新的人民融入拉丁世界,且能够确立各新兴王朝的权威。

---

① *The Fourth Book of the Chronicle of Fredegar*, trans. and introd. J. M. Wallace-Hadrill (London, 1960), Prologue, p. 2.

② Gregory of Tours, *History*, 3, 37, p. 71.

第七章 基督教史学革命

三 加洛林和盎格鲁-撒克逊在史学上的巩固

750年到900年间,在加洛林帝国(Carolingian Empire)和大阿尔弗雷德(Alfred the Great)的威塞克斯(Wessex)王国,历史著述的繁荣超乎想象。这种情况是在古典学识全面复兴的背景下发生的,它激发了一些激动人心的事件,催生了两位杰出人物,还有两个强大国家的需求。然而,虽然一个国家是王国,另一个却再次使得某些历史带上了帝国的威势。

帝国的复苏。8世纪期间,法兰克国家已经在新的加洛林王朝统治下恢复了活力。800年,查理曼(Charlemagne)加冕为皇帝,这一事件集中体现了加洛林王朝的成就,尽管当时和后世的学者都对这次加冕的确切意义缺少一致意见——除了认为这见证了罗马帝国观念、基督教信仰与法兰克王权的引人注目的融合。

自罗马帝国灭亡以来,一个接近于世界性的政治实体首次被创造出来,这种发展趋势让当时的史学家们着迷。不过,这个实体的实在性从未与"皇帝"头衔所意味的普世色彩匹配过。尽管如此,基督教罗马帝国的理想再次得到部分实现,而由此带来的魔力——至少作为一种希望——将贯穿整个中世纪。中世纪生活中的一些要素也赋予这种基督教共同体概念以实际内容:共有的信仰和信仰机构——教会;共有的学识储备;还有对罗马和平的渴望。但是这些因素的影响被强有力的区域、部落和严格意义上的地方性力量抵消,这些力量有利于众多个别性的、小于帝国范围的生活单位的成长。普世主义与地方主义之间的张力是中世纪生活和思想的一个特征,这种张力同样影响了这个时代的历史学。在加洛林国家,对历史的圣经式的精神性解释正再度被惬意的世俗秩序的诱惑所冲淡。这种诱惑正是更为广阔的两难局面的又一种表现形式:如何调和普世神圣秩序和某个特别的世俗环境?当时的历史学家成功地弥合了其中的鸿沟,但只是暂时和不完全的弥合——情况总是这样。不过,要发现加洛林盛期史学中的融合难题可能是困难的。相反,当时的史学通过古典学术的复兴而输入了充足的活力。这种典型的加洛林式复兴掩盖了革新和创新。

传记和圣徒传记（vitae）。8 世纪和 9 世纪传记创作的真正复兴不会让任何人感到意外。社会是个人联系的网络，而当时的人们丝毫不怀疑，贵族和虔诚信徒的业绩塑造了这个世界。杰出的领袖赢得战斗，行使统治权，归化整个部落，建立修道院，并给当代人树立楷模和行为准则。在当时，还有比对君主、修道院院长、主教和圣徒的生平的阐述更好的历史之鉴吗？传记创作的范本可以从古代人，特别是普鲁塔克和苏维托尼乌斯那里获得，也可以从丰富的圣徒传记——关于圣洁之人生平的描述——中获取。

基督教会一直很珍视圣徒的感召力及其唤起的仿效精神。《圣经》中有这类信仰英雄的故事，早期教会也有关于殉教者的故事。信徒们反复叙述圣徒的生平和事迹，最终写成文字，如苏尔皮修斯·塞维鲁斯（Sulpicius Severus）著名的、具有典范作用的《圣马丁传》（Life of St. Martin，约 400 年）。从 6 世纪和 7 世纪开始，圣徒传记开始繁荣。圣徒是基督教信仰的英雄，他们后来逐渐成为某些日子、教区、地区、家族和行业的庇护者（或译主保）；圣徒的故事出现于各种圣徒传记题材中，包括铭文、礼拜祷文、日历、传说和殉教史。随着它们数目的增加，圣徒故事获得了一些标志性特征。圣徒的早年要么是表现得很虔诚，要么是生性顽劣，直到皈依宗教的经历改变了一切；神迹总会出现，考验总是不断；而圣徒死后，身体不会腐坏。雷同无关紧要，因为这些传记想要表达的不是新颖的故事，而是这个世界上的圣洁之物的典型表现。这些故事旨在精神教化，它们让现代史学家感到气馁，这些具备现代论证观念的学者曾经追寻但经常又不能发现"真实的事件"。圣徒传记生命力很强，因为作为活的文献，传记的文本和表达可以根据不同时代的观念和偏好而转变。在中世纪早期，大部分圣徒已不再是遁世者，而是为了教会而在世上积极活动的人。因此，关于他们事迹的描写开始更接近于历史叙述，比如那些伟大传道士的生平：比德的《圣库斯贝特传》（Life of St. Cuthbert）、阿尔琴（Alcuin）的

第七章 基督教史学革命

《维利布罗德传》(Life of Willibrord)和维利巴尔德(Willibald)的《博尼法斯传》(Life of Boniface)。教会越是与世俗社会联系在一起,教会英雄的人生就越不会专注于冥思,圣徒生平与俗人传记之间的距离也就越小。

最后,艾因哈德(Einhard)以其《查理大帝传》(Life of Charlemagne)创立了为杰出的基督教平信徒立传的楷模。不过,他更多是受惠于苏维托尼乌斯,而不是圣徒传记的作者们,这一点从其著作的结构就能看出来。查理大帝的业绩在第一部分加以叙述,而第二部分交代的是他的性格特点。但艾因哈德不具备苏维托尼乌斯对论述对象的怀疑精神。相反,艾因哈德虽然非常了解晚年的查理大帝,但他赞赏后者威严的外表,"始终庄重而有尊严,不管是站着还是坐着",他还赞赏这位统治者的"尊严、大度、眼界和坚定"。① 人们可能认为,这样的溢美之词出自一位谄媚的廷臣之口,不过更确切的看法是,这是把圣徒的各项美德运用到理想国王的典范之中。当艾因哈德赞扬查理大帝的武功、称他为国王而不是皇帝、骄傲地记载说查理曼"习惯于穿着民族服装,即法兰克服装"②并善意地承认查理曼纳妾时,这位皇帝也就带上了某些日耳曼的特征。

艾因哈德对随后的传记、特别是阿瑟尔(Asser)主教的《大阿尔弗雷德传》(Life of Alfred the Great, 893)有很大影响。这部融人物性格、信仰和业绩于一体的著作突出的是虔诚的阿尔弗雷德国王,而不是盎格鲁-撒克逊的武士国王阿尔弗雷德。阿尔弗雷德像所罗门(Solomon)一样,"鄙视世上的一切荣耀和财富,首先寻求的是来自上帝的智慧,于是这就能获得荣耀和财富";这部著作还讲述"穷人"如何"无人帮助,或仅有很少人的帮助,而他就是唯一的施助者"。③当然,阿瑟尔也叙述了阿尔弗雷德对异教徒的胜利。虔诚的武士形象还出现在匿名者撰写的《(忏悔者)爱德华传》(Life of Edward)中。爱德华的很多特征在第一部分有描述,如

---

① *Early Lives of Charlemagne*, trans. and ed. A. J. Grant (New York, 1966), p. 37.
② Ibid., p. 38.
③ Asser, *Life of King Alfred*, trans. and intro. L. C. Jane (New York, 1966), pp. 56 and 88.

他热衷于狩猎,是个技艺高超的武士,这与贞洁且能制造神迹的圣徒爱德华的形象不太相配,要理解这种矛盾,我们必须记住和认清这一事实:当时盎格鲁-撒克逊的理想国王具有日耳曼和基督教的混合特征,此人既是武士、统治者,又是圣徒。

不过,世俗行为与圣洁之间的统一性毕竟是脆弱的。在提干(Thegan)主教关于查理曼之子虔诚者路易(Louis the Pious)的传记中,这种统一瓦解了。提干表彰路易坚定的圣洁性,"他自孩提时代起就学会敬畏和热爱上帝,并为了上帝而将自己的全部所有分发给穷人"。①当教皇来为路易加冕时,穷人"每天都在谈论关于神圣教会的最崇高的话题"。②但提干也以赞赏的笔调记载说,"那些异教故事和歌谣,他小时候就学会了,但路易后来鄙视它们,不忍去读或听它们,也不准许传授它们"。③ 这就中断了将日耳曼史诗融入法兰克史学著作的工作。查理曼还曾在餐桌边听音乐,聆听写给后世的古代国王的业绩故事。但他的儿子觉得这些东西太粗俗,缺乏教育意义。

883年,圣加尔(St. Gall)的修士结巴诺特克尔(Notker Balbulus)写了一部查理曼的传记,书中堆砌了很多故事,以至于成了一个趣闻轶事的宝库。虽然诺特克尔的作品与历史没有多少关系,但它标志着一个重大发展趋势:多年过去以后,查理曼的传记正在变成传奇。

传记的远房侄子:gesta。 加洛林时期也特别提倡一种被称为 gesta 的特殊的史学形式。这个名字来自于对一个拉丁术语 res gestae(已发生之事)的相当武断的处理。中世纪的学者从未明确界定过各史学文体之间的差异,因此 gesta 没有一个确切的定义。gesta 的最佳定义是传记文体的一种变体。Gesta 描述的是某些职位——如修道院院长和主教——持有人的生平和业绩,在此过程中它也为某些机构写下了传记。宗教机

---

① Thegan, *Vita Hludowici*, sec. 3 in *Quellen zur karolingischen Reichsgeschichte*, part 1, Latin with German trans. O. Abel (Dortmund, 1974), p. 216.

② Ibid., sec. 17, p. 226.

③ Ibid., sec. 19, p. 226.

第七章 基督教史学革命

构惊人的连续性使其成为 gesta 所青睐的题材。当世俗人物成为论著的中心时,英语关于 gesta 的翻译"身业"(deeds)便很好地表达了那种对行动的强调以及与机构更为松弛的关系。

《教皇之书》(*Book of the Popes*)开始于 6 世纪或 7 世纪的某个时候,书中有一份自圣彼得以来的带注释的教皇名录,该著可被视为 gesta 的鼻祖。它既记录了完整的使徒序列,也记载了教皇的职务、教皇的行为、世俗统治者的捐赠等等。

《教皇之书》和取悦加洛林家族的愿望激发了主祭保罗去撰写梅茨(Metz)历任主教的 gesta,这部作品向人们证明,作为一种自由的、较少图表色彩的史学形式,gesta 在记录机构的历史时是多么有用。另一个例子也说明了 gesta 作为机构历史的价值,这就是《丰塔内尔修道院院长功业记》(*Gesta Abbatum Fontanellensium*),它颂扬的是诺曼底的圣万德里尔(St. Wandrille)修道院的院长们。像其他史学形式一样,gesta 也能服务于次要目标。它能记载某个修道院的权益和特权——或者记录其年代,或者提及奠定这些权益和特权的文献,或者为其原因辩护。

在 11 世纪和 12 世纪,作为主教及主教辖区史、修院院长及其修道院史的 gesta 仍然深受欢迎。这种文体也最终用来记录与制度机构并无直接关联甚至具有世俗性质的功绩和事件。一些冠以 gesta 名称的作品讲述的是皇帝红胡子腓特烈(Frederick Barbarossa)、诺曼底公爵、英国国王和十字军东征的故事。在大多数这类作品中,gesta 文体逐步失去其独特性,并与其他形式融合。

编年:从表单到叙事史。编年在加洛林时期开始繁荣。与古罗马的《大祭司编年记》颇为相似的是,基督教的编年也有宗教起因。《大祭司编年记》讲述了某些仪式的确切日期,而中世纪早期的编年则从复活节日期表发展而来。正如罗马人不断增加《大祭司编年记》和《执政官年表》的注释,从而创造出一种逐年记录过去的典范——即编年体历史,中世纪的僧侣们也为复活节年表增添了越来越多的信息。罗马晚期发达的编年史传统对他们来说很可能影响微弱。在加洛林时期,编年成为一种深受欢迎的记载过去的形式,特别是在各修道院中。僧侣们——大部分是匿名的——记下每年有趣和重要的事项,从而创建起一种从制度上说颇为有用的连续性历史。发展充分的编年史非常接近于年代记(chronicle),并服务于各种目的。

752年,查理曼的父亲丕平(Pippin)从墨洛温家族(Merovingians)手中夺取王权,这时他的叔叔希尔德布兰(Childebrand)着手撰写一部准官方的加洛林史,曰《法兰克人的历史或功业》(History or Deeds of the Franks)。这是《弗里德加年代记》的最新版本,并且很快就让其他作品黯然失色。741—829年,法兰克王国有一种官方历史:《法兰克王家编年史》(Royal Frankish Annals)。这部已知作品的标题的数量提醒我们,中世纪的史学家们在给其作品命名时简直是无所用心。作者甚至经常不说出自己的名字;而且大多数编年史都不止一个作者。于是,学者们经常简单地根据他们创作的地点或著作被发现的地点来命名编年史。《法兰克王家编年史》一度根据罗尔什(Lorsch)地方的修道院而被称为《罗尔什大编年史》(Annales Laurissensens majores),因为其最古老的版本就是在这里发现的。

《法兰克王家编年史》的编纂开始于8世纪90年代,但于829年猝然中断,可能是编年作者死去或干脆放弃此事。不过,作品的第一个条目倒是颇有韵味,这是个简洁的句子:"741年。宫相查理(Charles)死去。"① 在历史上的这一刻,加洛林家族的地位终于盖过了墨洛温王室。加洛林家族752年的政变也得到这位编年史家的赐福:"被错误地称为国王的克尔德里希(Childerich)②受戒剃度,移居修道院。"③某种意义上说这是上帝的意志,正如"蒙神的帮助及使徒彼得的调解,丕平和他的法兰克人

---

① *Carolingian Chronicles: Royal Frankish Annals and Nithard's Histories*, trans. B. W. Scholz with Barbara Rogerss (Ann Arbor, 1970), p.37.
② 这个克尔德里希指的是墨洛温王朝的末代君主克尔德里希三世。——译注
③ *Carolingian Chronicles: Royal Frankish Annals and Nithard's Histories*, trans. B. W. Scholz with Barbara Rogerss (Ann Arbor, 1970), p.39.

第七章 基督教史学革命

获得胜利",或如772年的萨克森战役中,蒙神的恩典,突降大雨拯救了法兰克全军一样。① 虽然关于800年加冕的描述缺少某种解释,但从官方角度看,这件事做得很好:

> 在最神圣的圣诞节那天,国王在天国的使徒彼得的圣坛前祈祷后站起身,参加弥撒,教皇列奥(Leo)将一顶皇冠戴在他头上,所有罗马人都向他欢呼:"蒙神加冕的崇高的查理,罗马人的伟大而和平的皇帝,祝你永生、胜利!"欢呼过后,教皇以老皇帝的姿态向他讲话。长老(Patricius)的名字现在被放弃,他被称为皇帝和奥古斯都。②

既然编年与统治家族之间的关系这样紧密,《法兰克王家编年史》在829年终止也就不令人奇怪了,因为这时加洛林王国陷于分裂。此后,加洛林的事务就由地方性的编年来记录,这些作品通常反映的是各新兴王国的特别视角,如西方的、东方的和中部的王国;而中部王国尚保有皇帝头衔。

现代读者经常感到困惑、甚至感到恼火的是,编年将鸡毛蒜皮之事和重大事件混杂在一起,它们太随意了。即便是准官方的《法兰克王家编年史》,不仅记载战役、大会、使节,也记载季节的轮转和因季节偏离正常轨道而带来的灾害;它还记录贵族的功绩,帝国宫廷的生活,神的力量的征象,如地震、奇特的闪电、神奇的治病和救命功能。实际上,这样的编年堪称古典时代文化史的中世纪对应物。它们反映了基督教的宇宙观,以及这种宇宙观的精神统一性和万事万物的等级秩序。编年史家们很满足于简单描述这个世界,他们可能会拒绝这样的观念,即尘世现象本身(除

---

① *Carolingian Chronicles: Royal Frankish Annals and Nithard's Histories*, trans. B. W. Scholz with Barbara Rogerss (Ann Arbor, 1970), p.40.

② Ibid., p.81.

非经过仔细的挑选和安排)能产生意义、解释或发展的意识。上帝的旨意支配一切,而且上帝的旨意大部分是神秘的。在这样一个世界里,对事件的记录除了告知人们发生了什么外,还包含着对人类的启示。一次地震或一群蝗虫可以警告人,一次异象可以唤起希望,而一个人的命运可以提供教训。

古典风格的史学。在加洛林时代的史学中,一位非同寻常的人士创作了一部风格与众不同的叙事史。这位作者叫尼泰德(Nithard),他是一桩门户不相配的婚姻的产儿:母亲是查理曼的女儿,父亲是个宫廷诗人,也是位有学识的出色战士。他的《历史》(*Histories*)讲述的是加洛林帝国在虔诚者路易的儿子们的争斗中解体的故事,他们就是罗退尔(Lothair)、查理(Charles)和路易(Louis)。不过,尼泰德并不是在撰写编年,而是创造出一种准古典式的围绕中心主题的专论,这个主题就是一个曾十分强大的国家的衰落。尼泰德肯定知道,这个国家的分裂几乎是必然的。至于这种见解引起的绝望感,尼泰德比古代史学家特别是萨鲁斯特更为坦然。古代史学家在人类的坐标系中找不到希望,而尼泰德至少能以宇宙论术语来表达和解释事物的进程:

> 从他们(法兰克人)的历史中,每个人都可以思索,忽视公共的善而仅仅服从个人的自私欲望是多么疯狂,因为两种罪过都深深冒犯了造物主,故而他以各种天象来警示罪者的疯狂……大概就在这时,3月20日那天,发生了月食。另外,那天晚上下了一场大雪,正如我前面说的,上帝的公正裁决让每个人都心感忧伤。我之所以提到这些,是因为强奸和各种不义之举在四方蔓延,而且反常的天气也断绝了善行会重来的最后希望。①

---

① *Carolingian Chronicles: Royal Frankish Annals and Nithard's Histories*, trans. B. W. Scholz with Barbara Rogerss (Ann Arbor, 1970), 4.7, p.174.

第七章 基督教史学革命

加洛林时代和普世年代记。从本质上说,基督教的年代记是普世历史。"年代记"一词来自希腊语中的 chronikos,意思是"属于时间"或"关于时间"的,而年代记的目的在于描绘上帝如何在时间中表现他的意志。年代记成为中世纪最受欢迎的史学类型,它囊括的史学著作范围很广,从尤西比乌汇编日期和事件的开山之作到对过去的综合性叙述描写,最后还有局限于某个时代的地区和国家的历史——而在那些时代,普世的生活视域只是个参考或暗示。变换的不仅是内容。并没有明确的界线去区分年代记和其他史学形式,特别是这个时代后期的广义编年史。中世纪的史学家并不像现代学者那样具有类型意识。实际上,年代记史学就是其最佳定义。

加洛林帝国,特别是在其衰落期,有其撰写世界史的独特动机。由于问题涉及加洛林帝国在上帝计划中的地位,一些加洛林史学家对帝国序列的概念很着迷,而这一统治权转移(translatio imperii)概念可以轻易从奥罗修斯和查斯丁2世纪时对庞培·特罗古斯作品的缩写本中学到。查斯丁在这部缩写本世界史中解释了帝国权威如何从亚述人向米底人、再向其他民族"转移"(translatum est)。后来,约尔丹内斯的《世界史》(*Universal History*)勾勒了从亚述人到米底人—波斯人—马其顿人—罗马人以及罗马土地上的哥特人的线索。其他基督教史学家赞同奥古斯丁,而奥古斯丁拒绝"转移"概念中暗含的世俗权威与上帝旨意的紧密联系,或者说,他认为普世教会足以成为普世性的联系。

在9世纪和10世纪早期,年代记作者们探讨的一个独特问题是,加洛林帝国是罗马帝国的延续(translatio)还是一个全新的国家。由于查理曼之后的加洛林帝国深受困扰,当时人希望一个确切的答案不仅能提出关于过去的更好的理解,而且能提供关于他们未来命运的启示。

圣加尔的诺特克尔回溯到但以理的异象,并颇有说服力地论证说,查理曼的帝国是罗马帝国的直接继承者。维埃纳的阿多(Ado of Vienne)也重申存在一个皇帝世系:从奥古斯都到拜占庭和查理曼,而后者是"法兰克血统的皇帝"。根据一些虔诚的文献中的评论,我们可以推想,很多思考这类问题的人都具有阿多对连续性的简单信念。对于那些看到他们政治秩序中的关键制度正在解体的人们来说,连续性是一种让人安心的观念。

另一些人则公开否认罗马与查理曼之间有任何联系。主祭保罗是加洛林家族的支持者,他没有活到查理曼加冕的时刻,但他认为加洛林国家与罗马毫无联系。他的《罗马史》(Roman History)将欧特罗皮乌斯的《简史》延续到553年,他在书中总结说,罗马帝国终结于476年,因此他的"罗马建城以来"的纪年法也终结于这一年。随后他使用的是耶稣诞生纪年法。476年后,新的民族大汇聚一直在进行,一直到查理曼时期西方才经历了一次新的融合。

9世纪的里兹厄(Lisieux)主教弗雷库尔夫(Freculph)在查理曼死后10年左右撰写了他的《历史》(Histories),但他的叙述终结于距自己的时代两个世纪之时。弗雷库尔夫对传统一般持批评态度,他拒绝任何以"帝国统治权转移"来解释加洛林帝国的做法。在6世纪晚期,教皇大格里高利(Gregory the Great)已经开启了一个新时代,弗雷库尔夫的叙述就终结于这个时刻。有些人觉得,过去与现在的猝然断裂论和帝国延续论都不能让人满意,对他们而言,还有伊西多尔式的,"基督的帝国"所保障的过去、现在和未来的一致性和连续性。

普吕姆的修道院院长雷吉诺(Regino of Prüm)同样反对帝国转移概念,对于850—950年间维京人、萨拉森人和马扎尔人的入侵给西方造成的苦难,他有过一些亲身经历,而他自己的普吕姆修道院也曾遭维京人蹂躏。他反对帝国延续论中的历史延续观念。一度强大的加洛林国家的崩溃毋宁说见证了神的意图以及一切尘世权威的空幻。迄今为止,所有帝国都因为致力于自身的扩张而耗尽自身;唯有这种自我摧毁的模式能将各帝国联系起来。至于罗马帝国,当伦巴第人占领意大利大部地区之时它便不复存在了,而且它的灭亡也没有导致世界末日,尽管各种可怕的预言曾有类似的说法。唯一真正持久的帝国是基督的教会,它的命运并不依赖于任何个别帝国的时运。上帝曾一度选择法兰克人来执行自己的意志。现在,法兰克帝国已经终结,谁也不知道下一个被挑选者是谁。奥古斯丁虽然不受中世纪年代记作者的欣赏,不过他若看到主祭保罗、弗雷库尔夫和雷吉诺的著作,大概会感到欣慰的。从某种意义上说,这三位史学家具有相似性,即都拒绝接受帝国和基督教历史关联,从而也重新踏上了6世纪和7世纪的史学家们将基督教历史与罗马分离时开辟的道路。

大阿尔弗雷德和盎格鲁-撒克逊的历史著述。英格兰继续着自己独特的史学道路,没有受到新罗马理论的影响。实际上,当威塞克斯国王大阿尔弗雷德(871—899年)建立起一个稳定而强大的政治实体时,加洛林帝国已经解体了。在这种背景下,盎格鲁-撒克逊史学产生了一部杰出的作品,《盎格鲁-撒克逊年代记》(Anglo-Saxion Chronicle)。它是用地方语言写的,在拉丁语是正宗学术语言的时代,这一做法非比寻常。语言的选择可以说是阿尔弗雷德有意识的盎格鲁-撒克逊政策的结果。这位杰出的国王亲自将奥罗修斯的作品译成本地语言,并且赞助其他古代晚期著作的翻译工作。这些业绩使他足以成为第一位有传记的盎格鲁-撒克逊国王:这就是威尔士主教阿瑟尔的《阿尔弗雷德传》。

这部年代记在叙述盎格鲁-撒克逊历史之前,有关于神圣历史的章节,它开始于基督降生之时,但它十分简短,无非是提醒读者,英格兰是上帝的世界的一部分。年代记的主要论题是盎格鲁-撒克逊的历史,而且明显正面突出了威塞克斯王朝,这个王朝的奠基者被认为是塞尔迪克(Cerdic)和他的儿子辛瑞克(Cynric)。那么,这部年代记是官方的创制吗?从未有证据表明它是一项王家委托的事业,不过原本曾在官方支持下发送出去,以便在其他修道院抄写,看来人们的确希望创制某种"官方历史"。

《盎格鲁-撒克逊年代记》结束于891年,即阿尔弗雷德时代,不过后来有很多不错的续写版本。其中两个长篇续写版一直讲到1066年的哈斯廷斯(Hastings)溃败甚至稍后的时期。这个重大事件只得到勉强的认可——这一点可以理解,实际上,在年代记的"D"版本中,关于哈斯廷斯只有5句话。盎格鲁-撒克逊人在一部传记中找到了对哈斯廷斯溃败的较好的解释,这就是《国王爱德华传》(Life of King Edward)。该著记载说,1065年底,这位国王没有注意平息威塞克斯伯爵的两个儿子哈罗德（Harold）和托斯蒂格（Tostig）之间的仇隙,当爱德华于1066年1月去世后,这场仇恨导致了英格兰的毁灭。对于《盎格鲁-撒克逊年代记》而言,单数的盎格鲁-撒克逊要比复数的好。这部年代记后来被译成拉丁文,这是一项莫大的荣誉,这个译本在盎格鲁-撒克逊人溃败、势力日渐衰落、最终灭亡之后依然在流传。

两部标志性历史。保卢斯·瓦尼福里杜斯（Paulus Wanefridus）更以主祭保罗知名,这位梅茨主教们的 gesta 和《罗马史》的作者晚年隐居修道院,写下了《伦巴第人史》（History of the Lombards）,这是一部献给他的人民的里程碑式著作。保罗早年曾为一位伦巴第国王效劳,游历广泛,并在查理曼的宫廷中度过一段活跃的时光。他那充满同情的叙述从伦巴第史诗故事和一部早期伦巴第史——《伦巴第人的起源》（The Origin of the Lombard People,约670年）——中汲取素材。保罗说,伦巴第人的老家在斯坎迪亚（Scandia）岛上,他给出了伦巴第国王的世系表,还有568年伦巴第人入侵意大利的简短叙述。他赞扬伦巴第入侵者,把他们与"卑鄙的"拜占庭人进行对比,后者试图继续霸占意大利的产业。保罗以令人惊叹的自然主义方式把伦巴第人力量上的优越归因于气候。"越是深入远离太阳的北方地区,冰雪就越是能带来寒冷,人体也更热,因而也更有利于人口增加;相反,在南方,越是接近太阳的热,就越是疾病肆虐,越不利于人的繁衍"。① 保罗指出,气候及其转变不但可以解释日耳曼人的优越,而且可以解释日耳曼人迁徙的浪潮。保罗的叙述仅仅截止到744年,这可以给他省去很多麻烦。他自己毕竟多年依靠加洛林的庇护,但正是这个王朝最终在774年征服了伦巴第王国。

大约900年前后,与盎格鲁-撒克逊的历史观恰成对立的凯尔特历史观在《不列颠人史》（History of the Britons）中复活了。该书是由一批编纂

---

① Paul the Deacon, *History of the Lombards*, trans. W. D. Foulke and ed. E. Peters (Philadelphia, 1974), p. 1.

第七章 基督教史学革命

者集体完成的,其中最重要的是凯尔特僧侣内尼乌斯(Nennius)。该著是一部关于不列颠的百科全书合集:关于这个岛屿的描述,687年之前不列颠人的历史,七种关于人民和王国的世系表,被称为亚瑟(Arthur)的英雄的故事,圣帕特里克(St. Patrick)的生平,关于不列颠人土地上的值得纪念的事情,等等。所有这些都包裹在粗略的世界史框架中,其中的纪年体系不少于28种。

实际上,《不列颠人史》希望激发不列颠人的自豪感,甚至还有不列颠人复兴的希望;因此,关于起源和集体世系的故事——其中关于不列颠人的不少于4种——会将他们与罗马、希腊和特洛伊源头联系在一起。根据其中的一个说法,拉丁人拉维尼娅(Lavinia)嫁给了特洛伊人伊尼阿斯。他们的孙子布鲁托斯(Brutus,或布列托 Britto)在意外杀死其父后到处流浪,最后建立了布列塔尼亚(Britannia)。在另一个版本中,布鲁托斯是"罗马执政官",他征服了不列颠,而他的后代就在这个岛上定居。几个世纪过去后,布鲁托斯的故事——它是备受尊崇的特洛伊起源的担保——竟成了早期不列颠历史的一部分。不列颠人可能还期待别的证据,而这其中就有关于不列颠英雄的伟大业绩的记忆,特别是亚瑟的故事。在他的12场胜利中,"亚瑟的进攻一天之内就击败960人,没有人能打败这些人,除了他一个人。他在所有战斗中都是胜利者"。[1] 英国的史学也不会忘记亚瑟。

---

[1] Nennius, *History of the Britons*, trans., intro., and ed. A. W. Wade-Evans (London, 1938), 56, p.75.

第八章

新的人民、新的国家、新的王朝与史学

通过法兰克人的统治来延续罗马帝国,这并非很多人的梦想,甚至也不是加洛林时代所有普世主义年代记作者的梦想,虽然他们是最应该抱有这种梦想的人。不管怎样,这个大胆的理想很快消融在9世纪残酷的加洛林王朝斗争中。帝国的崩溃只是加剧了维京人、马扎尔人和萨拉森人入侵欧洲腹地造成的混乱。10世纪初,当政治局势稳定下来时,帝国的理想又复苏了,这次是在日耳曼地区,但真实的现状是一个多国构成的新世界,这个世界唯一的统一意识来自教会,后者是基督教信仰的精神纽带在制度上的体现。很多史学著作反映了这一事实,它们从新的人民融入拉丁西方世界、重申其他人民的身份特征、新国家和王朝的巩固等方面来处理过去、现在和未来之间的连续关系。纪年史家们发现,他们可以用前几个世纪的史学方法和观点来应对这些挑战。

一 不同的人民汇入拉丁史学

诺曼人成为西方的一部分。在维京人和法兰克人刚刚发生冲突的诺曼底,产生了一种特别的地方史学传统。11世纪时,圣康坦(St. Quentin)的地方主教、法兰克人杜多(Dudo)写下了第一部书面形式的诺曼底历史。在杜多的时代,虽然诺曼底地区已经有了三代诺曼底公爵,但法兰克人依然记得诺曼人的抢劫和他们造成的可怕灾难。杜多的同代人、纪年史家里歇尔(Richer)仍称呼理查德一世(Richard I)为"海盗公爵"(dux

第八章 新的人民、新的国家、新的王朝与史学

pyrotorum),这表明了一种相当普遍的态度。杜多希望为诺曼人"正名",将他们说成一个可敬的群体,以便912年赫罗(Rollo)①获得诺曼底封地看起来不再是向成功的恶棍做出的让步。

杜多通过一种历史悠久的方式为诺曼人找到了一个特洛伊源头。他把诺曼人当作丹麦人(Danes)而追溯到达西亚人(Dacians, Daci),又从后者追溯到达纳阿人(Danaoi)②,他把达纳阿人和逃离特洛伊的安特诺尔王(Antenor)联系在一起。既然《弗里德加》把法兰克人追溯到安特诺尔,诺曼人也就和法兰克人平起平坐了。

但是,这样一个高贵的民族怎么能干出杀人越货的行径呢?杜多解释说,这是因为诺曼人自从接受一夫多妻制后便处于衰落阶段,而多妻制导致人口过剩,因而迫使年轻的儿子们外出寻找土地和财富。不过,杜多也承认,诺曼人受到另一些作家批评的流浪癖的驱使。

在前三位诺曼底公爵的生平故事中,杜多把他们称誉为富有责任感的国家缔造者。在这样做的同时,杜多淡化了他们一些不那么光彩的特征,如过分的野心、摇摆不定、狡诈、骄傲以及通常难以自制的脾气。有时杜多表现出了真知灼见,比如他对赫罗在受爵礼上为何坚决拒绝亲吻法国国王的脚的解释。被法兰克人视为冒犯行为的做法恰恰表明这一事实:"这个民族(诺曼人)的风俗与法兰克人不同。"③

萨克森历史的力量。在当时的基督教共同体中,人们的生活基本上还是地方性、地区性或部落性的,对于这一事实,萨克森人提供了一个突出的范例。在被查理曼征服后,他们的公爵于962年成为皇帝,于是他们成了胜利者。然而,即使在这个时候,对他们而言,萨克森人自己的历史至少还是他们关心的对象和骄傲的资本。科尔维的维杜金德(Widukind

---

① 此人原为挪威或丹麦的贵族,10世纪初效忠法国国王并皈依基督教,获诺曼底封地,亦称罗贝尔一世(Robert I)。——译注
② 传说中定居在希腊的一个古代民族,其来源说法不一。——译注
③ *Dudonis Sancti Quitini De moribus et actis primorum Normanniae ducum*, ed. M. J. Lair, 4 vols., (Caen, 1865), 3:86.

of Corvei)在他的《萨克森史》(*Saxon History*)中表明,萨克森人不需要向往罗马的皇帝来提升他们的历史声望;作者兴味盎然地讲述了萨克森这个"出色的人民"的故事,时间范围是从568年左右到973年。书中只以四个词提及查理曼与萨克森人的大战,而且是与萨克森人皈依基督教结合在一起,维杜金德觉得,宗教皈依使法兰克人和萨克森人成为"兄弟",并"因一种信仰而成为一个民族"。① 当圣维图斯(St. Vitus)和圣丹尼(St. Denis)的圣骨于836年和923年从法兰克的圣地转移到萨克森的圣地时,维杜金德认为这种转移等同于帝国权威从法兰克人转向了萨克森人。

维杜金德自豪地使用萨克森的早期传说和游吟歌者(mimi)的歌谣,以此来讲述"确切性已经模糊"②的遥远过去。关于起源问题,"萨克森人肯定是个古老而高贵的民族"③,它不需要新罗马帝国来赐予它光辉。维杜金德小心翼翼地避免提及奥托一世(Otto I)在罗马的加冕(962年),以及奥托的教会和传教政策。他同样不明白,人们为何要让斯拉夫人变成基督徒因而使其与日耳曼人地位平等。这种传道行为和帝国在意大利持续的介入政策对萨克森的利益没有好处。

后来,在授职权之争中,帝国的利益和萨克森的利益再次发生冲突。这一次,亨利四世(Henry IV)反对萨克森人的战役催生了不同派别的历史:支持萨克森人的无名氏的《萨克森战争之歌》(*Song about the Saxon War*),以及支持皇帝的布鲁诺的《萨克森战纪》(*Book on the Saxon War*)。如果亨利四世的命运对随后日耳曼地区宪政秩序的形成没有影响的话,它们也许只是影响有限的地区性作品。从这个意义上说,这些历史著作无意之中描述了从帝国向日耳曼邦国转变的开端。

斯拉夫人、丹麦人和波罗的海人进入西方历史。950年,拉丁世界向

---

① *Quellen zur Geschichte der Sächsischen Kaiserzeit*,附有德语译文的拉丁文版(译者 P. Hirsch, M. Budinger, and W. Wattenbach);A. Bauer and R. Rau 最近出版(Darmstadt, 1971)的 *Widukinds Sachsengeschichte* I. 15, p. 45.

② Ibid., 1.20, p. 21.

③ Ibid., p. 23.

第八章 新的人民、新的国家、新的王朝与史学

中欧的东扩还不是很深入。易北河以东是斯拉夫人的广阔土地。日耳曼人和斯拉夫人相互渗透的地带发生过漫长而残酷的斗争。在捷克地区,开始于加洛林时期的扩张相对平静和稳健。10世纪时,日耳曼的大规模东扩开始于中欧的北部平原。驱使人们向东迁移的不仅有拯救灵魂的愿望,还有对富饶的新土地的渴望、统治这些土地并从中获益的意愿,以及冒险的欲望。于是,参与这场运动的贵族、武士、农民和教士在十字架的指引下战斗,期间的一系列战役也成为教会年代记作者的上佳素材。

大部分关于东扩的年代记是作战报告,其偏见显而易见。不过,这些历史还是揭示出,东扩运动在神圣色彩和卑劣动机之间的平衡是多么脆弱。默泽堡(Merseburg)的主教提特马尔(Thietmar)在他的年代记中阐发了一个重要的日耳曼立场:文化优越感。提特马尔要教给"所有愚昧的人民特别是斯拉夫人"[1]某些东西。伯绍(Bosau)的教士赫尔莫德(Helmold)在《斯拉夫人年代记》(*Chronicle of the Slavs*, c.1170)中的评述较为公允。作者赞扬萨克森人在战场上的英勇,但也一再谴责他们的贪婪;至于斯拉夫人,赫尔莫德温和地称赞了他们的好客,但严厉批评他们堕入异教和无法无天。但所有这些都不妨碍赫尔莫德衷心赞成驱逐大片土地上的斯拉夫人,这种做法符合萨克森移民和贵族的利益,但说到底不是基督的利益。另一位年代记作者,不莱梅的亚当(Adam of Bremen)揭示了雄心勃勃的人物在东进运动的作用。《汉堡-不莱梅大主教们的历史》(*History of Archbishops of Hamburg-Bremen*, 1000年代晚期)的部分章节很具戏剧色彩,书中的阿达尔贝特(Adalbert)是汉堡的大主教和亚当的赞助人,此人是个悲剧英雄,"出身至为高贵……头脑敏锐,修养精深……珍视贞洁……(但也)有个缺点……虚荣"。[2] 阿达尔贝特渴望让斯堪的纳维亚人皈依基督,渴望出现一个基督教的斯拉夫地区,渴望获得高级教职,这

---

[1] Thietmar of Merseburg, *Chronicon*, Werner Trillmich 德文翻译和编辑(Darmstadt, 1957), 1, 14, p.18.

[2] Adam of Bremen, *History of the Archbishops of Hamburg-Bremen*, J. F. Tschain 翻译评注, (New York, 1959), 3, 2, pp.115-16.

让他最终卷入帝国政治,"从那一天起,我们从佳祚走向了毁灭"。① 由于深受贫困和成群的对手的困扰,阿达尔贝特失去了权力。他在斯拉夫地区的业绩也瓦解了。

唯有基督教的同情美德延伸到斯拉夫人那里时,这些关于东扩的著作才不至于成为纯粹的作战报告。提特马尔从胜利者的视角来书写他的《年代记》,但他的同情心至少还能让他去描绘一下传道战争带来的悲伤和困苦。赫尔莫德则抨击了萨克森人的贪婪。在一个萨克森人把斯拉夫人称为"狗"而斯拉夫人认为他们的对手背信弃义且贪得无厌的时代,这种温和态度实在难能可贵。

另一些扩张史远不止是作战报告。《利沃尼亚年代记》(Chronicle of Livonia,13世纪第二个25年)描述的是对拉脱维亚和爱沙尼亚的征服和基督教化。作者利沃尼亚的亨利(Henry of Livonia)是位教士,他表面上主要是讲述战斗、英勇、残暴、围攻和皈依宗教,但实际上,他对征服带来的文化冲突作了精彩的分析。在第一阶段,主教和传教士是关键人物;他们中间很多人被俘获,受到严刑拷打,但宗教归化还是成功了。有些片段清晰地表明,入侵者和皈依基督的当地人之间的理解是何等稀缺,例如,利沃尼亚人"认为,既然他们用水进行洗礼,他们也就能在德维纳河中洗去它,并将它(基督教)送回日耳曼"。② 亨利清楚地认识到,只是在一系列的堡垒和城市(里加[Riga]建于1202年)、一个军事修道团(佩剑团或利沃尼亚佩剑兄弟会)建立之后,持久的成就才最终到来。总之,只有全面的文化征服才能确保拉脱维亚和爱沙尼亚成为拉丁基督教世界的一部分。

皈依基督教带来了文字,拉丁文化传到了斯拉夫和斯堪的纳维亚地区,随之而来的是书写特别是以拉丁语书写某个民族的历史记录的愿望。早在12世纪,布拉格的一位主祭科斯马斯(Cosmas)将捷克的口头传说

---

① Adam of Bremen, *History of the Archbishops of Hamburg-Bremen*, J. F. Tschain 翻译评注,(New York, 1959), 3, 46, p.154.

② *The Chronicle of Henry of Livonia*, James A. Brundage 翻译编辑(Madison, Wis., 1961), p.27.

第八章 新的人民、新的国家、新的王朝与史学

和西方史学的典型特征融汇在《波希米亚人年代记》(*Chronicle of the Bohemians*)之中。与科斯马斯同时代的一位不知名的法国人或瓦隆人——通常被称为高卢匿名者(*Gallus Anonymous*)——曾以拉丁语韵文撰写过最早的波兰人年代记。两位作者都曾听说过古老的故事,并将它们当作史料,特别是用于奇特的民族起源解释。在这两个国家,他们的作品之后出现了大量的年代记,后者在形式、资料类型和写作意图上都很接近中欧和西欧的典范作品。波希米亚的布拉格主教、德拉西切的约翰(*John of Drasice*)为了歌颂他可爱的波希米亚而创作了《布拉格年代记》(*Chronicle of Prague*),这是自科斯马斯以来的各种年代记的摘编。他的年代记还被多次续写。1200 年左右,波兰产生了一位富有影响力的历史学家,他就是一度担任克拉科夫主教的文森特·卡德鲁别克(Vincent Kadlubek)。他的《波兰史》(*History of Poland*)是一部混合了叙述、辩论和寓言的作品,目的在于向波兰人诉说他们的历史,以便告诫他们在政治和生活中应行事正派,作品甚至试图揭示波兰在上帝意图中的地位。但是,大部分波兰历史作品是普通的编年史和年代记,其中有《波兰大年代记》(*Great Polish Chronicle*,至 1271 年)和西里西亚的《波兰人年代记》(*Chronicle of Poles*)。在拉丁文化之外,以俄语撰写的历史首先出现在俄罗斯人与西方接触的地区。贸易中心诺夫哥罗德很长时期内更像个国际城市而非真正的俄罗斯城市,正是在这里,教士们编写了《诺夫哥罗德年代记》(*Chronicle of Novgorod*,从 10 世纪到 15 世纪)。第一部分土生土长的俄罗斯历史来自古老的权力、文化和贸易中心——基辅。那里的一所修道院曾撰写《往年纪事》(*Nestor Chronicle*),记述从留里克(Rurik)到 1110 年的基辅历史。

北欧人闯入西方世界历时两个多世纪,先是作为抢劫者和破坏者,随后是国家的缔造者。对那些羁留在斯堪的纳维亚故土之上的北欧人而言,这个冒险时代留下了一份十分丰富的口传财富:这些传说讲述往日的光辉业绩、艰难困苦、成功与悲剧。随后,从 11 世纪开始,基督教的教化和理想逐渐覆盖和湮没了当地的传统。在这个过程中,斯堪的纳维亚人

也在改变回想过去的方式。不莱梅的亚当和其他外来人也在讲述这段历史。12世纪,在"神圣的宗教仪式带来拉丁语的权威"①而北欧丰富的口传文化尚未消失之际,萨克索·格拉马提库斯(Saxo Grammaticus),一位拉丁语极为出色、学识渊博的丹麦人,写下了一部卓越的丹麦历史。在这部《丹麦史》(*Danish History*)中,他为北欧的口传文化、也为如尼文的(runic)②文字记录而感到自豪;他写道,丹麦人在记载他们的历史时,

> 不仅以堪称诗篇的精妙创作来铺陈他们的高贵事迹,还在岩石和峭壁上、以他们自己的书写符号刻下母语诗歌中早已广为传唱的祖先的功业。这些诗歌仿佛是古代的经典,我正是踵武它们的足迹;我忠实于它们本来的节奏,在保留其主旨的同时逐行地翻译出来;因此我想写作的年代记是以这些诗歌为基础的,其中的内容可能已为人所知,但不是因为现在人的编造,而是因为来自古代人的说法;这部作品肯定不是一堆徒有其表的废话,而是有关过去的可靠信息。③

凯尔特的抗议。蒙茅斯的杰弗里(Geoffrey of Monmouth)在《不列颠诸王史》(*History of the Kings of Britain*)中忽略了自己周围的盎格鲁-诺曼世界,而仅仅讲述了不列颠人从历史黎明期到公元7世纪晚期的历史。但杰弗里怎么知道那时候的历史呢?通过威尔士的口头传说、吉尔达斯以及如下的际遇:

> 牛津的大助祭沃尔特(Walter)十分有学问,不仅精通雄辩术,还了解异域的历史,他给了我一本肯定是最古老的不列颠语书籍,它们

---

① *The First Nine Books of the Danish History of Saxo Grammaticus*, O. Elton 翻译,F. Y. Powell 评注(Nedeln, reprint, 1967), Preface, 1, p.1.
② 如尼文(rune)为北欧的古文字,亦译鲁能文。——译注
③ *The First Nine Books of the Danish History of Saxo Grammaticus*, O. Elton 翻译,F. Y. Powell 评注(Nedeln, reprint, 1967), Preface, 3, p.4.

第八章 新的人民、新的国家、新的王朝与史学

按正确的顺序和次序,记述了从第一位不列颠国王布鲁特(Brute)到卡德沃罗(Cadwallo)的儿子卡德沃拉德(Cadwallader)的事迹,所有故事都讲得极为生动。①

虽然只拥有"那本书",但杰弗里竟然警告其他人勿染指不列颠早期史。虽然杰弗里可能接触到凯尔特民歌和史诗的某些内容,但现代学者对沃尔特的著作一说表示怀疑;很可能我们永远也不会知道真相。不过,杰弗里同时代的人对他深信不疑;他们喜欢杰弗里的《历史》,因为它文笔出众,充满迷人的故事,并赋予不列颠人、间接地也赋予英格兰人以光荣的过去和祖先。由于该著深受欢迎并出现了很多抄本,因而对英国的历史写作产生了深刻的影响,这种影响一直持续到 16 世纪。杰弗里的《历史》讲述的是异教的不列颠历史,因此其中心人物是尚武的英雄而非圣徒,不过这一点看来无关紧要。英雄的伟大可以成就光辉和胜利,他们的弱点可以导致艰难、混乱和毁灭。当杰弗里不得不解释不列颠权威的衰落时,他暗示说,所有民族都会兴起并达到光辉的顶点,然后走向衰落,这样就削弱了吉尔达斯中关于不列颠人罪恶的主题。这个做法可以理解。

杰弗里从内尼乌斯那里得知不列颠人的特洛伊起源以及亚瑟王的故事。当特洛伊人布鲁图斯在这里登陆时,"这个岛屿的名字叫阿尔比昂(Albion),除了少数身材魁伟之人,岛上没有居民"。布鲁图斯征服这个岛屿后,将它命名为"不列颠(Britain),称他的同伴为不列颠人(Britains),因为有人提醒他说,对他的记忆将通过名字的变形而传诸久远"。② 在布鲁图斯以降的不列颠国王谱系中,杰弗里认为亚瑟就是他要找的英雄,亚瑟从此被称为国王。亚瑟是理想中的君王和战士,他曾征服法国

---

① Geoffrey of Monmouth, *Histories of the Kings of Britain*, 1, 1, S. Evans 翻译, C. W. Dunn 校订, G. Jones 导读(London, 1958), p.3.

② Ibid., 1, 16, p.26.

(此事甚至深得诺曼诸王的欢心),打败皮克特人(Picts)、苏格兰人、挪威人和丹麦人,最后"以征服整个欧洲为己任"。① 杰弗里的读者不仅能产生对祖先的骄傲感,而且能从充满魔法师、鬼怪、巨人和巫师的故事中获得阅读的快感。在奉承与娱乐的双重魅力面前,那些质疑杰弗里的可信度的人很长时间内从事的是一桩失败的事业。另外,杰弗里的作品问世之时,正值骑士传奇之风渗入史学之际,这也有助于其影响力的扩大。

二 为新的国家和王朝寻找依据

西法兰克及其新王朝。永恒的、普世的加洛林君主国观念终结于查理曼孙子们的时代。随之而来的分裂不仅根源于虔诚者路易(Louis the Pious)的几个儿子的个人野心,同样也根源于帝国各地之间的差异,这些差异是一种离心力,它们在动荡纷扰的9世纪和10世纪不断增强。历史学很快就对这种变迁作出了反应,这体现在大量的地方编年史和年代记中。

987年,加洛林王朝的西支被于格·卡佩(Hugh Capet)家族取代。看起来这只是一次朝代变迁,但实际上是后来的法兰西王国走向巩固之路的第一个重大步骤。正是在这个意义上,历史学家们运用他们的才能为新的卡佩统治者服务,他们促进了新国家的奠基。他们绝大多数是生活和工作在修道院、主教座堂的教士,而且通常希望在他们的机构与新王朝之间建立重要的联系。兰斯主教座堂的教士和圣但尼的僧侣在这方面特别成功。兰斯被选为国王的加冕地,圣但尼是国王的墓地和王家徽章和军旗(oriflamme)的存放地。

早在9世纪,兰斯大主教欣克马尔(Hincmar)就已经创作了一部西法兰克地区的历史。将近一个世纪后,兰斯主教座堂的一位教士弗罗道尔(Flodoard)写了一部从919年到966年的编年史。他和兰斯的教会机

---

① Geoffrey of Monmouth, *Histories of the Kings of Britain*, 1, 1, S. Evans 翻译, C. W. Dunn 校订, G. Jones 导读(London, 1958), 9, 11, p.195.

第八章 新的人民、新的国家、新的王朝与史学

构一样,十分明显地拥戴于格·卡佩的事业。后来,学识渊博的兰斯大主教热贝尔(Gerbert)还鼓励教士里歇尔(Richer)去讲述法兰西的故事。与对罗马人的热情相比,里歇尔更喜欢谈论较近的历史(截至995年),他总是强调说,卡佩诸王继承加洛林王朝非常合法,因此他们是历史连续性的真正保障。

新兴盎格鲁-诺曼王国的历史。1066年以后,胜利者的声音最为嘹亮。《哈斯廷斯战役之歌》(Song of the Battle of Hastings)确立了诺曼胜利者如何论证这一征服的论调,对不列颠诸岛居民来说,这次征服再次导致连续性的中断。关于这部作品的作者,有人认为是亚眠的主教居伊(Guy),也有人认为是于绵日的威廉(William of Jumièges)。征服者威廉被歌颂为"神佑的国王,国家和平与正义的支柱,敌人的仇敌,教会的保卫者!"战败的国王哈罗德(Harold)则成了作伪证者、残害手足之人——十足的恶棍。①

于绵日的威廉著有《诺曼底诸公爵功绩录》(Deeds of the Dukes of Normandy);该著对威廉公爵的颂辞不很华丽,但他仍然是个理想中的人物,贤明如所罗门,战斗中的表现很伟大。首先,威廉公爵不是篡位者。哈罗德有一次因船只失事而获诺曼底人营救,当时他起誓说,忏悔者爱德华(Edward the Confessor)死后他将承认威廉公爵为国王。这个说法用意很明显:诺曼底公爵是英国的合法统治者,上帝已经惩罚了那些作"恶"者。

有关这次入侵和威廉国王的类似的傲慢看法还体现在普瓦提埃的威廉(William of Poitiers)的作品中,该著为《诺曼人的公爵、英国人的国王威廉的功绩录》(The Deeds of William, Duke of the Normans, and King of the English)。为了迎合诺曼人的骄傲感,作者宣扬关于入侵的那种古老理由:盎格鲁-撒克逊人自己希望入侵。然而,每当威廉不去为诺曼人辩

---

① *The Carmen de Hastingae Proelio of Guy, Bishop of Amiens*, ed. C. Morton and H. Munta (Oxford, 1972), p.5.

护时,他的作品总是很准确。与于绵日的威廉神父相比,他毕竟还有一个长处:他曾在宫廷待过,曾眼见或听说过那里的辩论,还能接触到文献。

但也有失败者的悲惨故事。当夜幕降临到哈斯廷斯的战场上时,失去的不仅是一场战役,还有很多盎格鲁-撒克逊武士,以及一位国王。当得胜的诺曼人试图重塑英国人的生活包括他们的过去时,一场深刻的文化变迁开始了。盎格鲁-撒克逊的圣徒故事和传记——诚然,其中的很多内容是编造出来的——被从英国的教会史中清除出去,此举并非为了教会的纯洁性和历史准确性,而是因为诺曼圣徒传记和史学的缘故。盎格鲁-撒克逊的文化传统处于生死存亡的关头。

盎格鲁-撒克逊的重要史学事业,即盎格鲁-撒克逊年代记,暂时还在一些修道院中延续着,特别是在彼得博罗(Peterborough),其中的一些续写版本延续到了1100年以后。然而,年代记的内容很单薄,有时记载的主要是彼得博罗修道院的事件。盎格鲁-撒克逊年代记最终湮没无闻,虽然人们为它的延续付出了各种努力。统治阶级现在说的是诺曼底的法语,教会精英则使用拉丁语。年代记从此脱离了文化母体,它的盎格鲁-撒克逊文本及其观念,现在都已不合时宜,只有在少数拉丁文本中尚有些许活力,因为盎格鲁-撒克逊文化的衰落对这些文本的影响不太严重。

当1066年的痛苦记忆逐渐淡化、文化冲突不再激烈时,新一类的年代记作者,即盎格鲁-诺曼史学家们,开始重塑过去的形象。在他们的历史中,诺曼人的英格兰不再是个问题,他们希望融合英格兰和诺曼元素而不损害任何一方,以此来论证英国历史的连续性。坎特伯雷基督教堂的教士伊德麦(Eadmer)是他们的先驱,此人见证过坎特伯雷大主教圣安瑟伦(St. Anselm)——他作品中的主人公——和威廉二世(William II)之间的激烈冲突,并将这段历史写入他的《英格兰最近的历史》(*Historia Novorum in Anglia*)中,该著也是他的《圣安瑟伦传记》的补充。伊德麦与圣安瑟伦关系亲密,他之所以能写出卓越的作品,是因为他了解书中牵涉的人物,听过他们的辩论,可以抄写通信,对问题也有很好的理解。他甚至抄写过信件和官方文件。在谈到一封被他收录的信件时,他解释道:"将来

第八章 新的人民、新的国家、新的王朝与史学

它(文中的这封信)可能对处理类似问题的人有用。"①

与另两位历史学家相比,伊德麦未免相形见绌。这两个人是新的盎格鲁-诺曼历史观的主要塑造者:奥德里克·维塔利斯(Orderic Vitalis)和马尔麦斯伯里的威廉(William of Malmesbury),两人都来自诺曼和盎格鲁-撒克逊的混合家庭,都于1140年代去世。奥德里克的视野更宽。他的《英格兰和诺曼底教会史》(Ecclesiastical History of England and Normandy)具有真正的宗教核心主题,因而成为一部普世历史,它从基督的生平开始写起,并"自始至终"表达出"对主的虔诚的赞美"。②

奥德里克简要回顾了中世纪年代记作者编排素材的方式。关于早期历史,他准确地参考了权威作者,如尤西比乌、哲罗姆、奥罗修斯和比德,不过,每当这些作者的叙述终结时,他总是悲伤地承认,"从此我就必须通过其他教父的作品进行艰苦的研究,同时我还要设法将我对过去事件的历史叙述延续到今天"。③ 奥德里克的工作干得不错,他撰写了一部1141年之前的广阔历史,著中展现了其间许多事件的宗教维度。关于1066年的入侵,奥德里克认为,"英格兰已经被哈罗德的残暴和背信弃义所亵渎,它已经走向毁灭"。④ 虽然诺曼人可能很好战、麻烦不断、野心勃勃、不讲信义,但他们改革英格兰的修道院,提升教会在这个岛国的地位;在对过去的事件进行判断时,这类宗教和道义方面的考虑应占主要地位。

马尔麦斯伯里的威廉著有《英格兰诸王功绩录》(The Deeds of the Kings of the English),这是一部从撒克逊入侵到1120年的英国史,另一部作品《英格兰大主教和主教功绩录》(Deeds of the Archbishops and Bishops of the English)从盎格鲁-撒克逊人皈依基督一直写到1125年。这两部著

---

① Eadmer, *History of Recent Events in England*, G. Bosanquet 译, R. W. Southern 导读(London, 1964), p. 143.
② Orderic Vitalis, *The Ecclesiastical History of England and Normandy*, Thomas Forester 译注, 4 vols. (London, reprint, 1953), Preface, 1:4.
③ Ibid., 2, 24, 1:130.
④ Orderic Vitalis, *The Ecclesiastical History*, 4, 2, 162, H. Chibnall 编译, 5 vols. (Oxford 1969-75), 2:191.

作表现了一个渴望展示学识的轻率年轻人的热情和活力。尤其是第二部著作堪称英格兰主教区和大主教区的百科全书式的巡览，而当这位热爱旅行的巡览者在详细描述地点、建筑和历史遗迹时，他已经预示着后来几个世纪对古物的兴致。他也知道如何从文献中重构过去，虽然他还无法区分文献的真伪。而《最近的历史》(Recent History)增补的是1128—1142年的历史，该著反映了作者更为谨慎和朴实的一面，这个变化某种意义上说适应于斯特凡国王(King Stephan)的那个动荡年代。

威廉的作品流传很广，因为罗马史学家特别是苏维托尼乌斯，已经教会他如何写作、如何生动地刻画人物、如何使用大量趣闻故事。威廉的首要目标是教化人民、歌颂英格兰，但这些目标与有趣的故事乃至很可疑的故事并不矛盾。

从文学水平上说，威廉的作品优于此前的年代记，不过他也是个细心、认真而准确的作者。虽然他公开奉承自己的保护人格罗斯特伯爵罗伯特和自己所在的马尔麦斯伯里修道院，但这无损于他的形象，因为年代记作者很少能抗拒这种显而易见的义务。1066年的入侵是历史学家们的试金石，而威廉认为，诺曼人是勇敢的战士、自豪的人民、宏伟的教堂建筑的赞助者，而盎格鲁-撒克逊人则被视为低劣的士兵和百姓，沉溺于酗酒、贪食和肉欲之中。鉴于这些差别，哈斯廷斯战场上神的裁决不应该让人意外。

牛堡的奥古斯丁修道院的威廉(William of the Augustinian Priory at Newburgh)是12世纪的另一位年代记作者，他以准确的评论、对证据可靠性的谨慎而给现代史学家留下深刻印象。他曾勇敢地抵制蒙茅斯的杰弗里的影响。不过，威廉并不像19世纪的历史学家E. 弗里曼(E. Freeman)声称的那样，是现代批评史学的先驱者。在威廉那部令人难忘的《英格兰事务史》(History of English Affairs)中，世界仍然是个整体，自然和精神混合在一起。威廉只是尝试对世上的一切进行合理的分析。对于国王，他依据习性中的怀疑思想进行评价，而不再是个虔诚的赞美者；然而，对魔鬼学说的长篇论述、包括对吸血鬼和梦淫妖的讨论，却须以相信魔鬼的

第八章　新的人民、新的国家、新的王朝与史学

存在为条件。威廉之所以批评杰弗里，很可能不仅仅是因为杰弗里在奇幻世界里走得太远，还因为威廉不喜欢威尔士人和苏格兰人。

意大利和诺曼人。许多世纪以来，伟大的基督教罗马所在的地区始终在输出自己的文化，但有关这个地区的历史记录却一直少得可怜。现在，这个地区在史学上已无足轻重，正如它的政治地位一样。9世纪加洛林权威的崩溃导致意大利北部帝国辖区陷入混乱。《皇帝贝伦加尔生平业绩》(Gesta Berengarii)记述了贝伦加尔恢复稳定的一次尝试，此人是虔诚者路易的曾孙，按他的支持者的说法，他的"统治"从888年延续到924年。关于当时盛行的、同时也是历史学助长的政治作风，伦巴第人柳德普兰德(Liudprand)曾作过精彩描述。这位未来的克雷莫纳主教本计划写一部有关欧洲广大地区的宏大历史，但最后只完成了《报应书》(Antapodosis，英语通常译为Book of Vengence)，书中有言："这个贝伦加尔现在与其说是意大利的国王，不如说是意大利的暴君，而且……他的妻子薇拉(Willa)由于毫无节制的暴虐而被恰如其分地称为第二个耶洗别(Jezebel)①，又因为她不知餍足的抢劫癖好而被称作蛇妖吸血鬼(Lamia vampire)。"②实际上，柳德普兰德在试图诉说这类"恶行"的同时，也就描绘出了10世纪意大利的政治生活的画卷：一幅满是残酷的战争、屠杀以及充斥着阴谋、姘居和淫乱的宫廷生活的画卷。他还留下了《出使君士坦丁堡的尼希福鲁斯·福卡斯皇帝纪》(Embassy to Emperor Nicephores Phocas in Constantinople)，这部著作的主要价值在于揭示拉丁世界和希腊世界之间的敌意和缺乏理解。

在9世纪和10世纪，北欧人是让人恐惧和憎恨的入侵者和破坏者，但到11世纪，他们成了伟大的国家缔造者。他们已经在俄罗斯人之中构建起政治结构，912年，他们又成为法国国王的封臣。接着，在1066年，

---

① 耶洗别是《圣经》中记载的负面人物，见《圣经·列王纪上》：16—21及《列王纪下》：9。——译注
② Antapodosis, 3, 1, in The Works of Liudprand of Cremona, F. A. Wright 译(London, 1930), p.109. 在希腊，Lamia 意指吃小孩的魔鬼。

他们征服英格兰,大约与此同时,他们在南意大利创建了一个诺曼国家。关于后一个事件,一个名叫阿玛图斯(Amatus)的作者为我们留下了丰富的记录。他的《诺曼人史》(History of the Normans)唯一关心的是自己的蒙特卡西诺修道院与拜占庭的关系,这就抑制了作者对诺曼人的同情。而其他历史学家,如高弗雷德·马拉特拉(Gaufred Malaterra)和阿普利亚的威廉(William of Apulia),大多是为新来的诺曼统治者而写作。威廉甚至把他的《西西里史》(Sicilian History)变成一部韵体史诗,因为诺曼人当时还在吟唱他们过去的史诗故事。

这些历史著作都有一种强烈的责任感,那就是论证诺曼人赤裸裸地掠取权力和土地的正当性。诺曼人为何千里跋涉来到此地?他们有何权利在南意大利建立一个王国?历史学家们知道,没有土地的诺曼人曾充当拜占庭的雇佣兵,为拜占庭征服西西里而战斗。后来,由于被剥夺了应得的战利品,也没有获得薪俸,他们来到意大利进行战斗,最后于1071年把拜占庭人赶出了意大利半岛。不过,这种土地欲望的意外满足还不构成合法性。于是阿玛图斯把诺曼人的征服解释为反对教会分裂和压迫者的斗争。奥斯提亚的列奥(Leo of Ostia)在《蒙特卡西诺年代记》(Chronicle of Montecasssino)中曾将诺曼人描述为阿普利亚人的支持者,而阿普利亚人"无法继续忍受希腊人的傲慢无礼",于是挺身反抗。① 阿普利亚的威廉甚至认为,诺曼人是上帝用来驱逐阿普利亚土地上的希腊人的工具。不过,意大利之外的历史学家根本没有提出这类高贵的理由,他们认为诺曼人之所以去意大利冒险,原因在于诺曼底的争吵使得一些诺曼贵族前往罗马,而罗马教皇又把他们支往南方。

还有一种论证诺曼统治合法性的方式,那就是描绘诺曼公爵和国王们的英明神武,人们并不把他们比作被中世纪史学家视为贤哲的统治者,如大卫、奥古斯都和君士坦丁,而是比作尚武的英雄,如查理曼、恺撒、亚历山大大帝和阿喀琉斯。除了这些赞美,人们并没有否认诺曼人的凶猛、

---

① Leo of Ostia, *Chronica Monasterii Casinensis*, in MG SS 7．2.37, p.652.

第八章 新的人民、新的国家、新的王朝与史学

残暴以及过分的统治欲。在当时的史学家看来,这些缺陷完全可以通过诺曼人在被征服土地上重组、改革和支持教会时表现出的热忱中得到弥补。诺曼人的虔诚给阿玛图斯留下了深刻印象,他认为他们就像上帝的信使;马拉特拉则声称圣乔治亲自带领诺曼人前来,他甚至有这样的猜想:诺曼王室祖先的故乡之所以叫奥特维尔(Hauteville,"高处的村庄"),不是因为它的位置高,而是因为它是上帝给的一个信号,预示着这里的居民将要成就伟大的事业。阿玛图斯的视角甚至更宏大,他指出,征服阿普利亚和西西里的罗贝尔·吉斯卡尔(Robert Guiscard)必将在神意的协助下征服君士坦丁堡。诺曼人已是世界的新主人;这已成为一个反复论证的主题。一度是西方祸患的诺曼人,无论是在自己的境遇中还是在史学中,的确走过了一段非同凡响的旅途。

尘世权威的光辉——国王和贵族的历史。王朝、国家、区域等世俗事务,总是跟年代记作者关注的普世基督教信仰发生冲突,这使他们再次面临古代基督教的那种两难境地:解决世俗与神圣、物质与精神、肉体与灵魂之间的二元论难题。教会的年代记作者的选择显然更青睐于他们自己的生活方式(他们大多是修道士),然而,当他们论及尘世的高贵者和权威者时,同样面临着二元论的难题,因为等级地位赋予这些人威望、光辉和权力,但他们的灵魂也需要基督教的谦卑来约束。对于那些著名的法国国王和英国国王,人们应从他们的年代记中看到何种合适的形象?是完成高尚而有益之业绩的高贵统治者,还是只是另一个被上帝暂时提升到普通人之上的原罪之人?从主流来看,年代记作者在回答这个问题时一般拥护统治王朝的合法性,赞扬统治者的虔诚,并不时提醒读者应藐视世俗生活。

在法国史学中,987 年加洛林王朝向卡佩王朝转变的合法性很多年来仍是个问题。反对卡佩王朝的人发现《桑斯的法兰克人史》(*History of Franks from Sens*,截至 1015 年)很有用处,该著通篇都在歪曲和诽谤于格·卡佩,控诉其篡权行径。尽管如此或者正因为如此,这部《历史》还是有很多抄写者和使用者,其中包括 12 世纪很有名的历史学家,如让布

鲁的西格贝尔(Sigebert of Gembloux)和弗勒里的于格(Hugh of Fleury)。

另一方面,11—12世纪的卡佩国王们也有一些全心效劳的史学家,他们试图以国王传记来弘扬卡佩王朝的事业。当卡佩统治者们还在积聚实力的时候,卢瓦尔河上的弗勒里的一位僧侣埃尔加尔(Helgald)创作了虔诚者罗贝尔(Robert the Pious)的生平传记。作品中的罗贝尔简直是个圣徒。在当时,谦卑和坚定的信仰似乎比武力更有助于卡佩国王,当时他们还没有多少武力。12世纪时,圣但尼修道院的院长苏热(Suger)著有《国王路易六世(胖子)传记》(*Life of King Louis VI*),他试图在书中"为他(国王)树立一尊比青铜更持久的纪念碑,时光流转亦不能抹去对他的记忆"。① 年少时的路易被描述为教堂和孤儿的施恩者,长大后的路易则是战场上的英雄。无论如何,国王就是上帝在尘世的代理人。路易七世参加第二次十字军东征期间,苏热曾暂摄朝政,他为国王立下的功勋和他的声望使得圣但尼愈发成为拥护卡佩国王的史学支援中心。但即使在苏热那里,因为信仰的事业,为国王效劳仍然是有限度的。第二次十字军东征失败后,苏热号召新的十字军,不过法国的国王和高级贵族都不必参加,因为他们必须料理法兰西王国的事务。

12—13世纪,国王传记的写作受到日益风行的传奇史的刺激,而传奇史恰好与一些精力充沛的国王同步出现,他们把宫廷变成了真正的权力中心。介于史学和文学之间的国王传记的典型作品来自圣但尼的僧侣里戈尔(Rigord),他以六音部诗篇来歌颂腓力·奥古斯都(Philip Augustus)的生平业绩;另一位代表作者是布列塔尼的威廉(William the Breton),他在《腓力颂》(*Philippidor*)中续写了这位国王的生平。

法国君主制的新权威和新结构在茹安维尔的约翰(John of Joinville)的作品《圣路易史》(*History of St. Louis*)中得到了更好的写照。约翰创作这部作品(1300年代早期)的时候已经年逾八旬,而圣路易,即路易九世,已经死了35年。在这种情形下,阿谀奉承意义不大,因此人们可以相信

---

① *Vie de Louis le Gros par Suger*, ed. A. Molinier (Paris, 1887), Prologue, pp.1-2.

第八章 新的人民、新的国家、新的王朝与史学

约翰的种种说法;他说"这位国王始终按照神和上帝的意愿、始终为自己王国的福祉而进行治理";他还认为国王再次让北非皈依基督教的努力是一个严重的错觉;作为一个贵族,约翰不赞成王权持续的扩张给贵族权益造成的损害。①

作为历史著作的国王传记虽然有各种不足,但它们唤起了对法国统治者的赞赏之情,并为后来的国王提供了有益的借鉴。与《法国大年代记》(Grandes Chroniques de France)比起来,它们对当时人的影响肯定更为广泛,虽然前者堪称371—1381年的准官方的法国史。从苏热——一位富有创见的编纂者——开始,圣但尼的僧侣就是这类年代记的作者和保管者。随着时间的推移,年代记的影响力逐步超越了国王传记。

国王和大贵族的威仪一直让英国的年代记作者很是入迷。12世纪时,这种入迷又受到新的刺激,当时时髦的法国文体——武功歌(chanson de geste)进入了英国史学。这些武功歌较少讲述贵族的虔诚,更多是歌颂他们的事功、性格、动机、爱情,书中揭示的真相并非实际发生的情况,而是由事实、观念和想象物混合而成。于是,真实的历史人物就因为添加了虚构的因素而变成英雄传奇人物,如埃尔·熙德(El Cid)和罗兰(Roland)。在武功歌中,古老的史诗、口头传说等因素再次出现并受到欢迎,不仅因为它们能带来灵感,也因为它们具有娱乐效果。在英国,斯特凡国王统治的混乱年代已经出现过武功歌的早期作品,即盖马尔(Gaimar)以方言写作的诗体《英格兰史》(History of the English),但真正将武功歌推向传奇史学顶峰的是亨利二世(Henry II)在位的辉煌时期。亨利同安茹家族的军事接触是另一座通往法国的桥梁,这一点应有助于武功歌的繁荣。亨利二世自己也曾鼓励卡昂的教士瓦斯(Wace)以诺曼底公爵和盎格鲁-诺曼国王的故事来创作《卢传奇》(Roman de Rou)。虽然瓦斯没有完成这部作品,但他完成了《布鲁特传奇》(Roman de Brut),这是蒙茅斯

---

① *The Life of St. Louis*, in *Memoirs of the Crusade*, Sir Frank Marzials 译(New York, 1958), p.135.

的杰弗里的《不列颠史》的传奇版本。这部传奇将激动人心的故事和文学技巧结合在一起,在随后的几个世纪中,它深受英国人的喜爱。另一位作者,乔丹·范托斯姆(Jordan Fantosme)在一部诗体年代记中讲述了一些不太知名的贵族的功绩。在这部作品中,英雄主义理想和基督教理想再次被真心诚意地联系起来;作战英勇但不能履行基督教戒律的贵族受到上帝的惩罚,但作为忏悔的罪人,他们受到上帝恩典的宽恕和祝福。

亨利二世的继承者、狮心王理查一世(Richard I)为英雄历史提供了一个理想题材,这不仅仅是因为他在第三次十字军东征期间的经历。德维泽的理查德(Richard of Devizes)在他的《理查一世年代记》(*Chronicle of the Time of Richard I*)中把这位国王统治时代的一切都转化为某种武功歌。理查一世是光彩夺目的英雄,他的对手,特别是腓力·奥古斯都,都是些恶棍,其灵魂比没有月光的夜晚还要黑暗。当黑暗的力量和光明的力量对峙时,便要发生壮观的战斗,长矛箭矢划破天空,盾牌交相撞击,刀剑在霍霍生风。书中的妇女有时被赞誉为武士,但通常是美丽而情操高尚的,从而受到殷勤的优待。德维泽的理查德成功地将这一切描绘得栩栩如生,因为他已经从他的"导师"那里学得优良的文风,这些导师是维吉尔、奥维德和贺拉斯。他还从这些古代作家那里接受了毫无英雄主义色彩的讽刺风格,从而平衡了过分的颂扬和表彰言辞。

历史学家们的注意力集中于国王、伟大的英雄和强势贵族们的动机和行为,但是,英国王家政府正在经历重大发展,其制度大为稳定和复杂化,但这一点没有引起注意。这个发展过程缓慢而平静,虽然阻力很多,但很少像亨利二世与托马斯·贝克特(Thomas Becket)之间的冲突那样富有戏剧性。

只有少量作品描绘了这一发展过程的某些侧面,其作者主要是了解宫廷或在公共部门任职的教士。这类作品如匿名作者的《年代记》(*Chronicle*),有人认为它的作者是彼得博罗的修道院院长本尼迪克特(Benedict);如霍顿的罗杰尔(Roger of Howden)的《年代记》(*Chronicle*);迪赛托的拉尔夫(Ralph of Diceto)的《历史形象》(*Images of History*),该著

第八章　新的人民、新的国家、新的王朝与史学

是同一作者的《年代记摘要》(*Epitome of Chronicles*)的当代史续篇。这类作品抛弃了娱乐性的故事,转而从事枯燥的记录,如国王的巡视;但它们提供了一些深入的视角,读者可以借此观察英国记录及其统治者、行政机构、司法系统是如何达到更为清晰的一致性的。而它们歌颂的这个国家终将成为一个比所有光辉而传奇的国王更具持久性的史学对象。

第九章

历史学家与基督教共同体理想

一 最后的融合尝试:帝国和基督教

当奥托一世于962年在罗马加冕为皇帝的时候,他对名副其实的皇帝地位的追求从一开始就注定了劫数。在一个语言、习俗、法律、社会和政治制度千差万别而地区之间的联系又很薄弱的欧洲,罗马帝国形象(已被这位德国公爵复活)之中的基督教共同体理想几乎没有机会成为现实。尽管如此,1250年之前的德意志民族神圣罗马帝国还是为中欧提供了一种生活背景。它的荣耀、它的普世形象所唤起的热情可以在很多编年史和世界纪年中看得到。大多数传记也通过歌颂帝国的心脏——皇帝来捍卫帝国的事业。反对帝国权威的力量体现在地方历史中。

萨克森和法兰克尼亚的世界年代记:帝国的是普世的? 奥托一世的辉煌统治(936—973年)及随之而来的文化复兴刺激了新历史的写作。很多这种新历史希望成为世界年代记,一些与帝国皇室关系紧密的萨克森修道院创作的奇特编年史甚至也是如此。虽然我们可以说编年史的创作有了短暂的复兴,但这些萨克森编年作品(首先是希尔德斯海姆[Hildesheim]、赫斯菲尔德[Hersfeld]和奎德林堡[Quedlinburg]的作品)除了名字之外几乎与年代记没有区别。不过它们毕竟是这个帝国创作的新世界史的核心。

所有这些年代记都在贯彻世界史的意图时碰到了麻烦。它们在叙述

第九章　历史学家与基督教共同体理想

时通常运用《圣经》历史和早期教会史的手法,描述自然的衍生和上帝世界中的万千气象,如天食、气候、收割、疾病、复活节和圣诞节庆典、军事和政治行为、畸形儿的诞生、丧事、预兆,以及道德和精神方面的教训——所有这些都是世界年代记的特征。不妨通过最典型、最有趣的《奎德林堡编年史》来看看当代要素是如何侵蚀其世界史的外在形式的。这种侵蚀性要素很广泛,但都以日耳曼地区为核心,并且弥漫着强烈的萨克森自豪感。编年史的很多组成部分堪称萨克森王朝的准官方历史。反对帝国的教皇"其实已经成为反基督的代表",而皇帝的其他反对者是"无耻欺骗的始作俑者和诡计的发明者"。① 而上帝"手执神恩的盾牌站在(皇帝的)前面,防止他受伤害,迫使这些人退却"。② 日耳曼史诗仍深受欢迎,并用来论证奥托一世的地位,如《奎德林堡编年史》中收录关于伯尔尼的迪特里希(Dietrich of Bern)的英雄传奇的一些章节就说明了这一点。自加洛林王朝记录日耳曼史诗的短暂尝试以后,这是日耳曼口传文化第一次以书面形式再现出来。当时富尔达(Fulda)的两位僧侣曾记下希尔德布兰(Hildebrand)史诗,伯尔尼的迪特里希是其中的一位英雄。

　　1024年以后,帝位由萨里安(或法兰克尼亚)家族继承,因此这个朝代杰出的世界年代记来自日耳曼的西南部就不止具有象征意义了。它的作者是赖歇瑙(Reichenau)修道院中一个叫赫尔曼(Hermann)的僧侣,他不能行走,甚至坐起来也很困难,而且有严重的语言障碍,但他克服了残疾,成为一名教士和学者。他的《年代记》(*Chronicle*)不是从亚当开始,而是起于"皇帝屋大维·奥古斯都在位第四十年……主耶稣基督生于朱迪亚的伯利恒"③之时。但神圣历史很快变为教会(作为拉丁西方的一种制度)的历史,然后又逐步蜕变为法兰克尼亚地区的历史叙述,这种叙述只有在涉及帝国政治时才有所拓展。年代记的最后一件事与第一件事在

---

① *Jährbücher von Quedlinburg*, year 998, in *Geschichtsschreiber der deutschen Vorzeit*, vols. 34-40 in one, p.14.

② Ibid., year 1001, p.22.

③ *Herimani Augiensis chronicon*, in MGH SS 5, P.74.

意义上形成鲜明对比。在描述皇帝亨利二世(Henry II)在哪些地方过圣诞节、四旬斋和复活节以及教皇列奥九世(Leo IX)之死过后,作者讲述的是洛林的戈德弗雷(Godfrey)公爵反叛皇帝。说到底,这里没有哪件事堪称基督诞生在尘世的对应物。

赫尔曼的作品是授职权争端之前最后一部重要的日耳曼世界年代记。此后,续写这部年代记或自己创作年代记的作者,无一能避开这场争端,而这场争端恰恰侵蚀了帝国普世年代记的基础;这就是世俗最高权威与基督教共同体的精神领袖之间必要的合作。赫尔曼处在一个清明时代的末端。

作为史学难题的授职权冲突。表面看来,授职权争端无非是一场管理权问题上的争吵,即到底谁可以任命主教:教皇还是皇帝?但实际上这是个很深刻的问题,它涉及一场推动教会在精神和行政事务方面的自治的运动。克吕尼修会的改革派及教会法学者是这场运动的思想源泉。这场斗争所牵涉的问题,不啻抛弃世俗和教会权威之间那种虽不十分纯洁但尚能运作的交融关系,因而给帝国的制度结构带来了深远变革。它的激烈程度与其意义的重大颇为匹配,而且历史学家也必然涉足其中。的确,斗争的双方都把历史视为重要武器。赫斯菲尔德的兰伯特(Lampert of Hersfeld)在他的《编年史》(*Annals*)中偶尔提到,亨利四世和亨利五世的官厅(chancery)中都有宫廷史学家,这些人撰写历史小册子以增强皇帝在同教皇斗争中的地位。

这场斗争的激烈程度直接反映在赫尔曼《年代记》的续篇中。在帝国的西南部,克吕尼和反帝国的力量很强。赫尔曼信任的学生、康斯坦茨的巴托尔德(Barthold of Constance),以及年代记作者圣布莱辛的贝诺尔德(Bernold of St. Blaisien),都对亨利四世表示出厌恶甚至憎恨之情,而这位皇帝在授职权问题上与教皇格里高利七世(Gregory VII)针锋相对。在述及卡诺莎(Canossa)觐见(1077)事件时,贝诺尔德指责这位皇帝靠"闻所未闻的虚伪的谦卑"骗得教皇取消了对他的绝罚令。

虽说赫斯菲尔德的兰伯特的《编年史》作为世界年代记的地位还不

第九章　历史学家与基督教共同体理想

确定,但它也与上述作品同属一类,因为它明显带有授职权争论的烙印。作品虽然从创世纪开始,但1040—1077年的历史占据了大部分篇章。读者能了解到的传统神圣故事很少,但对于11世纪的贵族武士、农民以及城镇市民这一新群体(这一点特别有意义)则会了解很多。在关于授职权冲突的叙述中,兰伯特站在亲教皇的势力一边,虽然他并不支持克吕尼派的改革。而亨利四世的错误中有一项是对兰伯特的修道院不够慷慨。兰伯特对这位皇帝作了一番颇具戏剧色彩的描绘:他身穿苦行衣,像个悔悟的罪人一样,一连数天站在卡诺莎的城堡外的寒风中,当时教皇格里高利七世正在城堡里。虽然兰伯特认为这样的做法对任何寻求赦罪的基督徒来说都是合适的,但19世纪德国的民族主义者可不这么想。

针对这些亲教皇的年代记,谁要想在米歇尔堡的弗卢托尔夫(Frutolf of Michelsberg)和奥拉的埃克哈德(Ekkehard of Aura)的作品中发现热情的亲帝国的回响,那可是徒劳无功。弗卢托尔夫和埃克哈德的写作是在1100年代初,当时最激烈的狂热之情已经冷却,第一次十字军东征成为关注的焦点。弗卢托尔夫为撰写真正的世界年代记付出了认真的努力,他十分留心年代学问题。但弗卢托尔夫在授职权冲突问题上没有表态。于是,当他的叙述转向重申基督教世界之统一性的重大事件——第一次十字军东征时,作者深感欣慰。他满怀热情地论述这一事件,但并没有第一手的知识。

埃克哈德是奥拉的一个新修道院的院长,他续写了弗卢托尔夫的年代记;虽然他站在帝国一边,但其立场并不具有强烈的党派色彩。像此前的弗卢托尔夫一样,他对于自己时代和当时神圣历史中的核心事件——十字军东征也很热情,他认为这是从前那些纷乱时代的解脱,埃克哈德以启示录中的语言来描述这些时代:

> 据圣典记载,亨利四世皇帝、君士坦丁堡的阿列克修(Alexius)在位期间,人民之间、各国之间相互攻伐;好多地方发生强烈地震,还出现了瘟疫、饥荒等可怕的事情,天上也有征象;根据圣典,正义之中

最正义的号角已经吹响,请看……①

让布鲁的修道院是西方另一个同情帝国的中心,西格贝尔就在那里为帝国的事业辩护。西格贝尔的《年代记》(*Chronographia*,1100年左右)篇幅宏大,使用了很多世界年代记、文件、编年史、武功歌,甚至还有一些拜占庭的史书,作品还重申了四个帝国的历史图式。他希望自己的著作至少成为哲罗姆版的尤西比乌年代记续篇。虽然没有达到这个目标,但从大量的抄本和续写作品来看,他的成就还是很可观的。

传记中的皇帝形象。帝国没有多少清晰可见的外在制度;它最重要的表现来自皇帝本人。因此皇帝的生平业绩对普通人来说意义重大,并让他们着迷。皇帝拥有自己的艾因哈德只是个时间问题。11世纪中叶,萨里安家族的第一位皇帝康拉德二世(Conrad II)收获了一座声誉卓著的个人纪念碑:《康拉德皇帝功业录》(*The Deeds of Emperor Conrad*)。不过,它的作者、皇帝的专任神父韦波(Wipo)却为一事感到痛苦:为一个基督徒,哪怕是一位重要的基督教统治者树碑立传是否合适?古代人是异教徒,他们没有关于不朽的清晰概念,并且

> 认为共同体的成就会随着其统治者的死去而消失,除非将发生的事情记录下来;而且,如果故去的人在世期间的追求不能清晰地留存在文字记录中,则这样的懒惰和沉默会导致重大灾难。②

但对于德操高尚的基督教君主,上帝为何必定不给予充分的奖赏呢?另一方面,"异教徒给予他们的君主和信徒的东西,我们为何要拒绝给予

---

① *Frutolfs und Ekkehards Chroniken und die anonyme Kaiserchronik*, Latin with German trans. F. J. Schmale and I. Schamle-Ott (Darmstadt, 1972), *Ekkehardi Chronica*, Version I, year 1099, p. 133.

② *Imperial Lives and Letters of the Eleventh Century*, trans. T. Mommsen and K. F. Morrison, intro. K. F. Morrison, ed. R. L. Benson (New York, 1962), Wipo, *The Deeds of Conrad II*, pp. 55-56.

第九章 历史学家与基督教共同体理想

基督教君主和福音信仰的捍卫者呢?"① 就教导正确的生活方式来说,还有比虔诚的基督教君主更有效的范例吗? 韦波在麦克罗比乌斯(Macrobius)关于传记合理性的理由中找到了慰藉:《圣经·旧约》中大段的篇幅都是人物传记,向我们讲述亚伯拉罕、诺亚、大卫等人。为了达到自己的崇高理想,他认真记述自己的见闻,只选用他认为最可信的材料,而且不满足于重复陈旧的说法(topoi)。而根据另一位诗人作者的记载,在康拉德的继承者亨利三世治下的帝国,"战争不再扰乱和平;号角不再打破宁静;抢劫行为不再猖獗,忠诚不再是假话"。② 匿名作者的《亨利四世生平》(Life of Henry IV)没有因为俗世名望和基督教谦卑之间的矛盾而感到苦恼。它首先决心为亨利四世去除宗教绝罚和政治失败的污点。作者把亨利四世的人生描述为一出戏剧,剧中的命运之神——这在基督教作品中是个奇特的因素——利用日耳曼贵族,甚至利用亨利的儿子,将这位皇帝的人生最终变为一场彻底的失败。在整个过程中,亨利四世是个不坚定的角色,始终在虔诚和政治策略之间摇摆。

弗赖辛的奥托(Otto of Freising)的《腓特烈一世功业录》(Deeds of Frederick I)将传记和武功歌融合在一起。当他的这位侄子、红胡子腓特烈当上皇帝的时候,奥托已经"在极大的精神痛苦中"完成了他的主要作品《双城史》(History of the Two Cities)。腓特烈的大臣、达塞尔的莱纳德(Rainald of Dassel)认为,像奥托这样有才干的亲戚应该为皇帝的事业奉献才华。

《威尔夫家族史》(History of the Welfs)是另一类型的传记作品,它突出的不是一位个人,而是一个王朝。这部作品写于1170年左右,当时威尔夫家族已经在同霍恩施陶芬家族的权力斗争中遭受惨痛失败,该著显然是要恢复萨克森的威尔夫家族(亦称圭尔夫家族:Guelphs)的优越地

---

① Imperial Lives and Letters of the Eleventh Century, trans. T. Mommsen and K. F. Morrison, intro. K. F. Morrison, ed. R. L. Benson (New York, 1962), Wipo, *The Deeds of Conrad II*, p.56.

② Ibid., anonymous, *The Life of the Emperor Henry IV*, p.105.

位,为此它甚至将这个家族的谱系追溯到特洛伊人那里。但其现存的叙述不够出彩,而且在为萨克森精神辩护时交替使用拉丁语和萨克森方言。

1254年,当最后一位霍恩施陶芬皇帝丧失其权利和生命时,实际的帝国权威出现了20年的空缺,各种类型的帝国史学都在萎缩。在生活和史学中,关注的焦点变成了某个修道院、村庄、家族、统治王朝、地区,或者是越来越多地关注城镇。作为日耳曼史学的一个主题,皇帝和帝国再也没有恢复到此前的层次。各种王朝的历史,如哈布斯堡、卢森堡和维特尔斯巴赫王朝的历史,地位上升了,并成为日益占据优势的日耳曼地区史的核心。这种类型的史学被称为邦国史(Landesgeschichte)或区域史(Territorialgeschichte),它们不断增长的影响力是中世纪晚期日耳曼帝国观念的衰落在史学上的反映。

二 基督教主题依旧存在

作为基督徒的中世纪早期的史学家,从卡西奥多鲁斯到塞维利亚的伊西多尔,都曾努力在西罗马帝国废墟上建立起的各王国的新世界里寻找意义,但自那以后发生了巨大变化。他们的核心方式是重申上帝的意旨,但神意现在已不受某个被视为恒久的罗马帝国的羁绊。这一事实,以及预言与神谕的运用、罪孽与惩罚的循环,使得随后的中世纪史学家可以阐述中世纪王国世界中的事件、难题和变迁,亦可处理帝国观念的周期性诱惑及其失败。诚如年代记作者所见,所有这些变迁都值得记录下来,但根本的变迁只能发生在神圣历史及与之相关联的人类事件中。中世纪史学家认为,尘世的变迁不具有首要的意义。真正的历史是人类在时间之中通过上帝得救的故事。如果我们仅研读这些讲述不同的人民融入拉丁世界的记录,研读关于新王国和新王朝、国王和皇帝的成败及重大战役的记录,那么我们肯定没有"读懂"那些见证着年代记作者基本世界观的众多篇章,即使这些篇章对资料搜集者而言可能没有"事实"价值。如果我们忽视那种世界观、忽视中世纪的基督教信仰,中世纪的历史学就不会有

第九章　历史学家与基督教共同体理想

真正的连续性,也没有生活的火花和戏剧性——最糟糕的是没有任何意义。

修道院年代记:残缺的神圣历史之镜。800—1200之间,大部分年代记作者都是教士,实际上,大部分年代记是在当时的拉丁-基督教文化中心——修道院里完成的。那里的僧侣在编纂、撰写、收集和抄写年代记。他们"为上帝的荣耀"而写作,并经常出于谦卑而不留下姓名。他们没有版税或其他收入,当时不仅不存在版权之类的东西,抄写甚至还受到鼓励,因为人们会把作品借给其他修道院抄写。实际上,一部年代记的名声可以根据抄本的数量来衡量。在很长的时间里,作为史学中心的修道院几乎感受不到来自大学的竞争,因为历史在大学课程表中没有突出的地位,无论是在前三艺(trivium)还是在后四艺(quadrivium)①序列中。在语法和修辞课程中,学生通过阅读或背诵具有历史内容的课文才能了解过去。历史学仍然是亚里士多德定义的历史学,是一种讲解修辞学的形式(即与虚构形式相对的真实的散文叙事形式)。不过,尽管大学里有时也研读古典史学作品,但那里并没有历史写作。

但年代记题材广泛,并因具体情势而呈现各种变异,这让一般读者感到迷惘。不过,进一步观察它们的内核后就会发现一种明显的统一纽带,它不仅将各种年代记联系在一起,也将当时的年代记与早得多的基督教历史串联了起来。这个纽带清楚地表明了僧侣热衷于历史写作的原因。有人说他们热爱学术,这个说法没有错。但是,修道院的年代记不是为了追求真理而准确地重构过去的尝试。每当他们声言自己是无私地为真理服务时,他们对真理有双重的理解。首先,他们像古代人那样理解真理,即记录真实发生的(res gestae)而非虚构的事(res ficta)。第二,他们所指的真理是圣典启示的真理而非现代人理解的真理,这种真理尚不为人知,需要史学家去逐步揭示。历史学家的任务不是去发现真理,而是去展示

---

① 这里的前三艺和后四艺即中世纪西方大学中的七艺:三学科指语法、修辞和逻辑,四科指算术、天文、音乐和几何。——译注

上帝如何在时间中贯彻他的意志。如果人能够把握真理的话,那也只是《圣经》启示的真理。这种气质的历史"只有一个目标:记载值得记载的事情,以便上帝的不可见之物可以通过已完成之事清晰地显现出来,人则以过去的奖惩为戒而变得更加敬畏上帝、更热忱地追求正义"。① 认识到这一点后,历史就显得至关重要,因为"除了神的恩典和法律,没有什么比过去的事实的教育意义来得更为清晰了"。② 历史可以慰藉悲伤,可以劝诫罪者,最重要的是能够荣耀上帝。另外,虽说年代记作者关心叙述的准确性,但他们更加操心的是如何在避恶扬善的意义上做到真实。真实不仅意味着以公正的方式确定中性的事实,也意味着为了信仰而虔诚地看待过去。这种为上帝及其真理服务的意愿也促使很多修道院史家撰写祷文、信仰手册和圣徒传记。

上述意图也影响到年代记作者的文风和写作。都尔的格里高利曾说——并不带有太多的遗憾——他的"乡土文风"毫无修辞上的考究。古典时代的修辞学家也许会抱怨很多年代记作者的文风。他们通常迎合最底层的言语(sermo humilis),而这种言语在修辞学家看来只适合于表达平常事物。有的基督教年代记作者可能无力改进写作风格,而另一些作者则有意识地坚持这种文风,为的是表现他们对一切低下粗鄙事物的亲和之情。甚至那些熟谙雄辩术的年代记作者也没有忽视"粗鄙的言语"——这至少体现在他们作品的部分章节中。

现代史学家指望从年代记作者那里发现信息,他们的抱怨恰好指出了年代记的另一个持久特征:资料的选择看起来很随意,表述之中也缺乏条理和层次。年代顺序大多是唯一的叙述线索,一年之内的事件和事件的陈述只是简单地"拼接"在一起。句子之间的连接使用的是没有实际意义的 and,或根本不用连接词。语言之中很少指明因果或从属关系,希

---

① John of Salisbury, *Memoirs of the Papal Court*, trans. annotated and intro. M. Chibnall (London, 1956), p.3.
② Ibid., p.5.

第九章 历史学家与基督教共同体理想

腊修辞学者称这种安排为"并列结构"(parataxis)。年代记作者为何不采用更多的主从结构,不用"然而"或"因为"等连词以揭示表达对象之间的相互关系呢?年代记作者若要为自己辩护,他们可以指出,《圣经》喜欢用并列句,而且他们缺少足够的信息来构成真正连续性的叙述;他们也可以指出,排列短小情节而不采用连接词是个很不错的办法,这可方便僧侣在修道院食堂里就餐时高声朗读年代记。至于为何缺少连续性的叙述和因果解释,更为中肯的理由是:除了自己认为的原因,这些年代记作者并不知道还有第二个原因世界,这个世界的特征是存在因果链,具有受强大世俗力量驱动的发展过程。支配人类事件的是上帝的意志而非人的意志,因此每个事件都是神意安排的结果,它不可能是先行条件和人类行为的结果。现代史学观念是一种因果关系链,关系链中的一种既定事态必然是由先前事态造成的,但这样的观念对中世纪史学而言普遍是陌生的。对这一观念的少量运用主要来自以古典史家或修辞家为典范的作品。年代记一般记述事件,但各个事件是孤立的,记载一个事件的理由不在于它对随后事件进程的影响,而在于它本身值得记载,或因为它能启发人去认识自己生活的精神世界。在这样的年代记中,一个人皈依宗教可能比整个战役还重要;地位低下的妇女的德行可能超越国王的功业;神谕、征兆、异象、预言,特别是繁复的复活节仪式也能在最重要的世俗事件中占据一席之地。年代记的世界中只有一个因果关联,这种关联贯穿自《圣经》以来的所有基督教史学叙述;惩罚紧随罪孽而来。

像大部分的人类生活一样,修道院年代记不可能总是停留在高高在上的层次。作为一种影响巨大的机构,修道院也在努力维持或增加其特权或财产,于是年代记作者常常成为它的代言人。这些作者来自一个广阔的世俗世界,他们根本没有忘记俗界的庇护者。对修道院来说,一部声望卓著或受人欢迎的年代记不仅可以劝导和论证信仰,而且可以给修道院带来广泛的声誉,从而激发该机构的自豪感和来此朝圣的热情,所以这绝非小事。朝圣者及其他的外来人,如商人、旅客、贵族甚至国王,通常能带来经济上的好处;年代记作者则从旅客那里得知外部世界的故事,这种素材有时可靠,有时无非是流言蜚语。对于年代记来说,支持或质疑某位君主或某个王朝的统治权也是相当常见的事。另一些情形下,年代记还论证习惯性权利的连续性或提供一些合法性依据,在传统社会中,这些东西是维护某人地位的强大支柱。

年代记及其脆弱的普世性。本来意义上的基督教年代记总是普世年代记,涵盖所有时段和所有人民。当然,现实生活为这种宏大事业设置了种种局限,因为没有哪位中世纪年代记作者能够接触到足够的知识以了解整个拉丁基督教世界的过去,更不消说其他地方和其他人民的过去了。但是,中世纪年代记的普世性所遭受的威胁,并非来自资料的不足。大量中世纪年代记可以分为三个基本部分(见表9-1)。

这三个部分彼此之间的关系并不固定。第一部分与第二三部分之间存在根本性裂痕。圣经-教父部分最为清晰地讲述了人类与神意的遭遇,包括上帝仅仅通过基督来启示。

表9-1 中世纪年代记的主要组成部分

	圣经-教父史部分	中间部分	当代部分
范围	可从创世到早期教会	从最早时期到当代的地方或地区史	作者的时代或刚过去的时代
典型知识来源	"权威作品":圣经,教父作品,早期基督教年代记	早期编年史,年代记	作者的经历或其同代人的经历
基本特征	严格的模仿	大部分为模仿	相对的原创性

怎样将这一部分和另两个尘世事件纷繁的部分组合起来,这是一个始终未能得到圆满解决的难题。情况只能是这样,因为这个难题并非技术问题,而是如何联系神圣与世俗这一永恒的核心难题的另一方面。年代记作者们同样发现,尽管各年代记的圣经-教父部分在长度和完整性上有所不同,但其情节还是一样的,除了偶尔在年代方面有些调整。比如,一些年代记作者会压缩这一部分,从基督的生平开始叙述,其他作者甚至把神圣故事视为读者应了解的内容,从而将这一部分省略掉。当更多的年

第九章　历史学家与基督教共同体理想

代记作者醉心于当代事务或其修道院、地区及王朝的历史时,这种做法便愈加可取了。与圣经-教父部分的逐步压缩相对应的是,反映西方政治结构变迁的世俗事务的篇幅增加了;在当时的西方,逐步稳定的独立实体的影响力慢慢遮蔽了一切普世观念,世俗事务的重要性在稳步增强。

当代史部分是重心转移的受益者。多个世纪以来,这个部分的叙述获得了更多的空间和更大的重视。与此同时且更为重要的是,主从结构的句子日益常见,这昭示着未来的发展方向:世俗事务将获得更大的结构上的独立性。虽然关于神意秩序和人类世界的道德结构的意识依然牢不可破,但历史书写更贴近当代的新趋向还是激发了一些方法论思考。以《圣经》、教会学说和备受敬重的年代记为基础的传统十分强大,而且被广泛认可,只要年代记作者仍固守这一传统,历史叙述的真实就不构成真正的问题。唯有涉及当代问题,年代记作者方可就窥视真相而展开小规模的战斗。但选材的问题仍然依历史显而易见的意图而定:提供教导、提升精神境界、激发得体的行动。只要传统的知识基础依然牢靠、知识的目的维持不变,方法论就不会有多少需求。

作为教导人们蔑视尘世的历史。中世纪的叙事从未忘记人类生活的精神内核,即使是那些歌颂国王、贵族和英雄业绩的作品。虔诚的祷告、上帝的恩典与怒火的范例,关于教会事务的大段描写以及圣徒故事,所有这些都在提醒读者,人世的权威和光荣是何等脆弱和短暂。时光一年年地流逝,即使最伟大的功业也会冰消瓦解。在这年复一年的序列中,每一年都是反映人类状况的特别机会。以 A. D. 来表示年份——这种方法还没有被普遍一致地接受——的人们心怀恐惧地注视着 1000 年。几十年后,勃艮第的僧侣鲁道夫·格拉贝尔(Rudolf Glaber)决定寻找"公元千年或其前后发生的最重要的事件和奇迹"。① 他记下了多得异乎寻常的饥荒、城里的火灾、风暴和维苏威火山的喷发。随后世界平静了下来,教会的复兴也开始了。

---

① *Ex Rudolfi Glabri historiarum libri*, ed. G. Waitz, MGH SS 7; 4, p.65.

盎格鲁-诺曼史学家在论证尘世万物的短暂时更为强烈和直接。在依据"最好的做法是准确地考察和勾画世俗事务的进程"①这一格言,叙述各朝统治和颂扬国王们的光辉时,他们依然秉承这样的原则。奥德里克·维塔利斯曾描写征服者威廉辉煌的生涯,但在作品的最后,当昔日谄媚的廷臣将这位国王的裸尸弃之不顾、任其腐烂时,作者不禁发出了感慨。"哦,尘世的浮华,你是何等可鄙!何等虚幻倏忽!你恰似水泡,顷刻间膨胀起来,但猝然之间又无影无踪。"②历史提供了丰富的"素材,可供任何作者记录人类的境遇和衰落、转瞬即逝的世界中的偶然和变迁、我们教俗两界首脑的兴衰成败、战争与和平,以及不断降临到人类头上的各种命运!"③

亨廷顿的亨利(Henry of Huntingdon)也很狂热,不过他在警示世俗生活的致命诱惑时有点分寸。他的《英格兰史》(History of the English)对尘世事物有很多颂扬之辞,包括对他的施恩者林肯的主教们。但是,他还是提醒读者,除了圣徒,所有人都是罪人,而且他很快就对他的施恩者们进行了批评。即使在赞扬史学的功效时,他对尘世的认可也是有限的。他还将三段默祷诗文加入《英格兰史》中,并以准古典主义的方式宣称:

> 过去的事情应记入历史中,这既是最令人愉悦的研究,也是最具崇高和光辉色彩之事。确实,这个世界上的任何工作,其卓越都比不上准确地考察和勾画世间大事的发展进程。若要展现英雄的伟大、贤哲的睿智、义士的公正、修行者的节制,还有什么比历史记载中的一系列行动更为生动的呢?④

---

① *The Chronicle of Henry of Huntingdon*, ed. T. Forester (London, 1853), p. xxvii.
② Orderic Vitalis, *The Ecclesiastical History*, 7, 3, 249, trans. and ed. M. Chibnall, 5 vols. (Oxford, 1973), 4:103.
③ Ibid., 6, 2, 2, 3:215.
④ *The Chronicle of Henry of Huntingdon*, p. xxvii.

第九章　历史学家与基督教共同体理想

当历史中再现的过去仿佛就在眼前时,便可以帮助我们理解未来。关于过去事件的认识十分重要,它堪称动物与理性创造物之间的一个主要分别。"因为动物——无论是人还是野兽——不知道也不想知道他们从哪里来、他们的起源是怎么回事,还有他们居住的国家的编年和循环。"①但是,记录过去的世俗事件毫无用处,如果其首要目的不是为了证明上帝的恩典和意志的话——唯有后者不是瞬间即逝的。罗马皇帝和英国国王都曾执掌权力,都曾享有些许年的光荣,但他们归根结底是被忘却的角色。对于那些不理解此等抽象说法的人,亨利讲述了卡努特(Canute)国王认识其权威的局限的故事。他曾命令海洋"勿淹没我的土地、打湿你的主人的双脚和长袍,"但海浪拒绝服从,于是这位国王说道,"愿人人都知道,国王的权威是多么空洞无力,因为名称实际上毫无意义——除了上帝,天空、大地和海洋都须服从他的永恒法则。"②

三　宗教史传统的时间调整

创世后第 5198 年,罗马建城以来第 751 年,第 194 届奥运会年,奥古斯都在位第 42 年,希律统治第 31 年,一位天使在加利利地区的拿撒勒宣告主耶稣基督即将降临……③

这种复杂的年代表达法出现在 1030 年代卢克修尔的一位研究年代学的僧侣的著作中。这时年代学造成的问题已经十分严重,所以时而引起人们的关注。从阿菲利加努斯和尤西比乌以来,基督教纪年法已成为关于过去的一种有序的时间框架,作为一个重要的证据,它还有助于说明人类

---

① *The Chronicle of Henry of Huntingdon*, p. xxvii.
② Ibid., 6, entry year A.D. 1035, p. 199.
③ Chronicon luxoviense, Cod. 151, fol. 93v, Bibliothèque de la Faculté de Médicine de Montpellier. Excerpt in A. D. van den Brincken Die Lateinische Weltchronistik (Munich, 1969), p. 164.

的统一性和基督教信仰的普世性。但是,除了比德,没有人在重新计算世界的年代方面做出新的成绩。现在,知识的增长带来了后果严重的难题。根据福音书来判断,耶稣和门徒的最后的晚餐是在尼撒月的 15 日,也就是春季第一个满月的前夜。这样,耶稣的受审和受难是在尼撒月 15 日。教父们认为耶稣受难是在 3 月 25 日星期五,历法改革者狄奥尼修斯·埃西古斯(Dionysius Exiguus)认定这个事件发生在公元 34 年(A. D. 34)。多个世纪以来,这三个彼此独立形成的说法可以结合在一起而不会出现困难。但随着年代学越来越精密,学者们不久便发现三组日期无法吻合。

马里亚努斯·斯科特斯(Marianus Scotus)——他实际上是爱尔兰人①——以两次被监禁而闻名。在禁闭期间,他撰写了自己的《年代记》(Chronicle),这部作品十分难读,因为它夹杂着编年记录,还有执政官、教皇和复活节日期的列表,以及一些良莠不齐的大杂烩——其中既有很好的资料,也有鸡毛蒜皮的废话,如查理曼的大象。马里亚努斯轻视雄辩术,他希望解决的是棘手的年代学问题。正如人们预料的那样,他发现质疑狄奥尼修斯比质疑福音书和早期教父更为容易。当他发现月亮的相位、星期数和日期是在公元 12 年重合时,他还不知道狄奥尼修斯把耶稣受难年定为公元 34 年。如果将耶稣受难定在这一年,并接受耶稣寿命为 33 岁这一传统说法,马里亚努斯就必须把耶稣诞生定在公元前 22 年。因此,他的调整就使得每个以 A. D. 确定的年份必须增加 22。

接着,马里亚努斯"解决了"另一个难题。教父们认为,创世发生在 3 月 18 日星期天,但是,如果接受比德的说法,即从创世到耶稣受难历时 3986 年,则尼撒月 15 日不会有满月。因此,马里亚努斯把创世到基督降生(现定为公元前 22 年)的时间延长了 230 年,总计 4216 年。在这双重的调整过后,复活节日期、世界纪年日期和基督降生日期最终与天文日期吻合了。我们可以说这些日期现在统一了,而马里亚努斯会反驳说,这些日期完全正确。然而,尽管他的做法看起来很完美,但没有几个历史学家

---

① 这个拉丁人名意为苏格兰人马里亚。——译注

第九章 历史学家与基督教共同体理想

愿意接受这种新纪年方案,也不会接受马里亚努斯从比德那里看到的 B.C. 纪年法。班贝格(Bamberg)的一批有学问的教士,其中包括僧侣海默(Heimo),也曾着手研究同样的问题,但他们的结果同样没有被普遍接受。

四 十字军东征:一场宏大的神圣历险的历史

1095 年,教皇乌尔班二世(Urban II)在克莱蒙公会议上向主要来自法国的与会者说:突厥人"侵入基督的土地,他们挥舞刀剑,抢劫、纵火,大肆踩躏"。突厥人奴役、折磨基督徒,摧毁教堂,威胁拜占庭国家。"如果你们不去洗雪这些耻辱、不去匡救这些弊害,谁能担此重任?"①当听众高喊"蒙上帝旨意"时,人们的激情被点燃了,在随后的 180 年里,这种激情将驱使千万人步行或渡海前往中东,以拯救基督教的圣地。没有多少人怀疑:

> 这是主的作为,一个前代人不曾了解而专为我们时代留下的奇迹:众多不同的人民、众多的贵族武士,他们将离开富饶的产业、抛妻别子,他们都有一个共同的信念:以对死亡的蔑视大踏步走向几乎一无所知的异乡。②

其他的说法没有这么光彩动人,但也传达出同样的热情。

> 威尔士人离开他的猎场;苏格兰人辞别长满虱子的同伴;丹麦人告别他的豪饮伙伴;挪威人撒下手里的生鱼。农夫荒芜了土地,居民离开了房屋,甚至整个城市都已迁移。亲戚关系不再重要,同乡情谊

---

① 关于这个说法,见 Robert the Monk, *Historia Iherosolimitana*, 1-3 in *Recueil des Historiens Croisade*: *Historiens Occidentaux*, 8:727-73。

② *The Chronicle of Henry of Huntingdon*, p. 227.

亦不足道；唯有上帝在眼前。不管谷仓和房间里还贮藏着多少让贪婪的农夫和守财奴觊觎垂涎的东西，一切都已被抛弃；他们的饥渴都只为耶路撒冷。①

至少在刚开始的时候，所有人都认为"战争史学家没有比这更具光辉的题材了"。②

第一次十字军东征——狂热的事业。参加第一次十字军的主要是法国和诺曼底的贵族，因此这次十字军的故事完全是由法国和诺曼底作家来讲述的。雷蒙·达基莱尔(Raimond d' Aguilers)著有《征服耶路撒冷的法兰克人史》(History of the Franks Who Conquered Jerusalem)，他与流传甚广的《法兰克人功业录》(Deeds of the Franks)的匿名作者都曾参加过这次行动，他们的作品叙述的是基督教的战斗精神、东西方基督徒之间深刻的不信任(虽然官方说双方是合作关系)、骑士们的英勇，但首先是对这一神圣事业的狂热激情。言辞中的疑虑十分少见，因为孰善孰恶一目了然。因此，当《功业录》叙述对耶路撒冷的征服时，它着重指出了十字军战士的宗教热情，虽然有些人的行为鲜有教诲意义。这座城市被攻陷后，

> 我们的战士冲入城内，到处搜拿金银、马匹和骡子，占领装满各色物品的房屋；他们在拜谒主耶稣的圣墓时都极度兴奋，有人狂喜，有人哭泣，现在他们完成了对耶稣的誓愿。第二天上午，他们小心翼翼地爬上圣殿的房顶，向萨拉森人进攻，不管对手是男是女，都被他们拔剑砍下头颅。一些萨拉森人仓皇逃出圣殿。坦克雷德(Tancred)见此情形勃然大怒。③

---

① William of Malmesbury, *Chronicle of the Kings of England*, ed. J. A. Giles (London, 1847), p. 364.
② Orderic Vitalis, *The Ecclesiastical History*, 9, 3, 458, 5:5.
③ *Gesta Francorum et Aliorum Hierosolimitanorum*, Latin and English. Trans. and ed. R. Hill (London, 1962), 38, p. 92.

第九章　历史学家与基督教共同体理想

最早偏离这种狂热叙述的是夏特尔的福尔歇(Fulcher of Chartres)和他的《远征耶路撒冷史,1095—1127》(*History of the Expedition to Jerusalem*, 1095-1127)。他在书中描绘的是20年前的亲身经历,因而提供了一幅真实的画面:虔诚的朝圣者、曾使许多十字军丧命的恶劣条件、士兵的贪婪和抢劫,还有那些并不总是行为高尚的贵族。

不过,这种现实主义并非那些受人欢迎的第一次十字军东征史的主色调。诺让的吉贝尔(Guibert of Nogent)为法国贵族的表现而自豪,他的作品便反映了这一点。亚琛的阿尔贝特(Albert of Aachen)以极为虔诚的笔触详细描述了十字军的行动,但实际上他得知的信息都是道听途说而来。一些更受欢迎但也更加不关心叙述准确性的作品是那些武功歌风格的十字军记录,即那些诉说英雄及其业绩的时髦的传奇。甚至当一些没有参加过十字军的史学家开始意识到不少十字军的动机和行为并不那么纯洁时,这些史学家仍然热情支持十字军的事业,他们相信这是一项伟大的壮举。奥拉的埃克哈德也很狂热,他甚至将十字军东征的开始与一些神奇的异象联系起来,如太阳上的标记、剑状的彗星、血红色的云彩、两位在天上搏击的骑士、浮在空中的城市、双头怪兽等等;他坚持认为,虽然有些"天真的兄弟未能参透事情的本质,草率地谴责整个十字军事业,称之为虚妄傲慢的行为,但我们必须相信上帝能够挑拣麦子和糠麸",并将这个伟大事业引向正确的结局。①

但第一次十字军招致了一个意想不到的教训:拜占庭人是不光彩的教友。十字军战士之所以千里跋涉而来,至少部分原因是为了帮助东方的基督教教友(conchristiani),他们也盼望得到拜占庭人的全心合作。然而,拜占庭人似乎只是证实了对于东方的所有古老的猜忌。于是,这些年代记作者便忽略了许多十字军的野蛮行径,他们不能完全理解拜占庭帝国的国家理性(raison d'état),这个帝国很难把临时性的十字军行动视为

---

① *Frutolfs und Ekkehards Chroniken und die anonyme Kaiserchronik*, Latin with German trans. F. J. Schmale and I. Schamle-Ott (Darmstadt, 1972), pp. 147-149.

其生存的主要依靠；而且他们也不能理解1071年在曼齐凯特（Manzikert）惨败给突厥人之后拜占庭所处的脆弱地位。当拜占庭皇帝行动谨慎时，十字军的年代记作者便认为他试图以欺骗和诡计来坑害基督教骑士们。总的来说，希腊人不会被投以更善意的目光。这种对抗是切实存在的，当然，我们必须铭记这一点：南意大利人，即与一些十字军年代记作者有关系的诺曼人，的确曾为反拜占庭的偏见添油加醋。

征服耶路撒冷之后，五百基督教骑士和两千步兵在异教徒的汪洋大海中建立了耶路撒冷拉丁王国，这是个基督教小国组成的联邦。这个封建国家，还有它的宏大志愿、不绝如缕的琐屑争吵，以及它的英勇壮举，都在推罗的大主教威廉（William）的《海外功业史》（*History of Deeds Done Beyond the Sea*，截至1184年）中有恰当的历史记录。威廉出生在东方，在西方接受过良好的教育，并有着很光彩的人生履历，曾任耶路撒冷王国的大臣和推罗的大主教。他的朋友阿马尔里克（Amalric）国王曾敦促他写作这部《功业史》。阿马尔里克死后，威廉升任耶路撒冷总主教的愿望因为宫廷阴谋而受挫，这是他写作该著的另一个动机。当威廉受到阿马尔里克的继承者的排斥、回到自己在推罗的教区后，他决心完成这部历史。未竟的雄心总能激发人们写出优秀的历史作品。

威廉的《功业史》有很多内容是论述拉丁贵族对穆斯林的态度的。作为一名出生于当地的作者，威廉深知，一小批外来者绝不可能仅靠武力维持统治地位，他们必须利用外交手腕，必须对当地文化采取明智的调和做法。为了收集十字军东征的材料，威廉需要利用"依然保留着早期的可靠记忆的其他人的叙述"，但这时他会以"东方的"视角对这些叙述进行修改。他清除了屠杀穆斯林的场景描写中的趾高气扬的说法，认为这是恐怖、屠杀和对战利品的贪婪。出于同样的和解精神，他对一个友好的阿拉伯"首领"营救鲍德温（Baldwin）国王的举动也表示赞赏，这位首领已将感恩置于宗教分歧之上。这种细心的调和与和解姿态为和平带来了某种希望，但并未缓解威廉对未来的悲观看法。当十字军国家的虚弱已尽人皆知时，"这个王国几乎已经丧失斗志，勇气已经荡然无存，最明智

第九章　历史学家与基督教共同体理想

的人也随之失去信心"①;他对这些可怕景象的描述没有半点错觉。

作为营救行动的十字军的历史。1144年,拉丁王国的支柱之一埃德萨(Edessa)落入穆斯林之手,拉丁王国的虚弱十分清晰地显露出来。皇帝康拉德三世(Conrad III)和国王路易七世(Louis VII)前往东方支援,但他们最终一事无成。年代记作者们感到困惑的是,如此虔诚的事业怎会有这样的结果。

有些人,比如路易七世的随行神父戴伊的奥多(Odo of Deuil),认为第二次十字军的价值就在于它表面的失败。当然,他与国王和苏热院长的关系使得他的说法很可疑,不过他对事件及其背景的评论倒是很准确。奥多甚至对十字军与拜占庭之间的矛盾做出了一些合理的解释。比如在谈到供应困难时,他说:

> 一些以正当方式向我们出售货物的国家认为我们完全是和平的。但是,希腊人关闭了城市和城堡,从城墙上用绳索坠下他们提供的货物。但这种办法无法满足我们大批人马的需要。于是,这些不愿意在富足之地忍受困乏之苦的朝圣者就通过抢劫来维持生计。②

纯粹的误解甚至彼此不了解对方的生活方式,也平添了新的冲突,"因为,当一个人扯着嗓门斥责对方但实际上又不了解对方时,争吵就在所难免了"。③ 但是奥多也认为,希腊人的政策在最好的情形下也是可疑的,更多则是背信弃义。

同意奥多关于第二次十字军的积极评价的人很少。维尔茨堡的一部匿名年代记把这次行动的失败归因于十字军没有正确的动机。那些宣扬

---

① William of Tyre, *A History of Deeds Done Beyond the Sea*, trans. and annotated E. A. Babcock and A. C. Berry (New York), 3, p.41.

② Odo of Deuil, *De profectione Ludovici VII in orientem*, Latin and English, trans. and ed. V. G. Berry (New York, 1948),3, p.41.

③ Ibid., 3, p.45.

十字军的人是些"伪先知",他们"催促各色人等……但实际上,其中的一些人热衷于猎奇……另一些人在家中处境窘迫……还有人为债务所迫,最后是那些企图逃避为主人服役的人"。① 随行的还有罪犯。对于这样激发起来的热情,上帝当然要用失败来惩罚。

当时的人还不懂得,西方世界缺乏足够的意志和能力去维系那个遥远的基督教圣地。12世纪后期,当年轻的穆斯林武士萨拉丁(Saladin)在拉丁王国周围建立起一个帝国时,推罗的威廉将统一的萨拉森帝国和耶路撒冷王国作了比较,在后者那里,"君主的行为中没有任何让贤哲认为值得列入记忆宝库的东西,也没有任何让读者兴奋、让作者感到光彩的东西"。② 他的《功业史》最后是一个让人看不到希望的呼吁:"我们闭嘴的时候到了;因为用黑夜的帷幕覆盖我们的失败,要胜过将我们的耻辱暴露在阳光下面。"③

1187年,苏丹萨拉丁在威廉死去后征服了耶路撒冷。巨大的震动似乎产生了与之相称的反应。皇帝红胡子腓特烈、法国国王腓力·奥古斯都、英国国王理查(狮心王)前往东方惩罚萨拉丁的"罪行"并解放耶路撒冷。但是,德国人的行动随着皇帝本人在途中溺水身亡而告终。两位国王征服了阿克尔(Acre),接着在数不清的争吵过后各自回国。这次十字军东征成果甚微,有关这次行动的史学成就也不值一提。在当时,两位国王的行为已让这次行动相形见绌,由此导致的结果主要是刺激了传记创作,这类作品十分契合于英雄传奇和武功歌的时代。

里戈尔和布列塔尼人威廉在腓力·奥古斯都的传记中诉说着法国人的故事,而英国方面的代言人是安布罗伊斯(Ambroise)(《圣战史》[History of Holy War]),特别是德维泽的理查德。英国人关于第三次十字军东征的历史与颂辞保持着较好的距离。在《国王理查行军纪》(Itinerari-

---

① *Annales Herbipolenses*, MGH SS, 16, year 1147, p.3.
② William of Tyre, *A History*, 23, Preface, 2:505-506.
③ Ibid., 2:506.

第九章 历史学家与基督教共同体理想

um of King Richard)中,这位国王拥有赫拉克勒斯(Hercules)、尤利西斯和亚历山大大帝的所有高贵品质,但坏脾气、固执和虚荣是他的缺点。

1198年,拉丁王国已萎缩为几个沿海城镇,于是教皇号召再次进行十字军东征。在长期的拖延过后,第四次十字军的战士终于凑齐了,但参加者中没有皇帝和国王。甚至向教士征收十字军捐税也很困难,这个信号表明,教会这个外表依旧光鲜的机构的属灵特征已在衰退。这次十字军结果成为所有十字军行动中最不光彩的一次,但令人困惑的是,竟然有位最有能力的历史学家为之著史,这就是维尔哈杜安的杰弗里(Geoffrey of Villehardouin)。不过,杰弗里并不理解或不想承认十字军东征中可疑的方面;对于这位即将成为从第四次十字军中诞生的拉丁帝国的元帅的人来说,承认这些方面是让人难堪的。克拉里的罗贝尔(Robert of Clari)的叙述则较为可信,这位来自庇卡底(Picardy)的普通骑士作为一个外人体验了政治博弈,并对此有更清晰的认识。

为什么十字军最后征服的是基督教在东方的堡垒君士坦丁堡呢?杰弗里不是把这一行动归因于威尼斯的自私自利和十字军的贪婪,而是说这是在履行恢复亚列克修(Alexius)亲王在君士坦丁堡的合法皇位的义务。罗贝尔也花了好多篇幅陈述这种冠冕堂皇的理由。罗贝尔相信这些理由吗?对此我们可以怀疑,因为书中的威尼斯总督曾直言不讳地说:"大人们……现在我们有个前往君士坦丁堡的好借口。"①此前的年代记作者已经明白无误地指出西方对希腊人的不信任感——如果不是公开的仇恨的话——如果这两位史学家能够注意到这一点,他们的论说将会更有力。

一篇宏大故事的跋语。在英诺森三世(Innocent III)和第四次拉特兰公会议时期,教会享有无限的权威和声望,而十字军行动在其中起了很大的作用。为了再次激发过去的十字军精神,这次公会议增加了十字军战

---

① Robert of Clari, *The Conquest of Constantinople*, trans. E. H. McNeal (New York, 1936), p.59.

士的特权。从有关的辩论来看,评论者也许会轻易得出这样的结论:第一次十字军的光辉时代会再次来临,特别是最近一次十字军刚刚获得了成功——不过这次十字军行动发生在欧洲,针对的是法国南方的阿尔比派异端。

无论是镇压阿尔比派的战斗,还是有关这次十字军的记述,都很少有同情之心,这个异端派别得到的理解甚至比黎凡特的穆斯林还少。

1215年的公会议之后不久,又出现了好几次十字军东征。但这些行动很虚弱,也没有留下值得一提的史学作品。帕德本的奥利弗(Oliver of Paderborn)记载了1217年远征埃及的十字军是如何溃败的,其中的原因既有穆斯林的抵抗,也有湿地、炎热、尼罗河三角洲密如蛛网的水流以及供应的匮乏。文多瓦的罗杰(Roger of Wendower)对皇帝腓特烈二世的"十字军"言辞颇佳,但它实际上是一次外交冒险。13世纪初关于十字军的记录中唯一值得一提的是茹安维尔的约翰的《圣路易的十字军年代记》(Chronicle of the Crusade of St. Louis),它是国王传记的一部分,描述了这位法兰西的圣徒国王延续十字军传统的徒劳尝试。作者热爱战争,因而作品中充斥着战斗、勇武行为、失败、被囚和最终获释之类的故事。不过,茹安维尔的一段文字表明,前文提到的他对强大君主制的向往是如何限制了他的十字军精神的:

> 我认为,所有劝说国王进行这次远征的人都犯下了致命的错误。因为当时国家四境安宁,与它的邻国也相安无事,然而,自国王路易离开后,王国的形势就每况愈下了。①

---

① Joinville and Villehardouin, *Chronicles of the Crusades*, trans. with intro. M. R. B. Shaw (Baltimore, 1963), p. 346.

第十章

变革的加速和史学的调整

一 探索发展模式

1050年到1300年之间,中世纪生活的许多基本特征几乎没有变化。绝大多数人仍然生活在乡村,为养家糊口而辛勤劳作。社会仍然是一种等级分层结构,只有城市居民中有可观的社会流动。帝国依然存在,甚至经历过几个辉煌时期,但到1300年,实际中的帝国已经远远不能与想象中的帝国相匹配。教会依然通过共有的基督教信仰、通过其当时的载体——拉丁文化维持着某种统一意识。

尽管如此,一些可觉察到的根本性的变化正在发生,虽然它们的根本冲击是逐步表现出来的。法国、英国和伊比利亚半岛已经稳步迈上通往性质鲜明的强大王国的征途,这已经注定了统一幻影的破灭。城市的数量和规模都在增长,其居民的生活方式无法适应自给自足的经济或封建制社会。城墙之内的商业革命不仅改变了从业者的谋生方式,而且改变了他们认识世界的方式,理性、效率和个人物质福利等价值开始受到重视。人口的迅速增长使得这些城市的出现成为可能,而它们的出现又推动了更大规模的人口增长。在这个相对稳定和繁荣的新世界里,学术繁荣了起来,特别是在新的大学中。这个时期的知识和艺术成就如此引人瞩目,以至于现代学者有12世纪文艺复兴的说法。但成就伴着矛盾而来。随着学术的繁荣,学术争论开始激化并传播开来。大部分的争论,究其源头,都可以追溯到古典作品、特别是亚里士多德作品的迅速的再发现之中。与教父时代一样,基督教信仰与古代作家的世界观之间的碰撞在精神领域内触发了深刻的再认识。

在 11 和 12 世纪,神学作为一门学科繁盛一时,它利用逻辑学和辩证法、以理性体系来表达基督教信仰的神秘教义,因而能够解决一些麻烦的难题。神学家们希望将他们从那些精深的异教哲人——特别是亚里士多德——那里学得的东西与基督教信仰协调起来。这种尝试在被称为"神学大全"(summae)的宏大神学体系中取得了成功。但是,这些超时间的体系无法对当时人最感困惑的现象做出切实的解释:这个现象就是变革。变动易逝的世界甚至正在淹没修道院制度,本笃会时代的终结标志着其力量的衰落,而多明我会和方济各会修士已经建立起一种适应城市生活的新的苦修生活方式;看到这一切,哈维尔堡的安瑟尔姆(Anselm of Havelberg)恰如其分地表达了当时人的不安,虽然他只是以修辞的方式来追问:

> 上帝的教会为何有这么多新奇事儿?教会为何有这么多新修道团体?……基督教会接受那么多的变化,服从那么多的新法律和新习俗,被那么多几乎每年都要修改的新规则和做法搞得混乱不堪,它为何要这样做以致招人鄙视呢?①

因此历史学家的帮助比以前更显必要,但实际上这种帮助来得并不容易。

神圣历史中的发展轨迹。很多世纪以来,基督徒一直在谈论从创世到基督再临(Parousia)的时间之流,并将这个漫长的时间段分为不同的世界年代、世界帝国、人生阶段以及律法和恩典的年代。所有这些时间图式中都不存在发展的观念,因为上帝已经确定好了时代并会终结这些时代。但是,当历史学家或具有史学头脑的神学家在阐述日渐加速的变迁步伐时,他们对上帝与人类关系的感知已经受到当时细微变化的影响。

---

① Anselm of Havelberg, *Dialogues*, 1, I, 114, 1C, ed. G. Salet (Paris, 1966), 1, 34.

第十章 变革的加速和史学的调整

此前信徒首先把上帝视为严厉的法官,满心敬畏的忏悔罪人唯有在恐惧与战栗中接近他;现在人们试图通过爱与温情等人类情感来弥合他们与上帝之间的这种等级鸿沟。这种观念倾向于提升世俗事务的意义,并将基督进入世界的目的从单一的救赎人类的罪孽转变为鞭策人性更接近上帝的形象。重大变化的可能性于是进入了神圣历史。一批学者开始谈论时间中的发展问题——或是强调年复一年的时间之流的终极目标,或是坚持各个时代的更替即意味着人类状况的重大变化。很久以前某些教父提倡的历史作为人类教育的观念复兴了。先知预言史(prophetic history)曾局限于相对狭小的范围内,现在它又获得了更大的空间。最后,对那些被周围的众多变迁困惑着的人来说,有件事能让他们安下心来:尽管基督教信仰有很强的连续性,但能发现它本身也包含着断裂的要素,如创世、道成肉身和末日审判。

在这种背景下,12世纪的一些神学家开始利用已被忽视的古老的世界历史解释,这些解释曾指出人类命运乃至信仰中的发展过程。鲁伯特·冯·多伊茨(Rupert von Deutz)不是从逻辑范畴而是从动力意义上理解三位一体(见表10-1)。

表 10-1 三位一体与时间组织

阶段	圣父	圣子	圣灵	末日审判
阶段性质	前律法时代	(摩西的)律法时代	恩典时代	末日审判
圣经的预兆	创世的七天	世界的六个时代		

12世纪初期,圣维克托修道院的于格(Hugh)给予变化和发展以积极的意义,从而采取了最鲜明的史学立场。于格在他的主要著作《论圣礼》(On Sacraments)中探讨了当时的经院神学家们没有提出也不可能回答的问题,因为对这些人而言,神学已经成为辩证法和逻辑学的训练,它唯一的对象是永恒的实体。于格讨论的问题则比较特别,如为什么从前时代的这些圣礼残缺不全?为什么早期人民以奉献牺牲来敬拜上帝?于

格提醒他的同代人,时间是上帝对人类的馈赠,以便上帝规划中的秩序能完全实现并为所有人了解。古代的异教徒曾以不同的方式崇拜上帝,因为他们的时代更早,他们与上帝的关系还不很清楚。历史就在这种关系中展现出变迁,因此它的作用就像上帝为人类开办的学校,它尤其教导教士们,即使人类生活中的神圣方面也会随着时间而改变。于格承认变迁是生活的一个本来特征,于是他着手"规范"变迁。乍看起来,他的三分法(见表10-2)与以前的分类很相似,但后来人们发现,于格试图在这三个渐次递进的时代中表现某种接近于进步的意味。实际上,在于格看来,"进步"一词并不恰当,因为人类正在实现的是恢复工作(opus restaurationis),即恢复亚当在堕落中曾经失去的善。而宗教意义上的改进并不类似于现代人所称的进步(即人类的状况上升到前所未有的高度),它实际上是一种"复归"。

表10-2 圣维克托的于格的三个时代

时代							
创世人的堕落	自然法 人同上帝分离,心智身体皆很虚弱 原始仪式和圣礼 原始信仰	亚伯拉罕/摩西	成文法 人更接近于同上帝的神圣联合(但唯有以色列人做到这一点)	基督	恩典时代 人类达到与上帝的神圣联合(所有人民) 完全的信仰	末日审判

与上述大胆的看法比起来,于格的《论事件的三大条件——人民、地点和时间》(*Concerning the Three Great Circumstances of Events—People, Places, and Time*)则了无新意。这三个要素构成一个必然的世界,人就生活在其中,神圣历史也在此留下自己的痕迹。但是这部作品本身无非是一份资料目录,旨在为《圣经》和其他著作的研究提供帮助。

于格的同代人——哈维尔堡的安瑟尔姆亲眼目睹新修会的大量涌现,如西多会、奥古斯丁修会、普雷蒙特雷修会(Premonstratensians),并听

第十章 变革的加速和史学的调整

见人们将变迁谴责为偏离永恒的神圣秩序。上帝不可能喜欢变迁,"这般多变、易变的不稳定之事,怎能值得贤者信任呢?"[①]安瑟尔姆回答说,上帝根本没有改变任何东西,所有变迁都是人造成的,这是因为人性的不完善。上帝仅仅是确保"时间之流中的精神恩典的显示定然在增长,这种显示会逐步揭示真理本身,以便关于真理的知识能与得救的信念一起随时间而增强"。[②] 年代记作者们可以在过去的时光中追踪这种精神进步:从偶像崇拜到道德律法再到福音。上帝曾赋予变迁以目标和意义。

带有激进期许的神圣历史。费奥雷的约阿希姆(Joachim of Fiore)的历史秩序三分法(见表10-3),与另一些仿效三位一体的模式之间的相似性仅是表面现象。像其他人一样,约阿希姆的预言也是以圣典为基础;但不同之处在于,他认为不同时代的人类生活经历了根本性变迁。"我又看见另有一位天使飞在空中,有永远的福音要传给住在地上的人"。[③] 在约阿希姆看来,这意味着性质完全不同的第三时代即将带来。当然,过去并不因此而被排斥,因为圣父和圣子的时代从很多方面预示着圣灵时代的最终状况。

表10-3 费奥雷的约阿希姆的历史三分法

	圣父时代	圣子时代	圣灵时代
依据的文本	旧约	新约	永远的福音?
典型的活动	劳动	学习	冥思
学识	知识	残缺的智慧	完美的智慧
关键(典型)人物	结婚的人	教士	僧侣
主导性体验	对律法的恐惧	因恩典而得的信仰	爱与精神生活
	40代 ↑ 创世	40代 ↑ 基督	40代 ↑ 彻底复归

---

① Anselm of Havelberg, *Dialogues*, I, 114, 2C; 1, I, 36.
② Ibid., I, I, 1160A; 1, 13, 116.
③ The Revelation of John 14:6.

约阿希姆的观念并非只是神学见解。他于1202年死后,千禧年思潮达到新的高度,尤其是在商人中间,其中有个叫波尔格·圣多尼诺的杰拉多(Gerardo of San Donnino)的修士甚至预言1260年是第三时代的"彻底复归"的日期。在这个日期过去之后很久,属灵派方济各修士(Spiritual Franciscans)还把约阿希姆的历史观当作灵感源泉和行动纲领。

但是,所有这些关于基督教信仰的发展观念的倡导者都没有改造中世纪晚期的史学。这个失败是致命的,因为在随后的几个世纪中,具有强烈的发展意识的历史变迁理论来自那些不太忠诚于基督教的史学家们。

通往圆满的终点。发展观念之所以没有影响中世纪晚期的历史学,还因为它们看来还远没有摆脱当时普遍的思想框架。相反,带有末世期待的12世纪史学家可以依据基督教信仰的基本信条。德国神学家盖豪赫·冯·莱夏斯堡(Gerhoch von Reichersberg)认为,启示录中的四名骑马者预示着四个前后相续的历史阶段。他自己所处的是灰马的时代,而灰马预示着死亡和地狱,这反映了盖豪赫时代异端的大量涌现。

两种不同的观点。圣维克托的于格曾尝试揭示人类事件网络中的神圣意图,之后不久,弗赖辛的主教奥托也进行了类似的尝试。关于他的作品,普遍接受的标题是"双城史",这表明他的主要导师是奥古斯丁。

然而,作为霍恩施陶芬皇室家族的成员,奥托对世俗制度的情感远甚于奥古斯丁。在他看来,德意志民族神圣罗马帝国不止是个国家,而是神圣历史中的一个关键角色。奥古斯丁避免把上帝之城等同于任何世俗制度,但奥托坚持认为,上帝之城曾隐藏在基督降生之前的地上之城中。此后上帝之城就清晰地体现在教会中,而当罗马皇帝皈依基督教后,教会又创建了"基督徒的罗马帝国"。在眼下这个由德意志皇帝统治的帝国中,两个城曾交织在一起,直到授职权之争终结"混合之城"(civitas permixta)之时。从此以后,基督之城(civitas Christi,即教会)和邪恶之城(civitas perversa,即腐败的地上之城)再度分道扬镳,一个走向完美的至善,一个走向毁灭——这次分离预示着世界的终结已不远了。当然,奥托的悲伤不仅仅来自世纪末情绪,因为"思索这些(不幸的)事件时,我们也许将

第十章 变革的加速和史学的调整

经过理性的考量而走向基督王国的和平和永无穷尽的欢欣"。①

奥托的历史解释遵循的不是奥古斯丁的方式,它的基础是关于帝国转移论(translatio imperii)的四个帝国学说。第四个帝国,即罗马帝国,其皇权将从罗马人转向拜占庭人、然后从法兰克人转向德意志人,由此一直延续到世界的终结之日。但是,当罗马帝国的权威转入拜占庭和德意志人之手时,"帝国不仅因时间的流逝而变得衰朽和老迈,而且像颗一度很光洁的鹅卵石,一路滚过各种水流后带上很多污点,造成很多残缺"。②在弗赖辛的奥托所处的时代,虚弱的帝国已病入膏肓,这预示着一切的终结,尽管奥托承认,西方世界的某些特征与这种衰落模式并不吻合。当然,学术没有衰落的迹象,因为它从希腊人传向了罗马人,接着又传向了法兰克人,而教会又给学术带来了新的动力。奥托甚至推想,新的宗教团体中体现出的圣洁可能会延缓世界末日的来临。

奥托强调的是历史中神圣和宇宙论方面的东西,尤其是在他论述启示录的第八部分,这就使得现代评论家把他视为"思辨的历史哲学家"。这个评论忽视了一个事实:他对世俗历史的关注十分仔细,而且具有鲜明的批判头脑。例如,在对手头的证据进行仔细考察之后,他对著名的君士坦丁的赠予的可信度表示了怀疑。

对待变迁的中立态度。奥托同时代的作者、萨里斯伯里的约翰(John of Salisbury)著有《教廷史》(*Historia Ponticalis*),但该著之中既无世界末日,亦无新纪元的幻象。作者只是接受了他所生活的这个新世界。约翰没有解读上帝意愿的方案,他认为上帝关于世界的计划是个秘密,但也仅此而已。在他看来,历史与人生的实际问题关系更密切,在论述史学的意义时,他无拘无束地引用古典思想和基督教的观念。

---

① Otto of Freising, *The Two Cities*, trans. and intro. C. C. Mierow, ed., A. P. Evans and C. Knapp(New York, 1928), 2, 43, p. 205.

② Ibid., Prologue, p. 94.

(历史)叙述值得关注的事务,以便上帝的不可见之物可以通过已完成之事清晰地显现出来,人则以过去的奖惩为戒而变得更加敬畏上帝、更热忱地追求正义……另外,年代记中的记录对建立或废除习俗、增强或根除特权也是有用的;就对现实的教育意义来说,除了关于神的恩典和律法的知识,没有什么比关于过去行为的知识更可靠更实在的了。①

约翰自己完成了一项融会贯通的事业。他仿照年代记作者的方式,为续写让布鲁的西格贝尔特那声誉卓著的《年代记》做出了自己的贡献,这部作品一直续写到了1152年。在欣赏古典学术和文学的12世纪文艺复兴中,他也是个杰出的代表。由于在史料运用上的良好判断力和出色的文笔,约翰的叙述十分清晰,这与他的同代人漫无边际的汇编摘要形成鲜明对照。对拉丁经典作品的精通不仅使他的文风纯净高雅、让他学会了古典智慧,而且增强了他对世俗事务的兴趣,但这并未削弱他对基督教信仰和教会的虔诚。他曾被亨利二世逐出英国并投身罗马教廷,于是他在教会中看到了连续性的真正承载者,教会履行的任务是任何世俗国家都无力担当的。

二 年代记的转型

中世纪晚期的很多年代记仍然放在保管室里没有出版,这样一来,史学史专家赖以概括总结的基础就不是很理想了。不过主要的发展趋势还是能相当清晰地揭示出来。1300年左右,修道院年代记失去了它长期占据的支配地位,最后被近两个世纪以来一直在削弱其力量的发展趋势吞没了。在一个旧的修道团体逐渐失去活力的时代,这些团体受到托钵僧

---

① John of Salisbury, *Memoirs of the Papal Court*, trans. annotated, and intro. M. Chibnall (London, 1956), Prologue, p.3.

第十章　变革的加速和史学的调整

修会的激烈竞争,后者更加适合城市的生活环境。作为学术中心的修道院的优势地位在渐渐逝去,大学和城镇学校的地位则在上升。一般来说,城市及其推动的生活方式不利于修道院式的生活,而这种生活正是产生中世纪年代记的母体。虽然中世纪基督教史学的传统形式没有被迅速抛弃,但显而易见的是,年代记作者很难融合 12—13 世纪知识爆炸中产生的信息和观念。年代记作者们用以下四种方式中的一种来应对这个问题:继续全力延续传统的方式;尝试更为巧妙的编纂方式;采用百科全书的形式;努力寻找统领材料的新方案。最后,年代记的这些适应策略都没有挽救这一史学体裁。

个案研究:中世纪晚期的英国年代记。12 世纪末,当修道院年代记仍然繁荣时,伯里·圣埃德蒙斯和圣阿尔班斯修道院的僧侣开始书写历史。他们首先纪念他们的院长,接着记述更为广阔的世界的过去。伯里·圣埃德蒙斯的僧侣创作了一部世界年代记,这就是《圣埃德蒙斯编年史》(Annals of St. Edmunds) 以及更为重要的《伯里·圣埃德蒙斯年代记》(Chronicle of Bury St. Edmunds),后者从上帝道成肉身一直写到 1212 年,讲述了一个颇为新颖的故事。

在圣阿尔班斯修道院,文多瓦的罗杰尔和马修·帕里斯(Matthew Paris)创作了年代记。前者为我们留下了《历史之花》(Flowers of History),该著首先以大量篇幅讲述古代和基督教早期的历史,然后对英国历史作了连续的记录,一直到 1234 年。后一部分在所有方面都更为丰富和完善,但也更具英国色彩,因而较少注意到基督教共同体的其余部分。罗杰尔的"继承人"和同道僧侣马修·帕里斯把罗杰尔的作品当作自己的《大年代记》(Chronica majora) 的第一部分。但随后他完全关注自己所处的世界,描绘出了一幅广阔的全景画,其中既有鸡毛蒜皮之事,也有一些重要的记述,如西班牙的再征服(Reconquista);帝国及皇帝腓特烈二世同教皇的激烈争吵;圣地问题;伊斯兰教的实质——穆罕默德被视为宣扬多妻制以掩饰他跟一个佣人的妻子的关系;鞑靼人,这是些"饥渴的嗜血……

魔鬼,他们撕裂并吞噬狗和人的肉体";①犹太人——作者对他们时而同情时而谴责;当然他关注的首先是英国的事务。他的著作的这些部分表明,越来越丰富的信息如何加剧了年代记的无序性,虽然帕里斯也引入了一些连续性主题:如对国王亨利三世、教皇、托钵僧和外国人的抱怨言辞——在帕里斯看来,所有这些人都威胁到自己的修道院和英国的本笃会。后来,帕里斯集中就英国事务撰写了简短的作品——《英国史》(*History of the English*)(1066—1253)和《历史之花》(*Flowers of History*),此举对一个修道院里的年代记作者来说实属不同凡响的重大步骤,而且这也有助于提升《大年代记》的人气。马修·帕里斯的这一做法等于承认读者群已大大扩展到修道院的范围之外。

1300 年过去之后不久,一首诗歌及紧随其后的少许随性加入的内容,成为《伯里·圣埃德蒙斯年代记》的结语。在圣阿尔班斯,年代记一直写到 1400 年,但是已经滑入平淡无奇的俗套中,只有晚期的年代记作者托马斯·沃尔辛汉姆(Thomas Walsingham)的作品是个例外。可以想见的是,大陆上的年代记作品,其数量、质量和视域都在衰退。那些试图成为世界年代记的作品,甚至连当时的普世标准也达不到,都尔的彼得(Peter of Tours)和克吕尼的里夏尔(Richard of Cluny)那些受人欢迎的作品就是如此。

有一种法国修道院的年代记传统仍在延续。总的来说,英国的修道院年代记作者对王权保持着坚定的独立性,但《法国大年代记》则是有意识地确立卡佩版本的法国史的一种努力。圣但尼的修道院史学家们拥有丰富的拉丁历史藏书,包括苏热院长的胖子路易传记,里戈尔、普里马(Primat)、南日的纪尧姆(Guillaume de Nangis)和让·夏蒂埃(Jean Chartier)的作品。圣但尼的年代记作者填补了这些叙述之间的空缺,而且创作了拉丁文版本的地方年代记,其下限到 1450 年。这座修道院与王权之间的联系是如此密切,以至于到 15 世纪中期,圣但尼的官方史学家可以

---

① Matthew Paris, *English History*, trans. J. A. Giles, 3 vols. (London, 1852-54), 1:312-313.

第十章 变革的加速和史学的调整

从国王那里领取报酬了。《法国大年代记》的抄本在法国全境广为流传，印刷术刚刚传到法国时，该著就有了印刷本(1493年)。法国已经有了现成的民族历史，它的源头在特洛伊，它有英雄的法兰西国王，以及关于历史事件的法兰西视角。在这种情形下，修道院史学传统因为世俗权威的恩典而存活下来。

托钵僧对在困境中奋战的修道院年代记无甚帮助。他们是当时宗教生活的革新者，而不是年代记创作的革新者。虽然每个方济各修士和多明我修士都有自己的"总部"，但很多托钵僧的人生是在积极参与外界生活中度过的。方济各修士没有僧侣们对自己修道院的眷恋之情，他们努力效仿那位反感为学术而学术的圣方济各(St. Francis)，因而不认为学术具有优先地位。当方济各修士偶尔写作历史时，其主要目的是教化启发平信徒、为布道提供典型(exempla)例证，或者像托马斯·埃克莱斯顿(Thomas Eccleston)那样，将托钵僧的历史告诉自己的同伴、以榜样来启发他们——这就是他于1258年左右创作《小兄弟会前往英国纪》(*On the Coming of the Friars Minor to England*)①的意图所在。

多明我修士较少对学术的价值持保留态度，但他们更多是研究神学，在史学方面做的工作较少。尼古拉·屈维特(Nicholas Trevet)著有《英格兰六王编年史》(*Annals of Six Kings of England*，约1320年)，这是一部以爱德华一世(Edward I)为中心的政治史，这位国王一般是支持多明我修士的。

年代记作者与知识爆炸。面对大量充满内在紧张的知识，神学家们进行了大量的综合工作，旨在将希腊哲学和《圣经》信仰结合在一起。然而，有些年代记作者虽然怀有较为宽广的地方史或地区史理想，却没有世界年代或世界帝国之类的图式来构建上帝降生之后的时期，他们只是将已经很丰富的材料塞进自己的著作中。这种因丰富而造成的混乱鲜明地体现在马修·帕里斯身上。这位作者在记载公元1246年时，提到了教皇

---

① 小兄弟会是方济各修会的别称。——译注

与英国人的麻烦,亨利三世对普罗旺斯女伯爵的怒火,坎特伯雷大主教的特许状,对伦敦人征收的罚款,布道者(托钵僧)的活动,亲王和公主的出生和死亡,医院骑士团和圣殿骑士团的骑士们,贵族大会,圣地的事件,异端指控和德国贵族给腓特烈二世带来的苦恼,法国的一桩王室婚姻,鞑靼人的战役,王室官员的任命,征税,特大雷雨,阿拉贡国王如何割下一位主教的舌头,教廷封圣,以及修道院院长的选举。当12世纪的人们在老年代记上添加的附注越来越多时,运用新知识的愿望就已表达出来。

作为历史知识贮存库的年代记,与当时百科全书中的历史条目只有一步之遥。在霍诺留斯·奥古斯托杜能西斯(Honorius Augustodunensis)的《世界影像》(Image of World)中,历史掩埋在一大堆资料特别是地理学和年代学资料中。一个世纪后,一位多明我修士编纂了一部杰出的百科全书式作品,这位作者懂得知识汇编摘要的必要性,只要这能为布道提供范例。这就是博韦的樊尚(Vincent of Beauvais)的《世界之鉴》(Mirror of the World,约1250年),这部宏大的作品是在一批助手的协助下完成的,它包括教义、自然和历史等部分。历史部分讲述的是从创世到1244年的故事,甚至还包括一部学术史和论述过去的历史学家的一章。人们不会通读《世界之鉴》,但会经常而广泛地查阅它。于是,作为叙述作品的年代记理念被作为参考手册的年代记理念取代。樊尚的同代人、他的多明我会教友马丁努斯·波洛纽斯(Martinus Polonius,或称特罗包的马丁[Martin of Troppau])著有《教皇和皇帝年代记》(Chronicle of Popes and Emperors),这部较为简略的著作被很多学者当作便览。

在另一批年代记中,既服务于启示和教育,也服务于布道的愿望表现得最为突出。一些个人作品表现了这种意愿,如比萨的奎多(Guido of Pisa)的《杂史》(Various Histories);弗拉·萨林贝尼(Fra Salimbene)的《年代记》(Chronicle)——从1168年写到1304年,书中杂乱无章的论述几乎涉及一切问题;维特里的詹姆斯(James of Vitry)很具学术性的《东方史》(Eastern History)和《西方史》(Western History)(13世纪早期),这两部作品都相当宽厚地表达出善意的信息,为布道、教导良好品行、树立优良的

第十章 变革的加速和史学的调整

榜样和捍卫信仰提供了材料。甚至更为直接地面向公众、被布道者广泛运用的预备布道词,也堪称某种准百科全书著作,通常被称为《历史之花》。这种摘编式历史是从各种年代记中挑拣内容汇编而成,这类"历史精粹"通常有很强的地方风情,而且在向读者提供知识时总会带有大量故事和道德榜样说教。学术性和大众化历史手册的实际用途可以解释为何它们的作者多是托钵僧;这些教会人士非常了解新环境中教师和布道者的需要。

囊括过去的所有知识的愿望可能刺激了世界年代记的写作。如果我们仅以数量为标准的话,事实的确如此。我们知道的重要的世界史年代记大约有四十种,它们有各种叫法,如年代记、历史之鉴、纲要、摘要(breviarium)、历史要旨(summa historiarum)、便览、史海(mare historiarium)或历史备忘录(Memoriale historiarum)。但是,如果我们考察一下内容和组织结构的话,这些年代记存在严重问题。14世纪的一部英国年代记,即本笃会修士拉努尔夫·西格登(Ranulph Sigden)所著的《综合年代记》(Polychronicon),便十分清晰地反映了当时世界年代记的脆弱地位。

西格登的序言表明,年代记作者是多么清楚地意识到,应该把日益丰富的历史知识置于某种秩序或图式的统揽之下,这种秩序或图式无疑应与基督教信仰一致。西格登的贡献是开列了八组辅助知识,它们是充分理解历史所必需的:

1)对事件地点的描述。

2)两种事物状态(status rerum)(人类偏离与上帝的和解道路)。

3)三个阶段(前律法阶段、律法阶段、恩典阶段)。

4)四个世界帝国(亚述、波斯、希腊、罗马)。

5)五种世界宗教(自然崇拜、偶像崇拜、犹太教、基督教、伊斯兰教)。

6)六个世界年代。

7)七类历史创造者:统治者、士兵、法官、教士、政治家、僧侣(每类人都有典型的人格特征和行为方式)。

8)八种纪年方式:其中三个是犹太人的(或者从1月、3月开始,或者从 5 月开始),三种希腊的(特洛伊、奥林匹亚、亚历山大),一种罗马的(罗马建城),一种基督教的(耶稣诞生)。

但是,这种准体系化的框架并未真正影响西格登的著作。像当时其他的年代记作者一样,他(以拉丁文)创作的年代记展现的是神的意图,宣扬的是历史著作的道德目的;作者无拘无束地从早期世界年代记中借用材料,稍微强调了遥远的神圣历史,并对英国的过去做了广泛叙述。总而言之,他的作品并没有超越一般的历史摘要。然而,早在 1387 年,这部著作就被约翰·屈维萨(John Trevisa)译成英语,它的知名度不仅引得其他人来续写,而且英国印刷工匠的先驱者威廉·加克斯顿(William Caxton)也把《综合年代记》选为他想最先印刷的书籍之一。《综合年代记》将宗教热情、确凿的知识、优美的故事和跨度很大的英国历史糅合在一起,看来这是它的一大优势。很显然,在既定的条件下,年代记作者所能做出的最佳成就是撰写百科全书式的作品去讲述和教导,并以时间顺序(series temporum)为唯一的组织手段。

一场大战,多面的历史。英国和法国之间所谓的百年战争实际上是一系列的战役,其间间隔着很长的休战期,这场于 1453 年结束的战争最终割断了法国和英国之间长达两个世纪的联系。虽然这场战争对两个国家的命运产生了深刻影响,但对它进行论述的作品中并无值得一提的,它更多是反映在年代记、传记、思考性文献和准骑士故事之中。

修道院史学在视野、内容和活力等方面都处于衰落中,它对百年战争的记载贡献很小。只有托马斯·沃尔辛汉姆的《大年代记》(*Greater Chrolcle*)(现已遗失)的成就较为突出,这部作品将马修·帕里斯的著作续写到了 1420 年。《大年代记》的部分内容分散地出现在《英国史》(*English History*, 1272—1422)、《英国史年代记》(*Chronicle of England*, 1328—1388)和《亨利四世编年》(*Annals of Henry IV*, 1399—1406)中。沃尔辛汉姆的《大年代记》在形式、风格和事件的选择上都没有新意。唯一引人瞩目的特征是作者特别热衷于罗马古典作品,这是未来的某种预兆。

传记作品成为了受益者,因为战争创造了很多男英雄和一位女英雄。

第十章 变革的加速和史学的调整

在英国国王中,亨利五世最受关注。在他的诸多传记中,有一部作品之所以重要并不在于其内容,而在于讲故事的方式。意大利人文主义者狄托·利维奥·弗鲁罗维西(Tito Livio Frulovisi)写作这部传记的方式已经预示着意大利人文主义对历史著述的影响。托马斯·埃尔穆汉(Thomas Elmham)的《尺规书》(*Liber Metricus*)史学色彩较少,但信息更丰富。它以韵文来叙述亨利五世的故事,这种做法符合依然富有影响力的武功歌的风格,作品易于朗诵,能够愉悦听众。意大利女诗人克里斯蒂娜·德·皮桑(Christine de Pisan)歌颂法国国王查理五世,后者曾赶走占领法国土地的英国人。查理六世多年精神错乱,但兰斯大主教让·茹文纳尔·德·于尔森(Jean Juvénal des Ursins)对他在位期间的历史做了准确描述。最后,两位曾为法国国王效劳的人物,贝尔特朗·迪·盖克兰(Bertrand du Guesclin)和贞德(Joan of Arc)明显受到了更多的关注。

遭受战争之苦的人倾向于创作具有思想性的历史。无名作者的《一个巴黎人的日记》(*A Parisian Journal*)是对贵族和富人的动情的抗议,这两类人都同样漠视普通人的福祉。战争结束多年后,出身商人家庭、后来成为学者和主教的托马斯·巴赞(Thomas Basin)因受路易十一的流放而增强了正义感和洞察力。战争使他思考上帝和人的角色问题。最后,他认为历史是一部宏大的人类戏剧,上帝仍然是剧情的策划者,但人在剧中的角色相当独立。历史学家应该关心上帝安排的剧情吗?"对我而言,我将满足于对事件的真实报道,把辩论神意的隐秘作用的任务留给那些能够完成这一任务的人。"① 巴赞深受古典作品的影响,他在谈到神意时完全是出于敷衍,而在解释战争时则试图从纯粹的人类角度出发。

关于百年战争各个阶段的出色记载见于勃艮第出身或受勃艮第庇护的年代记作者的作品,如美男子让(Jean le Bel)、让·傅华萨(Jean Froissart)、奥利维·德拉·马尔什(Olivier de la Marche)、乔治·夏斯特兰(Georges Chastellain)以及昂格朗·德·蒙斯特莱(Enguerrand de Mon-

---

① T. Basin, *Histoire de Charles VII*, ed. Charles Samoran (Paris, 1933), 1:46.

strelet)。他们的注意力全部集中于西欧,并交出了一份完整的、具有同情色彩的勃艮第历史。他们都以某种方式为公爵家族效劳;夏斯特兰和德拉·马尔什的身份就是勃艮第公爵的官方史家。

14 世纪末 15 世纪初,勃艮第公爵的领地成了骑士生活的最后避难所,年代记作者对这种生活的迷恋使得他们对其进行了充分的描绘,并在历史著述中形成了相应的观点。"为使法国和英国战争期间的光辉业绩、崇高事迹和军事行为得到恰当叙述并传诸后世,以便英勇人物能激发人们仿效,我希望将这些闻名遐迩的事迹记载下来。"①

贵族受到歌颂,而勃艮第公爵则喜欢历史学家在他们面前朗读这些文字。在这些积极肯定尘世乐趣的故事中,史学中传统的基督教因素淡化了。夏斯特兰偶尔提到人生的短促。教士傅华萨勉力写了几句关于命运之神和世界如何"滚滚而逝"的话。这个曾按旧形式组织起来的社会,现在仿佛首先想在历史中寻找信心、忘却时代的变迁。虽然城市和市民是勃艮第领地的决定性角色——因为它们的经济活动使得整个骑士生活的复苏成为可能——但它们在年代记中只是个背景。即使是这样,它们的待遇也比农民要好。扎克雷(Jacquerie),即 1358 年的法国农民起义,被描述为"疯狗"的行动,而随后的英国农民起义,傅华萨认为是对社会秩序的严重威胁,因为叛乱的农民宣称"他们是按主人的模样成长起来的人,但他们的境遇却像牲畜。他们不再能忍受这种情况,希望所有人都是一样的"。② 如果没有上帝的介入,"混乱会四处蔓延,所有村镇、神圣的教会还有各地的富人,都将被摧毁"。③ 勃艮第年代记作者把这场大战描绘成一次光辉的比武大会,但他们忽略了生活的宗教方面,关于社会结构变迁的记载则显得很幼稚。

城市历史的诞生。有位哲人曾说过,重大的变化始自鸽子足下。从

---

① J. Froissart, *Chronicles*, sel., trans. and ed. By G. Brereton (Baltimore, 1968), p. 37.
② Ibid., pp. 211-12.
③ Ibid., p. 152.

第十章 变革的加速和史学的调整

公元1000年开始,一场逐步改变欧洲物质和文化面貌的变化正是以这种方式进行的。城市的密度变得越来越大,尤其是在伦巴第、托斯坎纳、法国西北部、佛兰德尔、低地地区和加泰罗尼亚东部。这些城市一开始还是旧的政治实体的构成部分。但它们逐步——但经常通过激烈的斗争——取得程度不一的自治。因此,最早讲述城市往事的,是那些曾与城市发生冲突的旧权威机构的历史记录,如主教们的功绩录(gesta),如统治者或贵族的故事。然而,不久之后,新的城市生活方式——它有着自己的节奏和世界观——开始鼓舞某些市民撰写历史,而当他们这样做的时候,他们反映的是一个不同的市民世界。

早期的城市年代记无非是官员和公共机构活动的名单,再加上一点漫不经心的事件记录。随着城市对自身成就日益感到骄傲、对独特的城市生活方式的意识日益清晰,年代记的内容也丰富起来。但必须指出,城市年代记不是在所有地方都有发展。法国的城市在史学方面很贫乏,而且我们不知道原因何在。虽然巴黎对自己的过去保持沉默,伦敦却有很多讲述其过去的作者。

例如在13世纪,一个市政官员——很可能是市议员阿诺德·菲茨·泰德马尔(Arnold Fitz Thedmar)——编纂了一部《伦敦市长和市政长官年代记》(*Chronicle of Mayors and Sheriffs of London*)。作者谈到了城市官员的选举和任命,城市治理、法律和规章,并勾画出一个商业占主导地位的小型社会,这里关心的是度量衡、市场、渔夫的渔网和诉讼。到14世纪,伦敦年代记已成为众多此类记录的集体名称,这预示着城市年代记时代的到来。市长和市政长官受到的关注至少和国王一样多,犯罪案件和价格问题与很多国家大事地位相等。

关于英国的早期历史,很多年代记作者接受了布鲁特起源说,将英国的历史追溯到特洛伊和布鲁托斯,这是对法国传说的转译和改造。在1400年左右,有关这个说法的文献十分流行,它们与伦敦年代记和《综合年代记》一起主宰了当时英国人的历史观。

德国的市民创作了大量年代记来歌颂他们的城市,其中最有名的是

《科隆大编年史》(Great Annals of Cologne)。有的时候,城市史学还沉迷于普世基督教帝国的幻影中。15世纪末的哈特曼·谢德尔(Hartmann Schedel)曾受这种幻影的激发,试图将他的纽伦堡年代记扩展为一部雄心勃勃的世界史编年。

意大利各城市的城市年代记是内容最丰富的年代记传统之一,佛罗伦萨尤其如此,13世纪末和14世纪初,这里的迪诺·孔帕尼(Dino Compagni)、里科达诺·马里斯皮尼(Ricordano Malispini)和乔万尼·维兰尼(Giovanni Villani)已经写下了厚实的年代记作品。其中最著名的是维兰尼的《佛罗伦萨年代记》(Florentine Chronicles),该著仍以《圣经》事件为开篇,不过这个事件不是创世,而是建造巴别塔。在简短介绍神圣历史之后,这部年代记立刻转向了佛罗伦萨的早期史及传统史学问题,如恺撒建城、东哥特人摧毁城市以及查理曼的重建。佛罗伦萨的命运一直与城市之母罗马的命运紧密相连。维兰尼朴实无华的叙述以佛罗伦萨为中心,但同时也将早期年代记的各要素糅合在一起;作者坚定地维护神意,认为世俗世界因为罪过而不稳定。实际上,乔万尼·维兰尼把基督教的罪恶—惩罚循环当作变迁的动力源泉。在记录过去曾将这座城市摧毁殆尽的火灾时,乔万尼把它们视为"上帝的裁决,因为城市已因异端……(以及)淫荡和饕餮之罪而腐化堕落",而且"一些(得胜的佛罗伦萨)人对上帝非常不恭敬,并犯下了其他各种邪恶罪行"。① 当乔万尼以瘟疫、雷暴、饥饿和全面的毁灭来警醒人们时,这位新奥罗修斯是在呼唤美德和忏悔以避免这些灾难。不过,他对祖国(patria)佛罗伦萨也怀有强烈的感情。这使得乔万尼以一个佛罗伦萨人的视角来看待战争、帝国和重大政治事件,而且,在他的描述中,城市家庭、街区、火灾、行政和宪政变革乃至铺路之类的日常工作都具有重要地位。

乔万尼的兄弟马特奥(Matteo)续写了这部作品。他是1347—1350

---

① G. Villani, *Chronicle Fiorentine. Selections from the First Nine Books*, trans. R. Selfe and ed. P. H. Wickstead (London, 1896), 4, 30, and 5, 8, pp. 96 and 108.

第十章 变革的加速和史学的调整

年黑死病的幸存者,于是他更为强调历史的道德性质就不让人奇怪了:大洪水横扫罪恶的世界(除了诺亚和他的家人以及牲畜),黑死病作为上帝的惩罚降临在世人头上。不过他也谈到命运的反复无常和彗星对人类命运的影响——这两种观念在随后的几个世纪中很是流行。

1250年以后,年代记作者在审视自己工作中遭遇的难题时可能带着某种困惑,但是他们还远没有进行反思。历史学遇到的难题是后人的看法,当时他们肯定认为这是历史丰富性的表现。我们看到的是大量材料需要处理,旧的普世图式无法把握更为复杂的世界,作为年代记土壤的修道院逐步失势,市民世界开始兴起,但年代记作者则表明,年代记具有惊人的适应能力:有的年代记提供百科全书式的知识,其他的年代记只关心地方(包括城市)和地区;还有的充当宗教文献和布道者的参考书。其实,这些作者的感觉是对的,并不存在"年代记的危机",因为直到15世纪,传统的历史观还没有发生改变。上帝的意志依然是秩序和意义的源泉,即使年代记作品几乎到了毫无定形的地步。只有当随后四个世纪的剧烈变革削弱了中世纪的基督教人类命运观念时,新的史学解释才会出现,中世纪史学才会逐步瓦解。

第十一章

两个转折点:文艺复兴和宗教改革

生活并不服从优秀戏剧的规则:重大的转变不会在短期内发生。中世纪史学模式的消逝和最终解体历时四百余年。其中的原因不在于某位学者或某次创新。更确切地说,对新环境的应答的产生逐步侵蚀了关于过去、现在和未来之间的联系方式的传统看法,于是怀疑便产生了,这就像海浪永无休止地冲刷侵蚀海岸一样。

1350年到18世纪初发生了决定性的转变,正因为如此,现代史学家总是在这个时期挑选某些人物或年代作为现代的开端或向现代过渡的标志。这样的指定造成了有关这个时期的西方文明的确切特征的激烈争论,因为,一方面,传统世界观的很多因素依然存在,另一方面,广泛的变革又重绘了世界图景。这是地理大发现的年代,世界变成了全球性的;学者和哲人构想出新的自然观念和宇宙观念;人们重新发现了古代的经典著作,对它们作了批判性的评估和前所未有的吹捧;延续千余年的拉丁基督教统一体瓦解了;作为人民生活的基本框架的国家的兴起,引发了关于治国术、集体身份、风俗和法律的探讨。

当时的历史学家渐次觉察到了这些变迁。一开始,他们无法想象同中世纪历史观分离的全面的历史观,而只是简单地将每个变革及相应的领悟融入历时已久的中世纪基督教史学模式中。然而到18世纪,这种逐步的适应最终让位于新的方法,后者试图从过去、现在和未来的事件之中追寻宏大层次上的意义。

第十一章 两个转折点：文艺复兴和宗教改革

一 意大利文艺复兴时代的史学家

很长时间以来,意大利文艺复兴以其特别令人困惑的新旧交融而成为史学史专家们热烈争论的话题;文艺复兴史学该如何归类？旧式的年代记创作一直延续到1350年之后。意大利北部和托斯坎纳地区的城市拥有完全或事实上的主权,而在有关这些城市的历史阐述中,年代记作者的典型做法已被新的特征取代:前者把公民自豪感与展示上帝意图的愿望结合在一起,而后者则强调公民自豪感和古代的史学典范。15 世纪的城市共和国愿意表白它们对古代风范的信任;米兰和那不勒斯的宫廷,还有教廷,都把古典学术视为有益于治理和声望的好事。那场著名的复兴古代学术运动的倡导者是人文主义者,他们在发现、出版、解释、教授和颂扬古典文献时,也在崇敬一种带有与基督教世界观迥然不同的世界观的异教文化。不过,为了平息由此带来的冲击,人文主义者宣称基督之前存在一种逐步展开的"虔诚哲学"。古代思想家的明智达到了缺少正确信仰之人所能达到的极致。这种关于连续性的论证弱化了古典异教文化造成的冲击,使得文艺复兴的学者们可以为人文主义事业找到赞助者,并可以将大量的创新暗中输入西方思想中。

从年代上说,意大利文艺复兴史学最好分为两个部分来讨论:第一部分是 15 世纪写下的历史,当时意大利各国繁荣、安定、生机勃勃;第二部分是 1499 年之后创作的历史,从这一年以后,意大利作为欧洲各大国的战场经受了 60 年的战祸。从主题上看,我们必须涉及人文主义者在世界史[①]方面的尝试以及他们具有决定意义的创新,而这些创新只是逐步被发现具有革命特征的。

1499 年灾难之前的人文主义史学。 人文主义史学把对古代典范的

[①] 这里的世界史原文为 universal history,译者有时根据情况亦把该术语译作普世历史。——译注

热情与对当代祖国——城邦——的自豪感融合在一起。这一原型的奠基者是佛罗伦萨三位大法官史学家之一的莱昂纳多·布鲁尼(Leonardo Bruni),奠基的时间是在佛罗伦萨于1402年在同米兰公爵詹加莱佐·维斯孔蒂(Giangaleazzo Visconti)的生死攸关的斗争中取胜之后。布鲁尼的《佛罗伦萨人民史》(*History of the Florentine People*)洋溢着市民人文主义,书中的集体主人公就是佛罗伦萨人,它的故事情节显而易见,那就是佛罗伦萨力量的崛起。布鲁尼把佛罗伦萨的成功归因于它的共和制自由,美德、风度、勇敢、勤奋和力量都是从中生发而来。自由的衰退将摧毁所有美德和伟大,正如罗马帝国和随后千年的黑暗期所表现的那样。正是由于强调共和城邦、其公民的道德力量和国家的繁荣之间的关系,布鲁尼的叙述才得以组成一个统一的整体。他在修剪中世纪漫无边际的历史叙述方式时非常严格,人们几乎可以把他比作反对散漫的希罗多德史学的修昔底德了。

布鲁尼还在多方面效仿古典范例,如把作品分为若干卷,插入戏剧性的系列演讲,撰写优雅古典的拉丁语,将全体人民视为中心人物,主要讲述国家大事并重申历史的世俗用途。对政治的强调使得布鲁尼坚持传统认识,即个人心理是世间变化的真正原因。常见的按年记载的年代记格式通常也保留着,但经常被主题型的章节打断。根据新的准确性标准,各种创世神话因为没有可靠的权威文献的支撑而受到怀疑,这就促使布鲁尼对各种史料进行相互比照,而不是简单地将一些借用来的文本拼凑在一起;同样,对于神意的直接介入,他也不再强调是个别事件的原因。所有这些因素,再加上卓越的雄辩,使得布鲁尼的作品成为人文主义历史学的一个典范——难以比拟的典范——正如随后的大法官史学家波乔·布拉乔利尼(Poggio Bracciolini)和巴托罗密奥·斯卡拉(Bartolomeo Scala)的作品那样。

在热那亚和威尼斯共和国,人文主义史学来得较晚,而且不如佛罗伦萨成功。这两个城市国家都有丰富的年代记史学传统:热那亚的年代记可追溯到其12世纪的政治家和年代记作者卡法罗(Caffaro)那里,但后来

第十一章 两个转折点:文艺复兴和宗教改革

随着国祚不昌而走向衰落;威尼斯的年代记也历时很久,乔万尼·维兰尼的同代人安德里亚·丹多罗(Andrea Dandolo)的作品是其发展的顶峰。在很长的时期内,威尼斯的年代记认为该城起源于特洛伊,并把建城日期定在421年3月23日。后来,人文主义者贝尔纳多·丘斯蒂尼亚尼(Bernardo Giustiniani)对特洛伊源头说表示怀疑,不过他认为6世纪是威尼斯的"黄金时代",从而维护了公民自豪感。虽然马坎托尼奥·柯乔(Marcantonio Coccio,更以萨贝里柯[Sabellico]著称)热爱古典学术,他于1470年代写下了威尼斯历史,但其人文主义色彩主要体现在形式上而非内容上。萨贝里柯将威尼斯描绘成捍卫法律、正义和自由的新罗马,但并不质疑威尼斯的传统,以此来取悦威尼斯的读者。

历史学家,signori(绅士)和教皇。人文主义学者崇拜罗马传统,而统治者鄙视共和主义理想,二者之间看来不可能建立联系。然而我们要记住,罗马传统也包括罗马帝国,这是个可以为君主统治牟利的有利情况;我们还需记得,人文主义者也是技术人才,他们的文学和学术技艺可以为各种事业服务。于是,米兰成为很多人文主义宫廷史家的好去处。维斯孔蒂和斯福扎(Sforza)家族的统治者都深知作为其统治支柱的新学术所能带来的利益。布鲁尼的同代人安德里亚·比利亚(Andrea Biglia)曾以人文主义的形式写下一部米兰史,但四个世纪来不为人知。皮尔·坎迪多·德桑布里奥(Pier Candido Decembrio)关于维斯孔蒂家族的最后一位公爵菲利波·马里亚·维斯孔蒂(Filippo Maria Visconti)和斯福扎家族的第一位公爵弗朗切斯科(Francesco)的传记则声名远播;两部作品之中既有阿谀奉承,也有出色的观察评论。但米兰文人主义史学的鼎盛时刻直到斯福扎家族统治的暮年,即15世纪才到来。虽然乔尔吉·梅鲁拉(Giorgio Merula)和特里斯塔诺·卡尔科(Tristano Calco)都对米兰公爵、摩尔人卢多维克(Ludovico de Moro)说了一些恭维的废话,但他们的史著结构和文字都很出色,见不到充斥着年代记的大多数捕风捉影的故事。

作为那不勒斯的外来统治者,阿拉贡的国王们没有编造出来的古老祖先作为支撑。一些有"文化意识"的国王曾引入人文主义者以书写那不勒斯的历史,但这些人与那不勒斯没有实在的联系,其历史著作很平庸,它们之中最有名的也不够杰出,包括洛伦佐·瓦拉(Lorenzo Valla)的《阿拉贡的费迪南德一世史》(*History of Ferdinand I of Aragon*),这部传记之中闲言碎语随处可见。只有《导言》(*proemium*)这篇关于人文主义史学理念和技艺的宣言显现出瓦拉的才智和新思想。几十年后,乔万尼·彭塔诺(Giovanni Pontano)写了一部那不勒斯国王费迪南德一世生平史,但时间跨度只有几年。而他的论文《阿克兴》(*Actius*,1500 年左右问世)反映出的是彻头彻尾的传统史观。

罗马城的史学命运更惨淡,因为这里的城市史受到其过去和当时的世界主义的拖累。作为这座城市的最高主宰,教皇从来没有觉得自己是罗马这一社区实体的一部分,因此他们招引的人文主义者对这个城市也没有亲近感。罗马的人文主义史学紧扣教皇个人、罗马的伟大和意大利意识。

学者巴托罗缪·萨基(Bartolomeo Sacchi)——更为人知的名字是普拉迪纳(Platina)——著有《教皇生平录》(*Lives of the Popes*)。这部受人委托所写的作品资料翔实,叙述通常很直率,有时还有批判性,并且深得读者喜爱——部分是因为人们总是渴望知晓重要人物的生活,部分是因为罗伯特·巴恩斯(Robert Barnes)的译本为新教徒提供了中世纪教会腐败的证据。另一位学者弗拉维奥·比昂多(Flavio Biondo)则揭示了罗马的生活何以促使人们的思想超越纯粹的地方视域。他热爱古罗马的光荣和普世性,但在《十年纪》(*Decades*)中,他丝毫没有提及永恒的古罗马思想。当他谈到日耳曼人大迁徙期间罗马帝国的衰落(inclinatio Romani Imperii),并称随后的政治现实是各王国的世界时,他的见解与很多此前的史学家相同,如塞维利亚的伊西多尔。正像各王国的世界一样,比昂多的阐述在这一点上失去了主题的统一性——除了关于基督教会的主题——于是叙述也变得散漫,像是编年纪录。

比昂多对古代的热爱最终使他转向了记载着罗马光荣的遗迹。他不仅在《光复的罗马》(*Rome Restored*)和《胜利的罗马》(*Triumphant Rome*)

第十一章 两个转折点：文艺复兴和宗教改革

中歌颂罗马过去的伟大，而且懂得废墟的价值，因为这是装满可靠信息的考古资料。在《意大利写真》(Italy Illustrated)中，比昂多的视野很开阔，对14世纪意大利各地区作了全面的描述或地形描绘。比昂多的历史风格朴实、内容丰富，虽然这在当时不流行，但其生命力比许多人文主义历史长了好几个世纪。他十分关心对过去的非文字遗迹的巧妙利用，这种热情刺激了古物研究的兴起，而后者最终将扩大历史学的视野，增强对原始材料的重要性的意识，并在史学家中间唤起对过去生活的统一性的认识。

大灾难之后的意大利世界。1494年，法国军队进入意大利，意大利自成一体的国家体系就此结束。5年后，法国人卷土重来，此后的60年中，意大利成为欧洲的战场，饱受创伤。面对这一局面，意大利史学最初关注的问题是："法国的入侵是谁的过错？"佛罗伦萨人贝尔纳多·卢切莱(Bernardo Rucellai)认为责任在于威尼斯的背叛、教皇和米兰的政策、以及那不勒斯国王不够精明。威尼斯的史学家当然不能苟同。在米兰，唯有贝尔纳迪奥·科里奥(Bernardio Corio)在哀叹意大利黄金时代的终结和摩尔人卢多维克的失势，在那不勒斯，特里斯塔诺·卡拉乔洛(Tristano Caracciolo)描述了那不勒斯阿拉贡王朝的灭亡。不过，痛苦而动荡的命运也催生了关于意大利各国历史和意大利整体历史的深刻反思，而引导人们进行反思的是这样一种强烈愿望：解释当下的命运，寻找未来的希望。

威尼斯的历史著述仍在平静地延续着，而且还很高产，但它只是表面上受人文主义理想的影响，大部分作者甚至还在使用威尼斯方言。传统的日记写作形式继续存在(马里诺·萨努多[Marino Sanudo]和吉罗拉摩·普留里[Girolamo Priuli])，紧随更为矫饰的古典评论(commentarii)之后(萨努多)。在新的人文主义批判精神的影响下，威尼斯历史中那些古老故事的地位下降了，但是，没有什么比威尼斯的下述实用主义态度更缺少人文主义理想的了：这种态度使得史学家们将官方记录加入他们的作品中，如政府机构的辩论、通信、条约和外交报告。总的来说，威尼斯史学家在叙述威尼斯的现实主义政策时带着对共和国的热爱,但并未认真而光彩地涉足崇高理想的世界。当新学术的追求者试图撰写威尼斯历史时,没有一个人取得成功。枢机主教、图书馆馆长,同时也是共和国官方史家的皮特罗·班博(Pietro Bembo),曾将萨贝里柯的威尼斯史续写到1513年,他的西塞罗式拉丁文相当典雅,但作品还是暴露出他政治阅历的不足,而且他拒绝利用可以接触到的丰富的官方文献。班博把威尼斯描述为一个完全致力于其公民的幸福和自由的国家,他的学术继承者们也同意他的见解。贝尔纳多·丘斯蒂尼亚尼则认为威尼斯是意大利和平的守卫者,保罗·帕卢塔(Paulo Paruta)宣称自由是威尼斯确认的最高价值。

1494—1530年,佛罗伦萨的政治生活以及美第奇家族(Medici)与共和派之间的权力斗争,激发政治分析家和史学家去思考合适的政府形式及国家的命运。有两个人物对这一挑战作出了出色的回答,他们就是尼科洛·马基雅维利(Niccoló Machiavelli)和弗朗切斯科·圭恰尔迪尼(Francesco Guicciardini)。马基雅维利曾在政治上为佛罗伦萨共和国效劳,直到1512年美第奇家族重新掌权,此后他的政治活动受到限制,于是转向了写作。圭恰尔迪尼曾为美第奇家族成员工作并充当他们的顾问,但后来他们不再需要他的服务了。两位史学家都以本地语言写作,都运用了从当代经验中获得的洞察力,而且都抛弃了绝对正义、共和制自由、事物的善意秩序之类的理想主义主张;这些理想看来已经与16世纪的意大利格格不入了——除了出现在官方的宣言中。因此,两位作者写作历史都是为了给当代人提供切实的政治教训。虽然上帝仍然被视为所有事件的首要原因,但他的意志看来是不可知的,他的直接干预太偶然,以至于起不了作用。人文主义史学尝试以相互离散的个人或"集体个人"行为去解释事件,马基雅维利则在历史中寻找支配人类事务中的持续变化的法则,于是他便远远超越了人文主义史学。然而,他仍然认为罗马史是应该学习的主要垂训来源,他在关于李维的《论说文》中说:"我的读者将

第十一章 两个转折点:文艺复兴和宗教改革

从中得到教益,这是所有历史研习的目的。"①他在人类行为与必然性(necessità)的相互作用中发现了一个主导法则(人服从于不可控的条件和力量)。另一个主导法则是,人的无限贪欲与有限的满足欲望的可能性之间存在无法解决的冲突。考虑到上述因素,历史最好的教导是呼唤美德(virtù),以及在恰当的时机采取勇敢、有力、明智的行动的意志。但是,即使拥有美德的领袖最终也可能失败,比任何个人都更强大的条件和力量将压倒他(这是必然的)。因此,马基雅维利与较少哲学色彩的圭恰尔迪尼都在谈论命运或宿命。不过,圭恰尔迪尼在评论罗马史和其他国家历史中的例证时更为谨慎。"用先例来作判断是最靠不住的;因为,除非先例在所有方面都与现实呈对称关系,否则便没有用处,具体情势差之毫厘,最后的结局谬以千里。"②他更喜欢评论和分析更近时代的人物的动机和行为。与此相应的是,圭恰尔迪尼把文献视为重要工具,并经常仔细研读。

马基雅维利的主要史学成果是《佛罗伦萨史》(History of Florence),这部作品几乎没有英雄人物,也没有关于自由的嘹亮宣言和华丽雄辩的风格。它那冷静严肃的文风与其揭示的不加掩饰的权威的效能很是匹配。马基雅维利谈论个人较少,更多是关于佛罗伦萨的政治结构、外交政策,以及日耳曼人迁徙之后的入侵浪潮是如何取得成功的:因为意大利已经变得腐败并因此衰弱。

圭恰尔迪尼的《佛罗伦萨史》(History of Florence)是一部未完成的作品,与他的编年体当代史《意大利史》(History of Italy)比起来相形见绌。后一部作品把各种事件、联盟关系、战争和外交行动出色地融合在一起,正是这些方面塑造了法国入侵后最初几十年中意大利的政治局面。圭恰尔迪尼关注的中心是个人行动、行动的理由及其不可预知的后果。不过,

---

① Machiavelli, *The Discourses*, 1, Preface, in the Prince and the Discourses (New York, 1950), p.105.

② Guicciardini, *Ricordi*, ser. C, n.117 in Opere, ed. E. L. Scarano (Turin, 1970), p.762.

由于上帝的意图神秘而不可知，而圭恰尔迪尼的思维框架也不考虑理论图式，因而他的意大利历史只是一系列关于事件和人物的出色研究。作品从未形成统一感。在美第奇家族统治下的佛罗伦萨，这样作为政治研究的历史已经相当少见。就政治主题而言，将共和政体谴责为滋生内部争吵的温床是一些历史学家的共同之处，如菲利波·德·内尔利(Filippo de' Nerli)和本尼迪托·瓦尔齐(Benedetto Varchi)。

159   卡洛·西格尼奥(Carlo Sigonio)是个与城市没有特别联系的学者，他的创作表明，人文主义史学家能以睿智但不必特别具有政治色彩的洞见来写作历史。在1500年代中期，他率先向人们表明，可以写出一部没有奇幻的建城传说但清晰易读的博洛尼亚史。他以出色的拉丁文撰写的《意大利史》在学术上无可挑剔，书中表达了作者对自由的深厚热爱之情。不过该书的主旨让那些赞美意大利的光辉过去的人感到不快：伦巴第人的灾祸创建了意大利王国，霍恩施陶芬统治的垮台终结了这个王国；而且这个王国始终没有为它的居民提供安定与和平。当时的意大利人可以为自己的过去而自豪，但不会费力去复原它。

普世历史的残破局面。虽然意大利的事件吸引历史学家的注意力，但拉丁基督教的独特背景也依然是整个世界——不管对世界的理解是宽泛还是狭隘。人文主义史学家对世界历史缺乏热情，以至于雅克布·菲利波·弗雷斯蒂(Jacopo Filippo Foresti)的世界年代记于1483年问世后，竟统治这个领域直到16世纪中叶。这也是一部百科全书式的世界史，它的成功使其一版再版，尽管有的学者嘲笑它是传说和事实的混合、它关于过去的叙述没有文采。1490年代，哈特曼·谢德尔在大量借用弗雷斯蒂的基础上也写成了一部世界年代记，不过他的重点在于叙述家乡纽伦堡。如果萨贝里柯的《伊尼阿德》(Enneades)能够真正完成的话，本来可以抗衡谢德尔的作品。但萨贝里柯只是把《旧约》、波利比乌、罗马史学家和各色年代记的材料简单地拼凑在一起，没有任何真正的次序或视角。直到1550年代才出现一部真正具有新特点的"世界史"，这就是保罗·乔维奥(Paolo Giovio)的《当代史》(History of His Time)。作者的知识来源更

第十一章 两个转折点：文艺复兴和宗教改革

为广阔,有乔维奥的亲身经历、采访、与相关人物的通信,也有他对资料和作品的广泛阅读。然而,这部作品已不再是一部从开天辟地(ab orgine mundi)写起且必带有老生常谈的创世纪的神圣历史,而是一部乔维奥的世界和时代的完整历史,这个世界虽局限于西方及其殖民地,但1499年之后,欧洲各大国争夺世界霸权的斗争开始真正把这些部分连接成一个统一的世界。这个较小的世界靠世俗的力量而非精神的力量而联系在一起。承认权力是一种历史力量;在这一点上,乔维奥尤其与马基雅维利一致。这种政治性质的、范围受到严格限定的"世界"概念也是中世纪的世界年代记作者所反对的。

人文主义者通过黑暗时代的概念来重建西方历史。意大利人文主义者拒绝帝国转移的观念,以及这个观念附带的从罗马帝国到中世纪帝国之间的连续性,因为这个观念给了神圣罗马帝国合法性,而意大利各城邦的公民通过长期的斗争拒绝了这个帝国的要求。布拉乔利尼把这个观念称作德意志的虚构。当人文主义者把从古代终结到自己时代开端的时段称为一个思想和艺术上的黑暗时代时,他们便形成了西方历史的三分法:(1)古代,(2)黑暗时代,以及(3)文艺复兴,这被视为古代的再生。他们拒绝与中世纪的任何牵连,而只想保持古代和自己时代的连续性。这种观念本来可以成为理解和把握变革现象的出发点,如果人文主义史学家不把自己首先视为古代风格的复兴者、其次才是革新者的话。他们主要也是写作政治史,不过从学术领域得出的三个时代的概念看来不太适合于政治史。

人们常说,文艺复兴的世俗精神对基督教气质的世界史写作构成了障碍,情况真是这样吗?很可能不是,因为当世俗化的宏大诉求在文艺复兴的实际生活及其史学中受到抑制时,这种诉求很快就消退了。的确,文艺复兴的史学家们并不沉醉于神学体系,事实上很多人好像还崇拜异教的古典学术。但他们所有人至少都是名义上的基督徒,而且完全接受基督教史学的构架:创世、基督的核心角色以及末日审判。文艺复兴的史学家们受古代人的启发,他们只是赋予人类较大的"内部自治"限度,这就使他们更加强调历史中人类行为和动机的重要性。他们不知道哪种切实可行的世界史的古代模式可以代替基督教的世界史,即便他们想利用的话。由于在史学实践中拒绝中世纪的模式,人文主义史学家干脆不再撰写"自建城以来"之类的世界史;他们的思想世界中没有任何东西使他们惦念这种史学。

从复兴到彻底革新。从布鲁尼时代到16世纪中叶,人文主义史学家们做了哪些出色的工作?这些工作对史学发展有何意义?

当人文主义史学家强调希腊和罗马的史学解释模式时,他们便开始削弱中世纪以《圣经》为中心的人类事务的阐释方式。人与上帝的关系依然处于中心地位,但主要是以暗示的方式表达出来,而且对事件原因的关注也在排挤这种地位,因为原因来源于个人心智,如理性、激情和意志。既然"佛罗伦萨人""威尼斯人"等集体"角色"也被视为个人一样的行动者,人文主义史学家们就很少需要对制度或其他社会结构进行分析了。这种关于原因的见解与古代和中世纪史学家们关于历史目的的看法很一致:历史必须以垂训和提供正派行为之榜样的方式来服务于人的生活。不过在人文主义史学家看来,人类行为较少涉及人与上帝的关系——这是一种神圣化的生活——而更多是涉及同国家的关系,这是一种公共生活。然而,人文主义者关于历史原因和目的的看法并未影响史学与修辞学的传统联系。尽管瓦拉曾指出,历史学是所有学术的根基和核心,但历史学在各学科中的地位没有改变。对过去的叙述应通过语言、修辞和道德哲学——以提供榜样——展开。人文主义者追随源远流长的修辞学实践,他们仅仅把历史学视为一种以真实的过去事件为基础的叙述形式。

有些历史学家也会采取尝试性步骤,以获取资料甚至运用资料收藏,但通往另一种史学的最初步骤应归功于弗拉维奥·比昂多。他对古物研究的兴趣已暗含着一种以重构过去而不是以提供教训为目标的历史学。这种潜在的发展方向意味着非文献资料的使用、获得真正的新信息而不是对"权威"的被动接受,还有就是利用辅助学科以丰富研究手段。西方史学于是获得了一个新的倾向,它很快就会发生影响。不过,文字资料的

第十一章 两个转折点：文艺复兴和宗教改革

支配地位直到19世纪末才开始削弱，因为当时人们日益主张全面地描述人类生活（既有单调的日常生活，也有激动人心的个别场景），这就需要拓宽史学方法。对大部分人文主义史学家而言，他们甚至强化了古典语文学和历史学之间的联系，这两个学科直到19世纪都很繁荣，地位也都很牢固。

人文主义者影响最为深远的创新是一种看来无害的语文学实践，即文本批评。文本批评几乎取得了全面的胜利，其唯一的污点是1498年把一部著名的伪作引入历史研究中：这就是乔万尼·阿尼奥·达·维特波（Giovanni Annio da Viterbo）用意大利文出版的贝罗苏斯和马尼托（Manetho）的"遗失作品"。不过，如果这部奇特的著作在19世纪问世，人们也许更易于接受它。为了"净化"古代的学术著作，人文主义者去除了后代人对古代文本的所有改动和添加，当他们这样做的时候，他们已经对"什么东西可靠"有了新的认识。他们已经懂得，所有人民在特定的时代都以独特的方式造句，都有特定的词汇，并以相同的方式使用词语。因此，人们就一定能将所有公元前1世纪所没有的术语、句子结构和思想从西塞罗的著作中清除出去。人文主义者已经发现了文化语境和年代错误等概念，虽然他们的理解还很有限。

考察的对象绝不总是文字资料，尽管《洛伦佐·瓦拉论君士坦丁的伪作》（The Discourse of Lorenzo Valla on the Forgery of Constantine）等文本批评的确很出色。瓦拉论证了君士坦丁的赠予是个伪作，从而否定了教皇国的部分法律基础，这符合那不勒斯国王阿方索（Alfonso）一世的利益。但这并不重要。重要的是，文本批评现在可以削弱乃至摧毁一份许多世纪以来被人接受——虽然也有怀疑——的文献的权威性。一个学者甚至可以只身挑战传统中最重要的东西。瓦拉便考察了圣哲罗姆的拉丁版《圣经》。批判精神最终将波及西方文化的所有方面，这对古老的传统带来了毁灭性后果。年代错误这一概念也指向了文化系统观念，即认为人类生活的所有方面在特定时期和地域内是相互关联的，不管这些方面涉及语言、法律还是衣着方式。人文主义者意识到了西塞罗时代的拉丁语和中世纪拉丁语的差别,这种意识可能提醒他们变迁当中的关键模式:发展。文艺复兴时代的人文主义者看到了这些可能,但没有实现其中的任何一种。他们的发展意识仍然是关于理想中的古代学术不断蜕化、因而需要予以恢复的意识。惯性不是承认根本变革的唯一障碍。瓦拉已经懂得,万物皆能发生变化的观点可能将历史学真正塑造为核心学科,但也可能摧毁可靠性和永恒的真理,而这些东西是他的同代人不愿放弃的。这个步骤留待 19 世纪的思想家们完成。

二 意大利之外的人文主义修正

意大利人文主义者的新古典主义及他们倡导回归思想和美学光辉的信念,在别的地方也有回响。不过,大多数其他国家缺少意大利那种能促进人文主义繁荣的因素,如罗马古迹的丰富遗存、城邦国家和追求高雅的宫廷,以及古代罗马与当下之间紧密相连的意识。当人文主义者的古典主义确实被接受时,它必然经过了不同的民族条件的改造。这样的接受不仅仅是文学和美学上的输入,而且是缓慢的民族构成过程中的一个要素。虽然人文主义的批判损害了民族起源的传说,但它提升了另一些民族传统的声望,如涉及国家法律的传说。

对德意志历史的追寻。德意志人文主义,包括人文主义史学,其主要支持者是帝国宫廷和各个城市。伊尼亚·希尔维奥·皮克罗米尼(Enea Silvio Piccolomini,后来的教皇庇护[Pius]二世)曾作为皇帝弗雷德里克三世的秘书在宫廷任职多年,对人文主义的事业发挥了积极的影响。他把塔西陀的《日耳曼尼亚志》介绍给德国人,还有书中那讨人喜欢、道德纯洁的日耳曼人形象,小型的自治政府,以及纯属日耳曼而非特洛伊的起源。

半个世纪后,即 1500 年前后,马克西米连(Maximilian)一世的宫廷成为了日耳曼传统主义、初生的民族情感和意大利革新的奇特的混合体,它与一批尝试以人文主义方式撰写德意志历史的学者存在松散的联系。康

第十一章 两个转折点：文艺复兴和宗教改革

拉德·塞尔提斯（Conrad Celtis）出版了塔西陀的《日耳曼尼亚志》，并发现冈德斯海姆的罗斯维塔（Roswitha of Gandersheim）关于奥托一世的史诗是德意志历史的史料，最重要的是，他在《日耳曼尼亚写真》（*Germania illustrata*）中试图模仿比昂多的成就。然而，塞尔提斯没有完成这项任务，约翰内斯·库斯皮尼亚努斯（Johannes Cuspinianus，施皮斯海默[Spieshaymer]）同样如此。后者的主要作品是《罗马人的恺撒和皇帝》（*Caesars and Emperors of the Romans*，一直写到马克西米连），主要是一部学究式的朝代史，而非民族史。

同样，人文主义的学识和世界主义，与对某些王朝的偏好和地方忠诚，二者之间的调和也存在困难，这些困难困扰着最初对德意志历史的回顾，如温菲林（Wimpheling）的《德国历史概略》（*Epitome of German History*）、约翰内斯·瑙克莱鲁斯（Johannes Nauclerus）的《纪事集》（*Memorabilia*，一部世界史）和阿文提努斯（Aventinus）的《巴伐利亚年代记》（*Bavaria Chronicle*）。对帝国的尊重和日耳曼自豪感使得这三部作品都强调从罗马到日耳曼的四个帝国更替的古老观念。追寻高贵祖先的传统使得阿文提努斯再次提出了特洛伊起源说。贝阿图斯·雷纳努斯（Beatus Rhenanus）的《德意志历史三书》（*Three Books on German History*）较少奇幻色彩，作者对德意志的同情与他对弗拉维奥·比昂多的学术的赞赏不相上下。他为塔西陀和维雷尤斯·帕特库鲁斯（Velleius Paterculus）的作品做了很好的编辑出版工作，在研究日耳曼人并不那么奇妙的起源时，他甚至分析了德语的发展过程。但是，由于他的作品内容严肃，学术性太强，因而读者主要限于学者之中。

到1520年，德国历史学已经获得了很多人文主义的特征，而新的印刷术更是推动了这一潮流。但随后的路德宗教改革和数十年的宗教纷争彻底改变了精神世界。有的学者走上了雷纳努斯的纯粹学术型道路，以避免介入宗教冲突。其中一个著名例子是康拉德·普伊亭格（Conrad Peutinger），他编辑出版了塞尔提斯发现3世纪的罗马公路图。这份以《普伊亭格图》（*Tabula Peutingeriana*）著称的作品是新的兴趣领域的表现:这就是我们今天所称的辅助性领域,如铭文研究、手稿和钱币的搜集以及资料的编辑。

另一些学者在宣称拥护路德宗信纲时,仍然试图勇敢地献身批判性的学术研究。施莱顿(Schleiden 或 Sleidanus)的约翰·菲利普(Johann Philip)曾作为一位外交官获得政治方面的训练,作为一位学者,他在将傅华萨的年代记和菲利普·德·科明(Philippe de Commynes)的回忆录译成拉丁文的过程中得到了学术方面的训练。所有这些都有助于他创作《论皇帝查理五世时代的宗教和国家状况》(Commentaries on the Condition of Religion and State under Emperor Charles V),作者持论公允,连他的新教赞助者也感到不悦。另外,作者十分强调外交和政治方面,以至于读者在阅读时绝想不到宗教改革的纷争还涉及思想、情感和普通大众。他的准世界年代记《论四个世界帝国》(On the Four World Empires)大约出了65版,因而使他成为数代德国学生的历史教师。这是一部传统的世界年代记,根据的是但以理的四个帝国幻影,但作品对教皇的谴责和对德国皇帝的赞美足以迎合当时的党派激情。

追求新的法国史。在15世纪80—90年代,意大利人文主义激发了一批人数不多但颇具影响力的学者聚集在索邦的教授纪尧姆·菲歇(Guillaume Fichet)的周围。他们中间的一员罗贝尔·加干(Robert Gaguin)曾有一个宏大的人文主义法国史计划,但没有找到赞助者。于是他写了一部纲要:《法国人的起源和业绩》(Origin and Deeds of the French),但它主要是《法国大年代记》的摘要,不过其文风和拉丁文迎合了新的人文主义趣味。他质疑法国人的特洛伊起源说,但他的表达方式十分温和,以至于至今仍有学者怀疑加干到底有没有批判的意愿。相反,来自维罗纳的人文主义者、受路易十二委托撰写法国史的保罗·埃米利奥(Paolo Emilio),则没有加干那种对法国传统的尊重,他在《法国大年代记》中发现很多可疑之处,包括法国人起源于特洛伊的说法。他的《论法国人的业绩》(On the Deeds of the French,截至1488年)以其新颖的视角和精致的拉丁语而对法国史学产生影响。然而,法国史学的下一个重大进展竟

第十一章 两个转折点:文艺复兴和宗教改革

出人意料地发生在法学领域。

当有关真正的教会传统的斗争席卷整个欧洲时,在法国,另一个传统也受到了攻击,这就是延续多个世纪的罗马法版本。自从皇帝查士丁尼下令对庞杂混乱的罗马法进行筛检、从而制定出系统的罗马法大全后,基督教世界就拥有了《民法大全》(Corpus juris civilis)。在《民法大全》的四个部分中,第二部分《法学汇纂》(Digest 或 Pandects)成为基本的法学书籍。在整个中世纪,人们以敬畏之心把《民法大全》奉为绝对和完美的法律体系。中世纪的法学家认为,他们在实际生活中运用该法典时碰到的一切困难,都只是因为没有完全理解罗马法;由于很难为适应新形势而改变如此完美的法律,于是人们撰写注解和评论,冒充以新的视角来理解这一永恒的法律。

当人文主义者将新的文本批判方法运用于罗马法时,注释家们的枷锁就被打碎了。正如人文主义者指出的,以特里波尼安(Tribonian)为首的查士丁尼法典的编纂者们,其实是以 6 世纪的语言和概念来理解和歪曲"纯粹的"罗马法的。人文主义者提出了这样的战斗口号:"回到特里波尼安之前!"简言之,通过恢复"纯粹的"拉丁文本的方式回归"纯粹的"罗马法。正是在这种精神的推动下,马菲奥·维吉奥(Maffeo Vegio)对《法学汇纂》进行词语分析,彭波尼奥·莱托(Pomponio Leto)开展了制度研究,皮特罗·科里尼托(Pietro Crinito)尝试复原罗马法,安格洛·波利齐亚诺(Angelo Poliziano)对佛罗伦萨的《法学汇纂》抄本进行了古文书考订。他们率先对《民法大全》代表罗马法的最终形态的说法发起攻击。关于变化和年代错误的意识——这是文本批评释放出的强大力量——即将给法学带来历史视角。

在法国,纪尧姆·比代(Guillaume Budé)是意大利批评家最初的追随者。他的《法学汇纂评注》(Annotations on the Pandects)属于那种质疑权威著作的传统文本的评注类作品,后者的创作一直从瓦拉延续到伊拉斯谟(Erasmus)。在比代的笔下,特里波尼安是文盲、戕害文本的刽子手。伟大的意大利法律注解者萨索菲拉托的巴托罗(Bartolo of Sassoferato)和弗朗西斯库斯·阿库修斯(Franciscus Accursius)是在自我愚弄,尽管他们认为是在解释罗马法,但实际上,他们的发挥、阐释和总结已经改变了法律的意义。比代仍然忠实于"回归纯粹的罗马法"的理想,但有时他也提到法律真正的历史化——即认为法律随着社会的变迁而改变。作为一名古典主义的热衷者,这位曾撰写过研究罗马钱币的开山之作的学者还无法抛弃理想中的古典时代。

通过文本批评恢复"纯粹"罗马法的人文主义方法,到后来被称为法学训练中的法国方法(mos gallicus juris docendi),而意大利方法(mos italicus)指的是中世纪的注解方法。法学训练的法国方法还因为意大利人安德里亚·阿尔恰蒂(Andrea Alciati)的工作而获得新的力量。他只在布尔日大学教过四年书,但那里的学生被他直接从原文、而不是从注解或其他阐释来讲述法律的方法所吸引。阿尔恰蒂于1532年返回意大利,这与他不得人心地捍卫教皇、嘲笑法国人有关,当时法国人正在努力为他们的制度披上古典色彩以增添其光荣。乍看起来,他留下的法学遗产无非是恢复罗马法,但实际上,他的做法已经开始侵蚀罗马法作为一种永恒有效的完美法律体系的地位。这样的转变使得后来的法国法学家比较容易看到中世纪习惯法研究的价值,并且懂得,法学领域也像人类所有生活领域一样会发生变化——也就是说,法律也有自己的历史。

英国史学的谨慎修正。15世纪末16世纪初,意大利人文主义学术传到了英国。当时英国的年代记创作刚刚从修道院的缮写室转向贵族的宅第和市民家中,它的处境并未因此而恶化。伦敦的《综合年代记》和《布鲁特》依然很受欢迎。特别重要的是,伦敦的年代记让人想起无数涓涓小溪汇聚成浩瀚江流的景象;1500年以后,理查德·阿诺德(Richard Arnold)的《年代记》(*Chronicle*)和罗伯特·法比安(Robert Fabyan)的《英国和法国年代记》(*Chronicle of England and of France*)问世。它们都不是什么杰作,但对保证年代记传统继续强势延续多年起了作用。

1501年,意大利人文主义者波利多尔·维吉尔(Polydore Vergil)作为教皇俸金征收员来到英国,并在那里逗留近50年。为了推动自己及年轻

第十一章 两个转折点：文艺复兴和宗教改革

的都铎王朝的事业，维吉尔准备以人文主义的方式写一部文辞优美、让人愉悦的历史。维吉尔的作品于1534年出版，虽然它迎合了当时的人文主义潮流，也深得都铎庇护者的欢心，但它让英国人感到不快，因为作者贬低了——主要是出于有意识的忽视——关于早期不列颠人的奇妙传说，包括特洛伊起源和亚瑟王的故事。另外，维吉尔的《英国史》（*English History*）以罗马时代为开端，而且采取以罗马为中心的视角，这冒犯了英国人根深蒂固的自豪感，何况他们正处在一个与罗马教廷发生激烈冲突的年代。不过这部作品在几十年内仍是一部出色的英国史。

大约在1513年，托马斯·莫尔（Thomas More）创作了《理查三世史》（*History of Richard III*），这是第一部带有人文主义史学特征的英国历史著作：效仿罗马史学家；典雅的拉丁文；措辞精妙的演讲词；有意识地对叙述进行组织，而不是逐年记载事件；强调人的性格和动机；重申历史的教育作用。这部深受欢迎的作品告诫人们专制统治具有毁灭性，1543年后以各种版本印行，但版本质量通常很差。

人文主义的种子就这样散播开。更为完整的盘点可以表明，从大西洋到东欧的各个地区，很多人文主义者都在为他们的庇护者服务，他们在年代记史学的园地中间开辟出富有影响力的人文主义的史学飞地。

三　精神统一体的瓦解

寻找"纯洁的"教会史。为了恢复"纯洁的"的古典传统，意大利人文主义者一层层地剥去"黑暗时代"留下的沉淀物。对马丁·路德来说，这样的努力毫无吸引力，因为他认为古典成就是虚弱的、没有精神目标的人类理性的产物。但是，当路德号召回归"纯洁的"基督教会、即基督及其使徒的教会时，他的工作也已涉足复兴运动了。他和其他改教家在努力去除许多世纪以来层层叠加的"腐败"传统时，也意识到历史研究的必要性，因为这可以帮助重建纯洁而永恒的信仰和教会。当然，这样的态度会否认历史中发展的合法性。

路德的朋友和系统神学家菲利普·梅兰希顿（Philip Melanchton）很快就懂得，罗马天主教和新教之间的关键战斗将在教会传统的有效性问题上展开，因此历史是个强有力的斗争武器，在他的推动下，拉恩河畔的马堡、柯尼斯堡和耶拿等地的新教大学赋予历史学以突出地位。他自己也讲授历史。这种情况有助于约翰·卡里昂（Johann Carion）出版路德教观点的世界年代记，而且这部《年代记》（*Chronica*）取得了很大的成功。梅兰希顿把这部年代记的部分文字加工成一部有用的教科书，但是该书的完善和续写工作留给了他的女婿卡斯帕·普伊塞（Casper Peucer）。此后，这部当初很简短的德语年代记变成了四卷本拉丁语世界年代记。随着内容的增加，这部作品开始强调路德学说中的神圣历史与人间或世俗历史的决定性差别，前者描述的是上帝为人类得救所做的规划，即Heilsorder（得救的秩序），后者描述上帝对秩序化的人间生活的规划，即Erhaltungsorder（维生的秩序）。这种差别还表现为解决另一个难题的尝试，这就是基督教神学家和历史学家如何处理尘世制度及事件与上帝对普世救赎规划之间的关系。对这种关系的新理解已经产生了强烈反响。普伊塞在编辑梅兰希顿的年代记时，以出人意料的近乎人文主义史学的方式，对神圣和世俗两种秩序作了截然的区分。这样一来，新教史学到达通往两种完全分离的史学的岔路口：一种是教会的历史，它讲述基督教会的故事，另一种是世俗的历史，它关心的是作为上帝之工具的国家。尽管上帝仍然是二者之间的联系，但是这种联系每个世纪都在削弱。

在路德改革运动成熟为一个制度化的教会后，一批路德宗学者在马提亚斯·弗拉修斯·伊鲁里库斯（Matthias Flacius Illyricus，即伊斯特利亚的弗拉赫[Vlach from Istria]）的领导下开始对基督教会的过去展开系统研究。他们编写的《马格德堡纪元》（*Magdeburg Centuries*，1559—1574年）记载着路德派关于基督的教诲一步步被腐化、罗马教阶制腐蚀早期简朴教会的种种说法。罗伯特·巴恩斯把一切罪过都归咎于教皇，对于后者他足足污蔑了一番。路德很喜欢巴恩斯的《罗马教宗生平录》（*Lives of the Roman Pontiffs*），不过它只是放大了普拉迪纳的《教皇生平录》和其

第十一章 两个转折点：文艺复兴和宗教改革

他作品中描述的教皇的弱点。约翰·巴尔(Johann Bale)是位更为系统化的教会史学家，他把历史上信仰所遭受的不幸归因于整个"罗马教会"。后来他还协助过《马格德堡纪元》的作者们。

《马格德堡纪元》以13卷的宏大篇幅追溯了1300年之前教会的发展，它为所有异议分子欢呼，对那些据称助长教会不断走向腐败的人则严厉谴责——特别是被斥责为反基督的教皇。当弗拉修斯找不到每卷之间的区分点时，他决定每一卷专论一个世纪，于是便开创了西方史学中一个最持久的观念。每一卷，或者说每一个世纪，都有一些论述标准问题的章节，如教会的扩展、教会的命运、教义、异端、宗教礼仪、教会的管理、教会的公会议、主教和神学家的生平、殉教者、神迹、犹太人问题，其他宗教以及政治问题。虽然这部作品的文字不那么让人愉悦，但它丰富的学术知识为新教牧师和学者提供了庞大的资料库。

《马格德堡纪元》威胁到仍在延续的传统，天主教派不可能听任路德派对教会的解释到处流播。最初是奥诺弗里奥·潘维尼奥(Onofrio Panvinio)开始在这方面展开工作，他是一位声望卓著的古物研究者和普拉迪纳的最新版《教皇生平录》的编辑者，但他没有完成任何作品就去世了。接着，在1571年，教皇的一个委员会选定另一位奥拉托里会修士塞萨尔·巴罗纽斯(Caesar Baronius)，责成他针对《马格德堡纪元》撰写一部天主教作品。巴罗纽斯的《教会编年史》(*Ecclesiastical Annals*，第一卷于1588年出版)首先试图证明，否认中世纪教会的发展是错误的，因为使徒时代之后的变迁不是人为的革新，而是在圣灵的指引下阐发、解释并具体运用基督的教导。对连续性的强调使得巴罗纽斯选择旧式编年体的做法显得很合适，虽然他很珍视人文主义学术。不过，巴罗纽斯对资料的考察十分仔细，并删除了那些无可查考的传说，这体现了他十分现代的批判精神。这部《编年史》很受欢迎，出了很多版本。巴罗纽斯对准确性十分认真、十分虔诚和关注，资料的使用也非常丰富，以至于有时能为新教学者提供信息。

但是，《教会编年史》毕竟是一部罗马天主教史论，巴罗纽斯也犯下了不少错误。新教徒伊萨克·卡索本（Isaac Casaubon）对他的作品进行了回应。卡索本是个杰出的加尔文派语言学者，他指出了巴罗纽斯作品中的希腊语、希伯来语和拉丁语错误，并据此推断说，整部《教会编年史》都是不可信的。卡索本的回应名为《驳巴罗纽斯》（*Exercitationes in Baronium*），仅为驳斥巴罗纽斯作品的第一卷就花了八百页的篇幅，现在只有残篇遗存。运用历史来赢得正统教会传统争夺战的尝试随着卡索本而结束。虽然教会史地位很重要，但这些历史都忽视了宗教纷争中群众的介入。如果说宗教改革时代的历史学要成为一种工具的话，它还必须面向更广大的公众。

在安立甘教会逐步形成的过程中，关于正统教会传统的斗争具有独特的形态。在安立甘教会的初期，其信纲、组织构成和宗教礼仪都经过了一番争论，最终在英国社会各种反复交错的潮流中确定下来。早期的新教徒，如威廉·廷德尔（William Tyndale），认为《圣经》是唯一的权威，使徒的教会是唯一合适的模式。中世纪是"严重的衰落"，在此期间，"有形的"教会由于教皇的"巨大阴谋"而走向堕落。不过，安立甘教会追求更强的连续性，为此它的第一个做法是将"理想"的使徒教会时代延续到600年左右，接着又强调作为基督神秘圣体的教会和有形教会之间的区别，前者不存在任何变化和可疑之处，只是在神圣历史的几个重大转折点上发生转变，而后者则存在于特定的社会和国家中。有形的教会是尘世的一部分，它只在非根本性的方面（adiaphora，或不置可否的方面）存在变化。正是在这个意义上，理查德·胡克（Richard Hooker）把安立甘教会定义为一种历史制度，它位于罗马天主教和新教之间。

歌颂伊丽莎白的宗教解决方案的著作注重古老性与学术方法，这部《论古代不列颠教会》（*De antiquitate Britannicae ecclesiae*）由一批学者编纂而成，他们的领导者是博学的坎特伯雷大主教马修·帕克（Matthew Parker）。他们挽救了大量濒临毁灭的史料，并在大主教的府邸中搜集整理、系统地编辑和利用它们。帕克最初的意旨是服务于基督教信仰，但最后变成了对该信仰的英国版本的颂扬：

第十一章 两个转折点:文艺复兴和宗教改革

> 因为我担任一个普通牧师不致损害我的健康和安宁,但我认为,如果在别的地方担任宗教职务就是另一回事了;我的意思是,以我残缺不全的搜集和出版工作……记录我的第一位先驱奥古斯丁何时来到这个国家,他带来的是何种宗教,这种宗教如何传承下来并得到增强和发展,这种局面因我的大部分先驱者的努力才能出现,我今日搜集的是国王亨利七世之前的少许作者的文字,正是从亨利七世时代开始,我们的宗教开始改善,并更加符合福音书。①

英国人的自豪感也得到了很好的满足,因为帕克和他的同事很关心早期盎格鲁-撒克逊语言,注意编辑撒克逊资料和中世纪英国年代记。

殉道者和公会议。学术性的教会史探讨本质和非本质之类的问题,这种冗长的著作不会打动大众。看起来让人奇怪的是,在英国,最受大众欢迎的教会史著作竟是约翰·福克斯(John Foxe)的《最近危险日子里的行动和记录》(Acts and Monuments of These Latter and Perilous Days),一部拉丁文著作的英译本。不过读者把它简称为《殉教者记》(Book of Martyrs),尽管说到底它是一部结构完整的教会史。福克斯在书中证明,新的英格兰新教教会不是突然或偶然的现象,而是有着自身的延续性——如果把威克里夫(Wycliff)和罗拉德派(Lollards)视为通往"纯洁的"使徒教会的桥梁上的中世纪支柱的话。但是,如果没有福克斯的殉道者列传,这样的教会史是不会打动大众的。到这时,新教徒和天主教徒都在当时的殉教者生平中发现了同样的精神源泉。在16世纪,让·克雷斯潘(Jean Crespin)发表了一部"新"殉教者、"反基督"——即罗马天主教会——的"牺牲者"的历史,而巴罗纽斯则以《罗马殉教者列传》(Roman Martyrology)来反击。但福克斯的《殉教者记》赢得的读者比任何其他此类著作都要多。这是一部真正面向大众的历史,它是有选择性、派别性的,但给人

---

① *Correspondence of Matthew Parker*, ed. John Bruce and T. Perowne (Cambridge, 1853), p. 425.

的印象极为深刻。

当殉教者受到关注时,16世纪的一项更为重要的宗教事件,即特伦特公会议,却长期被史学家忽视。首部重要的历史记述来自威尼斯人保罗·萨尔皮(Paolo Sarpi),他是具有新教思想的圣玛利亚修会(Servite Order)的苦行僧。他的《特伦特公会议史》(History of Council of Trent)于1619年出版,它明显带有萨尔皮的教育和生活经历的痕迹。人文主义史学使得他以政治为中心,这种视角还因为他对威尼斯祖国的热爱、因为他憎恨将教会权威运用于政治而强化。这样一来,他笔下的这次公会议主要是一场权力斗争,甚至在神学问题上也是这样。至于这次会议在神圣历史上的意义,或曰它的宗教意义,都无法从萨尔皮于资料中提取的详尽叙述之中窥视一二。他那种堆砌事实的方法反映了那个时代的偏好,即对宗教纷争进行政治化的解释。直到很多年以后,耶稣会士斯福扎·帕拉维奇诺(Sforza Palavicino)才在《特伦特公会议历史》(Story of the Council of Trent,1656—1657年)中尝试反驳萨尔皮的解释。但他不能完全抑制萨尔皮的影响,因为萨尔皮对新教徒和知识分子当中越来越多的怀疑主义者很有吸引力,前者喜欢他本质上的不恭敬态度,后者欣赏他对教会历史的揭露。

第十二章

持续变化中的传统史学

一 理论应答和爱国主义回声的叠加

历史学在整个16世纪都受到人文主义的影响,但它已经卷入不同的民族发展历程之中,并因此而具有不同的色彩。在意大利,1559年之前的历史学显示出大动荡的痕迹,随后又打上了平静时代的烙印。在法国,16世纪后半叶的内战将寻找真实的过去的努力,变成了有关民族救赎的辩论。这就使得历史学家和具有历史头脑的学者去关注法兰克习惯法、封建主义和法兰西的特性(日耳曼的、罗马的还是凯尔特的)问题。伊丽莎白时代的英国相对平静,也较为自信,它的历史学种类繁多:其中最富特色的是古物研究著作。一些学者踵武瓦罗和比昂多的足迹,探索英国的古代遗迹。但即使这种研究也涉及民族身份和政治问题,特别是在盎格鲁-撒克逊法律的研究中。实际上,19世纪英国、法国和德国的罗马派和日耳曼派的争论可以追溯到16世纪。历史学后来对资料、档案和制度的关注,至少可以部分归功于古物研究者和法学史专家。

关于法国独特历史的斗争。 1560年以后的法国,各种争斗接踵而至,对于这个问题,人文主义史学家本来大有机会实践他们喜欢的史学类型:政治史和军事史。但这类历史中最出色的作品是意大利人撰写的,如恩里克·卡特里诺·达维拉(Enrico Caterino Davila)的创作,这个意大利人同情法国的母后卡特琳娜·德·美第奇(Catherine de Medici)。他对事件的观察相当深入，叙述中资料的运用也很仔细。但即使是他也更注重揭示政治权力的大规模变迁，而不是没完没了地叙述事件。大部分最有影响力的法国学者也有和他一样的旨趣：律师和法学教师较少关注个人及其行动，而更多地关注作为法律和习惯的集体力量。1550年以后，当反对意大利方法的战斗胜利后，他们将法学史研究推向了新的方向。他们中间的很多人都一度与布尔日大学存在联系，如夏尔·迪穆兰（Charles Dumoulin）、弗朗索瓦·勒·杜亚伦（François le Douaren）、弗朗索瓦·奥特芒（François Hotman）、弗朗索瓦·博杜安（François Baudouin）和雅克·居雅斯（Jacques Cujas）。其他人是国王宫廷和各法庭的法学专家。这些穿袍人士（robins，即穿着长袍之人）带动了对法国历史的新探讨。

法国方法的早期倡导者仍然希望重建作为普世典范的"纯粹的"罗马法。但是，当一些法学家成为新教徒并将他们对罗马天主教的厌恶扩展到罗马的一切事物上时，这种意向便改变了。弗朗索瓦·奥特芒认为，罗马对法国人的一切影响都是腐败的。不仅《民法大全》是共和时期和帝国时期的罗马法的不可靠的杂交品，而且当罗马法强加给法兰克人时，它就压制了最适合法兰克社会的法兰克法律。奥特芒认为，罗马法不是普世的理想法典，而仅仅是罗马人的法律。奥特芒将所有的法律变迁与社会联系起来，从而向法律的历史解释迈出了踌躇的一小步。但不幸的是，当他以新的"恰当"而永恒的典范，即法兰克法律取代罗马法的地位时，他迈出的步子又退了回来。尽管如此，奥特芒的步骤引起了对法兰克法的新探讨，不久之后又引导人们以新的态度看待曾被人文主义者极为蔑视的中世纪。当法学家研究这个时代时，他们对封建主义的起源深感困惑，同时也拒绝了关于封建主义发展的罗马派解释。迪穆兰证明，罗马法中没有采邑，奥特芒则直接提出了日耳曼起源说。

但是还有一个很麻烦的问题：法国人究竟属于哪种人。很多世纪以来，"弗里德加"中提到的法兰克人的特洛伊起源给了法国人以自豪和自信。像加干这样杰出的学者，顶多也是怀疑一下与特洛伊的联系，但还是

第十二章 持续变化中的传统史学

遵从这个传说。意大利人文主义者保罗·埃米利奥具有新批判主义的不恭敬态度,与法国人的特洛伊祖先一说也没有利害关系,于是他公开宣称法兰克人是日耳曼人。贝阿图斯·雷纳努斯后来证明埃米利奥的推想是正确的。作为一名出生于德国的新教徒,奥特芒热切地用日耳曼起源说来取代特洛伊和罗马起源说,并直截了当地称特洛伊传说是"取悦于人的神话故事"。虽然所有证据都证明法兰克人起源于日耳曼,但法国人不是很喜欢,不久人们强调的重点便从法兰克—日耳曼起源转向了法兰克—高卢起源。纪尧姆·波斯泰尔(Guillaume Postel)再次强调凯尔特高卢人对早期法国史的重要性。他们认为,凯尔特高卢人是通过诺亚的曾孙歌篾(Gomar)而与以色列人有直接联系的人民。博杜安甚至认为法兰克人是生活在莱茵河以东的高卢人。后来,一些爱好古物研究的学者对这样的说法表示怀疑。艾蒂安·帕斯捷(Etienne Pasquier)可能最坚信日耳曼起源说的有效性,不过他认为整个起源问题并不重要,从而避免作出裁决。现在谁能说清楚遥远蒙昧的过去发生的事情呢?

在关于法国法律的讨论中,法学家们认为,法律是塑造国家(body politics)的最高力量,他们研究法律就是学会如何评估历史的价值。弗朗索瓦·博杜安公开宣称,他已经意识到法律文本来自历史,而且历史中无论多么显著的现象都是从法律文本演变而来。他还注意到,由于历史兴趣领域的转变,史学家的知识来源也在改变。如果历史学不再论述战争、英雄或道德典范,而是论述缓慢演变的法律和社会制度,那么在重构过去的故事时,就不能再靠简单地接受从前史学家的权威和他们的叙述了;毕竟,过去的大多数史学家忽视了社会的制度结构。通往过去的新大门是原始资料(primi autores),现在人们开始重视这些资料,并对它们进行批判性考察、找出其中的偏差。如果产生疑问,原始资料将是决定性的权威,它甚至可以否决延续许多世纪的古老传说。

国王弗朗索瓦(Francis)二世委托让·杜迪耶(Jean du Tillet)重组王家档案馆,此举开创了系统搜集整理档案的潮流。到1560年代,学者们仍很少使用档案,因为档案的搜集整理通常组织得很糟糕,而且一般也不让人查阅,即使有人能够查阅的话通常也须意见相投。毕竟连法学古文书研究者也不仅仅是为了学术沉思而工作的。正因为如此,让·杜迪耶和王家档案馆的另一位主管皮埃尔·皮杜(Pierre Pithou)把他们的法学、古物学和历史学技艺用来为他们的君主服务。这种将法学、历史学与为法国服务结合在一起的做法,是这个学术圈子中所有成员的典型特征,其成员除了皮杜之外,还有克劳德·德·富舍(Claude de Fauchet)、路易·勒卡隆(Louis le Caron)、安托万·鲁瓦泽尔(Antoine Loisel)和艾蒂安·帕斯捷。帕斯捷撰写了具有里程碑意义的《法国研究》(*Recherches de la France*),以10卷的篇幅描绘了法国的政治、司法和财政制度,还有它的教会、语言和通史。唯有德杜(De Thou)的《当代史》(*History of His Own Time*)获得的赏识堪与该著相比。这些学者对高卢的同情并不与他们的方法论相冲突,因为在他们的方法论中,历史著述的真实是由目击者的报告(旧的权威)和经过批判性考察核实过的材料(新的权威)来保证的。

英国历史学:传统、自豪和宁静。在英国,对年代记的偏好贯穿了整个16世纪。许多学者甚至试图以撰写年代记的方式来满足大众对民族历史的需求。爱德华·霍尔(Edward Hall)以《兰开斯特和约克两个高贵显赫家族的联合》(*Union of the Two Noble and Illustrious Families of Lancaster and York*)来迎合新教徒和都铎王朝的同情者们。随后托马斯·兰奎特(Thomas Lanquet)和托马斯·库珀(Thomas Cooper)将大量年代记作品缩写成一部紧凑的《年代记摘编》(*An epitome of Chronicle*,1549年)。此举开创了短篇历史作品的繁荣局面。书商理查德·格拉夫顿(Richard Grafton)继续霍尔的工作,把从创世以来的许多材料塞进他自己的《通史年代记》(*Chronicle at Large*)中,但该著销路不好。后来,拉菲尔·霍林谢德(Raphael Holinshed)和一些合作者创作了《英格兰、苏格兰和爱尔兰年代记》(*The Chronicles of England, Scotland, and Ireland*),深得当时读者的喜爱。该著从很多年代记、传奇、波利多尔·维吉尔和马修·帕克那杰出的年代记和资料合集中汲取了丰富的材料,并将它们巧妙地糅合在一起,该著曾长期是个知识宝库。

第十二章 持续变化中的传统史学

约翰·斯托（John Stow）是个以裁缝为职业但以学术为志向的人，他编纂了一部《英国年代记概要》（*Summary of English Chronicle*，1565 年），主要依据的是哈丁（Hardyng）、法比安和霍尔的作品，后来又不断更新，而斯托个人创作的比重也逐步增加。1592 年，他撰写一部英国史的想法终于在《英国编年史》（*Annals of England*）中实现。斯托从未放弃写一部真正新颖的英国史的愿望，但他始终未能如愿。随着伊丽莎白时代于 1603 年告终，年代记的时代也过去了。

翻译和刊印古代史学家的作品促进了新的历史意识在英国和大陆上传播。亨利·萨维尔（Henry Savile）翻译和出版塔西陀、菲尔蒙·霍兰德（Philemon Holland）出版李维、苏维托尼乌斯和阿米雅努斯·马塞利努斯，就是其中最著名的例子。到 1600 年，托马斯·尼克尔斯（Thomas Nicholls）出版了修昔底德，托马斯·诺思（Thomas North）出版了普鲁塔克，托马斯·洛奇（Thomas Lodge）出版了约瑟夫斯，托马斯·海伍德（Thomas Heywood）出版了萨鲁斯特。然而，尽管古代史学家的读者甚众，英国的历史记录却被忽视了。萨维尔喜爱古典史学家，但他也为马尔默斯伯里的威廉、理查德·霍顿（Richard Howden）和亨廷顿的亨利的年代记而工作。实际上，英国历史作品的编辑和出版工作已经快步展开。

在伊丽莎白时代，由于传统、创新和民族自豪感的奇妙融合，英国历史的发掘工作很活跃，但这并没有必然的前兆。英国学者的爱好集中于古代，这种爱好源自古代作家的作品的熏陶，也来自从比昂多到奥诺弗里奥·潘维尼奥的意大利古物研究著作的熏染。古物史在 1570 年后的英国很繁荣，因为它可从多方面让学者得到满足，如对过去的好奇心，认识新的准确性标准的意愿，证明城市、地区或民族具有令人骄傲的历史的追求，描述生活的方方面面的史学祈愿，以及他们对经验观察资料的偏爱——虽然这一点我们大可怀疑。

英国史学的古物研究阶段的准备工作是在亨利八世时期完成的。亨利八世解散修道院以后，很多文献面临被毁的危险，于是历史学家们竭尽所能去挽救。约翰·贝尔（John Bale）尽可能地搜集手稿，但当他被流放后,这些手稿又再次遗失。他曾计划在每个郡都设立一个保管所,即一个融博物馆、档案馆和图书馆于一体的机构,但这个计划同样失败了。接着,在1570年代,古物研究开始步入正轨。受人文主义理想影响的史学家们叙述个人及其行为,而古物研究者研究的是集体生活留下的痕迹。在好几个世纪中,史学和古物研究这两条路径很少走到一起。

早在亨利八世时期,约翰·勒兰德(John Leland)向英国学者提出了一个富有远见的计划:编订一份古典文献和英语作品中所有英国地名的清单,并查明与其对应的当前的地点。后来,铭文和钱币、陵墓、遗址之类的器物也成为了研究课题。在这些新资料和现成文献的基础之上,一部方志——即关于英国的描述和绘图——完成了,接着又出现按郡编排的英国史。虽然勒兰德提供的无非是一个方案和一组笔记,但他已经为英国古物研究者勾画出雄心勃勃的蓝图。

威廉·塞西尔·伯利(William Cecil Burghley)爵士为争取具有历史头脑的学者的服务而和马修·帕克发生竞争,他的两位受保护者开始把勒兰德的计划付诸实践。然而,劳伦斯·诺威尔(Laurence Nowell)和他的学生威廉·兰巴德(William Lambarde)也只是作了一些笔记。兰巴德的大量笔记于1730年出版,结集为《英国地形和历史辞典》(*Topographical and Historical Dictionary*)。兰巴德自己完成了一部真正的古物郡志史:《肯特郡巡览》(*A Perambulation of Kent*,1576年),这部出色的作品可读性强,对肯特郡的城市、港口、宗教机构、学校、法律权益和风俗习惯都作了叙述。它还对约翰·斯托的《伦敦概览》(*Survey of London*,1599年)产生了影响,后者是第一部英国城市史,它所依据的不仅有年代记,还有公共记录和古代遗迹。它包含一部伦敦史和对伦敦过去生活的全面描述,如水的供应、灭火方法、福利、垃圾处理以及排水等等。书中对"只知道记载市长和市政官、灾荒年(dere yere)和大霜冻的外行作者"①的轻蔑评论,可能自有其道理,因为伦敦市民发现这位作者就是他们的史学

---

① C. L. Kingsford, ed. *A Survey of London by John Stow*. 2 vols. (Oxford, 1908), 1: xxviii.

第十二章　持续变化中的传统史学

家。虽然他的历史没有综合,而只是由大量松散的事实组成(不过没有坚持布鲁托斯和特洛伊人的传说),但那个时候的读者对此并不感到苦恼。威廉·坎姆登(William Camden)根据罗马时代的道路指南,即安东尼路线图(Antonine Itinerary),撰写了罗马时代不列颠的地理志,他运用的方法是:确定罗马遗址的位置,亲自走访很多古代道路,访问博学之人并查阅公共记录,还有地方考察。乍看起来,坎姆登的《不列颠志》(Britannia,1586—1606年刊印)不过是地名和古罗马遗址的目录,但实际上它为专门的地方史提供了基础,并提高了英国和坎姆登本人在大陆学者之中的声望。有些学者还与坎姆登有接触,如地理学家亚伯拉罕·奥特留斯(Abraham Ortelius)和古物研究者德图。不过,《不列颠志》不能引起读者的强烈兴趣,因而从未流行过,虽然菲尔蒙·霍兰德对其拉丁文本的英语翻译十分出色。

古物研究者们不可避免地触及英国人的祖先这一麻烦问题。都铎时代的史学家们仍坚持特洛伊人传说,以及英国遥远过去的不列颠英雄传说。波利多尔·维吉尔重新发现了吉尔达斯的著作,他对早期英国历史的各种传说产生了怀疑,但他无法说服英国人。古物研究者们也许可以对早期英国史的传统叙述深表怀疑,但是他们既不能抛弃诺亚子孙的说法,也不能否认不列颠的亚瑟王或布鲁托斯或伊尼亚斯的曾孙之类的传说。民族自豪感在维系着《圣经》的、特洛伊的和不列颠的起源故事。坎姆登轻视特洛伊起源说,他在《不列颠志》中颂扬了英国早期史中的罗马阶段。然而,对于正在崛起且带有强烈新教成分的英国民族意识来说,罗马人毕竟是"外来者"。该是盎格鲁-撒克逊的传说迎来第一批倡导者的时候了,这个传说终于流行了起来。帕克将英国教会史追溯到盎格鲁-撒克逊时代,其他的学者则对盎格鲁-撒克逊语言感兴趣,而诺威尔和兰巴德则被盎格鲁-撒克逊的法律史所吸引。1568年,兰巴德出版了古代盎格鲁-撒克逊的法律文本(Archaionomia),从此以后,人们开始认真关注普通法和英国独特的机构——议会。法律上的连续性是如此令人信服,以致产生了这样的看法:普通法具有原始的古老特征,议会是传说中的古代宪政的组成部分。在此后的几十年中,以这种看法来解释当代法和议会制度的做法掩盖了关于法律和政治的发展思想,尽管当时的研究已经涉及这种思想。

很显然,历史在伊丽莎白时代很受欢迎。英国的读者可以研读军事史,可以从历史手册中学习政治教训和得体的行为作风,可以沉浸在年代记的怀旧氛围中,可以从历史中振奋精神并找到捍卫安立甘宗的资料,可以稍微了解一下新世界,可以从古物研究者关于早期英国生活的地形学描述中学习知识,甚至可以从历史剧中得到娱乐、教益和启发,而这些戏剧中尤以莎士比亚(Shakespear)的作品最为著名。

很多贵族在纹章学和家谱学的旗帜下热情地搜寻过去,而学者们则单独或集体描绘英国的过去以献身古物学研究。共同的兴趣使得他们在古物研究会(Society of Antiquaries,1586年)中齐心协力。在大约21年的岁月里,他们先是在德比宫聚会,这里是纹章学院的所在地,后来聚会地点换到了罗伯特·科顿(Robert Cotton)爵士家中。他们一般是有很高社会地位的富人,除了裁缝约翰·斯托和少数其他人。会员资格的要求是须从事个人或集体性的历史研究。其中的大部分研究集中于英国法律、习惯和制度。至于"做历史"的方法,学者们了解人文主义者的成就,但他们必须找出很多研究方法,因为他们经常要面对很多非文字性原始材料。英国历史学家中鲜有大陆气质的理论家,只有托马斯·布伦德维尔(Thomas Blundeville)和弗朗西斯·培根(Francis Bacon)是著名的例外。于是,当意大利史学技艺(ars historica)的理论家贾科莫·阿孔乔(Giacomo Aconcio)于1559年流亡到英国时,竟然没有留下什么影响。托马斯·布伦德维尔曾把两篇意大利论文翻译过来,试图以此举和自己的作品来推动意大利的史学技艺争论进入英国人的视野,但他的努力没有效果。弗朗西斯·培根在17世纪初开始论述历史,他考虑的问题超出了史学技艺争论的范围,涵盖了更为广阔的知识理论问题。

就16世纪的英国古物学而言,它满足于探索过去、发现并描述过去的遗迹,但仅此而已。它觉得没有必要进行综合或解释。

第十二章 持续变化中的传统史学

二 世界史：一个让人困惑的传统

一切历史皆从属于神圣历史，这是尤西比乌和哲罗姆式的基督教世界史的真正核心的标志，但在 1500 年以后，这个核心逐渐受到威胁。虽说某些麻烦的年代学难题在技术上比较好解决，但整个世界及众多民族的发现却是另一回事。当基督教史学家们协助日耳曼人融入罗马世界时，当他们解释日耳曼人在中世纪拉丁基督教世界的东扩中扮演重要角色时，他们处理的实际上是相同的问题。然而，全球整体世界提出了一些范围更大也更深刻的难题。对那些简单地将神圣历史和世俗历史分离开的作者来说，在探索撰写世界史的恰当途径时体验到的困难更为严峻了。在寻找统一性原则时，他们尝试过地理论、循环论、各民族的比较分析，甚至还有大一统的未来理想。直到 18 世纪，进步主义理论家们才终结了世俗史学家的这一实践历程。然而，基督教的世界史仍需继续探索。

年代学的修正。相对来说，自从阿菲利加努斯和尤西比乌以来，作为人类救赎场域的时间一直是重要的关注对象；对于这个问题，16 世纪末至少已经产生了 50 个不同的计时方案——谓之世界纪年（即从创世或亚当或亚伯拉罕以来过去的时间）。之所以有这么多不同，是因为使用的是不同的《旧约》版本及计算方法。1583 年，在追求准确、一致和材料证明的新精神的指引下，学识渊博的约瑟夫·尤斯图斯·斯卡里杰(Joseph Justus Scaliger)为了终结混乱局面而先后写下了《年代学复原》(Restoration of Chronology)和《年代全书》(Thesaurus of Dates)。他利用数学和天文学的最新视野，将创世确定在公元前 4713 年前后。后来，他发现维特波的乔万尼·阿尼奥的纪年法毫无用处，这个发现反响巨大，因为它有助于消除阿尼奥笔下的伪贝罗苏斯的影响（自从 1498 年以来，他的伪作造成了很多不良后果）。斯卡里杰死后半个世纪，大主教詹姆斯·乌斯赫(James Ussher)提出他自己的"确切"论述。根据他的《旧约和新约编年史》(Annals of the Old and New Testament)，创世发生在公元前 4004 年

10月23日星期日；亚当于下个星期五诞生。但斯卡里杰和乌斯赫都没有说服他们的同代人，因而世界纪元的混乱状态依旧在持续。这个问题实际上从未真正解决，只是随着年代学体系的简化的影响，世界纪元的问题才逐渐被淡化。

耶稣会士狄奥尼修斯·佩塔维乌斯（Dionysius Petavius，即培坦［Petain］）曾试图根据奥林匹亚纪年法、世界纪元和"罗马建城以来"等方法确定基督降生前的事件的日期，但在1627年，他提议以耶稣诞生纪元来计算所有年代，也就是说用此种方法来计算耶稣诞生前的年代。佩塔维乌斯很可能知道较早的比德、马里亚努斯·斯科图斯、圣奥梅尔的兰伯特以及较近的卡图西安·维尔纳·罗尔文克（Carthusian Werner Rolevinck）、菲利波·弗雷斯蒂·迪·贝加摩（Filippo Foresti di Bergamo）和约翰·克勒斯提努斯·拉奇亚杜斯（Johann Coelestinus Laziardus）等人使用过B.C.纪年法。在一个期望简化的时代，佩塔维乌斯为B.C.纪年体系做了必要的宣传。到1650年，B.C.纪年体系在西方几乎得到了普遍的运用。这种纪年法把年代的计算与基督教的历史框架结合在一起，因而新教徒也觉得可以接受。

新世界挑战传统世界史。 1519年，西班牙国王查理成为神圣罗马帝国皇帝查理五世。一些世界史作者，如冈萨罗·费尔南德斯·德·奥维耶多（Gonzalo Fernándes de Oviedo），仍然从传统的地中海—欧洲意味上理解"帝国"这一术语，并认为作为皇帝的查理是恺撒的直系继承人。但正是西班牙感受到了其水手的探索和发现、其士兵在美洲的征服所造成的巨大反响。就在查理获得帝国皇冠三年之后，麦哲伦（Megellan）的航行就证明世界是圆的，世界上居住的很多人民是尤西比乌和后来的世界年代记作者一无所知的。

1590年代，胡安·德·马里亚纳（Juan de Mariana）还在论证说，世界仍可以通过西班牙世界帝国而保持统一——这种解答如此迎合西班牙人的骄傲感，以致马里亚纳卷帙浩繁的《论国王和王家机构》（*About the King and the Royal Institution*）一直被续写到18世纪，而那时西班牙的霸

第十二章　持续变化中的传统史学

权已经烟消云散了。西班牙普世君主国的概念很容易迷惑那些参与美洲征服的人。它曾经启发过奥维耶多的冈萨罗·费尔南德斯，后者在《西印度通史和自然史》(*General and Natural History of the Indies*, 1530 年前后)中对他看到的新世界的风物大感惊奇；若干年后，弗朗西斯科·洛佩斯·德·哥马拉(Francisco Lòpez de Gòmara)创作了一部《西印度通史》(*General History of the Indies*)，书中也采用了西班牙普世君主国的概念，但作者所依据的个人经历要少得多。不过，洛佩斯·德·哥马拉称美洲的发现是自创世以来最重大的事件，并认为印第安人的问题对传统的历史解释构成严重挑战，这表明他对当时发生的事情有更为清晰的认识。

在传统的世界史中，各民族大家庭不但有稳定的数目，而且人们知道它们先祖的家园在中东。但是，美洲或东印度的奇特居民如何融入这种框架呢？然而他们必须融入，否则过去的世界史就不是普世的，现在和未来的世界史则是不可能的。

在应对种族多元化挑战的早期阶段，意大利人文主义者安吉拉的彼得·马蒂尔(Peter Martyr of Anghiera)仍然可以猜测说，这些"单纯的"、近乎裸体的人一定是黄金时代的居民，他们逃脱了腐败的过程，因为他们的地区很早就与西方世界分离了。理论家们可以坚持这样方便的说法，将印第安的历史融入西方的世界史——尽管连彼得本人可能也不太相信这个说法。传教士和殖民地官员则肯定不相信，因为他们很快就发现，印第安人的头脑并不是一块白板(tabula rasa)，而是装满了各种传统。奥维耶多已经意识到印第安人的丰富传统。殖民地官员和传教士则研究这些印第安的历史传说，以便与"错误"和"迷信"进行战斗。当然，这样的工作不会很完善，因为西方有文化的基督徒对异教徒和口头传说怀有根深蒂固的偏见，但一些印第安传说还是被搜集起来，并最终进入了西方的历史著述中。当佩德罗·基萨·德·莱昂(Pedro Cieza de Leon)在他的《秘鲁年代记》(*Chronicle of Peru*)中使用印加传说时，他的作品因这种印第安因素而平添光彩，虽然他撰写的几乎只是一部统治者的年代记。

关于如何正确对待印第安人，巴托罗梅·德·拉斯卡萨斯

(Bartolomé de Las Casas)和胡安·西内斯·德·塞普尔维达(Juan Ginés de Sepúlveda)发生了争论,历史学家们从这场正在进行的争论中获得了新的视角。在争论的过程中,拉斯卡萨斯在其《西印度史》(History of the Indies)中指出,新世界的发现与基督教的世界史并不矛盾,实际上是完善了它。很多世纪以来,人类的统一仅仅是个预言,而现在正通过全世界皈依基督教而变成现实。因此拉斯卡萨斯申辩说,印第安人也是人,他们的灵魂应得到拯救。塞普尔维达反对这种印第安人天定融入基督教世界史的说法。在他的历史观中,西班牙世界君主国的成长最为重要,而印第安人从来不是完整的人,他们与此毫不相干。这场争论吸引了很多学者,但主要局限于法学-神学领域。

在16世纪后期,耶稣会士何塞·德·阿科斯塔(José de Acosta)提出一种将印第安人纳入基督教世界史的新方法。而在此前的若干年,塞巴斯蒂安·蒙斯特(Münster)已经指出,亚洲和美洲之间只隔着一条狭窄的海峡,意大利宇宙志研究者萨尔帖里(Zaltieri)称之为阿尼安海峡。于是阿科斯塔声称印第安人是从亚洲迁徙到美洲的。印第安人在他们的新家园成为高度发展的野蛮人,但从未达到西方的文明水平。这样的迁移理论有助于当时人解释印第安人在美洲的存在,同时又能维持近东是人类唯一起源地的说法。

世界史的碎化。拥有帝国雄心的西班牙人可能很愿意支持古代晚期和中世纪形态的基督教世界史。其他民族的世界史则遭遇困境。《圣经》中关于世界史的分割只会使得地方和地区历史变成更为局部化的历史,但在中世纪晚期的年代记中,这种分割逐渐被忽视,人文主义史学则以对古代典范和祖国的热爱回避了这种分割。当地理大发现带来一个个难题,当宗教改革无法激起创作世界史的热情,神圣历史和世俗历史的统一——不管这种统一多么的不牢靠——开始消失,随之消失的是传统的世界史。但对于传统世界史的攻击仍在继续。

在法国,让·博丹(Jean Bodin)在他的《理解历史的简易方法》(Method for the Easy Understanding of History)中以这样的纲领性宣言开篇:

第十二章 持续变化中的传统史学

> 历史,即关于事物的真实记述,存在三种类型:人的、自然的和神的。第一种关注人;第二种关注自然;第三种关注自然之父。第一种描述处于社会生活之中的人的行为。第二种揭示隐藏在自然之中的根源,并从最初的源头解释其发展。最后一种记录万能的主及与所有他物分离的不朽灵魂的力量和权威。①

这三类历史都有各自的目的,都提供了具有不同的确定性的知识。神圣的历史以信仰为基础,它产生可靠的断言。自然史面对的是必然,它须通过逻辑来研究,产生的知识的确定性稍有逊色。人类历史只产生或然的知识,但它教会人们智慧和远见,尽管它有局限性,但它是最有用的一种。

在德意志地区,路德曾区分上帝的维生秩序(Erhaltungsorder)和上帝的救赎计划(Heilsplan),前者是时间终结之前支配世界事务的秩序,后者是拯救人类的神圣计划;到这个时候,这种区分开始构成两种不同历史的基础:一个是世俗的历史,一个是教会的历史。实际上,德国教会担心文科教育正在怠慢教会史。于是,从1650年开始,各新教大学设立了教会史讲席,不久又出现了作为学生指导手册的教会史概略。但是,教会史和历史其他方面的分离导致神圣历史"平面化"为教会这一制度性机构的历史。不久,在日益增长的理性主义的影响下,教会史从早期的简单宗教虔诚转向了对教会历史的冷静而富有批判性的考察,如戈特弗里德·阿诺德(Gottfried Anorld)的《公正的教会和异教徒史》(*Unparteiische Kirchen-und-Ketzergeschichte*,1699年)和J. L. 冯·默斯海姆(J. L. von Mosheim)很富学术性的《教会史初阶》(*Institutes of Church History*,1726年)。只有在国家和教会相安无事(除了清教革命的插曲)的英国,历史学家们还在撰写并不强调人类史和神圣史截然分离的教会史。吉尔伯特·博内特(Gilbert Burnet)的《英国教会的宗教改革史》(*History of the Reformation of*

---

① J. Bodin, *Method for the Easy Comprehension of History*, trans. B. Reynolds (New York, 1945), p.15.

the Church of England)认为宗教改革是对纯洁教会的追求,从而点燃了过去的热情。但是,在 18 世纪初约翰·斯特莱普(John Strype)创作的《宗教改革和宗教机构编年史》(Annals of the Reformation and Establishment of Religion)中,证据和学识取代了狂热的裁决,神圣历史变成了一部制度史,并已经显示出更为"大陆化"的气质。

如果神圣历史变成简单的教会史,它就放弃了作为一切人类历史的聚焦点的诉求。将神圣历史中上帝的宏大规划与耶稣之后的事件联系在一起,从来就不是件轻松的事。如今的大多数史学家甚至连这种尝试都放弃了。16 世纪末,莱纳·莱内修斯(Reiner Reineccius)已经提出政治史、教会史和学术(思想)史的分离,这个说法大大缩减了历史的宗教方面。在法国,莱内修斯的同代人尼古拉·维涅(Nicholas Vignier)在他的《历史丛书》(Bibliothèque historiale)中采取了最终的步骤:他宣称世俗历史已经容纳了宗教,后者只是人类生活的一个方面。

历史秩序的世俗图式。既然世俗事务获得应有的地位是大势所趋,那么一种更加适应这种趋势的史学取代传统的世界历史秩序就只是个时间问题了。最直接的牺牲品是源自《但以理书》的、长期受人器重的四个帝国图式。在 16 世纪,很多德国史学家仍然十分骄傲地认为,神圣罗马帝国是四帝国中的最后一个帝国。但是,随着新的地区和新的人民的发现,如何协调僵硬的图式和变化中的世界这一古老的难题再次变得尖锐起来。不过,让·博丹之所以严厉批评德国人的世界史图式,主要不是受新的地理学和民族学知识的推动,而是因为他的法兰西爱国主义:"既然德国人以这种方式来解释,我认为这是为了他们的名字和帝国,但与但以理的解释毫无关系。"①但以理的图式必须被抛弃,因为它不符合时代——博丹也许还可以说,因为它与世俗意识越来越强的历史学并无关系。德国史学家对博丹的攻击深感憎恶,争论一直延续到 18 世纪。与此

---

① J. Bodin, *Method for the Easy Comprehension of History*, trans. B. Reynolds (New York, 1945), pp. 291-92.

第十二章　持续变化中的传统史学

同时,一种新的历史组织图式开始引起历史学家的强烈兴趣。

彼得拉克(Petrarch)曾认为历史分为三个时期:罗马、黑暗期和更新期。另一些人文主义者看到的依次是学术之光、黑暗,然后是光明的回归。在16—17世纪,三个时代的说法渐为人知,不过学者们不再说黑暗时代,而是说"中世纪"(moyen age)(皮埃尔·皮杜)、"中间时期"(middle time)(威廉·坎姆登),最常见的是media tempestas或medium aevium。但是,最终根据三阶段的新概念来组织西方历史的不是空想家和理论家,而是一位教科书作者。就在1700年前不久,克里斯托弗·塞拉留斯(Christopher Cellarius)出版了他的《分为古代、中世纪和新时代的世界史》(*Universal History Divided into an Ancient, Medieval, and New Period*)。很可能他和他的学生都不了解这种变化的全部意义:尤西比乌和哲罗姆式的世界史已经结束;基督教历史只是普遍历史的一个方面;《圣经》的历史仅仅是古代史上的一个要点;而且三个时代之间的连续性也终结了。

世俗世界史中的力量和单位。一个新的世界正逐步浮现在人们眼前:在这个世界里,上帝的直接支配(首要原因)并没有被否认,但它已经很少出现,而众多的次要原因成为必须关注的对象,如果人们希望解释这个世界中众多相互纠结的事件的话。16世纪末17世纪初的一些法国史学家已经懂得,历史学家必须超越对事件的爬梳,必须尝试新的解释方式,因为正如他们看到的,历史著作的本质是关于所有事实和行为的动机和真实原因的知识。

博丹仿效古希腊人,在各种制度和人的不同气质中寻找次要原因;他将其中的差异归因于三种塑造性力量:身体中特别不稳定的平衡状态、气候和地理环境。但是博丹认为恒星和行星也属于次要原因。

有些历史学家发现原因的数量很多;毕竟每个人和每个自然现象都有可能在某个时候成为原因。尼古拉·维涅勇敢地将所有因素都塞进《历史丛书》(1587年)中,不过他无法找到叙述的中心。结果这部著作材料之浩繁让读者摸不着头脑,这说明,如果原因世界是混乱的,则历史叙述也是混乱的。在追求秩序的过程中,一些法国史学家接近于把文明概念当作组织原则,但他们对这个概念从未有过明确的把握。他们甚至还不知道这个词,而是交替使用"国家""帝国"和"社会"等术语。路易·勒鲁瓦(Louis Le Roy)曾对祭司在不同社会中的功能进行过分析,他发现,在每个社会中,祭司都掌管着最重要的知识——神的智慧和礼仪知识,而且这是他们权威的来源。这种研究有点文明的功能分析的味道。勒鲁瓦还认为人类的语言是个历史现象,这也许会让意大利的人文主义者感兴趣,不过他们几乎不会喜欢这个见解。因为,被他们视为文明生活之核心的东西,在这里成了人类生活的一个侧面,而且是与其所处的社会共命运的侧面。

为了解释文化差异和历史中的风俗变迁,勒鲁瓦从文化上对帝国过渡图式作了一番解释,即美德(在这里被视为文明的生存方式)从亚述人转移到米底人,再到波斯人、希腊人、罗马人,最后是欧洲各国。但是,他没有暗示后来的文明在品质上比前一个文明是优越还是低劣。有些人曾说,人类最初处于黄金时代,随后逐步衰退,但博丹嘲笑说这是一种错觉,好比"离开港口进入大海之人,他们觉得房子和城市在远离他们;因此他们认为快乐、优雅的举止和正义已经抛弃了尘世,飞到了天国"。① 黄金时代的理想还没有受到严格的考察,人们还在叙说那个远古时代:大洪水肆虐世界,巨人们反叛天国,他们中的一位英雄赫拉克勒斯是"最伟大的海盗",人像野兽一样散居在原野上和森林中。与此相反,博丹认为自己的时代文明优雅,虽然他没有提到连续性的进步,甚至没有提到连续性的发展,但他认为"现代人"在"古代人"之上。不过他比较的只是两个相距许多世纪的时代。

在同神圣历史分离之后,世界历史越来越像各民族、帝国和社会(今天我们也许可以称它们为"文明"或"文化")构成的迷宫。在追求变化中的世界的连续性和秩序性时,法国的史学家们对著名的事物循环论模式

---

① J. Bodin, *Method for the Easy Comprehension of History*, trans. B. Reynolds (New York, 1945), p.302.

第十二章　持续变化中的传统史学

发生了强烈兴趣。帕斯捷所描述的无非是帝国如何靠武力崛起,稍后如何取得"文学"上的成就(思想成就),接着又如何走向衰落。勒鲁瓦采用的是古代史学家喜爱的解释方式:文明会产生内部"病症",也就是说,不断增长的权威和财富导致生活奢侈,最初坚韧朴素的人民因此而变得柔弱。从前生活简朴、吃苦耐劳、长于战斗的人民,随后就变得骄纵软弱了。最后他们成为更坚忍顽强的征服者的牺牲品。历史诉说的就是文明的兴衰故事。

不久之后,人们甚至以粗略的发展意识来看待历史学了。亨利·瓦赞(Henri Voisin),即拉·波普里涅尔(La Popelinière)在回顾过去的历史著作时,不仅关注那一长串诉说着永恒真理的权威作家,而且注意一些以契合于自己时代的精神氛围的方式来表达历史观点的史学家。在文明的早期阶段,过去是通过自发创造的歌谣、舞蹈和象征物来铭记的。拉·波普里涅尔举的例子当中不仅有希腊和罗马,还有美洲的印第安人。"自然"阶段之后是诗歌或史诗的历史。当理性思考的层次加深时,散文历史写作出现了,它以时间次序记录事件。最后,希罗多德创立了"现代"形态的历史学。拉·波普里涅尔指出,他那一代的学者应采取下一个步骤,即创立新型的历史学——"通史",这是一种兼具比较特色的世界史。

人类历史难以捉摸的统一性。由于《圣经·创世记》中有关于人类早期历史的叙述,中世纪的世界史可以宣称人类历史是统一的。如果没有创世,世界历史将以一些毫无关联的故事、以没有共同起源的民族为开端。作为人类的单一起源的亚当和夏娃看来是很难取代的。

当很多学者仍在坚称《创世记》中的故事、至少还在谈论大洪水之后人类向很多方向迁徙时,博丹却大胆地宣称,人类的统一根本不是过去的现象,而是未来的景象。他认为,世界各地之间因为贸易而不断增长的联系、人类共同体(respublica mundana)广泛共享的思想观念和国际法(ius gentium)是塑造统一的力量。对于普遍发展模式,博丹将它的基础建立在古老的三阶段预言(Vaticinium Eliae)的最新版本上:以宗教和智慧为特征的2000年的南方统治(埃及人和美索不达米亚人);希腊和罗马

2000年的霸权，其特征在于城邦、殖民扩张和法律；随后是以战争和技术为特征的2000年的北方统治。不过，这个图式虽然意味着某种统一的人类历史，但博丹说出来以后就放下了。

1666年，荷兰人格奥尔格·霍尔（纽斯）（Georg Horn[ius]）试图在人类统一性的问题上一显身手，他的办法是将新的人种学和地理学知识与传统的《圣经》观点结合起来。他的《诺亚方舟》(*Noah's Ark*) 是第一部涵盖新近发现的地区和居民的世界史。他的基本观点是，当大洪水摧毁了人类最初的统一后，地理大发现的时代开启了聚合所有人民、从而恢复人类统一的进程。不过霍尔纽斯雄心勃勃的计划进展得不顺利，因为他对许多新发现的居民的过去缺乏足够的了解，虽然他殷勤地引用前往中国的传教士的报告。

统一的世界史的另一个新尝试来自法国的奥拉托里会修士伊萨克·德拉·佩雷尔（Isaac de la Peyrère），此人原是个加尔文派，并当过孔代（Condé）亲王的图书管理员。他认为《创世记》由两个不同部分组成：早期叙述和晚期叙述，前者描述世界的诞生及（不言明地描写）所有人民的诞生，后者集中讲述犹太人作为选民的命运（亚当和夏娃的故事，堕落和大洪水）。前一部分具有真正意义上的普世性。后者包含着犹太人的《圣经》历史，它只在一个意义上是普世的：为一个普世事件作铺垫，这就是基督的降临。古代犹太人的故事与人类的早期历史不是同一的，因为它不能解释大发现时代的《圣经》之外民族的出现。人类的起源在于前亚当时代的想法也许颇有创意，但这样一来原罪的教义就仅限于犹太人，因而这个想法便否认了原罪教义的普世有效性，从而摧毁了传统的尤西比乌式世界史的结构。尽管德拉·佩雷尔受到一些责难，但大部分人并不知道他。

不过，片面谈论创新方案会引起误解。传统的世界史在融汇新与旧之后仍在继续书写，并拥有广泛的读者群，两个相距半个世纪的著名例子就能表明这一点。17世纪初，沃尔特·罗利（Walter Raleigh）爵士因为其反西班牙的立场和行动而长期被囚禁在伦敦塔中，他利用这段时光撰写

第十二章 持续变化中的传统史学

了《世界史》(History of the World)。这部作品表明,尽管作者亲眼看到了新世界、倡导新的英格兰帝国主义、在北美建立第一个英国移民点、为哥白尼(Copernicus)和伽利略(Galileo)鼓掌欢呼、对地理学和天文学之类的新科学有广泛的了解,但他对过去的看法完全是传统的。

罗利的《世界史》细心地在上帝的功绩(首要原因)和世俗力量(次要原因)之间寻找平衡。上帝掌握至高无上的全权,但罗利承认,人类行为的重要性不断增长,并逐步代替了上帝的直接支配。他认为,次要的或世俗的原因无非是"工具、渠道和管道,它们承载并转运从普世之源和顶端之处接收的东西",他还为这一事实哀叹:"所有历史都会告诉我们人的忠告与事实,只要作者的知识和信念有保障;但是,对于统治万物的上帝的意愿,历史却只是偶尔提及,而且经常言之有误。"①

不过,在涉及《圣经》时代之外的历史时,如果历史学家忽略次要原因可就要担风险了,因为唯有这些原因有助于揭示过去事件的模式,准确了解它们之后,就可以在通往现在和将来的危险旅途上有一个向导。"通过比较和关注其他人过去的不幸及我们自己类似的错误和所受的惩罚,我们便可以从历史中采撷不亚于永恒真理的智慧。"②实际上,次要原因中发现的模式实为上帝在尘世贯彻其意志的途径。历史学家可以研究人类的经历而不必担心触犯上帝,因为研究的结果只是"阐明并使人的理智能够理解那些唯有《圣经》权威才可不依别的情境而令每个人信服的东西"。③ 没有上帝意志的塑造,次要原因形成的秩序无非是由一堆偶然排列而成的秩序。

在传统的历史观又遭受了六十年的持续侵蚀之后,莫城的主教雅克·贝尼涅·博絮埃(Jacques Bénigne Bossuet)试图证明,基督教的普世历史仍然有效。作为法国太子的教师,博絮埃为这位年轻的亲王写下了

---

① Sir Walter Raleigh, *History of the World*, 6 vols. (Edinburgh, 1820), I, i, x, 1:25.
② Ibid., Preface, 1:vi.
③ Ibid., 1, 3, 1:266.

《论世界历史》(*Discourse on Universal History*),并于 1681 年出版。

乍看起来,《论世界历史》提供的是些尽人皆知的东西:创世以来过去了好几千年,耶稣诞生是个中心事件,七个世界时代,教会史和政治史叙述,以及终结一切的最后审判。但是博絮埃试图复活奥古斯丁关于上帝之城和地上之城的二元论,并把它作为其世界历史的唯一基础,而奥古斯丁的这些学说已经被忽视了很多世纪。正如该著的副标题所揭示的,博絮埃旨在解释宗教的发展和帝国的变迁。虽然帝国、国王和战争此来彼往,但上帝之城仍在尘世扩展了它的王国。不过,与奥古斯丁不同的是,博絮埃证明了贯穿各个时代的精神发展。甚至邪恶力量也在无意中推动了这一发展;因此当罗马皇帝迫害基督徒时,他们实际上增强了教会的力量。博絮埃对神圣宗教的统治深信不疑,不过他也毫不迟疑地论述了众多次要原因。他的作品是更新传统世界史的出色尝试,尽管他的故事只讲到了查理曼。虽然不久之后历史学中更具批判意义的重要新发展盖过了这部作品的光芒,但它的再版和改编不下两百次。

三 史学家、新政治学和新世界意识

从 16 世纪中叶到 18 世纪初的这个时期,是对传统史学进行零敲碎打的改造的最后阶段。政治史依然是最强大的史学类型,但它的功能与此前几个世纪并无二致,只是在法国,对制度的分析产生了新见解,而一些权威机构开始怀疑历史著作有向不得体的评论者揭露秘密政治行为的趋势。更为重要的是,一场延续至今的关于历史学在学术家族中的地位的斗争开始了。亚里士多德曾认为历史学只是对偶然和个别的研究,因而将它与哲学分开,而现在,对于一些重新定义世界及研究世界的方法的人来说,他们希望否认历史在哲学和新的科学世界面前具有任何价值。这种挑战不可避免地引起历史学的重大调整。

法国和英国:史学家和政治。从 16 世纪末到 17 世纪末,战争和革命蔓延欧洲,这就提出了有关政治实体(body politics,或译国家)的正常秩

第十二章 持续变化中的传统史学

序的问题。以前看似井然有序、安分稳定的等级制结构,现在成为一些理论论述的对象,甚至成为革命行动的靶子。

博丹的《理解历史的简易方法》是为其政治学巨著《国家论六书》(*The Republic*)所写的前期作品。法国在1550—1600年遭受的深刻危机使得优雅的叙述和个人退居次席,而对社会制度、习惯和法律的描述和分析具有头等重要的意义。看来只有这种作品和关于各个社会的比较史能够提供必需的答案。神学家、哲学家和法学家也纷纷对国家的合适形式和权力展开论述,但是,除了少数人从历史中提取论据外,大部分人更喜欢进行非历史的法学辩论。对历史学家而言,他们介入争论毫无困难,因为从修昔底德以来,历史和政治之间就已形成紧密联系。

博丹和其他政和派(politiques)①为恢复强大的法国做出了自己的贡献。随后,当波旁君主们掌控局势之后,关于政治理论的辩论便失去了热度和魅力。历史学家们再次热衷于撰写重叙述、歌颂和赞美而不是探讨的优美的法国史。在这方面,没有谁比王家史官弗朗索瓦·欧德·德·梅泽莱(François Eudes de Mézeray)更为出色、更受欢迎了。但是,尽管他还保留着许多修辞学的特征,如演讲、妙语和优雅的文风,但不可忽视他的《法国史》(*History of France*)中体现出的新气象。他对新的批评技艺和制度史的发现十分关注。另一位王家史官加布里尔·达尼埃尔(Gabriel Daniel)的《法国史》(*History of France*)同样如此,但他对国王的阿谀奉承远迈梅泽莱,不过这倒颇合路易十四时代的风气。

伊丽莎白一世死后的英国历史事件为历史学家们提供了政治思索的丰富素材,如内战、共和国、克伦威尔(Cromwell)的护国主政体、复辟,以及1688年奠定的宪政体制。但是在很长的时间内,英国史学家不是很热衷于探讨权力和国家,因为正如罗利此前说过的,"撰写现代史的人,谁

---

① 政和派即法国宗教战争期间介乎天主教和胡格诺两派激进分子之间的势力,主张超越宗教分歧、维护王权。——译注

若为追求真实而紧贴其足踵,足踵就会敲掉他的牙齿"。① 剑桥大学格伦维尔历史讲座的第一位主讲人伊萨克·多里斯劳斯(Isaac Dorislaus),因为在关于塔西陀的演讲中有些"不恰当的"评论而被迫保持沉默。实际上,这个时期的动荡局势甚至没有催生好的叙述作品,只有一个例外。克拉伦敦爵士(Lord Clarendon),即爱德华·海德(Edward Hyde),一度担任高级职务,但有两次流放的经历,他根据自己的经历创作了《叛乱和内战史》(History of the Rebellions and Civil Wars)。这部作品完成于 1671 年,但出版于 1702—1704 年。作者了解国家事务,能够获得一些重要的私人文献,并且无须承担官方史学的责任。读者喜欢他的作品,因为其中的历史叙述仍以人物和事件为中心,所有这些都被描绘得栩栩如生,而非个人的制度机构仅仅是个小角色。

意大利史学及无言的争论。1559 年以后的意大利陷入宁静,在各个邦国之中,佛罗伦萨的历史学失去了活力。在一个很短的时期内,历史学家仍在思考前不久美第奇家族与共和派的斗争,但是,佛罗伦萨的史学家,如雅各布·纳尔迪(Jacopo Nardi)和雅各布·皮蒂(Jacopo Pitti),逐渐转向了时间跨度更长的历史创作,到斯齐皮奥尼·阿米拉托(Scipione Ammirato)时,这位作者已经在编纂卷帙浩繁、网罗事件的大杂烩,这样的作品不便阅读,其作用在于参考。一些史学家因为得到大公们的庇护而过上了舒适的生活,历史学本身则以李维式的叙述或以古物研究为特色。两种路径结合在一起便可描绘出生活的整体面貌,不管具体对象是法律、礼仪、建筑还是社会关系。对公共政策的关注曾一度是重要的动力源,但总体来说,现在它已让位于私人生活或城市生活。

无论是君主制治下的意大利还是反宗教改革,都不太欢迎当时欧洲正在进行的关于国家性质的辩论。学术传统和出于谨慎的考量都将辩论推向了修辞领域,这里出现了这样一场争论:究竟是塔西陀还是李维才是史学家的楷模。塔西陀派一般是反教权主义者,他们反对特伦特公会议

---

① Sir Walter Raleigh, *History of the World*, 6 vols. (Edinburgh, 1820), Preface, 1:lxii.

第十二章 持续变化中的传统史学

后组建的天主教会,同情世俗政权。他们认为塔西陀是揭开政治奥秘的模范。

塔西陀是逐步进入当时人的思想世界的:马基雅维利对他稍加利用,博丹和弗朗切斯科·帕特里奇(Francesco Patrizi)赞扬过他,而尤斯图斯·利普修斯(Justus Lipsius)在1570年代初让他声名远播。但权威当局对塔西陀派很不信任,尽管这些学者与弗朗索瓦·奥特芒不太一样,他们不太重视早期部落议事会限制国王权威的权力,也不像保罗·萨尔皮和阿里戈·达维拉那样,把塔西陀视为新"现实主义"政治的先驱。

塔西陀派的反对者们组成了一个性质更为模糊的群体。他们大部分人赞赏西塞罗的观念,即历史可以给予个人有益的教训并培养美德。他们把李维奉为楷模。李维既支持罗马传统,也支持奥古斯都的新权威,正如反塔西陀派通常支持传统权威——罗马教廷、西班牙,以及特伦特公会议之后新的精神和宗教秩序。他们的力量主要不在于名声显赫的代表人物,而在于几十位今天已归于无名的学者,这些人在著作和论述中阐发各种传统观点。最得力的反塔西陀中心是耶稣会的罗马学院。其中最著名的学者是法米亚诺·斯特拉达(Famiyano Strada),他谴责塔西陀对罗马政治的描述:塔西陀曾批评说,当权者的卑劣动机和阴谋伎俩损害了臣民对政府权威和传统的尊重。李维被视为历史学家们更好的典范,因为他喜欢稳定、热爱传统和宗教。阿戈斯蒂诺·马斯加尔蒂(Agostino Mascardi)在1636年出版的《史艺》(Ars historica)中对这种立场做了经典阐述。

说到底,真正重要的不是耶稣会对塔西陀的不信任,而是他们对作为诉说纯粹偶然的故事的历史学的不信任。在1559年颁布的耶稣会教学计划(Ratio Studiorum)——即众多重要耶稣会学校的必修课程——中,历史学没有重要地位。亚里士多德曾认为历史学的作用很有限,在这一见解的基督教版本的影响下,耶稣会士赋予哲学、语文学和神学以优先地位,这些学科都以信仰之中永恒的本质特征为核心对象,逻辑学和辩证法也受到重视,因为它们是通往真理的门径。天主教欧洲的史学家仍在书写历史,但他们在地位上与神学家及后来的法学家并不平等——新教国家也是如此。

意大利的"史艺"之辩。16世纪的一批意大利学者开始直接追问历史著述的性质和目标问题,这些人通常被称作"论说派"(trattatisti①)。现代人对他们的工作之所以评价不高,是因为论说派是在传统的藩篱内辩论历史问题。在这种局限之下,修辞学的影响力仍然很强,比如怎样发问和询问什么之类的规则;于是历史学就有一个非常鲜明的身份和理论基础,这种基础十分精深,足以称为一种"技艺"(ars),这个术语在这里最好理解为一种被认可的思想法则及其独有的方法手段。

对历史学家而言,探讨史艺(ars historica)的论说派学者某种程度而言是些不同寻常的教授:斯佩罗内·斯佩罗尼(Sperone Speroni)、弗朗切斯科·罗伯特罗(Francesco Roboertello)、弗朗切斯科·帕特里奇以及亚历山德罗·萨尔迪(Alessandro Sardi)。有些人还担任公共职务,如乔万尼·维普拉诺(Giovanni Viperano,主教,史学家,西班牙国王菲利普二世的法律顾问)和乌贝托·福列塔(Uberto Foglietta,罗马教廷和萨伏伊宫廷的法学家)。关于迪奥尼基·阿塔纳吉(Dionigi Atanagi),我们只知道他是个穷困的自由诗人。这些人都热情地论证说,史艺应以奥鲁斯·盖留斯和西塞罗的方式同修辞技艺紧密联系在一起,然而,西方思想的发展使得他们的努力变成了修辞史学辉煌的"绝响",并将他们打入被遗忘的失败者的行列。

这些学者当中很少有人会反对维普拉诺的格言:"撰写历史就是以明智而引人入胜的方式叙述人类的事件;对史学家而言,这是困难而辛劳的工作,对读者而言则是有益而愉悦的。"②但为什么应首先撰写历史呢?"因为它提供道德榜样",有些人这样说;"提供真理",另一些人认为;但

---

① 这个意大利语词直译为"科学论文写作者"。——译注
② G. Viperano *De scribenda historia* (Antwerp, 1569), p.9.

第十二章 持续变化中的传统史学

没有人发现两个目标之间会产生龃龉。任何未经阅读的真理都是没有发生效力的教训,因而历史学家必须以教导和愉悦(docere et delectare)为目标。关注语言风格(elocutio),如遣词造句的色彩、言语中的优雅形象和戏剧性的表达,这个做法没有任何可以担心的,只要历史学家认真区分事实和修辞"补充"(如讲演),区分实际现象和党派偏见。生硬地罗列事件(narratio nuda)的历史令人痛恨,这不是因为读者会厌烦,而是因为没有效果。一部塞满事实的史学作品只对无聊的好奇心有用,然而,这种历史学正在获得青睐,而且不只是古物研究者的青睐。

论说派曾探讨过 electio(选择)的问题,用现代的话语来说,就是如何在无穷无尽的过去事件中找出真正重要的材料,他们直截了当地承认,人们绝不可能对自己的选择抱有十足的信心;这个说法恰好给 17 世纪的一些学者提供了一条论据,因为这些人抨击历史学无法产生确定的知识。这些批评者可以引述——比方说——福列塔的说法:历史著述是个持续进行的过程,因此历史叙述绝不可能是真实的(verum),至多只是可信的(verax)。柏拉图主义者帕特里奇认为,真实是历史的最高目标,而不是次要目标,他提醒那些为选择过程中的主观因素困扰的人们,人类能够理解的唯一的绝对真理是《圣经》的启示。阿塔纳吉争辩说,历史的教导足够真实,可以省去每代人都去为公共生活重新制订规则的麻烦,历史的真实性还足以以过去来晓示现在,足以增强作为人类文明基础的宗教,足以解除人们对变迁的恐惧。

在启发人们理解世俗事务方面,历史学是一个如此强大的工具,以至于一些论说派认为这个工具只适合于少数人。维普拉诺想阻止年轻人接触历史论述,因为他们缺少理解这种严肃问题所必需的智慧和成熟。斯佩罗尼更进一步,他希望所有历史书都与"民众"脱离接触,因为这样的书包含着太多关于国家运作的分析。这种知识会动摇臣民的服从。只有历史学家和公众的领导人可以阅读历史书。

人文主义认为人类事务具有相对的独立性,与这种观念一致的是,论说派从不怀疑人类事件具有秩序性、人类的行为由动机和环境决定,除了那些上帝或命运之神介入的情况。那么,认识人的动机就可以解释历史吗?帕特里奇认为是这样,并着手列举所有可能的人类动机,就像此后的很多人一样;他的《对话录》(Dialogues)的第七篇和第八篇就是在开列这样的动机清单。他像后来的编纂者一样,发现这份清单在解释特定的人类事件为何发生、为何产生这样的结果时无能为力。但是,在追寻解释模式的过程中,帕特里奇遇到了循环论。当马基雅维利附和波利比乌的政府循环论时,所有人都看到了循环论的复活。尽管一些论说派在提到相似事件的永恒重复时语焉不详,帕特里奇则直截了当地谈论文化循环论:他讲述了一个古老的埃及和希腊神话,神话告诉人们世界如何被毁灭又如何两次"再生"。第一次毁灭是由战争、饥馑、瘟疫、地震、洪水和火灾造成的,随后是千年的大混乱,然后上帝重新创造了这个世界。当上帝完成重建后,世界又靠自身的动力开始运动,走向另一次毁灭,如此循环往复。

论说派还自豪地指出了一系列杰出的史学家,他们的这份名单甚至传达出某种史学发展的意识。比如,阿塔纳吉注意到史学技艺在中世纪的衰落。帕特里奇甚至认识到,历史创作受到当时社会的直接影响,而维普拉诺则着手对过去的一些史学作品进行批判性评估。对昔日成就的骄傲和论说派对历史的真诚情感反映在阿塔纳吉坚定的声明中:"在我们看来,如果没有你(历史),生活不仅苍白贫乏、层次陡降,而且即使我们活着,亦如行尸走肉。"①

就传统修辞史学而言,论说派的工作很出色,但知识结构中即将到来的变革将使得他们的见解完全过时。历史学家很快就不得不面对关于这个世界及其结构的全新思想,他们在史艺的军械库中找不到有效的思想武器。

历史学与方法和真理定义的根本修正。到 17 世纪,论说派色彩的史艺辩论已经失去了意义。正在发生或隐约可见的思想变革极为彻底,以

---

① D. Atanagi, *Ragionamento della historia* (Venice, 1559), p. 78.

第十二章 持续变化中的传统史学

至于突破了传统的藩篱。变革的一个重要推动力来自看似保守的人文主义思想世界。人文主义者颂扬古代的典范是永恒的向导,但同时又唤起了这样一种意识:人类的一切创造本质而言都是短暂易逝的。于是,在知识积累及由此获得的信心的基础上,当时的人们终于开始把古代典范也当作另一个人类历史阶段的产物,尽管这个阶段十分辉煌。例如,在西方文学中的古代派和现代派的论战中,主要的论据是:当代的作品超越了古代作品,因为基督教信仰赋予前者更崇高的主题,因为当代人在人类历史上晚于希腊人和罗马人,因而知识更为丰富。由于对古代典范的有效性的怀疑不断增长,也由于经院哲学的逐步衰落,对世界的解释变得更多样了,解释的范围更为有限,但他们已经没有普遍认可的权威性。观点纷纭的混乱局面催生了皮浪主义(Pyrrhonism),即以古代哲学家埃利斯的皮浪(Pyrrho of Elis)命名的彻底的怀疑论,这位哲学家曾对人类获得可靠知识的能力感到绝望——无论是通过理智还是通过感知。皮埃尔·培尔(Pierre Bayle)试图以"事实"的聚合来挽留知识的可能性,而在 17 世纪,弗朗西斯·培根和勒内·笛卡尔则更为雄心勃勃地尝试构建知识大厦。虽然三人赋予历史学的角色各不相同,但他们都认为世界掌握在上帝手中。不过,在这个世界上,人类现象表现为力量和实体的网络,而网络并不是每一步运转都需要上帝的介入。上帝从整体上规划、创造和支配世界及世界上的事件,但他赋予人类很大的自治权。这就打开了探索和解释这个独立世界之活动的大门。

在培根看来,追求真理不止是好奇心的尝试;它应包含改善世界状况,乃至恢复亚当堕落之前的状态的期许。他倡导通过归纳法研究世界。这就涉及对现象的观察,包括对每个事件中典型和非典型事例的观察,接着是观点的汇编,以便作出可能的普遍归纳。这种排斥思辨和体系建构的"实验哲学",与历史学的精神和某些实践颇为一致。而且,培根在他的知识结构论中赋予了历史明确的位置(见表 12-1)。

表 12-1　培根的知识结构图

思想功能	相应的对象		
理智	哲学	自然史	
想象	诗歌	纪念物，编年史叙述	
记忆	历史	世俗历史*	
		完整的历史	关于时间：年代记
			关于个人：传记
			关于个别行动：故事
		古代记录——物质遗存 词源学，谱系学	
		*包括政治、文学和教会史	

很显然，历史的有限目的是搜集"事实"材料，以便哲学家和诗人从中提取普遍见解和教导。培根还以彻头彻尾的传统方式，将历史写作与对史料（历史遗物和古迹）的研究隔离开。这就是为什么他的《亨利七世史》(History of the Reign of King Henry VII)并没有运用其经验主义的原因，本来对史料的研究可以部分满足这种经验主义。相反，这部作品仍是现存叙述的汇编，作者只是对它们做了人文主义的改造。

17世纪末皮埃尔·培尔阐发的观念中，有一些与培根的见解存在思想上的相似性。不过，培尔的经验主义比培根更为激进。培尔的经验主义的核心是"事实"，他认为事实不是以归纳法来构建普遍理论的大厦的石头，它本身就是真理。历史之中事实与事实并行，彼此之间不存在归纳或演绎上的服从关系，它们纯粹的集合就展现出了人类的过去。在《历史与批判辞典》(History and Critical Dictionary)中，培尔证明了其他史学方法的错觉和谬误，这体现在它们向往的整体方案和意义中。不过，随后的两个世纪中，历史学强调整体性解释，培尔的见解与这种发展趋势相左。只是到了20世纪，当整体性历史解释失去其魅力后，才出现了有利于复兴培尔观念的气候，正如新实证主义历史观所体现的那样。

第十二章 持续变化中的传统史学

在培根的同代人、稍微年幼的勒内·笛卡尔的观念里,历史学的处境要尴尬得多。笛卡尔将认识的确定性植根于人类意识中:"我思故我在。"思考中的"我"是思想世界的一部分,它与运动的世界、即广延的实体相对立。在思想研究中,这两个世界彼此对立,一个是主动的研究主体,一个是被研究的对象。这样的研究能产生可靠的知识和确定性,如果它是从不言自明的公理出发、根据演绎推理和数学方法展开的话。这样的研究过程适合于抽象实在和因由构成的"真实"世界,但不适合于味道、声音、色彩、爱与恨构成的日常世界——但这正是历史学家研究的世界,他们在其中发现的全是个别的、不可预测的、无法进行演绎的现象。历史学家无法运用逻辑和数学——它们从少数自明的原则推导出越来越多的具体见解——他们需要进行观察和阐释。

正是因为这种不纯洁性,历史学家被流放到笛卡尔世界的边缘:到荒原上去记录鸡毛蒜皮的小事,年复一年地向笛卡尔讲述人类的愚蠢。像此前的亚里士多德一样,笛卡尔将历史学从哲学的殿堂中驱逐出去,因为那里是真正的真理和追求真理的地方。实际上,他也割断了历史学与新兴学科之间的联系,这些新学科都与数学方法意气相投。那么,笛卡尔时代的历史学家还能干什么呢?

博学者的回应。大部分史学家依然在习以为常的老路上前行,他们并未意识到新的思想发展带来的难题。有些历史学家不打算继续走老路,几十年来,他们已经对那些怀疑历史真实性的人作出了部分回答。回答的主要元素来自意大利人文主义史学(对文本和未经考证的传说持严格的批判态度)、法国的法学史(强调原始资料的重要性)和古物研究(将史料范围扩展到物质遗迹、将研究对象延伸到制度机构和非政治性问题,以及培育历史的辅助学科)。对这些要素的运用——至少是运用其中的一部分——成为一种新型史学的特征,这种史学最好的称呼是博学历史(erudite history)。博学史家的事业达到了顶峰,如果不是他们做得过了头的话,甚至可以称他们为原初的科学主义史家(protoscientific historians)。他们的工作表明,从1400年以来,历史学通过依靠原始资料、拓展资料范围以及对资料的批判性评估等方法,已经克服了对传统史学的一些重要苛责。虽然他们将解释置于最微不足道的地位,但博学史家们可以认为,他们已使历史学可以经受当时的批评者的批判。

17世纪初,两位在古物研究中成绩斐然的学者发表了他们最后的作品,这就是法国人雅克-奥古斯特·德图(Jacques-Auguste de Thou)的《当代史》(*History of His Time*)和英国人威廉·坎姆登的《伊丽莎白时代的英国编年史》(*Annals of England in the Reign of Elizabeth*)。两部作品都是当代史,其最后的章节直到作者死后才出版。17世纪初的英国史学处在古物研究和博学历史相交的边缘上。罗伯特·科顿爵士仍然在不声不响地搜集书籍、手稿和文件。然而,当他不仅向学者出借研究材料,而且介入政治生活时,他最终遭遇了与其他政治上活跃的历史学家相同的命运——监禁。争吵同样是约翰·塞尔登(John Selden)经历的命运,此人曾查阅过科顿的史料。塞尔登掌握了当时可以获知的大部分历史知识,并且通晓希伯来语、阿拉伯语和波斯语,他将这些知识统统运用于自己的《什一税史》(*History of Tithes*)中。在这部作品中,他以细致的研究为依托,描述了许多世纪以来什一税的征收状况,仿佛这只是个很中性的课题而不触及英国教会的致命神经。亨利·斯佩尔曼(Henry Spelman)同样学识渊博,他在各种文章中——特别是在《渎圣的历史和命运》(*History and Fate of Sacrilege*)——论述了一些其他敏感的问题。这部死后出版的作品谴责亨利八世解散修道院,这种见解与主流的看法是对立的。

塞尔登和斯佩尔曼的作品大部分更像典型的博学历史,它们没有挑起什么纷争,尽管它们也曾提醒读者注意,1066年的诺曼征服给法律带来了明显的变化,因而也暗示带来了社会变化,从而修正了一些历史悠久的说法。虽然两位学者都是在严格地论述具体个别的变化,而不是体系性的变化,但它们还是接近于为英国历史上的封建时代做出了界定。这就使得后来的学者能从中获得清晰的发展意识,并对中世纪做出评价。不过,在17世纪那动荡的几十年中,博学历史被忽视,直到1688年宪政奠基才重新激活了博学研究,这种复兴体现在托马斯·赫恩(Thomas

第十二章　持续变化中的传统史学

Hearne)的作品中,首屈一指的标志则是托马斯·麦多克斯(Thomas Madox)的《财务署历史和古物集》(*The History and Antiquities of the Exchequer*,1711年)。

在欧洲大陆,一批博学者选择了一个令人吃惊的批判性历史研究课题——圣徒传记。这种传记为数众多,虽然它们在细节上经常相互矛盾、虚构想象,但由于被虔诚地传阅了很多世纪,因而备受信徒的珍视。如今,圣徒传记续编者(Bollandists),即四个世纪中的一批耶稣会士,开始了剔除传记中的奇幻成分、使其经得起现代批评考察的工作。年轻的耶稣会教师赫伯特·罗斯威德(Herbert Rosweyde)决心搜集每个圣徒的所有资料,对它们进行批判性考察,并为所有圣徒撰写材料可靠的传记。日历成为工作序列的向导:从与1月1日有关的圣徒开始,以与12月31日有关的圣徒结束。罗斯威德于1629年死去,随后约翰·博兰德(John Bolland)继续这项工作,并得到了必要的物质支持以及两位杰出学者的襄助,他们是戈德弗瓦·亨斯肯斯(Godefroid Henskens)和丹尼尔·凡·帕彭布罗克(Daniel van Papenbroeck)。《圣徒文献集》(*Acta Sanctorum*)就这样开始了,这是一项集体史学工作,其连续性、工作强度和完整性都无可比拟。

1670年以后,圣摩尔的本笃会学者也尝试把宗教虔诚与新的批判精神结合起来。与圣徒传记续编者们不同,圣摩尔的学者只有一个松散的工作计划,其核心是撰写一部新的本笃会历史、本笃会圣徒的传记,以及考察和出版一些中世纪作品。实际上,一些杰出的圣摩尔学者在从事博学研究时远远超出了当初的计划。吕克·达什里(Luc d'Achery)收集了丰富的藏书,并赞助过一些有才华的圣摩尔学者,其中就有让·马比荣(Jean Mabillon)。后者与达什里一起编辑出版了《本笃会圣徒文献集》(*Acts of the Benedictine Saints*),并且发表了一些文献和收藏品,还有一部礼拜仪式的历史。但对整个历史学而言,最有意义的是马比荣发表的《文书论》(*De re diplomatica*,1681年)。这是一部手册,其中有作者在考察中世纪资料时运用的方法的简介——包括对文献的内部和外部考订——以及关于拉丁古文书学的分析及其指导原则。在此后近两个世纪的时间内,它成了学者们可信赖的向导。

圣摩尔学者通往18世纪的桥梁是贝纳尔·德·蒙福孔(Bernard de Montfaucon),他创立了希腊古文书学,编辑出版了希腊教父的作品,并成为考古研究的先驱者。他和其他法国学者都受惠于路易十四时代法国的内部和平,当时的教会地位也很稳固,它对集中深入的批判性学术研究持同情态度。成果当然是丰硕的。除了圣摩尔学者的工作,塞巴斯蒂安·勒南·德·迪耶蒙(Sebastien Le Nain de Tillemont)创作了《最初六个世纪的教会史》(*Ecclesiastical History of the First Six Centuries*),接着又有一部对应作品:《罗马皇帝史》(*History of the Roman Emperors*)。狂热的高卢派教士艾蒂安·巴吕兹(Etienne Baluze)编辑出版法兰克王国以来的文献,并撰写了一部阿维农教皇史。杜康奇(Du Cange)(夏尔·迪·弗雷斯内[Charles du Fresne])为学习研究中世纪拉丁语和希腊语编纂了一部手册,这对历史学家来说简直是无价之宝。

四 美国史学的发端及早期形态

英属北美殖民地的早期历史创作,与当时欧洲的史学发展潮流相距遥远,在北美,历史以两种不同的方式书写:一种依据《圣经》中的人类天命观,另一种是将历史视为人类在经济和政治生活中的集体经历的世俗记录。到1776年之前的那些年,两种历史观逐渐失去了特色,让位于地区史和殖民地史,只有非常少的现象表明,人们意识到北美大陆东海岸出现了一个新民族。那些1600年之后从英国横跨大西洋的人们,不管他们是为了追求更美好的生活,还是为了寻找免于宗教迫害的安全避难所,都带来了新教的世界历史观、英国人的生活方式,以及关于英国过去的传统记忆。但是,当美洲殖民地发展出自己独有的身份认同时,新世界的影响力便开始削弱那种连续性了。殖民者早期的历史记述表明,北美移民是如何逐步淡化对英国历史的关注的,只有政治发展史是个例外。这些历

第十二章 持续变化中的传统史学

史更喜欢讲述异域的生活,那些地方通常是粗犷的荒原,还有印第安人的威胁。弗吉尼亚和新英格兰的早期史学家在这些问题上有相同的看法,但是他们心目中的历史的中心目标判然有别:弗吉尼亚史学家强调更大的物质福利,而新英格兰的史学家更关注上帝的荣耀。

弗吉尼亚是最古老的殖民地,它在约翰·史密斯(John Smith)的《一个真实的故事》(*A True Relation*)中收获了第一部历史(1608年),接着史密斯又创作了《弗吉尼亚、新英格兰和夏岛通史》(*General History of Virginia, New England, and the Summer Isles*)(1624年)。约翰·史密斯是个冒险家、前土耳其奴隶、探险者、船长,并且是协助詹姆斯敦存活下来的领导人,他讲述了詹姆斯敦附近居民的故事;他描述这些居民如何生活、如何自治、如何工作,在后来的版本中,他还讲了波卡洪塔斯(Pocahontas)①的故事。史密斯的记录一般是可信的,为了鼓舞更多的英国人移民到弗吉尼亚,他有时淡化了那里生活的艰苦程度。虽然大自然是个可怕的对手,但是在他的笔下显得壮美而友善。

在东北部,自然环境对一批英国清教分离派——即早期移民——构成了更为严重的挑战,这些人于1620年驶入马萨诸塞湾,并在普利茅斯建立定居点。他们深信自己的经历是神圣的,是信仰让他们能够经受住艰难困苦。他们对查理一世和大主教劳德(Laud)时代的英国的生活感到绝望,认为英国注定要为偏离"主的道路"而遭受惩罚。清教移民在这片新土地上开始建设新锡安(或迦南)的工作。这里将是救赎的中心,上帝将在此完成他的事功。因此,虽然移民点是新的,但它立刻就拥有了一段漫长的历史,这段历史可回溯到《圣经》时代,而移民们在历史中扮演着明确的角色:他们必须捍卫基督教信仰免受精神污染的威胁。清教移民可能赞同约翰·温思罗普(John Winthrop)——一位清教徒但并非他们中间的一员——的话:"将来人们在谈到欣欣向荣的庄园时会说,'主将

---

① 波卡洪塔斯(1595—1617),北美波瓦坦印第安人部落联盟首领之女,曾救过约翰·史密斯的命,后来与英国人结婚。——译注

使它有望成为**新英格兰**的庄园'。我们务必相信,我们将成为山上的城邦,所有人的眼睛都注视着我们。"①

在清教移民时代的早期,当普利茅斯社区的威廉·布拉德福德(William Bradford)和爱德华·温思劳(Edward Winslow)在讲述历史时,他们希望有关艰苦的生存斗争的描述读起来更像猎奇者期待的冒险故事,而生存本身看起来应不止是事态中的偶然时运。布拉德福德的《普利茅斯拓殖史》(History of Plymouth Plantation,1646年)和温思劳的《普利茅斯英国移民记》(Journal of the English Plantations at Plymouth,1622年),是这两位殖民地总督创作的历史记录,他们掌握了整个故事的秘密知识,如《五月花号公约》,第一个冬天的严寒,探险,定居,种植庄稼,捕鱼,皮毛贸易,还有与印第安人的交易。所有这些都通过清教信仰中的历史延续意识而结合在一起。这群被遗弃在荒野里的移民的简短故事,通过上帝的旨意而同古代以色列那批敬畏上帝的移民的同类故事联系在一起。但在布拉德福德的文字中,我们能感受到一种伤感意识:移民点最初的纯洁受到很多新来者的威胁,后者对事物的看法与早期移民不同。

上帝坚定地指引历史:这种观念同样塑造了马萨诸塞湾地区众多清教移民的历史著作,如约翰·温思罗普(《日记》[Journal,1630—1649]),爱德华·约翰逊(Edward Johnson,《锡安救世主在新英格兰的事功》[The Wonder-Working Providence of Zion's Saviour in New England, 1628-1651]),威廉·哈巴德(William Hubbard,《1630年之前的新英格兰通史》[General History of New England to 1630]),以及科顿·马瑟(Cotton Mather,《基督在美洲的神迹》[Magnalia Christi Americana])。他们描写的主要不是最初的冒险历程,而是由"圣徒"领导的共同体的命运(所谓圣徒就是在上帝恩典之下证明其身份的信徒):如社会、政府、日常生活、重要的贸易联系、印第安人,当然还有他们生活的根基——神学。他们的记述反映的已是定居生活,生活的常规只是偶尔被意外情况打乱,如罗

---

① In J. P. Green, ed., *Settlements and Society: 1584-1763* (New York, 1966), p.68.

第十二章 持续变化中的传统史学

杰·威廉斯(Roger Williams)和安妮·哈钦森(Anne Hutchinson)之类的"异端"的出现。正如布拉德福德已经意识到普利茅斯拓居地受到威胁一样,科顿·马瑟也觉得必须捍卫马萨诸塞独特的清教特征。在哈巴德的作品中,虽然作者试图捍卫保守的清教主义,但后者的削弱已经清晰可见了。他没有声称新英格兰是上帝的领地,也不相信清教历史的特有"天命"。

岁月流转,移民拓居地逐渐稳定,每个殖民地都获得了某种特性,包括其独特的历史。这种意识与创作历史的其他动机结合在一起:如对某个地区、某个人民及富饶生活的自豪感;记录殖民地在商业或政治方面的权益和特权的意愿;还有赶超时髦的欧洲理性主义和博学作品的愿望。最初的神圣历史和历险历史逐渐过时了。

在安妮女王时期,罗伯特·比维利(Robert Beverley)以新的形式重写了弗吉尼亚的历史。值得一提的是,比维利的《弗吉尼亚史》(History of Virginia,1705年)的出现竟是因为作者的一次恼火的经历,当时他正在为出版商审读J. 奥德米克逊(J. Oldmixon)的书稿《不列颠帝国在美洲的历史》(History of the British Empire in America,1708年出版)。史实错误可以纠正,但奥德米克逊把殖民地完全视为母国的附属品的基本看法却不能改正。比维利以他的作品证明,弗吉尼亚忠实于英国国王,但对英国在殖民地的管理机构持批评态度,这清晰地凸显出英国人和英国移民在观点上的不同。

威廉·比尔德二世(William Byrd II)是位著名的农场主,他的图书馆规模庞大,藏书达四千册,在各殖民地首屈一指;他在论述弗吉尼亚的历史特点时,也展现出日益增长的殖民地自尊意识。威廉·史蒂斯(William Stith)曾在牛津受过教育,并当过中学校长,在自己创作的弗吉尼亚史(初版于1747年)中,他多次提到,弗吉尼亚人如何成功地捍卫他们的自由不受王家总督和王权代表的侵犯。史蒂斯也表达了当时他的欧洲同行的博学理想,他说自己希望"提供一部有关我们国家的明白准确的历史,始终尊重真理是作为历史学家的首要条件和主要美德,没有充分的证据和可信度绝不记载任何东西"。① 的确,他的叙述十分细致,导致记载的细节太多,让读者感到厌烦,著作的销路也不好。结果,史蒂斯的历史只写到了 1624 年。

新英格兰在历史学家中的辩护人是科顿·马瑟,部分说来威廉·哈巴德也算一个。在 18 世纪,这个地区仍然是历史记述的对象,不过运用的材料越来越翔实。有个历史学家试图将自己对新英格兰利益的热忱与新的科学精神结合起来。托马斯·普林斯(Thomas Prince)的《新英格兰纪年史》(*Chronological History of New England*,1736 年)追求精确性,他把 J. J. 斯卡里杰和乌斯赫大主教的作品视为自己纪年史的榜样。普林斯的叙述从创世的第六天一直延续到 1633 年,该著没有谈到什么新东西,但可以被视为一部完整的新英格兰编年史。作者以百科全书的方式提到了所有可能有意义的事情,包括土地赠予,大臣的变更,教会和公共生活中的事件,以及"神意"。不幸的是,这部作品的优点被它的冗长乏味掩盖了。不过它标志着观念上的一个根本性变化。宣扬新锡安的历史被拥护牛顿机械论宇宙观的叙述取代了。

普林斯谈论的新英格兰多数时候是指马萨诸塞,这让其他新英格兰人感到不悦,他们也希望描绘自己殖民地的历史,这种历史与他们那著名的邻居的历史应该有所分别。然而,留给殖民地史学的时间快要到头了。约翰·加伦德尔(John Callender)的罗得岛历史声称这个州是个宗教创造物,萨缪尔·史密斯(Samuel Smith)的新泽西历史还没有注意到日益增长、并最终导致 1776 年事件的紧张关系,虽然史密斯曾激烈抗议不公正的税收。托马斯·哈钦森(Thomas Hutchinson)在其作品的第一卷中讲述了马萨诸塞的故事,他完全相信早期移民的宗教观念,虽然作为托利党人他并不赞同这些观念,但表示尊重。这位作者也是马萨诸塞的最后一位英国民事总督,他将不得不在流亡中撰写其历史著作的余下几卷。

---

① W. Stith, *The History of the First Discovery and Settlement of Virginia* (New York, 1865), p. 2.

第十二章 持续变化中的传统史学

在美国革命前的25年,美国史学有了另一个进展:出现了第一部将各殖民地视为(虽然认识还很模糊)一个实体的历史。它的作者是威廉·道格拉斯(Willam Douglass),一位性情暴躁、喜欢争吵的波士顿医生。这部作品即为《北美英国殖民地历史和政治概论》(*Summary View, Historical and Political, of the British Settlements in North America*,1747—1750年)。这本有趣的著作一方面在古希腊以来文明史的宏大框架中描写北美殖民地,另一方面又以程式化的手册风格将各个殖民地的历史叙述并列在一起。

在殖民地历史中,美洲印第安人的角色自始至终不占重要地位,而且面目模糊。在理论想象中,印第安人是仍处于自然状态的人民,但这种形象很快就让位于在观察和具体经验中形成的形象。早期历史大部分是描述性的叙述,大多强调印第安人的残忍。由于没有让他们皈依基督教,一些解释便认为印第安人注定是反基督教的。最具现实主义色彩的印第安历史来自加德沃拉德·科尔登(Cadwallader Colden),他是名医生,当过纽约的副州长,并试图以《五个印第安民族史》(*History of the Five Nations*,1750年)来教导他的同代人。如果说这些乡下人不止是想保持现有土地的话——科尔登显然希望他们去扩张——易洛魁人是个关键。后者将成为英法殖民帝国斗争中的强有力的武器。25年以后,詹姆斯·阿代尔(James Adair)以一种古老的方式撰写了一部南方印第安人的历史,作者把这些印第安人当作大自然的孩子、一个遗失的以色列部落的后裔。

第十三章

18 世纪对新式史学的探索

一 对历史秩序和历史真相的再评估

在 18 世纪,法国人依旧喜欢阅读弗朗索瓦·厄德·德·梅泽雷(François Eudes de Mézeray)、勒内·奥贝·德·韦尔托(René Aubert de Vertot),以及加布里埃尔·丹尼尔(Gabriel Daniel)等人非常传统的历史著作;英格兰人则偏爱理查德·贝克爵士(Sir Richard Baker)和约翰·休斯(John Hughes)的作品,后者的翻译作品被收进了怀特·肯尼特(White Kennett)的《英格兰全史》(*Complete History of England*, 1706)中。那时的读者大都惊叹,过去的事情竟可以写得如此通俗、如此令人惬意,不过,他们并没有意识到,在过去的三百多年当中,基督教那套统一的、成体系的、关于过去、现在与未来的观点,已经一步一步地消亡了。人文主义者那些会瓦解权威的文本批评、大量不属于基督教的经典书籍的流行、诸多地理发现带来的世界景象的剧烈变革、宗教改革中教会权威和信仰的动摇,加上新式的有关世界的哲学和科学观点,一起促成了这种变化的发生。在当时的历史著作中,《旧约》记载的真实性已经受到质疑,上帝的直接干预极少被提及,神意也沦为了一个模糊的概念,教会的历史与世俗的历史彻底分道扬镳,神圣历史中的那些里程碑——创世、基督的生与死、末日审判——越来越少被用作世界历史的标志性事件,史学家们越来越偏好用没有神学意味的古代、中世纪和现代这些概念来划分历史。

第十三章 18世纪对新式史学的探索

一些历史学家开始有了一项新的任务,他们要赋予大量世俗事件以新的意义,在此之前,这些世俗事件的意义是由神意来提供的。他们提出的进步模式与生命周期模式,成为了18世纪的主要代表。正是在这两种模式的影响之下,出现了主张历史存在连续性的观点;这种观点在19世纪又发展成了影响甚著的历史主义。不过,即便是进步与周期这样的普遍史主题,也是由身处各个民族国家的历史哲学家提出的,这也就使它们不可避免地受到了来自民族国家的影响。此外,博学传统下的史学(erudite history)看上去似乎应该可以避免这种影响,可是并没有。

18世纪的英格兰最不需要变革其历史解释;这在很大程度上是因为,在汉诺威王朝的统治之下,英格兰不存在严重的社会问题和宪法问题。史学家们那时确曾讨论过1688年的光荣革命在英格兰政治史上的重要性,他们看待它的态度也基本上都是肯定的。就连经验主义哲学家大卫·休谟(David Hume),在针对确定性和真相给出激进见解的同时,也只是采用了当时被普遍接受的说法。在渐进主义的独特风气影响之下,威廉·罗伯逊(William Robertson)和爱德华·吉本(Edward Gibbon)将法国的影响、博学的传统与传统的叙事史,结合成一种新式的、颇具影响的,还甚是招人喜爱的历史写作方式。不过,这并未从根本上改变历史在英格兰社会中的角色。

激进的新式解释来自于法国启蒙时代的哲人们,这些人强烈地感受到了自己的见解与法国的社会现实之间的距离,当时的法国正处在波旁王朝的统治之下,并且还深刻受到罗马天主教会的影响。他们反对旧制度以及它所代表的一切,转而构建出了一整套新式的世界观。有些学者将人类世界视为一个机械体系,认为它也在不停地往复运转,与自然界没有太大的差别。不过,大多数法国启蒙思想家(philosophes)都认为,人是作为一个个理性的个体生活在这个世界上的,他们被自然法则赋予了种种的个人权利,而且,他们的个人权利也为自然法则所保障。历史呢,则不过是人类从一个潜在的理性群体向一个实际的理性群体的转变;换句话说,历史就是一则关于进步的故事。在当时那个特权林立、等级分隔和绝对主义的法兰西,这种观点免不了会催生出一系列重大的变化。

在法国的哲人们对原有秩序取得完胜之后,这套进步理论也传播到了德意志地区。德意志地区的社会、政治局面相对比较平静,多数学者也是作为大学里的教授,而不是作为文人涉足历史的。此外,很多德国历史学家都是在法学系讲授历史,在那里,大家更为看重的是谨慎和博学,而不是激进的革新。因而,尽管德国也出现了大量历史新思想,不过,比起法国的进步理论来,会显得缺乏一些系统性。可也不难看出,这些不怎么系统的新思想,也有着一些共同的主题、见解和动向。后来,18 世纪末 19 世纪初,在法国大革命和拿破仑战争的影响之下,这些思想被一些致力于寻求 18 世纪知识革新之逻辑后果的学者,发展成了一些系统性的理论。不过,即便是到了那时,出现在德国的历史解释光谱,依然十分宽广。居于这一光谱一端的,是一群来自哥廷根大学的历史学家,他们将德意志的博学传统、英格兰的经验主义,与法兰西的理性主义结合起来,发展出了一些新的态度和方法;在 19 世纪历史科学的创建过程中,这些态度和方法发挥了非常重要的影响。

在光谱的另一端,可以看见神学家约翰·戈特弗里德·赫尔德(Johann Gottfried Herder),他就当时对历史新秩序的探索,给出了更具理论性的响应。他几近创造出一种史学领域的"生命"周期理论。这种理论在联结过去、现在与未来方面,与进步理论有着同样重要的影响。就这种周期模式来说,它也将会继续存在。毕竟,早在赫尔德之前,詹巴蒂斯塔·维柯(Giambattista Vico)、让-雅克·卢梭(Jean-Jacques Rousseau,他将历史描述为一个人类衰退的过程),甚至是一些法国启蒙思想家,都曾支持过这种模式。

二 有关历史真相的新观点

博学传统有关真相的观点。博学传统下的历史学家,依靠的是一个宽广的方法论基础,此方法论基础是史学实践不断进展的结果,而非哪个

第十三章　18 世纪对新式史学的探索

人的精心构思。他们坚持,只要能够谨慎且创造性地应用他们的方法,真相自然可以从中得出。尽管缺乏一种系统的认识论基础,博学传统下的史学还是秉承着独特的哲学倾向,以这种方式在一个多世纪的时间里成功地证明了自己。而且,它的成功不止如此,它后来还成为 19 世纪出现的历史科学的主要成分。

　　法国在博学传统下的史学工作依然居于领先地位。本尼狄克派的圣莫尔修会整理、出版了《高卢与法国作家文集》(*Rerum Gallicarum et Franciscarum Scriptores*),它后来也被称作《高卢与法国历史学家文集》(*Recueil des historiens des Gaules et de la France*,1737—1786),这套书早期的负责人是马丁·布凯(Martin Bouquet),其中收录的法国史的写作时间,最早可以上溯至 1328 年。布凯去世之后,这套书的收集、出版工作得以继续,一直延续到了法国大革命之后,最终在米歇尔-让-约瑟夫·布里亚尔(Michel-Jean-Joseph Brial)的指导和法兰西学院的资助之下,才告完成。圣莫尔修会修士埃德蒙·马泰纳(Edmond Martène)和于尔森·迪朗(Ursin Durand),还编辑、出版了另一套档案和文件集(1724 年)。其他身处 18 世纪的圣莫尔修会修士,拓展了这种方法论,他们出版并多次再版了一本历史手册《史事编年》(*L'art De Vérifier Les Dates*)。克劳德·罗伯特(Claude Robert)的《高卢基督教》(*Gallia Christiana*,这套书初版于 1626 年,之后经由其他圣莫尔修会修士的扩充,在 1656 年又出版了另一个版本),则是一套以概览式的风格成功写就的教会史。英格兰人的好古癖,促使弗朗西斯·戈德温(Francis Godwin)出版了一本介绍英格兰历代主教的书;高卢主义激励着让·谢尼(Jean Cheny)完成了一本同样类型的书;对意大利和教会的热爱,则鼓舞着费迪南德·乌盖利(Ferdinando Ughelli)写出了一套令人印象深刻,且颇具影响的《神圣意大利》(*Italia sacra*,1643—1662)。

　　乌盖利的同代人,生于爱尔兰的圣方济各会修士卢卡斯·沃丁(Lucas Wadding),那时正居住在罗马,他当时已经完成了一项有关圣方济各修会的研究。这是一项博学传统下的研究,它用学术的办法赞颂了圣方济各修会。在之后的 18 世纪，意大利开启了对"野蛮时代"或"中世纪"（Mezzi Tempi）的再研究、再评价，那里的博学传统下的史学，也因而达到了前所未有的局面。大量旧时的著述、档案汇编、地方史及教会史著作，纷纷在博学风气的刺激之下出现。换句话说，史学成为了一项至关重要的事业。意大利的博学传统，也在卢多维科·安东尼奥·穆拉托里（Ludovico Antonio Muratori）那里，到达了巅峰。1723—1751 年间，穆拉托里在安静的摩德纳公国图书馆，编辑出版了一套《意大利作家文集》（Rerum Italicarom scriptores），里面收录了大量意大利历史档案和著述；他又批判性地编辑出版了《意大利中古时期文集》（Antiquitates Italiae Medii Aevii），并对里面收录的档案和文章给出了批判性的介绍和注释；他还以大量文件和档案为材料，撰写了 12 卷本的《意大利编年史》（Annali d' Italia）。博学传统对渊博知识的强调，加上意大利人对过往时光的自豪感，促成了这些博学传统下最优秀著作的产生。大量此类著作也相继出现在西班牙、奥地利，以及斯堪的纳维亚；不过，无论是在学术还是在名声方面，它们都要显得略逊一等。

在 17 世纪的德意志新教地区，博学传统下的史学工作与繁荣一时的法律研究，结合在了一起。德意志当时的宪法安排颇为奇特，名义上还保持着一个帝国架构，现实中却是邦国林立与主权分割，这种局面不免产生了一些令人困惑的问题，而法律研究恰能就这些问题给出一些解答。有一些德国的法律学者，在当时的自然法理论的影响下，只是将历史用作某种先验的概念的例证；其他一些学者对待历史则更为认真，尤其在他们探究德国过往的政治和法律问题时。法国的法学家在 16 世纪就指出了史学视角对法律研究的重要性，现在，这些德国教授也开始领会到这一点了。赫尔曼·康林（Hermann Conring）的《关于德意志法律的起源》（About the Origin of German Law, 1643），很好地展现了此类法律史研究的特征：理性、谨慎、精确、认真对待档案材料、肯定连续性。即便是萨穆埃尔·普芬道夫（Samuel Pufendorf），一位著名的德国自然法理论家，也承认法律至少在部分上是一种人类创造。此外，后来的事实还证明，德国这些

第十三章　18 世纪对新式史学的探索

法律史专家的研究,对史学日后的进一步发展起到了重大作用,远超它们在整理和出版资料方面的贡献。

博学传统下的史学家也在其他因素的促使下从事研究。1650 年之后,大量学术社团在欧洲各地涌现,凭借着博学传统下的史学工作,这些历史学家也被认可为科学界(mundus scientificum)的一员,并在此类社团中拥有了自己的位置。历史学家们纷纷加入了法兰西学术院(French Academy)、法兰西文学院(Academie des Inscriptions)、意大利猞猁之眼学院(Accademia dei Lincei)、意大利秕糠学院(Accademia della Crusca)、伦敦皇家学会(Royal Society of London)、伦敦古文物学会(Society of Antiquaries),以及许多其他类似的协会。这些社团激发了大家的研究热情,同时也强调了知识实用性的那一面,强调知识应该能够增强人类驾驭世界的能力。就历史学而言,它可以为如何管理公共事务提供一些建议。后来,有些社团最终拥抱了"纯粹"科学的理想,历史学也就失去了在其中的立足之地。

这些学术团体构建了一个远离日常生活的世界,专业的史学写作在圈子之外鲜有读者。卢梭那些广受欢迎的对文明之弊端的批评文章,无疑只是一个例外。大多数非常专业的史学写作,都是有关地方史、谱系、法律问题的,此外,还有些指定主题的竞赛文章。慕尼黑学院(Academy of Munich)为历史学家罗列了一些适合他们的工作:收集、编辑史料,整理年表、谱系,研究宪法史,剔除不实之说,发现各修道院的真实历史,以及,呈现各城市之权利与特权的真实历史。当然,相关成果的质量也参差不齐,有些社团、有些成员的好些,另一些则并非如此。

乍看之下,历史学家们在各个大学中的状况也不错,他们在那里受雇于文科院系(在修辞学语境中讲授古典史和普世史)、神学系(讲授教会史)或法学系(讲授法律史和政治史)。不过,除了少数例外,他们很少卷入新式历史解释的构建中,也很少卷入博学传统下的史料耕耘中。在各类学术机构中,学生们也只是被授之以鱼,谈不上有任何史学训练。那时候各大学的目标也很明确:为国家和教会培养称职的职员或仆从;历史与其他实践或道德类课程一样,都是为了这个目标而向学生提供实用知识的。因此,虽然人类生活的历史面相已经在被获知和讲授,不过,旨在解释人类存在的历史学那时还尚未问世。正因为这样,当时的历史学还远不是一门独立的学科,相关工作也缺乏史学研究所必要的系统性。

在这方面,哥廷根大学对史学的发展意义重大。史学与法学之间的紧密关联,在16世纪的法国法学家们那里就建立起来了;到了18世纪,这种关联在其他一些大学也已经变得制度化了,例如爱丁堡大学。法学与博学传统下的史学之间的关联,始终是两个学科之间的一座天然桥梁,不过,在哥廷根大学,这种关联的性质比较不同一般。其详细的含义后文再详述,这里举几个例子即可。在哥廷根大学,历史学者也耕耘史料,并将之印刷出版,正如奥古斯特·路德维希·冯·施莱策尔(August Ludwig von Schlözer)所做的那样,他翻译了众多史料,其中就包括俄罗斯著名的《往年纪事》(*Chronicle of Nestor*)。约翰·克里斯托夫·盖特尔(Johann Christoph Gatterer)则构想出了一套精妙的方法论。更为重要的是,在哥廷根大学,博学传统还超越了自身的边界,将史料考证与历史叙事结合起来,一种新形式的史学从而得以产生,例如约翰·马斯科夫(Johann Mascov)有关德国史的几部知名著作。这种发展使得相关教授成为19世纪德国历史科学的真正先驱。

一种新式的有关真相的史学观点。1725年,詹巴蒂斯塔·维柯,一位那不勒斯大学的修辞学教授,出版了他的《新科学》(*New Science*)的第一版,当时他正在谋求一个薪水更高的法学教席。维柯的这部著作,给予历史学家的并不是新的方法,而是一整套成熟的史学理论,包括发掘真相的适当方法。笛卡尔曾经假定,单是借助于理性,便可得出本质性的真相(truth);他还指出,这种状况适用于哲学、数学和物理学,但不适用于历史一类的学科,后者因而也就不甚重要。维柯明确反对这种观点。在维柯那个时代,人们偏爱对自然界的研究,认为相较于人类事务来说,自然界更容易被理解。他既反对这种倾向,也不认可当时那些研究自然的方法。在维柯看来,将注意力集中在"研究自然界"本身就是错误的,"因

第十三章 18 世纪对新式史学的探索

为,那是上帝创造的,只有上帝才能知悉;他们[哲学家们]应该研究的,是各民族,或者说,人的世界,因为它是人类行为的结果,能够为人知晓。"① 现实(人的创造)即为真(verum);或者,换种说法,相比于人所面对的(上帝创造的自然界),人自身的作为(factum,现实),才可能为人所洞悉。人类的历史本来就可以为人所理解,因为,所有人都经历过希望、恐惧、努力、事迹与企盼,这些都融入了人类事件中;而且,它们也都永远"外在"于自然界。

那些曾经被视为人性、历经岁月不会变更的东西,在维柯那里,也成了诸多人类事件造成的结果,而且,它们还会随着人类事件的变化而变化;维柯指出,历史学家能够理解这些变化。这种观点在当时来说是非常新奇的。维柯在《新科学》中提出了这样一种核心主张:人类集体性心态的大规模变化,是文化史上的重大事件。他在书中详细阐述了这种大规模的集体性心态变化,如何让一个时代满是史诗和神话,又如何使另一个时代出现了理性的话语。从这种角度来看的话,数学就不再是能够让人类掌握永恒真理的永恒工具了,它不过是另一种构成多种世界观的受时间限制的要素。历史学家和数学家的重要性也因此发生了互换;前者可以理解数学和它在不同时代的作用,后者却无法掌握历史。

针对历史在呈现真相(真理)方面所具有的价值,维柯给出的观点深刻而直接,不过,史学家们隔了很久才认识到这一点。与维柯生活在同一时代的哲学家,戈特弗里德·威廉·莱布尼茨(Gottfried Wilhelm Leibniz),也曾讨论过有关史学实践的问题,他的相关讨论尽管并非那么直接,但还是深刻影响了大家对于历史的看法。莱布尼茨将世界视为一个由独立单子(self-contained monads)构成的体系,而这一体系则在预先建立的和谐中不断发展。这种看法本身并未给德国历史学家以太多帮助,不过,莱布尼茨此说的启示却非常重要:这个世界处在不断的发展当中,

---

① G. Vico, *The New Science*, trans. T. Goddard Bergin and M. H. Fisch (Ithaca, New York, 1968) no. 331, p. 96.

而且，这种发展指向的是完整和美好。这样一来，以上帝为终极目的的宗教，再一次变成了人类生活中的一种力量，尽管它还受到了来自理性的一些约束，但毕竟人们倾向于肯定而不是否定它了。莱布尼茨还假定，每一个单子，尽管都是独一无二的，也能够反映出整个宇宙。这一假定暗示着一种部分与整体之间的辩证关系。这种关系使得人们不能再将一般（或普遍），视为一种脱离或超越个体的存在，也使得人们在观察一般和个体时需要意识到，在每个事件中都有它们的共同参与。顺着这一思路继续下去，我们不免会看到这种主张：历史研究必须专注于实际和特殊的事件或个人。例如，一个人不能去研究"战争"，而应该试着去理解特定的战争。每一场战争，每一个历史事件，都代表了多种力量复杂且独特的一次汇聚。因此，历史研究的成果，永远都不会是一般性的规律，而只能是对个人或个案的描述和解释。一般（或典型）与个体（或特定）之间的复杂互动，也使得对人类历史的探究不再只能追寻简单的因果关系。大体说来，在人类的生活中，"一因一果"的情形极其少见。

在将近一个世纪之后，以上提及的所有这些启示，才对历史学发挥出了其全部影响。当莱布尼茨本人写作历史时，还是留在了传统的界限之内。对于他来说，事关历史理论与方法的主要问题，依旧是史料的考据，而非理论性的解释。归根结底，"一个人研究数学时要依靠理性，研究自然时要依靠实验，研究法律时要依靠当权的立法者，研究历史时要依靠见证人"。① 这种方法引起了哥廷根大学法学和史学教授们的注意。那时他们和约翰·戈特弗里德·赫尔德仍在摸索一种历史解释方法，并且已经颇有所得（尽管依然比较模糊），此即不久之后占据主导地位的历史解释方法：直观的认识（anschauende Erkenntnis），它在后来也被称作理解（Verstehen）。即便是在18世纪，在这种方法的模样尚不明晰的时候，它的目标也是要超越单纯积累事实的博学传统，并且，还要平衡发展中的科学对因果关系的简单强调与法国启蒙思想家们的理性主义路径。这种依

---

① G. W. Leibniz, *Werke*, ed. O. Klopp, 10 vols. (Hanover, 1864-77), 5:368.

第十三章 18世纪对新式史学的探索

赖直观的方法,试图理解动态的整体中多种力量的复杂交织;它还试图在既不否认个体的价值,也不否认精神世界的前提之下,根据个体的自由决定、风尚习俗、价值取向、意识形态,以及些许行为惯性,来作出合理的解释。就此而言,德国学者遇到了维柯早些时候说过的"理解"(understanding)。到18世纪末,他们已经将一些基本概念注入了一个正在兴起的思想流派:历史主义。

三 新的宏大解释:历史进步

有些被广为接受的历史解释其实早就已经暗含着进步论了。它的核心主张是:"作为一个整体的人类,虽然会时不时地经历稳定与动荡、幸福与苦难,可仍在朝着一个更完美的状态前进,尽管步履蹒跚。"①过去、现在和未来,再次被一个发展链条串在一起;只不过,这次朝向的不是一个彼岸的目标,而是此岸人类处境的改善。也正是这种前景使得进步论极具吸引力。事实上,除了马奎斯·德·孔多塞(Marquis de Condorcet)的《人类精神进步史表纲要》(Sketch for a Historical Picture of the Progress of the Human Mind, 1793-1794)之外,并没有其他著作提出并解释过进步这一观念。那时,进步并未被多少书籍提及、争论或加以赞扬,大家之所以普遍认可它的存在,也并非因为哪种被广为接受的理论,这主要因为它是一种共同的期待。

记录人类解放过程的历史。进步的观念中隐含着一种非常重要的假定,它在说服18世纪的知识分子方面发挥了重要作用,即:人类已经足够成熟,可以将自己的命运掌握在自己的手中了。上帝创造了宇宙万物,为其制定规则并令其运作起来,然后,宇宙万物就按照牛顿发现的定律自行运转了。因此,世界被认为在本质上是有序和有益的,任何具有破坏性的事物,也开始被视为"异常",需要加以矫正。同样,人类也变成了一个基

---

① *Turgot*, trans., ed., and intro. R. L. Meek (Cambridge, 1973), p.41.

本良善的群体，不再被认为还背负着原罪。相应地，人的美德也变成与人的理性，而不是与信仰紧密相关了；而且，美德与理性这两大人类特质，在远古时期便已经存在，只是被强烈的激情和本能，以及外界的各种力量暂时抑制住了。一些启蒙思想家正是以此为基础，来讲述人类进步的故事，或者说，理性在漫长的岁月中逐渐摆脱枷锁，使人类步入文明时代的故事。由此，人类共同体的命运，不再是亚当和夏娃二人命运的延续，而是与每个成员的理性紧密相关；决定其发展变化的也不再是神意，而是从谬误和迷信中解放出来的理性。

可是，世界各民族之间的差异是明显而巨大的，启蒙思想家们还必须将之与他们眼中统一不变的人性调和起来。在完成这项任务时，他们借助了新出现的文化或文明概念；之前16世纪的法学家与史学家，也曾面临处理民族和习俗的多样性的问题，不过他们错过了这两个概念。启蒙思想家们还可以借鉴理性的历史（*Histoire raisonnée*）提出的见解。1660—1720年间，这一流派的代表已经在强调，各种习俗需要被加以研究，然后在相互之间进行一番比较。当弗朗索瓦·费奈隆（François Fénelon）劝告历史学家要研究习俗的变迁时，他已经非常接近伏尔泰后来在《风俗论》（*Essay on the Manners, Customs, and the Spirit of Nations*, 1754）中的构想了。在《风俗论》中，伏尔泰严谨而优雅地对历史变迁给出了一种文化解释。在满怀敬意地探讨了中国、印度、波斯，以及伊斯兰等文明之后，伏尔泰迅速在书中指出了人类的普遍进步，因为，他看到了曾经落后的西方当时明显具有的优越性。文化的多样性曾经妨碍宏大叙事的得出，不过，这些历史学家们发现，统一人性的不均衡发展这一观念，就能够很好地解决这个问题。西方人与中国人、非洲人，或印度人，并没有什么本质的不同，他们只是有着更为进步的理性；其他地区的落后，源自仍在笼罩着那里的诸种非理性的力量，其中尤其值得指出的，是压迫性的宗教、法律和习俗。西方社会内部也存在类似分野，少数人的头脑率先转向了理性，大多数人还暂时处于落后状态。伏尔泰和其他一些人主张，如果大多数人始终无法完全步入理性状态的话，可以由那些完全开化（civilized）的人为大众设

第十三章 18世纪对新式史学的探索

计良法、提供善治。这样一来,所有人就可以共享由理性带来的幸福了。

上述历史叙事的新模式强调进步,并许以人们一个完美的未来,其吸引力着实不同寻常,不过,它还是不可避免地带来了新的问题:之前令启蒙思想家着迷的多样性,无法在新模式中得到合理的评价。伏尔泰在《风俗论》中满怀敬意地探讨了世界各民族过去的思想与习俗,不过,他那些讨论与我们今天对各文明或文化的理解大相径庭。"文明"这个概念的明确出现是在1770年之后,那时它指的是一种文雅高尚的生活方式,而且,它还被普遍认为是由理性的增加带来的。我们这个时代的人一般认为,所有的文明或文化都提供了平等有效的生活方式。这种看法肯定会使伏尔泰等启蒙思想家嘲讽不已。真正的幸福不可能降到那些"未开化"(uncivilized)的人头上,而只可能降到那些以理性的方式生活的人头上。

这种进步的模式也贬低了西方的早期历史,往好了说那是人类的儿童阶段,往坏了说那就是愚蠢和迷信的时代。这种态度在启蒙思想家对中世纪的哀叹中明显地表现了出来。对于他们来说,在那些个基督教统治之下的世纪,古典时代开启的理性解放进程,遭到了令人遗憾的中断。

> 国王们没有权威,贵族们没有规矩,人民饱受奴役,乡村满是要塞,不断遭到蹂躏,战火连城,遍布各个王国;贸易与交通均告断绝;城镇里居住着整天劳作的穷手艺人;唯一有闲暇的是贵族,他们居住在各地的城堡里,除了卷入于祖国无益的争斗之外,终日无所事事;各个民族、各类人群都是那么粗鲁和无知!一副可悲的画面——可这就是那几个世纪出现在欧洲的真实情形!①

在法国众多启蒙思想家当中,只有杜尔哥和孟德斯鸠尚且对中世纪教会在知识方面的工作有所肯定,其他大多数人将制度性的宗教也指责为是

---

① *Turgot*, trans., ed., and intro. R. L. Meek (Cambridge, 1973), pp.54-55.

迷信,并认为中世纪的历史绝好地证明了孔多塞的判断:历史是人类摆脱狂热与迷信的过程。

伏尔泰对进步还心存疑虑,可另有一些人则对之热情有加,他们是历史解释方面的革新者。数个世纪以来,过去一直作为传统,指导着人们现在的行动,塑造着人们对未来的希望。如今,情形整个倒转了过来,人们对未来的期待,支配着他们现在的生活,决定着他们对过去的评价。

进步模式及其推动者。正如启蒙思想家们指出的,进步的道路异常艰难。在数个世纪的时间里,黑暗、谬误与邪恶的力量,牢牢地控制着人类。杜尔哥认为,理性之所以能够克服这些阻碍而现身,是因为激情的盲目释放导致了迷信和谬误,迷信和谬误则又造成了不幸,这反过来则促进了理性的进步。时至今日,理性已经变得非常强大,已经不再需要迷信和谬误来加以促进,因此必须将它们尽力消除。孔多塞宣称,他所处的那个时代是一个关键的历史转折点,因为战胜谬误的重型武器已经被发现:"长久以来,我一直在思索改善人类命运的方法,现在我可以非常肯定地得出结论了,方法只有一个:加速推进启蒙。"①人类先是在掌握自然事物方面取得重大进展,继而在掌握社会领域内事务方面取得重大进展,自然科学和道德(社会)科学的进展也依照了这一顺序。在孔多塞看来,人类从自然和非理性社会权威的"暴政"之下的解放是不可避免的,因为,理性一旦踏上征程,必定势不可挡。当人类告别混沌茫然的意识,开始用大脑思考周围事物时,他们就已经开启了心智发展的进程。依据孔多塞的说法,这种进步将在他书中划分的第十个时代达到顶点,那时,"社会科学"(social art)将会战胜所有妨碍社会和谐的事物。而历史学,除了记录人类摆脱过去的谬误的过程之外,还可以通过讲述即将到来的理想状态,激发大家对于此种未来的希望。

---

① J.-A.-N de Condorcet, "De l'inftuence de la révolution d'Amérique sur l'Europe", in *Oeuvres*, ed. O'Connor and M. F. Arago, 12 vols. (Paris, 1847-49), 8:30.

第十三章 18世纪对新式史学的探索

深受这位哲学家喜爱的是这样一番图景:人类从所有的枷锁中解放出来,不再受命运多舛之苦,不再为进步之敌所累,转而迈着坚定的步伐,走向真理、美德和幸福!谬误、罪恶、不公,依然在玷污着这个世界,他也经常是它们的受害者,正是这种奇观在慰藉着他!当他深思这番图景时,便觉得自己为倡导理性的进步、为捍卫自由所付出的那些努力,全都得到了报偿。①

还需提及,启蒙思想家们赋予了自然与社会环境一种模糊的角色。一方面,理性自身便具有促成自身解放的力量;另一方面,环境因素也在人类进步过程中起到了重要的促进作用。因此,孔多塞和杜尔哥都认同,通讯手段的改善促成了越来越多的革新,从而帮助促进了人类知识的增长。孔多塞甚至认为,在进步的后期阶段,自由、平等、世俗和开明的政府、财产,以及和平稳定的状态,对于进一步的进步来说是必需的,当然,此种社会环境需要由已有的理性之人塑造出来。然而,总体来说,物质环境的影响变得越来越小,人类理性的影响变得越来越大;尽管那时不少人对气候塑造社会的能力非常着迷,这一总结依然是成立的。那时,孟德斯鸠详细阐述了气候的作用,杜尔哥也在思索,大规模的气候变化可能在过去引发了政府的一些变革。

根据孔多塞的说法,历史前进的步伐有时可能会有些迟缓,不过,毫无疑问,它是在继续"向前"的。在他之前的此类文章,还不敢如此肯定地下结论。杜尔哥也认为,人类的进步可能会出现一时的延迟,他将之称为通往美好未来的螺旋式道路。"帝国有兴衰;法律和政体有更替;文艺与科学,或快或慢地依次发展和完善,并从一个国度传播到另一个国度。"②埃米尔·德尚(Emile Deschamps)设想出了一个巨大的阶梯来描绘进步,先是一个突飞猛进的时期,然后是一个平台期,接下来又是一个突

---

① K. M. Baker, *Condorcet* (Chicago, 1975), p. 281.
② *Turgot*, p. 41.

飞猛进的时期,以此类推。其他人则谨慎地平复了自己的乐观情绪,他们认为生活是不可预测的,一次小的较量便能深刻改变事件的进程。孔狄亚克和达朗贝尔谈到,文明与野蛮阶段是相互交替的:"野蛮愚昧持续了数个世纪,它似乎就是我们的自然状态,理性和优雅则注定会消亡。"① 从未能让自己相信所有人都可以理性行事的伏尔泰也指出,人类的发展有一个上下反复的过程:文明的古典时代、野蛮的中世纪、文明恢复的文艺复兴,继而是再度野蛮化的宗教改革时期,接下来又是法兰西文明的路易十四时代。总体而言,不可阻挡的进步绝非所有启蒙思想家的信念。

历史的作用。当启蒙思想家们就人类的学识与道德来谈论进步时,他们当中的大多数人也都确信,任何理性的增加也会带来幸福的相应提升。在孔多塞为历史划定的第十个时代,幸福的条件——和平、公正、繁荣的商业,以及各族、各国之间的平等——源自于理性的胜利,它就表现在与日俱增的知识积累、逐渐紧密的学术合作,以及不断提高的教育水平等方面。那么,除了记录人类从谬误中摆脱出来的历程之外,历史对这种可喜的发展有何助益呢?

启蒙思想家们研究历史,可不单纯是为了理解它。他们对博学家们没有什么好感,认为那些人病态地埋头于故纸堆,仅仅满足于探索往日的旧事,不曾给出任何有教益的讨论。孟德斯鸠将他们称作"无话可说的编纂者",伏尔泰则告诫他们,并非所有发生过的事情都值得去了解。历史必须讲授人类的启蒙历程,并通过这种方式成为一种进步的工具。伏尔泰在他的《路易十四时代》(*Age of Louis XIV*)中,谈及了历史的净化功能,认为"人类愚昧史"或许可以使人们认识和知晓过去的谬误。因此,在他十分传统的《查理十二史》(*History of Charles XII*)中,有这样一段表述:生活应该教给国王们,"国家和平、民众幸福,才是真正的荣耀"。② 即

---

① J. L. R. d'Alembert, *Discours préliminaire de l'Encyclopédie*, in Oeuvres, 5 vols. (Paris, 1821-22, reprint, 167), 1:82.

② Voltaire, *History of Charles XII of Sweden*, trans. and abridged J. H. Brumfitt, in *The Age of Louis XIV and Other Selected Writings* (New York, 1963), p.119.

第十三章 18世纪对新式史学的探索

便是中世纪的故事也富含教益,当人们被伏尔泰等人的形象描述震惊到时,自然会明白什么是"谬误和迷信"。要想达到这样的效果,启蒙思想家们必须把文字写得生动精彩、引人入胜,使人们乐意或渴望去读。伏尔泰在这方面的成就要超出众人,并因此取得了巨大的声望,尽管他很少像其他哲人那样给出原创的思想。事实上,一位英格兰人很好地表达了启蒙思想家对待历史的态度,他引用哈利卡纳苏斯的狄奥尼修斯的话说:"历史是以事例讲授的哲学。"①

不赞成进步的几种观点。当18世纪的学者反对基督教有关历史进程的正统观点时,他们并不认为历史变迁本身是随机进行的。凭借着进步的观念,他们为历史找到了连续性。不过,并不是所有的启蒙思想家都如此乐观,也有些人反对这种不断发展的看法。让-雅克·卢梭便甚是惋惜地指出,理性的发展脱离了人的所有其他能力,尤其是情感。很久以前人类处于自然状态时,理性、激情和情感是一体的;自卫的本能强化着彼此之间的合作,也提升了道德水平。后来,在人类的堕落过程中,事情发生了变化。财产权、等级制、自私自利出现了,人们逐渐变得不再关心他人。人们此时获得了一副新的面貌,虚伪、狡诈、自命不凡,并因此对他人满怀恶意,不过,这副面貌并非来自于内在,来自于他真实的自己。文化是上述异化的产物,它反过来也加强了这种异化,理性的发展只会使一个人远离其心灵的其他方面。因此,文化根植于罪恶而不是美德,人类的故事就是堕落的故事。

启蒙思想家中的唯物主义者,只是简单地认定历史是无用的,不管它是不是进步的。人类只不过是复杂的动物,被自身的欲望统治着,一门心思地要满足自身的需求,除了追寻幸福之外别无关心。在任何时代,人类的生活都在重复着有关需求、满足、诱惑和厌恶的故事。在如此机械化的世界上,科学(包括历史)的进展,与人类的幸福无甚关联。在拉美特利、

---

① H. S. J. Lord Bolingbroke, *Historical Writings*. ed. and intro. I. Kramnick (Chicago, 1972), p. 9.

霍尔巴赫和爱尔维修描绘的世界中,则只有一系列的因果关系,那里不存在自由意志,不存在神意、上帝,不存在进步,也不存在不朽。历史给不了人们什么有用的教训,它只不过可以让他们晓得,人类生活在一个受自然摆布的世界里。

从一个完全不同的视角出发,苏格兰人大卫·休谟拒绝了全部有关仁慈的宇宙(benevolent universe),或有关进步的讨论。他坚持认为,我们在身边观察到的所有秩序——例如,因果律——其实都是人类的习惯,而非现象内在秩序的外在表现。因此,科学的预设与理性的形而上学,都不应该被认为反映了现实。历史观点,包括进步论在内,也都是个人的想法。休谟希望史学家们去依赖谨慎的经验主义,不要去构建宏大的体系;尽管,他自己断言存在不变的人性,而这也是一种高度理论化的观念。质疑或反对进步论者也有其追随者,不过,孔多塞的乐观主义吸引了大多数人。进步的消息唤起了热情与希望。虽然帝国、政府、战争、民族在起起落落,但是,自然和道德科学在稳步前进。这些科学将战胜以下孪生弊病:无知和任性。从18世纪末起,在孔多塞划分的第十个时代,公立学校、社会数学("social mathematics",用于计算行为的后果)、社会科学(social art),将会确保人类处境的尽善尽美,幸福也因而会成为自然而然的事情。在基督教传统下的普世史瓦解之后,西方人通过新出现的进步论,又将过去、现在和未来连接在了一起。

四 新的宏大解释:周期模式

詹巴蒂斯塔·维柯:上帝与文化周期。在18世纪初,维柯构想出了他的宏大历史周期理论,这种理论以他反笛卡尔的人类观为基础;在他看来,人类并不是纯粹理性的,还有,他们都是群体中的成员,而非孤立的个体。因此,正如前文所述,维柯否认自然科学可以用来解释人类现象,于是他着手创建了一种"新科学",用以揭示人类集体生活的发展过程。后来,它变成了根据各民族的生命周期来对整个人类过去进行的考察。在

第十三章 18世纪对新式史学的探索

维柯看来，所有这些周期，都遵循着一种不变的模式：理想而永恒的历史（storia eterna ideale），它分为三个连续相承的阶段：神的时代、英雄的时代，以及人的时代。维柯认为，这种基本模式是神意的设计。

维柯是一名虔诚而传统的基督徒，他将《旧约》中直至大洪水的故事，都视为信史。在他那里，从诺亚后裔的时代开始，犹太人的历史才不再等同于全人类的历史。大洪水过后的两百年里，人类失去了语言的能力，亦缺乏各种社会制度，终日如"惊恐、愚蠢的野兽"般四处游荡，没有禁忌、不知羞耻，直到一些事件的发生使他们过上了文明的生活。

维柯眼中的"野兽们"并未骤然缔结社会契约，如当时一些自然法理论家设想的那样；他们是逐渐创造出文明的。洪水退去，大地被晒干的过程中，过量的蒸发导致了剧烈而频繁的雷暴。吓人的雷声使早期的人类体验到了惊恐和害怕，以及对性的羞耻感，这促使"野兽们"开始思考这个世界；当他们这样做时，他们就开始驯服他们的冲动了。在他们埋葬死者、节制性事，并且引入正式的崇拜仪式时，他们就不再只是活在当下了；事实上，他们还为三种极其重要的社会制度奠定了基础：葬礼、婚礼和宗教。正是在这三大支柱之上，人类社会（也可以说是文明）得以建立起来。

在人类文明的第一阶段，即神的时代，严厉的规则和仪式被人们视为神的命令；只要被认为是来自于神，一种新的秩序便可以被推行。维柯明确指出，这种新秩序不仅会影响社会制度，还会影响人们的集体意识。天然的社会纽带（尤其是家庭）、史诗、作为解释的神话、一家之主的权威、神判法、虔诚，甚至是残忍的暴行，都不是偶然出现的，它们都是这种新秩序的必然表达。英雄的阶段与人的阶段也是如此。每个阶段都有自己的结构、自己的集体意识——或者说，文化环境——正是它们塑造着法律、政治、婚姻、宗教、诗歌，简而言之，人类的一切行为和制度（见表13-1）。那时，维柯已经将文化视为一个系统的整体了。不过，这并未使他得出人类世界是自主、自行运转的结论，维柯还是认为秩序和结构都应该归因于神意；在《圣经》中的时代，神意的运作能够被直接看到，现在，神意的运作变得隐约朦胧，它通过影响人的感觉、激情和理性来运作，要想了解它，必须通过间接研究它的各种显现。

表 13-1　维柯的文明三阶段

	神的时代	英雄的时代	人的时代
总体特征	史前原始文化＝婴儿时期	公民/政治国家初现＝青年时代	根据理性建构的社会/公平正义的社会＝成熟的理性阶段
关键社会形态	家庭(天然的纽带)	国家(政治事务)	共和国(公民自愿承担义务)
如何解释变化	神或超自然存在的所为;万物有灵;面对至高无上权力时的典型态度是恐惧和敬畏	半神英雄们所为;引入了文明举措;立法者和城市的创建者	发现了自身力量的普通人所为;怀疑先前的神话和英雄;以合乎逻辑和理性的方式重新解读过去
语言文字	隐喻性的诗;诗人影响着人们的思想	军事演说;"英雄传奇"	逻辑、理性的观念;散文的时代;哲学—科学性;通俗的语言
记载	神话的时代;关于众神的事迹,以及他们与世人的关系	诗人的时代;关于英雄的故事	普通人的功绩
政治	神权政治(统治者依照神的旨意行事);世袭贵族(王室)	英雄/贵族;强者为王,君权神授	人民主权;民主政府,权利平等;依然存在君主制
人性	凶悍、残忍	好斗	谦逊、善良、理性
法律	源自神意	丛林法则,不过依然要受到宗教的制约;只有武力才能限制武力	(理性的)人们公开制定法律;
习俗	虔诚信教	性情暴躁、行为拘谨	尽职尽责(公民意识)

在维柯看来,这三个阶段都是同等的。那些执迷于进步观念的人,会

第十三章 18 世纪对新式史学的探索

视第三个阶段,即人的时代,为最高级的,并假定它将永远持续;维柯可不这么想。正如花朵会在其最鲜艳时开始凋谢,人类社会的衰落也是发生在人的时代。当人类理性的力量达于极盛,当公平正义被最大多数的人共享,当自觉承担公民义务取代了服从法律,当人类感觉到自身的自由和强大,当理性彰显、文艺昌盛、科学发达、权利平等、政治民主时,衰退便告开始了。以一种吊诡的方式,人类被自己的成就击败。人的时代带来了城市化,随之却出现了"城市病",其症状是:极度的个人主义,它致使"每个人都只关心自己的私利,还变得极其圆滑,或者好一点,极其傲慢,只要稍有一点不满,便会如野兽般跳将起来"。① 此时,一种新的思想出现,不断侵蚀原有的社会基础:虔诚、认可权威、信任。之后,公民意识逐渐瓦解,并最终出现社会动荡。接下来,或是被一个更具凝聚力的民族征服,或是出现一个绝对君主,或是陷入一个新的野蛮状态中。不仅如此,这些衰落的民族因为有了过去的经验,更加懂得如何审时度势,因而,新的野蛮状态会比之前的更加邪恶。人们将会生活得"像一群野兽,精神处于深重的孤独中;极少有两人能够意见相合,因为每个人都只顾着自己随心所欲"。②

那么,有群体能够逃脱这一周期吗?有,不过必要的条件是,它必须停止发展,就像白人到达之前的美洲印第安人,被罗马人毁灭之前的迦太基人,以及因为气候恶劣而无法发展的其他一些群体。否则,这种进程(*corso*)是不会停止的,直到数百年后开启下一个进程(*ricorso*),如此往复循环。

周期与启蒙思想家。在法国启蒙运动的知识体系当中,文化周期的概念只是占到了一个比较小的位置。它来自古代书籍的影响,来自有机生命的启发,与维柯那种系统性的描述大相径庭。它也从未像历史进步论那样引发众人的关注,这可能是由于它没有承诺一种永恒的理性与幸

---

① G. Vico, *The New Science*, no.1106, p.424.
② Ibid.

福。举例说来,杜尔哥并没有因为帝国的兴衰而感到不安,因为在他看来,这并不会阻挡知识和理性的进步;相较而言,周期理论看起来就会让人有些闷闷不乐了。

> 一切道德事物都遵循着一个周期来变化,正如一切自然现象都会经历诞生、成长、成熟、衰退和死亡这样的周期一样。其他事情也一样,例如,一天是从早到晚,一年是从春到冬,一人是从摇篮到坟墓,一国是从建立到消亡。①

进步的确是人类生命的一部分,不过,它既非不可避免,也非永恒不变。

> 万事万物的终极命运都不过是消亡。一个人或者一个国家的最幸福状态也都有局限。一切事物自身都深藏着一颗毁灭之芽。②
> 世界各民族都遵循着这样一个周期:开始时是一群野蛮人;之后它们变身征服者并建起秩序井然的国家;这种秩序使它们发展壮大,逐渐变得优雅起来;优雅又使它们衰落下去,继而重返野蛮状态。③

此外,好像进步理论家已经道尽了历史的繁荣与希望似的,周期论的 18 世纪支持者,主要是谈论周期的下降阶段,而很少谈论周期的上升阶段。罗马的衰落,从文艺复兴起就被一些著作频频提及了,如今在周期论的著述中,它又变成了一个核心话题。孟德斯鸠在考察了影响一个国家的多种因素之后,发现了导致罗马衰落的内部力量:骄奢淫逸;还有,未能将共和国的那套法律体系,调整为可以适应帝国要求的状态。经验主义的孟德斯鸠回避了普遍进步的观念,因为那缺乏足够的历史证据;他甚至将知

---

① V. de Mirabeau, *L'ami des hommes, ou traité de la population* (Paris, 1883), p. 317.
② d'Alembert, *Memoirés et Réflexions*, in Oeuvres, 2:132.
③ *Pensées et fragments inédits de Montesquieu*, ed. G. de Montesquieu, 2 vols. (Bordeaux, 1899-1901), 1:114.

第十三章 18 世纪对新式史学的探索

识的命运与政治权力联系起来,认为二者的兴衰是同步进行的。大多数周期论的法国支持者,都将骄奢淫逸视为罪魁祸首,认定是它侵蚀了活力,败坏了道德。一些启蒙思想家还将社会的衰落归罪于理性的对手:情绪、迷信、人类的激情。那么,有没有可能逃离这种文化周期呢?没有。有关各国的政治命运,孟德斯鸠观察到:"不管[一个政府]在理论上如何完美,在实践中,在人的管理下,它总是会遭遇革命,历经兴衰。最后,只要是由人来管理人,即便是最好的政府,也会毁了它自己。"①而且,对于以往周期的详尽研究也于事无补,因为,在杜博斯神父看来,那些可以观察到的外部力量并不是决定性的,是我们无法得知的其他因素决定了毁灭必将来临。孟德斯鸠在对人类的过去进行了大量研究之后,也不得不承认,致使一个文明衰退的因素过于庞杂,难以被理解和把握。事情背后的主要力量依然无从得知。周期论的法国拥护者们发现,历史就像万花筒一般,用同样的材料可以建构出不同的景象;正如他们当中的一个人所言:"人和植物早上现出身影,到了晚上又都不见了。一切都消失了,被取代了;不过,什么都不曾消亡。"②

---

① *Encyclopédie*, 17 vols. (Paris, 1751-65; reprint, 1969), 7:790.
② J. O. de la Mettrie, *Oeuvres philosophiques*, 2 vols. (Berlin, 1764), 1:278.

第十四章

来自三个国家的响应

一 不列颠人对博学传统、典雅叙事和经验主义的糅合

那时候,法国人(尤其是伏尔泰)对英格兰和苏格兰人的思想多有影响。不过,不列颠历史学家并未照单全收法国人的理性主义,而是谨慎地将其与他们的其他几项关注很好地糅合在了一起:常识性的经验主义,对制度的渐变而非依照抽象方案进行的激进变革的偏好,对史料的批判性利用的欣赏,以及对优雅文字的喜爱。在18世纪的英格兰和苏格兰,没有任何东西动摇过他们的这些风格。当时,那里的史学是独树一帜的。

英国人的进步模式。英国人也抱有对未来的期待,可并不是进步的抽象方案断言的那样。大卫·休谟就是一个典型的例子,他将自己对未来的期待建立在英国式的自由传统之上,这种传统通过1688年光荣革命之后的《权利法案》得到了确认。休谟反对对历史过程做推测性的解读,他在其中看到的,只是人类生活中许多不相关事件的无休止变化。休谟还在自己的《英格兰史》(*History of England*, 1763)中指出,辉格党人在两个问题上犯了错误:一、他们宣称一部古老宪法一而再、再而三地捍卫了自由;二、他们近来认定自由是扎根于自然和理性的。17世纪的斯图亚特王朝不可能违反一部古老宪法,因为压根就不曾有过这样一部宪法。对于经验主义的休谟来说,英国人的生活轨迹受很多因素的影响,经常出现意料之外的情形,从未遵照一种既定的计划行进。因此,历史只能展现

第十四章　来自三个国家的响应

出,在多种特定条件的影响之下,一种不变的人性是如何被多方面地塑造出来的。这种经验主义的态度,包括承认皇室的特权,加上宗教与世俗事务的分立,将会更好地保护英国的宪制,而不是传统。这一历史思想与发展意识的结合,造就了一部极好的史书。爱德华·吉本(Edward Gibbon)就将休谟称作"苏格兰的塔西佗";他的《英格兰史》一直主宰着这一领域,直至很久之后托马斯·麦考莱(Thomas B. Macaulay)更受欢迎的作品出现。休谟在他的这套著作中,创造性地按照英国历代国王的当政时期组织材料,也十分精确地对相关史料加以引用,这两点特征后来长期影响着英国史学。

　　另一名苏格兰人,威廉·罗伯逊(William Robertson),倒是很愿意肯定历史进步的存在。不过,作为一名虔诚的长老派基督徒,即便他可以轻易地分享启蒙思想家们的旨趣,并用通俗的术语来表达自己的看法,可他依然认定历史在按照神的计划演变。"神圣"的历史直接探究神的计划,这可以揭开"蒙住神的劝告的那层面纱";有关"人类事务之运转"的探索,则留给通俗的历史去自由地进行。[1] 就人类的事务而言,上帝总是间接地施以干预来实现自己的目的,他经常使用的办法有战争、愚蠢、残酷,以及其他一些惊人的手段。罗伯逊毫不怀疑,上帝的目标与启蒙思想家们的一致,即改善人类的状况,因此,他也可以谴责中世纪。不过,在罗伯逊看来,中世纪的有些特征,比如说十字军东征,并不是愚蠢的,因为它们与宗教有关,尽管那些形式已经过时了。甚至是比较晚近一些的事件,例如查理五世时代欧洲的战争,背后也显现出了一种理性的计划。那些战争促进了人类的进步,因为"正是他[查理五世]在位期间,欧洲各国形成了一种大型的政治体系",换句话说,达成了均势。[2]

　　罗伯逊的成功(尽管他并未听从休谟的建议,回避枯燥乏味、没有价值,且没有吸引力的题目)意义重大,因为它是在没有歪曲史料的情形下

---

[1] 1. W. Robertson, *The Progress of Society in Europe*, ed. F. Gilbert (Chicago, 1972), p. xvii.
[2] Ibid., p. 4.

取得的。此外,罗伯逊这个人不但博学多识,还写得一手好文字。即便他后来转向了文化比较史,也依然在公众那里广受欢迎。罗伯逊在他的《美洲史》(History of America)中,甚至将自己的同情心施于"原始"的印第安人,并希望他们在每一部世界史中,都能拥有一个自己的位置。罗伯逊对其他时代和民族的同情心,促使他转向了比较历史研究,他还曾经探寻古日耳曼人与印第安人之间的相似性。不管怎么样,过去曾经"生活在多瑙河岸边的未开化部落,必定与生活在密西西比河平原上的部落非常相像"。①

一名英国历史学家有关衰退的观点。爱德华·吉本六卷本的《罗马帝国衰亡史》(Decline and Fall of the Roman Empire),问世于美国革命和法国革命之间的那段时期。吉本写作此书时,也怀有他那个时代的普遍想法:撰写的书籍应该"受到文人、一般男性读者,甚至是一些教养良好的女士的欢迎"。②吉本成功地将博学传统、雄辩术与优雅的文字融合在了一起。大多数读者与吉本自己一样,都偏爱《罗马帝国衰亡史》的前三卷,这三卷讲述的是直到公元476年的罗马史,它们首要的关注是"蛮族",其次是东方的罗马,拜占庭帝国。

吉本试图搞清罗马为何会衰落,也做出了自己的回答,不过,那是一种错综复杂的叙述;他并未给出有关人类制度兴衰的简单公式。奥古斯都的罗马与奥古斯都路斯的罗马,一个金碧辉煌,一个幽暗惨淡,二者形成了鲜明的对比;这种落差让吉本心痛不已,因为他非常仰慕鼎盛时期的罗马帝国:"如果一个人被问及,人们在世界历史上的哪个时期生活得最为快乐、最为富足,他应该会毫不迟疑地说,是图密善被刺杀到康茂德正式继位的那段时间。"③可是,如此伟大的一个帝国,为何会衰落到那种境地呢?吉本不屑于谈及什么理论,他一步一步将自己的证据编织了起来:

---

① W. Robertson, *History of America* (Philadelphia, 1799), 2:261.
② *The Letters of Edward Gibbon*, ed. 1. E. Norton, 3 vols. (London, 1956), 2:100.
③ E. Gibbon, *The Decline and Fall of the Roman Empire*, abridged D. M. Low (New York, 1960), p.1.

第十四章 来自三个国家的响应

一个城市膨胀成为一个帝国,无疑是一件非常壮阔的事情,也非常值得人们做一番思考。不过,也正是因为这种无节制的扩张,罗马的衰落才会成为一件自然而然且不可避免的事。繁荣也孕育出了衰退的原则;伴随着征服和扩张的进行,破坏性的因素也逐渐增加;只要时机成熟,或是意外发生,那些支持着它的人力也尽皆消失,这块恢宏壮丽的织物,便会被它自身的重量撕破。罗马帝国的衰亡简单易懂;与其去探寻它为什么会崩溃,我们倒是应该为它延续了如此之久感到惊讶。在遥远的战场上取得胜利的军团,从外地人和雇佣军那里,获取了恶习,先是压制共和国的自由,然后是亵渎皇帝的权威。之后,皇帝们因为他们个人的安全和社会的治安焦虑不已,不得不屡屡求助于权宜之计,而这又败坏了纪律,进而使他们在他们的国家和敌人那里,逐渐变得不再令人敬畏。罗马军队的管理也变得松懈起来,最后它竟荡然无存了,这部分是因为君士坦丁的原因;接下来,罗马人的世界就被蛮族人的洪水淹没了。①

吉本确信,致使罗马衰落的原因还有基督教,它对彼岸世界的关注,以及它奉行的独身主义与和平主义,彻底摧毁了罗马人的力量;罗马帝国晚期的居民也做出过这样的指责。

吉本与孟德斯鸠的看法相似,他们都认为,在每种类型国家的核心,都存在着一种首要的美德,这一美德败坏之后,崩溃就在所难免了;吉本也相信自由与创造力和生命力之间的关联(回想一下布鲁尼的观点)。吉本遵循着这些想法,深入罗马帝国晚期的历史细节中;虽然吉本这样做时利用的是一些很好的二手史料,而没有仔细地发掘和研究一手史料。此外,吉本的论题有助于排除一切简单的进步理论,可他自己还是模糊地认为,每个时代都会增加人类的财富、幸福,甚至是美德。因此,在他看

---

① E. Gibbon, *The Decline and Fall of the Roman Empire*, abridged D. M. Low(New York, 1960), pp.524-25.

来，虽然拜占庭在1453年的陷落，最后终结了罗马的故事，可这同时也预示了新的西方文化在之后的出现。

二 德意志的启蒙史学

启蒙一词在德语中写为"*Aufklärung*"，这个单词体现着18世纪德国文化知识界的独特性，尽管德国也受到了法国理性主义的强大影响。与法国启蒙的情形相似，德国启蒙也不存在一个统一的思想流派，大家只是共享着相似的理念和话题。德国的启蒙学者当中，来自哥廷根大学的一群教授，以及哲学家伊曼努尔·康德（Immanuel Kant），对历史学的影响尤其重要。

意识到复杂性。进步论的法国支持者，惊讶于数个世纪以来理性的不断发展，惊讶于它作为一种强大的力量，推动着人类克服了无知、激情与迷信设置的障碍，稳步迈向一个伟大的未来。与之不同，德国启蒙思想家（*Aufklärer*）并未把理性当作一种孤立的力量，他们将其置于全部的人类个性中加以考察；在他们看来，理性是与情感和激情一起发挥作用的，此外，情感和激情也是积极的力量，而非理性的障碍。毕竟，历史上大多数功业的建立，都不能欠缺激情的参与。在一些法国启蒙思想家看来，人类也是（如一台大型复杂机器一般运转的）自然的组成部分；德国启蒙思想家则不认同这种观点，他们指出，自然并没有囊括这个世界上的一切。就人类领域的事务而言，自由意志下的行为，与来自必然世界（world of necessity）的冲动相结合，造成了非常复杂的局面，使得简单的解释无从得出。这种观点主要来自于伊曼努尔·康德，他的著作对德国史学多有影响：在启蒙时期，是通过他的史学观点；在一个世纪以后，则是通过他的认识论，那时，人们正努力尝试着赋予史学一个独立于科学的理论基础。

康德比大多数德国学者都更靠近法国人的观点，即，将历史视作理性的解放过程。他设想这是一种进步，一种朝向遥远未来的至善至美的进步，等到那时，将会出现普遍的和平、理性的宗教，以及法律下的自由，道

第十四章 来自三个国家的响应

德则会变成一种自然而然的东西;人类的理性也会进入成熟状态,那时它将清晰显明,积极地支持进步。不过,即便是在理性成熟之后,进步依然是人类自由世界与自然世界——必然王国(the realm of necessity)——之间复杂互动的结果。人类需要与他人交往,他们试图自由地、有意识地构建出一个和谐的社会;与此同时,他们也会屈从于自然的欲望,追求一些利己的目标。吊诡的是,自然的欲望也在促使着人类参与社会交往,并在这个过程中对自己加以约束。康德将这种现象称为"社会的非社会性"(social insociability),认为它会推进朝向一个更好社会的发展。"一切装点人类的文化、艺术,以及最佳的社会秩序,都是非社会性(insociability)的产物,因为它在迫使着人类进行自律。"① 正是在这种意义上,自然世界(或必然王国)不自觉地增强了自由王国;不过,过程并不会自然平顺,其中总会伴随着无法预知结果的斗争。

有关法律和国家的历史观点。德国启蒙史学家非常尊重他们的法国和英国同行们的成就。

> 历史不再只是国王们的传记,不再只是战争与朝代更替的记录,也不再只是结盟或革命的报告。在中世纪的时候,几乎所有人都偏好这些事情。在五十年之前,我们德国人依然在用这种空洞贫乏的方式撰写历史;后来,我们才被法国人和英国人的模式惊醒。②

然而,除了康德所说的这一点之外,德国历史学家们与他们的法国同行,在历史书写方面,差异甚大。哥廷根大学的教授约翰·克里斯托夫·盖特尔曾经说过,17世纪的法国历史学家用心搜集和考证史料,只是让他们在18世纪的继承者,更为关心漂亮的风格和新式的理论,而不再去耐

---

① I. Kant, "Idea for a Universal History", in *On History: Immanuel Kant*, ed. L. W. Beck, trans. L. W. Beck, R. E. Anchor, E. L. Fackenheim (New York, 1963), p.17.

② A. L. von Schlözer, *Statsgelartheit* (Göttingen, 1804), pt. 2, p. 92. Quoted in P. H. Reill, *The German Enlightenment and the Rise of Historicism* (Berkeley-Los Angeles, 1975), p.35.

心地搜集材料。因此,"相较于法国,在德国和英格兰,大家对于材料翔实的史学著作的肯定,持续得更为长久"。①有关过去的考察,不可以没有史料作参考,因此,德国学者们给法国启蒙思想家贴上了史学半吊子的标签;尽管以今天的学术标准来看,他们自己的研究也甚是粗糙。反过来,法国启蒙思想家们也将德国教授视为书呆子,写的书既缺乏想象力,又未能恰当地认识到理性的中心地位。

一大批德国启蒙史学家喜欢细节、关心史料,偏爱给出狭义的解释,这是他们受雇于的法律系的风格。1600年以后,历史与法律研究联系了起来,这在德国新教地区的耶拿大学、斯特拉斯堡大学、黑尔姆施泰特大学、哈雷大学,以及哥廷根大学尤为显著。早些时候,德国的法律学者发现,史学方法有助于解释他们中很多人认为恒定且统一的自然法的多样性。那时,哥廷根大学的学者将历史在法律研究中的作用提高到一个全新的层次,使自己成了19世纪对法律做历史解释的研究的先驱。

哥廷根大学的学者还将史学方法引入政治研究,他们将国家作为实际存在而非抽象概念来研究。一开始,他们只是撰写描述性的文章,通常只是数据的摘要;这是一项关于统计国家各项数据(*Statistik*)的事业,当数据变得越来越受重视时,统计学(statistics)从中分离了出来。不过,这些学者既没有停留在对国家进行统计描述,也没有停留在对国家的理想形态进行抽象讨论。他们更靠近孟德斯鸠及其经验主义的方法。孟德斯鸠曾将气候视为塑造社会、文化、宗教、法律、风俗、道德,以及意识形态的一种重要因素。德意志的法律学者,先是将地理环境列入其中,在世纪末时,又加上了一国的经济和社会结构。在这样做时,他们已经非常接近19世纪的"国家史"(*Staatengeschichte*)了;这是一种通过考察多种力量独特且不断变化的结合,来研究国家的历史的史学路径。在影响国家的这些力量当中,历史学家和政治理论家们还隐约辨认出了"民族"(*Volk*),

---

① J. C. Gatterer, ed., *Historisches Journal* (Gottingen, 2 1773), p.120. Quoted in Reill, *The German Enlightenment and the Rise of Historicism* (Berkeley-Los Angeles, 1975), p.36.

第十四章　来自三个国家的响应

这个概念很快就将在欧洲思想(尤其是浪漫主义思潮)中扮演重要的角色。他们在研究国家时,将其作为一种有生命之物、一种独特的现象,而不是永恒类别与定义的实例。如果要研究它们,就应该用史学的方法进行;抽象的理论探讨是不敷所用的。关于国家的历史和理论,正是以这种形式,被阿诺德·冯·黑伦(Arnold von Heeren)传递到了19世纪。

哥廷根大学法律—历史学者的所有研究,都认真谨慎地利用了史料与其他辅助学科的见解。随着时间的推移,他们开始需要检查他们的研究步骤,并将它们传递给其他人,尤其是他们的学生,这使他们构想出了一种史学方法论的基本要素。约翰·大卫·科勒(Johann David Kohler),就在自己一部书的导论中做了这项工作;约翰·克里斯托夫·盖特尔则系统地讨论了他研究历史、利用史料和辅助学科的方法。盖特尔几近构建出一种综合性的史学理论,他还曾尝试利用研讨班(seminar)引导学生们进行原创性的研究,不过,这种尝试只持续了比较短的一段时间。从方法论的角度来判断,哥廷根大学只有以上两人,可以被称作历史学教授,而非史学和法学教授。还需指出,盖特尔的地位尤为显著,他有关历史解释的观点,他对原始资料的重视,他结集出版史料的努力,他曾经开设过的研讨班,都对史学的发展起到了重要的影响。

另一种普世史。德国启蒙史学家也尝试过普世史。一般来说,我们很容易通过普世史判断其历史观。促使德国人进行这种尝试的,并不是法国人对进步的颂扬,而是他们自身就需要一个能够承载诸多历史事物的宏大背景,当然,这也与他们的基督教信仰有关。正是因为基督教信仰的缘故,他们拒绝将宗教视为谬误和迷信的可恨根源,视为进步的障碍,也不认为大家应该舍弃宗教,或至少将之降至理性上尚可接受的自然神论(Deism)。德国历史学家对于宗教持有一种更积极的态度,这与他们所在地区的诸侯和教会之间的良好关系有关。一些神学家和教会史学家(他们中有些人在哥廷根大学任教)的创新著作,也在其中起到了作用。当时,基督教信仰绝对、永恒、不变的主张,与渗透进所有领域(甚至是宗教)的变化之间,已经出现了明显的矛盾,圣经学者约翰·奥古斯特·埃内斯蒂（Johann August Ernesti）、约翰·大卫·米凯利斯（Johann David Michaelis），与神学家约翰·扎洛莫·塞姆勒（Johann Salomo Semler），在他们的著作中指出了一种解决办法。他们将基于神启且一直稳定的基督教精神，与其不断随时间变化且因而具有历史性的外部显现，区分开来。由此，塞姆勒宣称，路德恢复"纯粹"且可能是永恒的教会的努力，是无效的，因为宗教形式的发展不容否定。故而，法国启蒙思想家们借由一些行将消亡的宗教形式便得出结论，认为人类的发展终将会淘汰宗教，也是错误的。宗教并非只是用来安慰惶恐的野蛮人和未迈入理性的人类的工具；它永远是人类生活的一个基本要素。这样的观点使得有可能将基督教史的细节历史化，同时依然保持其内核（基本教义）的绝对有效性，甚至是以理性可以认可的形式。

以这种方式接受上帝、接受一个由神意支配的宇宙之后，那些试图在独立于上帝之外的过去，在一个世俗世界的内在寻找意义的启蒙史学家得到了解放。他们拒绝了法国人有关理性类似于一种超自然力量的设想，也不认可历史就是理性朝向完美不断上升的故事。他们在过去观察到了多面且小步的变化，还注意到，这些变化除了末日审判之外，别无其他目标。不认可以一个终极世俗目标为指向的内在发展，使德国历史学家将注意力集中在了变化过程本身，并对各个时代给出了更为深刻的评价。在研究一个过去的时代时，德国启蒙史学家不仅会探寻它在理性方面达到的水平，还会将它当作一个独特因而也不可重复的现象来处理。例如，法国启蒙思想家将文艺复兴赞扬为古典时代的理性再生，而德国启蒙思想家则将之视为在完全不同的情形之下试图复活一段过去的无用尝试。在他们那里，历史进程是不可逆转的。并不存在会使一个时代超越前一个时代的理性的逐步解放；所有时代都拥有同等的价值，理应获得平等的评价。德国的历史学家（与语言学家），在将注意力投向西方人的早期历史时，践行了这种针对过去各个时代的平等主义观点。

在其《俄罗斯历史纲要》（*Summary of Russian History*，1769）一书中，奥古斯特·施莱策尔探究了尚未写下成文诗歌的人类早期时代。在约

第十四章 来自三个国家的响应

翰·博德默(Johann J. Bodmer)的著作的影响之下,德国一些历史学家越来越重视史诗的地位。博德默不再将史诗视为野蛮人的幼稚想象,而是将它们理解为早期人类眼中的过去。希腊吟游诗人的听众喜爱也懂得荷马史诗,因为荷马史诗将他们对过去的认知表达了出来。博德默甚至认定每一种文化都有它们的"荷马时代",在那时,诗歌被用来记录重大事件。同样的历史观,可以用来解释但丁的著作如何从佛罗伦萨教宗派(Guelph)与皇帝派(Ghibelline)的斗争的共同经验中产生出来,也可以用来解释清教徒的斗争如何刺激了弥尔顿的《失乐园》的诞生。在同样的逻辑之下,约翰·马斯科夫在他的《德意志史》(*History of Germany*)中强调了中世纪德国人的生活与习惯法之间的对应关系,这一事实也使他对二者的重要性都给予了肯定。在以下观念中,不难辨认出一种宿命论的踪迹:每个人都是独一无二的,民族(*Volk*)是众人组成的一个有机整体,所有时代也都是平等的。这些观念很快就会在一部著名的地方史著作中,在约翰·戈特弗里德·赫尔德的历史哲学著作中,明确地表达出来。

整体性的民族、直观的认识,以及人类(*Humanität*)。很多人阅读过伏尔泰的著作,却很少人注意到尤斯图斯·莫泽(Justus Möser)的《奥斯纳布吕克史》(*History of Osnabrück*)。这部地方史著作能教给不居住在这座德国小城的人一些什么呢?我们应该知道,正是这部细致追寻奥斯纳布吕克历史的著作,成为后来很多德国史学著作的原型。它告诫历史学家,要理解特定时代、特定地方所处的独特形势,并且,要用寻常的术语和见解阐述具体的事物。例如,自由不应该被视为一种抽象的力量,而应当被看作自由人的习俗性权利的累积。莫泽还告诫历史学家,要对研究对象感同身受,熟悉他们的方言,了解他们的公共生活,洞悉他们的真实想法。一个历史学家必须了解局部的理性(*Lokalvernunft*),这意味着要重视在特定时代、特定地方起作用的所有力量;要实现这一点,并不能通过将综合的力量进行条分缕析,而是要在它们的完整互动中理解它们。如果历史学家一定要在各门科学中借鉴一种解释模式的话,那这种模式应该来自于生物学而非物理学。在生物学中有恰当的模式;有机生命的力量控制着吸引与排斥的机制,也控制着组成整体的每个部分。

1760年之后,约翰·戈特弗里德·赫尔德将民族(Volk)变成了新的历史核心单位。民族不是一种人造物,而是一个有机的集体,它通过共同的语言、制度、艺术,以及文学,将形形色色的个人统一在了一起。统一和塑造一个民族的最强大力量,是语言;语言同时也是其独特性的最好证明。"有什么比父辈的语言对于一个民族更加重要呢?一个民族的传统、历史、宗教、生存原则,以及全部的情感和精神,都存在于它的语言当中。"①因此,民族与国家大为不同;它拥有一个文化基础,国家则是建立在强迫和权力的基础之上,在过去还时常成为文化的破坏者。罗马人的国家先是在帝国建构的过程中破坏了其他文化,然后,又因窒息创造力的政治集权而毁灭了自己。在征服其他地区之后,罗马人提供给那里的人们的那种文化,后来被证明是毫无生命力的。大体而言,无论作为一个整体的文化,还是某些文化特征,都不可能从一个群体迁移到另一个群体那里。一个民族及其文化,是由它们的独特禀赋独一无二地塑造出来的。

作为一个有机的整体,一个民族也会成长、发展和死亡。赫尔德对有机模式的倡导,很好地响应了当时生物科学的突飞猛进,也与维柯的观点相呼应(可能是有意识地)。作为一个有机的过程,文化的发展既不会被人为地加速,也不会被人为地停止;另外,来自"外部"的文化传播,也不可能从根本上改变一个民族的文化。一种文化的基本主题和特征是不可改变的,它们根植于神话和史诗盛行的早期"奠基"时代。在赫尔德看来,神话和史诗也并非那些依然比较幼稚的头脑的创造,它们是某一民族应对早期阶段共同生活的基本态度的成熟表达。对于一名学者来说,这些神话和史诗,为他研究一个民族的基本思维框架,提供了机会,因为,在神话和史诗的时代,它还比较简单,也比较容易被理解。当然,赫尔德抨击了那些认为早期阶段性质上比较原始,不值得多加关注的观点;他坚持认为,一个民族的生命周期的各个阶段,都具有同等的价值,任何一个阶

---

① J. G. Herder, *Sämtliche Werke*, ed. B. Suphan, 33 vols. (Berlin, 1877-1913), 17:58.

第十四章 来自三个国家的响应

段都不能被视为之后阶段的垫脚石。

那么,整个人类的历史又是怎样的呢?赫尔德拒绝了法国的进步观念,因为它将18世纪的欧洲文化置于其他文化和时代之上。这种观念将人类的历史仅仅视为理性增加的过程,将生命的一种方式规定为绝对正确的那一个,却忽略了生命的过程不只有增长,还有衰落和死亡。不过,他对自己的答案也犹豫不决。由于坚定地主张民族是自成一体的,赫尔德只是谈到了一种历史的进程(Fortgang),一系列的民族在其中自发地出现,整个进程除了末日审判之外,别无其他不变的世俗目标。无数个先后出现的同等民族加在一起,不过是呈现出了人类主题的无数个变体。因此,任何一个时代都不可以根据当时的标准,来评判之前的时代;每个时代、每种文化、每个民族,都必须以其自身的标准来评判。"每个时代都是与众不同的,也都有自己幸福的中心。青年人并不比天真而知足的儿童更快乐;老年人也不比处于人生巅峰的年富力强者更烦闷。"①虔敬派的传统帮助赫尔德发现了一个稳定的内核:上帝离每个民族的距离都是相等的。赫尔德偶然提到过一种年龄理论:人类有儿童时期(圣经时代)、青年时期(埃及)、生机勃勃期(希腊)、成熟时期(罗马);由此类推,接下来的中世纪就只能被归为老年时代了,可这并不是赫尔德愿意看到的前景。赫尔德转向了有着众多枝杈的文化之树的景象。晚年的时候,赫尔德又接受了一种更具目的论的看法;他暗示神意很可能在直接引领人类的历史迈向一个更适合人类(Humanität)的状态,不过,这不是一个指向更安逸和更幸福的进程(这种进程只会导致衰落),而是朝向一种特殊文明状态的道德发展。历史思想成熟时期的赫尔德,尝试用这种神对人类的引领,来消除自己的坚持与希望之间的张力;他坚持认为文化是一种独特且自发的创造,可他还希望能在变化中发现秩序和连续性。赫尔德的这一尝试,实际上暗示了他对必然性(如果不是决定论的话)的让步。

---

① J. G. Herder, *Sämtliche Werke*, ed. B. Suphan, 33 vols. (Berlin, 1877-1913), 11:225.

到 1800 年时,历史学已经发展到了相当的水平,可它研究过去的方法依然四分五裂。有一群学者,他们一直与古典文献学有着紧密的关联,并且在日益靠近法律研究,他们利用博学派的传统来描绘过去的情景,他们奉行的原则是保存史料与少做解读。古文物学家也在从事着相似的工作,只是他们处理的是非文字材料。也有一些历史学家,他们力求在一个由上帝掌管但不再干预其运转的世界里,发现并阐明历史的动态变化规律和目标;有人将历史视为进步的过程,有人赞成维柯式的周期理论,还有人将之视为各个民族实体的并立共存。以上这些努力所欠缺的,是对各种史学方法的创造性综合;吉本、罗伯逊,以及哥廷根大学的一些学者,做过这方面的尝试,不过还远远不够。19 世纪上半叶的德国学者,在实现这种综合方面取得了非常独特的成功。不过,在叙述这件事情之前,我们不得不将目光先投向一个西方的新区域,美利坚合众国;在那里,历史学从对美国革命的关注,转到了对美国独特性的探究。最后,各种历史模式的提倡者将会体验到胜利的时刻。一旦焦虑怀疑或幻想破灭的时刻来临,周期理论就会浮出水面;而进步理论呢,则不仅仅弥漫在知识界,还将很快成为社会大众的信念。

三 记录美国的诞生

18 世纪中期,英、法两个国家在海外的冲突,促进了欧洲大陆人对北美的关注;在那之前,他们主要是对来自北美的奇异传说、稀奇动植物,以及充满异域风情的印第安人感兴趣。不过,这时的关注度也并没有变得很高;甚至是美国革命过程中的重大事件,在欧洲大陆也不过是在短时间之内引发了热议。尽管法国启蒙思想家的理念影响了一些受过教育的殖民地人,但美国革命的目标、理想和现实,都有英格兰的背景,因而,对于欧洲大陆人来说,那是外人的事。即便如此,进步的提倡者孔多塞,还是赋予了美国革命一种与众不同的地位。在他看来,那是一场不怎么痛苦的经历,因为美国人不用去反抗不容异议的教会、世袭的特权,以及一个

第十四章　来自三个国家的响应

封建的社会政治结构。只要将他们与英格兰之间的联系切断，美国人就可以在英格兰式的法律之下自由生活了。美国人宣称，他们的革命是人类历史上的重大事件；不过，这种声音在欧洲并没有得到多少人的注意。两个大陆之间的距离、欧洲人对激进共和主义的敌意，以及美国人对国内事务的专注，促进了美国相对于欧洲大陆的孤立。结果，由美国革命所引发的问题——这场革命为何发生，又该如何置入人类的发展历程——主要是英格兰与美国的学者和官员们在争论。

正如大动荡之后的通常情形，在关于美国革命的早期论述中，依然可以感受得到冲突的热度。一些流亡到英格兰或苏格兰的保王派官员和法官，在安稳的环境中撰写了不少有关美国革命的历史，从中可以明显地感觉到他们的强烈情绪。彼得·奥利弗（Peter Oliver）谴责英格兰人开发进程的中断，并指责少数不守规矩的煽动者——奥利弗将他们形容为"基督徒的耻辱"——利用英格兰人的某些错误，煽动公众闹事。更为老练的托马斯·哈钦森（Thomas Hutchinson），马萨诸塞湾省的最后一任民政总督，用非常公正的记述回击了所有针对他的中伤。哈钦森非常了解美国人的生活，文字能力也很是出众；他将美国革命描述为一场由治理方式的诸多错误引发的反叛。在美国人看来，这些错误赋予了他们的独立活动以正当性，或者说，他们的独立是因为朝向自由的历史趋势在起作用；哈钦森否定了美国人的这种说法。在他看来，革命是一些暴民鼓动起来的，是他们煽动起了一帮"乌合之众"，后者又带动起来了其他人；事实上，普通民众起初根本就没有打算要独立。哈钦森还正确地认识到，税收体系的不公平在现实中并不重要，真正重要的是，殖民地人在头脑中把这件事给放大了，并担心将来可能会被英国人强加一些其他的不公平政策。曾在马里兰当过律师的乔治·查默斯（George Chalmers），将革命归咎于英国政府赋予了殖民地议会太多的特权和权力。在他看来，过度的仁慈导致了革命。

爱国者的历史书写面临着一些困难。一来，美国当时的图书市场狭小且十分混乱，他们要出版自己的著作，需要耗费一笔数目不小的金钱；

二来，他们也很难获得良好的史料。跟保王派一样，他们也严重依赖埃德蒙·伯克(Edmund Burke)和詹姆斯·多兹利(James Dodsley)的《年度记录》(Annual Register)，依赖它对北美事件的精确报告。美国历史学家在叙述革命事件时深信，革命是英属殖民地基于古老权利的合法反叛。因此，爱国派历史学家，例如大卫·拉姆齐(David Ramsay)和默西·奥蒂斯·沃伦(Mercy Otis Warren)，将保王派的解释翻转了过来。保王派看到的是煽动家们煽动了不情愿的普通人，爱国派看到的是少数远见卓识的人唤醒了民众；保王派发现受委屈的只是马萨诸塞，与其他殖民地无关，爱国派看到的是暴政始于马萨诸塞，随后又扩张到了所有其他殖民地；保王派看到反叛的阴谋始自1760年代，爱国派则注意到，殖民地人早就逐渐意识到自己与本土英格兰人的根本性差异了。约翰·亚当斯(John Adams)和其他一些人，在独立不久之后主张，美国革命是整个人类的重大事件，因为，一个强大的共和国——作为自由的捍卫者、暴政的反对者，出现在了这个世界上；这种观点对于美国将来的角色、对相关的史学研究，都产生了重大的影响。本杰明·特朗布尔(Benjamin Trumbull)还将美国革命视作上帝指引下的人类的伟大事迹；多数爱国派也会同意他的这种看法。默西·奥蒂斯·沃伦则宣称，美国的独立是全世界共和主义的起点。对于美国革命有两种相冲突的看法，一种将其视为对英格兰传统权利的捍卫，一种将其视为对自然的、不可转让的普遍人权的争取；它们都在美国人的历史观念中存续了很长一段时间。

在宪法生效的1789年，问世了两部有关美国革命的历史著作。牧师威廉·戈登(William Gordon)亲身经历过革命，还认识不少革命领袖，他1786年才返回英格兰。他书中的大部分叙述，都在尽量回避党派偏见，可他还是像其他保王派那样，在全书的末尾谈及了部分革命领导人的哄骗和欺诈行为。大卫·拉姆齐以赞赏的态度，写下了第一部美国革命史。他为美国的诞生而欢呼，因为在他看来，这个新国家将会重塑人的本性；他的看法鼓舞了很多他的读者和后世的历史学家，其中就包括杰迪代亚·莫尔斯(Jedidiah Morse)和诺亚·韦伯斯特(Noah Webster)。戈登、拉

第十四章 来自三个国家的响应

姆齐和其他一些人的著作,都把独立战争描述为革命的核心事件,认为美国是由这场战争塑造出来的。在美国的国家形成过程中,历史起到了显而易见的教化作用,它试图让新兴共和国的公民们相信,自由公民的共和国只能通过公民们的公共和私人美德维系——这种观点不免让人想起莱昂纳多·布鲁尼与孟德斯鸠。历史学家们必须通过宣扬伟大的事迹或个人来激励美国人,以杜绝可能会出现的失败:美利坚合众国陷入暴君的奴役。约翰·亚当斯,并不是一位历史学家,但他非常关心历史;他更相信来自其他方面的保障:曾经被波利比乌斯与孟德斯鸠赞扬过的混合政体(mixed constitution)。

传记作家更喜欢让建国元勋们来充当国民的教师,没有人比乔治·华盛顿更适合这一角色了。帕森·梅森·洛克·威姆斯(Parson Mason Locke Weems)在1800年出版的华盛顿传记中,大张旗鼓地将他塑造成了所有人都应该效仿的英雄。后世更为博学的历史学家,在读到威姆斯此书时,难免不因书中错谬频频皱眉,不过他们对于华盛顿的想法,还是受到了威姆斯的影响。国民的英雄华盛顿,而非弗吉尼亚人华盛顿身上,体现着年轻的共和国希望其公民拥有的那些美德:节俭、爱国、克制、朴素、勤劳、诚实、温顺;因而,出现了有关斧子、樱桃树,以及卷心菜地的故事。精明的书商威姆斯,将民众的理想与年轻共和国的需要,调和在了华盛顿的虚构形象中;威姆斯所写的传记后来变成民间故事广为流传。其他一些人则发现,他们很容易就能借由华盛顿的传记,对时下的政治斗争发表自己的意见。1800年后不久,最高法院首席大法官约翰·马歇尔(John Marshall),恭敬但生硬地撰写了一部华盛顿的传记,他本人认识华盛顿,并因此从华盛顿的家人那里获得了不少资料。不过,他自己并没有做多少研究,书中不少内容都是从其他人那里复制来的。马歇尔就美国的历史、税收和个人权利,进行了一些偏向联邦党人的讨论。他在书中暗示共和党人扰乱了宪法体系。这激怒了托马斯·杰斐逊,杰斐逊试图鼓励一些人撰写一部杰斐逊版本的华盛顿生平史,可是未能成功。后来,他只好转而大力赞扬另外两个人的著作。其一是约翰·伍德(John Wood)的

《约翰·亚当斯当政史》(*History of the Administration of John Adams*, 1802);在这部杰斐逊出钱赞助的书中,华盛顿被描绘成一个非常喜欢杰斐逊的人,约翰·亚当斯则被描绘成一个君主式的总统。杰斐逊还赞扬了默西·奥蒂斯·沃伦的美国革命史。沃伦曾经历过革命,经常与一些革命人物通信联系,并且还参与过殖民地的斗争。她喜欢历史,观察力敏锐,文笔也很好。她的特征是机敏并满怀爱国热情。在她那里,托马斯·哈钦森是个恶棍,而乔治三世,与其说是残忍、邪恶、专制,倒不如说是顽固、愚蠢、举措失当。沃伦给予了杰斐逊强烈的支持,也指责约翰·亚当斯在任时像个君主。也许与她的这种做法有关,亚当斯劝告说:"历史不是女士们的领域",不过,她并没有把这句话当回事。

到了19世纪初,无论政治立场如何,很多美国人都确信,历史对于塑造美利坚民族来说是非常必要的,由此,历史作为公民教育的一部分,大规模地进入了课堂。另外,对于美利坚民族整体性的强调,也影响了无数地方史学团体的研究。它们都致力于揭示所在地区对整个国家的事业的贡献。大量文件因而被收集起来,并被加以保存、记录和出版。以这些史料为基础,再加上美国人对历史的热情,美国史学在19世纪中后期繁荣起来。

第十五章

作为进步和国家阐释者的史学家(上)

在启蒙时代,学者们已经创造、讨论,并传播了很多有关自然、社会和历史的新观念。1770年代开始,其中一些观念唤起了旨在变革各国社会、政治结构的行动。在接下来的150年里,历史学家们被赋予了一项新的任务:在适应变革要求的同时,呈现出过去、现在与未来之间的连续性。这项任务的难度在不同国家有所不同。在英国,社会、政治局势比较稳定,不存在大规模的变动,也就未曾打扰历史学的平稳进程,较大的影响在19世纪中期以后到来,它来自德国新出现的批判性的历史科学。在英国前北美殖民地,历史学起初被革命后新民族的诞生塑造着,然后又开始讲述一个小民族一步一步横跨整个大陆的冒险故事。在这一故事中,既有神意的存在,也有进步的观念,还有关于这个世界的常识性经验主义。相关的历史著作,鲜活生动、引人入胜,很受公众的喜爱,可并非学术意义上的佳作。

法国史学与法国历史一样备受煎熬。激进的革命者们热切地相信进步,希望可以建立一个自由、理性、平等的社会,他们因此否定了法国大部分的过去。只有罗马共和国旧日的光辉图景,才适合根据"纯粹"理性的观念建立起来的、彻底实现社会和政治平等的新社会,旧制度的一切踪迹都应该被抹去。1815年,雅各宾派的激进实验和拿破仑的帝国尽皆失败,法国人开始探寻适合法国社会的政治结构。由于此时探寻的并非抽象的完美政治结构,而是适合法国社会的结构,答案也就只能在法国的过去中发现，历史学家也因而引领了这一探寻。另一方面，法国大革命动摇了欧洲各地的社会和政治秩序，拿破仑的野心和军队在其中起到了重要作用。在许多地区，特别是德国，革命和拿破仑时期的法国使以下思想的影响减弱：一个社会不需要固守老旧的传统，因为人类理性已经发展成熟，足以设计出一种绝对正义和幸福的社会。在德意志地区，争取民族认同的努力起初就瞄准了重建帝国。保守主义、渐进主义的观点，与这种民族主义的愿望，一起为德国历史学家提供了一个良好的舆论氛围，他们正是在这种背景下创建了极具影响力的德国历史科学。

历史学在19世纪有着巨大的影响，这不仅是由历史学家在各自所处社会中起到的重要公共作用引起的。基于一种哲学思想——不管是理性的进步，还是维柯式的对人类命运的文化解释——的历史学，开始胜过它的老对手：哲学。在19世纪，发展的观念使哲学曾经稳定而永恒的本质也出现了变化。此外，甚至还有更大、更持久的胜利。在19世纪初，一些德国教授成功地将几种在许多个世纪中长期分立，在18世纪后期几乎就要汇聚起来的传统融合在了一起：古典文献学的文本研究；博学家和法律史家的材料使用方法；将民族视为一个独一的整体——在其中，精神力量将各种事物结合在一起，而且，其各个组成要素在相互影响——的观念。历史学处理这些要素的方法不少取自其他学科，由此可见，其他学科的进展也在推动着史学的进展。

即便我们对这种德国历史科学满怀热情，也很难完全接受它，因为其中还包含大量当时的形而上学观点。这些观点使得它在兴起时与西方社会意气相投。不过，这些观点也使它在19世纪末引起了大量争议；那时，诸多的社会和政治新变化，冲击了它与现存秩序的关系，一些有关现实的新观念，也侵蚀了它的哲学基础。

一　德意志历史学家：追求真相与民族统一

讽刺的是，保守的普鲁士成为了认定世界在不断变动的哲学家和历

第十五章 作为进步和国家阐释者的史学家（上）

史学家们的赞助者。作为 1806 年惨败之后普鲁士复兴历程的伟大后果和象征，柏林大学的一群学者宣布，一切生活与思想都要让位于发展。"在我们[巴托尔德·尼布尔（Barthold Niebuhr）及他的同代人]这个正经历着诸多最不可思议和最不同寻常事件的时代，在我们这个只能借由它们倒塌时的声响才能想起那些旧制度来的时代"，变化成为了一种核心观念——世界应该从历史的角度被加以解释，而不能再套用那些属于永恒或本质范畴的术语。① 这种大胆的尝试受到了来自诸多方面的支持：一连串的偶发事件；大量富于创造力的学者的出现；承袭自上一个世纪的重要观念，其中就包括来自哥廷根大学教授们的那些。这些德国学者信心十足地描绘了一个变动不居的世界，他们还认为，这个世界只能通过恰当的哲学与历史学方法，才能被加以理解。两种事物确保了这一世界的稳定性：承认国家是一种道德机构，其职能是保护和教化民众；承认形而上的实在——无论是上帝，还是世界精神——为所有的变化提供了绝对的参照点。这两大特征与当时德国强烈的民族主义甚是切合，与孔多塞的进步观念则大相径庭了。

得以自由地发展启蒙观念之后，柏林大学的教授们很快就将动态整体的想法，应用于古典研究和法律研究。哥廷根大学的海涅（C. G. Heyne）与哈雷大学的沃尔夫（F. A. Wolf）已经证明，如果超越仅仅对古典文献进行文本研究的方法，深入文献产生的时代，将古代生活作为一个整体，描绘其多样与变化，那古典研究将会大为丰富。在 19 世纪早期的柏林大学，沃尔夫的学生奥古斯特·伯克（August Böckh）试图去描述古希腊人的生活，包括其常被忽视的经济方面。伯克利用所有可能的材料来重建那时的生活；在这个过程中，他还提高了研究古代碑文的金石学的威望。伯克的一个学生，奥特弗里德·穆勒（Otfried K. Müller），已经瞄准了"古代人的知识"，他描绘了希腊人的国家是如何被民主、环境、军事、商业、政治、艺术、知识等力量塑造成型，又是怎样不断变化的。身兼金融

---

① B. Niebuhr, *Römische Geschichte*, 3 vols. (Berlin, 1873), Preface.

家、外交官与学者三职的巴托尔德·尼布尔,在罗马研究领域实现了类似的转变。在他的《罗马史》(*Roman History*)中,尼布尔批判性地利用史料考察了古罗马,不再只是研究孤立的现象。他主张,罗马人的国家与罗马人的文化是一体的,必须要放在一起来研究。1830年时,德国的古典研究已经不再只是单纯地考订古典文献,它超越了文艺复兴时期的人文主义观念,不再只是将古典时代视为一个静态的理想时期,而是将其视为人类发展历程中的一个阶段。这已经是一种现代观念了。

哥廷根大学的教授们,尤其是法律哲学家古斯塔夫·雨果(Gustav Hugo),也开始试着将德国的法律研究从对普遍自然法的研究,转向对与民族一起成长并服务于它的成文法的研究。19世纪初,卡尔·冯·艾希霍恩(Karl F. von Eichhorn),雨果的一个学生,后来成了柏林大学的教授,将公法(public law)的历史,从对王朝、君主和公共法令的汇编,改变为有关一个民族的理想与风俗的故事。弗里德里希·冯·萨维尼(Friedrich K. von Savigny)则追溯了罗马法从古代到中世纪的存续和变化,并说明了它也必须与生活相适应,否则就会被淘汰。法律、生活和民族之间的纽带,始于法律创始之初,事实上,法律最初就发展自习俗,只是到了很晚的时候,才发展自司法裁决。构建法律的并非立法者,而是那些暗自运转的力量。因为法律的变化是渐进式的,不容易被察觉,还总是与独一的民族精神相切合,所以,试图以永恒的自然法则来创建一部法典,或是模仿其他民族的成功法典(例如《拿破仑法典》)来创建一部法典的做法,势必会失败。

黑格尔的哲学革命:作为一个历史进程的宇宙。 哥廷根大学与柏林大学的学者新颖地创造出了一幅有关变动中的文化的图景。当格奥尔格·威廉·弗里德里希·黑格尔(Georg Wilhelm Friedrich Hegel)将历史强加于哲学时,他也把真理变成变动的了。黑格尔还推翻了延续了数个世纪的历史不如哲学的看法,之前人们总是看轻历史,认为它不能处理本质,因而无法触及永恒且深奥的世界之真实。现在,一切真理都成了历史的真理,因为,偶然世界与永恒世界之间的严格区分,已经被扬弃

第十五章 作为进步和国家阐释者的史学家(上)

了(*aufgehoben*)。

在历史的开端,站立着作为纯粹思想的理念(Idea)。它当时只是一种潜在,尚未产生具体或实在。"通过这一理念,也是在这一理念当中,一切现实得以存续"①;它在自我实现的过程中,会将之前一切的潜在都逐渐变为实在。

当这一理念在时间和空间上开始其实现,当它将纯粹的潜在一步一步地变为无机生命、有机生命,以及最后的人类生命时,它就开始"意识到自身"了,换句话说,现在就有可能反思这一理念及它的自我实现了。这一理念是在不断发展着的,黑格尔将处在其特定发展阶段的理念,称作精神(Spirit),它将会不停地奔涌,直至所包含的一切潜在变为实在,一切的发展需求都不复存在。在那之前,这一精神的发展都会保持剑拔弩张的状态,因为,它在朝着自我实现的最终目标前进时,会持续不断地遇到对抗。这一精神每前进一步,就会造成一种特定秩序的建立(正题),但同时也创造出了对此种秩序的对抗力量(反题)。这种矛盾必然存在,因为只有这种冲突和对抗才能推动发展的不断进行,从而使精神的自我实现迈向更新、更高的阶段(合题)。这种辩证的自我实现,显然会历经时间并涉及变化。"总的来说,世界历史是精神在时间上的发展,正如自然是理念在空间上的发展。"②

各个民族(people)在以上的宇宙进步中各自扮演着什么角色呢?他们或是被不利的气候限制,仅是"感性的或植物性的",例如印度人;或是在发挥了重要的作用之后,又沉入一种非历史的状态,例如埃及人。一个民族的最耀眼时刻,便是他们的独特天赋推动着精神向前取得进展的时刻。不过,"大功告成之日,便是其开始没落之时,另一种时代性的精神、另一个世界历史性的民族、另一段普世史(Universal History),则会在随后

---

① G. W. F. Hegel, *Philosophie der Weltgeschichte*. 4 vols. (Leipzig, 1944), 1:28.

② G. W. F. Hegel, *Reason in History* (Indianapolis, 1953), p.87.

兴起"。① 其作用已经终结了的民族,会再次变为精神进步道路上无足轻重的事项。黑格尔在谈及重要民族(nation)时经常提到流星式的存在,他这里指的是这些民族历史上的英雄人物(有男有女),拿破仑就是一个典型的例子。无论促使拿破仑成就其事业的,是他极度膨胀的虚荣心,还是他难以抑制的强烈欲望,在黑格尔看来都不重要,正如拿破仑最后的结局。真正重要的,是拿破仑代表精神的那些作为,尽管他本人对此并不知情。黑格尔将人的此种被利用,称作"理性或精神的狡黠"。在那一短暂的时刻,宇宙进程与拿破仑的独特存在、雄心和功绩是一致的。当它们分离之后,拿破仑再次变成一个没有重要普遍价值的特殊现象,就跟其他数百万人一样,虽然他会因为其短暂的历史作用而更为人所知。国家(state)一直是协调普遍(自我实现的过程)和特定(一切个体性的事物)的关键角色。黑格尔认为国家是一个伦理的、文明的制度:"国家是存在于地球上的神圣理念。"②只有通过它,许多盲目关注自己私利的人,才可以被引领到一个超越野蛮存在的水平。国家必然不仅是个体之间订立社会契约的结果;如果仅仅是那样的话,它的法律就只不过是个人欲望的编纂,其历史使命也会因此被否定。

正如自由的进步所显示的,国家与其他一切事物一样,也在经历着发展:"东方自古至今只知道一个人是自由的;希腊和罗马人的世界知道某些人是自由的;德意志人的世界则知道所有人都是自由的。"③在精神的自我实现全部完成之后,那时的理想国家有怎样的特征呢? 在那样的国家里,公民的个人利益将与国家的共同利益一致,当然,这出于自愿而非强迫。黑格尔并不认为当时的普鲁士国家处于终极的理想状态:它只是至今为止最好的国家。精神的进步也终究会使其过时。这也没有什么可遗憾的,因为"世界历史仅是自由之意识(consciousness of Freedom)的进

---

① G. W. F. Hegel, *Philosophie der Weltgeschichte*, 1:163.
② Ibid., 1:90.
③ Ibid., 1:40.

第十五章 作为进步和国家阐释者的史学家(上)

步过程;在这种进步的过程当中,事物的发展只是遵循了其本质所具有的必然性,我们能做的只是对其加以考察。"①

关键人物:利奥波德·冯·兰克(Leopold von Ranke)。黑格尔将宇宙视为一个历史进程,描绘出了一幅宏伟的图景。不过,它并非大多数历史学家所好,他们还是习惯于关注个体的现象和事件。利奥波德·冯·兰克就是这样,他并未受到黑格尔的宏伟图景的影响。兰克的天赋很早就表现了出来,他1824年发表的首部著作《拉丁和条顿民族史》(The Histories of the German and Roman Peoples)就使他声誉鹊起了,使他从一个默默无闻的小地方的预科学校教授(Gymnasialprofessor),跻身于柏林大学声名显赫的教授圈。1886年以91岁高龄去世时,兰克已经成为著名的"历史科学之父",他的天赋、他的努力,加上他所拥有的有利条件,一起成就了54卷的历史和政治学著作。

"如实直书"(wie es eigentlich gewesen)②,这一兰克的名言已经不知道被多少人引用过了。这句话被用来象征性地描述兰克的成就,即,将文献学家、博学家及法律史学家们成功的方法,与实质性的解释和传统的叙事史,在自己的著作中结合在了一起。此外,兰克在教授年轻的史学工作者如何运用恰当的方法进行研究时,也创新性地引入了研讨班(seminar)的形式。盖特尔曾经在哥廷根大学短暂实验过这种研讨班的形式,不过,只是到了兰克,才将之变为史学训练的核心方法。年轻的史学工作者还被派去档案馆查阅档案;档案馆的大门也是从那时开始向学者敞开的。原始史料通过一套复杂的批判性方法被加以利用,以此来保证历史学家著作中相关细节的客观性,历史事实也因而得以重建。实际上,兰克那套复杂的方法基于的是古典文献学,后者的格言是:利用其上下文检查材料的可信度。由于在方法论方面的贡献,兰克被誉为批判历史科学的先驱。他理应得到这种认可,因为他贯彻了自己提出的原则。例如,他拒绝让自

---

① G. W. F. Hegel, *Philosophie der Weltgeschichte*, 1:40.
② L. Ranke, *Fürsten und Völker*, ed. W. Andreas (Wiesbaden, 1957), p. 4.

己对法国大革命或教宗的厌恶动摇自己的研究成果。

不过,很多将兰克视为准实证主义者的人,却忽视(或选择性地忽视)了兰克描绘的世界的形而上部分,那才是其方法论的基础。对于属于路德派的兰克来说,"神圣的神秘符号"(holy hieroglyphe)——上帝与他的计划和意志——存在于过去一切现象的背后。在兰克看来,历史学家只有在将人类事件与人性联系起来研究时才能够得出真相,这里的人性应该理解为"个人、时代或民族的生命,而且,它掌握在上帝的手中"。① 在康德和威廉·冯·洪堡(Wilhelm von Humboldt)的影响之下,兰克发现了世俗世界与形而上的观念领域之间的联系,那些永恒的力量会在这个世界的现象中部分而短暂地表现出来。

与洪堡一样,兰克认为,批判性地使用材料来发现事实的过程,并非通过归纳总结来得出越来越具有普遍性和抽象性的观念的过程,而是获知支配一切的精神领域的过程。兰克谈到了觉知(Ahnen),一种可以直接获知影响着现象和事件的理念(ideas)的直觉式认识方法。这些理念除了充当认知活动的钥匙外,还提供了一套绝对道德的构造,以及一种可以用来评估(并非评判)各个时期、民族和个人的尺度。

赫尔德赞扬民族(Volk),认为它高于国家,因为,他将民族视为一个文化单位,而认定国家是强制的产物。他不像兰克,未曾目睹过武力和外交的力量如何重塑了欧洲。他也未曾体验过兰克那一代人给予普鲁士国家的信任,这种信任因为面对拿破仑的失败而变得异常重要。兰克毫不费力地在他的精神宇宙中,为国家找到了一个合适的位置。国家是精神实体(Gedanken Gottes),旨在使人类步入文明,因此,历史学家必须将其作为核心关注。每一个国家都体现为一种法律、政治和习俗的独特配置,它并非仅是人类进步或黑格尔的精神进步的踏脚石。尽管如此,区别国家之种类的,并非错综复杂的利益与权力纠葛,而是它们在上帝那里的终极统一性。因此,兰克在他所有的作品中都强调,现代欧洲国家是上帝神

---

① L. Ranke, *Fürsten und Völker*, ed. W. Andreas (Wiesbaden, 1957), p. 5.

第十五章 作为进步和国家阐释者的史学家(上)

圣意志的另一种表现,而有关国家的普遍理念在其中起了中介作用,具体而言,这些国家则是由条顿和拉丁民族融合演化而来。因此,兰克告诫历史学家,一定要牢记外交政策的重要性,他并不是在肯定强权政治,而是在强调国家之间的共处对于一种人类文明生活的重要性。在这种观点的影响之下,也因为他大多数的学生都朝圣般地前往国家档案馆探求国家档案,兰克史学基本上变成了政治史。兰克自己的大部分著作,关注的都是战争、外交,以及政治家的事迹,尽管他可以非常娴熟地描绘其他的人和事。

兰克以上观点中的普世核心,使得他在八十多岁时,还热衷于拿出一部完整的世界史,以为他的著述生涯画上圆满的句号。不过,他去世时只完成了八卷。这可能还挽救了他的声誉,因为,即使是德国也越来越不愿意接受他对过去的解释了。历史学家们抛弃了赫尔德的世界主义,也抛弃了兰克有关上帝治下的欧洲各国共同体的宏伟图景,他们更倾向于对国家做纯粹政治解释的做法。不能被恰当地理解一直是兰克的难题,即便是在他去世之后。那些赞扬兰克的人,很少提及其历史视野中的普世性,只是会肯定他的新方法。事实上,如果想要把兰克塑造为"科学史学"英雄的话,好像也不得不这么做。不过,作为一个基督徒和唯心主义者的兰克,则很快就被人遗忘了。

自由主义的德国历史学家。在德国学术界,带有温和保守主义倾向的"纯粹"学术,吸引了很多学者的支持,但在数十年的时间里,另两件事情也吸引了他们的注意:民族统一和宪制政府。直到1848年,很多学者还是既关心"纯粹"的学术,又关注德国的政治问题;1848年革命的失败,使民族统一事业占了上风。德国自由主义因为两个方面的原因而受挫:一是拿破仑军队的征服,这在很大程度上削弱了大家对于法国革命理念的热情;二是德国哲学缺乏对基于自然法而享有权利的个人的强调,从18世纪起就是这样。原子论的社会思想,倾向于将个人视作一个整体(特别是国家)的一部分,个人的自由,也被认为是在公共服务中实现的。

只是在德意志西南部地区,宪制政府的目标还保持着实质性的影响力。在靠近法国的地区,18 世纪德国的世界主义依然继续存活着,1830年的法国革命及其有限度的公众抗议也受到了欢迎。弗里德里希·施洛瑟(Friedrich C. Schlosser)与卡尔·冯·罗特克(Karl von Rotteck),当时都在教授历史和政治学,他们认为,法国在 1789 年、1814 年和 1830 年的情形,是很值得效仿的例子。施洛瑟贯彻着此种观念的著作,未完成的《日耳曼民族的普遍史》(*Universal History of the German People*),曾经长时间占据德国人的书架,直到其名气在 1850 年代迅速衰落。这本书谴责暴君(甚至是备受尊重的亚历山大大帝),谴责帝国,谴责专制的神父,它传递的是温和的自由主义。事实上,施洛瑟隐隐约约地将自由主义视为文明、优雅的生活方式。他的学生格奥尔格·格维努斯(Georg G. Gervinus)的命运,就很能说明 1848 年后发生在自由主义者身上的事情;他们支持宪制政府,却遭到了当时的德国社会的冷眼相待。格维努斯是著名的"哥廷根七杰"之一;这七位哥廷根大学的教授,在 1837 年时抗议汉诺威国王单方面废止了国家基本法(*Staatsgrundgesetz*),一种准宪法,结果,他们都丢掉了职位。格维努斯下一部主张宪政德国的著作,与 1848 年革命一起倒下了。当德意志其他历史学家纷纷投向"普鲁士主导下的统一"阵营时,格维努斯撰写了一部《十九世纪史》,预言了将要发生的事情:人类自由的进步是不可避免的,它终将导向第四等级(产业工人)的解放。之后,格维努斯被当局指控犯有叛国罪,还被一个死板的兰克派业余史学爱好者指责没有运用恰当的批判性方法进行研究。1867 年,出于对俾斯麦的成功的反感和绝望,他停止了写作;不过,当时的德国民众,甚至是一些自由主义者,都非常热情地向俾斯麦表达了敬意。十年后,海因里希·冯·特赖奇克(Heinrich von Treitschke)写了一部《十九世纪德国史》(*German History in the Nineteenth Century*),它更加符合现实政治、军事胜利与民族主义,格维努斯的声音则完全被淹没了。

德国的统一与所谓的普鲁士学派。弗里德里希·达尔曼(Friedrich Dahlmann)、海因里希·冯·西贝尔(Heinrich von Sybel),以及古斯塔夫·德罗伊森(Gustav Droysen),曾经是格维努斯在信念和行动上的同

第十五章 作为进步和国家阐释者的史学家(上)

志,直至1848年自由主义的失败,使他们将宪政和统一的希望寄托于普鲁士国王。达尔曼又积极地参与了几年政治活动,然后就让自己专心于教学了。在基于他有关1688年英国革命、法国大革命的研究,以及他自己的政治思想的课堂上,他讲述了自己的理念:一切政治活动都是由实际存在的人和局势塑造的,因此只能从历史的角度被加以研究;必须避免未来出现暴君或民众的胜利。德意志民族的发展必须以统一为前提,以宪法为保障,只有这样,才能避免一切传统被革命力量摧毁的局面。1850年代,西贝尔在他的《革命时期的历史》(History of the Period of Revolution)中,同样警告德国人不要迷恋雅各宾派。基于对大量档案材料的研究(这非常符合兰克的理念),这部著作将革命描述成一场灾难,即便是对于它声称要解放的民众而言。此外,民众在革命中的反复无常也表明,不能将国家的安宁托付给普通民众。也是在1850年代,德罗伊森开始撰写他多卷本的《普鲁士政治史》(History of Prussian Politics),他主要关注的是普鲁士主导下的德国统一,而不是第四等级的命运。德罗伊森坚持认为,自从16世纪开始,霍亨索尔伦家族就一直致力于德国的统一,这一不可靠论点的出现并不太奇怪,因为,他使用的主要是普鲁士的档案材料。

帝国在1871年的出现,实现了许多德国人的愿望;自从1806年神圣罗马帝国在拿破仑的压力下终结,不少德国人一直对此抱有期待。帝国的版图仅限于小德意志(kleindeutsch);奥地利人被排除在外了,他们自身就生活在一个多民族的帝国当中。不过,小德意志融合了过去与现在,可并未就未来指出明确的期待。满腹热烈民族情怀的德国历史学家,应该会问出西贝尔那样的问题:生活中还有什么值得期待的事让历史学家继续去为之奋斗呢?西贝尔自己非常担心德意志帝国的进一步民主化,在俾斯麦与天主教会和社会民主党人对抗的时候,他站到了俾斯麦的一方。西贝尔这个自由派别具一格,他在其《威廉一世创建德意志帝国史》(The Founding of the German Empire by William I)中欢呼,新帝国的成立不仅仅是普鲁士的胜利,人类解放事业也因而向前迈进了一步。然而,与不幸的格维努斯一样,西贝尔等自由派小德意志历史学家,也慢慢地被海因里希·冯·特赖奇克这位鼓吹德意志强国的代言人挤了出去。特赖奇克醉心于政治参与,但他指责早期的历史学家试图将统一的政治活动与他们对兰克史学的推崇结合起来。兰克本人不屑于此种结合,但他并没有指责这样做的人。前普鲁士历史学家,他们常被称作普鲁士学派,实际上正在设法远离纯粹的政治宣传。甚至是海因里希·冯·西贝尔,一个坦言自己七分之四是教授,七分之三是政治家的人,也在他所有著作中尽力遵循兰克的治史原则。不过,当这些德国历史学家将兰克的历史语境从人类普遍性缩小到德国的命运,将兰克对神意的仰赖替换为胜利即伟大的价值取向时,他们不经意间为特赖奇克铺就了道路;对于特赖奇克而言,神意的想法、学问的严谨、国家的伦理功能,不仅仅是来自于外国的,还是无足轻重之物。1874 年后,他成为了兰克的继任者,他的课程经常使学生听得入迷(尽管他自己已经聋了);他还通过他的政治活动和著作,影响了其他一些人。

学术理想与政治参与的需求之间的冲突,在一些德国学者那里变成了难以调和的问题,发生在特奥多尔·莫姆森(Theodor Mommsen)身上的事情就很具代表性。1848 年革命失败之后,莫姆森出版了一部多卷本的《罗马史》,之后便投身到政治活动中,间接地通过《普鲁士年鉴》(*Prussian Yearbooks*),直接地则是通过他 1861 年参与创建的进步党。在他的《罗马史》(*Roman History*)中,政治与历史融合得很好。他的批判精神甚至超过了尼布尔;确实,他曾经批评这位著名的罗马专家太过投机。作为研究者的莫姆森是"事实"的忠实信徒,作为公民的莫姆森又怀有强烈的政治使命感。他曾经说过:"一名学者既要牢记自己的公民身份,也要坚守自己的学术立场。"①他的《罗马史》是一项艰巨、卓越的研究,他在书中告诫说,一个繁荣的国家需要平衡权力和法律之间的关系,需要平衡

---

① Quoted in A. Wucher, "Theodor Mommsen", in *Deutsche Historiker*, ed. H.-U. Wehler, 5 vols. (Göttingen, 1971-1972),4:18.

第十五章　作为进步和国家阐释者的史学家(上)

统一的要求和自由的要求。当贵族的傲慢和平民的物欲打乱了这种平衡时,罗马就消亡了。恺撒是最后一个暂时恢复此种平衡的罗马政治家。在他之后出现了帝国,一个只是基于权力的国家;莫姆森从来不觉得这个帝国值得他去描绘。有那么几年,莫姆森支持俾斯麦争取德国统一的斗争。之后,在帝国和官僚政治时代,由于公民的政治参与受到了抑制,他转而变成一个不讨人喜欢的自由派。德国的政治情形让他很是沮丧,政治理想的落空和方法论的困境,也让他的《罗马史》难以为继;于是,莫姆森拼命地从事一些拓展文化史史料的项目:钱币学的研究、古典文献学的研究,以及最重要的,罗马铭文研究。此时,他对文化史的兴趣,已经超越了纯粹的政治叙事。不朽的巨著《拉丁铭文集》(Corpus inscriptionum Latinarnm),也算是补上了莫姆森没有撰写的那几卷帝国时期罗马史的空缺。

　　俾斯麦对那些通过行动和著作帮助塑造第二帝国的历史学家们,还是心怀一些感激的。不过,最经常被后世学者加以引用的著作,并非直接涉及自由主义或民族主义事业的那些。弗里德里希·达尔曼的成名作,是一本有关德国历史资料的学术手册,它最早是达尔曼提供给自己学生的一份书目提要;后来,这本书在乔治·魏茨(George Waitz)的编辑下得到扩充,至今仍是一件基本的史学研究工具。与这部著名的工具书相比,达尔曼值得尊敬的《丹麦史》(History of Denmark),直到现在依然是默默无闻。西贝尔是许多普鲁士档案材料出版物的编辑,也是德国罗马历史研究的创始人,还曾在 1859 年创刊了著名的《历史杂志》(Historische Zeitschrift);西贝尔也因为这些成就而被人记住。这本《历史杂志》是史学界刊载兰克传统下新"科学"史学的第一本期刊。"首先,这本期刊是科学的。因此,它最为重要的任务,是呈现正确的历史研究方法,并指出那些错误的方法。"①还有另一个承诺与此相呼应:"因此,我们希望能更

---

① *Historische Zeitschrift*, 1 (1859), Preface, p. iii.

好地处理与当今生活紧密相关的史料和史料中的此类联系。"①可见,这本《历史杂志》既与前普鲁士的各种趋势有关,也保持了兰克史学对真实性的批判式追求。

德罗伊森早期有关古代史,有关反抗拿破仑的解放战争的著作,早已经湮没无闻了,不过他的《史学方法全书》(*Encyclopaedia and Methodology of History*)则仍为人知晓,它经常被简称为《史学概论》(*Grnndriss der Historik*),或是直接被称为《史学》(*Historik*)。这部书被遗忘了数十年,当现代历史学家开始反思自己的研究方法和目的时,它又作为一部重要著作进入了大家的视野。这部书对19世纪的德国史学理论给出了最为出色和最为完整的陈述;兰克未曾撰写过这样的书,这部书也充当着反对以自然科学的模式构建史学的第一道防线。与以上这些人不同,为普鲁士代言的特赖奇克,并没有什么像样的成果。他依然是个行动主义的历史学家,不过,他的脾气和听障使他无法进行研讨班式的思想交流。他的《十九世纪德国史》意在"叙述和评判",它将一切学术方法都丢弃在了一边。通过他的这部书,我们可以看到,特赖奇克将权力视为国家的本质,并广泛地关注与之相关的信息;可以看到,他赋予了政治事务高于社会事务的优先权;可以看到,他将战争视为英勇行为;可以看到,他沉迷于当时的氛围,对于德国满是得意洋洋。随着时代的变迁和社会的变革,特赖奇克的著作逐渐变得一无所用;兰克史学倒是继续在世界范围内发挥着深远的影响。

二 法国:史学家、民族与自由

1815年,长达25年的动荡终于结束,法兰西实现了稳定,还保持着统一,可并没有一个清晰的身份认同。对于自由、平等、博爱的呼声已经减弱,不过,问题依然存在:这些理念有没有被吉伦特派的君主立宪制、雅

---

① *Historische Zeitschrift*, 1 (1859), Preface, p. iv.

第十五章 作为进步和国家阐释者的史学家（上）

各宾派的共和国,以及拿破仑帝国好好实现,如今又应该在何种程度上、以何种形式来主张它们。尽管再次掌权的波旁王室,试图将过去二十多年间的事情全部忽略,但什么模式才适合法国社会,依然是个问题。在将近六十年的时间里,法国不断地变换政体,试图寻找到合适的那一种,在这个过程中,史学家们充当了主要向导的角色。这一角色刺激着他们去进行写作,正如寻求国家统一的目标刺激着德国历史学家们去进行写作。

传统和连续性的倡导者。与世俗的机构相反,天主教会提供了一种未受革命理念和变化损坏的连续性。天主教会从未抛弃过旧法兰西,也从未将革命视为法兰西命运的实现。相反,在恐怖统治结束不久之后,教会的一名拥护者,约瑟夫·德·迈斯特(Joseph de Maistre),就将法国大革命定义为少数邪恶之徒的阴谋,认定它是集体的恶导致的结果;这种观点使得革命理想不配在未来主导法国的发展。天主教对于过去的看法,很好地呈现在了弗朗索瓦·勒内·夏多布里昂(François René Chateaubriand)的《基督教真谛》(*Génie du Christianisme*,1802)一书中。过去只有一场真正的革命,那时,眼下的时代在"十字架的脚下"被创造出来,人类的处境因为耶稣的死(救赎)被彻底改变。人类一切激进变革处境的尝试都必然会失败,因为它们都基于这样一种幻想,由人来控制那些未知的、只会服从于神意的力量。法兰西的过去就证明了,真实和正当的道路是渐变,一切突然和暴力的变革都是徒劳的。因此,教会作为一种稳定、必要且道德的力量,为法兰西的未来提供的准则,要远比理性主义者和革命家提供的那些未经考验的理念可靠。

夏多布里昂拒绝了世俗进步的观念。事实上,将理性的培养过程,孤立于情感,孤立于想象,不仅于社会无益,还会借由侵蚀悠久的传统来毁灭一个文明。过去也并非导向现在的阶梯,它呈现出的是一系列等效的时期。夏多布里昂尤其想拯救法国的骑士精神。这种想法很好地符合了复辟时期对法国过去的感觉。接下来,一整个时代——中世纪——被从理性主义者的嘲弄下拯救了出来。当时还出现了另外一种愿望,即,不再跳过数个世纪去赞美罗马共和国及其英雄,并将他们作为革命的偶像。这样就可以理解约瑟夫·米肖(Joseph F. Michaud)的做法了:到档案馆去,花数年的时间研究和写作《十字军史》(History of the Crusades),而十字军的东征曾被启蒙思想家视作纯粹的蠢事。此外,在重新确认了上帝旨意的存在之后,也就不再需要探寻人类事件的内在秩序了;因此,米肖和普洛斯珀·德·巴朗特(Prosper de Barante),都不必因为遵循叙事学派(école narrative)的准则感到难堪了:"叙述即可,不必评判",后者在其《勃艮第公爵史,1364—1477》(History of the Dukes of Burgundy, 1364-1477)中就践行了这一准则。叙事学派的历史学家,描绘的宏大且多彩的历史图景,精于细节、美于辞藻。历史呈现为一个个展示辉煌过去的场景,不过,这些场景只是并列摆放在那里,不存在任何发展变化的态势。法国叙事派的历史学家们,都身处一个大的趋势当中,推动这一趋势的进展的,还有沃尔特·司各特爵士(Sir Walter Scott)、普洛斯珀·梅里美(Prosper Mérimée),以及数不清的浪漫主义者。

那时,为法兰西寻找适当的社会政治组织形式的事,正搅扰得大家烦躁不安,这不是叙事学派的历史图像能解决的。法国当时的文化氛围,以及革命造就的发展意识,使这种将历史呈现为一系列图像的做法,无法获得广泛的认可。接下来,法兰西搞清其自我认同的新阶段开启;这件事与弗里德加有关法兰克人起源于特洛伊的传说同样悠久。正好在这时,奥古斯丁·蒂里(Augustin Thierry)的早期尝试,不但支持高卢人才是真正的祖先,还提供了一套法国随时代动态发展的解释性框架。他是在准备他的《诺曼人征服英格兰史》(History of the Conquest of England by the Normans, 1825)时发现它的。"一天,当……我仔细地读完休谟的几章叙述,突然萌生了一个想法,它就像一束光照了进来;我合上书喊道:'一切都始自征服;是征服在起作用。'"① 一个民族(people)征服另一个民族,其

---

① A. Thierry, A History of the Conquest of England by the Normans, 2 vols. (New York, n. d.), 1: xiii.

第十五章 作为进步和国家阐释者的史学家(上)

后果塑造了历史。在英格兰,对诺曼人的抵抗几乎能够解释一切,包括1066年后"盎格鲁-萨克逊人的游击战",包括罗宾汉的事迹,也包括托马斯·贝克特(Thomas à Becket)的被谋杀,他那时捍卫教会权力的斗争,实际上是在维护盎格鲁-萨克逊人。很久之后,被征服的盎格鲁-萨克逊人,凭借着中产阶级的成就大获全胜。同样,在法国的早期历史中,日耳曼人的迁徙带来了征服,加洛林时期就是被日耳曼因素主导的,后来,高卢-拉丁系的法国人赢得了解放。首先,在法国存在着"征服种族"与"被征服种族"的直接冲突;然后,冲突演变成了更为微妙的社会斗争,蒂里对这两种"种族"(race)的界定,此时逐渐变得有些模糊不清。不管怎样,他继续说道,"被征服者",就是"我们的先祖——高卢-拉丁人",定居在城镇上,他们后来变成了第三等级,即"非贵族的普通民众"。蒂里将历史视为两个力量不对等的群体之间的不断斗争,而且,这种斗争还沿着预定的进程,指向一个已知的终点;这种观点肯定不仅是给卡尔·马克思留下了深刻的印象。

接下来,对真正的法兰西精神的探索,又沿着一些16世纪法学家提出的,并被阿贝·杜博斯(Abbé Dubos)在18世纪巩固的路径展开。在其《高卢人史》(History of the Gauls)中,奥古斯丁·蒂里的弟弟阿梅代·蒂里(Amédée Thierry),捍卫了法国人源于凯尔特人的主张,这种观点在1850年代非常流行。亨利·马丁(Henri Martin)广受欢迎的多卷本《法兰西史》(History of France),也在赞扬法国人的凯尔特精神;与此同时,米什莱也将法国人对平等的热爱归因于凯尔特因素。只有高卢人的法兰西才是独一无二的,因为她真正摆脱了日耳曼人的枷锁。不过,直到此时,探寻法兰西独特性的工作,距离沙文主义者的渴望还尚有一段距离,因为,它主要是满足了民族定位的浪漫主义需求,并未满足那些贬低其他民族以抬高自己的渴望。因此,自由主义的历史学家弗朗索瓦·基佐(François Guizot),虽然尊敬德国、喜欢英国,还是将法国人赞颂为文化领袖;不过,他认为,法国人在血统上混合自凯尔特人、拉丁人和日耳曼人。

浪漫主义对法国历史的追寻基于这样一种假设:存在一种独一无二

且超越一切局部分歧的法兰西精神;这种追寻在儒勒·米什莱(Jules Michelet)的著作中达到高潮。在写作了一本小部头的教科书《现代世界的历史》(History of the Modern World)之后,他获得了进入一些学术机构的机会,尤其是法兰西公学院(Collège de France),然后又在基佐的支持下,担任了国家档案馆历史部门的主管。

维柯和赫尔德(程度要小一些)影响了年轻时的米什莱。他翻译、删节(有些人可能会称之为意译)了维柯的《新科学》。米什莱跟维柯一样,都来自于天主教的国度,天主教信仰主张这个世界的性质是稳定的,他们则认定引入"变化"才能理解这个世界。维柯将历史视为各个文化的兴衰故事,因为他相信神意的存在。米什莱没有维柯那种对神意的确信,只是发现了一系列的文化衰落过程,而非一连串先后承继螺旋式上升,旨在不断实现人类自由的文化。

从他两位 18 世纪的导师那里,米什莱获知了民族(Volk)这一概念,也意识到了语言和神话的关键作用。他在这两种认识的基础上更进一步,激进地将宇宙看作是一个有机的整体。自然、法国、人民和个人是本质和发展的统一体。因此,他才会说自己就是法兰西,才会说谈起历史便是唤醒逝者。此种宇宙精神消弭了时间的界限,并通过那些尘封的档案渗透进了他的著作中;作为档案保管人员,他很容易接触那些档案,当然,他也很是珍爱它们。米什莱将档案馆视为"文稿的墓穴、民族遗迹的雄伟墓地",那些文件"不是纸片,是民众、各省、各民族的生活"。① 当然,尝试从一些抽象力量或物质条件的作用的角度,去解释法兰西精神和民族发展的努力,也势必是徒劳的。米什莱还反对一切基于种族冲突(蒂里)、阶段规律(维柯),以及环境决定论的历史解释。一个民族(people)的精神是自然而然地展开的,过去各个民族的精神,都为人类自由的整体进展,做出了贡献。现在,在 19 世纪中期,法国人已经成为自由的主要代

---

① J. Michelet, *History of France*, trans. G. H. Smith, 2 vols. (New York, 1892) 1: Prefatory Note.

第十五章 作为进步和国家阐释者的史学家(上)

理,也因此必须承担相应的代价;之前这个角色曾由日耳曼人充当。

各种处境、各个阶层的法国人都应该牢记一件事情:你们在这个地球上只有一个可靠的朋友,那就是**法兰西**。五十年前,你们曾经试图将自由带到这个世界,在所有有识之士眼中,那都不是一场罪行。……可以肯定,法兰西将会使欧洲人牢牢记住一个名字;这个名字不会磨灭,它真实而永恒,它就是**革命**。①

在米什莱的《法国史》(History of France)中,法兰西民族拥有一种独特的精神,其核心特征是献身于自由和十字架。在《人民》(The People, 1846)一书中,这种法兰西精神再度被颂扬。一切社会分歧和冲突都在法兰西共同体中得到解决,对于米什莱而言,这个共同体不只有中产阶级,还包括农民和工人。"一体的人民!一体的国家!一体的法兰西!……我请求你们,永远不要让我们分裂成两个民族。"②

起初,米什莱也将献身于十字架视为法兰西精神的重要特征,可是到了后来,他对此逐渐犹豫起来。与耶稣会在掌管教育的问题上的激烈冲突,使得米什莱开始重新思考基督教的角色。他后来给出了对于制度(涉及教会)的判断是:生活创造了制度性的形式,千百年来存续不灭的,则只有生活的创造冲动。每一种历史现象,不管它是封建主义的还是革命造成的,都肇始于人民关于生活需求的直觉知识。不过,随着时间的流逝,制度沦为一种形式,被官僚阶层护卫着,不断地僵化腐朽。当时令他感到愤怒的天主教会,在路易十四时代就丧失了"真正的活力"。连法国大革命也落入一些心思缜密、诡计多端、铁石心肠的恶棍的掌握中;其中包括罗伯斯庇尔。对自由的渴望,是生活那涵盖一切的创造力量的唯一可见且不灭的表现,因此,历史学家要紧紧地抓住这种渴望,这比其他所

---

① J. Michelet, *The People*, trans. G. H. Smith (New York, 1846), pp. 27, 16.
② Ibid.

有事情都重要。这种观念帮他证明了用关于各个时代和人民的主观想象来替代文献研究的合理性。米什莱这样说过,"基佐分析过去,蒂里叙述过去,我复活过去";他力图"从逝者那里"唤回过去,并将之鲜活生动地叙述出来,描绘出一幅丰富多彩、细致入微的图画。因此,在他的《法国史》的后几卷中,历史变得简单起来。爱憎的对象非常分明。中世纪及其教士文化失去了一切光芒,文艺复兴时代才是光辉灿烂的。伟大的教训变得愈来愈清晰:生活及其代理,即人民,在创造;诡计多端的权力精英,在败坏。法国历史的中心必定是"人民";不过,米什莱并未对这个概念给出清晰的界定。

作为自由之捍卫者的历史学家。米什莱提出的,作为一个神秘整体的法兰西民族,激励了很多人;不过,它无助于解决法国面临的最紧迫问题:应该在何种程度上让法国大革命的理念来塑造法国的社会与政治呢?波旁王朝一复辟,就对革命理念加以限制,不允许越格的倡导。这在法国舆论界引起了一场论战。扩大民众代表制的倡导者,将报刊编辑室和大学讲堂作为他们的堡垒,将历史用作他们的主要武器。反对波旁王室的人,将他们要适度实现革命理念的倡导,借着有关大革命在法国历史上地位的讨论,表达了出来。德·迈斯特和夏多布里昂之前曾重点探讨过革命的雅各宾派阶段及其恐怖统治,他们这样做是为了证明,法国发展的连续性在1790年代被打断,因而,法国大革命是"外在于"法国历史的。

在1820年代,弗朗索瓦·米涅(François Mignet)和阿道夫·梯也尔(Adolphe Thiers),反驳了迈斯特二人对大革命的否定性评价,他们给出的说法后来变成了自由主义者的信条:法国大革命的爆发,源自自由不可避免的发展进程,革命指向的是第三等级的支配地位。革命的温和阶段(1789—1793),依然延续了法国的传统,如果事情顺利的话,法国将会停留在君主立宪制。革命的激进阶段是战争的迫切需要引发的。在梯也尔看来,如果不是战争爆发的话,温和阶段会取得胜利。他用力学上的作用力(压迫)和反作用力(对正义的诉求)来解释革命为何会发生,以及,为何会在不久后相对平稳下来。在旧的统治集团不得不做出让步之后,有

第十五章 作为进步和国家阐释者的史学家(上)

些社会阶层对此感到满意,失去了革命的理由,于是反抗压迫的反作用力减弱。他将雅各宾派专政时期视为反作用力最大的时期,不过,他并未宽恕那一时期的罪行。不管怎样,历史表明,革命暴力的高峰期从未持续太长时间,因为,每个社会都必须向其公民提供秩序、正义和自由。在梯也尔看来,雅各宾派只是张扬自由,而这肯定会带来混乱;其他很多民主的倡导者也如此看。

奥古斯丁·蒂里1820年时所论证的,不仅仅是冲突的重要性,还包括,自由的理念一直是法国传统的一部分,它犹如真正的法兰西精神,总在使法兰西取得胜利。他将对自由理念的坚持归功于高卢-拉丁人,还认为,制度化的自由诞生在中世纪的城镇。自由的历史代理人,因此也是民族利益的真正载体,是第三等级,他们在革命的温和阶段已经获得充分的认可,也会再次获得那种认可。

阐述对过去的自由主义看法的历史学家,还有让-夏尔-莱昂纳尔·西蒙德·德·西斯蒙迪(Jean-Charles-Léonard Simonde de Sismondi),他超越了浪漫主义的见解,不再认为自由的原因根植于特定的民族精神(*Volksgeist*)。尽管因为受到法国大革命的影响,西蒙德一家先是被迫流亡英国,后又到了意大利,夏尔·西蒙德(他更经常地被称为西斯蒙迪),还总是向往全体公民都能分享政府权利与义务的共和政体。不过,他谨慎地指出:"要让权力掌握在那些知道如何运用它的人的手中",也就是说,掌握在那些受过教育且拥有财产的人的手中①;当时的大多数自由主义者会赞成他这一观点。《中世纪时期意大利共和国史》(*A History of the Italian Republics of the Middle Ages*, 1807—1814)就赞扬了这种自由。过去,无论在什么地方,只要自由受到珍视,那里就会布满美德,也因而会出现灿烂的文明。"意大利各城邦……在三个世纪里,维护并改善了它们的城邦宪法。在这三个世纪[1100—1400]中,意大利是欧洲其他地区的

---

① J.-C.-L. Sismondi, *History of the Italian Republics*, intro. W. Ferguson (New York, 1966), p. 127.

学习对象,那时后者尚处于野蛮状态。"①佛罗伦萨就是作为一个公民共和国繁荣起来的,后来衰落则是因为美第奇家族将其变成了自己的封地。西蒙德对意大利在自由之历史中的角色甚是着迷;这种着迷让他"发现"了自己家族的意大利分支,并将"西斯蒙迪"这个意大利人名,加入了自己的名字当中。在他随后的《法兰西人的历史》(History of the French)中,有关自由的论述变得不再那么激动人心了。他那19卷本的著作也缺乏光彩。其风头很快就被基佐和米什莱的史学著作盖过,后来的情形也证明,他那幅城邦共和国的良治景象的吸引力,远比不上自由的联合体与法兰西精神。

从1820年到1840年代,以上及其他法国历史学家,将法国史变成了捍卫自由的终极武器。将他们称为宣传员可能有些不太恰当,因为,他们传递的是他们的坚定信念,而并未有意地歪曲和滥用历史。基佐在他的《法国文明史》(History of Civilization in France, 1830)中主张,引导自由之进程的是神意。他既不会理解上述指摘,也不会因其而生气。对于他来说,将法国历史描述成权力从教士到贵族到国王,最后到中产阶级(资产阶级)的转移,只不过是宏大历史图式的真实反映。上帝设计了它,人类使它成为现实。"历史并非全部都是人类行为的结果,其法则有着更高的起源;不过,在历史进程中,人是法则不受约束的代理,并使其变成了现实……";"从整个法国历史来看,第三等级才是法国文明中最具活力、也最具决定性的因素。"②第三等级非常适合掌握政权,因为在第三等级中,有受过良好教育的人,有能够理性地探讨问题的人,也有愿意履行其职责的人。这是基佐在他的研究中发现的,他对此深信不疑,也将其大声表达了出来;他这样做并不是为了狭隘且短暂的党派利益。

在权力向中产阶级逐渐转移的过程中,雅各宾派的统治尽管十分恐

---

① J.-C.-L. Sismondi, *History of the Italian Republics*, intro. W. Ferguson (New York, 1966), p. 78.

② F. Guizot, *History of France to 1849*, trans. R. Black, 5 vols. (New York, 1872), p. v.

第十五章 作为进步和国家阐释者的史学家(上)

怖,可也不过是一个插曲;事件的逻辑背离了宏大历史图式,它们本来应该是沿着中庸之道(juste milieu)和平、渐进式发展的;基佐的加尔文派背景,不仅表现在他严谨、孤僻的行为方式上,更表现在他对于命运的态度上。在他看来,适合法国的政体,是基于中产阶级掌握权力的君主立宪制。不可能超出君主立宪制了,因为在它之上,只有第四等级的统治,对于法国自由主义者而言,那就是暴民政治。1848 年,因为一场革命,基佐失去了他的首相职位;事实上,1840 年代的局势一直动荡不安。路易·菲利普(Louis Philippe)认可了君主立宪制,认可了自由,认可了第三等级,可他最终还是丢掉了自己的王位。正如基佐所言,共和主义和民主制的怪物已经复活了。

在自由主义的历史著作中,自由的不断进展遵循着"事件的逻辑"(logic of events)。自由为各种人类事件提供了动力,它的实现即代表了一切发展的目标。在渴望稳定大众参与的宪制政府时代,这种"事件的逻辑",为最终的胜利提供了连绵不绝的希望。它也构建起一幅被广泛接受的、关于过去的目的论的画面;不过,这也招致了夏多布里昂的批评,他将自由主义的历史归为"宿命论学派"(fatalistic school of thought),认定其剥夺了人类生活的戏剧性,或者更糟,剥夺了人类生活的道德维度。如果发生的一切都是必然的,或者说,都是有利于自由之进步的,那么,将数千人送上断头台的恐怖统治(Reign of Terror),就是一个不可避免的事件了,人们只能指责它是一个中世纪式的灾难。对于夏多布里昂而言,将自由同时视为历史必然性的来源与最伟大的道德力量,是矛盾的。

一个关于拿破仑的争论。法国历史学家一直面临着一个由拿破仑·波拿巴引起的微妙难题。拿破仑到底是破坏还是拯救了法国大革命的理念和制度呢?在他统治期间,有几个人涉及了这一问题。他们提供了两个可供选择的答案:一、弗朗索瓦·德·托伦津(François E. de Toulengeon)主张的,要毅然接受革命及其一切后果,他深信这一事实:"革命是社会道德秩序中不可避免的政治危机,正如物体运行在宇宙物质秩序中不可避免一样";①二、让·拉克雷泰勒(Jean C. D. de Lacretelle)提出的,将拿破仑赞扬为一种建设性的力量。甚至是在波旁王朝复辟之后,拉克雷泰勒依然坚持正面评价拿破仑,只是转向了强调拿破仑的作用是确保法国不再重返恐怖的年代。

拿破仑通过他口述的回忆录,为自己的事业做了出色的辩护。在1820年代的法国,很多人不是厌倦了波旁王室,便是对它怀有敌意,拿破仑时代则变得讨人喜欢起来。梯也尔甚至也是如此,他在其《法国大革命史》(History of the French Revolution)中,满怀同情地叙述了拿破仑在1799年通过雾月政变接管了权力这件事。

在拿破仑的侄子路易·拿破仑·波拿巴(Louis Napoleon Bonaparte),撰写了《拿破仑的理念》(The Napoleonic Ideas)之后,拿破仑难题也就不再仅事关历史解释了,路易·拿破仑撰写此书不是为了怀念,而是在召唤一个新的拿破仑时代。有趣的是,之前正面评价拿破仑时代的拉克雷泰勒,进入晚年之后改变了想法,他在1840年代对之前的拿破仑时代又给出了一个批判性的评价。不过,拉克雷泰勒的批判性著作,抵不过1848年6月的血腥所引发的对拿破仑时代的强烈怀念;那时,工人们奋力争取正义,不过,在那些偏好温和的议会改革的人看来,他们威胁到了合法的秩序和现存的社会结构。1851年12月,法国开始由拿破仑三世统治。

拿破仑三世强烈地意识到,自己的历史作用就是拯救法国社会,自己就是一个重要的历史人物;他也因此而撰写史学著作。1865年,他的《尤利乌斯·恺撒史》(History of Julius Caesar)出版,书中满是隐晦的类比。梯也尔在1845—1862年间,出版了他那20卷本的《执政府和帝国的历史》(History of the Consulate and the Empire),对拿破仑时代给予了切实的肯定与赞扬。这部书将拿破仑描述为一种秩序的力量,保住了法国大革命的成果。不过,梯也尔还补充道,这种评价适用于1802年时的拿破仑,不适用于1814年的拿破仑;1802年时他是个智者,1814年时他是个疯

---

① F. E. Toulengeon, *Histoire de France depuis la révolution de 1789* (Paris, 1801), 1: vii-viii.

第十五章 作为进步和国家阐释者的史学家(上)

子。梯也尔利用档案材料、先前的研究,以及一些亲历者的报告,在自己的书中详实地描绘了当时的精彩情景,并且实事求是地呈现了他自己观察到的实情。这也解释了,为什么梯也尔在经历了短暂的关押和流放之后,能够作为著名的历史学家继续生活在拿破仑三世的第二帝国,并且在帝国崩溃之后,成为了法兰西第三共和国的首位总统。

路易·拿破仑的政变,迫使埃德加·奎内特(Edgar Quinet)走上了理想幻灭的逃亡之路,他开始呼吁在历史写作中放弃自由命题。几个世纪以来,法国并没有走在通往自由的道路上。在他看来,法国人在理念上是自由的,但在实践中是奴性的。自由主义的历史学家,盲目地专注于朝向自由的必然式发展,当他们在所有事情中都发现了正面的意义时,却全然忘记了历史的道德维度。法国1789年和1848年的革命,并不是自由张扬自身的辉煌事例,因为,人民在这两场革命中都背叛了自由。奎内特不再认为法兰西是自由的代理人,他转而将这一角色赋予了美利坚合众国。

愿景与警告。在有些人看来,关于拿破仑的那个争论,只是一个中产阶级主导的政治秩序的表面现象。他们记起来,革命要求的可不只是自由,还有平等;他们还指出,不断发展的工业社会的主要社会群体之一,工人,依然被排除在政治结构之外。他们对于过去和现在的研究,给出了关于未来的发展会将法国和其他国家带向何处的新预言。在拿破仑三世统治时期,路易·勃朗(Louis Blanc)流亡到了伦敦,他在那里表达了自己对于工人的同情,并预见到了君主制和资产阶级统治的黄昏。他的历史著作并没有将法国大革命的恐怖时期视为一种差错,而是一种革命政权在面对外国军队、吉伦特派的妥协,以及丹东那样的怀疑论者时的必要反击行动。路易·勃朗呼吁资产阶级与无产阶级的和解,但是没有被人听进去。时候还不到;毕竟,甚至是卡尔·马克思,也未能在1848年用他的《共产党宣言》(Communist Manifesto)将人民鼓动起来。

自由与平等也引起了一位卓越的政治结构分析家的关注,他在这两种理念之间发现了一种让人不安的关系。阿历克西·德·托克维尔(Alexis de Tocqueville)访问了杰克逊总统当政时期的美国,并被那个陌生的民主世界迷住了。那个国家拥有似乎无边无际的国土,怀有一种独特的使命感,还不存在一个封建主义的过去;那里的人民崇尚平等主义,他们习惯依靠自己,习惯以自我为中心,可他们仍然是优秀的公民。独特的美国和美国人能教给其他国家一些什么吗?在托克维尔看来,可以,因为所有的民主国家都共享着一些基本的结构特征。他主张,民主应该被理解为一种无所不包的生活方式,而不仅仅是一种政治组织形式。如此定义之下,美国就是一个民主国家,但不是古希腊那种。另外,正因为民主不仅仅是一种政治形式,我们应该认识到,它有着复杂的内部动态机制。一方面,它释放了巨大的社会创造力,提供了庞大的社会流动性;另一方面,它的平等主义精神,侵蚀了所有的机构和社会流动性,以及各种协会,这些协会现在被认为限制了个人的实现,可迄今为止,它们一直在庇护个人免受国家中央权力的侵扰。个人会逐渐陷入孤立的境地;他会生活于价值真空当中,在大众社会强加的一致性中寻求稳定。因此,对个人自由的无止境追求,会导致一种过度的平等主义,过度的平等主义则将摧毁自由,这里的自由指的是一种个人能够在其中自行其是的空间。托克维尔含蓄地指出了民主的西方文明有可能会迈向的终点:极权主义。一个指向民主的更有希望的办法是,不神化大众和平等主义,保存各种各样的机构和协会,以利用它们来应对中央政府,保护宗教的力量,用宪法驯服一切破坏性的激情。因此,人们应该认识到,革命对民主制度(实际上是对任何一种社会秩序)的危害,远没有各种社会团体逐渐丧失其影响力的危害来得大。托克维尔还曾指出,法国的中央集权化过程,早已经摧毁了旧制度下的政治结构,原来的多中心权力格局也已被逐渐破坏,这也就是为什么法国大革命能轻易地推翻旧制度,因为,那时它只残留一个空壳了。

第十六章

作为进步和国家阐释者的史学家(下)

一 革命年代的英国史学

在 18 世纪下半叶,英国史学的代表是休谟、罗伯逊和吉本。在那时的英国,史学是一门精湛的技艺,是一件参与公共事务的工具,它从未远离重大的政治关注,也始终知道自己的作用是教导那些参与公共事务的人。因此,当法国陷入革命动荡时,英国的历史思想也随即出现了变化,尽管成熟、系统的著述到晚些时候才出现。

对渐进主义的强调。美国革命使英国人损失了大量财产,也损害了帝国的尊严,不过,它对于英国史学的影响远比不过法国大革命,因为,美国革命并没有涉及社会重建。甚至是在 1783 年以后,美国人依然十分尊重英国传统,并在许多方面继续加以坚持;然而,法国人则试图依照一些抽象理念重建他们的社会,他们后来滑入了恐怖统治,并最终变为拿破仑的帝国野心的拥趸。法国大革命与英国的渐进式社会发展理念相抵触,英国人的这种理念基于 1688 年那次伟大的社会和政治妥协;革命在法国爆发时,它的百周年纪念活动才刚过去不久。此外,法国大革命还威胁到了英国的安全、实力,以及国际影响力。法国爆发革命的消息传到英国之后,引发了很多声音,有忧虑的、憎恶的、还有恐惧的;其中,埃德蒙·伯克

(Edmund Burke)的《反思法国大革命》(Reflections on the Revolution in France),早在1890年就为英国的后革命史学确定了论点。一个良好的社会是由传统按照各个时代的智慧塑造出来的。罔顾过去的智慧,试图利用软弱无力的人类理性来行事,只会导致社会混乱,而传统一旦被摧毁就无法补救。当然,在伯克看来,历史是人民最重要的导师。不久之后,伯克的预言似乎被雅各宾派的恐怖统治,被拿破仑时代的激进革命理想所证实,在英国人看来,法国这是回归到了专制主义。之后几年间的战争,带回了以利益为核心考量的旧式政治和外交,以及大家非常熟悉的军事和外交史。

到1815年波旁王朝复辟时,时间上的距离推动了对法国革命事件的再评价。在这之前,对革命怀有敌意的文件和回忆录,被不加鉴别地轻易采纳;到了这时,约翰·阿道弗斯(John Adolphus)等人,开始认真谨慎地筛选史料。大体而言,伯克的论点此时并未被抛弃,只是被加以修正;新的观点认为,法国大革命的早期阶段并未与过去完全决裂。1789—1792年,只有一些针对不平等的改进措施出台,到了雅各宾派的时期,法国正常的渐进式发展才被打断。这就是剑桥大学的威廉·史密斯(William Smyth),在论文中和课堂上所表达的观点;史密斯也是第一位研究法国大革命的学院派学者。不过,这场革命早就以一种微妙的方式,渗透到古代史的学术领域了。

社会问题与古代史。1800年前后,政治议题开始侵入古典研究,这是因为,虽然英国人继续认为那些研究属于学术领域,但他们也将其视作教导参与公共事务之绅士们的最佳工具。因此,约翰·吉利斯(John Gillies)的《希腊史》(History of Greece),表达了这样的独特观点:共和制和君主制都是脆弱的,远比不上有限君主制,不过,法国人并不知晓这种英国人引以为傲的体制。1786年时,法国仍处在旧制度之下,路易十六和他的王后玛丽·安托瓦内特,看上去似乎也还非常安全;可就在那时,威廉·米特福德(William Mitford)就在他的《希腊史》(History of Greece)中,表达了对法国一些革命迹象的厌恶。米特福德是坚定的托利党人,他反

第十六章 作为进步和国家阐释者的史学家(下)

对将民主的雅典视为榜样的常见做法,并以同情的笔触来描述马其顿的菲利普二世,他还抨击所有蛊惑人心的政客。

1815年,英格兰重归安全的环境,古典研究也回到了往日的轨道;接下来的冲击,并非来自于革命者的思想和理念,而是来自于富有创新精神的德国学者,例如沃尔夫、伯克、穆勒、尼布尔、克罗伊策等人。在牛津和剑桥,尤其是在黑尔和瑟尔沃尔两位教授的圈子里,回荡着德国人对重建古代生活的号召,它要求不再只是孤立地研究古代文本。此外,语言也被理解为民族精神的表达,见证着一个民族的内在力量。因此,本国语言相比于据说是完美的古典拉丁语和希腊语,也不再被认定为是相形见绌的了。我们将会看到,这种观点也将把始于沙伦·特纳(Sharon Turner)的盎格鲁-萨克逊研究,变换为约翰·米契尔·肯布尔(John Mitchell Kemble)对盎格鲁-萨克逊人的语言和生活的研究。托马斯·阿诺德(Thomas Arnold)从古典文献学的角度,为威廉·斯塔布斯(William Stubbs)和爱德华·奥古斯塔斯·弗里曼(Edward Augustus Freeman)二人的德国式历史研究,提供了基础。伴随着文献学遵循德国新方法的逐渐转型,英国知识界的历史化也开始了;要注意,这次转型也有着明确的限度。例如,英国大量的古典文献研究,依然保留了古典研究与公共事务之间的说教式关联;即便是乔治·格罗特(George Grote)的《希腊史》(History of Greece, 1846—1856)也不例外,而这部书是那个时代的主要学术成就。当投票权范围扩大的问题,引起格罗特这位自由主义的辉格党议员的关注时,他满怀同情地用他手中的笔描述了雅典的民主,并再次确认了长期以来对亚历山大大帝征服之后的希腊种种事物的负面评价。

渐进主义论点的胜利。法国1830年的七月革命,动摇了英国人认定渐进式发展已经最终在法国取胜的信念。革命发生时,英格兰正在热烈地讨论议会改革问题。即便是1832年的议会改革法案,也并未消除人们的担忧:适时的改革真可以避免革命的爆发吗?不久之后,阿奇博尔德·艾利森爵士(Sir Archibald Alison),在他颇具影响的《从法国大革命到波旁王朝复辟的欧洲史》(History of Europe from the French Revolution to the

Restoration of the Bourbons)中提出,甚至是最微不足道的让步,也可能引发一场不受控制的民主革命,这会对一切传统事物造成威胁。约翰·克罗克(John Croker)在他的著作中论证了同样的情形。艾利森和克罗克给出的都是材料翔实的研究,他们还采用了一些新的材料考证方法。不过,他们有关议会改革已经触发了不可阻挡的民主进程的声明,却被当时已经恢复相对平静的英国社会忽略了。作为坚定的渐进主义者,很多辉格党人指出,甚至是在1848这个革命之年,英国也没有出现严重的骚乱。这一时期的英国充斥着乐观主义情绪,其最典型的代言人就是托马斯·麦考莱(Thomas B. Macaulay)。麦考莱在他的《詹姆斯二世即位以来的英格兰史》(History of England from the Accession of James II, 1849—1861)中提出,19世纪中期的英格兰,并非一种偶然的创造,它是数百年发展的结果。就英格兰的情况而言,历史变迁一直保持着连续性;他还暗示,今后也会如此。

麦考莱的上述著作代表了英国史学发展的一个高峰,在这一发展过程中,英国人骄傲地保持了特立独行。从17世纪开始,被赫伯特·巴特菲尔德(Herbert Butterfield)称作辉格派历史解释的因素,已经出现在英国史学当中了;它非常笼统地认定,英国历史很恰当地将过去、现在和未来协调在了一起,英国人也有足够的智慧,在以崇敬的心情呈现过去伟业的过程中,不将其与现在或未来捆绑得太紧。辉格派历史解释最初宣称,有一部根植于日耳曼人古代习俗的古老宪法,它通过1688年的光荣革命得到了确认。在19世纪,麦考莱等人又强调,在英国历史上,大宪章开启了迈向自由的事业。麦考莱将这一说法和其他观点(特纳的盎格鲁-萨克逊主义、伯克的传统主义、哈勒姆的自由宪法),与一种关于进步的普遍信念结合在了一起,因而,他的著作使维多利亚时代的英国人备受鼓舞。

麦考莱也准备好了去做英国人希望历史学家们去做的事:通过历史教导公众。麦考莱接受过法学教育,曾在议会、内阁,以及至高无上的印度委员会中任职,服务英格兰。从发表的第一篇文章起,他的写作风格,

第十六章 作为进步和国家阐释者的史学家(下)

他感知过去的出色能力,以及他坚定的辉格派信念,就已经俘获了英国公众。在撰写《詹姆斯二世即位以来的英格兰史》这部至为著名和成功的史学著作时,麦考莱费尽心力去查证相关史实,又费劲心力将其典雅、畅达地叙述了出来。毕竟,事实仅是"历史的粗糙原料",那些"不幸忽略了叙事艺术"的人应该牢记:"一些杰出史家撰写的有关伟大帝国的史书,现在正躺在雄伟的图书馆中的书架上,无人问津。"① 麦考莱希望写出一部"在几天之内,便可以在年轻女士的书桌上取代最新流行小说"的史书,他做到了。在那个史书销量普遍很小的年代,他的著作售出了数十万册,还被翻译成11种语言出版,而且,它们真的是在被阅读,而不仅是在书架上陈列。

不过,麦考莱的名声来得快,去得也快。一个原因是,他的写作完成于新的史学批判准则尚未从欧洲大陆抵达英国之前。一旦这些准则开始影响英国史学,史学家们就会认为,麦考莱对史料的考证不严谨,对人物和事件的刻画太轻率。更重要的是,他在书中的判断是基于他的信念得出的,即,19世纪中期的英国社会可以作为衡量一切的标准。很快,在1862年以后,甚至英国社会也被证实要远比自由主义者以为的复杂,麦考莱的著作也就失去了说服力。麦考莱刻画的世界,简单明了,没有任何不能解决的难题。英国不是一直在朝着更完全的自由、更充分的自治、更高级的文明发展吗?这部英国长剧的基本情节已经设定,不会再有根本性的变化发生,谁是好人、谁是坏人、谁是英雄、谁是反派,也很容易在其中辨认出来。麦考莱深信他的判断,也进行了此种鉴别,他要把自己看到的告诉这个世界。他的著作适合——

> 大部分的英国人,因为它刚健直率、坦诚清晰、大胆明确。麦考莱从不畏惧;他从不逃避,也从不假装或掩饰;他从不说"可能"或"也

---

① T. B. Macaulay, "History", in *The Complete Writings*, 10 vols. (Boston and New York, 1901), 1:276.

许",也从不说"事实不清"或"有所争议"。……无可否认,这种写作风格存在着风险。慷慨激昂的光芒盖过了小心谨慎的黯淡。……不过,……人们还是会跑去窗边观看一台警笛大作、飞驰而过奔赴火场的消防车。麦考莱的行文中有一种类似进行曲的调调。正是这种东西让男士们感到兴奋。它属于伟大的辩护士,而非蒙眼的正义女神,后者会谨慎地思考"如果""但是",以及"然而"的情形,在小心地权衡各种疑惑之后,才会做出自己的判断。①

历史向麦考莱显示了其意义,他则将之宣布了出来。精明、低调、冷静、"于角落处凝视"的中产阶级,将会永远捍卫英格兰的繁荣。麦考莱的《英格兰史》叙述的,正是这个阶级迈向胜利的过程,并围绕着它描绘出了一幅英格兰历史的宏大图景。的确,麦考莱曾经指责过那些仅是记录治国之道和战争始末的史书,他自己更愿意叙述的是整个民族的生活。他最终未能完成自己的理想,他的写作视野太宽广了;在他过早地离世之前,麦考莱只完成了部分的写作,仅涵盖了1685—1702年间的英格兰史。

关于过去的其他看法。自由在英格兰逐步实现的论点,很是符合英格兰的情形。英国社会最近并没有被一条满是鲜血的壕沟分裂,就像夏多布里昂笔下的法国,也不需要捡起散落一地的传统的碎片。这一事实让英国史学家不怎么需要以下这个浪漫主义的观念:民族是一个超越一切社会分裂、不满和怨恨的单位。不过,尽管英国人中没有米什莱和德国民族主义史学家那样的学者,可他们对民族认同问题以及浪漫主义的解释也非常着迷。

在1760年代,詹姆斯·麦克弗森(James Macpherson)出版了两部史诗和几篇诗作,他声称它们只是译本,其原作者是3世纪的盖尔人奥西恩。紧接着出现了关于奥西恩及其作品的真实性的争论,这又引发了英

---

① H. D. Sodjwick, Introduction to T. B. Macaulay, *The History of England*, 5 vols. (Boston-New York, 1901), 1:xlvi.

第十六章 作为进步和国家阐释者的史学家(下)

国人对不列颠群岛早期史的兴趣;也是在这一时期,卢梭和赫尔德呼吁人们关注早期人类史。后来,沙伦·特纳关于挪威语的研究,也促进了学者们对早期英国史的关注;他作为一个英国人这样抱怨道:"我们漂洋过海到达最遥远的所在,去探索未开化的野蛮人的生活方式,甚至连哲学家也抱着极大的兴趣,一字不漏地去阅读有关他们的习俗和行为的报告。为什么他[英国人]就瞧不上自己萨克逊祖先建立的首个国家,以及他们在后来不断取得的进步呢?"①

特纳本人出版了一本《盎格鲁-萨克逊人的历史》(History of the Anglo-Saxons),在这本书的描述中,日耳曼人尽管也存在瑕疵,不过,他们活力充沛、朝气蓬勃,完全值得英国人将其认作自己的祖先。1815 年,《贝奥武夫》(Beowulf)出版;1810 年代和 1820 年代,沃尔特·司各特爵士(Sir Walter Scott)的历史小说,吸引了大量的英国公众。这些历史小说通过作者卓越的移情式描写,抓住了中世纪的精神,从而引发了人们对那一时期的好奇;这种兴趣为英国人的想象开启了一整个历史时期。最先试图搞清楚中世纪情形的是亨利·哈勒姆(Henry Hallam),他在 1818 年出版了他的《中世纪时的欧洲国家》(View on the State of Europe during the Middle Ages)。值得注意的是,促使哈勒姆去研究中世纪的,并非任何浪漫主义的热忱;他甚至不喜欢那一时期。在研究了从克洛维国王到 1494 年的一个又一个国家之后,他就整个中世纪形成了一些粗糙的判断。"中世纪,尤其是 12 世纪之前的很多时期,一般不存在什么值得关注的重大事件或重要人物,用一个句子或一段文字,通常就可以概括一整个时期或一整个王朝。"②不过,哈勒姆的著作还是为进一步的中世纪研究打开了大门。因为,他的叙述不仅仅是有关战事与国王的,更多的篇幅是有关制度的,甚至是有关语言、文学,以及教会的。他的看法——之后在他

---

① S. Turner, *History of the Anglo-Saxons*, 2 vols. (London, 1799-1805), 2:xi-xii.
② H. Hallam, *View of the State of Europe during the Middle Ages*, 6th ed. (New York, 1858), p. iii.

的《宪法的历史》(Constitutional History)中更准确表达的看法——是，英格兰的政府总是或注定是一个有限的立宪政体(古老宪法的概念)。中世纪的历史被扔进了当时的政治争论中，这下它肯定不会再被人遗忘了。

关于第四等级"人民"的历史。在麦考莱去世仅仅八年之后，他对于19世纪中期英国社会之持久性的假设，就化为了泡影。1867年，投票权的范围不得不再次扩大，这预示了接下来的一些事情。有限的选举制改革再也无法满足民主的要求了，自由主义秩序所赋予的一些自由权，也不能让工人们的恶劣工作环境长期不受挑战。一些托利党人早就通过制定法律，谋求在一个自由放任的经济框架下改善工人们的工作环境。不过，就指向民主的变革而言，辉格党和托利党都认为，社会改革旨在维护传统，旨在防止民主的破坏性力量的释放。

托马斯·卡莱尔(Thomas Carlyle)，一个出身卑微的苏格兰人，努力践行着沃尔特·司各特爵士和麦考莱的告诫：一个人必须完整地重建生活，必须用不同的眼光观察事物。有时，卡莱尔会因为史料的不足而心烦意乱，而那些被他认为不足的史料，即便对于狂热的兰克式或尼布尔式的史料搜集者来说也够用了。在卡莱尔看来，因为资料基础的限制，真正的历史教训或哲理无法获得，不过，耐心的观察者仍可以意识到生活的完整特性，并加深他们对上帝的认知。从这种意义上来说，历史是对人类内在品质的探求，是对神之计划的见证。

传统英国史学的特征是谨慎的经验主义和执着的渐进主义，卡莱尔距离这两大特征很远，他提出了一种对人类生活历程的形而上解释。历史是一部戏剧，神的正义会在大动荡时被高呼，会在长时间的平静中被遗忘。在动乱的年代，生活会胜过一切思想计划；在安稳的年代，生活又会将过往创造力的产物固化。因此，英国人想用渐进式改革来防止革命爆发的想法，注定会陷入失败，正如腐朽的法国统治集团没能用专制的方式维持住表面的社会秩序。有两种变革的力量，时不时地会闯入历史进程当中——人民和伟人(英雄)。

卡莱尔肯定了人民的历史作用，但并没有将人民浪漫化，不过他坚

第十六章　作为进步和国家阐释者的史学家(下)

持,历史必须要展现出人民的内心生活和精神状况;史书中的人首先必须是"活生生的,他们的脸颊上要有光彩,他们的胸中要有激情,他们每一个人都要有自己的口头禅、个性与活力"。① 此种完整地描述人类生活的义务,会让历史学家们远离有关国王、"议院大厦",或者"国王前厅"的故事;他们将会关注的是,

> 谁是最伟大的创新者? 谁是人类历史上更重要的人物? 谁首先率领军队跨越了阿尔卑斯山,并赢得了坎尼和斯拉思梅内的胜利? 或者,哪位不知名的乡巴佬最先为自己捶打出一把铁锹? 当橡树被砍倒的时候,声音在整个森林回荡;之后,轻轻吹过的微风又将许多橡子悄悄地播种下去。战役与战争的喧闹声,不时会传进每个人的耳朵,使每一颗心脏陷入喜悦或恐惧,然后,就跟酒馆里的争吵一样消失掉了。②

1837 年,卡莱尔出版了他的《法国大革命》(*The French Revolution*),这部著作使他声名鹊起;他在书中并没有去探索宪法、权利或法律,而是认真倾听了生活的脉搏。在卡莱尔看来,革命不是在奋力争取宪制安排,它是一项为了千百万穷苦人民的正义的行动,符合神的意志;生活创造的形式和社会秩序,只有在与公众意愿和集体习惯相符时,才能得到维持;当超出这一界限时,革命就爆发了。接着,富于创造性的混乱,一种人民经常面对的情形,又一次在革命中骤然出现,来摧毁各项腐朽没落的制度,直至各种脱缰的力量被驯服,正如法国大革命终结于拿破仑治下的秩序。就英国社会的情形而言,假如继续采用渐进式的改革方案,也终将会变成"极度自我主义"、腐朽,且行将崩溃的吗? 卡莱尔明确地说道,事实已经如此。

---

① T. Carlyle, *Selections*, ed. A. M. D. Hughes (Oxford, 1957), p. 30.
② T. Carlyle, "On History", in *Works*, 2:86.

最后,卡莱尔并没有将生活的动因——精神(Spirit)或神圣理念——托付给人民。他没有办法忽视,人民是一群不思悔改的罪人;一段比较长的时间过后,人民就不再是创造者或行动者了,他们会变成一伙灰头土脸、冥顽不灵的群众。真正的希望来自于伟大人物(Great Men),来自上帝眷顾的真正王者。

> 因为,正如我所言,记录人类在这个世界上所作所为的普遍史,归根结底是伟大人物们的历史。他们是人们的领袖,他们是新模式和新形式的创造者,他们还创造了普通大众会在随后跟进的事物。①

在他有关克伦威尔和腓特烈大帝的著作中,卡莱尔将这两个伟人描述为生活之精神内核与历史启示的辉煌显现。如果"历史是数不清的个人传记的精髓",那么,英雄人物们的传记则贡献了其中的大部分,他们包括勇士、统治者、艺术家,以及一些先知先觉者。② 在这里,制度又变成次要的了,因为,英雄人物经常打破而非认可它们。

卡莱尔作为一名历史学家的记录是混杂的。他拓宽了"人民"这一术语的含义,使其不再仅仅指等待进入或摧毁现存社会的第四等级。他的观点根植于形而上学,不符合英国史学的一般论证逻辑。另一方面,第四等级感兴趣的,也并非卡莱尔所说的生活之精神的显现,而是借由投票权过上一种更体面的生活;一个卡莱尔本人不怎么支持的目标。在一种有限的意义上,卡莱尔是一种广义社会史的先驱。不过,他的伟大人物理论,尽管受到一些人的赞扬,但终究会被淘汰,因为它与之后兴起的社会史的发现严重不符。作为一名历史学者的卡莱尔,也并未受到那些被德国批判学派影响,并将自己视为"科学的"史学家们的青睐。他们指责卡莱尔没有遵从他自己提出的建议:在考察时要周密准确,在解释时要大胆

---

① T. Carlyle, *On Heroes, Hero-Worship, and the Heroic in History* (London, 1968), p.1.
② T. Carlyle, "On History", in *Works*, 2:86.

第十六章 作为进步和国家阐释者的史学家(下)

想象。卡莱尔的批评者,包括斯塔布斯、弗里曼、格林等人,都将他视作一名探讨精神、刻画生动场景、措辞激昂的浪漫主义者。他对于法国大革命的研究,也因为史料基础不够扎实,书中没有多少脚注,而无法被贴上"科学的"标签。

作为兰克式科学的历史学。威廉·斯塔布斯与爱德华·弗里曼的研究,与英国古典学者的非常相似;他们依照高度成功的德国模式改造了英国史学。他们把历史改造成了一门全新意义上的学科,它渴望一种新形式的国民教育:这种教育不再借由关于过去的典故或来自过去的教训,而是通过熟知(凭借充满活力的史料研究)英格兰民族的发展。他们两人不仅是把兰克式的研讨班移植到了英格兰,还拿出了一套德国人有关上帝、自然、民族和普遍史的观点的英国版本。由此,出现了一种非常独特的对于英国史的德国式解释;对此,下文有关制度史的部分会详加讨论。

二 历史学家与美利坚民族的构建

1783年的《巴黎条约》承认了美利坚民族的出现。四年后出现的联邦宪法,为美国的国民生活提供了法律和政治框架。不过,现代意义上的美利坚民族的建立,是在接下来的19世纪。1789年之后不久,历史学家们的影响就显现了出来。美利坚民族已经在革命及其英雄人物的历史中被颂扬,在新出现的民族取向的地方史和区域史中被肯定。19世纪初,这种视野狭窄的历史叙事方式,已经不再适合用来描述正在展开的大型戏剧了。在一个世纪的时间里,美国从一个大西洋沿岸人口稀少的乡村式小国,向南、向西扩张了数千英里,横贯了整个美洲大陆;它吸引了数百万的移民并将他们同化吸收,最初为一个小国设计的民主政体也保留了下来;它经历了数场战争,发展成一个令人敬畏的工业化强国,并实现了城市化;此外,在一场惨烈的内战之后,它不但保持了统一,还终结了奴隶制。在19世纪,美利坚民族的经历如史诗一般,五位历史学家也就之写出了非凡的著作,他们是:乔治·班克罗夫特(George Bancroft)、弗朗西斯·帕克曼(Francis Parkman)、威廉·希克林·普雷斯科特(William Hickling Prescott)、约翰·洛思罗普·莫特利(John Lothrop Motley),以及名气小很多的理查德·希尔德雷思(Richard Hildreth)。除了希尔德雷思,其他人都是新英格兰人,深受新英格兰地区传统的影响,文化修养也很高,都有哈佛的教育背景,还有志于为他们的国家思考"更高的目标"。

神意、进步与美国的过去。迄今为止,班克罗夫特及其《美国史》(History of the United States)的影响最为显著。班克罗夫特的生活经历,与他19世纪美国最具影响力的历史学家的地位很是相称。他来自一个历史悠久的新英格兰家族,对于传统怀有深深的敬意;他长大的那个地区对于自身的过去也甚是自豪。他的写作能力很强,还在哥廷根大学和柏林大学,从冯·黑伦、艾希霍恩和伯克那里,学到了新的史学方法。班克罗夫特曾经是一名马萨诸塞州的民主党政治家,后来担任过美国海军部长、驻英格兰大使、安德鲁·约翰逊总统的顾问、驻柏林的大使;在柏林期间,他结识了俾斯麦,还亲眼见证了1867—1873年间的欧洲大事。他的寿命很长,出生于华盛顿发表告别演说的四年后,去世于1891年。其《美国史》的写作时间跨度很大,第1卷出版于1834年,第12卷出版于1882年,风格和语气都有所变化。在准备百周年纪念版时(1876),班克罗夫特深感有必要通过"屠戮形容词",减弱其著作早些时候的激昂风格。基佐评价他的《美国史》非常民主(très démocratique);兰克认为它是"民主视角下的最佳史书";卡莱尔则形容它"满是光亮,没有阴影"。

对于班克罗夫特而言,美国革命并不是殖民者为摆脱母国的束缚而突然发起的抗争,它是北美开始于首个英格兰人聚居地的发展的关键节点。神意早已决定了美国在人类进步历程中的出现,殖民地的经历就是它出场前的序曲:"一个民族早已在新英格兰种下;一个联邦在之后成熟起来。"①不过,美利坚合众国的建立,并不是终极的成就。这一新兴的民

---

① G. Bancroft, *The History of the United States of America from the Discovery of the Continent*, ed. and abridged R. B. Nye (Chicago, 1966), p.39.

第十六章 作为进步和国家阐释者的史学家(下)

族将是一种时代新秩序(*novus ordo seclorum*)的开拓者。美国不只是一个普通的国家,它的存在将是"为了促进永久的和平和普遍的友爱。一个新式的平民民主国家,在一个骄傲的帝国身旁站立了起来"。①遍布"不平等"和"奴役的时代"将会终结。叙述的主题如此巍峨,书中的英雄们也不可避免地充当着一些更伟大力量的代理。他们都是美利坚民族性格的伟大化身。

班克罗夫特认定,热爱自由是全人类的首要渴望。因此,他毫不怀疑,美国人在1770年代和1880年代是同心协力的,也认定他们将永远如此。那些可能分裂他们的事物,远比不上他们热爱自由的力量强大。美国式自由的形式,不存在盎格鲁-萨克逊的起源。弗吉尼亚人是"再度生活在树林中的盎格鲁-萨克逊人",新英格兰人携带的是日耳曼人古代习俗下的自由传统。"在条顿人那里,自由的关键原则在于一种古老的习惯:在处理公共事务时,他们会召集所有人都参加的会议,在这种形式的会议上,每一名合格居民的权利都是平等的,他们可以平等地参与讨论,并投出自己的一票。"②

英国和北美殖民地关系的破裂,悄无声息地开始于法国印第安人战争。在新教的英格兰战胜了天主教的法兰西之后,事情就不可避免地迈向了严重冲突。"这种变化是上帝的意志,一切人类的政策或力量都无法阻止,它在势不可挡地向前推进。"与此同时,一些智者领悟到了自由的启示:"在美国,自由对于人民来说,就像呼吸对于生命一样重要。"美国人"听到了[自由的]喜讯,它宣告政治重建来到了这个世界上。"《独立宣言》将他们的理想和信念,向全世界大声公布了出来;它还"指出了一个正在崛起的帝国的恶行",并"宣告了一个民族(people)的诞生"。③ 此外,针对那些美国的记录存在瑕疵的地方,例如奴隶制,班克罗夫特则论

---

① G. Bancroft, *The History of the United States of America from the Discovery of the Continent*, ed. and abridged R. B. Nye (Chicago, 1966), p. 39.
② Ibid., p. 45.
③ Ibid., pp. 136, 137, 205.

证它们都源自国外,作为有用的恶在美国存续了下来。

班克罗夫特满腔热忱地讲述了美国的历史,文字非常生动,而且,与大多数当时的历史学家相比,他的研究工作很是认真谨慎。然而,从1880年代开始,班克罗夫特的著作不再受到重视,这是因为,他的民族主义热情遭遇了一批更具批判和反思精神的历史学家。之后的一段时间,美国公众还在继续阅读班克罗夫特的著作,并赞赏书中的戏剧性和五光十色。新式的历史学家则持有另一种看法,他们对科学方法和理论甚是推崇,对美国持有一种更复杂的想象,并且,不信任宏大的解释;他们将班克罗夫特奉为伟大的历史学家,与此同时,贬低了他的《美国史》的学术价值。

没有回声的质疑。早在所谓的"科学式"美国历史学家批评班克罗夫特数十年之前,理查德·希尔德雷思就给出了一种完全不同的历史叙述,与班克罗夫特的《美国史》(前三卷)直接抵触。希尔德雷斯撰写了首部覆盖到1821年的美国史,而且,它基于的不是理想主义,而是功利主义哲学;它不把民族视为历史的行动者,也不认为存在由神意决定的进步。希尔德雷斯的著作是在分析美国的历史,而不是在鼓动美国的民族主义情绪。他本人的生活境遇,也因此而有些让人沮丧。

> 近来,百周年纪念布道与独立日演讲真的是太多了,有些还是打着历史的幌子进行的。我们和我们的父辈都应该知道,事情不是它们描述的那个样子。为了真理、为了信念,我们哪怕只有一次,也应该将我们这个国家的创建者,真实地呈现在历史舞台上,不再将他们涂脂抹粉打扮成爱国者,不再为他们的过错开脱,不再为他们的缺点辩护。……事实上,他们经常是粗鲁、冷酷、狭隘、迷信的,也经常会犯错,但他们总是认真、坦率、真诚和有男子气概的。他们的功绩已经非常值得歌颂了;对他们的最好辩护,就是真实地讲出他们的故事。①

---

① R. Hildreth, *History of the United States of America*, 3 vols. (New York, 1849), 1:iii.

第十六章 作为进步和国家阐释者的史学家(下)

希尔德雷斯描绘的,不是被美利坚精神团结在一起的美利坚民族,而是一个由许多社会集团组成的民族,这些社会集团也都依照自身的利益行事。地主与资本家对立,企业主与工人对立,劳动人民与贵族式的精英对立。即便是宪法的起草者,也考虑到了这类利害关系。美国公众不愿意接受这样的过去。新英格兰人不满他将清教徒的宗教热情说成是迷信的产物。南方人也不满希尔德雷斯对奴隶制的批评。如果一个人认为在美国发生的是一种朝向自由的普遍进步,就像班克罗夫特一样,那他肯定很难接受希尔德雷斯的以下说法:

> 事情的真相并非如此。如果说在美国的某些地区,民主的实验正在稳步、平静地推进,并将最终占据主导地位的话;那在其他一些不显眼的地区,另一种实验正在让那里变得日渐苍白和病态,那是一种不怎么被人们关注的实验,专制主义的实验。①

希尔德雷斯归纳式的叙事方式,使他未能给出一些指导性的主题或教训,他那冷静、无趣的文字风格,也使他未能得到读者的青睐,他们喜欢的是班克罗夫特。希尔德雷斯预示了美国之后的现实主义时代,可他自己未能取得成功。

作为戏剧的历史。其他三位叙事传统下的历史学家,弗朗西斯·帕克曼、威廉·希克林·普雷斯科特、约翰·洛思罗普·莫特利,有很多共同点:都出身于新英格兰,都是哈佛的校友,都颇具写作天赋,都对美国的过去非常感兴趣,这种兴趣让他们都转向了对其他史学题目的研究,不过,这些题目或多或少都与美国史有些关联。帕克曼与普雷斯科特还都面临着同样的难题:视力严重受损。

尽管有些讥讽者认定,一个哈佛人根本就不可能理解西部和边疆,然而,帕克曼还是留下了不少非常出色的相关研究,它们有的是关于西部和

---

① R. Hildreth, *Despotism in America: An Inquiry* (New York, 1968), p. 8.

去往那里的开拓者的,有的是关于印第安人的,有的是关于英格兰与法国在美洲大陆的争夺的。所有这些都是伟大的探险活动,帕克曼在书中处理它们的方式是:让丛林世界和冒险家的事迹唱主角。有时,一些事件也会超出这个狭窄的框架。帕克曼的《庞蒂亚克阴谋史》(The History of the Conspiracy of Pontiac, 1851),描绘了一个处在特殊关口的民族(people)和他们的行动:"美洲丛林和美洲印第安人,……迎来了他们的末日。"①帕克曼有关法国和英格兰在北美的活动的多卷本著作,也有一个共同的主题:代表着旧制度、专制主义和罗马教会的法国,对抗代表着自由和新教教义的英格兰。不过,这些力量没能遮盖英勇个体的事迹。因此,尽管帕克曼讨厌天主教教义及其代表法国,可他还是甚为钦佩耶稣会的探险家。甚至两个强国最后的决战,也变成了两名杰出的将军——沃尔夫和蒙特卡姆——之间的较量。帕克曼不仅对历史上的人和事感同身受,还具有一种律师式的对精确性的追求。虽然几近失明,他还是重走了很多法国耶稣会士的探险路线,考察了许多之前的战场,研究了数以百计的档案,访问了边疆的定居者,并且,还曾与印第安人一起生活——所有这些,都是为了抓住生活的全部。

　　西班牙,凭借着她往日的辉煌与实力,引起了19世纪美国人的关注,事实上,迈向伟大的他们也不得不关注西班牙;同时,这种关注也伴以他们对"专制"国家一贯的疑心。因为与乔治·蒂克纳(George Ticknor)之间的合作,威廉·普雷斯科特对西班牙抱有很大的兴趣;前者是哈佛的法语和西班牙语教授,收集了大量的西班牙文材料。当普雷斯科特,一位富有的绅士,寻找一项终生事业时,他决定撰写一部《斐迪南与伊莎贝拉当政史》(History of the Reign of Ferdinand and Isabella),来讲述西班牙的诞生。此书收到不少好评之后,普雷斯科特又继续撰写了有关征服墨西哥和秘鲁,以及有关腓力二世的著作。尽管他本人讨厌专制主义,也讨厌天主教教义,普雷斯科特还是设法通过西班牙人的眼睛,去看待西班牙的过

---

① F. Parkman, *History of the Conspiracy of Pontiac*, 2 vols. (London, 1908), 1:xxxi.

第十六章 作为进步和国家阐释者的史学家(下)

去;他的美国读者们也原谅了他没有对西班牙投以厌恶之情,因为,不管怎么样,他的书还是很有趣的。

另一位波士顿名流,约翰·莫特利,关注的则是西班牙的对手荷兰,他撰写了三部荷兰史著作。莫特利是在哥廷根大学和柏林大学接受的史学训练,他也拥有其他新英格兰史学家拥有的写作抱负和技能,此外,他也曾经作为外交人员常驻欧洲,并因而非常了解那里的事务。在莫特利那里,历史再一次变成了不可改变的迈向自由的进程。事实上,在他看来,如果缺少了自由的故事,历史将乏善可陈,史学也将变得毫无价值。在他最为知名的著作《荷兰共和国的兴起》(The Rise of the Dutch Republic)中,莫特利赋予了荷兰人争取独立的战争以美国独立战争那样的重要性。荷兰人的英雄,新教徒奥伦治的威廉,对抗压迫者、天主教的腓力二世,正如后来的华盛顿对抗乔治三世。与当时的其他历史学家一样,莫特利也希望自己的著作能影响公众。"倘若这个世界上有十个人,因为受到了我的文字的影响,变得更加憎恨专制主义,变得更加喜爱公民自由和宗教自由,我就非常满足了。"①

在各式各样的史学写作中,以上提及的这些著作得到了公众更广泛的阅读。就班克罗夫特、帕克曼、普雷斯科特和莫特利而言,尽管有人给他们贴上了"文学式"史学家的标签,我们还是应该意识到,他们的著作都基于真诚的学术探索,虽然他们的方法在后世史家看来已经过时了。读者们之所以喜欢这几位历史学家的著作,是因为他们的写作没有学究气,能够以戏剧和小说的方式把事情流畅地叙述出来。读者们也欣赏他们恰当的修辞。普雷斯科特对民主文体,即尽量选用简单单词的做法,有明确的顾虑,他的做法是,将之与英国贵族式的修辞、复杂的德国学术表达风格,结合在一起。

这几位文学式历史学家对于他们民族的贡献,可与他们同时代的欧

---

① J. L. Motley, *The Correspondence of John Lothrop Motley*, ed. G. W. Curtis, 2 vols. (New York, 1882), 2:292.

洲同行对于自己国家的所作所为,等量齐观。在这些历史学家的著作中,一个年轻且充满生气的民族,汲取了新的活力与自豪;普通读者也欣喜地读到了自由在美国的长期进程、民主制度在美国的历史性确立,以及强盛一时的西班牙的衰落。后来,班克罗夫特、帕克曼、普雷斯科特和莫特利的位置,被更具批判性、研究方法也更为严谨的一批历史学家取代;可是,我们也应该知道,新一代历史学家因为公众对历史的兴趣受益甚多,而这种兴趣是文学式史学家们的著作引发的。

"**民族**"**历史的继续**。班克罗夫特非常长寿,他不仅注意到了自己著作的长期流行,还注意到了美国在内战之后的逐渐变化。很明显,那场战争是美国人生活的一个转折点,它也成为历史学的一个新关注点。班克罗夫特派的"民族"历史学家,也不得不调整了他们的历史架构,直至那时,独立战争及革命时期依旧是最为关键的美国历史经验。班克罗夫特自己的著作并未越出革命时期,不过,19世纪后期的民族主义史学家,针对新的情形给出了适当的响应。对于这些历史学家而言,内战首先是一场真正意义上的现代战争,非常的惨烈和恐怖,它也是神意确定的进程正在美国推进的又一个明证;即便是那些将自己视为新式"科学"历史学家的民族主义史学家,也持有这种信念。在这种信念之下,很容易区分美国历史中的善恶双方,善的是支持联邦、反对奴隶制的人,恶的是偏好联盟和奴隶制的人;不过,一个重要的问题尚需得到解释,那就是:"这场惨烈的战争为何会出现?"随后出现的争论,至今还没有结束。在这场争论中,民族主义史学家有关民族、进步和自由的观点,并没有立即受到挑战,不过,随着对内战时期的政治事务和其他事件的考察的逐步深入,有关美利坚民族是一个和谐的整体的浪漫主义看法,在不久之后就受到了质疑。互相冲突的利益,互相矛盾的理念,互相竞争的团体,它们的存在已经变得太过明显了。

正如通常会出现的情形,内战一结束,人们便开始争论谁应该承担责任。大家关注的问题并非"战争为何会爆发",而是"战争是谁的错"。毫不奇怪,南北双方在这个问题上相互指责。南方人指责北方人对南方的

第十六章　作为进步和国家阐释者的史学家(下)

生活一无所知,指责他们被狂热思想和不切实际的平等理念所驱使,忽视南方合法的诉求。北方人谈及了战前在国会和行政部门有关奴隶制的权力密谋,认定先前所有对奴隶制的妥协都是徒劳、有害的。南方人首先否认了奴隶制是主要问题;真正的问题是各州权利与联邦权力的对抗,尤其是,各州是否有退出联邦的权利。北方的作家们则坚持,问题的核心就是奴隶制,他们将内战视为自由与奴隶制之间"不可抑制的冲突"。

　　随着时间的流逝,战争创痛一点一点消退,内战逐渐变成了美利坚民族史上的重大事件。1870年代,许多书籍和杂志都在谈论内战,它们的作者既有北方人,也有南方人。无论是获胜的一方,还是失败的一方,都有作家在赞扬战争中的个人、团体,以及军队;渐渐地,这些人都触及了民族架构。由于"科学"史学的理念,南北双方的意见进一步被弥合。不过,虽然争论的热度降低了,阴谋论的论调减少了,大家也很少再恶言相向,但关于内战的讨论依然与道德问题和道德判断密切相关。赫尔曼·冯·霍尔斯特(Hermann von Holst)发现,在他所受的德国式批判训练,与他批评奴隶制不道德这件事之间,并不存在什么冲突;前者使他非常重视当时的报纸和国会记录等史料,后者还关联着这样的观点:腐朽败坏的社会需要让位于蓬勃向上的社会,这是历史变迁的"道德逻辑"决定的。詹姆斯·斯库勒(James Schouler)将"阴谋"一词换成了更少贬义的"叛乱",他认为,导致战争的是理念不同和形势所逼,而不是一些人的阴谋。此外,在詹姆斯·福特·罗德斯(James Ford Rhodes)的研究中,我们既可以看到他对奴隶制的严厉批评,也能看到他对一些南方人的同情,二者看上去并不矛盾。在以上这些历史学家看来,在他们的科学志向与道德立场之间,并不存在什么冲突,因为他们也像班克罗夫特那样,认为历史的目标就是联邦的目标。因此,维护联邦的那些看法,就是符合事实的看法。这也使得他们可以在其他一些方面做出让步,例如,表达对罗伯特·李将军的钦佩之情,以及批评战后重建中存在的一些问题。

三 史学的"黄金时代"

在几种强大的趋势和一些力量的联合作用之下,历史学的声望达到了巅峰。法国的启蒙思想家们,已经将一种对历史的综合性解释,抛给了社会公众去讨论。与此同时,不太关注构建人类共同历史进程的德国启蒙史学家,发展出了一套用以获得尽可能精确的知识并形成对过去时代的"理解"的复杂方法。此外,美国和法国发生的革命,深刻且快速地改变了西方文化。令人费解的事件变得越来越多,人们急切地想要知道这些事件有着怎样的意义,为此,他们不得不依靠历史学家对那些变化给出相关的解释,并且希望他们能够发现变化中的连续性和稳定性。一些历史学家深入过去的那些世纪中,追寻自由的起源、发展和本质。另一些历史学家,则沉迷于民族这一浪漫主义的概念,他们将民族视为一种精神实体,并深入往日的岁月中探寻其发展进程。这两种取向之下的一些历史学家,会经常放下手中的研究,变身为统治者的顾问、政党的向导,以及民族精神的阐释者。即便是那些专心从事研究的学者,也借由他们对历史科学的贡献,增进着历史学的声望。历史学家并没有完全取代哲学家和神学家,不过,在许多方面,他们的影响力超越了他们;比方说,越来越多受过教育的人,习惯援引史学来解释人类生活,或是利用历史经验解决大多数难题。

作为公众人物的历史学家。有些人可能会琢磨,这是不是又回到了古代,历史写作与政治参与竟然又紧密地联系起来了。在法国,梯也尔和基佐都曾担任过路易·菲利普国王的大臣和首相;著名的诗人阿方斯·拉马丁(Alphonse M. C. Lamartine),则计划用他的《吉伦特派史》(*History of the Girondists*),让路易·菲利普的统治名誉扫地。他本来打算将其写成一部史书的,可是写着写着就成了小说。拉马丁在1848年的革命中,迅速变成了一个显赫的政治人物。大多数其他法国史学家,也都与某个政治团体有所关联;梯也尔与米涅也是为了影响公众,才选择以记者的身

第十六章 作为进步和国家阐释者的史学家(下)

份开启他们的职业生涯。反过来,当政治局势陡变(如米涅和米什莱),或是遭遇放逐(如奎内特和梯也尔)时,历史学家们会失去他们在档案馆或学术机构中的位置,这也让他们的研究工作难以为继。坚持下来的人不多,梯也尔算一个;他后来成为了第三共和国的首位总统。

俾斯麦将某些历史学家视作缔造德意志德国的重要人物。不过,他们参与政治事务的方式,与他们的法国同行颇为不同。在 1830 年代,兰克确实曾主编过《历史政治杂志》(*Historische Politische Zeitschrift*),来为德意志民族精神辩护,为受教育公众的温和保守主义辩护;此外,格维努斯也主编过一本自由主义的期刊。不过,对于德国历史学家而言,这种从事新闻业的经历是极其少见的;兰克一度担任两位国王(普鲁士国王腓特烈·威廉四世、巴伐利亚国王马克西米连二世)的临时顾问的情形,也极其少见。大多数的德国历史学家,都是公立大学的教授,这一点非常重要。尽管有着很大程度的学术自由,历史学家在既有秩序中的利害关系,以及来自国家的强烈愿望,还是使历史学家与权力当局之间多有合作,甚少冲突。冲突的例子也有,例如,在 1830 年代,包括达尔曼和格维努斯在内的七位哥廷根大学教授,公开抗议汉诺威国王废止宪法。后来,格维努斯出版了一部《十九世纪史》,他随后被当局指控犯有叛国罪;1848 年时,达尔曼还曾加入未能成功的法兰克福议会,之后他怀抱着以自由主义重建德意志民族的希望,将自己变成了所谓普鲁士学派的合作者,而这一学派的愿望是建立一个由普鲁士领导的德意志帝国。许多历史学家都让自己的研究服务于这一事业,效果显著。

在英格兰,历史写作与公共生活之间的关联一直非常牢固,不过,像麦考莱那种过于紧密的联系也并不多见。麦考莱是非常幸运的,因为他的趣味偏好、写作风格和生活经验,与当时盛行的辉格派政治哲学,甚为一致。与自己民族盛行的精神"合拍",也是内战前美国历史学家的特点,尽管除了班克罗夫特之外,他们很少直接卷入政治事务。此外,麦考莱和善于讲故事的美国历史学家,都不是在大学里工作的教授,他们的读者也不是学者组成的小圈子。他们希望他们那些通常是大部头的著作,能够触及"人民",因此,他们努力让自己的著作具有吸引力,也有意去探讨那些公众关心的问题。当然,他们所说的"人民",指的是受过教育的普通大众,这个群体的数量正在日益上升。在基佐看来,读者或听众"既需要光明,也需要生活;他们既希望受到启发和指教,也希望获得快感和愉悦"。①后来的"科学式"历史学家不怎么赞同这种"文学式"的历史,然而,对于19世纪的历史学家而言,如果他们想要达到他们的目标,就必须以这种方式写作。

甚至是兰克,一名从未打算推动什么事业的历史学家,也在为叙事大动脑筋:让重大事件更具戏剧性,让人物的形象更加鲜明,让书中文字更加流畅。兰克的写作非常成功,但讲课水平很是一般。除了在1830年代,听他课的人并不太多。在这方面,海因里希·特赖奇克倒甚为成功,柏林大学校方选择由他来接替兰克的教席,为的是将历史与公共生活更直接地联系起来,或者换句话说,"为的是照顾到那些为了其他目的而在历史中寻求指导,不想只是专心于学习和研究历史的学生"。② 特赖奇克满足了这一愿望。他的著作从德意志帝国的视角,追溯了德意志民族的过去,并满怀激情地肯定了德意志民族。

德国历史科学。当麦考莱仍然在他的著作中颂扬英国式自由时,当基佐为了"享受给自己的孙辈讲述法兰西历史的愉悦"而写作时③,兰克已经将"如实直书"的准则,灌输给了很多年轻的历史学家。在方法的精密复杂度方面,德国史学已经走在了欧洲史学的前面。直到1860年代,加布里埃尔·莫诺(Gabriel Monod)才推动了德国方法向法国的转移;德国人"做历史"的模式影响特立独行的英国史学,是通过所谓的牛津学派和剑桥学派;美国史学受影响的途径,则是许许多多的美国人直接前往德国的大学留学。德国人的史学研讨班就是历史科学(*Geschichtswissenschaft*)之

---

① F. Guizot, *History of France*, 1:vi.

② Rationale for appointment in G. Berg, *Leopold von Ranke als akademischer Lehrer* (Gottingen, 1968), pp. 50-51.

③ F. Guizot, *History of France*, p. v.

第十六章 作为进步和国家阐释者的史学家（下）

布道者的训练场,德国人的历史著作就是历史科学的布道书。

还需说明,不能只是简单地将德国历史科学视作始于文艺复兴时期的人文主义的批判史学的顶点,这无法解释19世纪末有关历史科学的巨大争议;那时各方的冲突主要集中于它在哲学方面的特性,而不是方法论层面的特性。问题在于这种历史科学中的意识形态成分;它诉诸上帝,或者他的中介——理念,来解释历史现象,它还将唯一性和发展性赋予人类世界。这种历史解释明确否定了抽象理念和激进变革的地位,并因此而受到了19世纪各国统治者和政府的欢迎。另外,一旦历史学的哲学基础发生转换,兰克式历史科学所具有的意识形态基础,也会使它变得很容易受到攻击。

直到1880年代,科学史学还是自信满满的。历史不再是任何其他学科的仆人。历史拥有了自己的辅助学科和方法论,已经自成一派。这句话既展现了它的前景,也揭示了它的局限。试图完整和准确地重建往日生活的努力,持续拓展着史料的来源;新出现的金石学就是一个显著的例子。尼布尔在他的罗马史研究中,早已经开创性地使用了铭文。伯克在他的希腊史研究中,也使用到了希腊铭文。特奥多尔·莫姆森则在之后大大增进了有关罗马铭文的知识。历史著述必须建立在对史料的批判性利用的基础上,这种做法并非起源于兰克,但他将之变成了一项原则;这项原则驱使着学生们纷纷前往档案馆,他们在那里能获得的,主要是一些有关政治、外交和法律的史料,当然,也有一些史料是有关社会事件的。不过,有关经济史、文化史、艺术史,以及宗教史的很多史料,则很难在国家档案馆里见到。这种情形与那一时期对宏大政治议题的专注一起,对科学史学这一领域造成了损害。此外,从档案馆回来之后,这些历史学家还发现,在坚持学术准则并力求面面俱到的前提下,历史叙事就会变得很难有文采。有些天才历史学家依然能吸引大量的读者,那些平庸之辈,就只能写写乏人问津的著作了。

在新的史学研究方法之下,中世纪史的面貌也发生了巨大变化。在德国,档案馆里满是中世纪的档案,并且,当时有关民族精神(*Volksgeist*)

的浪漫主义想法甚是流行，于是，德国历史学家开始把光亮带给了中世纪；在这些历史学家看来，帝国的建立无疑显示了德意志精神的存在，他们要深入中世纪去探究这一民族精神。在法国，一些历史学家深入中世纪的历史中，去探寻自由的轨迹、第三等级的成长，以及国王们的角色。在英国，大家对于古典时代的兴趣依然浓厚，但也会时不时地关注一下中世纪。英国人对盎格鲁-萨克逊人和中世纪的关注，有着一个比较特别的语境，即，探究王权与议会之间似乎一直存在的斗争。在各个国家，人们都渴望通过收集、编辑和出版史料（见表 16 - 1），来抢救和保存本民族的历史痕迹。有关过去的浪漫主义-民族主义热情，让史料的编辑和出版工作完成得非常出色。学生们被训练去鉴别和利用史料，这项工作是在史学研讨班和一些特别的机构进行的，比如法国的宪章学院（Ecole des Chartes），基佐曾经推进过这家学院的发展，再比如奥地利历史研究所（Oesterreichisches Institut für Geschichtsforschung）。总而言之，中世纪研究这一时期繁荣了起来，其研究成果也深刻改变了我们对于西方历史的看法。

人们大声颂扬这种新式批判史学的成功，却不曾注意到，历史学已经到达了一个转折点。此时，人们认为历史知识是不断积累的，每一位学者都会做出一定的贡献，不过，那些研究方法尚未"完全成熟"的历史学家不在此列。这也就意味着，19 世纪早期之前的研究都是不可靠的，都必须以适当的方法"重做"。依照此时的标准，那些研究只能提供一些有关原始史料的信息，完全谈不上什么学术价值。结果，德国历史学家及其支持者们未曾预料到的情况出现了：之前的史学模式和历史著作，都渐渐丧失了学术价值和权威。吊诡的是，历史科学对过去的传统史学也有着同样的冲击，因为它倡导用自然科学的模式来解释人类现象。

一个年轻国家的史学研究。与 19 世纪的欧洲人一样，19 世纪的美国人对历史也很是热心。不过，两个大陆上史学努力的方向颇为不同。美国人也在整理出版史料，然而，它并不是在君主们的赞助下进行的，一群来自学术共同体的历史学者在推动这件事。美国各地大大小小的历史

第十六章 作为进步和国家阐释者的史学家(下)

表16-1 19世纪出版的重要史料集①

德意志地区	法国	英格兰
Monumenta Germaniae Historica Initiator: Baron Karl von Stein in 1819. Editors: Phase I-G. H. Pertz, J. F. Böhmer, G. Waitz, L. Bethmann, W. Wattenbach, R. Köpke, P. Jaffé. Phase II-G. Waitz, T. Mommsen, W. Sickel, W. von Giesebrecht, W. Wattenbach, E. Dümmler. Range: A. D. 500-1500. **Regesta** (of various emperors) from 1831 on: J. F. Böhmer, later J. Ficker (published from remaining documents and his own *Acta imperii selecta*). Range: 928-1399. **Fontes Rerum Germanicarum** Initiators/editors from 1843 on: J. F. Böhmer; P. Jaffé Range: Middle Ages.	Continuation of: ***Gallia Christiana*** Initiators: Maurists to 1816, then Institut de France/Académie des inscriptions et des belles lettres. Editor: B. Haréau (1816-1865). ***Recueil des historiens des Gaules et de la France*** Initiators: Maurists to French Revolution, then Académie des inscriptions et des belles lettres. Editor: Dom Brial. ***Collections des documents inedits sur l'histoire de France*** Initiators: F. Guizot (1830s) and Société de l'histoire de France whose members included A. Thiers, F. Mignet, F. Fauriel, P. de Barante, L. Delisle.	***Chronicles and Memorials of Great Britain and Ireland during the Middle Ages*** (= Rolls Series) Editors: H. Petrie suggested the idea and lobbied for it. Collected *Monumenta Historica Britannica* (1848) (extracts from pre-1066 sources). Next publications of administrative records by series of Record and State Papers Commissions beginning in 1838. Public Records Office established 1838 under Master of the Rolls (M. R.). 1857: beginning of Rolls Series Proper Initiators/editors: T. Hardy, F. Palgrave, J. S. Brewer, J. Stevenson, J. Romilly (M. R.); later, especially, W. Stubbs.

① 为更好地保留其中信息,这里选择将原表列出。——译者注

协会,承担起了收集、整理,以及出版原始史料的工作。首个历史协会1791年创建于马萨诸塞;到1860年时,美国就有一百多个这样的协会了。一些喜欢从事学术研究的企业家,在保存史料方面也做出了贡献,例如贾里德·斯帕克斯(Jared Sparks),他出版了五十七卷的史料,其中就包括华盛顿的文集。

值得注意,在美国建立和维持这些历史学会的,是律师、牧师、医生、教师,以及一些富有的绅士。他们对于美利坚这个新民族,对于它的稳步发展都甚为自豪。对于他们来说,美国的过往经历和未来命运非常清晰:美利坚合众国是神意创造出来的,在自由的力量与其对手的长期斗争中,美国就是自由理念的捍卫者,这是上帝决定的。过去留下来的历史痕迹,见证了这场斗争,因而需要被保存下来,以教导和激励后代美国人。因此,在出版这些史料的过程中,编辑们既要确保准确性,又要对史料抱有热忱。在美国人编辑史料的过程中,当时德国史学严谨的批判性编辑原则产生了不可估量的影响。以斯帕克斯为例,他毅然纠正了华盛顿文字中的语法、拼写和句子结构问题,因为此类编辑工作似乎不会对准确性产生影响,但可以使这些材料更好地被用于教导和激励用途。

大约从1870年开始,新式的文本编辑和解释准则,在一些大学的研究生历史课程上被教授。直到那时,历史在中学里的位置非常稳固,可是在大学中,地位尚未确立。1643年起,哈佛学院开始提供文明史(*Historia Civis*)课程;在那之后,各地的大学会时不时地开设一些独立的历史课程。例如,贾里德·斯帕克斯1830年代就在哈佛讲授美国革命史;1850年代,历史课程也出现在了密歇根大学。学院派史学从那时起才开始发展壮大起来。因此,在19世纪的大部分时间里,历史学在美国都不是一项大学里的专业事业,尽管它有着明确的教育目标:无论事关美国史、古代史,还是世界史,历史学家们既要提供相关的信息,也要教育民主制度下的公民。

第十七章

现代史学引言之一(1860—1914)

1870—1914年间的历史学,就好比是一片海,乍看之下似乎比较平静,不过这种平静正在日益被海面之下的汹涌暗流打破。表面上来看,史学的黄金时代一直持续到了第一次世界大战。历史学科在大学里的状况也不错,历史取径还渗透进了其他一些学科。此外,当时基本上尚未被毁坏的传统,帮忙维持了一种颇为自信的历史感。

这一时期,政治史、军事史、外交史著作源源不断地涌现,由此可以看出,当时已经陷入了民族国家的世界。此种类型的历史写作,既与当时的历史科学相称,也很好地服务着尚处于平衡状态的欧洲列强体系。德国与意大利实现了民族统一,法国确定了共和形式的政府,美国全国废除了奴隶制,英格兰继续行进在一个世界强国的道路上。它们都是兴高采烈的扩张主义者,似乎永远都会保持强大,好像也能让自身越来越多的公民过上越来越幸福的生活,并且,还可以让传统与革新达成一种稳定的和睦状态。不过,四种强大的力量——科学、工业化、大众的解放,与一个全球化世界的出现——早已经在重新塑造着人们的生活。史学也相应地受到了影响,因为,从18世纪起,它就越来越想在忽略现存传统的情况下重建过去。这也就意味着,历史学家必须构想出他们对于世界秩序的哲学解释,并且还要构建出他们用来发现这种秩序的方法。因此,随着有关这个世界的哲学解释的推陈出新,史学也就不可避免地受到了深刻的影响。传统施加于史学的限制消失了,历史解释开始变得不受约束;这当中的变化,复杂且难懂。

科学的影响。1880年时,科学已经声望显著了。很多学者也都因为一幅去魅化的世界景象而欣喜不已,在他们看来,这个世界不再有什么本质或精神实体了,只要通过科学方法就可以通往确定和永恒的真理。社会大众对于科学的产物——技术,也印象深刻,拥有了它就等于拥有了更多的食物、产品、健康、更舒适的生活,以及更大的社会流动性。所以,毫不奇怪,包括史学在内的各领域的学者,都觉得自己必须要迎头赶上,将科学用来探究自然界的态度与方法,用于探究人类世界的现象。史学家们也很快发现,要想将自然科学的模式应用于历史学,还必须对史学进行一番改造。这也就是说,他们不只是要接受自然科学的研究方法,还要接受它的基本世界观。对精确的科学实证主义的效仿也不是没有代价的,事实上,代价还非常高昂:历史学不再注重独特的历史现象及其独特的历史背景,转而开始关注那些具有普遍性且可以预测的现象和力量。于是,历史学家们放弃了非决定论,转身拥抱了决定论。这也就解释了,1914年之前的六十多年里,在那些准备接受这种转变的人——奥古斯特·孔德(Auguste Comte)、亨利·巴克尔(Henry Buckle)、伊波利特·泰纳(Hippolyte Taine)、卡尔·兰普雷希特(Karl Lamprecht),以及一些美国历史学家——与那些反对将史学统一于科学的人之间,争论为什么会变得愈加激烈。大体说来,那一时期的大部分历史学家都是反对者,他们认为,19世纪前期发展出来的那些方法,就已经能够确保史学的科学地位。在他们看来,正如乔治·特里维廉(George M. Trevelyan)所言,将历史学变成一门科学的想法,即使不是异想天开,也是非常有害的。

在1880年代,甚至德国学者也日渐意识到了德国历史科学不稳定的处境,之所以会这样,是因为兰克的继承们舍弃了这位大师在他的体系中融入的哲学和神学元素。不过,兰克的体系曾经是非常有说服力的,因为它将形式、方法,与稳定的、源自神意的已知世界秩序,以及作为神圣世界与世俗世界中介的理念,很好地调和在了一起。这些学者也明白,历史学家有责任去重建过去,不过他们可以利用的工具只剩下现代版本的博学传统与叙述形式了,然而这一重建的任务已经不能再回避思索这个世

第十七章 现代史学引言之一(1860—1914)

界的特性,特别是有关人类现象的那些特性。在古代和中世纪,历史研究的目的有限,方法也很是简单;到了现代,历史学家们有了重建过去的远大抱负,而且这种重建还独立于,甚至是经常有悖于历史学家所处社会的传统看法,这项工作也不可避免地会要求一套非常复杂的方法论和认识论体系。自身就深陷各种传统观点(例如成见)的历史学家,不得不以史料为基础,从零开始重建这个世界,重建一种有关这个世界的哲学解释,以取代传统的看法。可是,随后大量新观点的层出不穷,又不可避免地冲击了史学的可信度,这又引发了一场致力于摆脱相对主义幽灵的艰苦斗争。当然,实证主义的历史学家并没有陷入这种麻烦,因为他们坚定地相信这个世界的特性,也坚定地相信自己的研究方法。

实证主义的历史学家非常信赖兰克、牛顿、孔德,以及达尔文等人建立起来的有关这个世界的"科学"解释;在他们看来,历史研究的困难之处,仅在于如何使用恰当的科学方法。这些历史学家对于现存传统的立场并不是非常明确。他们中大多数人受雇于公共机构,通常不会谈及,也不会想到,科学既没有祖国也没有文化偏好。他们也坚持,甚至还去证实民族的传统与启蒙时期的进步观。

工业时代揭示了历史上的"真正力量"。在许多西方国家,机械时代在几个世纪之前就已经开始了。不过,只是到了 19 世纪下半叶,工业化才以前所未有的速度和规模展开,并引发了大量影响深远的变革。工厂和城市同步发展起来;相应的城市化使大量人口从乡村转移到城镇,其规模令著名的日耳曼人大迁徙相形见绌。这些移民对工业的力量抱有信心,认定它会带给大家更美好的生活。长时间的辛苦工作与低工资带来的艰辛和痛苦非常真实,可整体状况的改善也很真实;大家都相信,自己所处社会的富裕程度会稳步增长,普通民众也可以从中分得一杯羹。到 19 世纪中期时,少数德国历史学家已经非常重视经济活动了,他们因而建立起了经济史,不过,他们还是坚定地认为,经济力量与其他各种力量在共同发挥着作用。这些人的克制被卡尔·马克思突破了;在黑格尔的启发之下,他构建起了一种宏大的历史理论。批评家们指出,这一理论严格的决定论,以及对"终结历史"的完美的最后阶段的预测,使得它对于现存的社会秩序,对于实证主义的研究,对于有关这个世界的准确历史认知,都是非常具有破坏性的。19世纪末,有些人试图修正和演绎马克思的历史理论,以将其调整得能适应生活的全部。

19世纪后期的非马克思主义经济学研究,则完全将历史因素排除在考虑之外。当时,经济学正作为一门科学迅速崛起,它假定了纯粹理性的经济人(homo oeconomicus)的存在,假定了不随时间变化的机制的存在,还将经济领域从其他一切人类现象中孤立了出来。这些才是它的学科基础,而非历史。由于马克思主义者与后起经济学家的叛变,经济史这一领域长期比较衰弱;不过,随后出现的很多史学著作都断定,经济力量是一种主导性的力量,尤其是一些美国"新史学"派的著作。

史学叙事中的大众。欧洲的产业工人发现了马克思主义的号召力,不过,他们迈向平等的脚步是由其他因素推动的:他们的绝对数量、受教育程度的提高、向城市的聚集,以及一些志在消除贫困的社会团体的努力。19世纪末,大众时代来临了,可历史学家对此并没有什么准备。直到那时,农民和工人都很少受到史书的关注。他们只是一种不具名的存在,生老病死、繁衍劳作。他们起身造反或陷于灾害时,才会偶尔被史家们记上几笔。即便是19世纪的历史学家,当他们提及"人民"时,通常指的也是一个独特的共同体——民族;民族主义的史学著作里肯定和谈论的就是民族。事实上,历史学家也难以触及"普通民众"的故事,因为他们翻阅的史料,基本上都是些外交、政治和军事记录。毫无疑问,在1914年以前,西方各国的大多数史学家,都是既有秩序的支持者,他们对一般大众抱有戒心。因此,制度史研究的是社会角色、规则,以及凝聚社会的各种习俗。只有马克思主义者,将产业工人颂扬为资本主义社会的伟大对立面,并预言他们将会彻底变革资本主义社会。可是,正统的马克思主义依然将普通民众视为一个集体,只是赋予了它一些不同寻常的特征。1914年之前的几十年中,只有少数史家尝试过针对大众的实证主义研究。约翰·格林(John Green)著名的《英国人民史》,只不过是用文化史

第十七章 现代史学引言之一(1860—1914)

替代了政治和军事史。第一部民主取向的史书,出现在进步主义时期的美国;它也是一部"新史学"著作。

高奏凯歌的西方及其世界史书写。1522 年起,人们就已经确定地球是圆的了,可直到 19 世纪,一个全球化的世界才成为日常生活的组成部分。撰写世界史的需求,似乎也应该因此而越来越强烈。不过,事实并非如此。实际上,只要西方列强的国旗还在亚非各地飘扬,只要它们大致还属于欧洲的附庸,这些地区基本上就只会出现在殖民史或帝国史当中。对于马克思主义者来说,世界史很是简单明了,它就是一种放大了的欧洲经验,沿着既定的发展过程,迈向永恒的社会主义-共产主义阶段。基督教学者此时也已经无力再撰写世界史,神学受到的那些批评以及实证主义的考古学,已经让基督教传统普世史的很多重要环节不再可信。那些希望基于人类生活与世界的新景象撰写世界史的人,也未能获得成功。达尔文主义为世界历史发展模式,提供了一种普遍性的进化论暗示。将人类视为一种纯生物群体的看法,沦落为种族主义史学的基础;"适者生存"的观念,则被一些史学家用来为帝国主义扩张辩护。还有一些历史学家,他们仅是针对各地的文明进行了一些比较研究,不曾考虑过有关统一的世界史的问题。总而言之,当其权势处于顶峰的时候,西方文化并未致力于把握或分析世界史,曾经进行的一些尝试也含糊不清、问题重重。现在有些历史学家可能会认为,这种情形反映了当时史料基础的薄弱。不过,欧洲人的这种得意洋洋并未持续太久,很快就会有史学家要开始描述西方的衰落了。

第十八章

历史与对一种统一科学的追求

一 孔德的呼吁和相关回应

孔德的愿景。不久以前,孔多塞设想过一个满是和平、融洽和幸福的未来,那时的人类世界不会再有迷信的行为,也不会再有落伍的习惯。到了1830年代,奥古斯特·孔德(Auguste Comte)开始渴望实现一种新的秩序,它重新定义了历史的进程,并将孔多塞的想象替换成了一套系统的理论。这样做的孔德,年轻时排斥过家庭,反对过君主制,还抛弃了上帝;他那时接受的是克劳德·昂利·德·圣西门(Claude Henri de Saint-Simon)的社会改革理想。

孔德在他的《实证哲学教程》(*Course of Positive Philosophy*)中宣称,人类世界的伟大变革即将来临。当然,与当时的很多人相似,孔德这里谈及的人类世界,实际上指的是欧洲人的西方,因为"西方各国拥有独特的能力,可以充当人性演进的剧场"。① 这种紧要的演进必定是历史的核心主题;与之相比,个体的民族并不怎么重要,它们的民族精神或政治、军事活动也不怎么重要,都无法成为历史的核心主题;个体亦是如此,"确切

---

① *The Essential Comte*, ed. S. Andreski, trans. and annotated M. Clarke (New York, 1974), p. 205.

说来,个体只不过是一种抽象概念"。①

人性的演进是由人类集体心智的进化推动的,后者遵循着一种三阶段式的模式;此种想法的雏形早就出现在杜尔哥和圣西门那里了,只是没有被明确地表达出来。孔德的特别之处来自于他的信念,他相信,在他所处的时代,人类心智的发展已经经过了前两个阶段,正处在第三个也是最后一个阶段的开端(见表18-1)。在这一阶段,人类心智的全部潜能将会得到完美的实现,因而也会出现一种完全不同的社会、政治和文化。那时,科学将会遵照支配各种现象的法则来组织人类生活;而此类法则已经通过感官经验的归纳,以实证主义的风格确立了下来。甚至是有关各种社会现象的考察工作,现在也被托付给了一种实证主义的社会科学——社会学;相应地,这一学科的各种见解,也有助于保障社会的和谐与稳定。后来,孔德对这一情形不再那么有把握了,他甚至推广自己的"人性教"(religion of humanity)来填补传统信仰和习惯的消失所留下的空白。

表18-1 孔德的历史三阶段

	神学阶段	形而上学阶段	实证主义阶段
	──────时间──────→		
什么引起了集体心智的变化?	由于各要素之间的不协调而引发的内部发展(例如拜物教、多神论和一神论)。	由于各要素之间的不协调而引发的内部发展(例如,从未成功地将私心置于心智的控制之下)。	各要素之间达到完全的协调状态——不再有进一步的发展。
起点与终点	世界之初(第一次突变)	路德(第二次突变)	法国大革命与工业进展(第三次突变)
	路德(自然神论和无神论的突破)	法国大革命与工业进展	没有终点

---

① A. Comte, *Cours de Philosophie Positive*, ed. E. Littre, 6 vols. (Paris, 1864), 6:590.

(续　表)

	神学阶段	形而上学阶段	实证主义阶段
	←——————————时间——————————→		
各种事件是如何被解释的？	通过上帝的意志	通过自然法则	通过实证主义哲学；它在弄清各种现象之间的关系时，拒绝了绝对论、本质论和目的论（例如，继承法和方差律）。
变化的根本特征	一切思想、情感力量和科学，在这两个阶段成型。		一切知识分子的努力都必定变为实证主义的，包括对人类现象的思考：参见孔德的新社会学。

在孔德生活的那个时代，很少有人关心他这一富有创见的体系，具体到历史学家这个群体来说，更是没什么人对他的体系感兴趣。这些人更喜欢他们自己研究历史的方法；而且，他们也应该能够看出，孔德并未在第三个时代给他们留下什么位置，因为那时已经不再有任何发展变化了。孔德本人读过的史书不多，可他倒是毫不犹豫地批评他同时代的史学家，"只是在毫无章法地堆砌史实，撰写的书根本不应该被称作史书"。① 在孔德看来，史学家们尚未晓得，"历史评价只有一个目的，那就是展现我们已经建立起来的社会发展理论的实际情形与增长态势。"②人类过往经验的多样性，往往让历史学家们很是着迷，不过，它丝毫没有引起孔德的兴趣。在他那里，一个人必须将自己的分析限定于"最先进民族（peoples）的发展，及其如何避免了其他文明中心经历的那些偏离发展轨道的情形；出于某些原因，这些文明中心的发展演进停滞在了一种比较不完美

---

① *The Essential Comte*, p. 204.
② Ibid., p. 199.

第十八章　历史与对一种统一科学的追求

的阶段"。①伟大的个人、难解的事件,以及落后的民族,都不是历史应当记述的;真正的历史"不应该有人名存在,甚至民族的名称也不应该"。②此种历史将会专注于人类集体心智的发展,以及各种促进人类进步的动力。

巴克尔的回应。孔德留给后人的,不仅是一幅三阶段式的进步图景,还有一种适合实证主义阶段的哲学:实证主义。它要求所有的知识都基于直接观察到的现象,所有的科学努力都为了寻找支配现象的一般法则。既然只有感官经验才作数,唯心主义的整个体系也就崩塌了;上帝、理念、唯一性、觉知(Ahnen),等等一切,都不再有什么意义了。只有实证主义的方法才能产生足够可靠的知识,只有这些知识才能用来指导有关人类生活改造的工作;因此,观察、探索规则性、归纳研究结果,以及构建法则,必定是各门类科学的任务。此时,人们不再期待由曾经非常强势的哲学传递知识,求知这件事情也变得简单起来,只要应用的方法和路径得当即可。在实证主义者们看来,19世纪末的史学实践与进步的步调明显不一致。一方面,史学的研究对象是过去的事件,这本身就与实证主义的直接观察原则不符;另一方面,史学家们追求的并非一般性的见解与法则,这就更不符合实证主义的要求了。如果史学家们不想只是充当无关紧要的角色,他们就只能以某种方式,在精神上和实践中都变成实证主义者。

英国史学家亨利·托马斯·巴克尔(Henry Thomas Buckle),秉承着孔德的精神,出版了一部史学著作:《英格兰文明史》(History of Civilization in England)。巴克尔的这部著作并没有最终完成,其前两卷分别出版于1856年和1861年;不过,它仍在敦促着史学家们不要再撰写政治编年史,而是要将自己的精力用在"追寻科学、文学、艺术、技术的进步,以及……人们生活习惯与条件的改善"。③ 同样重要的是,他们必须抛弃这样一种观点:"在人类事务中,有一些神秘或神圣的东西存在;它们是我

---

① *The Essential Comte*, p.199.
② Ibid., p.203.
③ H. T. Buckle, *History of Civilization in England* (New York;London, 1934), p.1.

们的研究所无法触及的,它们在未来的变化过程也是我们永远都无法获知的。"① 历史学家应该效仿自然科学家,努力去发现那些影响人类生活的固有法则。他们之所以能够取得成功是因为,人类行为并没有受到形而上力量的影响,也并没有与自然现象区别开来,它们"只是内部现象与外部现象碰撞的结果"。② 对后者才可能进行科学的分析,尤其是以下四种塑造文明的事物:气候、食物、土壤,以及综合的自然面貌。

巴克尔与孔德也存在着同样的问题;他们一方面断言必须使用实证主义的方法进行研究,一方面又推测存在着一种泛心灵的整体性发展,两者之间是不协调的,因为后者并不能达到探寻真相的实证主义原则。不过,巴克尔还是做了一个大胆的尝试,尝试解释为什么迎来科学时代的是欧洲,而不是其他地区。在他看来,原因就在于欧洲独特的气候、土壤和构造。一旦欧洲人的心智有能力发现自然现象背后的法则,那一心智就可以利用它们来掌握人类的命运,进步也就成为不可避免的了。历史学家们现在必须与进步保持步调一致,并且,以实证主义的观点去看待历史学;这也就是意味着,他们必须放弃描述性与道德驯化式的史学,仿照自然科学的成功模式来打造新式的史学。如果他们不这样做的话,肯定会在公众的视野中消失。大体说来,英国历史学家对巴克尔的观点不感兴趣,只有威廉·爱德华·莱基(William Edward Lecky),以及后来的约翰·巴格内尔·伯里(John Bagnell Bury)例外;不过,美国的"科学"历史学家中倒是有不少人支持巴克尔的观点。

法国的实证主义史学家。在他自己的国家,孔德唤起了各式各样的回应。与巴克尔相似的法国人是伊波利特·泰纳(Hippolyte Taine)。自年轻的时候起,泰纳就是一名无神论者,他后来诉诸科学来填补因为形而上学的缺失而造成的空白;对于他来说,过去一点都不神秘。它完全可以得到解释,只需要先依据经验证据查清各种事实,再确定各种或各组事实

---

① H. T. Buckle, *History of Civilization in England* (New York; London, 1934), p. 6.
② Ibid., p. 26.

第十八章　历史与对一种统一科学的追求

之间的确切关系即可。他很是赞赏德国历史学家的批判方法，因为，他看到那些方法弄清了他看重的那些事实。不过，与德国人不同的是，泰纳拒绝承认超验事物的存在，也拒绝承认独特现象的概念；他希望超越单纯的事实积累，达成一般性的归纳，甚至是归纳出普遍性的法则。为了达成这种目标，他从动物学、生理学，以及当时尚处于萌芽中的心理学那里，借鉴了很多模式和概念。不过，尽管泰纳有时会把历史说成是"应用了心理学的力学"、数学和物理学，也认为它具有这些学科特有的可测量关系，可这种看法并没有对他的著作产生多少影响。泰纳更想做的并非量化与评估，而是尽可能精确地展现出一个民族的"灵魂"，是如何被环境（地理状况）与种族（一个模糊的生物学概念）塑造出来的。与这两种力量相比，时刻（一时的情势）的重要性要低得多。当然，泰纳这里谈到的"灵魂"，与基督教的同名概念完全是两码事。它指代的只是一种生理和心理特征的复合体；泰纳也是从这种角度来看待一些道德观念的，例如，他将正义视为一些心理因素的独特累积。没有任何事物能超越自然的限制。至于说普遍性的法则，泰纳并没有什么发现。

其他一些对孔德的回应，比较不容易看清其实证主义的属性；例如来自尼玛·德尼斯·菲斯泰尔·德·库朗热（Numa Denys Fustel de Coulanges）的回应，他坚持的是"档案实证主义"，根本无意在历史中发现普遍法则。还是一名年轻学者时，库朗热便在其《古代城邦》（*The Ancient City*，1864）中，比较了希腊和罗马的城市，并大胆地对宗教的发展和影响进行了归纳。不过，他后来开始认定，历史学可以很好地服务于法兰西，这只需要它保持为一门有关事实的科学，并且舍弃一切归纳做法、形而上学和爱国主义；泰纳说这话时正值1870—1871年的爱国主义浪潮期间。库朗热还在他的《法国古代政治制度史》（*History of the Political Institutions of Ancient France*）中主张，对于重建过去的工作而言，档案中没有记载的就是不存在的；如果

一个人想要在重建过去方面取得成功的话，那他就只能去耐心

地研究每个时代留存下来的文稿和档案。任何其他手段都不可能让我们远离当下的事物,摆脱自身偏好或成见的妨碍,去较为准确地想象先前各时代的人们的生活情形。①

偏见无法动摇菲斯泰尔·德·库朗热,他决定既不"赞扬也不贬低法国古代的制度。我只是想将它们描述出来,并指明他们的发展状况"。② 因此,库朗热才会告诉他的学生们,在他讲课时说话的不是他,而是历史自身。

库朗热的"科学"历史模式,非常接近一批学者-政治家的想法;他们对1870—1871年的失败深感震惊,变得非常渴望去效仿德国的先例。他们的目标是从一些业余爱好者和文人手中拿到史学的控制权;那些人在法兰西公学院和索邦大学做着一些颇为激动人心的讲座,可那些教育机构并没有正式的课程,也不会举行考试,更没有史学研讨班,简而言之,那里不存在任何现代意义上的学术训练。巴黎高等师范学院(École normale Supérieure)倒是有此类学术训练,不过,历史在那里深受文学与古典理念的影响。1868年,拿破仑三世的公共教育部长维克多·迪吕伊(Victor Duruy),创办了高等研究实践学院(École pratique des hautes études);那时,一些向往德国模式的史学家进入了这家教育机构,他们将会改革法国的史学研究。当时,高等研究实践学院共有四个学部,历史和语文学部即为其中之一。不久之后,里面就尽是些受过德国式训练的学者了,他们也开始着手将研讨班引入历史教学中,并将史学视为一门有着自己独特方法的技艺。在这之后,法国出现了第一本史学期刊《历史评论》(Revue historique, 1876),各地的档案馆开始有组织地对外开放,不少档案集得到了编辑出版,大量专题性的研究也相继问世。尽管欧内斯特·

---

① N. D. Fustel de Coulanges, *Histoire des institutions politiques de l'ancienne France*, ed. C. Jullian, 6 vols. (Paris, 1891), 1:xi. Quoted in F. Stem, *Varieties of History* (New York, 1956), p.188.

② Ibid.

第十八章 历史与对一种统一科学的追求

拉维斯（Ernest Lavisse）抱怨说，高度专业化的专著出版得太多了，不过，法兰西精神与科学精神那时似乎在有关过去的研究中统一了起来。

这场变革的里程碑是一本很有影响力的方法论手册：《历史研究导论》（*An Introduction to the Study of History*，1898），其作者是查尔斯·朗格卢瓦（Charles V. Langlois）和查尔斯·塞尼奥博斯（Charles Seignobos）。在这本手册中，档案被赞颂为过往之事的仅有体现；它还认定，只有通过档案才能触及过往之事。在档案被一份一份地研究过之后，事实自然会被一个一个地搞清，最终，也就可以进行一些归纳了。不过，有关对历史进行归纳的可能性与可取性，这两位作者持有不同的看法。朗格卢瓦是在宪章学院接受的训练，践行着真相的苦行主义，强调档案分析与事实发现，并尽可能少地进行归纳。上述手册问世三年之后，塞尼奥博斯又出版了一本方法论著作，他在这本书中冒险将归纳的做法推至更远。当时，塞尼奥博斯甚为得意，因为他看到流行的意见偏向了他的一边。

供法国历史科学借鉴的德国模式，总是会招致一些强烈的反对；这一方面是因为其中蕴含的德国唯心主义元素，另一方面是因为它起源于德国。这种潜在的反对态度，助力埃米尔·涂尔干（Emile Durkheim）将孔德的社会学从晦暗不明中解救了出来，并将之建设成为一门有关人类群体的新学科，这也赋予了社会学一个法国起源。对于这门新学科来说非常重要的是，它将"社会事实"（social facts）视为一种独立自存的现象，而非仅仅是个人行为的产物。此外，也必须搞清并考察此类事实，因为只有这样才能知晓那些有大范围影响的力量，而它们才是社会运行中真正重要的东西（the *idées directrices*）。所有这些，使因果分析的重要性超过了描述与叙述，使一般的重要性超过了独特与个体，使可以直接观察的现在的重要性超过了无法观察的过去，使掌握社会规律的重要性超过了沉思社会现实。涂尔干本人甚是尊重历史学家们的创造性想象，并没有一笔勾销历史学存在的价值，不过，他将历史学降为社会学的辅助学科，为后者发现、考证和提供原始材料，供社会学家进行归纳总结。毫不奇怪，历史学家们很快就拒绝了这一角色，他们并不想只是充当事实的提供者。

查尔斯·朗格卢瓦断言,注重独特与个体的历史科学,完全是一门独立的学科。其他人,包括朗格卢瓦曾经的合作者塞尼奥博斯在内,试图通过让史学路径成为其主要的方法,来"征服"这门新兴的社会科学。毕竟,社会学研究的每一个现象都已是过去的现象了;严格说来,现在是不可能被分析的。

因为这次冲突,出现了两种十分不同的研究人类现象的路径,它们也都宣称自己是"科学的"。在世纪之交,哲学家亨利·贝尔(Henri Berr)试图在两个学科之间建起桥梁,不过他本人还是站在了历史学的一侧。贝尔为自己的论证选定的出发点是,人们长期以来一直渴望整体性的分析,换句话说,人们长期渴望看到最为完整的过去,渴望得到有关过去的恰当解释。此种概括性的归纳既不可能来自大量专著,也不可能来自旧式的历史哲学。在一个将"科学"作为口号的时代,一种可以被接受的整体性分析,只能由秉持实证主义的历史学家来完成。社会学家尽管使用的也是实证主义的方法,可他们无法实现此事,因为他们分析的仅是人类生活的社会层面。贝尔呼吁一种综合性的历史,那些赞同他这种想法的人,在他的综合史中心和《综合史评论》(*Revue de Synthése Historique*,1900)中找到了帮助,后者后来发展成了一本有关知识综合的国际性期刊。此外,还有一批学者,也是为了达成一种综合史,出版了一部百卷本的人类演化史。贝尔提出的那些治史理念,就隐藏在这些学术努力的背后,也预示着年鉴学派在后来的出现,它们是:多学科学者的合作;相信历史科学可以超越单纯的事实搜集,发展成一种综合性的分析;假定现实是有秩序的,它遵循着一些规则,但不存在决定论,在贝尔那里,这些规则来自一位"非人格化的上帝";不承认伟大人物是决定性的历史角色,更偏好同一的人(*homme même*/the anonymous human)这种想法;不再过度关注个人的动机,因为这种关注导向的是一种肤浅的、事件取向的历史书写(*histoire historisante*)。

二 德国人和英国人对实证主义挑战的回应

德罗伊森对巴克尔和兰克的回答。约翰·古斯塔夫·德罗伊森(Johann Gustav Droysen)撰写古代史著作时还比较年轻,他那时候就已经在处理理论性的问题了。例如,他将亚历山大大帝之死到罗马征服之间的希腊史,革新性地从"希腊化"(Hellenism)的角度加以解释。他对于理论的迷恋后来延续了下来,尽管他自己很是关注普鲁士与德国的统一;这种迷恋让他得出了如此见解:"没有一门科学学科像历史学这样,还需要走上很长的一段距离,才能实现理论上的自证、界定和建构。"①1857年,德罗伊森开始讲授"史学"(史学方法论)课程,一直持续了25年;他后来还出版了自己的讲稿。

德罗伊森敏锐地意识到了自然科学的进展、成功,以及与日俱增的声望。他还了解到自然科学对德国历史学家有关人类生活和世界的看法的剧烈挑战。因此,德罗伊森兴致勃勃地撰写了一篇书评,评论了巴克尔当时新出版的著作,这篇书评就发表在德国《历史杂志》(*Historische Zeitschrift*)上。② 然而,他远非身穿铠甲、手持利剑来保护兰克学派圣杯的骑士。在他同代的历史学家中,几乎只有德罗伊森研究过兰克史学的理论架构,并且发现其中多有不足。他并不认可兰克学派认为史学家应该从事的事情:保护过去的遗迹,主要是档案;批判性地对它们加以考查;然后,觉知(Ahnen)局部并将其综合成一个整体,以此来反映一种超验的事实。在这样的观点之下,历史学家们完全远离了眼下的生活,他们所做的是利用最为纯粹的方法,重建起被认为是关于过去的客观事实。这种观点强调的是挖掘史实,而非解释历史。后来,当后兰克时代的兰克派历

---

① J. G. Droysen, *Briefwechsel*, ed. R. Hübner, 2 vols. (Berlin: Leipzig, 1979), 2:976.

② J. G. Droysen, "Die Erhebung der Geschichte zum Rang einer Wissenschaft", *Historische Zeitschrift*, 9 (1863):1-22.

史学家们不再强调超验的事物时，兰克史学也就只剩下了一套批判性的研究方法，而不再有什么理论体系了。

在德罗伊森看来，历史学家的著述就是一种创作。在放弃了超验的因素（上帝、理念）之后，德罗伊森认为所有的史学著作都源自历史学家们的遭遇，他们自己的生活也是被过去的因素（风俗、制度、习惯、所处社会的思维方式，连同过去的物质遗存——档案、遗迹，等等）塑造出来的。正是从这些遭遇中，产生出了有关过去的再创造；毫无疑问，这种再创造是站在今天的立场上进行的。假定一个静态的过去，并且用遗存（*Überreste*）加以证实的重建，无论是用兰克的方法，还是用实证主义者的方法，都是不可能实现的。兰克派学者试图通过批判性的客观研究，准确地瞥见过去与现在的事实（说到底其实是一种超验的事实）；实证主义者想要做的则是解释这个世界，他们这样做时所采用的方法，迫使他们将自然、才智和道德，视为一个井然有序的世界的特征。在对巴克尔著作的评论中，德罗伊森反对将家庭、国家与民族归为自然现象，他认为这会剥夺它们的道德属性和作用。将道德淹没在自然之中，或者，将它与超验的东西联系起来，都是错误的。相反，伦理构成了生活中一个相对独立且高级的领域，研究家庭、国家、法律、政治、经济、思想和艺术的历史学家，都必须明白这一点。无论是这个世界，还是用于解释它的那些方法，都不应该被嵌入巴克尔那套统一的实证主义模具。

兰普雷希特的争论。1878年，著名的科学家杜波依斯-雷蒙德（Du Bois-Reymond），呼吁德国历史学家重视自然科学得出的、作为它们自身指导方针的法则。化学家、物理学家，以及生物学家，此时也纷纷卷入了历史写作。最让他们感到疑惑的，是历史变化的根本原因；他们给出的解释多种多样，诸如能源利用的水平、土壤耗竭的程度和种族混合的状况，都在其列。这些业余爱好者让专业史家颇为烦恼，不过，真正引起争论的是卡尔·兰普雷希特（Karl Lamprecht），一名专业的历史学家。1891年，兰普雷希特引发了一场激烈的论战；他那十二卷本的《德国史》（*German History*），满是对当时德国史学的哲学与方法论基础的挑战。

第十八章 历史与对一种统一科学的追求

兰普雷希特拒绝了兰克研究历史的方法,因为它并没有给实证意义上的因果关系留下空间。在兰克那里,理念是超验的力量,不受因果关系的束缚,因而,它们塑造和影响的一切都是独特且唯一的。在兰普雷希特看来,这样的历史是荒谬的,它陷入了只能描述个体现象的境地,也因而无法让研究深入下去。与此相对,他提出了一种专注于集体现象(至少是典型现象)的史学;它探究的是现象的内在和本质特征,并且利用一种实证主义的方法,或者说,经验主义的方法,来解释历史。

兰普雷希特明确认定,心理方面的力量才是历史上的基本力量。不过,它们源自每个民族(nation)的集体心理,而非源自个人心理的奇特力量。由此,德国史也就变成了一项有关德意志民族灵魂(Volksseele)随时代变化之表现的分析。历史学必须变成集体心理学。只有到了那时,历史学家们才会发现德国发展的钥匙,这是第一步;接下来,通过比较史学,发现支配一切民族发展的模式、力量和规则的钥匙。当然,这种史学不再会只是研究政治和军事史,它还会处理人类文化的方方面面。

兰普雷希特在那些本身就在研究集体现象的史学家中发现了支持者;其中包括经济与社会史家古斯塔夫·施莫勒(Gustav Schmoller)、维尔纳·桑巴特(Werner Sombart),以及文化史家库尔特·布莱雷希(Kurt Breysig)。不过,兰普雷希特的大多数同事,尤其是格奥尔格·冯·贝洛(Georg von Below)和弗里德里希·迈内克(Friedrich Meinecke),则迅速发声强烈反对他的方法。他们的反对主要是源于哲学层面的严重分歧,与政治因素、思维惰性或嫉妒心理关系不大。大多数德国历史学家都赞同兰普雷希特的批评,不过,他们还是依照传统的方式撰写历史,而不愿去尝试兰普雷希特推动的史学实验。1904年圣路易斯世博会期间,兰普雷希特在美国发现了一群更为热心的听众;在那里,一些美国历史学家发现,他的科学志愿与他们自己的很是一致。不过,兰普雷希特在美国并没有产生多大影响。

重新界定历史主义。 德罗伊森对德国历史科学的修正,以及兰普雷希特的争论,标志着德国历史主义一个更大的危机。这两人对德国史学的挑战,或是被视而不见,或是被群起攻之,总而言之,很快就被平息掉了;不过,在19世纪末,兰克学派的知识结构,还是越来越不受欢迎了。高奏凯歌的自然科学,与它们在哲学上的代表——实证主义,使得形而上的体系再也无力去探求非形而上的真相了。工业革命的余波撼动了传统的政治和社会秩序,德国的现实政治则拒绝接受兰克有关国家的唯心主义观念。除此之外,德国历史科学自产生之初,便陷入了一个悖论当中。在19世纪早期,史学家们劝说其他领域的学者,从历史的角度处理所有问题;他们因此让史学取得了巨大的成功,赢得了巨大的声望。可是,盛行的历史主义要求史学家要平等地对待每个时期,并且还要保持每个个体或群体的独特性,换句话说,要求他们按照每个时期自身的情形对之加以解释。如此一来,人类世界的景象就充满了自发的变化,且不停地变来变去了。19世纪早期,这种景象还不那么令人烦恼,因为,那时他们声称在一切变化的背后,还存在着永恒和绝对的意义,而这种意义或是来自于神意,或是来自于运转中的"世界精神",甚至是来自于浪漫主义构想下的民族(nation)。然而,一方面,这些观念不断受到来自外界的挑战;另一方面,后来的德国历史学家也倾向于忽视,或是不愿意接受19世纪初德国史学的宗教或意识形态基础。以格奥尔格·魏茨(Georg Waitz)为例,这位兰克学派的历史学家,完全不信任一切哲学层面的推测。在他看来,历史学家绝不能脱离档案进行思考,需要他们做的是考证史实,而非诠释历史。德罗伊森早就意识到,这种态度使得后兰克史学失去了理论基础,仅留存了一套方法论:档案实证主义。它传递的真相似乎可信,因为它潜在的基本原则是不做探讨。此种态度被庄严地写入了那时的标准方法论手册——恩斯特·伯恩海姆(Ernst Bernheim)的《史学方法教科书》(*Lehrbuch der historischen Methode*, 1889);不过,伯恩海姆对于史料的来源范围,对于解释的解释限度,有着更为大胆的界定。1900年前后,兰克史学曾一度复兴,马克斯·伦茨(Max Lenz)和埃里希·马尔克斯(Erich Marcks)那时的声望很高;不过,兰克学派在这一时期避开了棘手的理论争论。这一时期出现的著作,重申了兰克的批判性方法、大国均势

第十八章 历史与对一种统一科学的追求

观念,以及重视外交事务的主张;不过,它们没怎么涉及兰克的宗教和神学预设。最后是哲学家与一名社会科学家,解决了历史学的理论难题。

这项任务非常明确,可处理起来却异常困难。人类现象中的变化性和连续性,需要以一种特定的方式统一起来,既能从中发现普遍有效的历史真相,同时又能坚持:个人的独特性,以及他们相对于自然或一种无所不包的事物的独立性;万事万物持续不断地变动,包括历史学家和他们的发现在内;总结归纳和规律法则并不恰当;一种脱离了形而上学的史学。

1883—1910年间,最开始系统性地尝试建立一种史学新理论的,是威廉·狄尔泰(Wilhelm Dilthey)和威廉·温德尔班德(Wilhelm Windelband)。狄尔泰本人很是敬重科学取得的成就,可他并不认为人类现象的世界类似于原子和力学的世界,他还主张,在所有的研究中都要严格区分主体和客体。狄尔泰发现,人类领域中的一些要素,在自然界并不存在,例如:意图、目标和目的,以及它们引导下的行为。这些要素从名称上看,似乎属于形而上的领域,可在狄尔泰看来,它们跟形而上没有任何关联。它们并不能通往或打开一种隐藏的事实,因为狄尔泰的人类世界是独立自存的,不曾给上帝或世界精神留有一扇进入的门。因此,当狄尔泰论及**精神**(Geist)时,他更多是指英文中的"mind",而非"spirit"。

自然现象、人类现象,包括精神世界,都是生活的组成部分;生活是一个动态的整体,它无所不包。前后相承的现象是联系在一起的,因为现在"一方面包含着过去,一方面孕育着未来";此外,同时代的现象也在互相影响。历史学家正是在这种互相关联的背景中,考察人类的行为及其结果。那些只是简单地观察、计算、评估和发现规则性,继而希望构建出法则的历史学家,总是会陷于失败。他们的方法适合于自然的必然世界,而非人类的自由世界;他们无法利用那些方法来掌握人类世界的复杂进程,意图、目标和目的在其中塑造了人类的行为。要想掌握这个进程,唯一的途径是理解(Verstehen),也只有通过这一途径,才能与过去的人感同身受,才能明白他们的行为背后的意图和动机。历史学家可以做到这件事,他们这样做时可以利用人类心智的外在表现,诸如:其目前的状态、艺术作品、宗教,以及语言。举例说来,将哥特式教堂作为一种文化"档案"而进行的分析,必须变为一种对导致和影响其产生的动机与理念的再体验。那些只是从"外面"(以实证主义的方式)观察世界的历史学家,注定无法获得太多的认知。"我们解释自然界,我们理解人类世界,它是一个心智的世界。"①因此,狄尔泰将历史学归入了人文学科(Geisteswissenschaften),此类学科处理的是人类心智的创造物。

  接下来出现了一种新看法:生活在永不停息地匆匆向前。"在一个无限的序列中,事物的每个给定状态都会骤然发生变化,因为,释放现有能量到活动中的需求永远无法被满足,追求各式各样满足感的欲望也永远无法被满足。"②每个时代都会根据相对稳定的世界观(Weltanschauungen),构造出一些鲜活且多样的关键形态。不过,世界观并不是稳定不变的,新的世界观也在不断涌现,取代先前出现的那些。历史著作,作为对过去的解释,也在遭受着同样的命运;历史真相同样失去了坚实的基础。这种相对主义让狄尔泰颇为苦恼,他已经开始着手撰写一部历史理性批判,以与康德的《纯粹理性批判》(Critique of Pure Reason)相对应。狄尔泰希望可以为历史知识发现康德为现象知识发现的东西:永恒的理解范畴。在他看来,单单是它们就可以给予历史知识以稳定的依靠。可是,狄尔泰什么也没有发现,没什么能适合他界定的那个世界。他也无法求助于赫尔德和兰克持有的那种信念:尽管那些时代都消失在过往的迷雾当中,可它们都拥有着同等的价值,因为它们与上帝都是等距离的。狄尔泰将绝对真理,甚至是各种归纳总结,都驱逐出了他的体系;在他那里,就只剩下永不止息、漫无目的的变化了,而且,一切历史洞见从根本上讲也都是相对的了。狄尔泰将史学界定为一种非实证主义路径下的科学——这样做的代价高昂。相对主义,及其潜在的虚无主义趋势,让狄尔泰苦恼不

---

 ① W. Dilthey, *Die Geistige Welt* (Leipzig: Berlin, 1924), p. 144.
 ② W. Dilthey, *Pattern and Meaning in History: Thoughts on History and Society*, ed. and intro. by H. P. Rickman (New York, 1962), pp. 157-158.

第十八章 历史与对一种统一科学的追求

已。有时他会逃进一种模糊的个人信念:生活在不断地迈向"更高"的水平;有时他会躲进另一种想法:"明白一切历史现象与每一种人类或社会情境在历史上的有限性,意识到各种观点或信仰的相对性,是朝向人类解放的最后一步。"①

相对主义的幽灵继续萦绕在德国学者的心头。哲学家威廉·温德尔班德,注意到了实证主义者如何将它们的哲学,变成了恰当科学方法的守护者,也注意到了历史主义者把它降低到了哲学史中。当他在面对着心理学理论和相对主义(包括新历史主义)理论重建科学体系时,温德尔班德发现历史学跟哲学一样,都需要一套新的价值结构,这样才能达到有效力的真相。康德为理解自然现象而确定下来的范畴,令温德尔班德非常着迷。与狄尔泰相似,他在历史学中寻找此类范畴,并在价值观念中找到了它们。历史真相又成为可能的了,史学也可以重新位列科学了。人类所面对的事实可以用两种方式来研究:凭借普遍性的方法得到一般性的见解,典型代表为自然科学(*Naturwissenschaften*);凭借具体性的方法理解独特的个体事件,典型代表为人文学科(*Geisteswissenschaften*)。此外,具体性的方法可以将普遍性的方法用作辅助工具,并且不必屈服于后者的普遍性目标。1914 年之前的数十年,历史学与其他各门社会科学一直在探寻合适的理论框架,相关的讨论也一直在持续。历史学孜孜以求的,是一个历史真相的立足之地——绝对的参照点。可在马克斯·韦伯(Max Weber)看来,这种努力注定是徒劳的。西方的经验主义与相关反思,逐渐使绝对真理的达成变为不可能的了。现代西方人不得不生活在一个被他们自己移除了一切神秘感和绝对性的世界中。从这时起,他们只能获得片面的认知,永远不可能掌握人类处境的全部。现代知识分子必须接受这种不圆满或可怕的状况。那么,学者,特别是历史学家,能否在一个永远不会揭示其内在运作的世界中发现秩序呢?

历史学家甚至不应去尝试构建有关过去的宏大解释体系,他们应当

---

① W. Dilthey, *Gesammelte Schriften* (Leipzig, 1927), 7:290.

满足于研究局部和细节。此外,当历史学家在谈及国家、民族、社会、新教、资本主义,以及类似术语时,他们也必须明白,这些术语指代的是一些假定的概念,它们是作为分析工具被建构出来的,只存在于历史学家的头脑中,在现实中没有对应的实体。只有个人和他们的活动是实在的,因此,历史学家与社会科学家必须去分析动机、目标,以及个人行为的结果。为了分析此种因果关联,韦伯给出了他那著名的方法论贡献:"理想型"(ideal type)。韦伯提出的"理想型",并不是一个真实存在的实体的特征的复合物,它是由历史学家利用一些特征构建起来的,被用来试着匹配过去的个体行为。在这个过程中,它有可能是一种很有用的工具,也有可能不是;可不管是哪种情况,一旦其充当分析工具的角色完成,"理想型"就消失不见了:如果它成功了的话,会继续"存活于"由它促成的见解中——历史学家穿过过去的迷雾建立起来的秩序的片段;如果它失败了的话,就会被丢弃在一边。

包括历史学在内的社会科学,不可能为我们做得太多。它们能够解释小范围的事实;揭示出行为是如何发生的;展示出引导着行为的价值取向;以及,指出特定行为的实际或可能后果。不过,韦伯本人有时也会放弃他对于神秘领域的冷静和超然态度,违背自己的禁令去主张一种现实中固有的大规模秩序。韦伯对以下前景深感忧虑:世界正不可避免地逐渐落入一些巨大官僚机构的治理之下,它们以效率为目标去支持非个人和理性化的生产与管理。韦伯的忧虑实际上暗示着一种客观普遍的发展,这明显违背了他本人的方法论;那种方法论基于的,是对社会的完全个人主义的解释。因为韦伯,历史学家与他们考察的价值领域彻底区分了开来。他们是完全超然的观察者,在一幅模糊不清的图景中解释清楚了一小块区域。理论和实践被区分开来了;这是区别人类世界与自然世界的代价,也是继续主张坚持一些"科学"准则的代价。

英国式的辩论。自从科学作为一种新式的世界观现身以来,它在英格兰就不乏支持者;大体说来,经验主义的风格与英格兰文化很是投缘。不过,在19世纪末和20世纪初,英国学者并没有急着按照实证主义的方

第十八章 历史与对一种统一科学的追求

案,将历史学改造成一门科学,事实上,他们甚至连这种可能性都不曾认真讨论过。在那里,历史学继续在为英国社会服务,英国此时依然是一个世界强国,民主化进程也在稳步推进;历史学依旧在教导着公众人物——政治家、律师,或普通的绅士。史学著作有些是为了提供政治和道德训诫,以发挥其公共教育的功能;有些则生动有趣地记述了一些历史故事,这单纯是为了给大家提供消遣。它们既没有为了追求客观性去有意地与这个世界保持距离,也没有依照自然科学珍视的方式去探求普遍的法则。

对"科学"史学抱有好感的历史学家,觉得其在德国后兰克时代的版本,就已经完全足够了。它既使英国史学变得更加精确,又没有从根本上改变英国史学的特征。威廉·斯塔布斯依然在满怀热忱地撰写英国史的题目,只是更加注重以"考证过的史实"为基础。塞缪尔·罗森·加德纳(Samuel Rawson Gardiner)呼吁"纯粹的过去",他的意思是,过去可以被现在利用,但不能被现在涂脂抹粉。阿克顿勋爵(Lord Acton)的天主教背景,驱使着他为了自己的研究前往慕尼黑,在那里,他学习到了第一手的德国史学方法。兰克那"如实直书"的呼吁,在阿克顿给予其《剑桥近代史》(Cambridge Modern History)的合作者们的建议中再度出现:

> 撰稿者们会明白,我们正在撰写的这套书,采取的并不是英国人的立场;我们成功的标志是,这套书不仅要让法国人和英国人感到满意,还要让德国人和荷兰人等感到满意;此外,还不能让人感到这套书各部分的风格是不同的,不能让人觉察到牛津主教在哪里停下了笔,又是其他哪位史学家在他停下笔的地方继续写了下去。①

也正是这位阿克顿勋爵,不断地在告诫大家:历史学不能仅仅被当作事实的积累,也不能仅仅被用来指出历史进程中的道德目标;后者碰巧见

---

① Lord Acton, *Essays in the Liberal Interpretation of History*, ed. W. H. McNeill (Chicago, 1967), p.399.

证了生命的宗教维度。尽管他也承认邪恶力量的存在,尤其是权力在使人腐败方面的趋势,但他还是认为人类自由的进程在历史上确有其事。

之后在1903年,约翰·巴格诺尔·伯里(John Bagnall Bury)在就任剑桥大学钦定教授时,发表了一篇著名的以"历史科学"为题的就职演说。他当时赞美了德国批判学派的科学特征,肯定了实证主义者对历史归纳的呼吁,并且,不赞成历史学被用作一种文学体裁或是道德导师。他在演说的最后说道,历史就是"一门科学,不多也不少";这也在某种程度上使他成为了史学实证主义的倡导者。当然,这样说可能对他要求太高了;不过,在20世纪初,伯里是唯一参与到西方有关史学性质的激烈讨论中的英国人。

事实上,伯里也不太可能成为实证主义的倡导者。这是因为,尽管他希望达成大规模的总结归纳,甚至希望得出普遍的法则,可他作为一名古代史学者得到的教训,又是要严格限制此种总结归纳。结果,一方面,他断言了统一性、因果关系,甚至是法则(规律)在历史上的存在;另一方面,他又否定相关归纳具有约束效力或预测能力。此外,即便是这种三心二意的决定论,也只适用于大规模的问题,例如文化或经济力量,而不能用来分析个人或小规模的事件。在后一种情形当中,历史学家会遇到很多充满偶然性的状况,例如,"克利奥帕特拉的鼻子的形状",影响到了恺撒的一生。伯里试图通过不把偶然事件视为偶然发生的,而是将它们视为一些因果链条(它们自身都是完全可以解释清楚的,例如恺撒和克里奥佩特拉两人个人发展的因果链条)的突然交叉导致的事件,来消除偶然事件对于归纳性的历史的威胁。必须将"偶然"一词从史学词汇表中抹掉。

不过,伯里也明白,即便是批判性地严审事实,并将之罗列在一起,也并不能构成历史。历史学家必须解释过去;可是,不可避免的情形是,不同的时代与不同的个人,给出的解释肯定有所不同。伯里试图从相对主义的威胁中拯救历史,他希望史学仍可以被视为一门科学,为此他肯定了进步的观念,这种有关历史的观念,就像是"埃及魔法师的蛇","它不断

第十八章 历史与对一种统一科学的追求

地在吞食着自己的尾巴,也不断地在进行着自我更新;在这种观念之下,历史上的每个时代都献身给了更为强大的下一个时代,它们的价值因而也就不再是相对的了,它们都变成了人类进步道路上的里程碑"。① 一段较长的时间过后,真相也会浮出水面。

很少有英国历史学家对实证主义的史学感兴趣,也很少有英国历史学家对有关理论和方法论的讨论感兴趣。孔德、巴克尔和伯里的准则,与影响力依然强大的英国史学传统相悖。冲突的关键并不是特定的事项,例如对历史法则的探求,而是实证主义史学对于一种"一般性"的人类历史,甚至是一种"根本性"的人类历史的兴趣,以及与此兴趣相关的一切。英国史学还交织着很多独特的英国式看法:有关人类是怎么回事的看法,有关人类如何行动的看法,以及,有关研究历史之目的的看法。威廉·斯塔布斯将德国历史科学引入英国(休谟会将之称为向研究界的"黑暗产业"的屈服)时,并没有碰到多少阻碍。那种类型的历史科学,还能允许阿克顿勋爵将历史理解为自由的故事,允许约翰·西利爵士(Sir John Seeley)将历史视为治国理政的教程。不过,大体上说,大多数英国历史学家都站在了查尔斯·奥曼(Charles Oman)的一边,他是著名的军事史家,也是威廉·斯塔布斯的仰慕者;奥曼以一种非常典型的方式断言:学习史学方法最好的途径,还是阅读史学名家的著作;科学化的史学是不可能的;受过良好教育的业余爱好者仍然是最好的历史学家。英国公众肯定会同意他这种看法。由阿克顿勋爵担任主编,由诸多著名史学家撰稿的《剑桥近代史》,在销量上远比不过乔治·特里维廉(George M. Trevelyan)的《英格兰史》(*History of England*, 1926)。后者捍卫了英格兰的传统,仍将史学写作视为一门技艺。特里维廉在写作方面的才智与魅力,应该会让他的舅姥爷托马斯·麦考莱很是欣喜;他还非常坦白地表示,自己对于历史学成为一门科学没有信心。历史永远不会发现任何因果规律,也

---

① J. B. Bury, "The Science of History", *Selected Essays of J. B. Bury*, ed. Harold Temperley (Cambridge, 1930), p.18.

永远不会有任何直接效用,例如"发明蒸汽机,或点亮城镇,或治愈癌症"。如果一个历史学家想知道恺撒都做了些什么,他又为什么那样去做,因果规律就不应该是他的首要关注。"简而言之,历史的价值不是科学性。它真正的价值是教育性";最能实现此种价值的还是叙事史。① 针对当时英国那些受过"德国化的权威"的训练,不将历史视为"故事""福音"或教化民众的手段,而是将之视为一门科学的历史学家,特里维廉这样说道:"他们都忽略了,历史学家最为重要的技能,归根究底是叙事的艺术。"②

在历史学这个领域,"科学"一词的意义有限。

> 历史有三种不同的职责,一是科学的,二是想象的或思辨的,三是文学的。我们这里所说的科学职责非常重要,它是一名称职的历史学家必须要认真履行的,不过,我们还需要对其加一些限定,它指的是事实的积累与证据的甄别。③

在特里维廉看来,有关历史"不多也不少"恰好是一门科学的观点,只不过是一种错觉,也因而很是危险。年长一些的伯里,也失去了赋予历史真实以科学性的希望,此事当时很是令他吃惊。伯里不得不承认"科学"史学是行不通的。"我不认为摆脱偏见是可能的,也不认为这没有问题。如果谁写作时可以完全摆脱偏见,那他撰写出来的著作肯定乏味无趣。"④

三 特有的美国式综合

到19世纪中期时,历史已经在美国人的生活中占据了一个相当重要的地位;而且,美利坚民族与它的历史学家也似乎是一体的。表面上来看,

---

① G. M. Trevelyan, *Clio, A Muse* (London, 1913), p. 143.
② Ibid., p. 148.
③ Ibid., p. 160.
④ J. B. Bury, *Selected Essays*, p. 70.

第十八章　历史与对一种统一科学的追求

这种关系基本上保持到了 19 世纪后期;那时,美国公众和历史学家开始迷恋上了科学,或者说是开始敬畏科学,尽管很少有人确切知晓这一术语意味着什么。别的不说,这种迷恋催生出了大量的科学协会。历史学家们也跟随这种潮流,在 1884 年时创建美国历史协会(American Historical Association)。在它的 41 位创始人中,有不少是受过德国教育的学院派历史学家,其中就包括赫伯特·巴克斯特·亚当斯(Herbert Baxter Adams)。这些历史学家对于德国式的"科学史学"很是热情,也要求在寻找和批判利用史料方面对青年历史学者进行严格的训练。这种训练最终会导致旧式的业余史家与新式的专业史家之间的分裂。不过,这是数年以后的事情了,暂时他们还不会分道扬镳,正如史学的学术属性还会与它的公共责任共存一样;公共责任要求史学去培养民主国家的公民,捍卫美国的理想。鉴于历史依旧扮演着公共教育的角色,加上赫伯特·亚当斯的出色游说,国会甚至为美国历史协会颁发了执照。就亚当斯而言,虽说他视自己为"科学"历史学家,可他依然强调历史学的公共角色。

大分裂。业余史家和专业史家的结合曾一度奏效。美国历史协会的主席、会员,以及参加相关会议的论文报告人,既有来自业余史家群体的,也有来自专业史家群体的,而后者基本上都是大学教授。不过,当这一协会使利奥波德·冯·兰克成为它第一位也是唯一一位荣誉会员时,它最终的命运就已经确定了。对于"文学"或"传奇"式历史的轻蔑在逐年增长,对于业余史家的轻视也在逐年增长,非学院派历史学家不可避免地失去了影响力。1895 年,《美国历史评论》(American Historical Review)创刊,其创始人是一些甚为热情的"科学"历史学家;二十年后,它成了美国历史协会的官方刊物。1907 年,富兰克林·詹姆森(J. Franklin Jameson),"科学"历史学家们的一位领袖,成为了美国历史协会的主席;此时,这个协会向一个学院派历史学家的组织的转型几近完成。业余史家们再也不受待见,只得纷纷退出。

这一大分裂促成了密西西比河谷历史协会(Mississippi Valley Historical Association)在 1907 年的建立,这是一项对抗行动。那时它的目的是促进学院派历史学家与地方和各州历史学家的合作。后者对于被新起专业历史学家粗暴推开甚为不满,毕竟长期以来是他们在收集、保护和出版史料,是他们凝聚起了公众对于历史的兴趣。

不过,学院派历史学家的力量增长迅速,历史学在各大学也繁荣起来,尤其是在一些新出现的研究生课程当中。1857年,密歇根大学任命安德鲁·怀特(Andrew D. White)担任其第一位历史学教授,安德鲁接下来将他在德国受到的史学训练引入了密歇根大学。1876年起,赫伯特·亚当斯在约翰·霍普金斯大学,系统性地将研讨班应用于史学工作者的训练。正是亚当斯的学生,构成了富兰克林·詹姆森的"卓越博士军团"的先锋;也正是这个"卓越博士军团",在美国传播了新式的史学理念。他们的专著很快就将主导历史类书籍的出版。从两套美国史著作的作者名单中,就能很明显地看到史学写作的专业化趋势。贾斯汀·温莎主编的八卷本的《叙述与批判的美国史》(Narrative and Critical History of America)于1884—1889年出版,其34位作者中只有2位是学院派的历史学家;艾伯特·布什内尔·哈特(Albert Bushnell Hart)主编的《美利坚民族》(American Nation),在1904—1907年间出版,其24位作者中有21位是受过学院派训练的历史学家。

此时,历史学拥有非常出色的图书馆系统,馆藏丰富且便于访问的档案馆体系,大量的出版机会,以及在各大学的坚实基础,它的地位似乎很是稳固。与业余史家的分裂,以及在某种程度上与一种直接的公共目标的分离,只是让少数专业史家感到困扰。当越来越多的历史学教授,开设越来越多的史学课程,给越来越多的学生上课时,为什么还要担心历史学家隔绝于美国人的生活之外呢?早在1909年时,美国历史协会就有大约2700名会员。其中只有少数人为当时的情形而忧心:专业史学完全成为了一项学院派的事业,史学专著只是专业人士写给专业人士看的,史学圈子里瞧不上取悦公众的写作方式。这些专业史家不愿取悦的公众里就包括西奥多·罗斯福(Theodore Roosevelt),此人直言不讳地反对专业历史学家;在罗斯福看来,他们"出色地颠覆了肤浅",不过也变得越来越专注

第十八章　历史与对一种统一科学的追求

于对细枝末节的研究,他们"严重妨碍了那些正在成长的学生,妨碍了他们去抓住历史应该有的样子"。① 之后几年的情形,证明了罗斯福的担忧是合理的。美国史学不得不诉诸以下信念:基于认真详细的研究但通常枯燥乏味的专著,也有着与"文学式"史书同样的公共影响力;或者,为了实现一种纯粹的历史科学,历史学的公共角色完全可以被舍弃。不过,专业历史学家暂时还不用担心公共目标与历史科学之间的冲突,因为这一学科还处在其繁荣期。此外,还有一种情形也很快就会变得清晰起来:美国人对于史学性质和理论的态度,在不断模糊其公共目标与科学目标之间的界线;理论上来讲,两者是对立的。进步主义时期的"新史学"就展现出了这两个目标的混合。

暧昧代替冲突。1880年代起,欧洲大陆的历史学家在不断地思考:"历史是什么?"他们这是在为这一学科探寻一种恰当的哲学基础。美国历史学家也在思考,不过他们的问题更经常是:"历史是做什么的?"他们认同历史应该是一门科学,可是那时很多人根本不清楚"科学"一词的含义。对于他们中的大多数人而言,"科学"意味着德国式的历史学科(Geschichtswissenschaft):注重文字史料,注重证据基础,注重文本批评,注重档案馆,注重研讨班。早期很多有影响力的美国史学教授,都有着在德国留学的经验,他们都非常尊敬那里科学式的研究达到的水平,他们自己的大多数著作中也表现出了这份尊敬。不过,尽管非常钦佩德国历史科学,可他们并没有接受兰克著作中的宗教和哲学基础,事实上,它们那时在德国也被忽略掉了;他们也不喜欢兰克认为过去的一切事件和现象都是独特的,都需要依靠一种独特的直觉来加以理解的看法。美国的知识传统,不仅渗透着德国历史主义,还弥漫着自然法观念与进步观念,它还无法完全接受唯一性、独特性、自发性等概念。尽管在某种程度上接受了它们,美国历史学家也不像他们那时的德国同行那样,担心归纳式的方法会破坏历史学作为一门学科的完整性。正好相反,他们满心期待着,一旦历史

---

① J. G. Bishop, *Theodore Roosevelt and His Times*, 2 vols. (New York, 1920), 2:139-140.

学家们收集到了足够多的史实,便可以用各种规律来解释过去。不过,直到那时,大多数历史学家都会认同乔治·伯顿·亚当斯(George Burton Adams)的忠告:

> 征服一切未知的第一步,是最大限度地确立事实,并将之分门别类。为后人整理史料、考证史实,也许不是远大的抱负,不过我坚信,就我们的历史学领域而言,在今后相当长的一段时间内,更有价值的工作就是这种初步的工作,从事这种工作的人,也将对最终的历史科学或历史哲学,提供更多的助益,做出更大的贡献;相比而言,另外一些人的工作就渺小多了,他们经不住诱惑,试图在我们现阶段的知识水平上,去推测和发现支配社会的力量,或是去构建那些力量运作的法则。①

这种看法与后兰克派历史学家的态度基本一致,除了它不阻止未来的历史学家,在合适的时候进行"推测"或构建"法则"。这种态度使得美国史学始终向其他一些非兰克学派的思想敞开着大门,例如孔德、巴克尔、达尔文等人的思想。早在1860年时,巴克尔的著作就已经令一些学者着迷了,因为他以一种自然科学的方式来谈论历史。由科学家转行历史学家的约翰·威廉·德雷珀(John William Draper),试着考察了一下欧洲的知识史,书中满是法国启蒙思想家式的对于早期时代迷信行为的轻蔑,也满是对于理性之进步的骄傲。达尔文启发了更多的历史学家。对于小查尔斯·弗朗西斯·亚当斯(Charles Francis Adams Jr.)来说,达尔文用自己的进化论取代了摩西的宇宙观;他的弟弟亨利·布鲁克斯·亚当斯(Henry Brooks Adams)则表示:

---

① G. B. Adams, "History and the Philosophy of History", *American Historical Review* 14 (January, 1909):236.

第十八章　历史与对一种统一科学的追求

对于我们这些在 1857 年就读到巴克尔的《英格兰文明史》的第一卷,紧接着在 1859 年就读到《物种起源》,并且深刻感受到达尔文探索自然法则的热情的人来说,从未怀疑过历史学家应该循着他们的足迹,穷尽一切可能去创造出一门历史科学。①

不过,尽管年轻的亨利·亚当斯轻率地断言,"历史就应该成为一门科学,它就应该能够确立起历史规律",可美国历史学家们从未发现,或努力在历史上探寻过支配着人类事务的根本法则。② 对它们的迷恋以一种抽象的方式在美国持续了数十年,不过美国史学界这些年出现的专著,在这方面还是维持着保守和克制的态度。

美国史学独特的理论结构,解释了为什么美国从未经历一场兰普雷希特式的争论,从未出现过一场有关方法论的争论(Methodenstreit),也从未出现过任何发生在欧洲的其他理论争论,尽管卷入争论的那些欧洲思想流派都已经出现在美国了。在 1890 年代和 20 世纪初,美国历史学家根本没有心情卷入宏大的理论争辩。他们正在将他们的学科建设成一股强大且受尊敬的势力,他们中的很多人正准备充当即将到来的改革的年代的拥护者和教育者。即便"科学史学"还定义不清,它还是鼓舞了美国历史学家,并且给历史学增添了现代性的光环,在这种情况下,有什么必要去奋力澄清这一概念呢?因此,美国的"科学史学"能够容纳德国人的批判学术方法,能够容纳孔德派的实证主义,能够容纳达尔文主义者的进化论,还能够容纳传统的进步信念。这些理论要素之间的冲突,并没有造成多大困扰,因为 20 世纪初出现的"新史学"派历史学家,根本就不怎么关心历史知识的系统性结构,他们更多将历史视为一种在进步主义精神下建设新社会的工具。既然史学已经被用作一种工具了,那它在理论上的瑕疵也就无关紧要了。

---

① H. Adams, "The Tendency of History", *Annual Report of the AHA for* 1894, pp. 17-18.
② H. Adams, *History of the United States*, 9 vols. (New York, reprint 1962),9:222.

第十九章

经济力量的发现

一 一种观察过去的经济学视角

人类为了生存或享受,总是不得不去工作。他们之间也存在着永恒的分歧,那就是谁该弯下腰辛苦地去劳作,劳动成果又该怎样分配。从汉谟拉比到亚里士多德,再到托马斯·阿奎那(Thomas Aquinas),都曾对经济事务进行思考,不过,这些人的早期反思并未集中在经济活动的机制,而是专注于它们的道德方面,例如价格与工资的合理性。1300年以后,随着商业革命的开启,有关经济事务的分析,逐渐远离了它们的道德层面;成本和利润的计算变得更加精确;贪心、贪婪和自私,也逐渐变成了可以原谅的(因为它们对社会是有用的);此外还认识到了机械对生产的促进作用。最后,那些研究经济事务的人,尽管并不是那么明确地,但也开始将多样化的经济活动,视为一个独立自存的体系的组成部分;他们还认识到,工资、价格、生产、消费和贸易之间存在着一些特有的相互关系,而且,探究这些关系也不必诉诸道德层面的讨论。第一批这样探讨经济问题的理论家,是17、18世纪的重商主义者;在他们看来,一切经济活动的最高目标,就是尽可能多地获取贵金属;衡量一国财富的最高标准,就是它拥有的贵金属数量。重商主义者从这种假定出发,基于对有关贸易顺差、制造业、殖民地和保护主义之益处有意识的归纳和总结,演绎出了一整套经济政策;他们还认为,这些政策适用于所有的国家。不过,由于重

第十九章 经济力量的发现

商主义者总是在处理一个特定国家的问题,他们也就依然能够意识到,每个国家在过去与现在都有着独特的状况。重商主义者的后继者是重农主义者,后者接受了一个18世纪的观念:自然秩序是永恒的,他们还把一个国家的经济等同于一个循环的系统。在他们所言的系统中,农产品和较少量的矿产品流入经济体,经过一些加工环节后变身为消费品,金钱则反方向流动到生产者那里,以完成这一循环。这种循环系统即为任一经济体的自然秩序(换种说法,理想秩序)。在他们看来,经济状况过去的历史没有什么特别的价值,仅能提供一些有关经济循环运转情形的例子。重农学派有关经济体是一个独立自存的体系,且被一些普遍而永恒的机制支配着的看法,影响了亚当·斯密(Adam Smith)在《国富论》(*Inquiry into the Nature and Causes of the Wealth of Nations*,1776)中的研究。亚当·斯密和19世纪的古典经济学家,对于由供求关系调节的"纯粹"经济秩序甚是着迷。亚当·斯密对于经济进步的看法是:放任市场那只"看不见的手"去自由运作,人类应该在全球劳动分工的背景之下,最大效率地去利用资本、劳动力和土地,这样一来,经济事务也就会取得不断的进展了。在亚当·斯密那里,历史的价值也很有限,只不过是能提供一些不遵照自然规律就会陷于失败的例子。

古典经济学理论渗入了欧洲大陆,并在那里找到了自己的支持者:法国的让-巴蒂斯特·萨伊(Jean-Baptiste Say)与德国的约翰·海因里希·冯·杜能(Johan Heinrich von Thünen)。不过,在德意志地区,它遭遇了一种不友好的知识氛围;19世纪中期,它在那里引发了对于经济事务最初的系统性思考,这些思考是在历史脉络中进行的,此即所谓的经济史旧学派。这个学派的一些代表人物,强烈反对古典经济学的模型,在这一模型当中,孤立的个体只是根据自私且不变的经济动机行事,完全脱离了宗教、伦理和政治的影响;在他们看来,这种观点太过简单化了,也太过靠近永恒的法则了。德国人那时还是抱有强烈的浪漫主义想法,坚定地将集体视作个人不可或缺的一种框架;这也强化了他们对于古典经济学模型的敌意。对于德国经济史学家来说,经济活动的目标并非孤立个体的欲望得到最大限度的满足,而是整个民族(*Volk*)的福利。即便是个人财富积累得再多,也不必然等同于集体的繁荣。因此,对于人类生活的经济方面的恰当研究,不可能是对涉及自私、孤立个体的永恒且普遍之法则的分析,而应该是对一个特定民族历史上的经济活动和经济制度的某种给定情形的分析。正是因为这种主张,才使得经济史旧学派的史学著作大多都是描述性的。后来,这一学派的学者也开始进行一些归纳,为的是解决他们非常在乎的一个问题:经济发展。弗里德里希·李斯特(Friedrich List)首先意识到了德意志地区的首要问题是工业落后,作为补救措施,他提倡一种"教育性"(educational)的关税。李斯特强调了一种新观点:英国的工业化并不是一个独特的现象,那是各国经济都要经历的一个典型阶段。对于西方经济发展阶段的探索,使得威廉·罗舍尔(Wilhelm Roscher)指出了一系列先后承接的经济状态:渔猎经济;畜牧业;农业;农业和手工业的混合;最后,农业、手工业和商业的混合。布鲁诺·希尔德布兰德(Bruno Hildebrand)则看到了一种从物物交换经济到货币经济,再到信用经济的进步历程。对于他和罗舍尔来说,这些经济发展的原则对于所有民族都适用。不过,卡尔·克尼斯(Karl Knies)怀疑这些跨越独特国家框架的模式,他能够认可的仅是就一些相似性进行的跨国比较。

二 卡尔·马克思:泛经济化的史学

在迅速实现工业化的西方,人们对于经济事务的兴趣越来越强烈,对之感兴趣的人也越来越多;这种兴趣不可避免地会转化为一种有关人类生活的经济解释。卡尔·马克思就给出了这样一种经济解释;不过,促使他这样做的,并非对于工业的迷恋或钦佩,而是对于工业阴暗面的察觉:在19世纪中期刚刚形成的工业社会里,产业工人陷入了痛苦、悲伤、艰辛的境地当中。同样重要的是,马克思还受到了来自黑格尔的思想体系的重大影响。黑格尔的体系推动着他(以及他的伙伴弗里德里希·恩格斯)超越了撰写文章批评自己所见之不平等的状态;促使他创立了一种

第十九章 经济力量的发现

基于经济力量的宏大理论,这种理论不但能够解释一切历史,还可以为人类最终摆脱一切不平等的事业提供工具。这是一种新式的预言上帝之国的历史;当然,其中并没有上帝的位置。

马克思的世界是一个物质的世界,人类世界仅是其中最为复杂的一个部分。上帝、进步、绝对理念,或其他任何形而上的实体,都无法解释这一世界;它们都只是人类想象的产物。为了合理地解释人类世界,必须去研究人们是如何谋生的,他们生产的是什么产品,以及,他们是如何进行生产的。马克思将生产力的这些安排称为生产方式。生产方式塑造着人类生活的方方面面,它还支配着人类生活的每一种变化,它自身则不受任何外在于它的事物影响,它所受到的驱动力都来源于它自身。

每种生产方式都在人与人之间塑造了一套与之相对应的生产关系,例如谁拥有什么财产、拥有多少财产,尤其是谁占有生产资料。因此,当生产方式发生变化的时候,生产关系也会随之发生变化。"在获得新生产力的过程中,人们变革了自己的生产方式,在他们变革自己的生产方式即谋生方式的过程中,他们也会变革自己的一切社会关系。手推磨造就的是有封建领主的社会,蒸汽磨造就的是有工业资本家的社会。"① 在整个人类历史上,生产关系的变化总是滞后于生产力的变化,因为既得利益者总是在阻挡这些不可避免的变化。当新的生产方式与"旧"的生产关系相差太大时,暴力调整就出现了。社会的各个方面都要适应生产力的发展,任何抵抗最终都会归于失败,因为生活的任何方面都不可能独立于它的经济基础。

马克思尤为急切地去指责那些心怀幻想的人,指责他们将宗教、理念、艺术或哲学视作动态的力量,认为它们能带来变革;在马克思看来,这些现象仅仅是生产关系的反映,自身没有价值也无法产生价值,根本无力改变任何东西。由它们构成的上层建筑,自身也不具有活力或动力;它们只是经济基础的衍生物。尽管马克思本人并未明确表述过上层建筑与生

---

① K. Marx and F. Engels, *The Poverty of Philosophy* (New York, 1976), p.166.

产方式是怎样关联在一起的,可所有的马克思主义者还是认定,上层建筑是依附于生产方式的。

艺术、哲学、政治理念和宗教,这些东西一旦被界定为仅是现有生产方式及相关生产关系的反映,它们就与那些维持现状的人捆绑在一起了;那些人是生产资料的拥有者,他们被马克思称作剥削阶级或统治阶级。事实上,整个上层建筑都被马克思视为一种庞大的压迫工具,它直接针对的是那些致力于变革现有生产关系的人,他们的做法是顺应历史要求的,换种说法,他们是在按照生产力的要求变革生产方式。从这种角度来看,国家并非道德教化者(唯心主义的观点),也并非维护法律和秩序的仲裁者(自由主义的观点),而是剥削阶级维持剥削的工具。宗教也不涉及一种形而上的现实,它只是一些被创造出来并被加以维持的幻想,为的是让被剥削者安于现状;在马克思看来,宗教就是人民的精神鸦片。

源自生产方式的那些变化,尽管不受任何外力的影响,可也不是随机发生的,它们都遵循着一些不可避免的模式。一旦一种生产方式得到确立,它就完成了它的进程,换句话说,它会一直延续到它全部生产潜力耗尽之时。然而,在这一发展进程中,每种生产方式都唤起了对抗性的力量。它们是更优秀的生产工具或更合理的生产安排,从某一特定的时刻起,它们还会使旧的生产方式过时,例如,风磨为蒸汽磨铺好了道路,可最终又被蒸汽磨取代。这些变化先是导致了生产关系的相应变化,然后又造成了上层建筑的相应变化。历史是"生产力的持续进展,是各种社会势力的不断消亡,是各种思想观念的接连涌现;除了变动本身没有什么是不变的——死亡永恒(mors immortalis)"①,按照马克思的逻辑,这种状态要一直持续到事物的理想状态被创造出来。

个体的人只是变革的代理,他们不能开创变革,不能决定其进程,也不能设定其最终的目的。他们除了按照"经济发展逻辑"的指示执行变革外别无选择。个体的行为最应当被用来依照生产方式调整生产关系,

---

① K. Marx and F. Engels, *The Poverty of Philosophy* (New York, 1976), p. 166.

第十九章 经济力量的发现

而且,这种事情不经历冲突是无法完成的,因为每个社会都有对抗性的经济利益集团。所有建成的秩序内部都存在一种不可避免的斗争,因为每一种生产方式和以之为基础的社会,也制造出了自身的对立面;这种观念应该归功于黑格尔的辩证法。可是,在黑格尔的哲学中,相互对抗的是理念;在马克思的辩证唯物主义中,相互对抗的则是社会阶级。每一种生产方式都会创造出此类阶级,各个阶级的成员在生产关系中都占据着相似的位置。马克思在他自己的时代,辨别出了大地主阶级、半封建领主阶级、自由农场主阶级、佃农阶级、商人阶级,以及劳工阶级。不过,在每个时代的阶级斗争中,所有阶级都会分为两个相互对立的阵营:肯定现存秩序的阵营和否定现存秩序的阵营。胜利总是属于代表了下一代更高级生产形式的阶级。依照马克思的说法,至今为止已经经历了四个时期,它们都有着各自特有的生产方式(见表19-1)。

表 19-1　历史上的四种生产方式(卡尔·马克思)

时间	1 原始共产主义 (亚细亚生产方式)	2 古代奴隶制	3 中世纪封建制	4 资本主义	5 (尚未到来) 社会主义/共产主义
		第一次大变革		第二次大变革	
直接或间接的特征	不存在生产资料的私人所有制 财产共同拥有; 社会按"氏族"(大家族)组织; 野蛮时代的高级阶段,文明的开端; 合作性的秩序	基于奴隶制; 加工制造业; 商人阶级的兴起; 共同纽带的解体,劳动者被污名化	生产资料私人所有制 小手工业和小农业生产方式; 庄园与行会; 货币经济逐渐毁坏了秩序	城市/工业/资本的发现及其影响; 以工资劳动(劳动力成为商品)为基础的经济体,其中包含资本家和无产阶级之间的剧烈对抗	不存在生产资料的私人所有制 自身没有内部矛盾的阶段,因而也将永远持续

1848年,马克思和恩格斯预计,资本主义的崩溃就要来临,他们在《共产党宣言》中宣布了这一想法;他们的希望很快落空,不过,两人在之后的很多著作中继续陈述着自己的论断。现代的阶级斗争源自以下事

实:在资本主义社会,虽然工人成为了唯一的生产性力量,可他们获得的只是最低限度的报酬,而且,也没有得到应得的地位。工人们的生产只是在为数量越来越少的资本家增添财富,后者则积累起越来越大的资本;资本家现在面对着的是庞大、虚弱和贫困的无产阶级。不久,社会主义(之后是共产主义)就会被建立起来,或是通过和平的过渡,或是通过暴力的革命。尽管马克思在这个问题上态度有些矛盾,他还是指出了新社会将会出现的情形:"生产资料归联合起来的工人阶级占有,因此,工资劳动会被废除,资本会被废除,二者之间的关系也会被废除。"① 马克思认为,生产关系的这次重组,会带来一种没有内部矛盾的新秩序。一切生产资料的共同所有制,将会避免社会阶级的形成,也将会在生产方式(假定工业经济会永存)、生产关系和上层建筑之间,建立起一种永恒的、稳定的、完美的和谐。

那时没有了剥削者和被剥削者,也不会再有阶级斗争,上层建筑中之前充当压迫工具的那部分内容亦会消失。新社会是相互合作的个体组成的社会,不需要国家机构来管理生产和消费。在终极自由(无局限)的社会,商品将根据个人提出的需求进行分配,"生产时各尽其能,消费时各取所需"。② 人人都有稳定的幸福,宗教也没有了用处,并将逐渐消失。

难道个人不会出于贪婪或单纯的自私,违反完美社会的秩序吗? 在马克思看来,不会,因为他不承认个体是一种独立于集体性架构的单位。个体只不过代表着社会关系的交叉点。一旦这些社会关系根据新的社会现实,一种在逻辑上排除了贪婪和自私的社会现实,做出了相应的调整,个体也必定会自动变为一种"新式的存在"。在这一新社会中,只可能出现合作行为。

那种记述王朝、战争、条约,以及经济剥削的旧式历史,也将会终结。短期来说,历史学家可以遵照马克思主义的方式,重新书写大变革之前的

---

① K. Marx, *The Class Struggles in France* (1848-1850) (New York, 1934), p.10.

② K. Marx, *The Gotha Program* (New York, 1922), p.31.

第十九章 经济力量的发现

往事。在这个新的时代,历史学家可做的事情不多,也就是记录一下技术的进步、生产的增长,以及人们的幸福与美满。虽然还存在世代的更替,不过历史进程本身已经终止,历史的目标也已经达成。曾经被马克思定义为"无产阶级解放条件学说"的历史,也将实现它的宗旨。人类将会永远生活在自由、和平、幸福的状态中;或者,用其他术语来表述,人类的异化将会终结,时间的流逝也不再具有重要意义。

三 马克思之后的经济史

调整马克思。历史学教授并不怎么关注马克思的历史解释,只有少数其他领域的学者拾起了马克思主义的理论,或是对之加以阐述,或是对之加以批评。欧根·博姆-巴韦克(Eugen Bohm-Bawerk)曾与马克思主义者进行过一场激烈的争论,针对的是后者主张的一个重要论点:商品的价值取决于生产它所耗费的劳动。他坚持的是边际主义的观点,认为买方的心理机制决定了价值;这种观点将会流行于西方经济学,它注定会推翻马克思的劳动价值理论,而马克思主义者正是以这一理论为基础,主张了工人是唯一的生产者,马克思也是从这一理论出发,断定了资本主义的灭亡。马克斯·韦伯的很多著作,也挑战了马克思的社会思想和历史观点,例如,韦伯强调,资本主义起源于复杂的人类关系和观念,包括新教的伦理体系;最重要的是,他还强调,以价值为导向的个人行动,才是历史事件的真正塑造者。

另一方面,大批的劳工以及一些同情他们的知识分子,认为剩余价值、阶级、阶级斗争、剥削以及资本积累等概念,能够解释西方社会中劳工阶层面临的困境。这些团体将马克思的社会和历史理论,转化为社会主义政党的行动纲领。劳工大众只是满足于马克思主义的鼓舞;一些同情他们但也更加谨慎的知识分子,出于学者的习惯,也是为了使其在政治舞台上有更好的表现,再三地检查了马克思主义理论的准确性。很快,在作为群众运动纲领的马克思主义与作为学者研究的理论的马克思主义之间，出现了一种至今尚未被消除的紧张关系。前者要求一种对马克思主义信条的虔诚的、不容置疑的信仰，要求相信马克思的整个思想体系，包括辛劳和斗争的历史会随着资本主义的崩溃而终结这一许诺。另一方面，马克思主义的学者为了检查马克思主义的论点，需要让自己与马克思主义理论保持一定的距离。第一种观点是支持正统马克思主义的；少数马克思主义者持有的第二种观点，则是一种更为经验主义式的马克思主义。

1899年，爱德华·伯恩斯坦（Eduard Bernstein）呼吁对正统马克思主义做一些经验主义式的调整，因为资本主义比预想的更具适应能力和创新能力。在许多工业国，信贷规定、卡特尔和托拉斯改变了商业周期，工会组织通过社会改革缓解了社会冲突，此外，议会制度也使无产阶级获得了越来越大的影响力。所有这些都倾向于推迟资本主义社会内部阶级斗争的激化；如此一来，资本主义不可避免地行将崩溃这一信条，也就成了问题。伯恩斯坦提倡用通过不断的社会改革演变到社会主义，来取代资本主义骤然终结这一马克思主义的观点。他坦言："对于我来说，一般被称为社会主义的终极目标其实不重要，重要的是如何到达那里。"[1]这种渐进主义的建议也出现在让·饶勒斯（Jean Jaures）的著作中，他对严格的经济决定论也持有疑虑。

在忠实于马克思主义信条原文的拥护者那里，伯恩斯坦的观点引起了愤怒的驳斥，他还被他们贴上了"修正主义者"的标签。就马克思主义理论而言，伯恩斯坦不认可恩格斯的说法："正像达尔文发现有机界的发展规律一样，马克思发现了人类历史的发展规律。"[2]马克思主义不再是社会发展的终极宣言，而是变成了社会改革的工具。就马克思主义的政治实践而言，资本主义的崩溃是一个真实的、不可避免的、迫在眉睫的事件这一论断，已经遭到了诸多质疑；这侵蚀了大众获得解放的希望。面对

---

[1] E. Bernstein, *Evolutionary Socialism*, trans. E. C. Harvey (New York, 1961), p. 202.
[2] F. Engels, *Werke* (Berlin, 1962), 19:333.

第十九章 经济力量的发现

诸多问题和歧义,正统的马克思主义者并没有选择改变马克思(和恩格斯)的体系,他们转而进行了大量的研究,以澄清"马克思真正的意思是什么"。当他们偏离了马克思的原文时,他们将之称为解释,而不是改变。他们核心的历史信条,仍然是资本主义的崩溃;在他们看来,这一宏大事件将会终结人类漫长的史前时代,开启一种真正的人类史。卡尔·考茨基(Karl Kautsky)基本上是重申了马克思的观点;罗莎·卢森堡(Rosa Luxemburg)不断主张,要让无产阶级坚定决心;鲁道夫·希法亭(Rudolf Hilferding)强调,应该采取政治行动,而不能依赖自动的崩溃;奥地利的马克思主义者进行了一些细致的研究,不过最后还是支持了考茨基;格奥尔基·普列汉诺夫(Georgi Plekhanov)则完全忠实于马克思有关历史发展必然的学说,甚至是倡导在引入任何朝向社会主义的变革之前,先建立起一个资本主义——工业化的俄罗斯。

经济史及其问题。马克思主义甚至还影响到了非马克思主义的德国经济史新学派,尤其是这一学派最重要的学者,古斯塔夫·施莫勒。乍看之下,新学派的著作与旧学派的很是相似,都偏好研究经济制度与发展,而不是永恒的市场过程,都偏好探讨久远的过去,而不是新近的过去。不过,同样明显的是,新学派的研究更为老练;就施莫勒而言,很明显,他想用经济史来解决德国的社会政策困境:什么样的政策才能满足工人阶级对更公平待遇的要求,从而降低马克思主义的吸引力?施莫勒有关此种社会政策的最终建议,源自于他的经济史研究;他认为国家,而非市场或阶级,才是关键的实体。制定经济和社会政策时,不能将人视为理论上的经济人(homo oeconomicus)、抽象孤立的个体,或者是某一经济阶层的成员,应该将其视为一个国家的公民。与之相对应,经济政策的制定过程,必须参考本国史研究的成果,而不应参考理论模型。经济史表明,政治经济学(施莫勒仍称之为经济学)必须将有关伦理和正义的问题考虑在内,它们与市场和经济动机同样重要。以德国的情况而言,她的社会和经济问题只能通过霍亨索伦王朝传统领导下的国家性努力来解决。为了帮助实现这种解决方案,施莫勒和其他一些人创建了社会政策协会(Verein für Sozialpolitik，1872）；他们尽管被嘲笑为"讲台社会主义者"（*Katheder-sozialisten*），但还是说服俾斯麦制定出了工业化国家最早的社会计划，其中就包括健康和养老保险。

不过，这是新学派最后的辉煌。1880 年代，施莫勒卷入了一场方法论争论，那是一场有关经济学研究恰当方法的激烈讨论。施莫勒的史学路径与新古典主义者卡尔·门格（Carl Menger）的"纯"理论路径发生了冲突：一个强调历史的具体，一个强调抽象；一个依赖价格史，一个依赖价格理论；一个谈论的是过去真实的经济行为，一个谈论的是典型的经济行为；一个强调从描述性的历史中得出的教训，一个致力于构建具有普遍意义的理论模型。与大多数关于方法的讨论一样，这场方法论争论其实也是一场有关现实结构的辩论，只是此次涉及的是经济现实。并不是这场争论造成了经济理论与经济史的分离，它只是让早已经出现的分离明显了起来。当门格的追随者们将经济学的大门向心理学和数学开得更大时，二者之间的分歧就变得更大了；当然，导致分歧加大的还有他们对微观经济学的强调，他们在短期视野中以价格理论为中心，去研究公司、行业和家庭的经济行为。很少有人会去分析长期的经济变化，或是试图发现历史上的经济类型。经济学家们此时倾向于对永恒和典型的市场过程进行理论化，并由此更加靠近非历史的自然科学的理想。

美国——再次是特例。19 世纪晚期的美国，正处在从乡村社会向城镇工业化社会的快速转型中，对于经济事务的意识也在不断增强。在英格兰，类似的意识也促成了经济史在 1880 年代被大家接受。在那十年当中，威廉·坎宁安（William Cunningham）、威廉·阿什利（William J. Ashley）、索罗尔德·罗杰斯（J. E. Thorold Rogers），以及阿诺德·汤因比（Arnold Toynbee），都出版了有关英国经济史的重要著作，并且，这门学科也开始在一些学术机构中被讲授。尽管来自德国人的直接影响比较微弱，英国经济史学家的研究也是在一个类似的思想框架内进行的，包括：经济方面相对于人类生活其他方面的独立，国家是经济和社会改革的重要手段，经济发展是一种渐进式的演变，以及，经济变革居于核心地位。

第十九章　经济力量的发现

然而,不曾有方法论争论扰动过英国经济史学界;那里的经济理论家和经济史学家,都同样持有经验主义的态度。此种合作也主导了美国历史协会的第二次年会(1885),美国经济学协会(American Economic Association)就是在这次会议期间创建起来的;之后好些年,两个协会保持着共生的关系,经济史也逐渐繁荣起来。20世纪初,哈佛大学邀请威廉·阿什利去讲授经济史,卡耐基基金会也在策划一套美国经济史。经济事务也引起了"新史学"派历史学家的关注,他们那时正想将历史学的研究范围拓展到政治领域之外。

20世纪初,美国一些探寻塑造社会的"真正"力量的"新史学"派历史学家,将他们的注意力集中在了人类生活的经济方面。他们中有几个人甚至受到了马克思的理论的影响,不过那种理论的宏大哲学视野,并不适合美国务实的行动主义。埃德温·塞利格曼(Edwin R. A. Seligman),一位马克思的仰慕者,很好地阐述了一种关于马克思主义的温和立场:

> 作为一种普遍适用的哲学学说,"历史唯物主义"的理论可能无法再被成功地维护了。
>
> 不过,如果仅从其对历史进行经济解释来看,它断定经济因素在历史进程中有着极其重要的意义,并认为经济学研究必须要考虑到历史因素;从此种狭义上来讲,这一理论还是相当重要的,过去如此,现在也如此。①

秉持着"现实主义"的精神,塞利格曼也承认:"它[马克思的理论]教导我们到表面之下去探寻";在他看来,当时所有政治和外交史的研究都还停留在表面。②

不过,在美国,那些对过去进行经济学解释的人,也处在理论经济学

---

① E. R. A. Seligman, *The Economic Interpretation of History* (New York, 1902), pp. 159-160.
② Ibid., p. 163.

的主流之外。跟在欧洲一样,在美国,经济理论与经济史也已经分离了。当经济学家开始偏爱研究和处理永恒的模式,而不再关注经济史中错综复杂的偶然现象时,美国历史协会与美国经济学协会便分道扬镳了。索尔斯坦·维布伦(Thorstein Veblen)曾经试图阻止二者的分裂。他抨击新古典主义经济学家描述的经济世界的图景;其中有一位约翰·克拉克(John B. Clark),还曾经是他的老师。维布伦认定,根本不可能通过以下方式来理解一国的经济:将其抽象地视为一个各种力量处于平衡状态的体系,在这一体系中,人们被认为总是在理性地计算,而且,它也不会受到复杂社会变迁的影响。经济领域的抽象模型,不过是一种将其从真实的生活状况中孤立出来之后的人为简化。维布伦通过自己的分析,发现了以下降低生产率的典型现象:有闲阶级的浪费行为;商业行业自身引入的人为限制;消费者的非理性行为,例如,他们喜欢模仿他人并把自己的金钱浪费在奢侈性消费上。维布伦最具影响力的,是他对美国经济发展的整体看法。在他看来,美国的经济发展是由工业与商业的冲突主导的:工业基于工人的技艺,生产"真正"的价值,服务于普通民众的利益;商业满足的则是贪婪之心,它只是创造金钱至上的价值观,还密谋维持现状。维布伦预计,这一冲突将会在资本主义的崩溃中结束。

尽管"新史学"派的历史学家热衷于社会改革,但他们并没有急于投身经济史研究。从维布伦和马克思的著作中,他们主要借鉴了经济动机激起社会冲突的观点。这种观点启发了查尔斯·比尔德(Charles Beard);他的社会行动主义是由以下几个因素激起的:他的贵格会背景;世纪之交时的芝加哥之行;社会科学;以及,对费边社会主义的钦佩。1913年,比尔德将经济解释应用到了美国史研究中的一个著名题目。他的《美国宪法的经济解释》(*An Ecnomic Interpretation of the Constitution of the United States*,1913)挑战了传统的观点:宪法源自理论和经验的巧妙结合,源自肯定自由和限制自由之间的平衡,源自对过去和现在的智慧的掌握——就好像是全体人民出于对自由和秩序的渴望而创造出了宪法。比尔德拒绝一切涉及理想主义、智慧,以及天意(无论它来自于上帝,还

第十九章　经济力量的发现

是自由的进程)的讨论。有观点认为,真正民主的建立需要先消除工业社会;在比尔德看来,这种观点只不过是基于幻想的产物。只有对历史的经济解释,才能提供恰当的理解,来指引社会的民主化。它的基本信条告诉我们:

> 现代社会不可避免地存在着不同程度和种类的财产;政党的学说及其"显要人物"如何取决于各种财产的持有在持有者头脑中创造出的态度和看法;基于财产的阶级和集团划分是现代政府的基础;政治活动与宪法条文是这些相互竞争的利益的必然反映。①

美国宪法中就留有此种冲突的痕迹,冲突的一方是"一个民众的政党,它基于的是纸币和农业利益",冲突的另一方是"一个保守主义的政党,它以城镇为中心,主要基于金融、商业与个人财产的利益"。② 建国元勋们也代表着特定的财产利益,即那些流动资本所有者的利益,他们对于小土地所有者,对于"财产很少的大众",根本没有什么同情心。如果说是政治天才主导了共和国根本大法的起草,那这个过程也不断伴随着来自经济利益的影响。从这个角度来看,宪法就是一种保守的措施,它驯服了美国革命的精神;那场革命被比尔德视为一场激进的社会动乱。对藏身于崇高理念背后的经济动机(真正的支配力量)的怀疑,正是进步主义史学及其后继者的典型特征。它也会让"冲突"成为某些类型的社会史中关键性的解释概念。

---

① C. A. Beard, *An Economic Interpretation of the Constitution*(New York, 1913), pp. 15-16.
② Ibid., p. 292.

第二十章

历史学家遭遇大众

一 欢愉却黯淡的图景

在整个19世纪期间,"民众"被广为谈论,但这个词有多重含义。然而即使是那些明显以最广义的方式来使用这个词的人(如同浪漫主义者眼中的民族),也旨在改变现实中社会主体不能完全参与西方社会事务的状况:这些第四等级的成员主要是些缺乏教育、贫困潦倒的劳工。许多谈论"民众"的人,要么对这个群体没有界定,要么对此有自己的划分。在19世纪早期,工业化尚未完全发展起来,人们容易将民众这一概念断定为一个整体,进而忽视了对社会群体的划分。因此,兰克是在民族国家(nations)这个意义上来撰写民族历史(histories of Völker)的。当米什莱在颂扬为他所挚爱、对他有所启迪的民众时,在此意义上也与兰克十分接近。

> 于是我合上书本,尽力使自己置身于广大民众之中;这位孤寂的作家又再次来到群众中间,聆听他们的声音,记录他们的辞藻。他们完全是同一批人,只是在外表上有所变化;我的记忆并未欺骗我。因此我四处走动,向他们求教,聆听他们讲述自己的境遇,收集他们的言语,这些日常用语即使是在最杰出的作家那里也不是

第二十章 历史学家遭遇大众

总能找得见的。①

置身于民众是法国史学最高贵的特征：这是奉献的才能与舍身的能力。这些"一贫如洗之辈实则十分富有"，民众拥有他们自己的英雄主义。②他们构筑了法兰西的血肉之躯。托马斯·卡莱尔恰如米什莱一样迷恋民众，他更为明显地倾心于这些"无名无姓的引车卖浆者流"。他有点抽象地述及了对他们的敬畏。"民众的声音是伟大的；他们的心声要比他们的思想来得更为真实：一个人厕身于构筑当下世界的芸芸众生之间是最伟大之事。"③尽管卡莱尔希冀历史学家把真实的人类描绘成"鲜活生动、激情澎湃，并且是保有音容笑貌和活力的独特之人"④，但是至少在他的早期著作中，他所称道的普罗大众仍然不是那些反叛或通过激进改革要求获得公正的民众；而是那些和他们身处的社会依旧存有密切关联的人。这种和谐的景象并不能持久，因为在1800年代第四等级的成员十分真诚地要求平等，并且他们并不把当下视为一个和谐社会。他们最终令卡莱尔大失所望，因为他们的大部分所作所为在卡莱尔看来都是有违根本原则的大逆不道的行为。第四等级要求获得承认和认同的强烈愿望将改变历史叙述中对民众的看法。

消逝与黯淡的未来图景。卡莱尔所说的"精灵古怪的民主魅影"⑤，很好地传达了由席卷整个欧洲社会的民主浪潮所引发的不安甚至惊恐之感。这种惴惴不安之感刺激着哲学家和历史学家，试图弄清自己身处的时代在西方社会的发展阶段上所处的位置。然而大部分的知识分子依然对西方世界在深刻变革时，科学和进步的积极力量满怀希望，只有少数学

---

① J. Michelet, *The People*, trans. G. H. Smith（New York, 1846）, p.10.
② J. Michelet, *History of the French Revolution*, trans. By C. Cocks, ed. G. Wright（Chicago, 1967）, p.329.
③ T. Carlyle, *The French Revolution*（New York, n. d.）, 1:160.
④ T. Carlyle, *Selections*, ed. A. M. D. Hughes（Oxford, 1957）, p.30.
⑤ T. Carlyle, The French Revolution, 1:18.

者明白如此一个传统分崩离析的时代所蕴含的无限可能性。当弗里德里希·尼采(Friedrich Nietsche)在为这个变革人类生命的契机欢呼雀跃时,雅各布·布克哈特(Jacob Burckhardt)却站到了那些看到了悲剧性后果的人一边。

布克哈特喜欢分析过去大变动的时代(例如康斯坦丁和文艺复兴的时代),他发觉那些时代与他自己所生活的时代相类似。根据他所了解的文化衰颓的情形,以及通过自身对人生的批判性观察,布克哈特指出了当时人们的愚蠢想法:对俾斯麦德国、进步哲学,或者朝向一个平等社会的趋势的信任。尤其是最后一点,在1870年后开始显露出有害的影响,并逐渐导致其可怕的终极后果。因为要使那些生来就处于不平等地位的民众获得平等,就要不断进行新的尝试,旧的传统、法律和价值观便会被当作通往绝对平等道路上的绊脚石而遭铲除,直至社会稳定也最终被打破。为了恢复社会稳定和实现最终平等,民众便吁求规制化和中央集权化程度不断增强的社会主义;这是孕育专制暴君(可怕的简化主义者)的温床,这些人给世界带来的秩序并没有真正的合法性和传统依据。在这样一个新兴社会中,变动不居的公意和瞬息万变的思潮,作为社会的支配性力量,行将取代传统以及与此相连的历史。

于三种在人类事务中保持长久稳定的势力中,国家是遵循非正义的模式发展起来的,宗教则未盛即衰。唯独文化在一个一切价值均遭不断贬值的时代,为时人提供了一个精神上的庇护所,因此布克哈特选择能够逾越政治、外交和战争藩篱,进入思想、艺术和文学殿堂的文化史。除此以外,他还拒斥一切对历史的思辨性解释,在文化中找寻到了一种类似形而上学的力量:它启迪了一切永恒、普世的创造力,同时也给那些对大众时代焦虑不安的人们带来了希望。

布克哈特和他那些受过教育的同代人都坚信,当时所谓的"高雅文化"是以西方文明为中心的。百年以来这种根深蒂固的观念维系着一个充满活力的史学分支——思想史。其根本论点是认为至少对于那些与之相关的方面而言,观念是历史的原动力,这仅仅是由人类生命中具有创造

第二十章　历史学家遭遇大众

性和可塑性的元素构成的，而不再是一种与理想哲学模式中一个至高无上的实体相关联的力量。从这种观点来看，纵然思想史从没有形成一个严格意义上统一的学派，但仍不失为一根抵制一切类型的决定论的坚实支柱。从布克哈特到狄尔泰(Dilthey)，这方面的突出代表有赫伊津加(J. Huizinga)和奥特嘉·伊·加塞特(Ortega y Gasset)，以及最初的美国史学刊物《观念史杂志》(*Journal of the History of Ideas*)。近年来，随着文化被再次定义为人类生命的自然一面，思想史遭遇了最大挑战，在这个文化的新定义中涵盖了每个人的所做所思，并且还深受社会和自然环境势力所左右。结果，我们看到观念不是各种现象的塑造者，相反却是各种现象的产物。

弗里德里希·尼采对布克哈特逃遁于文化史的做法不屑一顾。但他赞同布克哈特的下述观点：即认为大众解放是对百年来日渐衰颓的西方传统的最后一波冲击；实际上，自哥白尼(Copernicus)以降，西方人似乎已经走上了下坡路，"他们越来越偏离正轨——欲往何处去？是走向虚无吗？"①一旦现代工业社会中漂泊不定的大众，破坏了将整个西方社会维系在一起的传统之链，必将导致虚无主义的出现，以及与之相伴而生的专制统治下的"群氓"。由于个体与个体之间变得愈加疏离，于是便需要一个比以往任何时候都要强健有力的国家来维持统一。经年累月，随着工业产品消耗了民众的充沛精力，专业化进程之粗暴使有头脑的人变得愚钝木讷，科学在破坏旧有价值的同时并未给出新的价值，哲学和宗教则对救赎回天乏术，对文化活力所给予的期望变得越来越渺茫。当大众除了使自身成为个体发展的土壤之外别无作为时，尼采则寄希望于一个有创造力的超人来把世界从虚无主义中拯救出来。

这些对大众解放的恐惧和抵制，是在创作一种囊括全体民众过往的新史学的道路上难以逾越的障碍。一部马克思主义的人民史，则更加与

---

① F. W. Nietzsche, "Zur Genealogie der Moral", *Werke*, 11 vols. (Goldmann edition, n. d.), 9:130.

上述这样的一种史学相抵触。对一种民主导向的史学的热情,也因一个技术问题而消退。在过去的几个世纪中,普罗大众的生活隐而不显,在当代学者惯常利用的研究资料中几乎找寻不到他们的踪迹。只是偶尔会在史料中提及一位卓尔不群的平民、一次叛乱,或是一场盛宴,尽管民众的生活史有着自己的运行逻辑并不与此直接相关。但是明显感觉到上述困难的,并非是那些把"民众"或者"大众"作为实体来谈论的人,而是那些意欲运用实践经验的方法,来估量普罗大众的实际生活及其重要性的人。这一问题在(经常被认为带有某种正当理由的)著作中表现得很清楚,例如第一本尝试撰写社会史的英文著作——约翰·格林(John R. Green)的《英格兰民众简史》(Short History of the English People)。

格林是一位牛津培养的牧师,多年以来他都在伦敦的一个街区为平民主持圣事,他和普罗大众在情感上水乳交融。在他的著作中流露出对平民的恻隐之情,1874年后这第一本完整且简明的英格兰史成了畅销书。他对普罗大众给予的同情心同时也是他的信念,他认为社会和宗教的生长在根本上要比政治更为重要,这便使得他把"壮怀激烈"的历史抛于身后。于是乎,他把以朝代为划分依据来撰写英格兰历史的惯常体系弃之不用,取而代之的是勾勒出英格兰文化在各个不同时代的独特面貌。然而,尽管格林对民众施予了最大程度的同情,但他并没有真正撰写一部普罗大众的历史。在他的著作中,"民众"一词仍然只是指涉作为一个整体的民族,而对于大众的实际生活依旧只字未提。格林的著作充其量只是表明了社会史即将出现的些许迹象。历史叙述的民主化还是多年以后的事。大多数的历史学家对米什莱的公然反抗并不信服:

> 近来人们常把民众的兴起和发展比作蛮族入侵。我喜欢这种表述;我欣然接受蛮族这个称谓!这的确代表欣欣向荣、充满生机、朝气蓬勃。这些蛮族即是前往未来罗马城的旅者,虽步履缓慢但却坚定不移;每一代人都前行一小段,鞠躬尽瘁,死而后已;然而后来者依

第二十章 历史学家遭遇大众

旧会前赴后继、矢志不移。①

在整个 19 世纪,社会史仍然只是制度史,把民众作为整个民族来对待。这些研究所提出来的问题源自民族的认同、统一及其命运,而不是关乎社会紧张和冲突。最早企图使历史叙述与民主精神相契合的尝试出现在世纪之交的美国,这个国家近来既拥有了辽阔的国土又具备了高度的工业发展水平,在那里一种民主史学:所谓的新史学呼之欲出。

二 作为制度史的社会史

当一些生活于 19、20 世纪之交的人们,注意到社会紧张变得日趋严重之时,大多数民众却在为时代的稳定和平稳发展欢呼雀跃,并为他们各自国家所取得的成就深感自豪。在这种民族自豪感的驱使下,历史学家们去探寻民族之根、分析民族认同的成长。他们攫取自己国家的各项制度作为研究对象。这些制度无论是宪法、法律、经济组织或是自发成立的团体,都被理解成一个社会中存在于各成员之间的持久关系,这些吸引着处于世纪之交的西方社会,因为它们以一种不对社会稳定构成威胁的方式同时实现了变革和延续。由于学者们并没有注意到在大多数情况下,这些制度是以民族精神的方式被表述,以一种理想方式被构想的,他们甚而看到这些研究是与当时最富影响力的遗传学发展模式——达尔文的进化论观念相契合的,所以制度史便获得了和"科学"史并驾齐驱的地位。在这些新兴的制度史和那些更早的,由 14、15 世纪的学者所做的制度研究之间存在着一种更为明显的联系。到了 19 世纪,早先那些学者对民族认同的忧虑,体现为在英、法、德等国天主教徒和日耳曼派之间的论战。

欧洲版本。在德意志地区,人们对封建主义和中世纪的神圣罗马帝国存有争议。在乔治·魏茨(Georg Waitz)的引领下,无数富有影响的德

---

① J. Michelet, *The People*, p. 24.

意志中世纪史家,撰写了大量有关这些主题的著述,除了其他的一些内容,这些著作都证明了封建主义是中世纪社会一个普遍并且关键的决定性因素,它起源于法兰克人,因此是一种德意志制度。然而,菲斯退尔·德·古朗奇(Fustel de Coulanges)和任何一位德国学者一样勤勉精益,他发现法兰克人的入侵对罗马化的高卢人及其制度和文化影响甚微。封建主义是发端于罗马的保护制度(clientale system)。菲斯退尔明白,这样的发现会使那些因1870—1871年普法战争的溃败,而萎靡颓丧的法兰西爱国主义者感到振奋,但无论他本人还是他的那些德国对手,都不是仅仅出于民族主义的成见来做研究的。

在19世纪,一些普鲁士学派的历史学家对中世纪德意志帝国(即被称为神圣罗马帝国的德意志国家)所起的作用产生了论争,其中最负盛名的是海因里希·冯·希比尔(Heinrich von Sybel),以及少数以朱利叶·菲克(Julius Ficker)为代表的奥地利学者。神圣罗马帝国长期以来是德语世界的民众民族自豪感的源泉,因为借此把德意志的历史和普世的基督教信仰,以及一种世界帝国的理念联系了起来。然而在德意志国家1871年实现统一前,民族主义者斗争的十年间,那些拥护普鲁士霍亨佐伦王朝的历史学家,却对中世纪神圣罗马帝国颇有微词。这使德意志人卷入了意大利的政治之中,引发了与罗马教皇的激烈论战,但却对探寻世界法则于事无补。那些历史学家论述道,比起1077年被逐出教会的国王亨利四世为了得到教皇赦免,在卡诺莎城堡外以戴罪之身赤足披毡守候数天这件事,还有什么能更有损于民族尊严呢?倘若人们没在这件事中看出一则政治的弥天大谎(正如那些民族主义者最终所做的那样),便会"前往卡诺莎"戴上一枚不吉利的戒指。冯·希比尔认为,人们对神圣罗马帝国的过度注重,长期以来妨害了一个真正的德意志民族国家的发展。但是身为一个并不拥护霍亨佐伦王朝的奥地利人、一位对普世性没有同情之了解的天主教徒,以及一位拒斥在当下论争的基础上,对中世纪的各项制度做出评判的学者,菲克并不能苟同冯·希比尔的上述观点。魏茨则对整个论争都感到失望,抨击了参与论辩的双方:"不过我还是坚

第二十章 历史学家遭遇大众

持己见,认为这些问题同对古老的神圣罗马帝国的评价无关,历史学不应为当下的情境和愿望所左右,为此人们必须进行矢志不渝的斗争。"①

长期以来,英格兰史学类似于某种带有古代宪法观念,同时暗含着以辉格党人的观点来解释英格兰历史的制度史。在寻求英格兰民族认同不断变得明晰化的长期过程中,各项制度也是问题的焦点。在19世纪的新制度史中,上述这两个主题再次紧密地交织在了一起。

在学者中间,盎格鲁-撒克逊人再次比凯尔特人获得了更多的支持者;这些学者从宗教改革时期的帕克大主教(Archbishop Parker)开始,直至19世纪的沙隆·特纳(Sharon Turner)和约翰·米切尔·坎姆博勒(John Mitchell Kemble)。坎姆博勒是一位业余史学家,但却是位博学之士。他是雅各布·格林(Jakob Grimm)的学生,整理过史诗《贝奥武夫》(Beowulf),讲授有关盎格鲁-撒克逊人的语言和文学的课程,编辑了《撒克逊时代的古文书学》(Codex diplomaticus aevi Saxonici),最后在《英格兰的撒克逊人》(The Saxons in England, 1849)这部著作中浓缩了他毕生的学问。为了透彻理解盎格鲁-撒克逊人生活的方方面面,坎姆博勒利用了广泛的史料。他开始确信,在早期盎格鲁-撒克逊人的乡人社会(一个有自由民存在的有机生长的社会)中,自由民组成集会的习俗,正是英格兰政治生活的根基。弗朗西斯·帕尔格雷夫(Francis Palgrave)是一名律师,同时也是一位研究诺曼时代英格兰生活的学者,他驳斥了这种日耳曼学者的偏见。帕尔格雷夫的研究从修正梯叶里(Thierry)的著作着手,最终他转变成了一位热衷于以天主教徒的观点来解释英格兰各项制度的学者;在他看来,自早期不列颠时代以来,英格兰历史的特征便是中央集权化的王权。

在1860年代初期,两位来自牛津的历史学家:威廉姆·斯塔博思(William Stubbs)和爱德华·奥古斯图斯·弗里曼捍卫了日耳曼派的学说,前者是一位承继了兰克传统的杰出学者,编撰了一系列最优秀的文献

---

① G. Waitz, Review in *Göttingische Gelehrte Anzeigen* (1862, pt. 1), p. 131.

汇编，同时还撰写了一部具有里程碑意义的著作——《宪法史》(Constitutional History)；后者则是《诺曼征服英格兰史》(History of the Norman Conquest of England)一书的作者。尽管他们都摒弃了通常"突出自由发展"的研究路径，但这两位在很多方面迥然殊异的学者，却都在长时段的政治和宪法史研究领域内撰写出了佳作。不过相反，他们却暗示在德意志学术的脉络里，人们把英格兰的历史视为英格兰民族精神的具体体现：在盎格鲁-撒克逊人的各项制度中，偶然掺杂了自由的个人和集体，是一个从核心内容开始渐行展开的过程。因此，弗里曼认为，诺曼人的入侵只是在表面上中断了一次影响深远的进程。日耳曼的乡村依旧是英格兰自由和伟大的摇篮。不过，上述这两位历史学家都没有以兰克的方式，把英格兰的历史置于世界历史的大背景中（甚至也没有将其放在可进行比较制度史研究的范围里）来加以理解。

尽管无论是斯塔博思还是弗里德曼都没有创建一个"学派"（前者离开学院转而成为牛津主教，后者则干脆对传道授业嗤之以鼻），但通过保罗·维诺格拉多夫(Paul Vinogradoff)的努力，特别是约翰·格林(John R. Green)那本广为流行的著作《英格兰民众简史》，日耳曼派的学说得到了延续。弗里德里希·希伯姆爵士(Sir Frederic Seebohm)这位学识广博的历史学家在《英格兰村社》(The English Village Community, 1883)这部著作中重弹了罗马主义者的论调，然而与被第一次世界大战所激起的反日耳曼情绪相较，这种论调对日耳曼派的学说无甚大碍。那些希冀排除辉格派的解释和日耳曼派的学说，在截然不同的历史情境中来审视英格兰历史的学者也同样未能如愿。正如卡莱尔一样，詹姆士·安托尼·弗洛德(James Anthony Froude)也曾表示，变迁不会连续性地产生，也不会仅仅在宪法许可的范围内发生。约翰·谢莱爵士(Sir John Seeley)担心，大英帝国会在更大程度上与当时的政治现实联系在一起。然而，在英格兰依旧存在积极有益的政治生活，毕竟在对历史进行的辉格派解释中夹杂着日耳曼派的偏好。

日耳曼派的学说也同样影响到了有关英格兰法律的论辩，亨利·麦

第二十章 历史学家遭遇大众

娜爵士(Sir Henry Maine)不仅反对那些维护永恒自然法的人,而且也反对那些认为法律孕育于君权的人。受萨维尼(Savigny)的影响,麦娜提出的观点截然不同,他进一步强调对法律的历史性解释,认为一切法律皆是在整个社会的大背景中渐行发展出来的。在他那些论述古代法律的著作中,麦娜通过对欧洲和印度村社的比较分析,表明了法律变更和社会变迁之间的关系。虽然日耳曼派的学者从来不直接维护自己的学说,但却不放过任何一个机会。弗里德里希·D.梅特兰(Frederick D. Maitland)和F.勃洛克(F. Pollock)共同执笔的《1272年英格兰法律史》(*History of English Law of 1272*, 1895),便更易于让人察觉其拥护日耳曼派学说的些许迹象。不过,这部著作的主旨也同样不是日耳曼派的学说,而是英格兰法律的历史性质;实际上,这部著作被证明是对英格兰法律进行历史性解释的巅峰之作。

美国版本。那些美国的历史学家和他们的欧洲同行一样,出于民族荣耀和建构民族认同的目的而发展出制度史研究。像乔治·班克罗夫特(George Bancroft)和其他的一些"颇具文学色彩"的历史学家,对民族的诞生、兴起及其使命大加谈论,似乎民族是个浑然一体的整体;有些人理所当然地认为,一个拥有共同思想和目标的民族会欣喜于形成一个整体,而这于另一些人而言则是不可思议的。不过,美国历史学家的上述观点与19世纪美国人生活的某一方面极为契合:纵然有着持续不断的政治冲突,但美国人民却在民族荣耀的感召下以无限热忱来建设一个全新的民族。在历经全国最残酷的内战(南北战争)后统一的思想意识也依旧得到了延续。事实上,最终通过废除奴隶制,统一的思想意识反而得到了强化。

尽管如此,另一方面那些几乎是自发生成的统一和一致的思想意识却开始变得日渐淡漠。和许多欧洲国家一样,随着大量移民的涌入,在美国快速城市化的过程中种族构成变得越来越复杂。经济的极速发展致使经济和社会形势日益复杂,这一点通过各利益群体(这包括农民、铁路路权所有者、银行家、商人、企业主以及劳工等群体)之间的激烈斗争逐渐彰显出来。在将民族重新解释为由各个不同的、有着错综复杂关系的联合体构成的复杂网络之前,这种将其视为一个严密整体的观念还能维持多久?

然而,在1900年前后,坚持强调民族性的论调仍然很有市场,尤其是在美利坚共和国将其势力扩张至拉丁美洲、夏威夷,以及西班牙帝国的势力范围之际。令那些实践扩张主义或对此感到欢欣鼓舞的历史学家着迷的,并非是社会史而是海上的军事力量。这些历史学家附和着阿尔弗雷德·塞耶·马汉(Alfred Thayer Mahan)的论调,后者就曾谈及海权的重要性。美国强大的海军力量既可以使广阔无垠的大西洋和太平洋成为难以逾越的天堑,也可以使其变成美国进行贸易和实现扩张的通衢坦途。通过《海权对历史的影响》(*The Influence of Sea Power upon History*)一书,美国人得知大英帝国是在1660年至1815年间奠定了其在海军方面的优势的。过去马汉一度认为历史学家不应仅仅搜集史实,而应该对"探索中的人们"给予引导。现在他还要把自己从历史中得来的教训传授给自己的同胞,这就是贸易互存、强国地位以及制海权。

尽管一些美国历史学家在自己的著作中赋予"民族"更为切实的涵义,但是他们对旧有天定命运(the old Manifest Destiny)的热切追求使得将民族视为一个历史性个体的观念也同时延续了下来。西奥多·罗斯福(Theodore Roosevelt)在《在西部的胜利》(*The Winning of the West*, 1905)一书中以欢快的笔调叙述了伟大的西进运动。那么究竟是谁成就了这项伟大的功业呢?

> 当美国人民以单独的个体开始征服西部的时候,也迅即形成了美利坚民族的生命。这从此成了他们的一项伟大事业……与他们(美国人民)是如何征服这片横亘于东部山脉与太平洋之间的广袤土地这一问题相比,除了维持联邦本身和解放黑人的问题,任何其他问题都显得微不足道。①

---

① T. Roosevelt, *The Winning of the West*, 6 vols. (New York, 1905), 1:40-41.

第二十章 历史学家遭遇大众

不过，他们既非是一个难以为人理解的整体性民族，亦非是像帕克曼（Parkman）那样横扫整个美洲大陆的英雄，而是些普普通通的民众，在这些人中最主要的是"印第安战士、契约商和拓荒者"，其次则是些"移民"。这些普通民众的代表人物不久便成了美国历史的标签。然而，在民众势力兴起以前，具有"民族倾向"的历史学家则沿着另外两种趋势来解释美国的历史。

1880—1890年代的新一代学院历史学家有志于"科学的"历史研究，致力于以更严格的分析来研究民族历史。他们对当时充满诡辩、缺乏理论依据却盲目乐观的历史学持怀疑态度，认为必须在新标准下通过对档案材料的逐步研究，来如实再现民族崛起的过程。在1880年代的美国历史学家看来，那些研究制度的欧洲学者在历史学和政治科学中实践的准则，能对他们的探索进行最有效的指导。制度史研究满足了美国人民族意识的需要，在某种程度上，这股学术风尚顺应了当时人们把历史视作科学，特别是将其视为达尔文进化论的实例的热情。对于社会发生的变化、甚至是当时美国社会存在的激烈冲突可以直言不讳，因为当美国各项稳定的制度确保了社会的延续性时，必然会带来的"社会进步"使得发生的各种变化看起来都在朝着积极有益的方向发展。

当很多研究制度的美国学者在探寻美国各项制度的起源时，都接受亨利·麦娜爵士和爱德华·奥古斯图斯·弗里曼的说法，认为其源起于古代日耳曼人的自由和民主。他们还一致认为是英格兰移民把确保自由的各项制度带到了新世界。

> 在生物科学里自然发生论已不再受欢迎。唯有生命的种子，才会有有机生命的诞生。当史学能解释历史原因时，就不应仅满足于描绘历史影响。正如没有播种就不会有英格兰的小麦在这里生长发芽一样，没有从美国沿海传入的英格兰制度的雏形，自由的地方制度也不可能在这里日臻完善。在那些由朝圣者和清教徒带来的英格兰和日耳曼观念的影响下，城镇中施行的各项制度在新英格兰逐渐得

到普及。①

从1880年代以来,数代青年学生首先是从他们的老师那里得知了日耳曼派的学说,这些学生包括赫尔伯特·巴克斯特·亚当斯(Herbert Baxter Adams)、亨利·亚当斯(Henry Adams)、约翰·W. 伯盖斯(John W. Burgess),以及阿尔贝特·巴什奈尔·哈特(Albert Bushnell Hart)等人。在这些人撰述的历史著作中,美利坚的历史并不仅仅始于殖民地时代,而是与盎格鲁-撒克逊绵延数百年的历史紧密相连。

随着对"科学"史学的吁求变得不断迫切,历史分析越来越具有了批判性,简单的日耳曼派的学说也随之逐渐丧失了其解释效力。在美国社会中仿照英格兰而设立的各项制度却出于截然不同的目的。此外,这种照搬英格兰制度的做法也引起了一些人士的不满,他们更强调美国社会的独特性,而非美国历史对英格兰传统的继承。在19、20世纪之交,在弗里德里希·特纳(Frederic Turner)和一批新生代史学家的引领下,以日耳曼派的学说为代表的史学研究潮流发生了转向。也差不多正是在同一时期,所谓的"帝国学派"(imperial school)的观点取代日耳曼派的学说成了制度研究者关注的焦点。

帝国学派的历史学家认为,美国社会及其制度并非孕育于条顿森林,而是得益于大英帝国母体的塑造。这派历史学家希望,理解美国的早期史并不需要回溯到遥远的日耳曼人的村落,而只需对在大英帝国及其美洲殖民地内施行的两套在时间上紧密相连的制度进行比较研究。这样的研究表明了母国和她的殖民地是如何渐行渐远的。这一事实对于理解美国革命期间殖民地与母国的分离至为关键。自1887年以来,历史学家赫尔伯特·L. 奥斯古德(Herbert L. Osgood)就建议他的同行们重新解释美国历史,尽管英美社会的各项制度在本质上保持着相似性,但这种新的解释路径表明了美洲殖民地与其英国母国逐渐疏离的过程。奥斯古德的学

---

① H. B. Adams, "Germanic Origins of New England Towns", *Johns Hopkins Studies*, 1st series, 2 (Baltimore, 1888), p. 8.

第二十章 历史学家遭遇大众

生乔治·路易·比尔(George Louis Beer)在其著作中,叙述了英国经济政策给予美国早期史的决定性影响。在比尔看来,对于引发美国革命而言,更重要的是殖民地与大英帝国重商主义者之间的经济利益冲突,而非是前者摆脱英国暴虐统治的迫切愿望。

查尔斯·马克莱恩·安德鲁斯(Charles McLean Andrews)是奥斯古德的同代人,他的言论代表了帝国学派在美国殖民史方面的最成熟的观点,他引领着那代学者的研究。他的核心学说是探讨美国社会与英国社会的不同,这一分化的过程缓慢但却引人瞩目——前者变得灵活机动,尊重个人和民主;而后者则仍然尊崇贵族,保持相对静止。这种社会基本结构的改变使得摩擦演变成冲突,冲突又最终酝酿出一场成功的革命。当安德鲁斯于1912年在《殖民地时代》(The Colonial Period)一书中首次提出他的核心学说时,上述论调尚颇具新意,但当他在20年代出版《美国革命的殖民地背景》(Colonial Background of the American Revolution)时,帝国学派已走向衰落。安德鲁斯论述美国殖民地时代的第三本著作出版于30年代,当时许多历史学家已对帝国学派,及其对传统、连续发展以及缓慢变迁的强调嗤之以鼻。其实早在二十年前,进步主义史家(或称新史家)就已开始强调突变甚至冲突,而非连续性问题。人们在他们笔下读到的美国革命不是一段缓慢发展进程上的终点,而是一个突然的断裂。而别的一些历史学家则倾心于近期的美国历史,他们对帝国学派史家划分出的历史界限不屑一顾。在研究时段上距离殖民地时代越远,帝国学派史家的解释力就越发有限。

不过,就连在看似主张不连续和断裂的研究美国南北战争的史学中,也留有制度史的痕迹。连续性是研究制度的学者孜孜以求的目标。他们强调在联邦体制得以维持、多项制度保持稳定的情况下,所有激进的试验都会归于失败。美国南北各种不同的激进主义的出现有赖于美国稳定的各项制度。这也正是威廉姆·A.唐宁(William A. Dunning)及其开创的学派研究美国重建问题的方式,乌勒尔希·B.菲利普斯(Ulrich B. Phillips)也属于这一学派。唐宁学派的观点深受美国南方奴隶主和厌倦了论战的那代人的欢迎。由于这一学派迫切想表现出历史的连续性以及其对激变的厌恶,因此它并没有受到有待解决的美国黑人民权问题的困扰。

就自身性质而言,宪政史被证明是制度史研究中难度最大的部分。像安德鲁·C. 马克劳夫林(Andrew C. McLaughlin)以及后来的爱德华·S. 考文(Edward S. Corwin)这样的历史学家,追溯了大量由最高立法会议创建的制度的形成过程,然后又对美国宪法中历经岁月考验的各个不同的法律层面进行了逐项分析。

三 美国"新史学":呼唤民主的历史

经过南北战争,美国社会在工业化和城市化进程方面急速发展,这同时也引发了新的移民潮和农业部门的新问题。各个利益集团有各自不同的追求目标,他们都吁求权利和自由,追求幸福,对于这样一个社会,合理的社会秩序是什么,又如何才能建立?围绕上述问题人们展开了大量具体的讨论。自19世纪80年代以来,美国人对生活充满了失望,民粹主义者便呼吁政府保护大多数反对少数有权势者的民众。然而,尽管民粹主义者的纲领也同时反映了城市劳工的呼声,但他们的主要成员却来自农村,结果只能以失败告终。不过,在20世纪初,进步主义运动发起的侧重城市的广泛改革,多少弥补了民粹主义运动招致的失败。进步主义运动旨在使理想的民主模式适应经过城市化和工业化后,美国新社会在政治、社会和经济方面的实际情况。

特纳对美国历史的修正。科学的历史学声言是为了回应现代社会对新史学的需求。然而,到了19世纪末,社会需求的是一种与科学的历史学截然不同的新史学。在那些倡导新史学的学者中,德国的卡尔·兰普莱希特(Karl Lamprecht)和法国的亨利·贝尔(Henri Berr)比美国的弗里德里克·杰克逊·特纳(Frederick Jackson Turner)更具影响力。尽管特纳在1892年发表了论文《历史的意义》("The Significance of History"),呼吁史学研究的现代化,但他的研究方法在总体上仍然与当时风行美国

第二十章 历史学家遭遇大众

史学界的实证主义相契合,不过他有关历史本质的诸多思考却十分新颖。特纳认为历史学的研究对象必须囊括生活的方方面面,而不应把注意力集中于政治和国家事务,它要关注所有的人而不仅限于精英群体,以各项制度"背后"的结构性力量来解释历史,辨别出无所不在的变化,以世界历史为其最终研究范围。由于在理论方面的有限兴趣,特纳没有将其研究美国历史的著作写成补充性的理论作品,而是在其中阐发了一些改革派的理念。特纳的这些著作集中探讨由不同移民群体组成的美国,如何转变成一个民主国家的过程。他强调空间和移民聚居点在上述过程中所发挥的核心作用;特纳几乎是在与(弗里德里希·拉采尔[Friedrich Ratzel]和维达勒·德·拉·布拉什[Vidal de la Blache])同时提出了侧重地理学的研究取径。

1893年,哥伦布世界博览会有幸在芝加哥举办,特纳以"边疆的意义"(The Significance of the Frontier)为题在此间召开的美国历史协会的会议上作了报告,这是他从地理学的角度来解释美国历史的首次尝试。此时美国不仅已迅速发展成为一个强大的工业化国家,而且还在广泛范围内实行了民主。美国人热衷技术,自认为已在民主、科学、工业、社会整体发展等发面遥遥领先,意欲摒弃他们与英格兰或欧洲大陆之间紧密相连的历史。

然而在当时,美国人为国家边疆的封闭所带来的影响深感忧虑。尽管特纳也承认美国历史上整整一个时代的趋于终结加深了人们的焦虑感,但他的边疆学说却给人们带来了不少希望,因为他的学说所阐述的是美国特性及其民主的起源。

特纳的边疆学说认为,美利坚民族具有独一无二的特性和发展道路,因为是征服广袤美洲大陆的运动,而非与大西洋彼岸欧洲大陆的联系塑造了这个民族。特纳对其老师辈宣扬的日耳曼派的学说也进行了驳斥。边疆学说成了美国在史学领域独立于欧洲的宣言。

特纳生于威斯康星州,研究美洲大陆的定居问题,他得出结论认为,不应该从大西洋沿海出发来看美国历史,"要到西部拓殖史中去研究美国真正的发展进程,以及其背后的决定性力量"。广袤空旷的美洲大陆上闲置着大量土地,征服它们的代价是要人们过一种自立、简朴、实用,同时也略带粗犷和贪婪的生活。"不断后退的空地边界是美国发展的关键",因为美国的"林间空地孕育了美利坚的特性"和美国式的民主。① 这种民主造就于"与自然环境不断的斗争中","而非产生于理论家的空想"。②

特纳的边疆学说部分回应了他自己想要实现的新史学:除了个别的人物、事件,以及重要的变迁,结构性的力量也左右着历史发展,他承认经济因素的重要影响,并同时赋予了"普通"民众以重要地位。特纳以巧妙的文笔来描写民众。"不过历史也有悲剧,会述及破落的耕者,以及或许会令人欣羡的艰辛劳作,奴隶使'希腊的辉煌'变成可能,农奴则使'罗马的宏伟'走向衰败——他们这些人也需要记载自己生平事迹的编年史。"③

然而,边疆学说认为在美国的特性、美利坚民族及其民主形成的过程中,农业的发展史占据着主导地位。特纳发现对于一个急速发展、面向未来的国家而言,不可能从他的学说中发展出一种令人满意的历史解释。他赋予边疆以传奇色彩,局限于从一个方面来考察美国大范围的社会迁移,除了注意到不断变化的定居问题,他忽视了从地理学的角度来解释的美国历史具有明显不稳定的特点。

在特纳 1895 年以后的著作中地域是个核心概念。这种新的研究取径在他仅有的那本篇幅稍长的著作——《新西部的兴起,1819—1829》(*The Rise of the New West, 1819-1829*)中得到了体现。地域是受地理、经济、社会等复杂因素共同影响的联合体。生活在特定地域里的人们有着共同的生活体验、休戚与共、代代相传。如此,在美国人身上留有地域的明显印迹,不了解美国东部、西部和南部各地区之间的地域冲突,就不可

---

① F. J. Turner, *Frontier and Section*, ed. R. A. Billington (Englewood-Cliffs, 1961), p.29.
② F. J. Turner, *The Frontier in American History*, ed. R. A. Billington (New York, 1920), p. 293.
③ F. J. Turner, "The Significance of History", in *The Early Writings of Frederick Jackson Turner*, ed. F. Mood (Madison, 1938), pp.47-48.

第二十章 历史学家遭遇大众

能理解美国的历史。

从地域的角度来解释,美国的历史(除了南北战争)似乎是各地区相互之间不断妥协的结果。甚至美国国会也被视为是"地区代表间的集会"。然而,那些反对者却批评特纳在从地域的角度解释历史时所强调的区域中心问题自有其缺陷,因为昔日联系紧密的沟通网络正在日益丧失其价值。特纳的学说至多只能作为美国前工业化社会的一种解释方案。特纳利用剩下的几年时间编纂了一部从地域角度出发,讲述1830年至1850年间美国历史的著作。他希望自己的这部"大作"也能同时令他的那些批评者们信服。然而,《地域本位主义的意义》(The Significance of Sectionalism,1932)这部未完稿是在后人的协助下才得以最终完成的。

与欧洲同行相比,特纳著作所代表的新史学并不为人所看好。在一定程度上,特纳的史学实践体现出了结构性的历史,它把大众也纳入研究视野之中,同时对历史中的经济因素给予了特别强调。然而,即使在美国国内,特纳的影响力也很快就为另一批新史学家(进步主义史家)所超越,后者被认为与美国工业化和城市化的社会潮流更为相符。此外,进步主义史家的盛名也得益于他们相对于特纳的高产,后者并没有完成过一部完整的著作。纵然特纳的边疆学说并不从经济角度去解释历史,但进步主义史家却仍对其史学中的经济因素颇为赞赏。他们确信进步是历史发展的主要基调,并进一步认为是社会冲突实现了进步,在这一点上他们与特纳早年的观点多有暗合。因此,特纳曾暗示人们在早期殖民地时代"拥护资本主义的人"和"民主先驱"之间的竞争,不过他感兴趣的是地域冲突而非阶级斗争(或许这也并非是真正的美国人的问题),故而对后者并未深究。然而,上述所有这一切都证明,进步主义史家与特纳这位在历史解释和实际目标方面与他们相去甚远的历史学家之间的微弱联系。

服膺于行动的真实。当许多期待进步的理想和一系列随之而来的变化产生后,学者们对世界的看法发生了根本转变。尽管人们相信历史进步的观念依旧根深蒂固,但这种观念的表现形式却在悄然发生着变化。从这种程度上来说,进步观念的巨大感召力有如天意神助,或者至少就理性的角度而言带有形而上学的色彩。当时人们相信通过理性的规划能使人类加深对自身行动的了解并使之变得更加有效,而历史进步则是人类行动的结果。特别是在19、20世纪之交,人们认为有必要弥合当时美国生活现实和民主理想之间的差距,而不止于将其揭示出来。事实上,美国社会的传统理想在当时的社会上遭受了普遍质疑,人们认为其遮掩了当权者的私欲、掩盖了社会发展的"真正"动力。这种新兴的进步理想更关注实验、"真实"、变化、维护民主的斗争、不同选区的自我体认等实质性内容,而非传统、"理想"、稳定、蓄意压制和理想化的和谐国家这些表面现象。这样的一种处世态度易于博得美国新兴知识阶层的青睐,他们大都出身于中产阶级而非豪门望族,传统以及对未来生活的憧憬不会同时左右他们的行动和思想:在一个人人尊崇平等和理性主义精神的真正的美国民主社会中,能够实现令人期待的美国式的生活。

那些长久保留下来的美国传统一旦遭到质疑,美国式的生活也会受到影响。人们不再信赖那些普世、永恒、仁悯的力量,取而代之的是对效率,以及知识分子设想的旨在改革社会的理性的人类行动的信仰。在进步观念的影响下,这些新兴的社会活动家认为传统是非理性的,仅仅是妨碍进步的羁绊;而秉承传统在他们眼中却是空洞的形式主义。罗斯科·庞德(Roscoe Pound)、路易·鲁朗德斯(Louis Brandeis)和奥利维·文德尔·赫尔莫斯(Olivier Wendell Holmes)都宣称法律是进行社会重建的手段;约翰·杜威(John Dewey)不认同哲学概念的绝对有效性,通过实际生活使之具体落实;而托施坦恩·凡勃伦(Thorstein Veblen)则主张建立活跃型经济(an activist economics),以期实现一种对财富进行公平分配的经济民主。拥护新史学的历史学家也加入了这一行列,一旦新兴的美国启蒙运动能以"科学的"方式来分析历史,而非仅出于猎奇心理来讲述历史时,这些历史学家们便希冀历史学科能在这场运动中找到自己的位置。在他们心中已经有了对一种"科学"史学的基本期许。

> 她(缪斯女神)已经认识到自己有辱使命,准备上午在图书馆里

第二十章 历史学家遭遇大众

度过,搜集手稿、编纂目录。不过,她甚至希望做得比这更多,已经谈到要将这些大量杂乱无章的信息提升到科学的高度。①

一旦上述这种对历史的看法成了社会和政治行动的工具,"服务于改革的历史学"也就应运而生了。1912 年,詹姆士·哈维·鲁宾逊(James Harvey Robinson)以爱德华·艾格莱斯顿(Edward Eggleston)的"新史学"一语作为自己的宣言,这个新兴历史学派便有了自己的名称。实际上,确切地说,这个历史学派是美国进步史学的雏形。

对于像詹姆士·哈维·鲁宾逊、查尔斯·A. 比尔德(Charles A. Beard)和卡尔·L. 贝克尔(Carl L. Becker)这些转变成进步主义史家的新史学家而言,当务之急是进行社会、政治和经济改革,故而历史学家必得成为各项改革运动的倡导者和拥护者。为了立足当下、面向未来,历史学家需要与时俱进,甚至"总是要有意识地让其读者紧跟时代步伐;饶有兴致地阅读晨报上那些事不关己的新闻"。②纯粹的埋首故纸堆的博学无异于闭门沉思,会导致百无一用的历史学。诚然,那些倡导新史学的代表性史家也坦然承认,研究中过于注重近期的历史会使人们忽视那些在研究时段上相对更早的著作。尤其是像欧洲中世纪这样遥远的时段不受关注,仅仅是因为它们与新史学所倡导的理念并不关切,这恰好从反面说明了新史学的关注所在。

新史学的某些含义。为了在一定程度上弥补研究时段有限的不足,新史学对历史作如下解释:用特纳的话来说是要研究社会的方方面面。这样的历史可能是一部民主史,因为它使大众重新登上历史舞台;这样的历史也可能是一部积极的历史(an activist history),因为它首先把握住了历史中"真正的"主导力量,然后再教会人们如何去驾驭它们。由于要寻

---

① J. H. Robinson, "History", in *Lectures on Science, Technology, and Art* (New York, 1907-1908), p.14.

② J. H. Robinson and C. A. Beard, *The Development of Modern Europe*. 2 vols. (New York, 1907-1908), 1: iii.

找历史中"真正的"主导力量就必须逾越政治史的狭隘藩篱,因此新史家们便吁求在历史研究中结合社会学和经济学的考察。除此之外,一个历史学家如何才能对社会的方方面面都有所研究呢?然而,历史学家和社会科学家对新史学的回应却并不积极。具有讽刺意味的是,正当鲁宾逊和比尔德劝告历史学家要把社会科学家视为同道中人的时候,社会学家和经济学家却抛弃了进化论的解释模式,摆脱了和历史学的紧密联系,采取了非历史化的研究取径。为了制订出理想的法律,当时的社会科学家寄希望于具体实验和即时性观测。历史学家和社会科学家的合作渠道从未真正建立。倡导新史学的历史学家们不得不单枪匹马地来建构他们自己的社会史。

尽管历史学家和社会科学家在研究态度和研究方法上有着诸多共同之处,这也包括早期的环境决定论对双方的影响,但上述两大学术团体却并未实现通力协作。班克罗夫特认为自由进步的观念作为自治性的力量先天存在于人类的心灵之中。但是此前那些捍卫日耳曼派学说的学者却认为,自由观念在更大程度上是日耳曼的村落、森林及其神灵塑造的产物,而非人类的先天性禀赋。特纳把美利坚的精神和特性归功于边疆的创造。我们只需将爱德华·艾格莱斯顿描述欧洲对美国思想影响的著作《文明的迁移》(*Transit of Civilization*, 1901)一书,和特纳对美国观念实质的新旧两种解释差异的理解加以比较便可发现:前者认为观念几乎是具有自治性的,而后者则认为观念受制于环境。那些把自身视为新兴民主社会先驱的新史学家们倾向于认为,观念是社会环境的产物,至少社会环境在很大程度上塑造了它们。因此,他们期待一个真正的民主社会一经建立,便能逐渐培育出民主社会的观念,即与理性主义和科学密切关联,远离迷信、谬误、压迫甚至宗教的那些观念。

然而,在人类环境中左右人类观念和行动的"真正"力量又是什么呢?正如前文所述,在20世纪初,众多学者着迷于历史中的经济推动力。似乎这种情况在一些美国历史学家身上表现得很明显,毕竟在研究中强调观念、思想的力量,以及作为一个有机统一体的美国社会,就应该转向

第二十章 历史学家遭遇大众

一种更为"现实"的研究取径,探讨经济上的自身利益和冲突。前文业已述及的查尔斯·比尔德的那本《美国宪法的经济解释》,就是对传统观点持怀疑态度,试图揭示出"真实"生活中"真正"动力的代表性著作。

当美国卷入第一次世界大战的时候,新史学已是明日黄花,并且在美国国内人们的关注点也一度从国内政策转移到了对外政策上。只是在一战结束的数年后,美国人才重新把注意力转向国内问题,这拓展了新史学进一步发展的空间,确切地说1912年后的新史学被称之为进步史学。

第二十一章

世界历史的问题

史学研究的新任务。在19世纪上半叶,出于对人类命运的统一、世界秩序的明确,以及人类能力的可知的信仰,人们构想出了最雄心勃勃的世界历史体系。黑格尔的历史哲学描绘了世界精神本身的整个过程——一个客观存在的上帝形象颇受唯心主义哲学的青睐——是个自我展开又自我实现的过程。兰克则倾向于把历史视为哲学,他确信欧洲的国家体系及其海外属地是上帝确保世界意义、秩序和连续性的整体计划中的一个组成部分。此时法国为了自身的政治制度,已陷入如火如荼的斗争之中,她把世界历史想象成一条最终通往由广大第三等级来主宰的一段自由历程。事实上,米什莱就曾主张为了理解法兰西人们需要研究世界历史。自1789年以降,法兰西民族对整个人类命运做出了独一无二的贡献,因为用基佐(Guizot)的话来说法兰西已引领世界潮流(la nation chef),是自由的主要策源地。班克罗夫特也已近似的口吻来谈论美国。在这种情况下,赫尔德观念中的民族(Volk or nation)概念从文化更替的主体转变成了社会进步的推动力。

不过,在19世纪各种思潮风云际会。人类历史观的进步得益于自然科学的发展,第四等级对现存社会秩序构成的日益严重的挑战,进一步强化了马克思主义的历史解释观点。唯心主义和基督教的历史解释框架在结构性力量方面捉襟见肘,奥古斯特·施洛泽(August Schlözer)早在18世纪时就颇具远见地预见到了这一点。他清楚地意识到人们需要一种整体的历史观:"人们可以对一座大城市里的每条街巷了如指掌,但倘若缺

第二十一章 世界历史的问题

乏从宏观上把握,则会对整体一无所知。"①上帝及其意旨是一切事件发生的根本原因,也是其直接肇因,"迄今为止,普世性的历史(universal history)仅仅是神学家在研究圣经经文、文献学家在诠释古希腊罗马作家及其遗作时必需的大量资料;它是一门辅助性的学问,而不是别的什么东西"。现在需要以世界历史取而代之,"通过对历史史实的系统编撰,可以使人们顺理成章地理解人世间的新景况"。②

一项尚待完成的任务。在第一次世界大战爆发前的五十年,施洛泽所构想的综合史实的新型世界历史尚未出现。在黑格尔历史哲学的废墟上,兴起了马克思主义思辨的历史解释模式,但这却并不是一部真正基于经验的世界历史。自博絮埃尝试重新划分历史分期以来,数百年来维持了一种普世性历史观的基督教历史解释框架并没有什么革新。19世纪晚期思想中对经验的注重,更加使得这种基督教式的世界历史的复兴无所可能。事实上,神学中的高等批判运动(theological higher criticism)和现代考古学甚至都怀疑人类是否起源于以色列。许多学者都把《旧约》看作是中东地区的一份史料,后来人们也发现里面记载的内容相当准确,但当代的学者却并不将其视为信史。

拿撒勒城(Nazareth)的耶稣是救世主基督,因此基督教世界里的主要历史人物都度日艰难。黑格尔的世界精神不需要一个化成肉身的神明,左翼黑格尔派的所谓上帝也仅仅是人类想象的反映,而在马克思那里上帝则是阶级压迫的工具。然而,即使是当代的基督教神学家也或者从非历史的角度出发,或者以对普世性历史没有真正意义的方式来解释耶稣的生平及其历史作用。在尊奉新教的德国,许多神学家不再强调历史上的耶稣,当他们把信仰转化为一种永恒的个体性精神体验时,就试图把基督教信仰和证实《新约》历史性的任何必要分离开来。在尊奉天主教的法国,欧内斯特·勒南(Ernest Renan)则把救世主耶稣塑造成一个光

---

① A Schlözer, *Weltgeschichte* (Göttingen, 1792), p.78.
② Ibid., pp.3 and 4.

辉伟岸的形象，雍容雅步、为人楷模、仁慈宽厚、悯怀苍生。不过，无论是认为耶稣是一位基督教杜撰出来的人物（这也同时意味着对基督教历史的否认），还是将其视作一位漂泊无依的杰出犹太拉比，都切断了普世性的历史和基督教信仰之间的传统联系。中世纪编年史家教皇尤西比乌和博絮埃遗存下来的传统也最终消逝了。

然而，实证主义意义上的科学的历史学却被证明不能趁势——至少不能即刻取代唯心主义和基督教的历史世界。孔德设想的在人类集体思想发展道路上的进步纲要分为三个阶段，这正是实证主义科学的历史学的前提假设。根据孔德的这份进步史纲要，当人类社会在19世纪进入实证阶段后，人类发展道路上的所有关键性转变都已完成。现在的历史学家研究过去是为了找寻影响人类行为的普遍法则。他们不仅要解释过去的历史事件，而且还要有助于安排人类当前的各项事务。而那些历史事件本身，则仅仅是探寻上述法则的原材料。孔德已经对（朝着实证阶段发展的）世界历史进行了描述。第三个实证阶段的内容无非是讲述因科学的发展人类生活日益得到改善。因此，但凡经验性的历史学家希望对不断发展的世界历史进行探索时，他们首先就要剔除孔德出于实证主义理论本身的需要而提出来的三个发展阶段。亨利·贝尔（Henri Berr）在19、20世纪之交试图理解人类进化史的时候就是这么做的。在他上百册的著作中，到处都是经验性的研究，把这些内容拼接起来差不多就是一幅可以鸟瞰整个人类进化史的拼图。然而，尽管贝尔希望不被表面的历史事实所遮蔽，但他却没有深入思考过被他称之为上帝代理人（a substitute God）的普遍法则。正如我们所看到的那样，马克思的理论体系也摆脱不了孔德三个阶段的发展模式。（以实证主义的形式来理解的）经验主义并不适用于宏观的历史解释，这也同样包括那些必然含有思辨性元素的成体系的世界历史。

达尔文对世界历史写作所产生的影响也以同样的方式表现出来。社会学家赫伯特·斯宾塞（Herbert Spencer）实现了对人类进化过程的"权威性"解释。然而，他的理论体系本身却受到了来自经验主义方面的批

第二十一章 世界历史的问题

评。在历史著作中,达尔文的进化论大都表现为对人类历史进步的科学论证。尤其是像物竞天择、适者生存这些特殊概念有着广泛的应用范围。不过,唯有种族理论才是真正从生物学的角度来解释世界历史的。早在 18 世纪,"种族"这个词就没有清晰的界定,被广泛应用于非生物学领域。直到 19 世纪 50 年代,"种族"这个概念的影响力仍然要超过达尔文的学说,考特·古比诺(Count Gobineau)已在《试论种族不平等》(*Essay on the Inequality of Races*)这部著作中表明,人类是由以"血统"为根据从低到高排列的各种群体组成的。一方面,如今西方文化中的精华被穷尽后唯剩糟粕;另一方面,当社会达尔文主义者认为"欧罗巴种族"是世间最优秀的种族,并展望到其充满希望的未来时,便把乐观主义带到了他们的种族理论中。因此,尽管在很大程度上"种族"这个词仍然没有明确定义,但是上述两种从种族的角度出发、却得出不同结论的解释历史的形式都有各自的支持者。

进步与怀疑。迄今为止,绝大多数人把世界历史解释中的进化观念等同于人类的进步,这使得主流的进步观点进一步得到了强化。阿克顿勋爵对社会进化论和实证主义经验论均持审慎态度,他在 1898 年这样精彩地重述了以人类进步为基础的普世性历史观:

> 我所理解的普世性的历史既非所有国家历史的综合,也不是各种历史的松散结合,而是它们的连续性发展;不是记忆的重负,而是心灵的启迪。这样的历史要不断地关注弱小的民族。讲述弱小民族的历史不是因为其本身有多么伟大,而是它们对大国有所借鉴,依据其历史长短以及对全人类命运贡献的不同而有所差异。①

然而,针对世界历史的潜在质疑,有时也会变得明显起来。在这方面具有象征意义的是对进步的极度怀疑,以及对新兴工业化大众社会的不信任,

---

① Lord Acton, *Essays*, p. 398.

正如《文明的法则及其衰落》(*The Law of Civilization and Decay*)这本美国学者的著作中所描述的那样。布鲁克斯·亚当斯(Brooks Adams)在这部著作中宣称,西方社会已到了穷途末路。当时的"经济思想"是日新月异的革新和效率的产物,却为人们的贪婪私欲所左右,并且最终压倒了对社会各阶层都产生了广泛影响的"富有想象力的思想"。1900年前后,亚当斯的这部著作打破了时代的平静;此外,从托克维尔到雅各布·布克哈特的时代,人们对时代发展的批判,以及尼采对技术理性主义文明中虚无主义蔓延的预言也都被不幸言中了。

第二十二章

两次世界大战之间的历史学(1918—1939)

一 20世纪的背景

1914年,当士兵们在欢呼雀跃的群众的夹道欢呼中奔赴第一次世界大战战场的时候,他们中的许多人都已意识到可能会战死沙场,但是当时社会的整个生活方式却并不会随着他们的肉体被一并埋葬。这些走向前线的战士使得社会生活,以及人们的生活观念在几十年间发生了巨大变化。1918年后,西方文化自19世纪晚期以来取得的诸多成就有了进一步的长足发展:科学技术不断进步,大众成了新的产品和通讯手段的受益者;长久以来为人忽视的社会边缘群体在政治、社会和经济方面获得了解放;全球化进程进一步加快。早在1914年之前,许多人就已经觉察到了西方社会的上述发展,通过其早期效应便可乐观地确信未来的美好前景。人们很容易预见到人类的生活状况会不断得到改善。

然而,20世纪的历史却表明,这些表面上看来有益的社会发展进程实则有两种完全相反的影响。首先,科学技术在认识和掌控自然力方面的能力不断提高,不仅使得人类生活有了实质性的改善,而且也为人们提供了新一代大规模杀伤性战争工具。

其次,当平等观念开始关注妇女、少数民族和其他边缘群体的生存状况时,大众成了时代的受益者。然而,在摸索建设新社会的过程中民众运动的泛滥使得人们对人的认识变得极端狭隘,这抵消了社会在人文主义方面所取得的进步。导致了在此前都会令人难以置信的暴虐专制。而在自由民主社会中,大众消费、大众传媒和大众产品的过度发展,使得人们在改善自己生活时对人类生活和自然环境造成了消极影响。

再次,直至1945年,在全球化进程快速推进的同时,殖民帝国的势力范围仍然遍及全球。尽管如此,昔日以西方为中心的世界正在悄然转变成一个真正由各民族组成的世界大家庭。尽管第一次世界大战的连绵战事不利于世界的殖民秩序,但是多个国家为此进行的战争动员却是与之相一致的。回顾历史,我们可以清楚地看到民族国家渐为兴起的各种迹象。这些变化最初发生在人类学领域,文化研究被广泛应用于以民族国家为中心的历史研究中。文化研究中的人类学方法结合了历史主义所强调的历史情境和独特性。此外,奥斯瓦尔德·斯宾格勒和阿诺德·汤因比的世界历史研究方法,使涵盖文明兴起、兴盛和衰落三阶段的长时段文化循环模式再度得到了复兴。在20世纪,这种复兴的文化循环模式将成为进步历史观的主要挑战。不过,只有到了1945年以后,全球化才成为西方思想中的主要特征,这在历史学界更是如此。

二 对历史学家的挑战

人们对现代世界各方面认识的不断深入也深刻影响了历史学的发展。由此产生的影响依据不同的国家和文化背景而有所差异。历史学自身的发展趋势并非单纯依赖生活的发展潮流,而是和它相互交织,这有助于整个社会的转变。20世纪前四十年的梦魇给人们带来了极大震撼,当时的历史学家尤其是要面临下述巨大挑战:世事变迁、沧海桑田,在过去历史的基础上人们对未来有了新的期望,那么怎样在过去和当下之间建立联系呢?在许多西方国家,社会的陡然剧变使人们对历史的延续性产生了怀疑。历史学家发现,一般说来,在一个以变化为主旋律的社会中,人类生活的延续和变迁相互交织、难以辨析。

第二十二章 两次世界大战之间的历史学(1918—1939)

1918年前后,历史学已在整个西方知识体系中牢固地确立了自己的学科地位。历史学家们意识到需要有一套恰当而复杂的规则来规范自己的研究(方法论),并同时形成一系列有关世界和人类状况的动力和结构的基本观点。正如以往一样,20世纪早期大部分历史学家的研究也都追随着学术主流,然而当时的学术界并不是先后为某种宏大理论所左右,而是同时受到新旧两套不同的研究手段和研究方法的影响。过去的历史思想和历史实践的遗迹本身,成了人们理解和解释过去人类生存状况的新手段。然而,当考察历史遗迹不再是历史研究的唯一途径时,人们理解和解释历史的手段日益增多,学术主流的基础也相应地发生了变化。正如一些新理论所表明的那样,学术转变的过程本身是在不断重演的。因此,历史理论的基础从来不是被系统地组织起来,而是有赖于史家历史洞察力的不断历练。以牺牲理论的纯粹性为代价,历史思想和实践在很大程度上具有了很强的适应性。

自19世纪80年代以来,尽管历史学家们在"科学"这个词的明确定义方面分歧渐深,但他们却普遍认为史学方法应该是具有"科学性的"。当时的主流学界在研究方法上兼收并蓄,对"科学性"的要求不仅迎合了这种学术趋向,而且有时这种要求可以一直追溯到古代:批判性地使用史料以建构史实,针对历史叙述制订出专门规范,历史学家负有追求客观性的义务。以"科学"的方式对上述这些内容重新进行规范成了当时史学研究的首要任务。其中以两种长时段的研究方法最为显著。

历史主义。随着历史的发展,人们在科学方法的意义方面的意见分歧逐渐加深。反对科学方法最突出的观点便是历史主义。历史主义主要是和德国的 *Geschichtswissenschaft*(历史科学)相联系的。德语中 *Wissenschaft* 的涵义和英语中的 science 不同,其与自然科学有着密切关联。*Wissenschaft* 是指以一套严格并且得到普遍认同的规则来探寻真理,有着追求客观性的精神。历史主义的早期代表人物是约翰·戈特弗里德·冯·赫尔德和列奥波德·冯·兰克,在19世纪80年代以后则有威廉·狄尔泰和兰克的追随者。直到20世纪,历史主义者的学术理念在学术界仍深有影响。历史主义的核心观点是坚信人们可以获得具有权威性的历史真理。通过对史料的批判性研究,最大程度排除当下情境(客观现实)的影响,便可达到上述目的。尽管我们看到历史学家的历史洞察力本身与现实生活水乳交融,但这却是历史主义者的真实想法。事实上,正是历史学家在现实生活中的历练,培养了他们理解(Verstehen)人类应对世界的方式的能力,世间的任何现象皆独一无二,而非仅仅是某种共性的不同表现形式。基于对过去的同情之了解便足矣还原已逝的历史。因此,历史学家就无须再借用自然科学的普遍性方法,取而代之的是倚赖于对特定生命情境的同情之了解,凡事皆无可替代。以这种观点来看,恰恰个体才是对历史产生重要影响的因素。过往生命中的所有现象必须要通过特有的统一体的形式(比如个人、文化或民族)来理解,它们同时也是生命(事件)的产物。一些历史学家甚至强调任何统一体都具有自身的有机性。概而言之,任何现象(无论是个体、事件、民族甚或文化)都是附着于一张意义之网(Sinnzusammenhang)上的;然而把这张意义之网无限延展却不能通达一个普世性的终极目标(telos)。世界并非是些宏观性结构和力量塑造的必然结果,当然也不能用它们来进行表达,因此人们并不能以抽象的关系网络来解释世界。概括和法则在这里都是行不通的。每一个历史情境中都有自己特有的意义。因此,历史写作不应旨在呈现历史的前因后果,而要描述历史过程。

历史真理寓于个体性的历史情境中。因此历史主义者拒绝照搬从其他历史情境中挪用来的各种标准。他们尤其反对那些在进步观念中明显可见的宏观目的论意义,包括黑格尔和马克思的理论。这些学说否认能从独特、狭隘的历史情境中得出历史真理。历史学家面对的是大量彼此互不关联的历史情境。对于赫尔德、兰克以及其他一些早期历史主义者而言,上帝依旧是能把众多不同历史情境联合起来的力量,这预防了相对主义观点的产生。然而在19世纪初的最后几年,那些超验的统一体在当时已不再能被纳入历史科学。相应地,联合不同历史情境的力量转化成了无处不在的普世性生命力(比如哲学中的生机论),尽管如此,由于这

第二十二章 两次世界大战之间的历史学(1918—1939)

种生命力中也孕育了自发性,因而它也保留了一定程度的独特性。通常人们会把普世性的观念和具有广泛解释效力的力量相结合。这种趋势加强了历史主义中固有的相对主义的倾向。结果,相对主义成了历史主义者的重要议题。

经验社会史的先驱。自19世纪中期以来,一些历史学家就已经开始用别样的方式来看待世界了。当他们在为各种形式的经验主义、宏观结构和力量的向心性、历史事件的因果链,以及历史法则辩护时,就像自然科学家那样运用起了科学术语。这部分历史学家探究为历史主义者所忽视的有关生活的方方面面;尤其偏好研究经济史和社会史。最终,公民社会取代国家成了历史研究的首要议题。一战之前把新史学等同于社会科学的论调也仍然有一定市场。对上述论调的积极回应使得以总结现象、进行归纳,甚或得出规律的方法为主的历史研究模式得到了强化。这些新史家们认为,通过这种方式可以使历史尽可能地囊括生活的方方面面。人们迫切希望这样的历史(新社会史)能够对现代生活更有助益。社会冲突和1929—1933年间的经济大萧条促使人们以新的眼光来重新看待历史,然而1918年后以新方法来研究历史的机会寥寥,而阻遏革新的势力却异常强大。

在1939年之前的大部分时光,第一代《年鉴》(*Annales*)学者是在斯特拉斯堡,而不是在法国的知识中心巴黎从事研究。在德国,兰普莱希特倡导的社会史和文化史的破产,以及马克思主义者对上述两种史学的普遍质疑,使得社会史化约成了带有强烈种族色彩的民族史(*Volksgeschichte*)。唯有美国版本的社会史(美国进步史学)在学界赢得了声望。进步史学的成功得益于美国人历史意识中对进步的充分肯定。对稳健增长的理性的期望激励着人们对未来的信心。对社会史不持偏见的经济史也渐渐盛行了起来。然而,直到1960年以后,符合科学精神的社会史的全盛时代才来临。

三　历史主义:从兴盛到危机

历史主义的显著作用。1918 年后,令人期盼的和平时期最后被证明是一场短暂的政治骚乱。战败国蒙受苦难而战胜国怅然若失。20 世纪 20 年代,在新的世界政治格局下,现实生活和人们对战后生活憧憬(甚至彻底的幻灭)之间的巨大落差妨碍了历史学进行自我调整。通常在缺乏全民公决的情况下,实现了对欧洲旧的政治实体的重组。民族仇恨的情绪被一次次煽动,酿成了一系列悲剧。最终致使大多数欧洲国家陷入困顿。20 世纪 30 年代爆发的经济大萧条更是在困难的时局上雪上加霜。

当历史学家们试图在不同的民族背景下建立起新的历史联系时,他们也遇到了许多相应的困难。以真实、有用的民族史对刚刚逝去的决定性剧变进行重估,被证明是个关键问题。而历史剧变所带来的社会、政治和文化影响,则把社会的延续和变迁问题当成公共事件来处理。对于那些当时已在大多数欧洲国家赢得历史方面权威地位的学院历史学家而言,是要以当时的主流史学来实现对历史剧变的重估。那些战前的历史学家仍然身居学术要位就保证了社会延续,史学研究的各种组织(例如各项学术机制、历史教育和学术评价标准)也在很大程度上表明了这种社会延续。而社会延续又强化了历史主义。因此,正如前文所述,与上述内容相关的另一面,则是历史主义中固有的相对主义因素使历史主义陷入了严重的危机之中。

危机的影响范围。以下三个问题成了历史主义者需要面对的特殊困难:首先,能否对个体和个别现象进行概括;其次,能否在探寻真理的过程中避免落入主观性的危险;最后,能否在一切价值的生成环境中保持道德中立。第一个问题不利于多种不同类型的史学共同发展;第二个问题以彻底的相对主义来处理历史主义的问题;第三个问题则在遭遇颇有影响的极权主义意识形态,这样需要做出道德抉择的严峻局面时,忽视了历史主义产生的真实历史背景。在 20 世纪二三十年代,人们对历史真理及道

第二十二章 两次世界大战之间的历史学(1918—1939)

德影响的讨论成了一个核心议题,德国的情况更是如此。

从狄尔泰开始,德国学者就尽力使撰写出来的历史同自然科学,以及像上帝、神灵这类形而上的存在体保持恰当距离。不过,他们却仍坚持认为,历史学作为一门独立的学科,要求独特的个人、群体或者事件依旧在史学研究中处于中心地位。在研究中舍弃概括和忽视宏观力量的代价,是否认任何形式的历史总体发展,并失去一个能从整体来理解的经过客观排序的世界。在1914年以前的德国,人们的平静生活尚未被打破,然而一战的阴霾降低了人们对狄尔泰"盲目"乐观主义的热情,韦伯从禁欲主义的观点出发认为世界在根本上就无可理解的观点也隐藏不了真正的问题。因此,面对一个有序的世界,人们仍要继续为其寻找一个合适的概念,并以恰当的方法来加以理解,既要提防实证主义的确定性,也要避免矫枉过正走向相对主义,进而否认获得一个具有约束力的真理的可能性。

一些德国学者喜欢把历史相对主义发挥到极致。当一战正酣之际,狄奥多·莱辛(Theodor Lessing)宣称在他的史学中根本就没有科学的位置,有的只是赋予微不足道的生命以意义的具有创造性的行动,他描绘出了一个缺乏内在秩序的人类世界的终极后果。一切历史观都是观念的产物,得益于对未来寄予信心和希望的民众的创造。科学的历史学的观念只是另一种神话,因为只有在自然领域才能得出以固定的命题甚至数字来表达的真理。另外一些学者对马克斯·韦伯维护理性认知的意图也进行了攻击。卡尔·曼海姆(Karl Mannheim)甚至认为理性的过程也不具有自主性,而是受到经济、社会和政治环境的影响,甚至科学理论也可以被变成意识形态,而艾瑞克·罗塔克(Erich Rothacker)则明白唯有生命的逻辑是独一无二、不可通约的。

然而在1918年以后的一段时期,伴随着政治和文化方面的急剧变化,以及未来的不确定性,当时大多数的历史学家都为狄尔泰曾经提出来的一句诘问所困扰:"把所有宗教和哲学观念皆视为变化和主观的观点不会必然导致'信仰的混乱'吗?"尽管历史主义有着相对主义的倾向,但是许多德国历史主义史家个人仍然认为存在有关善和真的永恒真理。不过,厄内斯特·德罗伊森(Ernst Troeltsch)却认为,与主要的相对主义相比这种唯美主义不值一提。他更希望欧洲传统价值之大成能为他以一种固定的秩序来体验和撰写历史,构筑一个稳固的根基。在希特勒上台的前一年——1932年,卡尔·赫希(Karl Heussi)出版了著作《历史主义的危机》(The Crisis of Historicism)。以个体调和总体、以延续调和变化的做法并不成功。历史主义中的相对主义在具体实践中也遭到了失败,因为面对希特勒的集权政府它不能给出切实的回答。弗里德里希·梅尼克(Friedrich Meinecke)替历史主义进行了巧妙的辩护。他在那本讨论历史主义的著作中,试图以1750年至1890年间为德国思想家所热衷的人文新古典唯心主义的(the neoclassical ideal of Humanität)观点,来重新定义德国历史及其特性,尽管梅尼克肯定明白赋予一个时代以突出地位的观点,是有违"时代之间皆平等"这条历史主义教义的。

克罗齐的绝对历史主义。在20世纪二三十年代,德国维护历史真理价值的学者到贝奈戴托·克罗齐(Benedetto Croce)那里去寻求帮助。克罗齐也反对那些想把历史学转变成科学的学者;实际上他最终认为历史学应囊括世界的方方面面。克罗齐能否克服在很大程度上困扰德国历史主义者的相对主义,取决于人们是否接受他把人类生命视为一个总是具有创造性的持续过程。历史学家是这一过程的全程参与者(只要是人类就有必要),他仍然能通过学术规范做到公正,而不是在对世界没有任何见解的意义上保持客观。后面这种情况致使历史学家"只局限于自己的个人情感和经济生活,而对大千世界的变迁无动于衷,他们所认识到的历史无非就是自己有限的焦虑不安"。[1]

这就使得一切历史成了当代史,因为当下不仅仅是一个能使历史学家回溯已逝往昔的时间点;而是和过去交相缠绕、密不可分——过去就存在于当下的现实之中。因此,历史学家不得不重新定义自己的工作:不再

---

[1] B. Croce, *History as the Story of Liberty* (New York, 1955), p. 43.

第二十二章　两次世界大战之间的历史学(1918—1939)

是在搜集和评判史料的基础上对历史做出解释(兰克学派的研究方法)甚或得出普遍法则(实证主义的研究方法),而是把鲜活生动的历史融入现实之中。这样的历史以叙述为主,能反映出历史情境的独特性,对过去带有同情之了解,如此便可避免对事物做出好和坏的区分。这样的历史也可以证明,如何在克服疑虑的基础上不断实现人类的目标。新的问题不断涌现,但总有解决之道,故而人类生活也总在不断进步。在克罗齐的理解中,生活和历史合二为一——只有把它们结合在一起才能为人所理解。脱离生活历史资料和历史事件就毫无价值,缺乏历史省思生活也会丧失意义。因此,克罗齐的历史主义有着一以贯之的哲学纲领,这就事先提防了德国历史主义者的强烈怀疑,他学说中的肯定精神引起了卡尔·L. 贝克尔和查尔斯·比尔德这两位美国历史学家的兴趣。

令人愉快的相对主义。尽管受到德国历史科学的影响,但是一些美国历史学家却并不像他们的德国同行那样为历史学的真实性而感到焦虑。他们依旧相信科学的历史学最终是值得信赖的,能得出令人信服的结论。在抛弃德国学者疑虑的基础上,美国历史学家建立起了对科学的历史学的信心,认为依据严格的法则在单独的科学体制内就可实现对现实世界的理解。他们确信历史叙述可以"如实"还原现实,甚至进步史学的核心要义——进步也被视为一种"事实"而非一种历史建构。事实上,客观性就被定义成以进步的眼光来看待历史。因此,在詹姆斯·H. 罗宾逊(James H. Robinson)看来,具有无限洞察力的科学历史学的理想模式和把历史视为行动工具的观念并行不悖。他强调:"事实上,不应把历史学视为只能依靠革新研究方法和挖掘利用新史料来取得进展的静止的学科,因为它的观念和目标会随着社会和社会科学的整体进步而不断变化。"①罗宾逊和一些进步主义史家认为,历史学的这种相对性是有利无害的,因为他们相信随着历史阶段变得越来越理性和民主,历史真相也会变得越来越精确。所以客观性的理想模式并不是要对缜密的历史思考做

---

① J. H. Robinson, *The New History* (New York, 1912), p. 25.

出规定,而是要对进步的历史观给予肯定。既然社会发展得益于时代和历史认识两个方面,那么人们对历史的认识也就需要与时俱进。因此,在认识论方面引起欧洲历史学家焦虑的相对主义,在美国却成了令人愉悦的美妙乐符,因为它证明进步是不可阻挡的必然趋势。哈里·埃尔梅·巴纳斯(Harry Elmer Barnes)把传统的真实性概念的瓦解,视作是一场战胜虔敬主义、蒙昧主义和政治拜物教的伟大胜利,因而欢欣鼓舞。

不过,只有卡尔·L.贝克尔和查尔斯·比尔德等少数几位美国历史学家对历史的客观性和真实性进行了严肃认真的讨论。他们普遍认识到第一次世界大战、物理学的新进展,以及经济大萧条都动摇了人们认为现实生活必将进步的信念,因而进步与客观性之间的脆弱联系也遭到了破坏。至此,被人认为是历史现实中的结构性力量的进步,变成了一种为社会和历史学家个人共同塑造的产物。贝克尔曾一度相信,历史学家有可能捕捉到真实的过去,但在1910年以后他就开始怀疑这种可能性了。毕竟,历史学家:

> 自己不能直接处理历史事件,因为历史无可重演。他所能处理的是对历史事件的陈述……因而这就有了一个重要的差别:转瞬即逝的历史事件和穿越时空的历史表述之间的差别。实际上,对于我们而言,这种对历史的表述便成了历史事实。①

认为历史是对真实过往的描述是一种不切实际的想法。

但贝克尔的历史怀疑论却并不令人沮丧。一切长时段的历史解释都无所谓真假,只是在有用性方面多少有些差异。它们都是观念的产物,这即是说在论证方面没有任何理性的根据。历史学家不得不"偏向"主流观念(大众的历史解释)一边,特别是要赋予它们更能吸引人的(也即更

---

① C. L. Becker, "What Are Historical Facts?" *The Western Political Quarterly* 8, no. 3 (September 1955):330.

第二十二章 两次世界大战之间的历史学(1918—1939)

有用的)形式。贝克尔在《人人都是自己的历史学家》(*Everyman His Own Historian*)一文中详尽地阐述了自己的理论框架,而在《18世纪哲学家的天堂之城》(*The Heavenly City of the Eighteenth Century Philosophers*)这部著作中则证明了从基督教观念到启蒙理性观念转变的过程。

查尔斯·比尔德甚至在《那个高贵的梦》(*That Noble Dream*)这本论著抛弃客观性的理想模式时,也仍然对其保持肯定、乐观的态度。比尔德否认下述观点:可以把过去当作一个外在对象来加以理解;面对过去历史学家可以秉持不偏不倚的态度;大量的历史事件总会构成一定的内在结构;人类可以在精神上战胜过去。历史学的题材充满了价值,以至于当历史学家在为历史叙述选择和编排史实时总免不了做出价值评判。然而"这差不多是对不可饶恕的罪孽的忏悔,承认在学术界即使不是科学家也是以确定不变的科学方式来处理事务的",人们必须这么做,"要大胆面对……历史的残垣断壁"。① 这也同样是比尔德思想的残余,他曾一度坚持认为历史学应该成为一门实证主义式的科学。

然而,倘若历史观仅是特殊时代、阶级、团体、民族、种族或者地区的产物,受到社会变迁的左右,那么历史的真实性是什么,历史的意义又何在呢?比尔德认为历史学家可在三种历史观中做出选择:"混乱无序的历史,不对此进行解释便成了虚妄的观念;循环往复的历史;沿着某一方向直线或螺旋发展的历史。"②客观性和实证性科学都无助于历史学家选择出恰当的历史观。当然,"或许历史学家也能以沉默或者公然回避来逃避抉择,或许他在考虑到自己做出的任何决定(自己的内心信仰)都隐藏着思想和道德风险后能坦然面对"。③比尔德自己的信仰确信,历史有自己的发展方向;它的目标是要实现一个公正、民主社会(用比尔德的话来说是一个经过规划、带有集体性质的社会)中的美国梦。对于过去的

---

① C. A. Beard,"Written History as Act of Faith",*American Historical Review* 39,no. 2 (January 1934):221-222.
② Ibid.,228-229.
③ Ibid.

一切都必须要从这一目标出发来进行评判。正是人们对美国社会朝向"至善"境界不断发展的确信(现在完全取决于人们自己做出的抉择),才使得美国史学中的相对主义倾向能为人接受。当新史家(或称之为进步主义史家)持有相对主义的论调时,他们表现出了欢快和乐观主义的情绪,因为社会进步最终带来了安全感和真实性。

事实上,比尔德的相对主义并非一以贯之。他20世纪30年代的著作以坚实的实证主义方式捍卫了美国社会的改革,他的其中一个观点是把进步视为现实社会结构的组成部分。接着在1936年后的意识形态斗争中,比尔德和贝克尔都转向了从纯粹相对主义的角度来解释历史,但这对捍卫自由民主于事无补。他们分别在美国传统(贝克尔)和独特的美国文明(比尔德)中发现了新的确定性。然而,无论是贝克尔还是比尔德都没有充分的时间来阐释自己的新观点。进步主义史家的相对主义阶段昙花一现,没有在美国史学界引发一场有关认识论的深入讨论。只有少数学者,特别是莫里斯·曼德尔鲍姆(Maurice Mandelbaum),对美国史学中相对主义的理论基础进行了实质性的批评检讨。

四　历史学家与战争罪责的争论

尽管对特定历史思想和习惯的争论有着重要意义,但这在很大程度上只局限于学术界。然而在公众领域引发的另一场争论却与之密切关联。历史主义史家发觉,一战后有关战争罪责的争论与他们的历史观十分吻合,因为争论的焦点集中于外交家、政客和军事将领,这进一步证实了个体是历史的原动力。数量可观的档案材料为分析战争中的决策和行动提供了史料。然而,个体之外的社会、经济、技术或者地缘政治中的各种力量却依旧隐而不显。

历史学家不仅开始参与到战后的和平进程之中,而且甚至还加入了后来所谓的战争罪责问题的争论。是哪些列强或列强集团把世界拖入了战争? 许多国家的历史学家都对各自找出来的战争肇因进行了积极的论

第二十二章 两次世界大战之间的历史学(1918—1939)

证。在对战争爆发原因的解释中民族心态成了首要因素,不过其中也不乏对战争失误的分析。来自德国、奥地利、法国和英国的历史学家,都纷纷开始整理、出版各种用来为其政府在1914年的行为辩护的资料。为了实现这一目标,一些档案提前解密了。乔治·古奇(George Gooch)、哈罗德·W.坦伯雷(Harold W. Temperley)和詹姆斯·W.汉德兰姆-莫里(James W. Headlam-Morley)整理的《英国方面有关战争起源的资料汇编》(British Documents on the Origin of the War)代表了英国方面的观点;而艾米尔·布尔乔亚(Emile Bourgeois)和乔治·佩奇(Georges Page)编纂的《世界大战的起源及其罪责》(Origines et la responsabilité de la Grande Guerre)则体现了法国方面对战争原因的分析。

然而,不久便出现了把战争罪责完全归咎于德国方面的批评。英国学者哈罗德·尼克逊(Harold Nicolson)和老古奇(older Gooch)便持有这种论调;而法国学者皮埃尔·勒努瓦(Pierre Renouvin)和亨利·豪塞(Henri Hauser)的著作则以更为隐晦的方式表露出这种观点,他们把战争置于一个宽广的背景中来进行考察,因而战争罪责问题就变得更加复杂了。

德国史学界对战争罪责问题的看法大同小异,但都充满了怨恨,因为他们面临的是军事溃败、君主制解体,以及对《凡尔赛和约》深怀仇恨的大环境。尤其是《凡尔赛和约》的第231项条款强迫德国独自承担全部战争责任。因此,尽管德国的"战争起因研究中心"(Zentralstelle für Erforschung der Kriegsursachen)对此进行了驳斥,但是对战争问题的实质性讨论却是和战后德国的地位问题相联系的。当时的讨论认为,战争的可怕后果是催生了德意志民主国家(魏玛共和国)的诞生。

有关战争罪责的激烈争论与美国无关,因为美国的行动绝不可能触发战争。与美国相关的那部分争论主要集中在美国介入战争的总体环境及其正当性问题上。当然,这些争论也体现了历史主义的观点,侧重于外交、政治和军事史。许多参与这场争论的历史学家通过国家历史委员会(National Board of Historical Service)积极支持战争(比如詹姆斯·T.肖特维尔[James T. Shotwell]和阿尔贝特·B.哈特[Albert B. Hart]等人),而只有少数历史学家为和平进行斡旋。然而到了1925年以后，一些研究对把一切战争罪责完全归咎于德国的做法提出了批评。例如哈里·埃尔梅·巴纳斯的《世界大战的爆发》(The Genesis of the World War, 1927)、悉尼·法伊(Sidney Fay)的《世界大战的起源》(Origins of the World War, 1929)和博尔纳多特·施密特(Bernadotte Schmitt)的《1914年战争的降临》(The Coming of the War, 1914, 1930)。这些著作反对限定在一个狭隘的框架内来讨论战争问题。C. J. H. 海伊斯(C. J. H. Hayes)、帕克·T. 姆恩(Parker T. Moon)、布莱斯顿·斯洛森(Preston Slosson)和爱德华·R. 特纳(Edward R. Turner)等人的著作把经济、社会和文化因素也都纳入研究视野之中。在上述这些学者看来，对战前问题的讨论（这些讨论的立场大致介于孤立主义和干涉主义之间）成了美国学界在讨论战争罪责问题时的中心议题。

此外，另外两个国家也因其他一些原因而置身于这场有关战争罪责的讨论之外。在意大利，从一战结束到墨索里尼法西斯分子上台仅有短短四年的时间。在众多战胜国中，对于意大利而言，与战后利益分配不均而导致的不满情绪相比，战争的罪责问题简直不值一提。苏联则着手建设一个史无前例的新国家，认为过去的世界是正在消逝的旧秩序的组成部分。而马克思主义的正统观念则在资本主义世界的背景中来解释这场战争，这样战争罪责就转化成了另一个层面的问题。

第二十三章

自由民主时代的历史写作(1918—1939)

一 第一次世界大战之后的美国史学

随着美国战后地位的提升,它在现实生活和史学研究方面的孤立主义立场得到了些许修正。出于对外部世界的关注,外交史逐渐兴盛起来。在外交史中,国内冲突降为一个次要因素,而代表集体行事的民族国家又重新受到了重视,这逾越了不同利益群体之间引发的冲突。面对破败衰颓的欧洲社会,维护美国民主的使命感激励着塞缪尔·弗拉格·贝米斯(Samuel Flagg Bemis)在研究中突出美国社会的独特性与优越性。不过,美国史学这种"向外看"的趋势很快就为美国国内迅速增长的孤立主义倾向所掩盖,只在拉丁美洲史和亚洲史等领域进行了尝试性但富有成效的开拓。然而,美国史学与欧洲的联系却得到了加强,这一点在西方文明扩张的过程中可以看得很明显。

许多历史学家纷纷以不同的形式支持战争,他们或者服役于军事机构,或者加入国家历史委员会,或者投入宣传工作之中。在战争结束后,他们中的大部分人又都重新回到学术正轨,美国在20世纪20年代致力于施行"标准化",例如那些制度史家依旧深具影响。查尔斯·马克雷恩·安德鲁(Charles MacLean Andrew)的最后一本著作出版于20世纪30年代末,而他的学生劳伦斯·H.吉普逊(Lawrence H. Gipson)完成那本讨论大英帝国的体大精思的著作也才是 1970 年的事。不过,一种社会史——美国进步史学却在史学界逐渐兴盛起来。

社会史为一个深有民主传统的国家积聚起了力量。在 19 世纪 70 年代,莫瑟斯·考伊特·梯勒(Moses Coit Tyler)撰写的数本美国文学史就受到格林那本广为流传的《英国民众史》(History of the British People)的影响。此后,詹姆斯·舒勒(James Schouler)在 1776 年撰写了有关殖民地民众生活的著作,而约翰·巴赫·马克马斯特(John Bach McMaster)则在《美国民众史》(History of the People of the United States)这本著作中讲述了美国人如何着装、娱乐和工作,以及他们如何辨明善恶、建设一个仁善慈爱的社会。马克马斯特几乎是围绕着一个主题来大量搜集史料的,即:对自由和民主的热爱是如何哺育出迄今为止最繁荣昌盛的社会的。西奥多·罗斯福(Theodore Roosevelt)承认普通民众在开拓新大陆时功不可没;而弗雷德里克·杰克逊(Frederick Jackson)虽然从未为美国民众撰写过历史,但在他大部分的著作中民众却是真正的主体。

二 美国进步史学

进步主义史家。 早在 20 世纪初期,詹姆斯·哈维·罗宾逊、查尔斯·A. 比尔德和卡尔·L. 贝克尔便开始着手创建最终被人称之为进步史学的新史学。进步史学在 20 世纪 20 年代臻于全盛,从短暂的相对主义阶段开始进入了认识论混乱的时期,而到了 20 世纪 40 年代则步入了艰难的调整时期,直至 1945 年以后渐行衰落。罗宾逊、比尔德和贝克尔都来自美国中西部地区,自青年时期起就具有叛逆精神,以反抗被他们视为传统主义的新教和经济、政府管理方面的自由放任政策。进步主义史家在哲学方面奉行实用主义,而在历史方面则倡导以宏观的结构性力量,特别是"民众"为中心的新史学,旨在取代以政治史为主导、强调精英阶层的旧史学。不过,一旦进步主义史家有了让史学服务于美国社会改革的愿望,他们又会重新修正自己的史学思想,再度赋予倡导进步理念的政

第二十三章 自由民主时代的历史写作(1918—1939)

治领袖和具有改革思想的新兴知识精英以重要地位。为了推行关键性的改革,历史学必须成为使美国社会摆脱落后传统束缚的斗争武器。至此,客观现实要求历史学家以全新的眼光——即进步主义的眼光来重新审视历史。因此,在这场文化大战中社会科学家联合了起来,尽管在现实生活中他们之间的联系在一定程度上仍然只停留在概念上。

进步主义史家对自己的学说确信不疑,因为他们认为正如人类进化过程中的内在形式那样,社会总是朝着理性的方向不断进步。尽管如此,这种类似于自然进化模式的社会发展过程仍然需要赢得历史学家的支持,为此他们必须放弃对永恒真理的思考,或是在大的历史背景下来实际分析近期的历史。但渴望维持现状的人们仍守着那些过时的观念,必须要从中分离出美国人生活中"真正的"结构和力量。民众一旦明白了历史中"真正起作用的"力量,那些出于各种利益企图掩盖实际推动历史发展的力量的阴谋也就不攻自破了。像天意、民族和民主这样的抽象概念容易让人产生在过去、现在和未来之间存在着延续性的错觉,这反而维护了社会不公正。是民众与那些图谋压迫他们的当权者之间的长期斗争保证了美国历史中真正的延续性。进步史学以"科学性"自居,从一开始便具有道德教化的特征。它把历史理解成朝着一个理性、协作,至少是经过部分规划的理想社会发展的过程。查尔斯·比尔德在一系列论述宪法、联邦最高法院和杰斐逊主义的著作中,试图表明那些在美国历史中实际起到作用的"真正"力量。卡尔·L. 贝克尔否认美国革命首先是一场为维护国内统治而进行的对外斗争,声称它也同样是一场反对统治阶层的内部冲突。贝克尔和比尔德勾勒出了美国革命时期的进步模式。美国革命被描述成是一场民众反抗英格兰,以及他们的权力和财富寡头的斗争。而美国宪法则成了保守的反革命的产物,它剥夺了民众在美国社会中的应有地位。到了20世纪20年代,查尔斯·比尔德的著作《美国文明的兴起》(*The Rise of American Civilization*)则不仅把美国人民描绘成一个充满活力、民主开明的民族,而且他们还针对财产,特别是对在美国历史上占主导地位的商业坚持了始终不渝的斗争。

进步史学及其观念。进步主义史家证明,观念世界和欣欣向荣的思想史是困难的领域。一方面,这些历史学家偏爱经济中的"现实主义"或是从外在环境的角度来解释历史,对推动历史发展的观念缺乏信任。他们拒斥像"时代精神"(Zeitgeist)这样能塑造一个时代的思想和行动的概念,也不像一些德国历史学家和雅各布·布克哈特那样,为了回避自然主义和唯物主义而研究思想史。同样,他们也没有继承梯勒的思想史,在梯勒的思想史中历史事件的发生首先源于观念,并且总是拿极度物质化的当下和历史上的各个时代进行比对。另一方面,进步主义史家对历史的解释却仍然停留在观念上:这就是进步的观念,在这种观念中理性对于民族和人类的命运至关重要。因此,这些历史学家喜欢像巴克尔、莱凯和艾格莱斯顿那样的带有进化论色彩的思想史,为理性能从迷信和谬误中逐步解放出来而欢呼雀跃。罗宾逊宣称正确的思想能保证人们臻于至境:"贫困、疾病和战争销声匿迹,而快乐、合理的生活蒸蒸日上。"①很容易把这种观点同进步观念,以及将历史视为民主解放工具的观念结合起来。

但进步主义史家却很少反思自己学说中存在的内在紧张:进步观念是观念世界中的一个例外,因为它不是仅仅作为一个概念工具,而是作为历史实质本身而具有价值。只有在进步史学步入相对主义阶段的时候,人们才不会首先强调进步的价值。在此之前,根据这些观念与未来理想社会的不同联系,它们要么正确可信,要么错误无力。那些错误的观念出于某些群体为一己之利而维护现状,隐瞒真相,进而阻碍进步。不过,一旦历史学家向民众揭露出这些错误观念背后自私的经济、地区利益,这些观念便会变得苍白无力,最终在未来合理、规整和公正的社会中销声匿迹。在那样的社会中,经济和环境的力量同观念在本质和目标上是一致的,只是在社会秩序不公正的时代彼此矛盾。

弗农·帕林顿(Vernon Parrington)在《美国思想主流,1927—1930》(*Main Currents of American Thought, 1927-1930*)这本著作中,把观念和社

---

① J. H. Robinson, *The New History* (New York, 1912), p. 263.

第二十三章　自由民主时代的历史写作(1918—1939)

会环境紧密地联系在一起,这一特点在文学表达方面尤为明显。文学的形式和内容成了社会学,而非"正式的文学"批评研究的对象,因为此时任何东西都是由作家所处的社会环境所决定的。因此,各种文学规范和信念简化成了当权者谋取私利的举措,而体现社会行动的思想史研究取代了严肃的文学研究。以这种观点来看,倘若作家被认为是支持民主的,那他便成了英雄;倘若他被视为是不开明的或是政府当局的热心追随者,那他便是个反面人物。诗歌和小说不再被看作是美学的表达形式,而是成了早期社会斗争的痕迹。文学史和思想史成了民主和反民主两种长期对立的力量的如实反映,在不同的历史阶段各有差异,并且只关注富有争议的问题。差不多是在二十五年以后,迈尔勒·库尔蒂(Merle Curti)出版了《美国思想的发展》(The Growth of American Thought)一书,与帕林顿的著作相比,库尔蒂的这部著作论述更为精到,视野更为开阔,学识也更为广博,但却依旧因循着进步主义的精神,他希望这不仅仅"是一部美国思想史,而是一部有关美国思想的社会史,甚至在一定程度上是一部有关美国思想的社会经济史"。①库尔蒂的这部著作在总体上充满了乐观主义,关注社会的平等趋势、科学进步以及个人主义的发展,只是在后来的修订版中才逐渐注意到恐惧、焦虑和原子时代的种种问题。实际上,进步理想不再是不证自明的真理,它成了"引领人们步入新时代"的向导。②

南北战争的问题。当进步主义史家在着手研究美国南北战争问题的时候,他们的现实主义态度让他们引以为豪,仍然十分倾向于把美国历史解释成一场持续不断的社会冲突,并从经济的角度出发对此进行考察。这方面最有代表性、最具影响力的学说是查尔斯·比尔德结合经济和区域考察的研究思路。在比尔德看来,美国南北战争最重要的结果不是废除奴隶制,而是引发了第二次美国革命,它造成了工业和商业利益主导美国的局面。不过,认为美国南北战争是一场由各种宏观经济势力之间的

---

① M. Curti, *The Growth of American Thought*, 2nd ed. (New York, 1951), p. vi.
② Ibid., p. 799.

冲突酿成的必然斗争的观点，却与进步主义史家相信富有成效的理性行动造就人类生活的信念，及其模棱两可的道德态度相抵牾。比尔德到了晚年，也对经济决定论持审慎态度。

比尔德的学说很有感染力，但不少学者却并不接受。一些像弗兰克·奥斯雷（Frank Owsley）和凡·伍德华德（Vann Woodward）这样的学者批评比尔德的学说是以纯粹农业化的南部地区来对抗工业化和商业化的北部和东部地区。而另一些学者则直截了当地反对比尔德学说中的经济决定论，以及进步主义史家对其的普遍接受。他们不能苟同进步史学的下述观点：即便是那些血腥残暴、后果不堪的历史事件，也是人类社会通达公正、幸福境界的必由之路。令这些学者印象更为深刻的是当时人们对美国介入一战的指责，认为其是一项在情绪化支配下成功操控公意的愚蠢或者至少是没有必要的举措。这些修正派历史学家申辩说，通过巧妙的政治策略原本可以避免南北战争的爆发，这场战争是由那些拙劣的政客一手酿成的，后者用詹姆斯·G.兰达尔（James G. Randall）的话来说是"成事不足败事有余的一代"。是虚妄的幻想、恶毒的宣传、虚假的指挥、冲动的情感和盲目的狂热最终酿成了南北战争；总之，战争的爆发归因于理智和政治策略的缺乏。艾弗利·克拉文（Avery Craven）写道：南北战争"是政客和蛊惑家们的杰作"。这场战争既不是国家统一的必需，也不是各种经济势力之间无可回避的冲突；它是一场无谓但却可以避免的争斗。大部分修正派历史学家是南方人，他们暗示不接受一切认为北方在道德上具有优越性的思想。奥斯雷把废奴主义者称作粗暴的鼓动家，而查尔斯·兰姆斯德尔（Charles Ramsdell）则认为无论如何奴隶制最终会退出历史舞台。对峙的南北双方都缺乏忍耐、政治策略和相互谅解，他们都互不相让。

但修正派历史学家的论调只是昙花一现。当他们否认观念对大众态度的决定性影响，忽视奴隶制在道德和经济方面的重要作用，低估情感具有的独特地位，强调民主政治的局限性（至少1850年的情况是如此），信赖南方的政治体制，以及像比尔德的决定论那样丧失道德准则时，实际上

第二十三章 自由民主时代的历史写作(1918—1939)

就已经走到了经验性调查研究的反面,重新回归传统了。修正派历史学家的观点也与二战后美国国内的民族情绪相抵触,人们对在这场"不可避免"的战争中所取得的胜利深感骄傲。那些非比尔德式的进步主义史家看到民主的整个过程受到了质疑,新一代所谓的共识派史家(Consensus historians)因过于注重观念和理想模式在历史中的重要影响,以至于自身即成了幻想或虚妄的代名词。

三　其他的社会史

一类被忘却的冲突。令人奇怪的是,对美国社会的内部冲突十分敏感的进步主义史家,在实际上却对美国国内的种族冲突视而不见,直至他们中的某一位认识到在他们的历史解释模式中容易忽视种族问题。进步主义史家利用比尔德的历史解释框架来处理美国南北战争的问题,强调地域和经济冲突,从这种观点出发种族冲突便降为了次要问题。不过,在有关美国重建时期的历史中种族问题得到了反映,因为在那段历史中美国黑人的社会地位是问题的关键。但由于进步主义史家把种族视为一个次要的问题,他们大都从地域、政治和哲学的角度出发来讨论美国重建时期的历史。詹姆斯·F. 罗德(James F. Rhodes)和威廉·A. 杜宁(William A. Dunning)学派的学者早就指责美国重建时期的问题在于,一方面北方当局失误连连,另一方面却有大量黑人是共和主义者。尽管杜宁明白种族问题的重要性,但当时普遍存在的种族优越论的观点仍然影响了他的研究结论。

南方问题的根本原因不是奴隶制,而是在同一个社会中共存着两个特点截然相异的种族,以致不能和谐共存;奴隶制是保证社会生活正常运转的生活方式(modus vivendi);因此,在奴隶制被废除后,必须要有一套相应的制度取而代之,这套新设立的制度,如果恰巧更为人道和有益的话,其在实质上也一定是要维护种族不平等的。①

沿着同样的思路,乌勒尔希·B.菲利普斯(Ulrich B. Phillips)解释说奴隶制是以民主的方式来对待美国国内的"劣等民族"的。进步主义史家并不驳斥这种论调;他们只是回避在美国存在着歧视黑人的情况这一关键问题。此外,他们在讨论南北战争结束后的南方地区时,也依旧遵循着经济决定论的历史解释模式。比尔德把美国重建时期视作是确保北方资本家经济优越地位的一次努力,而霍华德·K.比埃尔(Howard K. Beale)却认为重建时期无助于改善美国黑人的境遇,因为激进的共和主义者会想方设法来维护自己的经济利益。由于喜欢从经济的角度来解释历史,同时对歧视美国黑人的学说也并不反感,进步主义史家的确很容易忽视关键性的种族问题。不过,通过对民族解放、民主、公正、社会冲突和普通民众等问题的探讨,他们间接地激励了一些美国黑人历史学家开拓美国黑人史的研究。重要的是,美国在1865年至1900年期间取得的教育进步使得数量空前的美国黑人具备了读写能力。渐渐地美国黑人史摆脱了纯粹用来激励人们斗志的特点,尽管这在詹姆斯·W. C.潘宁顿(James W. C. Pennington)的《有色人种的起源及其历史教程》(*A Textbook of the Origin and History of the Colored People*, 1841)中依然得到了体现,但在历史科学兴起后美国黑人史的研究开始步入了正轨。乔治·华盛顿·威廉斯(George Washington Williams)在1883年出版了《1619年至1880年间的美国黑人史》(*History of the Negro Race in America from 1619 to 1880*),他在书中强调了一手史料和二手史料的重要性,以及他在研究中所秉持的客观性。

这并非是对自己所属人种的盲目颂扬,也不是带有偏见的申辩,而是出于对"历史真相"的挚爱,努力记录完整的真相,除了真相别

---

① W. A. Dunning, "The Undoing of Reconstruction", *The Atlantic Monthly* (1910), p.449.

第二十三章　自由民主时代的历史写作(1918—1939)

无所求。我并不试图煽动地域仇恨或种族偏见……我的全部目标在于写作一部完全可信的历史;我所写作的内容假若没有别的什么优点,那么至少是可信的。①

在威廉斯之前,神学训练教育那些美国黑人历史学家要重视书面材料,而其宗教信仰则赋予他们的著作以道德和神意的元素。W. E. 伯格哈特·杜波依斯(W. E. Burghardt DuBois)在哈佛和德国接受教育,他在研究中严格遵循世俗的"科学"史学的理想模式。他和当时的人们一样,认为历史进程是朝着理性稳定增长的方向发展,此外年轻的杜波依斯还认为这能自行缓解包括种族问题在内的所有社会问题。这样,美国黑人问题和科学的历史研究顺理成章地联系在了一起。

> 我准备研究一切有关美国黑人及其苦难的真相,通过调查、比较和研究来逐步得出有效的归纳。我的研究首先是从社会改革中的有利措施开始入手的;不过尽管如此,我还是想以科学准确的态度来做研究。②

不过,在不久之后杜波依斯便不再相信,随着人们教育程度的提高和理性程度的增加,他们会抛弃种族成见。与杜波依斯同时代的学者卡特·G. 伍德森(Carter G. Woodson)在哈佛大学获得博士学位,以更为务实的方式来研究历史,避免在理想和现实之间产生过于悬殊的差距。经过毕生努力,他组织了"黑人生活及其历史研究协会"(Association for the Study of Negro Life and History, 1915),创办了《黑人历史杂志》(Journal of Negro History, 1915),创立了一家专事出版黑人的历史和生活作品的出版

---

① G. W. Williams, *History of the Negro Race in America from 1619 to 1880* (New York, 1883), p. vii.

② W. E. B. DuBois, *Dusk of Dawn* (New York, 1940), p.51.

社,最后他还写作了多部有关黑人历史的著作。许多杜宁-菲利普斯学派学者的著作仍然假定美国黑人有种族上的劣等性,而伍德森则要通过学术化的方式对这种假说进行驳斥。

到了20世纪30年代,19世纪晚期以来认为美国黑人是劣等种族、具有"特定社会地位"的观念已在美国社会以及一些历史著作中广泛传播,杜波依斯和伍德森则以各自的方式与上述成见进行了斗争。新的美国黑人史研究希望种族问题在引起美国社会重视的同时让黑人获得社会认同。"如果一个种族没有自己的历史,缺乏有价值的传统,那么它将为世界思想所忽略,到了种族灭绝的边缘。"①

在世界经济大萧条期间,人们一度热衷于从经济角度来解释历史,特别是马克思主义的历史解释模式,并对不能通过说服的方式来实现社会变革感到失望,杜波依斯出版了《黑人的重建》(Black Reconstruction)这部著作。杜波依斯早先希望在理性不断增长的情况下能自动实现种族平等,然而现在他却把希望寄托于曾经为马克思所预言过的经济和社会发展上面。假使人们以这种态度来看待美国南方的历史,那么种族问题便成了南方经济、社会发展过程中的一股有害的势力。当白人劳工团结在白人的大公司周围、抛弃黑人劳工的时候,美国南方无产阶级的势力就受到了削弱。因而,一旦无产阶级不再团结一致,也就不可能实现社会变革。L. D. 瑞迪克(L. D. Reddick)也以同样的原因反对通过政治和法律改革来摆脱种族问题困境的自由理想,他倡导彻底的社会经济重建。随着珍珠港事件的爆发,美国陷入了第二次世界大战,广泛社会变革的时代也接踵而至了。

趋向一种无所不包的社会史。通过讲授有关美国社会的课程,阿瑟·施莱辛格爵士(Arthur Schlesinger, Sr)把他的社会史引入了学术界。在他讲授的课程中,占绝对多数的大众是推动历史发展的驱动力,而极少

---

① C. G. Woodson, "Note on Negro History Work", *Journal of Negro History* 11 (April 1926): 239.

第二十三章 自由民主时代的历史写作(1918—1939)

数社会精英则仅仅是其中的作用力。不过,在他和迪克森·芮扬·福克斯(Dixon Ryan Fox)共同主编的"美国生活史"(History of American Life)这套系列丛书中,他们并不赞同比尔德把社会史绝对地划分为阶级和社会冲突这两大范畴。相反,这套丛书观照了社会史的许多方面,例如妇女、移民,以及普通民众的生活,这就超越了比尔德理解中"民众与商业利益相对立"的历史主题。这两位主编的目标是要实现能鸟瞰美国生活的宏观社会史。历史主题不再是"政治生活中的民众",而是民众普遍关心的食物、工作、健康、娱乐及悲欢。在此之后,出现了一大批类似的历史著作,它们呈现的历史生动而详细,但却平淡乏味缺乏鲜明的中心。"美国生活"的内容被证明像一组联合概念那样散漫无际。不过,社会史家通过对城市、种族、移民以及宗教教区等问题的专门研究,更易于对美国生活做出连贯而统一的描述。奥斯卡·汉德林(Oscar Handlin)的著作《漂泊者》(The Uprooted)便是这样的研究,它清楚地证明了由于出生背景和适应新环境的过程各不相同,普通民众的复杂程度远远超出比尔德的设想。不过,社会冲突理论仍然很有市场。它所涵盖的大众和商业利益这两大元素,有着多种不同的表现形式和表述方式,适用于美国历史上的各个不同阶段。社会冲突理论特别适合于用来解释杰克逊时代,把它看成是一个各种类型的资本家与受到边疆开拓精神激励的农业大众遭遇的时期。

特纳新史学的式微。特纳史学中的边疆学说仍然能满足他要在历史中赋予普通民众突出地位的要求。然而正如前文所述,出于地域研究的需要,特纳的著作在1908年后以更为隐晦的方式来突显民众,这样特纳便退居社会史研究的二线了。不过,并不是所有的区域史研究都能苟同特纳和进步主义史家的观点。新英格兰史学便尤其反对特纳的环境决定论和进步主义史家对清教徒的蔑视。班克罗特夫认为清教徒是纯粹的自由先驱,而进步主义史家却把他们视为落后的神权政治的余孽,认为他们的宗教理想背后掩藏的是经济目的。因此,在詹姆斯·乔斯劳·亚当斯(James Truslow Adams)和沃农·L.帕林顿看来,清教徒并非是伟大事物的开拓者,相反却是因循守旧的保守势力。塞缪尔·艾略特·莫里逊(Samuel Eliot Morison)、凯内基·穆尔多克(Kenneth Murdock)和佩里·米勒(Perry Miller)厌恶化约论和当下主义(presentism),拒斥环境决定论,对新英格兰的传统深感自豪,更倾向于以同情之了解的眼光对历史进行小心谨慎的分析,这就使得他们根本不能认同进步主义史家对清教徒的看法。

尽管南北战争和美国重建问题最能引起历史学家的注意,但是由于美国南方有着截然不同的生活方式,于是便为地域史家从事区域史研究带来了便利。在这方面,威廉·A.杜宁学派仍然占据着主导地位,他们的追随者包括菲利普·A.布鲁斯(Philip A. Bruce)、乌尔希·B.菲利普斯(Ulrich B. Phillips)和沃尔特·L.弗莱明(Walter L. Fleming)等人,他们从事了大量有关美国南方地区的研究。20世纪70年代,美国南方区域史的优良研究传统经过威廉·E.多德(William E. Dodd)和弗兰克·奥斯雷等人的过渡,到C.凡·伍德华德时期已日臻完善。

在20世纪30年代,地域史特别是关于西部地区的历史逐渐衰落了,因为美国试图从国家的立场而非地方或区域的角度出发来解决面临的问题。那些拥护罗斯福新政的人也赞同进步主义史家的观点,认为工业化的美国需要建立一种新的社会秩序。以这种观点看来,像机会自由和自我倚赖这些特纳所谓的边疆优点也就毫无助益和价值了;实际上,这与社会合作的新理想是相违背的。马克思主义者甚至指责特纳是用地域主义来排斥阶级斗争的概念。通过对不同区域历史的细致分析,一些区域史家的态度发生了转变,他们从经验研究中得出的结论与特纳的边疆学说背道而驰。

当边疆生活"不纯洁"的方面被揭示出来后,它也就不再质朴和有魅力了,比如T. P.阿贝内蒂(T. P. Abernethy)对田纳西早期历史的研究便是这样。换言之,有关美国西部地区的故事逐渐褪去了其夸张的传奇色彩,特纳的学说也不再能自圆其说了。沃尔特·P.韦伯(Walter P. Webb)在《大平原》(*The Great Plains*)这部著作中认为,人们在干旱贫瘠

第二十三章 自由民主时代的历史写作(1918—1939)

的西部乡村中的生活方式与绿树如茵的东部地区截然不同。在他看来，不止有一种类型的边疆，他对西进运动也持模棱两可的态度。赫尔伯特·E. 伯尔顿(Herbert E. Bolton)也进一步表明了特纳的学说并不适用于美国偏远的西部地区。到了20世纪40年代前后，包括雷伊·A. 比林顿(Ray A. Billington)在内的一些学者开始有意识地对边疆学说进行修正和做出重新解释。美国不断演变的环境也使人们对于边疆的迷恋大打折扣，它的世界强国地位把人们的兴趣和注意力引向了别的方面。1945年以后，技术进步使得通讯更为便捷、交通运输的成本相对降低，地域主义在美国生活中不再具有举足轻重的地位，它退化成了一种理论模型。典型的例子是亨利·纳什·史密斯(Henry Nash Smith)在1950年出版的《处女地》(*Virgin Land*)这部著作，史密斯在书中探讨的是人们对西部地区的认识而不是西部地区本身，他暗示边疆的概念在更大程度上是一种神话而不是实际存在。

四 衰落的大英帝国的历史学

英国在一战中赢得了胜利，依旧保持着帝国的雄姿，日常生活也逐渐恢复了秩序。在这样的大背景下，英国的历史学家感到没有必要改变他们研究和撰述历史的方式。英国的历史主义带有浓厚的经验主义色彩，赋予自由以优先地位，注重历史上的杰出人物及其活动。所有这些都得益于英国对其独特发展模式的充分自信，而这种英国模式是在社会逐渐变得更完善的过程中形成的。它始自1215年的《大宪章》，经过1688年的光荣革命一直延续到当前一系列的社会改革。这一发展过程的持续稳定，以及英国人生来对自由民主的积极维护形成了辉格派历史解释的核心。乔治·屈威廉的《英格兰史》(*History of England*, 1926)就是英国发展历程的一个缩影。

英国史学的哲学基础依旧是稳固的。理想主义(这是与历史主义相联系的)和实用主义这两大英国史学的主要原则仍然保持着突出地位。

不过,在1918年以后,认为国家是一个有机组织的这种理想主义的重要观念,成了人们反对德国极度的国家主义行动的牺牲品。然而,历史主义的研究方法和解释路径仍然占据着当时的主流学界。人们发现历史中也包括个体的动机和活动、各个独特存在体之间的相互作用,以及多重不同的意义。因此,历史学家必须重现那些"创造"历史的人的思想和活动。这种历史观就特别偏好人物传记这种体裁。

那些怀疑历史过程充满仁爱、政治活动是个理性过程的人还是少数。大多数对辉格派理论提出实际批评的人主要来自两个方面。刘易斯·B. 纳米尔爵士(Sir Lewis B. Namier)在1929年出版了《乔治三世继位事件的政治结构》(The Structure of Politics of the Accession of George III),他试图证明主导历史事件的是自私自利的个人和团体、物质状况,以及权力斗争——并没有什么特别的最终目的(telos)。而赫尔伯特·巴特菲尔德(Herbert Butterfield)则在1931年出版的《对历史的辉格派解释》(The Whig Interpretation of History)这部著作中,敏锐地觉察到历史永远是严格遵循线性规律发展的,不为人力所左右。

甚至英国学界也开始研究关注宏观力量和结构的社会史。尽管英国社会经济史仍然带有强烈的经验主义色彩,不过其中也不乏对伦理道德的关注。芭芭拉(Barbara)、约翰·劳伦斯(John Lawrence)和勒·布瑞顿·汉蒙德(Le Breton Hammond)对工人生活的研究,以及理查德·H.托尼(Richard H. Tawney)探究资本主义和传统社会冲突的著作就对历史的伦理道德层面给予了特别强调。

五 法国史学家:革命传统与新的历史视野

一成不变的革命图景。尽管艰难地赢得了一战的胜利,但20世纪二三十年代的法兰西共和国的政治和社会情况却依然相当不稳定。在当时的情况下,整个法国以及它那些历史学家都仍然对法国革命记忆犹新,并为此感到欢欣鼓舞。最重要的是这次历史事件在人们心目当中的位

第二十三章 自由民主时代的历史写作(1918—1939)

置,因为这仍然对法兰西理解自己的现在和未来有着决定性的影响。因此,颇有深意的是,当时主流学界所描绘的法国革命图景仍然囿于阿尔方斯·奥拉尔(Alphonse Aulard)的模式。尽管奥拉尔并非是科班出身的历史学家,但他把米什莱和泰纳笔下不切实的法国革命图景"转述"成了"科学的"历史。根据奥拉尔的描述,尽管雅各宾时期的外在环境把革命导向极度激进,但法国革命是一次提升和巩固第三等级自身地位的历史事件。它最终以重新恢复缺乏民主的社会和政治体制而告终。法国革命被证明是无可避免的,因为这是人类命运的内在要求,它实际上代表了历史中的千秋伟业。奥拉尔在《法国革命的政治史》(*Histoire politique de la Révolution française*,1901)这部著作中详尽展示了法国革命的历史过程,它至今仍是大多数历史学家案头必备的参考书,也同时代表了共和派的经典论调。对于革命过程的解释,阿尔贝特·马蒂厄(Albert Mathiez)和乔治·勒费弗尔(Georges Lefebvre)这两位社会主义历史学家的意见产生了严重分歧。马蒂厄试图从批判当时的主流学术入手来为革命的激进时期以及当时的革命领袖——罗伯斯庇尔辩护。在他看来,雅各宾时期不再是历史的偶然,而是符合革命发展的内在逻辑的。勒费弗尔则把大量农民也纳入历史学家的研究视野中来,他开拓了有关民众心理的研究——《1789年的大恐慌》(*La Grande Peur de 1789*,1924)。早期的年鉴派史家对勒费弗尔的这种研究取向十分重视,不过他们并不关心法国革命的历史。一些批评法国革命的保守著作所展现出来的革命场景却截然相反,它们认为革命是历史固有的破坏性发展而对其持否定态度。

当时的法国史学仍然局限在传统的框架内。然而,从19世纪80年代开始,人们在传统史学的基础上广泛吸收了社会学和心理学的方法和成果,以便丰富史学研究的方法和内容。乔治·勒费弗尔的著作便是这方面极好的例子,它结合社会和经济因素来考察历史。政治的范围比以前扩大了,因为经济因素也被纳入了研究范围,统计计量的分析方法也在研究中得到了运用。社会心理学的研究方法考察的是民众的行为和思想。法国革命史学的发展还得益于史家在研究中利用的广泛的史料(例如菲利普·塞涅克[Philippe Sagnac]和让·罗比盖[Jean Robiquet]等人)。

年鉴学派的兴起。 亨利·贝尔(Henri Berr)在19世纪90年代即觉察到了历史学已不适应时代的发展,这是年鉴学派产生的根源。似乎时代要求历史学变成一门近乎科学的学科,倾向于归纳历史现象而非叙述个别的历史事件和人物,要包罗生活的方方面面,而不仅仅记载重大事件和重要人物,对历史做出没有先验的哲学和神学色彩的客观解释。亨利·贝尔创刊的《历史综合杂志》(*Revue de synthèse historique*)开拓了法国的新史学研究,对当时倚重政治史、以夏尔勒·V.朗格诺瓦(Charles V. Langlois)和夏尔勒·瑟诺博司(Charles Seignobos)主编的《历史研究导论》(*Introduction to the Study of History*)为理论基础的主流学术提出了挑战。最终,吕西安·费弗尔(Lucien Febvre)和马克·布洛赫(Marc Bloch)取代贝尔成了新史学的先驱,他们都在一战后任教于斯特拉斯堡大学直至在巴黎获得教席(费弗尔于1933年获得法兰西公学的教席;而布洛赫则于1936年获得索邦大学的教席)。他们在1929年共同创办了《经济与社会史年鉴》(*Annales d'histoire économique et sociale*),它成了具有革新精神的历史学家汇聚的大本营。布洛赫和费弗尔摒弃所谓的"事件史"(*histoire événementielle*)——即以历史事件为导向的历史,因为其围绕政治内容来展开的历史叙述并不能彻底理解人类的现实,以致在众多研究人类生活的学科中历史学有被边缘化的危险。公众将在这门学科中看到"一小撮对已逝神明怀有强烈兴趣的好古癖者;而社会学家、经济学家及政论家才是唯一探究人类生活的人"。①费弗尔也明白历史学的任务是什么:"历史学不应该再像是唯有鬼魅逡巡的沉睡的古墓。"②研究整体史的努力要求历史学家拥有广博的兴趣,并掌握多种研究方法。历史学家必须联合社会科学领域中的"诸位同仁",凭借"打破学科之间的藩篱

---

① M. Bloch, *Apologie pour l'histoire ou métier d'historien*, Cahiers des Annales, 3, p.11.
② L. Febvre, *Combats pour l'histoire* (Paris, 1953), p.32.

第二十三章　自由民主时代的历史写作(1918—1939)

与界限"①这种精神来实现携手协作。一旦各学科之间实现了合作,那么任何学者都会很快认识到时间的重要性——这既是说有关人类生活的研究是必须要有历史性的。当历史学在强调广义的生活结构时,又会再次成为各门学问的核心,其所涵盖的内容也会比先前更加丰富和宽广。

　　整体史更为广阔的研究范围、复杂的内容和多样的结构需要一套全新的研究方法。它的信念是:"人是一个不能被分割的整体。全部的历史也不能被泾渭分明地割裂成事件和信仰这两个部分。"②然而,尽管费弗尔和布洛赫毫不掩饰地对传统史学提出了修正,但他们却并不热衷于史学理论。马克·布洛赫在参加法国抵抗运动期间,撰写了一本讨论历史学家技艺的著作。纵使他身处险境,却依旧保持着沉着、理性,比费弗尔更加冷静,后者热情洋溢的性格并不适合于理论思考,他认为"总体而言……对于历史学家来说对历史做过多思考并不是什么好事。长此以往会耽误研究工作。而哲学家(的工作实际上就是)束手冥思。颠倒这两类人的工作方式会使他们的工作都陷于停顿"。③不过,他认为布洛赫的这本著作注重的是具体的史学实践。"这本著作是一部系统的历史吗?根本不是。书中充斥着对历史虚假的哲学思考吗?也不是这样。那是些或正确或错误或过时的概念吗?您也可以说并非如此。这本著作首先是一部针对错误的历史思考方式和史学实践方式的批评文集。"④总之,尽管年鉴史学带有很强的理论色彩,但却罕有理论方面的专著。布洛赫认为历史学家不能仅仅依靠记载个人意图的书面材料或口述材料,而必须向更为广泛的史料拓展,这能使历史学家理解像制度之类的已逝的社会真相,他在《历史学家的技艺》(*The Historian's Craft*)这部著作中认识到,如此年鉴史家将会在理论上面临复杂的任务。

　　年鉴学派后来探讨的诸多主题,都能在费弗尔和布洛赫1945年以前

---

① L. Febvre, *A New Kind of History*, ed. P. Burke, trans. K. Folca (New York, 1973), p.31.
② L. Febvre, *Pour un histoire à part entière* (Paris, 1962), p.852.
③ L. Febvre, quoting Peguy, *A New Kind of History*, p.29.
④ Ibid., p.31.

的著作中找到影子。费弗尔通过《菲利普二世与弗朗什孔泰地区》(*Philippe II et la Franche-Comté*, 1911)表明了整体史的研究方法,在《土地与人类的演进》(*La terre et l'évolution humaine*, 1922)中强调了地理学的价值,而在《马丁·路德:一种命运》(*Un destin, Marin Luther*, 1928)和《十六世纪的不信神问题》(*The Problem of Unbelief in the Sixteenth Century*, 1942)这两本著作中说明了心理学解释对于历史研究的重要。布洛赫则探讨了中世纪时期人们对御触能医治瘰疬的信仰(《国王的触摸》[*Les rois thaumaturges*, 1924]),不过他首先是以比较和结构的方式来研究封建制度的(《封建社会》[*La société féodale*, 1939—1940])。布洛赫的著作对法国的中世纪史研究产生了深远影响,特别是通过乔治·杜比(Georges Duby)的过渡。

一些学者在相关领域中取得的成果已为年鉴史学的诞生做了准备:比如,亨利·希(Henri Sée)的比较经济史研究,比利时学者亨利·皮雷纳(Henri Pirenne)的中世纪经济史研究,以及加斯东·鲁贝奈尔(Gaston Roupnel)的地理学研究。早在20世纪初期,法国学者已对计量经济史产生了广泛兴趣,当时已积累了大量的数据资料,数字关系又能很好地体现经济运行的过程,数学方法也被越来越多地运用到了经济学领域。从20世纪的最初25年开始,法国学者在计量经济史方面就有了共同的兴趣,弗朗索瓦·西米昂(François Simiand)以计量的方法来研究中长期的经济变化。西米昂对长时期的物价和工资数据的研究引领了后来的法国史学,例如,C.-欧内斯特·拉布鲁斯(C.-Ernest Labrousse)在20世纪30年代就试图从调查18世纪的物价波动和经济危机的角度入手来重新解释法国革命的起源。

第二十四章

历史学与极权主义意识形态

一 意大利法西斯主义与历史学(1922—1943)

从第一次世界大战结束到1922年意大利法西斯发动政变的四年时间里,意大利的历史学家几乎没有时间来重新思考已逝的历史。他们在历史学方面所做的努力显示了历史主义研究方法的巨大影响(这部分要归因于贝奈戴托·克罗齐的学术声望),不过也同时表明了历史学对社会科学的兼收并蓄。令这些意大利史学家关心的重要议题仍然是意大利复兴运动,及其对于创建统一意大利和自由秩序的利弊。尽管他们的关心程度变得越来越有限,但当时的情形便是如此,这甚至在1922年以后也是这样。意大利史学中其他相对繁荣的学术领域则是区域史,以及那些能为意大利带来民族荣耀的古罗马和文艺复兴的历史。

在意大利历史学家的史学实践中可以明显看到社会科学的影响(这通常是和马克思主义的研究方法结合在一起的)。在盖塔诺·塞尔维米尼(Gaetano Salvemini)一系列论述文艺复兴的著作中,阶级斗争的观念占据着突出位置。齐奥奇诺·傅勒培(Giacchino Volpe)在其职业生涯的早期也运用了一些马克思主义的概念。然而,当塞尔维米尼被迫走上流亡之路的时候,傅勒培却转变成了一名意大利帝国主义和法西斯主义的拥护者。不过,即使在法西斯统治时期,意大利史学仍然在极权主义意识形态下同时受到历史主义、实证主义、社会科学,以及法律模式的影响。

1922年,意大利旧的政治秩序被颠覆了。然而新生的并不是像一切进步主义理论家所预言的那样是一个由获得解放的个人所组成的平等国家,而是要求其臣民彻底服从并做出牺牲的极权国家。这带来了社会稳定和人们的归属感,而其中很多东西对于民主政治是不适用的,在一个由自由、孤立的个体组成的社会中也是找寻不到的。

正如本尼托·墨索里尼(Benito Mussolini)及其领导的运动所表明的那样,法西斯主义使得历史学家的工作变得既容易又困难。对于历史学家而言,困难的是要附和法西斯主义的核心论调,认为领袖意志是民族意志及其目标的具体体现。这种意志及其目标是永恒的,唯有具体的表现形式在不断变化,历史学家只需要以各种不同的表述方式来转述民族意志,而不需要对真实的历史发展过程做出描述。有相当一部分历史学家在政治和道德层面上反感这种论调。不过,历史学家却容易认同法西斯主义对国力和民族伟大的颂扬,突显意大利历史上讲述帝国、战争、胜利和民族情怀的时代,特别是罗马帝国和意大利文艺复兴的时代。不过,除了法西斯主义者对政治史和叙述形式的偏爱,以及对伟大人物的迷恋,法西斯主义的上述侧重点并不是什么创新,而是意大利长久以来的特征,实际上也是欧洲史学的特性。事实上,甚至那些对法西斯主义观点持有异议的历史学家也依旧遵循着传统史学;他们保留着传统史学的各种形式,只不过在侧重点和历史解释方面有别于法西斯主义史学。克罗齐笔下的那不勒斯史、巴洛克时代和19世纪的欧洲史便是如此。他在这些历史中表明了自己对自由和进步的信仰;不过,这是一种并非以自由和民主方式被表达出来的,被理解成普遍性的人类创造的自由。德里奥·凯蒂莫里(Delio Cantimori)捍卫思想的力量,尤其是那些对法西斯主义持有异议的思想。费德瑞克·夏波德(Federico Chabod)通过调和权力和为法西斯主义所否认的伦理来摆脱历史学进退维谷的困境,而阿道夫·奥默得奥(Adolfo Omodeo)则对自由主义和共和主义的理想大唱赞歌。另一方面,安东尼奥·葛兰西(Antonio Gramsci)热衷于以马克思主义来解释意大利的历史,他为此付出了自由和生命的代价。那些非法西斯主义的学者坚

第二十四章　历史学与极权主义意识形态

持写作传统的历史学,他们并不是以系统的法西斯主义的观点来审视历史,这有碍于传统史学在法西斯统治时期获得认同。因此,1944 年后人们在剔除法西斯主义观点的同时并不呼唤意大利史学的再生。

二　魏玛共和国时期的德国历史学家与希特勒帝国

有关恰当的历史的争论。德国的历史学家差不多需要用十多年的时间,来创作出一种适用于新生的自由民主共和国的历史学。他们不得不在一个君主制被推翻、到处充斥着暴力冲突、军事溃败激起了激昂的民族主义情绪、"刺刀在背传说"在社会上广为流布、人们普遍对凡尔赛和平条约充满怨恨的国家中来实践自己的史学。当时的主流历史学家仍然在自己的专业领域内继续着研究,在历史主义的总体脉络中取得了杰出的学术成就。不过,他们之中的很多人以或直接或间接的方式参与到如何平衡德国史学的变革和延续的讨论之中。更确切地说,是历史学家如何在这次如此严重的断裂之后,在过去和当下之间建立一种对社会有益、在学理上又能令人信服的联系?他们能提供什么样的能满足人们的期待,甚至是对未来充满期望的历史联系?历史学家会听从下述亘古不变的劝诫吗?即认为"德国史学必须睁眼看看真实的世界,而不要一意孤行陷入偏狭的孤芳自赏"。①

有关新的德国史如何把握延续和变迁的总体争论,是与历史学家对新生的魏玛共和国的态度紧密联系在一起的。一些历史学家看到,不可能在过去与人们对未来的期望之间建立一种新的联系,主张严格的历史延续性,进而抵制新生的共和国(例如乔哈娜·哈勒[Johannes Haller]、乔治·冯·布劳[Georg von Below]和艾达贝特·瓦勒[Adalbert Wahl]等人)。他们这一派学者认为,德意志国家是一个有着自身特定秩序、在历史中逐渐成长起来的独立存在体,本身并不具备西方的自由思想。而更

---

① W. Goetz, *Historiker in meiner Zeit* (Cologne and Graz, 1957).

多的历史学家则在德国历史中找到了足够充分的理由,接受魏玛共和国在现在和未来的合法地位。这其中最著名的是弗里德里希·梅尼克,他是出于理性而非发自内心地皈依共和派阵营的(被称之为理性共和主义者[Vernunftrepublikaner])。赫尔曼·奥肯(Hermann Oncken)也参与到了这场论争之中,他尝试着对政治党派和社会主义进行独特研究。然而,身为一位激昂的民族主义者,奥肯仍然继续出版着他那些反对法国的著作。尽管汉斯·洛特菲尔斯(Hans Rothfels)对德意志皇帝怀有深切同情,对尽忠职守、责任感和为国效劳这些普鲁士的优秀品质大加颂扬,但他还是支持共和政体。他是其中一位从事种族研究的格尼斯堡学者(尽管带有明显的德意志偏见)。奥托·亨茨(Otto Hintze)也是因为同样的经历而皈依共和派阵营的。他运用能逾越历史主义边界的研究方法,在帝制时代的德意志从事着具有创新性的行政体制研究。亨茨的学生弗里茨·哈同(Fritz Hartung)是一位杰出的宪政史家,倡导以一个融合共和制和君主制的国家来保证历史发展的延续性。其他一些像汉斯·德尔布吕克(Hans Delbrück,从事军事史研究)、厄内斯特·德罗伊森和汉斯·赫兹菲尔德(Hans Herzfeld)这样著名的温和派历史学家,则是自己向共和制靠拢。此外,另外那些对共和体制持肯定态度的历史学家,却因为缺乏激进的社会改革而感到失望。维特·瓦伦丁(Veit Valentin)写作了一部有关1848年至1849年期间的德意志国民议会(the German national assembly)的著作,这部书的败笔之处是缺失了那些真正拥护自由秩序的人的声音。亚瑟·罗森博格(Arthur Rosenberg)为人们拒绝以战后建立的士兵和工人委员会这样一个温和的妥协方案来取代共和制而感到遗憾。

一大批更为年轻的历史学家都支持魏玛共和国,但是他们却在1933年前后中断了自己的职业生涯。其中最著名的是埃卡特·科尔(Eckart Kehr)的个案,因为他批评对外政策在历史上所起到的首要作用,进而强调在战前德国海军建设过程中军事、贸易和政治活动之间的重要联系,这些都加深了德国与英国之间的敌对。

兰普莱希特曾经试图提升文化社会史地位的努力遭到了失败,但这

第二十四章 历史学与极权主义意识形态

仍然在德国史学界拥有市场。不过,只有格尼斯堡(即现在俄罗斯的加里宁格勒)大学中的一小部分历史学家(包括汉斯·洛特菲尔斯[Hans Rothfels]、维纳·孔茨[Werner Conze]和狄奥多·西德[Theodor Schieder]等人)从事强调种族性的社会史研究。但这种社会史却并不太向社会学(例如汉斯·弗瑞耶[Hans Freyer]和G.易普森[G. Ipsen]等人的学说)开放。在1933年以后,这种社会史中对民族和德国向东扩张的强调,使其很容易博得第三帝国的偏爱。文化史退化成了观念史,而伟大人物仍然是历史的决策者。几乎没有什么学者继续着由施莫勒开创的德国新经济史的研究。

希特勒统治时期的德国历史学。随着1933年希特勒的上台,围绕着魏玛共和国的争论平息了下去。这个共和国也正式寿终正寝了。此时德国历史的延续性及其性质被描绘成了与希特勒第三帝国的意识形态更为相近的历史事件、人物以及时代。

希特勒与历史学家。同意大利法西斯主义的历史学一样,德国国家社会主义的历史学也颂扬统治、民族和强权。然而,由于带有种族主义色彩,特别是极端的反犹主义倾向,这种历史学具有了更大的复杂性,会有意识地去创造一种严格的意识形态史学,以及具有主导地位的官方观点。然而,在希特勒统治时期的德国并没有一种对德国历史的统一观点。政府施行的一体化进程(Gleichschaltung,官方推行统一化的努力)只是在历史学界取得了部分成功,因为有太多的部门都在谋取支配地位,学术机构仍然很有发言权。各个大学中的历史系因循着此前的学术轨迹继续发展,德国的历史学科(Geschichtswissenschaft)也仍然注重文本批评、客观性、理解(Verstehen)和研讨班,而并没有彻底改变,变得为人不可接受。发生的最深刻变化是一些犹太人和被怀疑持不同政见者被从学术队伍中清洗了出去。德国学术界在这些清洗中损失了一批最优秀的学者。不过,一体化进程在某些方面是推行成功的,因为许多历史学家都赞同国家社会主义分子的下述主张:即强大的泛日耳曼主义、权力在日常生活中的中心地位,以及认为国家是一个必须要人们效忠的集体性整体。他们也同希特勒一样对社会主义和共产主义充满敌意。这些历史学家只是在后来才明白,对希特勒大表忠心不仅是增添道德污点之举,而且还是自我毁灭的过程。

1935年,通过实现对学术界外围的主要出版机构的控制,国家社会主义在德国的历史学界取得了胜利。当时《日耳曼历史文献汇编》(*Monumenta Germaniae historica*)编纂委员会成了第三帝国古代史研究所(*Reichsinstitut für ältere Geschichte*)的下设机构,而由沃尔特·弗兰克(Walter Frank)主持的第三帝国德国近现代史研究所(*Reichsinstitut für Geschichte des neuen Deutschlands*)则负责近现代史的研究,梅尼克也被迫将《史学刊物》(*Historische Zeitschrift*)的主编席位让与了卡尔·亚历山大·冯·米勒(Karl Alexander von Müller)。不过多年以后,战争终止了所有的出版活动。尽管如此,人们依然可以辨别出在希特勒上台后德国史学的大致发展脉络。首先是突出英雄、战斗和胜利的政治史。国家的日耳曼起源得以被强调,而其中心则是普鲁士对于建构近代德国的贡献。这种史学在很大程度上崇拜本民族的先祖和日耳曼的英雄。人们怀疑由德意志民族构成的神圣罗马帝国业已成了过去,因其对基督教的皈依以及与罗马教皇和意大利的联系而为人不齿。只是出于对德意志帝国历史发展延续性的考虑,人们才没有对其彻底否定。

国家社会主义的历史学把日耳曼的先祖作为联系它们的第二大学说——种族主义的纽带。一些学院历史学家支持种族主义学说;亚历山大·冯·米勒和厄内斯特·克里克(Ernst Krieck)是这派历史学家中最突出的代表。米勒在《史学刊物》上开辟了讨论"犹太人问题"的专栏,而克里克则是从种族优越性的方面来谈论德国人。各种族之间存在着优劣之分,以及把犹太人定义为最劣等的种族是种族史学的两大主题。国家社会主义分子以多种19世纪的思想作为其史学中种族理论的基础:包括考特·高比诺(Count Gobineau)的思想、A. 比克岱(A. Pictet)关于印欧宗教仪式或者说认为雅利安人是西方文化根本种族的学说,以及社会达尔文主义者的思想和他们口中谈论的"欧洲种族"是"最高贵"的种族的言

第二十四章 历史学与极权主义意识形态

论。在20世纪二三十年代,尽管雅利安人这个术语是对一个优秀种族的宽泛描述,但希特勒及其领导下的运动却将其歪曲为一种狂热的种族主义理论,认为像北德人那样身材魁梧、金发碧眼的人才是优秀的种族。很快国家社会主义分子对各种族做了等级划分:最高贵的是日耳曼人,其次是斯拉夫人,再次是法国人,而最劣等的是犹太人。于是乎,一些国家社会主义的鼓动家和教科书编写人员便忙于论证雅利安人对人类历史的益处,尤其是日耳曼人的贡献,雅利安人产生了甚至包括古埃及文化在内的多样文化;而相反非雅利安种族则对人类历史产生了危害,特别是犹太人对德国历史的恶劣影响。这些研究不可避免地显得粗糙拙劣,在理论上没有任何严密性,要不就是拿不出实质性的证据。

对上述这种史学发展的重要平衡力量源自德国史学界的第二股势力,即那些流亡海外的德国学者。相当一部分历史学家远离故土,或者是不得不逃离希特勒统治下的德国定居英美。在这些学者中间有厄内斯特·坎托罗维奇(Ernst Kantorowicz,从象征物的角度来解释历史)、欧文·帕诺夫斯基(Erwin Panofsky,研究艺术史)、厄内斯特·高姆布里希(Ernst Gombrich)、哈犹·霍尔伯恩(Hajo Holborn),以及汉斯·罗森伯格(Hans Rosenberg)。他们中的许多人都成了学术界深有影响的人物,继续以他们习惯的方式来解释历史。他们通过推动思想史(*Ideengeschichte*)的快速发展而为美国史学注入了活力。在某种程度上他们以最纯粹的形式保存了德国的历史科学。不过,由于他们以英语写作,而且只有极少一部分人在战后又重返德国,因此他们对德国史学的影响也是微乎其微的。

三 受臆想的未来支配的苏联史学

自马克思作古以来,有关"什么才是正统的马克思思想"的争论愈演愈烈。一部分马克思主义者围绕一些纯粹理论性的问题进行了激烈争论;毕竟随着马克思和恩格斯解释体系的发展,他们的思想也发生了变化。不过,大多数的论争却源于马克思主义对人类现实生活状况的解释。

用学术性的术语来表述，就是需要对经验证据与马克思主义理论进行调和，对马克思主义的认识也要依照学术批评的法则。然而那些最激烈的论争却缘于群众运动以马克思主义思想为武器而进行的现实斗争。对于众多产业工人而言，马克思主义为他们的政治斗争指明了方向，向他们承诺了一个物质丰盈、没有剥削、人人安居乐业的美好时代，它成了他们希望和信仰的源泉。因此，马克思主义的历史观是许多社会主义政党纲领中必不可少的部分，自然也成了众多争论的主题。在1917年以后，随着正统的马克思主义成为苏联的官方学说，上述这些争论也就愈演愈烈了。

马克思主义历史哲学的内在紧张。为了便于理解，在上一章节中对马克思主义历史解释的介绍旨在追求简单明了。对马克思主义学说的复杂性及其内在矛盾也进行了回避，因而反映出马克思本人对其理论与现实相符的信心。不过，即便在马克思所生活的时代真是如此，随着社会生活的不断变迁，总会导致或揭示出马克思理论体系的内在矛盾。然而，这种矛盾最根本的原因在于马克思继承了两种不同的思想遗产。一方面，他从黑格尔那里继承了一些思辨性的元素（即便用马克思自己的话来说，黑格尔的哲学只是激起了他的兴趣），为历史发展假设了一个永恒的真实结构。另一方面，青年马克思就已经对工厂工人的实际状况有了自己的观察，也就是说他获得了经验性的认识。从最宽泛的意义而言，人们已不止于讨论在马克思主义历史哲学根据变化的情况进行不断调整的过程中，上述这两个方面分别有着什么影响。

实际上，尽管在苏联史学中俄国历史和苏联经验的影响无处不在，但由于不对基本的历史解释做出经验性修正，所以在苏联及其卫星国中人们就历史学而引发的争论是短暂的。西方世界中批评和经验观察的深厚传统，以及迥然殊异的社会政治发展道路，使得马克思主义的历史思想要适时而变，甚至也包括用来解释马克思主义的方法。

作为国家意识形态的马克思主义史学。马克思主义国家在一开始是个悖论。1917年沙俄政府的崩溃为列宁的革命马克思主义提供了一次成功的机会。然而具有讽刺意味的是，作为最重要的西方革命之一的俄

第二十四章 历史学与极权主义意识形态

国革命,声称秉持马克思主义的宗旨和目标,但结果却背离了马克思主义的历史逻辑。当时的俄国工业落后,工业无产阶级的数量也相对较少,与先进的资本主义国家有着数十年的差距。列宁对马克思主义理论与社会现实之间的矛盾进行了修正,以一种革命行动的理论取代了马克思的历史发展方案,他的理论认为思想进步的军官会为了无产阶级的利益而颠覆力量薄弱的资本主义,因为广大的工人还没有要联合起来进行斗争的明确的阶级意识。在共产主义在全世界范围内稳固地确立起自己的地位以前,推动历史发展的共产主义政党仍然在这个新兴国家内(第一次世界大战后的动荡局面也正中其下怀)维持着独裁统治。列宁强调的革命行动破坏了马克思主义所秉持的历史发展的必然规律,成了后来苏联马克思主义史学讨论问题的出发点。

俄罗斯帝国的历史学在总体上是与当时西欧国家的历史学相类似的。无论是在19世纪20年代的N. M. 卡兰姆赞(N. M. Karamzin)、19世纪80年代中期的S. M. 索罗夫耶夫(S. M. Solovyev),还是在19、20世纪之交的V. O. 克鲁车夫斯基(V. O. Klyuchevsky)的俄国历史中,国家始终是它们关注的中心。索罗夫耶夫是兰克的一名学生,从他开始德国的历史科学就主导了俄罗斯的史学界,只是到了20世纪初期才受到普列汉诺夫(Plekhanov)教条的马克思主义史学模式的挑战。直至20世纪20年代,苏联的历史学家还是继续留在社会科学院系里面教授和写作历史。通过米克汉伊尔·N. 波克罗夫斯基(Mikhail. N. Pokrovsky)的著作,历史学才逐渐在一定程度上恢复了以前的地位。列宁很欣赏波克罗夫斯基在1920年出版的《俄国史》(*Russian History*),因为这部著作突显了马克思主义的一些要领:对历史进行宏大概括、以马克思的生产方式对历史阶段做出明确划分、严格的经济决定论、忽视个人的历史作用,甚至出于国际主义的观点而不突出俄罗斯本身的历史。波克罗夫斯基的《俄国史》也因其简单明了的风格而成了教化民众的有效工具。波克罗夫斯基本人也并不反对拿他的著作来教化民众,因为他认为历史学是所有社会科学中最富政治色彩的学科。

从 20 世纪 20 年代末开始,苏联的政治动荡绵延了十多年,史学研究的状况也发生了急剧变化。斯大林对党内异己的镇压、第一个五年计划严酷的经济征调,以及苏联在世界上越来越强的孤立感都促使苏联国内的氛围变得越来越不宽容,历史学家也受到了越来越多的限制。那些有着无产阶级背景、对意识形态有着盲目热情的更为年轻的历史学家,逐渐取代了秉承学术中立的老一辈资产阶级历史学家。对正统的历史解释的定义变得越来越狭隘,不以正统的观点来解释历史不仅会被视为是错误的,而且会被认为是具有颠覆性的。1931 年 10 月,斯大林亲自介入了有关布尔什维主义历史的争论,并为今后的历史著作定下了基调:布尔什维主义的概念是确定无疑的;俄国革命是一切即将到来的革命的样板;历史学不再旨在批评分析,而是为了巩固已经确立起来的意识形态教条。

波克罗夫斯基在受到斯大林的攻击后不久便去世了,几年之后苏联史学界就完全抛弃了波克罗夫斯基的历史观。他严格遵循的马克思主义纲领已不再适应当时出现的更加强调个人行动的重要性和苏维埃国家的历史解释趋势。人们宣称列宁和斯大林的行动对于人类历史事件的进程有着决定性的影响。与此同时人们也越来越清楚地认识到,阶级剥削一旦消失,任何谈论普遍存在的客观条件和"废除"政治制度的言论,对于社会主义国家的建设都是有害的。波克罗夫斯基的观点被认为是荒谬的,斯大林重新定义了客观条件和上层建筑之间的关系。在新生的社会主义国家中:

> 所谓客观条件的局限会降到最低程度;而党的组织机构及其领导人则会发挥独一无二的关键作用。这是什么意思呢? 这就是说今后但凡在工作当中所犯的失误和过失,其责任十有八九不在于"客观"条件,而完全在于我们自身。①

---

① J. Stalin, "Report to the Seventeenth Congress of the CPSU", *Problems of Leninism* (Moscow, 1940), p.529.

第二十四章 历史学与极权主义意识形态

这表明苏联已经抛弃了严格的历史决定论。它在很大程度上既是人类历史逻辑中一种意志力的创造物,又是革命领导人的杰作。

波克罗夫斯基的研究方法产生了另外一个问题。他把俄国历史彻底纳入马克思主义的历史发展纲领中。苏维埃的公民们只有在他们的集体生活中才能保证历史的延续性:他们不得不参与到全世界逐渐朝着共产主义社会发展的历史过程中。然而在世界历史发展的大背景中,俄国历史并不比其他国家的历史显得更加突出。因此,波克罗夫斯基承认维京人在创建首个俄罗斯国家的过程中所起的关键作用,赋予入侵的蒙古人以同等的文化地位,以及把俄罗斯帝国称作是弱小民族的囚笼等等行为,必然会招致俄罗斯民族主义的反感。然而,斯大林却要坚持苏联在世界共产主义运动发展过程中的领导作用,并希望借此来培育国内的爱国主义。俄罗斯历史发展的延续性将是加强社会凝聚力的最重要的因素。历史学家们继续关心封建主义时期、资本主义时期和社会主义时期分别是从什么时候开始又从什么时候结束的,或者马克思和恩格斯已经指明了几种生产方式(有三至四种这样的生产方式)。不过,他们也同样以亲斯拉夫文化的方式来表达苏联的领导地位、爱国主义,以及对故土的眷恋。在历史图片和鲜活生动的俄罗斯历史人物和历史事件的描述面前,抽象的历史发展纲领显得黯然失色。西方历史的基本分期再次回归到传统的三个阶段:古代、中世纪和近代。此外,一些曾在学者中间引发激烈争论的问题在党的路线指引下达成了共识。比如,人们武断地假设在9—19世纪的俄罗斯存在着封建主义。第二次世界大战也随后被人称作伟大的爱国战争,它进一步使民族史学掩盖了马克思主义的世界眼光,只是列宁化的马克思主义也曾设想过要凭借强大的苏联来建设共产主义的世界。这一论断是用来解决苏联爱国主义历史观和马克思国际主义历史观之间存在的明显矛盾,即世界的实际情况和马克思设想的历史发展结构之间存在的矛盾。

第二十五章

1945年之后的美国史学

一 新的社会现实与传统的历史视野

在第二次世界大战结束后,历史学家们对战争罪责问题的争论显得与1918年的情形大不相同。战争的罪魁祸首无疑是希特勒及其领导下的法西斯制度。然而近来发生的一系列历史事件所产生的震撼将证明这样简洁的回答过于空洞。数以万计的生灵遭到涂炭,他们伤痕累累、流离失所,在种族灭绝和饥荒中失去了生命。随着岁月流逝,人们对这场人类历史上最大灾难的历史性调查会变得越来越深入。不过,人们经历过的巨大震撼不会即刻改变史学写作的景况。直至20世纪60年代中期,西方各民族史学的首要目标是要弥合战争造成的社会断裂、恢复历史发展的延续性。这即是说重新回归到通过展望未来,进而联系过去和当下的民族史学的发展道路上。

历史主义的潮流。当然,在民主国家和意识形态受到严格控制的共产主义地区(主要指苏联和东欧国家)之间存在着霄壤之别。在第二次世界大战结束后的二十多年里,似乎自由民主的西方世界的史学主流在理论基础方面没有发生什么改变,这包括研究的路径、方法,以及许多研究主题。由于受到历史主义(这里是指最广义的历史主义)的深刻影响,当时的史学研究仍然保留着一套历史主义的研究方法:以查考文献为主,并辅以其他的研究方法。强调客观性、限制主观主义、对历史解释谨小慎

第二十五章 1945年之后的美国史学

微。这样一种强调独特存在体的史学,增强了人们在民族国家的背景下来反思历史的趋势。即便是在现代通讯方式增进了世界各部分之间的相互联系的情况下也是如此。尽管在技术革新的影响下交通运输更为便捷舒适,但在民族国家的大背景下那些在国家间相互交往过程中产生的各种思想仍然会受到阻碍、限制或发生改变。除了美国,世界其他地区的人们并不能完全认同进步是一种全面发展模式的观念——这一点是和历史主义思想相一致的。

尽管如此,史学研究也有必要做些相应的调整,因为人们也注意到了社会发生的巨大改变。在德国,历史主义中的相对主义要求历史学在道德层面有更加自觉的意识;在法国,经过冷战这个意识形态挂帅的特殊时期,又再次回归到以法国革命为中心议题的传统政治史;而在美国史学中进步史学也出人意料地式微了,因为它已不再适合于成为世界强国的美国的新的社会环境。然而在1945年后的二十多年时间里,自由民主的西方世界中的史学研究主流仍然没有什么突破性的进展。

从20世纪60年代晚期开始,一系列具有创新性的观点对史学研究的现状提出了挑战。其中最显著的是社会史和文化史。这两种宽泛的史学研究趋势囊括了大量的史学理论和史学实践。

社会史的显著地位。在把史学转变成像社会科学这样的"科学"学科的愿望驱使下,产生了大量不同的社会史及相关研究。比如,奥古斯特·孔德的实证主义哲学、亨利·巴克尔的历史科学、亨利·贝尔的综合史学,以及那些推崇新史学的历史学家试图通过分析社会结构和力量来研究社会生活的尝试。在"科学"史学这一目标的指引下产生了两种各有侧重的社会史。第一种是体现社会和政治变迁的社会史。美国的新左派史学(The American New Left history)和德国的历史社会学(*Historische Sozialwissenschft*)是这种史学的代表,尽管它们二者也有着诸多差异。第二种是追求科学性的社会史,不过它的研究发现有着更为实际的指导意义。法国年鉴派历史学家的研究如果说不是反政治的,那么就是代表了一种有意去政治化的史学。相当多的社会史家都希望自己的史学能包罗生活的方方面面。在这一过程中马克思主义史学始终是作为一种有着明确政治目标的特殊类型的社会史。

后现代主义与新文化史。在 20 世纪 70 年代初期,现代性的终结和对进步的历史观的激烈批评成了一些历史学家口中谈论的主要议题。后现代主义逐渐对历史学构成了挑战。它的理论依据主要源于对 20 世纪现代性的极度幻灭,希望人类的生活状况(如果不能臻于至境)得到不断改善。后现代性至少构成了人类生活发展的最后阶段。

在历史学领域,后现代主义理论产生的最重要影响是使一种新型的文化史的地位日益凸显。这种史学恰好契合了当时普遍存在的后现代主义世界观。不过,所有这些史学研究的新进展在不同地区有着不同的表现形式,它们并未形成一股统一的思潮。

全球史的新视野。现代化进程和两次世界大战推动了真正的全球一体化世界的形成。尽管早在古代人们就曾试图撰写出世界性的历史,然而到了 20 世纪历史学研究的视野才逐渐囊括全球的范围。世界历史研究的一个关键性转变是人们不再从帝国主义的观点出发来看待问题。那些刚刚独立的民族国家的文化千差万别,它们构成了一个复杂的大千世界,这就迫切需要人们在理解和了解的基础上来讲述它的历史。像认为历史"向前"稳步发展(包括经济发展理论)的进步主义历史观、认为各种文化模式依次更迭的学说,以及从人类学的角度来理解历史的观点这些用于对世界历史做出整体性解释的概念都显露出了问题。

二 美国强国地位在史学研究中的反映

围绕美国卷入二战的争论。美国自 1945 年以来取得的最关键的成就是奠定了支配世界的强国地位。并不奇怪,围绕二战的争论最终转变成了一场对战争持观望还是介入态度的旷日持久的论争。当珍珠港事件最终迫使美国在战争与和平之间做出抉择的时候,一部分历史学家却还在注重探讨一些在战前可行的策略。包括查尔斯·A. 比尔德、哈利·E.

第二十五章　1945年之后的美国史学

巴纳斯和查尔斯·C. 泰西尔(Charles C. Tansill)在内的修正主义史家,认为通过重整军备、支援英国来介入战争的决定是场阴谋。而罗斯福总统则被视为是这场阴谋的策划者,他蓄意推行富有侵略性的政策来对抗德国和日本,然后把东欧转手出卖给斯大林。在不断卷入全球事务中的美国,孤立主义政策已日薄西山,这也是触发这场激烈争论的原因。

世界强国地位的奠定。当第二次世界大战的阴霾即将消散之际,美国感到自己正在从相对强烈的孤立主义倾向中摆脱出来,多方位地参与到逐渐带有全球化性质的世界事务中。随着亚洲对美国重要性的不断提升,美国与欧洲及其传统的联系变得日益松散。在接下来几十年的历史教学和史学研究中都反映出了这些趋势。

经过罗斯福新政对国内社会经济的整顿和二战期间的外交努力,美国奠定了世界超级大国的地位,实现了社会稳定和经济繁荣。除此之外,美国本土也免遭战火之灾,相比之下欧洲各国却不得不用上二十年的时间来进行艰难的重建工作。二战的胜利和新世界中强国地位的奠定可以被解释成在某种程度上证实了美国的进步史学。然而尽管如此,历史学却是众多发生了许多变化的领域之一。

阿瑟·施莱辛格在1945年出版了那本广受赞誉的著作《杰克逊时代》(*The Age of Jackson*)。这似乎很好地预示了进步史学在战后时代的再度复兴;而并非标志着一个思想流派的臻于全盛。那些进步主义史家发现他们的史学在20世纪四五十年代的美国并不受欢迎。人们再次强调的是民族团结而不是内在冲突,因此并不能把第二次世界大战指斥为是商人们的阴谋。美国对强国地位的荣耀感以及对于冷战的焦虑都进一步强化了民族团结的意识。甚至进步主义史家也对美国应代表世界民主的使命做出了积极响应。似乎二十年不断增长的繁荣已取代了与民众利益相冲突的商业或投资利益的进步主义二元论。另一方面,在一个引发了全面战争、大规模种族灭绝和受到潜在核战争威胁的世纪中,人类事务中所体现出来的进步已不再是不证自明。最后,大量出自学院历史学家之手的精微研究也不再对历史进行宏观的概括性解释。风靡半个世纪的进步史学已然没落。在1945年之后的二十年里(这是美国社会发展相当平稳的一个阶段),詹纳·魏茨(Gene Wise)和批评自由主义者(Critical Liberals)对那些长期以来被人奉为圭璧的信条进行了修正甚至否定,进而提出了被人称之为反进步主义(counter-Progressive)的更为复杂的解释体系。这派历史学家更为直接地反映出美国的自信与强盛。几乎所有的历史学家都发现民族是一个具有可塑性的整体,塑造它的是那些集体性观念和共同的生活经历,而不是抽象的概念。

批评自由主义史学。进步主义史家笔下的思想文化史总是强调经济动因和二元社会冲突,而对进步史学的发难也首先始于思想文化史领域。在战后的美国,随着人们逐渐意识到人类存在的复杂性,简单的比尔德式的二元论已不合时宜。正如把那些"为民谋利"的思想和那些维护特权阶级的思想截然划分为善恶两端一样。一旦历史学家在生活的整体关系中来看待这些思想,事情就不是这么简单了。佩里·米勒在他讨论新英格兰历史的第二册著作中,进一步认为能指称一切意识经验(conscious experience)的关系是人类生活的核心。不过他也同时发现,当思想转变为民众生活中的支配性力量时,在人们的预期和实际结果之间存在着某种令人吃惊的不确定关系。米勒所发现的现象普遍存在。在简单明确的进步主义发展规划之外有诸多例外,这种情况要比米勒笔下的清教徒历史更为复杂。在人们对思想的期许与实际结果之间存在着巨大差距:斯大林的专制统治与俄国革命的理想背道而驰,现代极权主义国家与人们对进步的期望南辕北辙,民众对恶的盲从也与颂扬民众的论调相抵牾。

批评自由主义史家试图通过在实际现实和人类经验之间,插入支配人类行动和话语的神话、想象和象征的层面来把握新出现的现实复杂性。亨利·纳什·史密斯在1950年出版的著作《处女地》中便对神话进行了研究;理查德·W. B. 刘易斯则通过设定美利坚亚当这个核心神话或形象,认为文化是一种有关神话的对话,进而建构出了一个完整的美国文化理论。当然,一种被认为是神话和对话的文化并不是沿着线性的轨迹在进步,而是有着不可预测的迂回曲折的发展路径。在这部分学者看来,历

第二十五章 1945年之后的美国史学

史上发生的不可预见的转变即是揭示出观念和现实差异的神话、象征或想象,这也就是说需要对神话或想象进行提炼或置换。这样,用来把握世界的进步主义的真实转变成了对恰当的神话或变化的探寻。这部分学者宣称,促使进步史学发展的"美国式的纯真"(American innocence)已不复存在,尤其是不再相信通过合乎理性的活动便可最终实现一种能不断进行自我完善的民主。莱恩霍德·尼布尔(Reinhold Niebuhr)是神学研究出身的历史学家,与那些从想象、象征和神话入手来研究历史的学者不同,他用反讽这个概念来解释人世间事与愿违的吊诡现象。理性不是想象的匮乏,而是基督徒口中已谈论了数百年的人类之恶。在欧洲引起人们长期争论的对真实事物的直接理解,以及人们头脑中对社会现实的应对这些问题,现在引起了美国史学界的兴趣。批评自由主义史家的使命不是引领民众与一切反对全民民主的势力做斗争,而是要引导他们由纯真变得智慧。

进步史学中的确定性已成明日黄花。班克罗夫特眼中永无过失的民众,以及进步主义对民众品性的确信最终也是不切实际的。这样也就注定了进步主义预言的失效,即一旦挫败了既得利益集团的阴谋,国家机构的权力就转移到民众手中,一个"美好"世界便会应运而生,并且赓续不终。权力并不只有掌握在既得利益集团手中才会是种恶,即使它掌握在民众手里也可能是危险的。然而当这些新的历史解释模式在一些学者看来更适用于变得日益复杂的世界时,他们却拿不出切实的社会改革的行动方案、描绘不出未来的美好蓝图,同样也没有需要立即付诸实践的紧迫感。

> 自由社会中的学者与进步主义史家相较,注定会在两个方面显得不令人满意:他诊断出了国民性的弱点,但却不能绝对保证通过研究过去便能克服它们。他的批评性言论甚于建设性意见,这无论如何也不能令他受人欢迎,特别是在像我们现在这样的时代。①

---

① L. Hartz, The Liberal Tradition in America (New York, n. d.), p.32.

人们或许也会补充说:"在任何一个时代也都会是如此。"不久,新左派历史学家便对他们认为的学术研究中表现出来的冷漠麻木和精英主义施与了猛烈抨击。

所谓的"趋同论史学"。美国在世界上取得的新地位、人们对二战期间民族团结的历史记忆、冷战的外在压力,以及绝大多数美国人对亲自建设快速增长的繁荣的自信,都促使所谓的"和谐论史学"在当时的美国社会环境下应运而生。这种史学的潜在预设,是相信在一切冲突和竞争性力量的背后,美国社会一直保持着经验、理想和目的的基本统一。人们甚至也可以认为,在所有进步主义史家谈论冲突的言论中也都肯定了这种统一。难道所有过去和现在就美国独特的生活方式相互诘难的学者,不相信民主、进步甚或是资本主义的某种形式吗?但是进步主义史家的目标是改革而非彻底的变革。因此,可以把所谓的"和谐论"学派理解成是学说强调重点的转移:传统在过去被认为是思想和经验的共同要素,也被认为有助于把民族视为一个整体这种观念的形成,而现在却成了超越因局势和各种竞争性既得利益群体之间的不断冲突而产生的理想民主模式的成形性力量。

拉尔夫·加布里耶(Ralph Gabriel)早在20世纪20年代,便在探寻那些一直以来维系美国社会的基本信念和思想。他在二十年后指出,"信赖理性、个人自由、个人的诚信和责任,以及相互协作"这些现代准则是以严肃的20世纪的表述方式,表达了那些有关18世纪民主的哲学概念。① 在过去,这些哲学概念源自美国历史上更早的宗教理想,而到了现在连宗教本身也成了联合各方面势力的主要力量。加布里耶确信,连续性和整体和谐是美国文化的主要特征。甚至查尔斯和玛丽·比尔德(Mary Beard)在1944年出版的《美利坚精神》(*The American Spirit*)一书中也持有相似的论调,他们强调的不再是商业利益与民众的二元冲突,而

---

① R. Gabriel, "Democracy: Retrospect and Prospect", *American Journal of Sociology* 48 (1942): 418.

第二十五章 1945年之后的美国史学

是某种类似于能联合美国人的集体精神。对此,路易·哈茨(Louis Hartz)在20世纪50年代说得更为具体:如果说有所遗憾的话,那就是一直以来(似乎将来也不会改变)主流的美国思想对约翰·洛克(John Locke)学说的普遍接受,即认为人民为了维护自由和安全而创造出了国家和政府。上述这些学说不仅停留在理论层面,而且对美国人的整个政治生活产生了切实影响。理查德·霍夫施塔特(Richard Hofstadter)证明说,对于美国人的生活和思想而言,个人主义和资本主义拥有共同的思想母型。而另一派包括克林顿·罗西特(Clinton Rossiter)、丹尼尔·波斯汀(Daniel Boorstin)和大卫·波特(David Potter)在内的历史学家则并不把美利坚民族的整体和谐归因于共有的思想观念,而是认为其得益于数代美国人共同的生活经历。共同的生活经历甚至可以把在最大程度上有着不同利益和观点的人永远地联系在一起。波斯汀以最有力的方式阐述了"生活经历造就民族团结"的学说,他在《美国人的殖民地经历》(The Americans: Colonial Expericence, 1958)一书中以这样的词句开篇:

> 美国的历史产生于一段严峻的经历。大大小小的殖民地打破了乌托邦的迷梦。我们将在以下章节中来说明那些产生于欧洲的梦想(例如锡安主义者、至善论者、慈善家和移民的梦想)是怎样被美国的现实所打破或被迫改变的。是新世界中因循旧世界模式发展出来的不确定的行动,而不是有意的计划和目的孕育了一种新的文明。①

克林顿·罗西特指出,1776年前后的美国社会已经变成了一个别无二致的联合体,独立不是一个口号而是一种民族认同。大卫·波特在他那本《富裕的人民》(People of plenty, 1954)一书中,分析了物质财富和经济增长对于美国民族认同的重要性。在这派历史学家看来,美国的发展不再是朝向一个光明未来的持续进步,而是围绕恒定主题的曲折成长。

---

① D. Boorstin, The Americans, The Colonial Experience (New York, 1958), p.1.

沿着这样的总体思路，产生了一大批重要的研究著作。美国革命不再是一场激进的变革，而是一场流产的社会革命。因此，它也相应地被视作是一场不对既定社会秩序产生冲击的争取独立的斗争，并在最大限度内巩固和保障了殖民地居民业已取得的各项权利。埃德蒙·S.摩根（Edmund S. Morgan）认为，革命时代的美国人尽管不像班克罗夫特所坚持认为的那样是一盘散沙，但却也在诸如财产、自由和平等这些权利方面达成了共识。路易·哈茨指出，在一个没有深厚的封建旧制度传统的国度里不可能爆发一场激进的社会革命，而克林顿·罗西特则认为革命在其爆发前事实上就已经完成了，因为美国并不需要真正的变革。卡尔·布瑞登鲍夫（Carl Bridenbaugh）通过对殖民地居民的研究，发现他们并不是一群激进的革命者，而是一帮对美国独立满怀憧憬的焦虑的英国人。而罗伯特·E.布朗（Robert E. Brown）则通过细致研究殖民地和革命时代的马萨诸塞地区民众的政治参与，表明众多被剥夺选举权的民众并不需要一场激进的革命。上述所有这些学者至少都赞同，殖民地居民已经实现了联合，并早在1776年以前，就已经在某种程度上就美国独特的生活和思考方式实现了相互体认。他们否认美国革命是一场激烈的革命，也同时否定了比尔德式的认为宪法是有产阶级的反革命的观念。在这方面，近来的一些研究也都试图回应比尔德式的以经济动因为主导的二元论。例如，计量史学的研究就把比尔德史学中两股截然对立的势力，细分为了多个不同的利益群体。伯纳德·贝林（Bernard Bailyn）则通过研究思想观念在美国革命中所起的作用，在坚持认为革命事件是激进的同时，并不赞同仅仅是经济和社会力量影响了当时人们的思考方式。相对简单的研究美国革命的比尔德范式摇摇欲坠，摆脱了这种旧的研究范式，对殖民地和革命时代历史的研究又显出了新的生机。同样，在其他时段的美国史研究中也出现了类似的对研究范式的再检讨。

认为美利坚民族有着独特的起源，以及因此而确立的新的民族目标，再次增强了美国有别于欧洲的意识。特纳和那些进步主义史家便强调这种差异。然而，比尔德以及其他一些历史学家却把欧洲的经济决定论和

第二十五章 1945年之后的美国史学

阶级斗争这些理论框架挪用到美国历史的具体研究中。相反,主张趋同论的那部分历史学家则坚持强调美国经历及其社会的独特性。欧洲的阶级斗争是其不民主的历史的后遗症,而美国的社会动力则仅仅源于对那些植根于美国传统的共同理想的自我实现,或者其对社会紧张的自我调节这两个方面。因此,在分析美国历史时必须避免使用那些并不契合美国经历的方法和概念。强调美国历史的独特性并不在于向外输出美国的生活模式;而是在历史理论领域里开创了比较研究的新风尚。

三　寻求改革的历史学

新左派历史学家。从20世纪60年代以来发生的一系列变化,不仅对美国在世界上的位置和美国社会的结构产生了影响,而且也同时影响了美国人的历史观:冷战逐渐趋于缓和、第三世界渐为兴起、欧洲日益摆脱了对美国的倚赖、越南战争爆发、美国国内的黑人民权运动如火如荼,最后则是与水门事件相关的一系列政治丑闻。历经这段大动荡的时代,社会的组织构成受到了冲击,需要一个适时而变的全新的社会,这也相应地需要重写美国历史。那些新左派历史学家也可被称作修正主义者或激进派史家,他们对既定社会秩序和包括进步史学在内的传统历史观提出了挑战。

沃尔特·拉夫伯(Walter La Feber)对整个外交史提出了挑战,他认为美国的对外政策除了为本国的资本家谋求"开放门户"外别无他求。新左派历史学家也是在这种思路下对当时主流的冷战观提出了修正。他们并不认为苏联在战后的行为富有侵略性,是受到共产主义征服世界的欲望驱使的。苏联仅仅是依靠其西部边陲上的卫星国构筑起来的安全带来确保自身安全,而美国却受到建设能为其产品和投资"开放门户"的资本主义世界的欲望的驱使。因此,在20世纪40年代晚期至20世纪50年代期间,只有苏联方面会感到受到了威胁。而另一方面,美国的一系列政策也常常变化不定,甚至可以说是反复无常的。

364　　威廉·A.威廉斯(William A. Williams)的著作强调以新左派的观点，在总体上对美国历史做出重新解释，许多新左派历史学家都曾是他的学生或至少受其影响。威廉斯并不认为大量闲置的土地是建设一个社会和谐、公平正义的国家必不可少的条件。在19世纪90年代，当美国国内的土地被开发殆尽的时候，西进运动中的拓殖政策便衍变成了多种形式的对外扩张。这个阶段在美国历史上被称作"大回避"(the "Great Evasion")时期，以对外扩张来取代必要的社会改革。威廉斯主张美国扩张政策的内在关怀，认为美国的对外扩张是为资本主义开拓新的市场。美国的对外政策又再次被认为，主要是为了满足其对外投资和商品输出需要的激进的"门户开放"政策。然而，尽管威廉斯的上述论断带有马克思主义的特征，但他却并不认为在美国的这种扩张主义中必然包含着什么历史"法则"。虽然威廉斯和其他的一些新左派历史学家深受马克思的影响，但他们在总体上却并不完全接受马克思的整个理论框架。

　　到了20世纪60年代末，整个社会动荡不宁，美国社会似乎已步入了一个革命时期，一帮新左派历史学家不再对进步主义史家无效的社会调和论抱有幻想，进而开创了一种旨在推动整个社会变革的激进的历史学。他们以激进化的方式来重新审视进步史学的主题及其目标。比尔德和他的许多追随者直截了当地认为，观念是建设一个公正、民主和理性社会的工具。不过，在进步主义史家谈论经济动因塑造观念的时候，他们也会同时主张(尽管显得有点自相矛盾)，像进步、普世理性和人类之善这样的观念是独立而不可侵犯的。进步主义史家有一套严格的方法和行之有效的论述来自圆其说。而新左派历史学家则从根本上颠覆了进步史学乐观的社会调和论。

　　那些对彻底的社会变革抱有特殊热情的新左派史家，不再为如何平衡历史学的科学地位和它的社会解放角色而感到焦虑。社会革命取代了一劳永逸的进步主义的改革方案，而新左派史家则把历史学转变成了一门为了实现社会革命而"提升人的思想意识的活动"。他们不满于进步主义史家一方面长期以来对解析美国传统充满热忱，另一方面却仅以一

第二十五章 1945年之后的美国史学

些谨小慎微的改革方案为目标。倘若美国的历史真是有产者和无产者之间的一场殊死搏斗,那么历史学家就必须为实现根本变革而不是相互妥协而奋斗。因为未来的美国社会将和它的过去截然不同,社会的延续性将不复存在,因此无论坚持从传统观点出发,还是强调民粹主义、进步主义和罗斯福新政的改革方案之间的内在延续性,历史学家都不应该扮演调和过去、当下和未来的角色。代表一切弱势群体的革命的历史学必将取代沉思或改革的历史学,这种历史学将教会人们认识到历史上的谬误,建立自我认同,并清除有害的历史残留。历史学家必须要同那些希望把美国社会从精英主义,特别是在广义上被认为是禁欲、节制、聚敛个人财富的"清教道德",以及强调使命感和个人成就的"新教观点"中解放出来的人们携手协作。人们认为从精英主义和"新教观点"出发而形成的一套"制度",构建了一个以盎格鲁-撒克逊新教徒、美洲大陆拓荒者、种族主义者和农业价值为主导的不公正的社会。

在新左派历史学家笔下的美国历史中,英雄的形象并不伟岸,而失败者却反倒成了英雄,美国革命是一场受阻的社会革命,美国宪法是一项不公正的根本大法,西进运动的先驱成了掠夺者和杀戮者,南北战争也并没有带来一个新生的社会,美国内战后的重建完全归于失败,进步时代实则是保守主义的胜利,罗斯福新政暴露出真正的民粹主义,而两次世界大战则是受到经济利益驱使的大冒险。一切谈论美国纯真年代的言论都是没有意义的。从进步主义史家开始着手揭露美国商业的实质,到现在新左派历史学家认为商业利益是纯粹的邪恶,他们对美国商业的批判到了无以复加的程度。美国社会中的某些"神话"在现有"体制"中得以永恒赓续,在新左派历史学家看来,趋同论史学似乎是维护这套"体制"的历史写作,但为了实现绝对公正就必须打破那些"神话"。历史学家必须彻底放弃对美国历史的自豪感,因为唯此才能让民众看到美国社会中种种根本性的不公正现象。不过,这种社会体制及其相关价值的急剧变革,并不会使美国传统遭受彻底破坏,因为一旦像经济剥削和种族主义这样的谬误得到纠正,公平正义的秩序尽管并不明确但也会逐步建立起来。

然而，20世纪六七十年代大范围的社会变革只是在部分上迎合了新左派的口味。当时渐为兴起的个人主义、怀疑主义和相对主义趋势，不仅与对美国传统的肯定相抵触，而且也与要求献身团体、对某种权威性秩序绝对信仰的革命精神和革命行动相冲突。新左派本身也表明了，在当时的美国社会中缺乏一个有组织的领导层，以及明确、系统的规划目标。新左派史家除了进行批评和提出革命号召外别无作为。他们的历史著作仍然只是停留在激励人们采取激进的社会行动、对革命形式进行分析、揭露社会的不公正现象这些层面，而并没有对未来提出什么明确的规划。在这部分历史学家中有加布里耶·科考（Gabriel Kolko）、克里斯托弗·拉什（Christopher Lasch）、杰斯·莱米什（Jesse Lemisch）、沃尔特·拉夫伯、斯托顿·林德（Staughton Lynd）和霍华德·泽恩（Howard Zinn）这些人。新左派历史学家也同样反对像政治和经济帝国主义这样的大部分的美国对外扩张计划。因此，他们对美国谋求世界霸权、挑起冷战和越战或插手拉丁美洲事务也给予谴责。

马克思主义史家指责新左派历史学家的史学是肤浅的理想主义的现代翻版，因为后者是依靠呼吁个体的方式来实现其目标的。马克思主义史家坚持认为，只有马克思的理论才为人们提供了合适的历史观，和对社会进行重组的基础。而新左派历史学家也对马克思史学理论中严格的经济决定论采取谨小慎微的态度，因为尽管他们强调从经济角度来解释人类生活，但也同样颂扬以任何形式表现出来的个人主义。新左派历史学家期盼的革命和社会新秩序是个体行动的结果，意在保障个体的利益。最终，新左派历史学家为了把史学变成社会革命的工具而不突出历史研究的证据；为了捍卫个人主义而拒斥马克思主义的严格的史学理论。

历史学家与民权斗争。 从20世纪60年代中期开始，解放美国黑人和妇女的这两场旷日持久的运动席卷了整个美国社会。追求平等的理想是美国革命遗产的一部分，它很快成了各种社会弱势群体的奋斗目标。

1945年之后，第二次世界大战被解释成是一场争取民主、反对法西

第二十五章 1945年之后的美国史学

斯种族主义的战争,但美国黑人的实际生存状况和美国梦之间却有着越来越大的落差。古纳尔·米达尔(Gunnar Myrdal)的《美国面临的两难之境》(*The American Dilemma*, 1944)引起了人们对种族关系问题的关注。而20世纪美国黑人大范围的向北移民潮,把种族这个表面上地域性的问题变成了一个全国性的问题。

约翰·霍普·富兰克林(John Hope Franklin)在1947年出版的《从奴隶制到自由》(*From Slavery to Freedom*, 1947)是美国黑人史学上划时代的一部著作。讨论奴隶制的一系列著作都对杜宁−菲利普斯(Dunning-Phillips)的观点予以了驳斥,认为在南北战争以前,美国南方黑人的生活艰辛而劳苦,他们是奴隶制的受害者。这种渐为兴起的黑人史学旨在匡正时弊、为美国黑人呼吁现实的平等权利。在20世纪50年代,这方面的代表性著作有肯尼思·M.斯坦普(Kenneth M. Stampp)、斯坦利·M.艾尔金(Stanley M. Elkin)和C.凡·伍德华德的作品。而卡尔·戴格勒(Carl Degler)则试图使美国黑人史学融入美国史学的主流。不过从一开始,美国黑人史学就面临着揭示奴隶制的有害影响,和展示富有生命力和创造性的美国黑人文化之间的矛盾。在20世纪60年代和70年代早期的美国民权运动期间,研究美国早期奴隶制的著作不再关注美国黑人所遭受的迫害,转而强调他们对压迫的反抗——例如微弱的抗争、长期坚持不懈的斗争甚或公然的反叛。黑人民权运动试图使美国黑人史学不失本色,对其融入更为宽泛的美国史学心存疑虑,像斯特琳·斯塔基(Sterling Stuckey)这样的历史学家就特别强调美国黑人对其自身文化的自豪感。然而在当时,美国黑人史学尚是一个广阔的研究领域,有着不可限量的学术发展前景,任何学者都可参与其中。其中尤金·捷诺维斯(Eugene Genovese)、詹姆斯·布拉辛盖姆(James Blassingame)、埃里克·方纳(Eric Foner)和乔治·拉维克(Georg Rawick)等人的著作颇具影响,它们不仅讨论了美国早期奴隶制对美国黑人和白人的不同影响,而且还注意到了美国黑人自我意识的历史连续性问题。罗伯特·福格尔(Robert Fogel)和斯坦利·恩格尔曼(Stanley Engerman)共同撰写的《苦难时代:美国黑奴制经济学》(*Time on the Cross: The Economics of American Negro Slavery*, 1974)一书引发了大量争论,它试图摒弃一切种族偏见,在纯粹经济学的意义上重新评估美国黑奴的生活状况。到了20世纪80年代前后,美国黑人史学成了美国史学的一个重要分支:在历史教科书、学术会议论文集、历史著作和各种研讨会中占了很大比重。有相当一部分研究已经超越了讨论奴隶制的传统话题,以及泛非运动史学(例如,那些讨论马库斯·加维[Marcus Garvey]的著作)和非洲中心论史学(例如,黑肤色的雅典娜这个概念)中所关注的美国南方的农村。随着有关美国黑人史学的著作日益丰富,人们对美国人生活的思考也必然会变得越来越广泛,这其中就包括妇女运动。在民权斗争的影响不断扩大的同时,土生土长的美国人试图重新认识在哥伦布到来之前的美洲及其原住民,以及在哥伦布征服美洲之后他们所遭受的苦难。

从妇女史到性别研究。妇女史在最开始是以"恢复记忆"的方式逐渐兴起的:即在历史叙述中给予妇女以应有地位。为了更为接近历史真实,这种力图展示历史全貌的历史学重新发现了历史上的杰出女性("那些值得被历史记住的妇女"),并对她们大加渲染,吹响了妇女解放的号角。妇女史的成功得益于其顺应了近代史学的发展趋势,研究历史的方方面面,在这样的历史中不仅有女中豪杰,还包括大量属于不同种族、阶级、民族,以及宗教信仰的女性。自20世纪70年代以来,妇女研究在学术界占有了一席之地,主要研究广义的妇女群体(这方面有代表性的学者主要有:南希·考特[Nancy Cott]、琳达·科尔伯[Linda Kerber]、格尔达·雷纳[Gerda Lerner]、凯瑞恩·K.斯卡勒[Kathryn K. Sklar]、凯洛·史密斯-罗森伯格[Carroll Smith-Rosenberg]、琼·W.斯考特[Joan W. Scott]和芭芭拉·维尔特[Barbara Welter]等人)。当时妇女史在学科概念上仍然强调以"女性特质"和"家庭生活"这两种以男性为主导的文化模式来定义(因而也就限定了)妇女的角色。一些对妇女史持有不同意见的声音表明,妇女史研究在一开始主要关注那些出身于中产阶级的女性,并且缺乏把妇女史提升为一门独立学科的直接举措。而针对妇女史

第二十五章　1945年之后的美国史学

提出的更主要的批评,是指出了试图把妇女史融入整个近代社会史时所面临的矛盾,即把妇女作为一个单独的群体来加以研究,和试图证明一切人类经验都有共通点之间所构成的冲突。如此,人们(以琼·W.斯考特为代表)便呼吁要把妇女史拓宽为性别研究,不在于探讨妇女的角色而是着力研究性别在历史上所起到的作用。这种史学趋势绝不是从生理角度来定义妇女这个概念,也不首先以此来看待男女之间的差别(如果实际情况不完全如此,以男性为主导的历史也会使人们逐渐形成这种看法)。它的研究思路是希望更有效地把妇女史融入整个史学研究中去,同时也为妇女的解放斗争提供更有利的武器。

到了20世纪80年代前后,美国史学仍然带有很强的经验主义色彩。在前所未有地受到国外史学——特别是法国年鉴派历史学家影响的时候,也依旧保持着自己的特色。史学研究中的跨学科倾向越来越明显,贯通了社会学、经济学和政治学,并结合了人类学、人口统计学和社会心理学的研究方法。通过"向下看的历史"来思考社会的民主化进程,而口述史即是这种史学的重要研究手段和标志。

第二十六章

科学的历史学

与有着改革性或实际性目标的社会史家相反,其他的一些历史学家则主张一种更加明确的理论态度。到了 20 世纪 70 年代,受法国年鉴派历史学家的学术影响,一些美国历史学家也着手以科学的模式来研究社会史。以计量方法为主的经验主义是这种史学的其中一个特征。

一 用数字来表达的历史

尽管我们必须清醒地认识到,计量方法并不是突然就在史学研究中得到了广泛运用,但是也不用诧异在一个对历史真实并不确定的时代里,人们突然发现了计量化研究所带来的清晰性和确定性。在我们的时代,人们总是希望数字的内在逻辑能有条理地呈现出看似毫无逻辑的生活,人们的这种想法由来已久。像毕达哥拉斯和柏拉图这样的古代先哲,以及古希腊的灵知派(the religious gnostics)都相信数字是解开生活奥秘的密码。相比而言,尽管历史学家没有如此宏大的抱负,但从希罗多德开始他们就像大多数人那样,在历史叙述中运用了计量的方法:"当历史学家在引述一篇'有代表性的'社论和'一群有代表性的人'的观点的时候,或者在用到'有意义的''广泛的''发展的'和'剧烈的'这些字眼的时候,实际上他们就已经在叙述中运用了计量的方法。"[①]不过,今天的计量史

---

① L. Benson, *Toward the Scientific Study of History* (New York, 1972), p.6.

第二十六章 科学的历史学

学家在计量方法的运用范围上更为广泛、技艺更为纯熟,这也是不争的事实。

计量方法的进步不仅有助于增强现代国家的控制能力,而且有利于提高现代商业效率。对于历史学家而言,人们管理、规划、丈量和列表过程中产生的大量数据中蕴含着丰富的历史信息。不过,人们也同时对计量化的过程有着另一种新的期许。在1850年前后,一批历史学家为了回应实证主义的化约论趋势,甚至是科学法则的挑战,也开始热衷于以计量方法来研究历史。巴克尔(H. T. Buckle)试图在人类世界里寻找出一些固定、普世的法则,他寄希望于统计学这门学问,他称赞道:"尽管这是一门年轻的学科,但对于研究人类世界而言,它的贡献要比其他所有科学加起来还要多。"①显然,巴克尔希望数字能够在最大程度上揭示出人类的诸多特性,它们已经不仅仅是先前计量模式中那些简洁的表达式或是被动的指示性数字。通过对数字以及各种数字关系的合理编排和解释,历史学家可以发现许多前所未知的事情。在这种情况下,计量化不再是对历史的简单表述,而成了对历史的一种新见解。

热门的研究领域。并不奇怪,计量方法在经济史中占有着特殊地位。费弗尔和布洛赫这两位年鉴学派的开创者早就呼吁一种侧重研究社会和经济现象的整体史,这种史学便有赖于计量的研究方法。因此,在1945年以后,当法国年鉴派历史学家如日中天之际,计量的研究方法也在整个法国史学界获得了自己稳固的地位。西米昂(Simiand)和拉布鲁斯(Labrousse)把计量方法运用于系列史的研究中,其中最突出的代表是皮埃尔·肖努(Pierre Chaunu)。系列史首先选取一种历史现象,然后以计量的方法展现出这种历史现象在不同时空中的具体体现,最后再对此进行长时段的研究。这些一系列跨越不同时代的数据资料,无论是物价、工资或人口,都需要在长时段和一系列局势(*conjunctures*)中来加以考察。或许,人们认为多种这样的系列会最终"拼接"成一个体系,但是人们的这

---

① H. T. Buckle, *History of Civilization in England*, 2 vols. (New York, 1892), 1:24-25.

种想法未能如愿。从过去的实证主义者那里继承而来的"先观察,再归纳,最后得出科学法则"的研究方法受到了计量史学家的挑战,他们把数学模型运用到了历史研究中。

现代体系理论和计量经济学都把现实世界视为一个由各部分以某种可度量的方式而构成的体系,美国的新经济史家便从上述两种学说中汲取养分,他们是计量史学家中的突出代表。按照上述这两种学说,一方面的改变便会引起整个体系的变化。在实际的经济情况中存在严格的依存模式,这就有可能依据各种数据建构出数学模型,然后再得出结论——所有这一切都运用了计量的形式。不过,在接下来我们也将会看到,即便是技术性很强的计量史学家的著作也会引发一些感情用事的论争。

当民主化时代将学术研究的兴趣从杰出的个体转向普通大众,人口增长受到广泛关注的时候,计量化的研究趋势也波及了传统的政治史研究领域。正如大量研究美国大选结果的著作所表明的那样,运用计量方法更易于研究群体。这些计量研究在很多时候都证实了先前的结论,有时却也修正了人们的偏见:例如,长期以来认为杰克逊时代是一个转折时期的观点就受到了质疑。同样,其他的一些研究也试图运用计量方法来解决社会史的问题:例如,是什么样的群体构成了社会精英、有产者和法律的胜诉方,他们的婚姻状况以及对待政府的态度如何,他们在整个社会中的上升空间如何,他们参与过什么革命,以及他们在整个社会中又有着多大的影响力等问题。类似的研究不一而足,然而计量史学却对两个历史时期给予了特别关注:一个是工业化渐为肇兴的近代早期;一个是孕育了近代欧洲的法国大革命。

在1945年以后,社会史研究的需要促使那些原本简单的人口数据发展成一门日趋成熟的人口统计学。其实早在此之前,一些历史学家就已经开始着手调查人口的数量了,他们通常以政府的税收报告为依据。不过到了现在,人口调查成了一项系统性的工作,有更多的学者参与了进来,他们之中有国家人口统计研究院(Institute National d'Études Demographiques, Paris)的学者,有年鉴学派的成员,也有剑桥大学人口和社

第二十六章 科学的历史学

会结构研究小组(the Cambridge Group for Population and Social Structure)的成员。这些学者在研究中运用了新的方法,以及为了从长时间段的角度来进行研究而收集起来的新的数据资料。其中以路易·亨利(Louis Henry)、米歇尔·弗勒里(Michel Fleury)和 E. A. 瑞格莱(E. A. Wrigley)等人对"家庭重构"(reconstitution of family)的研究结果最为详尽、也最具有颠覆性,一切与家庭有关的数据都以"重构"的形式被记录下来。利用教区报告中的一些数据,人们可以掌握有关这一地区的婚姻、生育和死亡的准确情况,有时候那些报告中保存着长达好几个世纪的数据资料。这些研究得出的结果给了人们不少启发,但许多新的问题也随之而来。数据资料总是不够充分,资料的收集要耗费大量时间,以至于研究的范围变得十分局限,对资料的分析也会相应地浅尝辄止。不过,大量的微观研究拼接起来才能构成一幅完整的图像,因此像当时出版的《世界人口通史》(*Histoire générale de la population mondiale*)这样的著作中的数据也不用频繁地修订。

通过使用一些先进的机器,特别是计算机这样的运算工具,数据的收集、整理和运算这些计量史学的各个研究步骤便会变得易如反掌。计算机的使用为计量史学家的工作带来了便利,但高昂的费用和大量的耗时却又往往需要集体性的研究,特别是在数据的收集和储存这两个方面。这也相应地推动了计量史学的体制化建设。法国的年鉴派历史学家便组成了高等实践研究院第六部(Sixth Section of the École Pratique des Hautes Études);而美国的历史学家则更愿意成立一些计量史学方面的研究协会:1963 年,美国历史协会成立了数据资料委员会(Committee on Quantitative Data);1964 年,密歇根大学成立了校际政治研究会(Inter-University Consortium for Political Research);最终,《史学方法通讯》(*Historical Methods Newsletter*)在 1967 年应运而生了。

如今,计算机已在史学研究中变得不可或缺。它的优越性能主要在于巨大的储存空间、对资料的快速检索,以及进行快速而准确的复杂计算的能力。然而,大规模使用计算机来进行研究需要众多历史学家多年的协同工作,建设基本的数据库也需要大量的资金投入。例如:勒华拉杜里(Le Roy Ladurie)对1819年至1930年间法国征兵人数的研究;赫利希(D. Herlihy)对1427年佛罗伦萨卡塔斯托税(Florentine Catasto)①的研究;以及大量有关美国人口普查的研究。

作为其中一种研究方法。至此计量史学也成了史学研究的主流,但是计量史学的研究范围却在学术界颇有争议。正如所有一切新兴的学术研究一样,那些计量史学的热心追随者也对计量化研究给予了厚望。在他们看来,计量化研究可以一劳永逸地解决所有历史难题。认为在二十年的时间里,计量化研究会成为相当一部分美国历史学家的主要研究方法,也不是不切实际的幻想。不过,那些计量化研究的反对者却并不认为计量史学家能做到不偏不倚的公正,他们指出后者在研究中也不可避免地要做出个人选择。计量史学家需要首先做出一些设想,以便有条理地来收集和处理数据资料;而这些设想并非是从研究中得出的结论,而是研究者选择的结果。不少计量史学的反对者都对计量化研究的热心追随者心目中所设想的人类社会的实际情况而感到忧虑。关注历史上量化的总体性观点、趋势和力量,那么历史情境的特性或者独特的历史事件的位置又在哪里呢?亚瑟·施莱辛格在承认计量史学家的研究思路和学术贡献时,也同时指出了计量化研究的根本性问题:"作为一位人文主义者,我必须要说的是几乎所有重要的问题都是十分确切的,因为它们不可能用数字来做出解答。"②

不过通常经过学术论争,参与论辩的双方都会各有胜负。针对计量史学的各种争论会伴随着它一直进行下去。人们业已承认在特定条件下计量化研究自有其价值,并且大多数的计量史学家也对自己的研究有了更加明确的预期。从这方面来看,计量化研究代表了趋于成熟的史学方

---

① 一种早期的收入和财产税。

② A. Schlesinger, Jr., "The Humanist Looks at Empirical Statistical Research", *American Sociological Review* 27 (1962): 770.

第二十六章 科学的历史学

法论的进一步完善,用威廉·O.艾德洛特(William O. Aydelotte)的话来说是首先成了"对总体性的历史表述进行检验的一种工具"。人类在现实生活中的各种行为,在很多时候是某些可观察到的特定条件,或是一些差不多是个体性的动机的结果,而计量化研究在分析这方面内容时显得最有成效。不过,许多历史学家却怀疑在人类生活中大量存在着纯粹习惯性的行为,或者仅仅由各种内外刺激而引起的行为。而计量史学家也会回应说,在现代社会中适合计量化研究的那部分内容恰好大量增加,并且现代社会中管理模式理性化程度的提高也为计量化研究提供了大量素材。尽管计量史学家在研究中颇有新意地使用了为人所忽略的法律档案和大量调查报告,对人口数据、官员名录和征兵清册也做了细致入微的分析,这部分回应了反对者的异议,但是认为早期的历史时段由于缺乏材料而不适宜于计量方法的观点也是不无道理的。

二 重塑经济史

进入20世纪,人们对经济问题的热情居高不下:20年代资本主义经济经历了虚假繁荣;30年代又爆发了经济大萧条;二战以后欧洲经济体系的重建和第三世界的经济发展问题又成了人们关注的焦点;最终国民生产总值在六七十年代成了衡量国民幸福指数的指标。那么为什么经济史的地位又会那么微不足道呢?对于历史学家而言,并不是他们不能与时俱进、紧跟时代发展,而是在当代社会中人们相信确保经济的正常运转是经济学的事情。在苏联,随着共产主义生产方式的实现和与之相应的共产主义社会的到来,经济史在理论上也就寿终正寝了。这个永恒的新社会仅仅需要经济技术。在西方国家,像新古典主义者、约翰·梅纳尔德·凯恩斯(John Maynard Keynes)及凯恩斯主义者、货币主义者,以及其他的一些经济学家,皆认为每一种经济制度都有一套自我调控的措施,它的运转取决于一些普世并永恒的有效力量和模式。必须要在短期数据资料的基础上,运用数学方法来对经济进行分析,旨在保持经济平衡和促进国民生产总值的增加。但是人们却不会从历史的角度出发来研究经济问题,因为大家并不相信追根溯源式的解释,在影响经济运转的各种力量中只有最近的那部分内容才与当前的局势相关。因此,由于缺乏足够的数据资料,人们并不能对大多数过去的经济活动进行足够准确的研究,进而对此进行有效的概括和得出合理的法则。人们只有在分析经济变迁时才会从历史的角度出发来加以研究,例如在考察经济运行周期,以及在对企业家进行传记式研究的时候。

用传统方法来研究新问题。经济史家在经济学中没有自己的位置,他们躲在学术史领域内继续着各自的研究。理论经济学家的观点对于把握工业经济的复杂性颇有助益,当他们对那些握有决策权的人物发挥有效影响的时候,经济史家却还在沿着那些19、20世纪之交的前辈们开拓的道路继续前行。不过,许多经济史家都躲进了书斋,不再介入实际的社会事务,把自己的研究范围也从分析整体经济的发展,缩小到了对中短期经济变迁的研究,他们不再关心各种不同经济制度之间的相互关系,也不再从事比较研究了。

在1918年以后,从事中世纪经济制度研究的正统学者都是由卡尔·冯·伊纳玛-施藤耐格(Karl von Inama-Sternegg)所开创的奥地利学派门下的弟子,阿尔方斯·多普什就是其中的一位代表,他试图研究中世纪土地的所有制形式、庄园制度、农奴制以及村庄。经济发展的过程仍然被清楚地划分为几个阶段,其中有两个经济的转型时期引起了这些欧洲大陆学者的特别兴趣;其一是从物物交换的农业"自然经济"(*Naturwirtschaft*)到以货币、资本和企业主为基础的"货币经济"(*Geldwirtschaft*)的转型;其二是比利时经济史家亨利·皮朗(Henri Pirenne)所研究的从古代经济到中世纪早期经济之间的转型,他有力地证明了二者之间存在的连续性。是萨拉森人的征战而不是日耳曼人的迁徙打破了这种经济发展的连续性,加洛林王朝开启了欧洲历史的新纪元。

在英美学界,直到1960年前后,像 M. M. 波斯坦(M. M. Postan)、J. H. 克拉范姆(J. H. Clapham)、J. U. 奈夫(J. U. Nef)、T. C. 考克莱恩(T. C.

第二十六章 科学的历史学

Cochran)和F. C. 莱内(F. C. Lane)这样捍卫经济史的学者仍然在传统、严肃的学术著作中占据着主导地位。具体到美国的情况,由于美利坚合众国的建立得益于美国贸易的发展,这种自豪感促进了贸易史研究的一度繁荣。在19、20世纪之交,埃德温·F. 盖伊(Edwin F. Gay)在哈佛大学用制度学派的观点来撰写和教授贸易史。受到盖伊的启发,在1918年以后,诺曼·S. B. 格拉斯(Norman S. B. Gras)发展出了着重探讨企业主职能的贸易史,在整个美国的大背景下来考察贸易的发展;而亚瑟·H. 考勒(Arthur H. Cole)则发展出了研究企业主的历史,进一步把贸易放置于美国人的生活这个更宽泛的框架里来加以研究。

传统的英国和德国的经济史家,以及凡勃伦(Veblen)的学术思想和兴趣以多种不同的方式,在制度学派的经济学理论中得到了延续。不过,制度学派的学者更多的是运用历史学的方法,而不是那些永恒不变、"纯粹市场化"的经济模型来研究经济史,他们既不会完全无视当前流行的经济学理论,也不能接受凡勃伦认为资本主义崩溃的观点。从约翰·R. 考蒙斯(John R. Commons)到约翰·K. 盖尔布莱斯(John K. Galbraith),制度学派的学者主要忙于对资本主义做出重新定义,究竟是"理性资本主义"(reasonable capitalism)还是近来认为的"调控资本主义"(guided capitalism)。

制度学派经济学家的一些学术理念也影响到了新史学,以及后来发展出来的进步史学。但是影响最为深远的还是凡勃伦的二分法,他把贸易划分为工业和普通民众这两大范畴。这种学说从20世纪20年代开始逐渐盛行起来,当时经济史也卷入了公众对美国在一战中所起作用的讨论中,这场讨论最后简化成了一个简单的问题,即军火供应商和东部地区的银行家是否为了谋取私利而把整个国家拖入战争。查尔斯和玛丽·比尔德在《美国文明的兴起》这部名著中,从总体上说明了经济力量在人类生活中所起的重要作用,并特别强调了美国社会(民众)和贸易之间所存在的冲突。甚至美国南北战争的重要意义也并不在于奴隶制的瓦解,而在于它是第二次美国革命中的一个重要阶段,当时北部和西部地区的资本家、劳工和农民战胜了南部地区的农场主。南北战争的结果奠定了贸易在美国的支配性地位。不过，随后产生的大量从经济角度出发来研究美国南北战争的著作，也绝不是完全赞同比尔德的论调。甚至那些倾向于从经济角度来研究的历史学家，也对美国南北部地区的经济发展程度、财富分配状况和劳动制度做了更加彻底的比较性分析。不过，查尔斯·比尔德到了晚年曾特别强调，他一直以来所谈论的是经济动因及其影响，而绝非经济决定论。然而，在20世纪30年代以前，比尔德是在没有什么限定条件的情况下对经济大加谈论的，以至于他的许多追随者自认为从刻板的经济角度出发来解释历史是具有合法依据的，30年代经济大萧条期间的经济措施更加强化了人们的这种认识。直至20世纪40年代晚期，比尔德式的经济史研究才日渐式微。

　　如同其他法国历史方面的研究一样，对法国大革命的研究也是法国经济史研究的首要议题。在1871年法兰西第三共和国建立后的数年里，差不多形成了一套对法国大革命的官方解释：把大革命描述成是第三等级开始掌权的关键性阶段，而社会团体则是共和制的中流砥柱。阿尔方斯·奥拉尔认为，尽管在大革命期间发生了恐怖统治、拿破仑专政和1815—1830、1848—1871年间的暴政，但第三等级翻身做主是历史逻辑发展的必然。但是奥拉尔的学说并不能让所有人信服。泰纳认为，法国革命的整个过程误入了歧途，因为这是一场根据一些抽象的理念而引发的激进变革。而事实上，法国人应当像英国人那样循序渐进地来解决自己的社会问题。不过，对法国大革命的主体评价构成最大挑战的是那些从经济角度出发来解释大革命的观点。这种观点认为，倘若没有对经济问题给予足够强调，像泰纳那样仅仅谈到革命前夜农民的贫困是远远不够的。最终，马克思及其追随者把问题的解释重点从原来的政治角度，完全偏向了经济角度。到了20世纪初，让·饶勒斯（Jean Jaurès）认为法国大革命是在建立新型工业化生产模式的过程中，对社会和政治制度进行的首次必要调整。经过大革命，资产阶级统治取代了贵族统治。但是大革命并没有惠及广大劳工阶级，因为工人之间的阶级意识仍然十分淡薄。

第二十六章　科学的历史学

因此,原先剥削阶级之间的阶级认同已不复存在,但被剥削阶级之间的阶级认同却没有相应地建立起来。不过这种正统马克思主义的经典解释也很快受到了质疑。通过仔细研究可以发现,在各社会团体内部存在着重大差异,这使得阶级论就不再具有解释力了。乔治·勒费弗尔提请同行们要考虑到收入和财富的不同层面,而不是简单地指出穷人和富人作为两大统一的阶级而互相对立。C.-厄内斯特·拉布鲁斯则十分审慎地指出,大革命爆发的主要原因是1778—1789年间的经济萎靡,当时国库空虚、粮价飞涨、民不聊生,不过也有学者批评指出这些只是诱发革命爆发的直接原因。勒费弗尔受心理学的影响,在《大恐慌》(The Great Fear)这部著作中研究了大革命期间民众的行为,修正了正统马克思主义者从纯粹经济的角度出发来解释法国大革命的思路。近来的一些研究也表明,无套裤汉在更大程度上是不同团体之间的暂时联合,而不是一个真正的阶级。包括阿尔弗雷德·科班(Alfred Cobban)在内的一派学者继续通过自己的研究表明,对法国大革命的简单概括与实际的历史现象之间有着多么大的差距。

　　以经济决定论为基础的历史解释的式微不仅限于对法国大革命的研究。法国年鉴学派的历史学家从1945年开始便倡导符合整体史理念、更趋完善的经济解释论,在他们的学说中没有一种主导性的力量。年鉴史家笔下的经济史反映了数个历史时代的经济生活,但其背后却没有一个宏大的发展纲领。他们没有去寻找固定的历史发展纲要,而是拓宽了经济史的史料范围,把政务报告、私人材料和法律档案也列入研究对象。他们希望如实地反映出真实的历史,乔治·杜比的《西方中世纪的农村经济与乡村生活》(Rural Economy and Country Life in the Medieval West, 1962)是这方面的杰作,他在这部著作中所运用的材料并不限于官方的规章条例等传统史料。年鉴史家的研究既不同于德国式的经济史,也有别于刻板的马克思主义式的经济史,而是致力于对过往的经济生活做细致入微的研究。年鉴学派的这种研究方法特别受到那些研究欧洲近代早期经济史的学者的欢迎,他们用它来研究价格革命、贸易发展和资本主义的兴起。

计量史学家。在1945年以后的数年中,技术至上的思想不仅在工业领域大获全胜,而且也征服了思想界,经济史研究也经历了一个"与时代看齐"的过程。在这种思想的影响下发展出了新经济史(the New Economic History),它的核心内容是要把经济史变成一门像自然科学一样的学科。经济史家不再对个别的历史现象进行描述或作出解释,而是必须要分门别类地来处理历史事件和群体性的行为。必须要用计量的方法来分析一切历史现象,它的解释框架不是大量互有关联的历史现象的松散组合,而是一个具有可操作性、成体系的世界。计量史学家的主要分析工具是以数学形式来研究和表述经济现象的计量经济学模型。为了使研究切实可行,计量史学家的理论模型具有一定的稳定性。

计量史学家最著名的研究方法是所谓的反事实假设(counterfactual hypotheses)。罗伯特·W.福格尔(Robert W. Fogel)以一个人们普遍接受的说法为例,他首先提出问题:铁路真的就是美国发展的一个主要特征吗?接着他设想出在19世纪的美国没有铁路的历史情景,发现美国的发展并不会因此而有所不同,因为会有另一种运输方法取而代之。福格尔在著作中运用了典型的"反事实条件概念"(counterfactual conditional concept),为了理解历史上曾经发生的事情,而设想和研究历史上可能发生的事情。然而,许多历史学家对此却并不能苟同。假使历史上的重要特征无关紧要,那么历史发展的因果规律又在何处?具体到福格尔所举的这个例子,如果没有铁路,美国人的生活果真还会与现在完全相同吗?人们能够把铁路及其所带来的影响与美国历史的整个大背景截然分开吗?

此外,计量史学家对一个更具争议性的问题也给出了自己的答案:他们首先设问,奴隶制作为南北战争爆发之前美国南部地区的一种经济制度,果真如大多数历史学家所认为的那样是一套经济效益低下、阻碍南部地区发展的残酷制度吗?约翰·R.梅耶(John R. Meyer)和阿尔弗雷德·H.孔拉德(Alfred H. Conrad)都对此提出了相反的看法,接着罗伯

第二十六章 科学的历史学

特·W. 福格尔和斯坦雷·L. 英格曼（Stanley L. Engerman）也在《苦难时代》（*Time on the Cross*, 1974）这本著作中回应了前者的看法，尽管这些学者就个人而言都憎恶奴隶制。尤其是福格尔和英格曼的著作，引发了人们对计量史学的理论基础、发展前景及其应用局限的广泛讨论。那些批评的声音不仅质疑福格尔和英格曼对数据的筛选及其分析的可靠性（因为这一点在这本著作的副标题"美国黑奴制经济学"[The Economics of American Negro Slavery]中并不能得到体现），而且也怀疑这些严格符合理论概念和"纯粹"经济学理论模型的数字方程式，究竟对人类社会的实际情况，特别是其道德层面有多大的解释力。纵然那些批评者可以退一步说后面这个问题并不是经济学所要考虑的内容，但另一个更为宽泛的问题仍然没有答案，即在没有深厚理论根基的情况下，即便对于经济问题，新经济史（the New Economic History）能否做出综合性的解释。在理论世界中完全理性的人类能使市场正常运转，但这与现实世界的实际情况相去甚远，在现实世界中社会的规章习俗，以及人类的各种动机都会对经济现象产生深远影响。

然而包括法国年鉴派史家在内的许多历史学家，却都对计量史学的分析思路持保留态度。年鉴学派所设想的整体史与计量史学的研究思路并不相干，特别是像皮埃尔·肖努这样的年鉴派史家喜欢的是系列史的研究模式和确定性的局势（*conjonctures*）。弗朗索瓦·西米昂早在20世纪二三十年代就已经开始研究系列史了，在研究中对经济数据进行量化研究并不是最关键的。只有把许多不同的系列拼接起来才能构筑一个整体性的模式。因此，新经济史在法国并没有产生多少影响。

回归经济发展阶段论。近年来，人们重新把经济学理论和历史学相结合来研究经济发展问题。1945年以来西方世界的经济增长令世人称奇，马克思主义者是在假定资本主义必将终结的前提下来思考经济增长的原因，而其他一些学者则尝试着把民主和自由企业经济（free-enterprise economy）的经济效益、生产能力及其发展空间联系起来思考。然而，工业化国家和大多数陷入经济滞涨的国家之间的巨大反差，却引发了一场有关经济发展的激烈争论。争论的主要问题是世界上的所有国家是否都能达到西方国家、苏联和日本的经济发展水平，具体又要通过什么途径才能实现。这些讨论又重新使人们关注经济的持续发展这个带有历史性质的问题。人们从总体上假定，在工业化的过程中形成了一种每个国家都要遵循的普世性模式。这种探寻经济发展模式的趋势在20世纪60年代逐渐明显起来，由于一个高度抽象的普世性模式需要在大量历史数据的基础上得到论证，因此在探寻这种经济发展模式的过程中历史原因成了不容忽视的考虑因素。实际上，早在19世纪的德国经济史和马克思那里，就已经有了经济发展阶段的概念，只不过这种学说此刻又流行了起来，研究经济的发展阶段、转型期及其发展动力。在马克思主义的经济发展模式尚有很大影响的时候，沃尔特·W. 罗斯托（Walter W. Rostow）从资本主义的观点出发提出了一个六阶段的经济发展模式（见表26-1）：

表26-1　罗斯托提出的经济发展阶段

1 传统社会和传统经济	2 转型社会和转型经济	3 经济腾飞阶段
4 发展成熟的社会	5 大众消费阶段	6 大众消费阶段之后的社会

罗斯托的理论在很多方面都受到了质疑。不过，那些学者在批评罗斯托理论的过程中也不得不考虑经济活动中的历史因素，因此这也在客观上推动了经济史的繁荣。这些对罗斯托提出批评的学者已经从社会史兴起的过程（正如我们将要看到的那样，这些研究十分关注民众的生机问题，以及经济关系对整个社会所产生的影响）中汲取了不少灵感。

三　叙述主义对科学历史学的挑战

实证主义的再度复兴。在20世纪二三十年代，孔德的实证主义通过新实证主义（或称逻辑实证主义）又在哲学领域获得了新的生命力。新实证主义认为哲学必须放弃对客观现实的实质性理解，这是科学有待解

第二十六章　科学的历史学

决的任务,而哲学则要从总体上把握科学研究中的方法、概念、语言和命题;与此相应,在历史学中也经历了一个从强调真实性到注重分析性的转变。这种变化在史学研究中体现为:从"思辨"的历史哲学到"分析"和"批判"的历史哲学的转变,不再从具体历史事件中找寻出历史的根本原因或模式来说明历史真实、给出历史解释,也不再细致分析历史的意义,而是仔细研究"创造历史"的具体方式。换言之,由于这部分哲学家不再相信任何解释性方案的权威性(无论是进步的、神谕的、循环的,还是什么别的历史解释方案),进而寄希望于把握历史真实的方法和确保历史叙述可靠性的语言。

最初,当早先的那些新实证主义者认识到,唯有依据从直接观察中得到的历史叙述才能进行历史推测,而那些根本不能被证实的历史叙述则是毫无价值的时候,似乎历史学的正当性也受到了挑战。人们对历史学的这些要求并不能保证其作为一门独立的学科而存在。尽管 A. J. 艾耶尔(A. J. Ayer)曾在20世纪30年代发出过这样的疑问:"我们是否有足够的理由来接受有关过去一切的任何叙述?我们能否说服自己相信确实存在着一个过去?"①不过新实证主义者最终还是倾向于承认过去的存在,以及历史学家写作历史著作的可能性。

卡尔·波普尔(Karl Popper)和卡尔·亨普尔(Carl Hempel)是主张社会同化论(the assimilationist view)的最著名的两位学者。波普尔认为,科学的逻辑已经对科学的研究对象和研究方法都作了限定,因而它们二者之间的匹配性是可以被检验的。然而在历史学中,对研究主题的选择会受到诸多"外在"力量的干扰;换言之,任何形式的历史叙述都会受到历史解释的影响,人们所能希望的只能是自圆其说。历史学关注特定历史事件的这种自身性质,就使得上述这些现象无可避免。这样看来,历史学不能算是严格意义上的科学。不过,假使对特定历史事件的叙述符合普遍的科学结果和科学形式,那么历史学也会逐步跻身于真正的"科学"

---

① A. J. Ayer, *Philosophical Essays* (London, New York, 1965), p.168.

之列。亨普尔在这方面走得更远,他在1942年讨论历史理论时是围绕着因果性解释来展开的。如果我们假设人类和自然界都是统一的现实世界中的组成部分,那么历史理论也要符合覆盖律模型(the Covering Law)的推断-演绎模式(the hypothetic-deductive model)。历史学家不仅要描述单个的历史事件,更要在不同类型的历史事件之间建立起因果联系。亨普尔坚持认为:

> 历史解释的目标也是要表明历史事件的发生并不是"偶然",而是可以通过此前和当时的一些条件预见的。这种对历史事件的预见并不是什么神秘叵测的预言,而是依据普遍法则得出的理性而科学的预测。①

因此,当历史学家希望对一个历史事件作出解释时,他们不得不首先描述历史事件发生的外在环境(仅仅是叙述),然后根据某些个普遍法则来推断历史事件为何会以这种方式发生。这些法则恒定不变,特定的条件总会产生相同的结果。例如,无论是日耳曼人、马扎尔人、诺曼人还是美国30年代黑色风暴②中受害的农民(Dust Bowl farmers)的迁移,都会符合同一条有关人口迁移的法则。但亨普尔很快就认识到,依据一些普遍法则并不能演绎出对所有历史事件的解释,总会存在一些例外。归纳和概率的方法也被运用到了历史解释中。因而亨普尔用有效的"解释框架"来临时替代通过演绎和覆盖律而得出的历史解释。当历史理论中新实证主义式的分析方法日渐式微的时候,实证主义却悄然在各种形式的社会史

---

① C. Hempel, "The Function of General Laws in History", in *Theories of History*, ed. P. Gardiner (New York, 1939), pp. 348-349.

② 由于开发者对土地资源的过度开发,致使土壤风蚀严重,连续不断的干旱更加大了土地沙化的现象。1934年5月11日凌晨,美国西部草原地区发生了一场人类历史上前所未有的黑色风暴。风暴所经之处,溪水断流,水井干涸,田地龟裂,庄稼枯萎,牲畜渴死,千万人流离失所。这次灾害对于美国农业发展是灾害性的打击。——译注

第二十六章 科学的历史学

或结构性的历史(这些日益成为科学历史学的主要表现形式)中逐渐盛行起来。不过,所有这些学说都基于实证主义的前提假设,即认为历史学家能够客观地来理解对人类生活产生影响的各种结构和力量,并同时对它们的作用做出因果性的解释。

回归叙述。对新近不断增强的实证主义趋势提出异议的是叙述这种渊源已久,近来却为人所忽视的历史写作手法。在19世纪末,一些历史学家就已强调指出历史学与文学的分离,当时他们认为历史叙述中语言和修辞的作用最多仅限于丰富美学的表现形式,与科学历史学的本质并不相关。相反,从20世纪60年代开始,一些主张叙述的历史学家就对科学历史学的追求目标、史学实践及其现代性的认同提出了挑战。他们否认因果性解释在历史解释中的主导性地位,倡导一种更能反映人类生活中的偶然事件的研究方法。历史叙述不仅描绘出了过去,而且也勾勒出了看似前后连贯的人类生活中的特定秩序,这样就确保了历史学独立于其他科学的自主性。结果表明历史叙述反映出了历史的复杂性,而不是证明了它的规律性。引起人们争论的关键问题是历史叙述和历史现实之间是否存在着确切联系,尤其是历史叙述到底在多大程度上是历史现实的一种反映或者是历史学家的一种建构。

在上述这场争论的初期,一些主张叙述的历史学家试图通过强调历史解释来建立历史学独立于其他科学的自主性。克罗齐的学说引起了英国历史学家罗宾·G. 柯林武德(Robin G. Collingwood)的共鸣,在他的理解中历史理论和人类生活都具有自主性的一面,这是历史学研究主题的前提条件。柯林武德不能苟同实证主义者的下述观点:认为历史学家可以通过运用自然科学的方法来分析"外在世界",从而达到研究过去的目的,因为这种研究方法并不能把握住个人的理性行为这个对历史产生重要影响的真正力量。甚至于外在的物理世界对历史事件的影响,也只有在转化为人类行为动机的时候才能真正起到作用。"一切历史都是思想的历史:当一位历史学家在说一个身处在某种情况下的个人的时候,无异于是在说这个人认为自己处于这种情况下。此时,他所面临的困难就是他头脑当中所设想出来的困难。"①因此,历史学家的工作就是直接运用史料,通过研究行动产生之前的思想过程来叙述过去的人类活动。为了理解恺撒或者拿破仑的行为方式,历史学家必须对当时的局势、当事人的意图及其决策做出新的定义。除此之外没有其他方法可以使人们理解过去。大而化之的学说或法则根本不能恰如其分地概括人类思想(另外也有一些学者称之为自由意志)的复杂性,进而也就不能对根本不确定的个别事件作出解释。

米歇尔·奥克肖特(Michael Oakeshott)认为历史学具有自主性的观点,与大多数和柯林武德同时代的历史学家的史学实践有着密切联系。奥克肖特赞同柯林武德的观点,认为历史学的任务是研究独特而详尽的历史,担心一旦把自然科学的解释模式运用到历史研究中也就意味着"历史学的瓦解"②。相反,他主张要在详尽的史料基础上描绘出全面的历史变迁。正如一张严密网络中的每一部分是相互匹配的一样,为了解释历史变迁,在叙述这些变化的过程中也无须对它们从宏观上进行概括。既不需要道德评判和实践经验,也无须特别指出某些原因,因为最重要的是要使历史解释契合当时的历史情境。在众多对奥克肖特的观点表示认同、仅仅致力于"还原历史"(doing history)的那部分历史学家中间,赫伯特·巴特菲尔德(Herbert Butterfield)和G. R. 艾尔顿(G. R. Elton)对理论上的区分最为热衷。艾尔顿是兰克史学的忠实信徒,在他笔下展现出来的叙述史中也会夹杂偶然性的分析片段。而在政治史中由于有一系列先后发生的历史事件,所以能体现出历史叙述的统一性。但是,所有这一切都与哲学性的解释、宏观概括,特别是普遍性的法则相去甚远。

而另一些对哲学和叙述主义采取折中态度的历史学家,则在更广泛的范围内探讨了叙述与解释之间的复杂关系。威廉·德雷(William Dray)说明了覆盖率模型的纯理论特征,因为没有一种如此严密的法则是

---

① R. G. Collingwood, *The Idea of History* (Oxford, 1946), p.317.
② M. Oakeshott, *Experience and Its Modes* (London, 1933), p.154.

第二十六章 科学的历史学

可以直接拿来套用的。无论如何,历史学家的目的不是这些法则本身,而是要叙述特定的历史事件。他们需要寻找和描述的是足以支撑历史叙述的那些情况,而并非是一切必要的情况。德雷尝试性地提出了一个"连续性系列"模式("continuing series" model),在这个模式中,把一个历史事件分解为一系列实际关联的部分来叙述。此外,他还以一个有赖于对个体在行动前的理性预测进行重估的模式,取代了亨普尔的因果关系模式。只要人们确实了解了那些创造历史的人的想法,他们如何来解释当时的历史局势,以及接下来又会发生什么,那么历史解释的目的也就达到了。

而威廉·加利(William Gallie)则以更为直接的方式对"一种叙述的历史学"身体力行。那些对叙述史并不看好的学者并没有注意到,只有在历史叙述中融入历史学家的想象力,才能使历史叙述获得整体意义,进而使人们理解过去。确切来说,就是在充分的、经过严密筛选的历史证据的基础上,历史叙述本身是具有解释力的,它并不需要宏观的法则来进行概括。这种观点与早先威廉·瓦尔什(William Walsh)提出来的历史叙述的有效性是建立在充分研究("有意义的历史叙述")基础上的观点相类似。瓦尔什也发现了叙述性的解释方法,确实是有别于自然科学模式的一类方法:"如果现在历史叙述和所有历史证据之间吻合地天衣无缝,并且这也是我们所能企及的最完美的历史叙述,那么那种有助于我们把握历史叙述的历史解释也仍然是具有效力的。"①瓦尔什还有一套与之配套的后续方法:"解释一件历史事件的步骤是先描绘出这次事件与其他事件之间的内在关系,然后再将其放到当时的历史语境中去考察。"②

上述这些历史学家与其他一些提倡叙述主义的学者,都不曾怀疑通过叙述可以还原客观的现实世界。狄尔泰的历史哲学的根基是在理论产生之前便已存在的基本的生活经历(*Erlebnis*);保罗·利科(Paul Ricoeur)

---

① W. B. Gallie, *Philosophy and the Historical Understanding* (London, 1964), p.124.
② W. Walsh, *An Introduction to the Philosophy of History*, rev. ed. (London, 1967), p.59.

所说的是人类生活无可避免的时间性（是种先定的时间）；而大卫·卡尔（David Carr）则说明了根本的存在性经历（the fundamental existential experience）。在这批早先的提倡叙述主义的学者看来，现实世界的秩序已经为叙述提供了一种基本秩序。然而，自20世纪70年代以来，弱化现实世界的影响力、强调修辞作用的趋势越来越明显。实际上，人们认为人类生活是没有自身的内在形式的，因为人类并不能赋予生活以秩序。历史叙述被认为是纯粹人为的建构，其中一个原因便是它并不能被证实是否把人类过去的生活准确地体现了出来。在20世纪初出现的后现代主义中，也吸收了许多叙述主义的元素。

四　心理史的前景与问题

心理史学家并非是发现历史事件受到人类内心世界影响的始作俑者。从一些古代作家开始，每当历史学家在述及总是充满了各种动机的人类本性、历史人物的生平特征，或是对身处暴政统治下的人类行为进行分析时，总会意识到人物心理活动的重要性。然而心理史却完全是现代史学的一种尝试，它的兴起主要归因于人们对一种研究人类行为的科学的探索，当代西方文化中注重个人主义的趋势，以及人们认为社会秩序至少在很大程度上源自观察者的头脑，而不是被观察的外在世界的特征这种倾向。以这种观点来看，人类的心理作用有无可替代的重要性，因为它们不仅在某种程度上创造着"外在的"社会现实，而且也决定了它的秩序。

集体心理的概念。 从1750年至1900年，学者们仍然坚持认为现实世界中一个完整的实体并不等于每个单独个体的总和，人类事务表现出来的各种形式及其发展，得益于集体心理的推动。无论是对于一个群体的生活还是对于一个时代的生活，人类心理的任何变化都会波及生活的每一方面：维科把集体心理划分成三个阶段；赫尔德用集体心理来解释人以群分的现象；而孔德则提出了人类集体思想的三阶段论。其他的一些历史学家则以更为模棱两可的方式,指出了集体心理所带有的民族特性,及其对历史事件所产生的影响。不过,早期的经验主义心理学家威廉·冯特(Wilhelm Wundt)却希望开创一门研究民族心理(Volksseele,这也是一种集体心理)的科学。在19世纪的最后十年里,卡尔·兰普莱希特试图撰写一部反映德意志民族心理转变的德国史。兰普莱希特的想法并没有引起其他一些历史学家的回应,不过民族心理却作为能标明一个时代心态的概念而被引入法国史学中,显著的例子是费弗尔的著作中所运用的"心态"(mentalité)和"感性"(sensibilité)这两个概念。然而,"心态"不再是一个神秘莫测的实体,而仅仅是一种描述某种概念范畴的简便方式:这个范畴既可以囊括大多数人的生活,也常常成为革新者逾越的对象,所以它也就成了整整一代学者努力的目标。历史上那些成功的鼎革者也同时改变了集体心态。法国年鉴派历史学家力主开拓心态史的研究,最终连那些起初认为"心态"这个概念带有过多理性解释色彩的精神分析学派的学者,也都加入到这个队伍中来了。

精神分析方法的主导地位。从1880年至1914年期间,集体心理这个概念受到了多方面的挑战。威廉·狄尔泰提出历史学家不是要探究包括集体心理在内的客观现实,而只需研究特定的群体和时代对现实世界的独到见解。在这样一个由解释构筑起来的世界里,一系列不同的世界观(Weltanschauungen)——即特定时代中特定群体理解世界的方式便构成了历史。历史学家的任务就成了理解这些由人类意识构成的各不相同的世界观,而在人类意识中却夹杂着理性、情感和意志。实际上,狄尔泰的史学是一种理解创造性个体的内在奥妙的思想史。所有的实证主义者也都摒弃集体心理的研究方法,因为人们不能通过观察来得出结论。像约翰·B.华生(John B. Watson)的行为主义理论,则干脆在对当下人类行为的专门观察的基础上得出了非历史的解释。

不过,迄今为止史学中采用的最有影响的心理学研究方法,得益于西格蒙·弗洛伊德(Sigmund Freud)的启发。从19世纪80年代开始,弗洛伊德就着手寻找人类某些行为产生的原因,最终他提出了一种广为适用的解释人类经历的学说。大致说来，弗洛伊德的著作前后分为两个阶段：他的大部分著作主要是探讨个体心理学的，特别是人格形成的过程；而到了晚年，弗洛伊德则对社会、社会制度以及人类文明表现出了越来越浓厚的兴趣。

在1945年以前，几乎没有什么美国历史学家会套用弗洛伊德的解释模式，直到美国人进步和理性主义的信念受到集权主义政权的威胁。历史学家震撼于这些政权的滥施暴虐，但却发现以客观性的法则来看，这些政权却并不应受到谴责；而在人类的现代定义中也缺失了"邪恶"（evil）这个字眼。在这种情况下，有相当一部分历史学家发现了精神分析方法从"异常"（abnormal）和"精神病"（psychotic）的角度来说明"邪恶"时的解释效力。这些措辞中的价值评判色彩并不显见，而且无论如何，它们也更具有现代气息。当许多信奉弗洛伊德学说的欧洲著名学者流亡美国的时候，心理史迎来了新的发展契机。为了得出更为全面的历史解释，威廉·朗格（William Langer）在1957年时呼吁历史学家要深入挖掘人类的内在心理。

> 不过，依旧存在着大量可以深入挖掘的空间，就我个人而言，绝不怀疑"最前沿的历史学"将在研究深度方面有所作为，而在研究广度方面有所控制。具体来说，我认为急需通过借鉴现代心理学的概念和成果来深化我们对历史的理解。①

至此，美国最大的心理史研究团队，在很大程度上以弗洛伊德的个体心理学学说作为自己的理论基础。虽然在弗洛伊德的学说中，个体已不再是光鲜的理性存在，而成了人类内心各种力量角逐的残酷战场，但却在人类心理形成的过程中起着核心作用。冲动、无序、能量无穷的利比多

---

① W. Langer, "The Next Assignment", *American Historical Review* 63（October 1957-July 1958）: 284.

第二十六章 科学的历史学

(libido)是大千世界中的基本力量,它具体表现为每个个体的性冲动。人格中的这部分内容被称之为本能冲动(id),它无法实现自我约束,在弗洛伊德看来只有尽量让它满足才能获得自由。不过"外在的"文化会对生物学意义上的本能冲动进行规束,这就是那些为了保证群体生存的非生物性力量。特别是像家庭这样的组织,塑造了人类社会性的一面(超我)。每一个个体都体验过无尽的性冲动和外在的集体性约束之间的根本性斗争。但斗争的结果早已注定,因为出于群体和人类文明的考虑,难以抑制的本能冲动总会被压制下去。在这类无可避免的斗争中产生了独一无二的自我(本我),本我有两种不同的层面:表面上集体性的目标把人的内在冲动重新带入正轨;而实际上却还潜伏着充满了被压抑的性冲动(有时这种冲动也会转化成某些能被人们接受的企图)的潜意识。这类斗争无休无止,也不可避免,它对个体心理造成了有害影响,具体表现为人们会做出某些"非理性"和"异常"的举动。具有关键性影响的是儿童早期在家庭生活中所经历的性压抑,以及与之相关的俄狄浦斯式的斗争,即男孩会爱恋母亲、嫉妒父亲;而女孩的情况则正好与男孩相反。

一些美国的心理史学家完全信奉这种有关人格形成的学说,并据此来解释一切集体性的现象。在这种学说中,一切集体性的现象都被赋予了压制本能欲望这种纯粹消极的内涵,而成年人的问题也要追溯到婴孩时期的情感倒错。除了强调冲突或者勉为其难的调适,这种学说还排除了个体和外在世界之间的关系。心理史学家除了写作历史人物的心理传记,和被动接受新的超人理论(那些伟大的个体会表现出"真实的"自我)外别无作为。弗洛伊德在 1910 年完成了一部研究列奥纳多·达芬奇(Leonardo de Vinci)的著作,不久威廉·C. 巴利特(William C. Bullitt)在弗洛伊德的协助下也完成了一部解析伍德罗·威尔逊(Woodrow Wilson)的遗稿,后来这部作品成了精神分析史领域中的代表作。作者认为,包括制定 1912 年至 1920 年间美国的各项政策在内,威尔逊的一切行为皆根源于他有缺陷的心理。

但是这种研究方法有过于简化的危险,它甚至会把用来说明人格发展的精神分析模式套用到民族和文明兴衰的研究上。以最简单的形式来说,精神分析的研究方法认为一个群体的命运取决于其领导者的人格形成。弗洛伊德的《摩西与一神教》(Moses and Monotheism)是精神分析研究法的典范,他在这部著作中把摩西和犹太民族的命运联系了起来。那些分析希特勒心理的传记,也试图以希特勒的人格形成来解释德国出现集权主义恐怖的原因。同样,希特勒的童年经历也被认为是其日后命运兴衰的直接肇因。

寻求更广的适用范围。尽管弗洛伊德晚年提出来的一些有关集体生活的理论,对历史学有着更为直接的启发意义,但是他的个体心理学理论却一直左右着心理史的研究。早在1907年,弗洛伊德就已经探讨了人的享乐本能和文明的禁欲要求之间的冲突。西方文明为了解决这类冲突而付出了过于沉重的代价吗?人类文明针对禁欲的要求和法令,使弗洛伊德在历史中看不到希望;然而,"对于文明的种种规限,最野蛮的革命者也会和品行最高尚的信徒一样热衷"。① 人类文化的发展历程留给弗洛伊德以这样的印象:"人们必定会得出结论,认为纵观整体发展并没有什么令人忧虑的地方,但其结果却造成了不宽容个体的状况。"②

当弗洛伊德最终承认,在人的内心还存在着一种与性没有关系,而是通过征伐表现出来的自我毁灭的本能(Thanatos)时,他的悲观主义情绪与日俱增。这种强大的力量与爱(eros)相违背,对人类文明造成了巨大破坏,但却是一种全社会的约束力。在人类历史中就存在着分裂对抗的两极:

> 不过,人类的攻击本性、个体与整体之间的相互敌对,都是有悖于人类文明进程的。我们发现,人类除了爱的本性外还有一种与之并列的自我毁灭的本性,人类的攻击本性就是它典型的衍生形式。

---

① S. Freud, *Civilization and Its Discontents*, trans. and ed. J. Strachny(New York, 1961), p. 69.
② Ibid.

第二十六章　科学的历史学

我想现在我们已经清楚人类文明演进的意义之所在了。爱和死亡之间的斗争，即生存本能与毁灭本能之间的斗争是必须要指出的，因为它就发生在人类身上。这类斗争在本质上构成了一切形式的生命，也是人类的生存斗争。①

然而，除了诺曼·O. 布朗（Norman O. Brown），一些美国心理史学家即使在后来试图超越弗洛伊德本能冲动／自我／超我的精神分析模式时，也没有注意到弗洛伊德在晚年提出来的学术思想。或许，弗洛伊德晚年思想中透露出来的强烈的悲观主义色彩令人望而却步。不过相反，为了让社会和文化这个大背景更显积极，这些美国学者拓宽了一些弗洛伊德个体心理学概念的范围。艾瑞克·艾瑞克森（Erik Erikson）在《青年路德》（*Young Man Luther*, 1959）这部著作中认为，路德寻找自我认同的过程，远要比在机械性的压抑和俄狄浦斯情节作用下的本能冲动和超我之间的冲突来得复杂。路德寻找自我认同的结果，不仅使路德本人"脱胎换骨"，而且还带来了宗教改革，西方宗教信仰的大氛围也为之一变，使得信仰的虔诚转向"内在化"。

心理史的学科地位。到了 20 世纪 60 年代末，心理史在某种程度上摆脱了正统的弗洛伊德理论的条条框框，得到了越来越多的认同，也有了越来越多的支持者。人们创办了心理史的学术刊物（例如《心理史杂志》[*The Journal of Psychohistory*]），同时也差不多形成了一个研究这方面的思想流派，但是由于薄弱的理论基础，心理史研究尚不成熟。历史学家们对于心理史中运用的精神分析方法仍然并不热衷，因为在心理史中证据和解释之间的联系常常缺乏说服力。心理史学家坚持认为，必须到隐藏在可观察到的现实世界的背后去寻找史料的"真实含义"，简言之，就是要到潜意识的世界中去寻找。可是历史学家们却抱怨说，在晦暗混沌的潜意识的世界里，运用精神分析的方法会有损于历史研究的明晰与准确。

---

① S. Freud, *Civilization and Its Discontents*, trans. and ed. J. Strachny（New York, 1961）, p. 69.

此外，人们也不会盲目尊崇一种解释模式，尤其是这种完全从性心理而不是从理性的角度来看待人类的解释模式。

许多心理史学家都希望，心理史的研究能步入科学的轨道，他们努力使自己的心理学理论基础，甚至形而上的理论基础摆脱弗洛伊德学说的影响。本能冲动只是个体人格的一个方面，而不再是弗洛伊德式的无所不在的性本能的一种表现形式。此外，为了迎合当代人让"世界更美好"的愿望，这部分学者还淡化了弗洛伊德学说中的悲观主义色彩。结果，像"情结""压抑"或者"补偿"这类概念，不再是一种包罗万象的世界观（弗洛伊德式的宇宙哲学）的组成部分，而成了有着特定适用范围的技术术语。因此，当一些美国历史学家在使用政治"偏执""地位革命"或"社会-心理"不安这些心理史的术语时，并不能赋予这些词汇一个系统性的框架，心理史研究并没有取得什么实质性的进展。彼得·盖伊（Peter Gay）的研究在运用精神分析法时颇有斟酌，更多地把它们用在一些集体现象的分析上，他试图推动心理史融入史学研究的主流。不过显然，心理学尚未变得像刘易斯·纳米尔爵士所期望的那样，对于历史学有着如同数学对于科学那样的重要性。

第二十七章

英国和法国史学的转变

一 对战争罪责的不同看法

英国的历史学家会毫不犹豫地认为,德国是发动第二次世界大战的罪魁祸首。但一方面,《凡尔赛和约》受到了人们多方面的质疑:它把沉重的战争赔偿负担强加给德国,对法国的强硬政策一再妥协,把国联变成了战胜国的俱乐部。另一方面,内维尔·张伯伦(Neville Chamberlain)推行的绥靖政策及其给英国招致的损失也引起了人们的广泛讨论。

在法国,1940年的军事溃败促使历史学家研究法兰西第五共和国的历史,特别是政治体制中存在的一些缺陷。引起争论的并不是战争罪责,而是像雷蒙·阿隆(Raymond Aron)所提出来的问题:人们在当时错失了多少争取和平的良机。不过,人们还是更关心战争期间疲弱无能的民主体制,及其坚持抵抗的能力。著名的历史学家马克·布洛赫曾在参加抵抗运动时以身殉国,他在多年以前就对法国的民主体制提出过批评。甚而维希政府(1940—1945)也成了富有争议的历史研究课题:它的合法性问题、在战争期间的各种活动,以及法国公民对它的认同程度等等。一个专门研究第二次世界大战和解放运动的历史研究委员会,对这一段法国历史给出了官方的解释。

二　大英帝国衰落后的英国史学

英国历经了曲折的发展历程,国内的社会革命和自身国际地位的变化带来了新的情况。尽管仍然保持着广泛的国际联系,但是大英帝国在经历了四百年的辉煌历史后,又再一次成了欧洲的一个边陲之国。许多优秀的历史学家都在这一点上取得了共识。然而,与之相关的另一个事实是,昔日大英帝国令人荣耀的往事,仍然是回忆录和人物传记等各种史学体裁的无尽主题。在人们看来英国是在继续沿着民主的道路稳步发展。而在冷战的大背景下,政治史仍然占有很大的比重,所有这一切都进一步巩固了传统史学的地位。传统史学的诸多重要特征也被保留了下来:激情澎湃、雄辩滔滔;带有某种程度上的经验主义,把整个世界视为一个开放的系统;热衷于叙述独特的历史现象;并且最终会做出一丝不苟的严谨研究。乔治·凯特森·克拉克(George Kitson Clark)和戈夫瑞·艾尔顿(Geoffrey Elton)的著作便是这样的研究,他们秉承兰克的教导,在历史研究中注重历史证据,而反对过多地介入现实问题;胡格·特瑞福-罗彭(Hugh Trevor-Roper)证明了历史想象的广阔天地及其无穷力量;而A. J. P. 泰勒(A. J. P. Taylor)则表明了如何通过传统研究,得出并不怪诞但却令人耳目一新的解释。

在1945年之后,英国转变成了一个福利国家,在历史研究中也反映出了这种变化。与那些传统的大学相比,新成立的大学在生源构成和师资配置上都有所不同。这部分高校的教师认为,没有必要对传统亦步亦趋,在对历史的思考和撰述方面要有大胆探索。D. H. 卡尔在1961年出版的《历史是什么?》(What is History?)一书,就被认为是这种转变的一个象征,其中最重要的变化是发展出了一种新的社会史,当然史学研究趋势的这种转变是多方面的。新的英国社会史研究既受到法国年鉴学派和马克思主义的影响,也同时在很大程度上继承了注重实证的经验主义传统。这种社会史所关注的除了社会精英,还包括日常生活,以及普通大众的喜

第二十七章 英国和法国史学的转变

怒哀乐。① 特别是借助《过去与现在》(Past and Present)这本学术刊物，法国年鉴学派的史学对英国深厚的经验主义传统产生了影响。这一点在人口史研究中可以看得很清楚，尤其是像彼得·拉斯莱特和剑桥大学人口和社会结构史研究小组的研究。此外，在 E. P. 汤普森、埃里克·霍布斯鲍姆这些著名的英国马克思主义者的著作中，也能看到法国年鉴学派的影响。对于英国的计量史学家，特别是那些像弗兰克·O. 高尔曼(Frank O. Gorman)和约翰·A. 菲利普斯(John A. Philipps)那样喜欢分析选举结果的历史学家而言，美国的社会史研究也是他们灵感的源泉。然而，即便是在社会史研究的鼎盛时期，英国史学界也并没有忘记用自己熟悉的方式研究一些传统的议题：例如，诺曼人的入侵、议会的发展、英国内战与斯图亚特王朝、1688 年光荣革命、工业化进程以及福利化改革等等。

三　法国史学的传统及其发展

共和传统中的法国史学。随着法国在第二次世界大战中取得了最终胜利，1940 年军事溃败的阴霾消散了。法国史学界对法兰西第三共和国体制上的弊端、1940 年可怕的军事溃败，以及维希政府的历史进行了深刻反思。然而，充满思想活力和学术创新的年鉴史学，还是最终取代了这种反思的历史学。不过，法国史学的研究重点却并没有改变，它的延续性也被保留了下来，尤其是在孕育了法兰西共和国的法国大革命史的研究方面。

在法国大革命史这个传统的研究领域，由于和公共领域有着密切联系而硕果累累，但同时也存在很大的局限性。从奥拉尔开始，历史学家就总是以自由民主的观点从总体上解释法国大革命的历史，后来出版的大

---

① 这方面具有代表性的学者有：阿萨·布里格斯(Asa Briggs)、哈罗德·J. 培金(Harold J. Perkin)、J. H. 普朗柏(J. H. Plumb)和劳伦斯·斯通(Lawrence Stone)。

量研究著作,特别是那些深有影响的历史教科书,更是进一步确立了自由-民主的解释基调。然而,从第二次世界大战结束到20世纪80年代的几十年间,是法国左派的全盛时期,历史学家也以新的眼光来重新审视法国大革命中雅各宾派的历史:雅各宾派统治的出现并不是纯粹偶然的历史事件(即在外在威胁刺激下而发生的历史悲剧),而是符合历史逻辑发展的必然结果。尽管无产阶级在1794年一度受挫,但是无产阶级的解放运动必将取代资产阶级的解放运动。阿尔贝特·索布尔(Albert Soboul)对苏联抱有好感,在他看来,甚至法国大革命期间恐怖统治的出现也是符合这种历史逻辑的。而乔治·勒费弗尔是法国大革命史研究所(Institut d'Histoire de la Révolution française)的核心人物,他长期以来一直试图拓宽法国大革命史的研究范围,因而也在这一领域有着重要影响。

一些重要的非法语世界的历史学家,也在很大程度上修正了法国大革命的传统形象。美国史学家罗伯特·帕尔默(Robert Palmer)和法国史学家雅克·戈德肖(Jacques Godechot)是学术上的同道中人,他们认为法国革命和美国革命一样,是广义上的大西洋革命的组成部分,是一场资产阶级旨在反对贵族和君主制特权的革命。而更重要的则是另外一些像阿尔弗雷德·科班那样的学者,坚持从档案出发对法国大革命做一些被宏观性解释所忽视的、细致入微的研究。在这些研究中所呈现出来的法国大革命,不再是一个统一、连贯的历史过程,而是具有显著的地域性差别。

不过,最富影响的还是被称为"修正派"的弗朗索瓦·孚雷(François Furet)和丹尼斯·里歇(Denis Richter)这两位年鉴派史家。他们宣称法国大革命并没有实现个人自由和平等的理想,而当时对法国大革命的主流看法则是在替大革命开脱。这场自由的革命并没有给予反对派以合法地位,因而雅各宾统治被证明是一个混乱而有害的历史阶段。1789年发生的一系列事件并没有什么内在的发展纲领,而相反却是一段混乱无序的历史,不过在大革命爆发前的数年时间中却体现出了令人吃惊的延续性。如同先前各种解释法国大革命的理论一样,修正派的学说也在于说

第二十七章 英国和法国史学的转变

明这段历史中"真正"的具体力量和各种结构,不过它所研究的重点却是法国大革命期间的各种象征物和人们所使用的语言。

法国大革命两百周年纪念大会,是各种对传统法国大革命解释体系提出批评和修正的集大成,当时至少在专业历史学界,人们已不再笼统地认为法国大革命是一场有着普世性意义的历史悲剧,而是在更明确的范围内来看待这段历史的不同阶段。

年鉴学派的胜利。在1945年以后的很长一段时间里,大量传统的法国历史学家仍然沉浸在法兰西共和主义的传统里,以历史主义的方式来撰写历史著作。许多像巴黎索邦大学的罗兰·穆尼耶(Roland Mousnier)这样优秀的学者仍然把持着《历史学刊》(Revue historique),传统史学依旧深有影响。然而,法国人对二战中亡国的沉痛记忆,促使人们放下过去、面向未来,这些都为年鉴学派的崛起创造了条件。费弗尔成了年鉴学派的核心人物,他在学派的组织建制方面倾注了大量心血,创建了年鉴学派自己的大本营:高等实践研究院第六部(the Sixth Section of the École Pratique des Hautes Études)。直至今日,他们的学术刊物也仍然在以《经济、社会、文明年鉴》(Annales: Économies, Sociétés, Civilisations)这个刊名继续出版。史学研究范式的转变,把年鉴学派这个边缘性的学术团体推到了学术研究的第一线。尽管年鉴学派许多视野宏大的研究都是团队协作的成果,但是这个历史学派的杰出贡献却在于那些具有创新精神的历史学家的个人成果。

然而,年鉴学派的学术思想深受法国当代一种重要的哲学和文学思潮——结构主义的影响,它在根本上反对对历史进行宏观概括。在20世纪60年代开始兴起的结构主义思潮,还要追溯到费尔迪南·德·索绪尔(Ferdinand de Saussure)的思想,索绪尔认为语言是人类思想中一种系统性的表现形式。不过,无须对语言进行历时性研究,而只需对现存的语言体系进行共时性分析即可。人们一旦确定了一种语言中某一部分在整个语言中的位置,就可以知晓这部分内容的意思及其所发生的变化。整个语言系统绝不是一个变动不居、神秘莫测、带有先验意义的实体,而是一个恒定不变的结构;各部分内容的位置一经确定便无可变动。这种结构也同时是一个群体的思想和行为的代码。不过人们却都不知道为什么这种代码会是恒定不变的。此外,康德还认为他学说中的知性范畴也是人类认识世界的一种有效代码。康德的学说使牛顿物理世界中早已被人抛弃的确定性又重新恢复了。不过,可以确定的是,代码是先于各种表现形式而存在的;人们也不能对代码进行自行选择。此外,符号学把生命解释成是一个相互沟通的过程,法国的结构主义者受此影响,也声称代码是先于信息而存在的。

列维-斯特劳斯(Lévi-Strauss)运用结构主义的理论来研究人类学,近年来这种结构主义人类学对历史学研究产生了很大影响。根据列维-斯特劳斯的学说,每一个群体都有一套特殊的交流代码,这套代码决定了这个群体的社会生活;而它的每一部分也与另一套人类内心的普世性生活代码一一对应(见表27-1)。

表27-1　结构主义的文化观

1. 普世性代码:永恒、稳定、独立于人类的意志与意识,可在一切特殊代码的不变的那部分内容中体现出来。	2. 某些群体的特殊代码:是决定人类行为的普世性代码的变形。	3. 可在实际上彼此相关的几部分内容所构成的特殊关系中体现出来的代码;具有时效性和变化性。
各种代码之间实际的层级关系		
研究方向		
找出普世性的代码	找出特殊代码	研究各种外在可见的表现形式

在结构主义的学说中,人类不再是由那些积极、重要的个体组成的群体。找出那些决定人类行为的隐蔽、客观和永恒的力量,成了现在一切研究的追求目标。人类世界的结构也同结构主义的研究目标一样是非历史性的。只要分析当前结构的一些特殊表现形式,而无须依靠在大多数情况下并不完整的历史记录,人们便可以很好地研究一些隐而不显的结构。舍弃过往的历史无关紧要,因为结构主义者反对追根溯源式的解释,也就

第二十七章　英国和法国史学的转变

是说他们并不认为当下各种结构的表现形式,是受制于其过去的各种表现形式的。结构中发生的任何变化,都会符合某几条共通的转变法则。因此,不需要在承认时间有着重要连续性的前提下,对人类社会的状况进行历时性分析。对当下的共时性分析将会取代历史研究。

在平衡变迁和延续这个长期以来困扰历史学家的问题时,年鉴派史家的解决方案可以说要比结构主义者的对策更富成效:前者首先肯定了变迁本身就有多种形式;而后者总是以不变应万变,在他们的学说中变迁仍然只是一种可被忽略的表面现象,或许还会被认为是一种不必要的东西。

在年鉴派史家那里没有一种宏观性的历史发展模式,历史的性质也有着明确定义,这样他们在研究方法和历史解释的选择方面有很大的自由度。他们对一些历史研究的新成果兼收并蓄,但却并不丧失自我。不过,在年鉴史学中却存在一种普遍的研究趋势:即包罗生活万象的历史并不是一种宏大的历史,而是些可以说明的理性结构。年鉴史学家探寻这些结构的方法就是因果解释、比较研究和计量化手段。

从最广义的程度上来说,年鉴派史家试图创立一种"历史人文主义"(humanisme historique),这种人文主义承认一些宏观性力量对人类生活所产生的影响,但也会同时考虑到个人在其中所起到的作用。然而,由于急于摆脱传统史学的影响,年鉴史学在实际上往往会对个人视而不见。年鉴史家笔下的社会经济史十分注重集体性现象和外在环境,总是优先考虑秩序问题而非起着决定性作用的个人。

费尔南·布罗代尔(Fernand Braudel)在整体上对整体史做了最好的诠释。他在1956年成了费弗尔学术上的接班人,在原先的基础上又重新创建了"人文之家"(Maison des Sciences de l'Homme)这个学术机构。通过《菲利普二世时代的地中海世界》(*The Mediterranean World in the Age of Philip II*, 1949; 2d ed., 1966)这部著作,布罗代尔在身前就已经奠定了自己的学术地位,他在自己的成名作中试图展示出某一地区在特定历史阶段中的完整生活画卷。为此,布罗代尔曾努力找寻出一些完整的结构,并在自己的著作中加以运用。布罗代尔对结构的热衷是受到了人文地理学家维达勒·德·拉·布拉什,以及 20 世纪 40 年代的早期结构主义者加斯东·鲁贝奈尔的启发。布罗代尔学说中的结构源于这样一个基本事实:尽管世间万物变化无常,但它们的变化却都符合土地、海洋和气候这三种类型的变化周期,植被的变化有着"长时段"(*longue durée*)的特性,缓慢到在我们看来几乎是静止不动的。那些几乎静止不动的东西尤其令年鉴派史家着迷,这或许是因为他们中的许多人所研究的是"像地质运动那样变化缓慢、几乎成凝滞状态的传统的近代早期社会"。① 在循环模式中还有更短的运转周期(*lentement rythmés*):有若干循环周期比人的生命周期要短些,但也有许多比人的生命周期要来得长。年鉴派史家最常研究的是社会生活中经济和人口的运行周期。他们会越来越多地用到"局势"(*conjonctures*)这个概念,来指称像物价、土地所有制形式、人口变迁等诸如此类隐含着循环模式的变化类型。最后,还有像政治史那样能生动展示出人类生活的历史,里面有的是个体性的行动和急速的变化,"事件史"(*histoire événementielle*)为了能"深入"理解历史,而对这些方面进行了着力强调。无论年鉴派史家对上述三种类型的变化周期如何称谓(例如,雅克·勒高夫是将其分为"静止的结构""相对变化的结构"和"变化不定的结构"三种类型),历史学家们已经找到了一组在变化周期上环环相扣的有价值的分析概念。结果证明,对时间性的生命结构的不同理解做出仔细区分,就完全不会和强调非历史性的结构主义相抵触。

布罗代尔对地理学的挚爱启发了他的历史研究,不过他仍然有许多研究范围相对集中的著作,它们通过区域研究来回答整体史的问题。在这些研究中对地理学的重视往往是和分析人口数量联系在一起的。年鉴学派特别重视研究人口数量,因为人口问题是研究"局势"的极好切入点;此外,普通大众对世界人口增长的关注也起到了推波助澜的作用。让·穆夫瑞(Jean Meuvret)在人口史领域中的开山之作引起了人们的注

---

① P. Chaunu, "L'histoire géographique", *Revue de l'enseignement supérieur*, 54/55 (1969): 67.

第二十七章 英国和法国史学的转变

意,人口学也逐渐成了一门成熟的学科。路易·亨利(Louis Henry)有关家庭重组和"人口与社会"的系列研究,得到了高等实验研究院第六部的资助,人口学的学科地位得到了承认。皮埃尔·古贝尔(Pierre Goubert)的《博韦地区与博韦人》(*Beauvais et le Beauvaisis*,1958)是众多新型的区域史研究中最突出的一部著作。

布罗代尔的第二本代表作是 1967 年出版的《物质文明与资本主义》(*Civilisation matérielle et capitalisme*),这部著作并不突出根据变化周期而划分出来的结构,而是罗列了大量有趣而又实用的数据,但里面却没有一个动态、系统的结构。人们可以认为布罗代尔的这种研究,从一个方面推动了微观史和日常生活结构史(这也是布罗代尔这本著作英译本的标题)的出现。

我们注意到,弗朗索瓦·西米昂和厄内斯特·拉布鲁斯出版于 20 世纪 30 年代的侧重从经济角度来解释历史的重要著作,也推动了历史学家对各种经济结构的研究。这两位历史学家也都关心历史的长时段发展。西米昂发现,从经济扩张的第一阶段到经济收缩的第二阶段,要经历一个有规律的变化阶段。而拉布鲁斯则把物价波动,和整个法国的社会动荡联系起来加以研究。约翰·梅纳德·凯恩斯最近发现,拉布鲁斯在考察法国大革命爆发前的经济发展情况时所运用的分析工具能对法国经济的各个方面进行研究。一些年鉴派史家的早期著作也特别重视计量的研究方法,这一点在埃马纽埃尔·勒华拉杜里(Emmanuel Le Roy Ladurie)的身上可以看得很明显。而在布罗代尔的学说中,经济发展模式是"局势"中的一个重要组成部分。在很多方面,皮埃尔和于格特·肖努(Huguette Chaunu)卷帙浩繁的研究《塞维利亚与大西洋》(*Seville and the Atlantic*,1955—1960),综合体现了系列史的许多研究方法。

随着历史研究中对心理结构的分析,人类意识在历史中所起的作用又重新受到了重视。然而,由于年鉴派史家偏爱宏观性的结构,个体心理被认为不足以来解释那些社会现象。列维·布留尔(Levy-Bruhl)对"原始心态"(primitive mentality)的研究给费弗尔留下了深刻印象,布留尔通过心理的集体表现形式来研究心理现象。"心态"(mentalité)这个核心概念指的是心理结构,它决定了一个群体在特定时间段里的一系列思想观念,同时也明确了一种文化在特定历史阶段的所思所想。在1950年之后,涌现出了一系列与心态史相关的研究:加布里耶·勒布拉斯(Gabriel Le Bras)对宗教思想的研究;雅克·勒高夫对中世纪的时间和赎罪观念的分析;罗伯特·芒德鲁(Robert Mandrou)对"蓝色书库"(*Bibliothèque Bleue*)①的研究;以及菲利普·阿里耶斯(Philippe Ariès)这位擅长年鉴史学方法的非年鉴派史家,对儿童和死亡观念的研究。与之相关的还有对书籍数量、识字率、文学传统②,以及文化想象的计量化研究。③

　　年鉴史学的一个主要缺陷是对一切与政治有关的东西视而不见,这一点也是跟它整体史的目标相矛盾的。在研究中忽视权力及权力关系,主要是因为年鉴史学不满于过去政治史一统天下的局面,也同时对政治中以人的意愿为主的倾向深表疑虑。马克思主义史学家针对这种无视权力、缺乏一个明确发展目标的似是而非的历史观提出过最严厉的批评。尽管在年鉴史学中也并不是完全看不到政治的身影,但是政治因素能在研究中逐渐受到重视,还是要归功于研究中世纪史的历史学家菲利普·沃尔夫(Philippe Wolff)的研究,他试图把政治作为整个基本社会网络的一部分来加以研究;而贝尔纳·盖内(Bernard Guenée)则尝试性地从事有关国家层面的政治史研究。除了上述批评,另一方面人们还批评指出年鉴史学几乎只研究近代早期的历史。

　　但是人们必须承认,在1970年以后,"年鉴学派"这个称谓充其量只是一种学术表述,因为事实上年鉴史家在具有创造性的学术研究方面已经没有什么共同点了。对整体史进行综合研究也并不可能实现,结果只能变成对过往人类生活的泛泛而论。埃马纽埃尔·勒华拉杜里是一位优

---

　　① 这是17—19世纪间法国的一个通俗读物系列。
　　② 研究这方面的学者有:弗朗索瓦·孚雷、阿德利内·多马尔(Adeline Daumard)和雅克·奥祖夫(Jacques Ozouf)。
　　③ 这方面有罗杰·夏蒂埃(Roger Chartier)的研究。

第二十七章 英国和法国史学的转变

秀、多产的历史学家,在他身上集中体现了整个年鉴学派的发展历程:他独立完成了一部从地理学、经济学和人口学的角度来研究朗克多地区农民的整体史著作;一部从比较历史地理学的观点出发来研究气候史的著作;一部通过考察象征物的意义、恰当运用心态史概念、回归叙述的方法来研究古罗马狂欢节的著作;以及一部运用微观史方法来研究蒙塔尤地区一个皈依异教的乡村的著作。

当人们认为法国史学是一种明确的社会科学模式的时候,那些优秀的法国历史著作却并不认为人类会受制于外在环境。的确,个体和各种集体性的自然力量之间还不能完全达到平衡,个体也还有可能被那些强大的外在结构所吞噬。不过,在那些年鉴学派的代表作中,人们能够看出研究方法转变的些许迹象(在纯粹科学的历史研究中,渐渐恢复了历史叙述的方法),个人在历史研究中逐渐有了地位,也慢慢受到了重视;至少在法国也仍然存在着传统的历史研究。此时的法国史学留给人们这样的印象:那些能激发人们的想象力、取得突破性成就的著作,并不是学者之间集体合作的产物,而往往是一些拥有天分的历史学家的个人杰作。

许多其他国家的历史学也都在不同程度上受到了年鉴史学的影响,这也从另一个方面体现出了法国年鉴学派的多样性。几乎在所有国家的历史学中都可以看到年鉴学派的影子。

第二十八章

苏联和西方民主国家中的马克思主义史学

一 苏联马克思主义的问题及其终结

1945年以后,苏联的历史学研究仍然像人们长期以来认为的那样受到政府的控制。1953年3月斯大林逝世,在接下来的二十年时间里,苏联进入了一个总体上相对宽松的历史时期,但此后政府的控制却变得变本加厉。不过,到了20世纪80年代后期,苏联的整个国家控制体系瓦解了,国家进入了一个混乱的变革阶段。

对传统马克思主义的修正。在斯大林逝世后不久,一些像安娜·M.潘克拉托娃(Anna M. Pankratova)和艾图埃尔·N. 布尔采洛夫(Eduard N. Burdzalov)这样的历史学家在专业研究方面获得了一定的自主权。过去受到国家意识形态严格控制的研究领域,现在也可以涉足了。到了20世纪60年代,在没有了党的"领导"的情况下,人们就一些长期以来不受关注的史学理论和历史研究方法问题,展开了热烈的讨论。总体而言,这场讨论主要涉及了两方面的问题。首先是苏联化的马克思主义对历史基本阶段的划分:即把一切历史严格划分为封建主义、资本主义和共产主义这三个阶段。这场旷日持久的讨论的最终结果,是每个阶段的历史分期都被严格固定了下来。当然,最近的这场讨论也不可避免地要涉及历史发展的必然性和偶然性问题,委婉地来说就是要在二者之间做出抉择。

第二十八章 苏联和西方民主国家中的马克思主义史学

但是,对斯大林这个重要历史人物的"个人崇拜",妨碍了把这场讨论进一步引向深入。有一些改革派历史学家强调马克思主义要适时而变,这就跟像亚历山大·I.达尼罗夫(Alexander I. Danilov)这样严格坚持传统马克思主义的历史学家起了冲突;而另一些改革派历史学家则对传统马克思主义的历史撰述方法产生了质疑,这些学者在米克希尔·凯夫特(Mikhail Gefter)的带领下就方法论问题展开了讨论。他们无不从有着强烈决定论色彩的正统马克思主义及其基本观点——历史唯物主义出发,来讨论历史的真相、规律和客观性等在意识形态方面较为敏感的话题。在这些历史学家中,有一些学者试图开拓出新的史学研究方向,特别是对苏联史这个意识形态控制最严密的领域表现出了强烈兴趣。十月革命的历史是苏联史中的核心问题,这包括引发革命的一系列历史事件,以及革命的自行发展过程这两个方面。十月革命是一个高度敏感的话题,因为对这段历史的官方解释正构成了苏共合法性的基础。当时人们主要关注的问题包括:在十月革命爆发的时候,资本主义世界处于什么发展阶段;在由封建主义、经过社会主义,最后再到共产主义的普遍发展模式中,当时的苏联又处在什么位置。当时人们所讨论的内容完全局限于这些类似的敏感话题。

从1954年到1972年的这些年里,人们注意到历史学已不完全是党的执政工具了,史学研究获得了一定自主发展的空间。然而,随着苏联对1968年捷克民主社会主义试验的残酷镇压,宽容的学术氛围又骤然紧张了起来。像莫斯科国立大学(Moscow State University)和历史科学研究部(the sections of the Academy of Sciences on General and on Soviet History)这些主要的历史研究机构也都进行了人事调整。而史学方法研究部(the methodology section)则完全被解散了。一度活跃的苏联史学界又重新归于沉寂,直至米哈伊尔·戈尔巴乔夫(Mikhail Gorbachev)着手进行以开放性(Glasnost)和新思维(Perestroika)为特征的改革的时候(1986—1990),苏联史学才又恢复了生机。在戈尔巴乔夫时期学术研究空前自由,人们想了解十月革命以来的历史真相的愿望变得越来越迫切。那些先前只能私下秘密出版和发行的著作,现在可以公开传播了。苏共政权的历史真相被公之于众,苏联的"正统马克思主义"也就很快丧失解释力了。

探索新的俄国史。在共产主义政权垮台后,一套曾经统治了七十年的政治制度骤然瓦解了,如何来解释俄国历史的延续性问题,成了摆在历史学家和所有俄国人面前的难题。简单的方法是对共产党统治的那段历史置之不理,新的俄罗斯国家的合法性及其自我认同,是和俄罗斯帝国联系在一起的。许多历史著作都带着欣赏的眼光来看待1917年以前的俄国历史:像谢尔盖·尤利耶维奇·维特(Sergei Y. Witte)和彼得·斯托雷平(Peter A. Stolypin)这些人是俄罗斯帝国自由改革的先驱;贵族阶层是责任感、道德规范和文化的守护者;而沙皇尼古拉二世的罗曼诺夫家族则是俄罗斯合法性的来源,他们是十月革命的受害者——所有这些都是新的俄国史所要讲述的内容。随着一个新社会的来临,苏联史学也开始逐步吸取一些西方史学的新成果。不过,新的苏联史学的根基却渊源于现在人们所谓的"俄罗斯特性"(Russianism)这种传统。"俄罗斯特性"重在强调俄罗斯民族、俄罗斯精神(重视集体而非个体),以及俄罗斯的文化和历史都是绝对独一无二的。这也是所谓的文化学(culturology)的核心内容。与其他的社会和文化科学不同,文化学认为世界是由一些独一无二的实体组成的,而俄罗斯便是其中的一个独特实体:这种观点与历史主义有着异曲同工之妙,而与黑格尔和马克思的学说则完全对立,因为后者把世界历史视为是一个有着几个严格发展阶段的统一过程。

二 西方国家的马克思主义历史理论

马克思主义历史理论的困境。第二次世界大战以后,苏联的马列主义成了东欧"人民民主国家"的官方意识形态,对马列主义的诠释也不再是学术争论的议题。然而,在西方非共产主义国家中,情况却要复杂得多,在那里只有当地的共产党坚持信仰马列主义,而社会主义者和社会民

第二十八章　苏联和西方民主国家中的马克思主义史学

主主义者则震撼于资本主义社会的自我调节能力,欣赏其民主的政治体制。他们通常用伯恩斯坦(Bernstein)的修正主义来解释马克思的历史发展理论,认为马克思的理论也要经常进行修正,使之符合实际的政治经验。在1945年以后,资本主义社会中的马克思主义者发现,在国民生产总值不断增长,生活状况逐渐改善的情况下,大众已不会再试图进行激进的社会变革,这也与马克思关于晚期资本主义社会中大众会日益贫困的预言相违背。

其实早在1945年以前,马克思主义理论的根基就受到了两股势力的挑战。首先,无所不在的个人主义对西方社会的生活和思想有着深远影响;其次,西方社会中的经验主义倾向对历史解释中的证据有着严格要求。这些都与马克思主义所强调的集体、单一因果论、宏大的历史发展纲领,以及绝对真理北辕适楚。

为了能使马克思主义与西方思想相契合,也同时能把其他一些学派的思想吸纳到马克思主义中来,便有一派德国学者试图对马克思主义进行修正。这部分学者主要是1923年在法兰克福(Frankfurt am Main)成立的社会研究所(*Institut für Sozialforschung*)的成员。像弗里德里希·波洛克(Friedrich Pollock)、马克斯·霍克海默(Max Horkheimer)和费列克斯·韦勒(Felix Weil)这些学者希望重建马克思主义,认为正统的马克思主义是有别于"庸俗马克思主义"的一种积极的力量。

法兰克福学派的学者坚信个人主义和民主理想,认为广大无产阶级会逐渐融入主流社会,整个思想的大环境也具有一定的自主性,他们舍弃了马克思严格的历史理论。法兰克福学派的学者希望,通过强调马克思主义中具有辩证性和批判性的方面,而使其重获开放性和活力。他们认为思想既不能构想出一劳永逸的宏大理论(一般哲学中纯粹理论层面的错误推论),同时也不是一些外在力量和环境(在马克思这里是经济因素,而在法西斯主义那里却是种族因素)塑造的结果。真正的思想是理论和实践相互作用下辩证性的产物。作为新一代批判学派的学者,尤根·哈贝马斯(Jürgen Habermas)认为:马克思的理论正是其所分析的社会生活大环境的催化剂;它把外在的社会生活环境作为一个整体来分析,并且认为是可以不断完善(Aufhebung)的。总之,为了对生活进行有效理解,马克思的思想必须与时俱进。从这种观点出发,这部分学者就不得不抛弃正统马克思主义的两大信条,即:认为社会生活中一切非经济性的特点也是由主要的经济结构所决定的;以及历史是严格按照一个预先存在的模式发展的。

在 20 世纪 30 年代,斯大林令法兰克福学派的学者感到震惊,他们逐渐对恢复马克思主义中黑格尔学说的辩证色彩失去了兴趣,转而用弗洛伊德的心理学理论来丰富马克思的思想。后来大部分流亡英美的法兰克福学派的学者[1],在《启蒙辩证法》(Dialectic of Enlightenment,1972)这部著作中对西方文化进行了辩证性的分析。阿多诺(Adorno)和霍克海默公然批评自启蒙运动以来,当代西方文化的发展是误入了歧途。大众社会(无论是共产主义社会,还是资本主义社会都是如此)误把一致当作平等,扼制具有创造性的生命,剥夺人类所具有的真实情感,而把理性仅仅变成了计算工具。实际上,霍克海默和阿多诺认为,科学的发展和思想的科学方式一样是逐渐稳步推进的,并完全受到自然的控制。最终,这股自然的控制力也会波及人类的社会领域,使得任何其他群体都受制于某一群体的控制。以这种观点来看,现代极权主义是西方文明发展的必然结果。因而,西方社会的前景也是暗淡的。

历史性的方法是批评学派学说的核心,因为这派学者是辩证性地来分析每一个问题,不仅要弄清楚事情的来龙去脉、当下状况,而且还要提出相应的解决方案。尤根·哈贝马斯曾指出,把思想和实践完美结合才能解决问题。不过他也同时强调,需要重新认识思想和行动之间的关系,因为正统的马克思主义者坚持认为真理是一个自我封闭的系统,有着严格的历史发展模式,这就很容易成为替极权主义体制进行辩护的理由。

---

[1] 后来这部分学者被人们称之为批判学派。

第二十八章　苏联和西方民主国家中的马克思主义史学

在西方非共产主义世界里,许多有着改革思想的马克思主义者把眼光投向更具经验性色彩的"青年"马克思身上,那时的马克思常常谈论工人相对于自我潜能、外在社会,以及劳动产品而产生的异化问题。这就促使人们根据实际情况来修正马克思主义,以期解决现代社会中的异化问题。不过,因为在西方世界中人们不是从心理学的角度出发,就是从存在主义的角度出发来理解异化问题,所以作为一个个体性的问题,"经过修正的"马克思主义并不突出导致斯大林主义产生的必然性的历史发展。①不过在另一方面,那些正统的马克思主义者早就对青年马克思产生了质疑,因为他们一直认为马克思那个时期的著作并不成熟,仅仅是其学说体系发展成熟过程中的过渡性的产物。当这些正统马克思主义者在替各自的政党或国家进行辩护时,在马克思主义颠扑不破的历史发展规律中找到了信心与方向,这种历史发展规律强调阶级斗争,并且预先存在着一个显而易见的终极目标。他们相信把握住这种历史发展规律,既可以使民众忠于革命、斗志昂扬,也可以使共产主义事业万古长青。因而,马克思主义学说对历史发展规律的解释应该而且必须不能前后矛盾。

不过,在马克思主义学说中仍然有不能自圆其说的地方:"假使世间万物都要遵循辩证法,那么人类又怎能例外?倘若人类也并不能例外,那么我们又如何看待人类的自由与创造性?"①然而在英美世界,并没有适合于思辨性理论体系发展的土壤,马克思主义严格以经济决定论为基础的历史解释理论并不能让学者们信服。不过,用马克思主义来丰富历史研究的分析模式则是另外一回事。像埃里克·J. 霍布斯鲍姆(Eric J. Hobsbawm)、爱德华·P. 汤普森(Edward P. Thompson)和克里斯托弗·希尔(Christopher Hill)这些历史学家就是在这一意义上用马克思的历史思想来从事历史研究的。尽管上述这些历史学家用来弥合马克思主义学说中经济基础和上层建筑之间二元对立的方式各有不同,但他们却都致力于发展出一种更加灵活变通的马克思主义。他们的目标是要用一套切实

---

① G. Petrovic', *Marx in the Mid-Twentieth Century* (New York, 1967), p. 64.

可行的学说,来打破结构-功能解释模式在社会科学领域一统天下的局面。结构-功能主义者把社会看成是一个需要保持各方面稳定的系统①,但由于这种解释并不具有历史性,所以在马克思主义者看来并不正确。马克思主义者曾强调指出,任何社会制度中所存在的内在矛盾也有其积极作用,它们是社会变迁的原动力。在一些社会科学家发现各种具有同等价值的文化仍然会同时并存的地方,马克思主义历史学家却发现了人类从大自然中逐步解放出来的过程。他们以牺牲正统马克思主义学说所具有的清晰明确为代价,换来了英美社会科学的历史性,在严格的马克思主义历史发展纲要中经济基础决定上层建筑,一切历史发展的终极目标都必然是一个理想化的永恒社会。这些马克思主义历史学家认为,通过改变理论形式和学说重点,马克思主义的历史思想也会变得在一定程度上具有解释效力,但只是向人们提供了在某些情况下才成立的真理,而并非是为过去、现在和将来描绘出了一幅完整的蓝图。这部分学者大都赞同乔治·卢卡奇(Georg Lukács)对正统马克思主义的论断:

> 我们姑且假定新的研究完全驳倒了马克思的每一个个别的论点。即使这点得到了证明,每个严肃的"正统"马克思主义者仍然可以毫无保留地接受所有这种新结论,放弃马克思的所有论点,而无须片刻放弃他的马克思主义正统。所以,正统马克思主义并不意味着无批判地接受马克思研究的结果。它不是对这个或那个论点的"信仰",也不是对某本"圣"书的注解。恰恰相反,马克思主义问题中的正统仅仅是指方法。②

东欧和苏联马克思主义政权的崩溃,无疑是否定了马克思理论所提

---

① 产生的各种变化被认为是整个系统出现"机能障碍"的表现。
② G. Lukács, *History and Class Consciousness*, trans. R. Livingstone (Cambridge, Mass., 1971), p. 1.

第二十八章 苏联和西方民主国家中的马克思主义史学

供的宏大历史发展纲领的有效性。它对人类状况过于简化的解释,被证明与真实的复杂生活并不相符。学者们是否会或者能在多大程度上在马克思主义的学说中得到某些思维和方法上的启发尚未可知。

第二十九章

法西斯主义灭亡后的历史学

一 战后意大利的历史观

意大利是世界上第一个法西斯国家,但其卷入二战的时间却相对较晚,并在1943年临阵倒戈投靠了盟军。因此,人们在战后的争论首先并不是针对战争罪责问题,而是探讨法西斯主义是如何掌权的问题。历史学家对墨索里尼的帝国外交政策的研究,是最接近战争罪责问题的讨论。墨索里尼帝国外交政策的核心,是在1938年和德国结成轴心国。不过总体而言,意大利在战后重新恢复自由议会政治的过程,被证明要比德国的过程容易得多。经过短暂的"大清洗",大多数法西斯主义的主要特征和重要人物都逐渐淡出了公众的生活。

同样,意大利的历史学在重新建立起过去与现在之间的联系时也遇到了一些问题。尽管意大利的史学界承认,意大利的经济和社会结构在战后已经有了很大程度的变化,但是意大利历史学家的史学实践及其理论基础却有一定的延续性。当贝奈戴托·克罗齐的影响力开始逐渐下降的时候,他已经寻觅到了像阿多尔夫·奥莫多(Adolfo Omodeo)这样的学术接班人。不过,正如从前一样,在意大利历史学界并存着历史主义、社会科学倾向的历史学,以及马克思主义史学。除了马克思主义史学,意大利史学的这种基本状况即使在法西斯统治时期也没有什么大的改变。1945年以后,意大利史学界发生的最大变化,是一些二战期间流亡海外的历史

第二十九章 法西斯主义灭亡后的历史学

学家重新回到了自己的祖国,在这些学者中最著名的是阿纳尔多·莫米里亚诺(Arnaldo Momigliano)和弗朗戈·凡图利(Franco Venturi)。

面对长达二十一年的法西斯统治时期,历史学家们追问为什么意大利的自由主义会在1922年轻易把政权拱手相让。人们对此最通常的解释是:意大利对《凡尔赛和约》感到不满、对共产主义充满恐惧,同时社会主义也对民族主义估计不足。此外,路基·萨尔法托雷利(Luigi Salvatorelli)和乔万尼·米拉(Giovanni Mira)还认为中产阶级的贫困也是其中的一个原因。① 一些马克思主义学者进而还提到了意大利社会的结构性问题。此外,人们还把这一问题的总体根源一直追溯到意大利的文艺复兴运动,认为这是近代意大利历史上的一个关键时期。但是,加里波第的民粹主义理想就一定不及加富尔的统一方案吗?德里奥·坎丁默诺(Delio Cantimoro)和一些像安东尼奥·葛兰西(Antonio Gramsci)这样的马克思主义历史学家,对意大利文艺复兴运动中缺乏一个激进的雅各宾时期而感到遗憾。这些学者也同样指出意大利在实现现代化方面有所不足。相反,罗萨里奥·罗曼诺(Rosario Romano)则指出,正是历史上的激进时期对意大利产生了有害影响。而其他一些像加泰诺·萨尔维米尼(Gaetano Salvemini)这样的学者则对力单势薄的自由主义的观点持全盘否定的态度。

在关于法西斯主义性质的激烈争论中,克罗齐认为法西斯主义根本不是起源于意大利,而是一种意识形态的舶来品。这些学者大都强调法西斯主义和国际上的社会主义和工会主义之间的联系。然而,兰佐·德·菲利斯(Renzo De Felice)却把法西斯主义视为是民族主义的产物,正是墨索里尼的独裁统治导致了意大利社会运动中的不连续性。除了主张社团主义经济秩序,颂扬古罗马和文艺复兴的辉煌历史、帝国主义,以及歌颂特别是像墨索里尼这样的伟大人物以外,法西斯主义缺乏一个系统性的意识形态。因此,不应该把法西斯主义这个术语套用到希特勒领

---

① 参见《法西斯统治时期的意大利历史》(Storia d'Italia nel periodo fascisto, 1956)。

导下的社会运动上。事实上,德·菲利斯和费德瑞克·夏伯德(Federico Chabod)把1938年墨索里尼和希特勒签订轴心国同盟协定的举动,视为是墨索里尼职业生涯中的一个致命的转折点。由于墨索里尼的举动有违意大利的利益,他也就日益丧失了民心。

进入20世纪70年代,这些有关民族国家的议题不再显得那么重要了,意大利史学界也更广泛地对当代史学理论的各种思潮进行了借鉴。意大利历史学家对推动社会史和文化史的发展功不可没。

二 劫后重生的德国历史学

对德国溃败的历史学解释。在德国,战后历史学论争的背景,是人们认为当时整个国家已经跌至历史上的最低谷。城市满目疮痍、工业凋敝、民不聊生,德国在国际上的地位也受到了挑战。在二战结束后的二十年时间里,德国历史学家主要面临的是如何面对历史(Vergangenheitsbewältigung)的问题。他们的任务是在承认德国在二战中犯下的滔天罪行的前提下,在民族认同的基础上找寻出一个刚刚历经过大变革的国家的历史延续性。

具体到历史学界,就是历史发展是否具有延续性的问题,即纳粹政权的出现是历史上的偶然偏差,还是历史长期发展的必然结果?这一问题也同时引起了包括许多身处德国之外的历史学家的广泛争论。绝大多数持历史发展偏差论的学者,则把一切罪责完全归咎于希特勒。然而不可思议的是,直至1973年,才有了第一部从这种观点出发的具有重要历史价值的希特勒传记。① 相反,那些坚持历史发展具有延续性的学者,则认为德国历史的发展注定会有一场灾难。不过,人们普遍能接受的观点是,德国历史的发展不是偏离了西方启蒙运动的传统,就是脱离了1848年以来的自由主义的方向。由于德国的历史学坚持历史主义、煽动偏狭的民

---

① 其作者是约阿希姆·费斯特(Joachim Fest)。

第二十九章 法西斯主义灭亡后的历史学

族情绪,并对权势集团有一定的吸引力,从而在这方面越走越远。那些强调德国"例外论"(*Sonderweg*)的学者明确指出,要在民主的基础上通过恢复德国历史发展的延续性来重建百废待兴的德国。

起初,人们普遍相信的是一种温和的修正主义的观点。这种观点认为,并不能把希特勒的暴政完全归咎于德意志传统。在人们看来,德国社会以及德国民众的态度,不仅特别易于国家层面上的权力集中,而且也容易导致现代性对传统的排斥:致使传统价值分崩离析,个体越来越孤立。希特勒善于审时度势,巧妙地利用了第一次世界大战以后民众对革命的普遍仇恨与恐惧。因而,在德国的这段艰难岁月(在任何社会中人们都会发现有这种特殊的历史时期存在)里人们的情感得到了宣泄。① 在这一点上,1945 年以后的历史学家和少数几位 20 世纪 20 年代的德国历史学家取得了共识,后者曾告诫人们兰克时代作为一种道德组织的国家,已经转变成了权力型国家(*Machtstaat*)。② 人们所要谴责的是这种国家类型的转变,而不是整个德意志传统。纳粹主义是历史发展的偏差,是一种并非源于德国社会及其各项制度的历史断裂。盖尔哈德·利特(Gerhard Ritter)、汉斯·洛特菲尔斯(Hans Rothfels)和汉斯·赫尔茨菲尔德(Hans Herzfeld)这些学者所倡导的是增强德国史学中的道德元素,而不是要对其进行大幅度的修正。

到了 20 世纪 40 年代末 50 年代初,人们试图通过区分德意志传统中各种元素的不同价值,恢复德国历史发展的延续性。在这部分学者中最有代表性的是弗里德里希·梅尼克和盖尔哈德·利特。梅尼克指出了一些尚待解决的社会问题,特别是如何实现工人阶级之间的联合。在总体上,人们对德意志传统的谴责,主要集中在普鲁士的军国主义及其 1871 年统一德国的方案这两个问题上。盖尔哈德·利特明确提出,要把历史书写变成一种道德力量。他相信通过恢复德意志传统中那些积极的元

---

① 盖尔哈德·利特在《权力的魔力》(*Dämonie der Macht*)这部著作中已经分析了这种现象。
② 根据弗里德里希·梅尼克的说法,这是种首先从权力角度出发来统治的国家。

素，可以实现自己的目标。为此，他还发现只要依据新近的历史经验对德意志传统稍作调整，历史主义（包括方法论和世界观在内的各个方面）就会找到自己合适的位置。

在德国历史学界，人们面对历史的形式各不相同。一般认为，一战以后民众对德国在战争中的溃败和《凡尔赛和约》的失望有着至为深远的影响，因为他们为希特勒的上台创造了条件。对此，汉斯·洛特菲尔斯给出了一个折中的解释，他承认民众在这一历史过程中所起到的作用，但并不从他们的立场出发来替希特勒的所作所为进行开脱。这种观点既避免了像泰勒（A. P. J. Taylor）那样把战争罪责完全归咎于德国，也不至于像大卫·L. 霍根（David L. Hoggan）那样把德国的战争罪行一笔勾销。不过，面对刚刚逝去的历史，人们所需要做的并不是讨论战争罪责问题，而是尽力要在过去、当下和对未来的憧憬之间建立起新的历史联系。人们在这场讨论中维护了历史发展的延续性，但却也并不否认 1933—1945 年间所发生的大变局。在这场学术论争的背后，社会史开始悄然兴起。

德国历史学界没有对战争罪责问题进行深入探讨，主要是因为人们在总体上已经默认了希特勒及其领导下的纳粹政权所犯下的滔天罪行。在任何学术讨论中，只要把希特勒的集权统治视为推动历史发展的核心动力，那么就会不可避免地带有历史主义的色彩。不过，德国历史学界的注意力又很快转移到了希特勒所开创的、有着独特体制的第三帝国上了。此时，人们主要关心的是一些政治性、社会性和经济性的结构问题，这促进了历史研究的进一步发展，开始注重对社会史和文化史的研究。

在这种情形下，自由的民主体制为什么会在 1933 年为人所抛弃这个问题引起了人们的广泛争论。一部分历史学家把主要原因归咎于魏玛共和国的疲弱无能。他们提到了魏玛共和国的宪法特点、选举制度，以及意识形态政党的结构等等问题。反犹主义这个问题也逐渐引起了像马丁·布罗斯查特（Martin Broszat）和汉斯·洛特菲尔斯这些学者的注意；而另一些像路德维希·德奥（Ludwig Dehio）这样的学者则认为，在德国这样一个长期依靠权力和外交策略来维持自身显在的中心地位的国度里是不

第二十九章 法西斯主义灭亡后的历史学

利于自由主义发展的。

新型的历史学。到了 20 世纪 60 年代,动荡不宁的社会大环境使得那些对德国历史的传统看法受到了挑战。弗里茨·费舍(Fritz Fischer)在 1964 年出版的《通往世界强国之路》(Griff nach der Weltmacht)这部著作中认为,希特勒的军事和外交策略并不是什么特例,而是长期以来德国扩张主义传统的题中应有之义。尽管费舍的这部著作在史学理论方面几乎无所作为,但它却为后来更具颠覆性的研究打开了新的视野。正因如此,自费舍以后,整整一代学者都致力于史学研究的开拓创新。德国的社会史开始悄然兴起,这种史学有如下几种主要特征:相对个体性的行动而言,广义的结构性力量显得更为重要;人物传记不再受到重视,个体性的生命唯有纳入社会、经济和政治性的结构中才会获得意义;人类生活中的政治因素不再具有优先性;并且人们也不再认为国家是一个有机的整体(以"民族"为其表现形式),而是一种没有内在冲突的组织。

一些具有革新精神的历史学家已经开始着手社会性或结构性的历史研究了。他们都大体上赞同年鉴学派有关史学研究宗旨的观点,即认为历史学不应仅限于忠实地描述一桩桩事件和一个个人物,而且还要找寻出那些推动社会发展的广义性的力量。不过,德国历史学家的这些观点首先是从德国的思想传统出发的。

1945 年以后,民族史的核心概念"民族"已不复存在。很多个世纪以来,"民族"一直是个令人起敬的字眼,直至第三帝国时期人们才曲解其意:这种曲解导致了不堪的后果。因而,渐为兴起的德国社会史成了一种"结构史"(Strukturgeschichte)。尽管在民族史和结构史之间并无直接联系,但是有关社会史的这两种形式的论争甚至一直持续到今天。维纳·孔茨、狄奥多·希德、奥托·亨茨和奥托·布鲁纳(Otto Brunner)这些学者以各自不同的方式,撰写了一系列结构史的著作。社会这个术语已经暗示了这种新兴社会史的研究范围。尽管结构史的研究主题一直以来都是民族的历史,但是像汉斯·弗雷耶(Hans Freyer)的研究由于受到社会学的影响,归纳概括也是其中的一部分内容。各种结构是有助于对社会中的联系网络进行描述的范畴。然而,这部分学者仍然担心各种类型学的分析方法能否把握住历史发展的真正力量;他们从历史主义那里承继来的学术遗产也不允许他们探索出具有革新意义的社会史。在他们的这种"结构史"中,各种经济、政治和社会的不同力量交互缠绕、互为影响,不存在任何有等级差别的结构,其中也就更加没有化约论的位置了。相应而言,"结构史"研究也要求客观、冷静的分析。

这些尝试革新的社会史研究克服了理论与实践之间的距离。许多这样的研究认为,德国在社会生活和史学研究中的独特情况,是经济的急速发展和传统的社会、经济组织之间的矛盾所导致的。德国社会和政治的停滞发展,也是民主的左派历史学家的研究主题之一。

在众多新兴的社会史研究中,最引人瞩目的是汉斯-乌勒里希·韦勒(Hans-Ulrich Wehler)和尤根·科卡(Jürgen Kocka)所倡导的"历史社会学"(*Historische Sozialwissenschaft*)。这种社会史对理论充满热情,但却避免宏大的理论框架,融合了许多不同的历史研究方法和解释模式,特别是马克斯·韦伯和马克思的学说。与许多年鉴学派学者对政治现象视而不见相反,德国长期以来认为国家与社会并行不悖的传统,使得新兴的德国社会史把政治现象作为社会生活的其中一部分内容来加以研究。此外,受所谓的韦伯学说复兴的影响,大部分的德国历史著作对一些心理性或概念性的结构也同样给予了重视。由于对各种不同价值或心理性结构的"理解"(*Verstehen*)仍然是历史学的重要特征,所以社会史也就成了"概念史"(*Begriffsgeschichte*)的一个重要方面。这种史学的这一特点导致了计量史研究的相对薄弱,甚至在1945年以后这种情况也没有得到改变。

然而,其他的一些历史学家却对社会科学的研究倾向没有什么热情。一些批判学派的学者在狄奥多·阿多诺(Theodor Adorno)和马克斯·霍克海默(Max Horkheimer)的学说中找到了相应的替代模式,阿多诺和霍克海默在1945年以后重返德国,他们完全反对一切诸如科学、进步之类带有过度理性色彩的解释性框架。这些解释框架并不能推动历史学的进步,因为它们忽视了西方文明中严重的异化现象。要克服史学研究中的

第二十九章 法西斯主义灭亡后的历史学

这一缺陷,就需要不断地对取得的新进展进行批判性的评估。

自20世纪70年代以后,在德国社会史研究中出现了两股相反的研究趋势。第一股研究趋势力图摆脱1945年以来的史学遗产的影响。史学研究的关注点不再是如何看待希特勒纳粹政权的遗产问题,而是与一个全新的德意志共和国的兴起相关的一些事情。各种历史著作也开始反思劫后重生的德意志共和国的根基,及其与过去、当下与未来的恰当的历史联系。这些历史著作也在广义上运用了传统的史学方法,在人物传记这种体裁中就可以找到历史主义的影子。① 重新评价历史上像俾斯麦这样的政治家也能让人获益匪浅。德国史学的视野已经拓展到了整个欧洲,以及大西洋对岸的美洲。自然而然,一些像托马斯·尼佩代(Thomas Nipperdey)这样的新历史主义的学者,便会强调以更为平和的态度来重新审视德意志帝国(Kaiserreich):强调德国在发展过程中产生的有别于其他国家的广义的文化差异,而不仅仅指出存在着德意志特性;同时指出德国地处中欧的地理位置所带来的历史影响。这部分历史学家都以各自不同的方式,说明了德国在二战中所蒙受的灾难并非是德国历史发展的必然结果。他们认为,当下的历史主义便是一种温和的、结构性的,并同时带有一定决定论色彩的学说。

德国史学界出现的这些新观点,也引发了历史学家之间的争执(Historikerstreit)。这场争论是源于史学界对1933—1945年间所发生的一系列恐怖事件的重新评价。争论的核心问题是纳粹政权,尤其是其对犹太人的大屠杀,究竟在多大程度上是德国才会出现的特有现象。这些历史事件本身的邪恶性质毋庸置疑;人们争论的是它们的历史起源,及其在现代性发展过程中所处的位置。一些像厄内斯特·诺尔特(Ernst Nolte)、米歇尔·施图尔姆(Michael Stürmer)、安德瑞斯·希尔格鲁伯(Andreas Hillgruber)和克劳斯·赫尔德勃兰特(Klaus Hildebrand)这样的历史学家

---

① 例如康拉德·阿登纳(Konrad Adenauer)和卡尔·舒马赫(Karl Schumacher)的传记便是如此。

认为,纳粹主义是对布尔什维主义的回应和仿效,二者都体现了现代性所具有的破坏传统的特性。上述观点招致了一系列反对意见,其中最有影响的是尤根·哈贝马斯的批评,他认为这类观点是在试图掩盖纳粹大屠杀的极端恐怖及其对德国社会的大清洗(Verdrängungsversuch)。

"日常生活史"(Alltagsgeschichte)是这一时期在德国发展起来的另一种社会史,旨在取代"历史社会学"用以建构历史结构的宏大概念,以及年鉴史学对普通民众的各种关系、态度和行为的经验性描述。不过,这种史学也受到了来自多方面的批评,汉斯-乌勒里希·韦勒、尤根·科卡、莱因哈特·科斯勒克(Reinhart Koselleck)和约翰·吕森(Jörn Rüsen)等学者最早在数十年前即已指出,这种史学赋予民众以传奇色彩,但却在史学理论方面乏善可陈。不过,在研究"日常生活史"的历史学家谈论到压迫问题的时候,也间接地涉及了理论问题,他们到人类学家克利福德·格尔茨(Clifford Geertz)的"深描"(thick description)理论中去寻求理论支持,倡导一种没有中心的历史,即反对一切类似于进步那样的线性发展的历史。阿尔夫·吕特克·路茨·尼特汉姆(Alf Lüdtke Lutz Niethammer)和汉斯·梅迪克(Hans Medick)是两位研究"日常生活史"的先驱。

而在德意志民主共和国,像研究所和大学这些研究历史的繁冗的学术机构,主要掌控在一些信仰共产主义的领导人手里。学者们依据一些官方审定的主题(Schwerpunkte)来展开研究,为意识形态斗争提供思想武器,并遵循马克思-列宁主义者制定的路线来撰写德国历史。由于历史研究在很大程度上受到意识形态的羁绊,所以民主德国的历史学家的研究主要局限于古代史、中世纪史和社会史这些领域。① 到了20世纪70年代,德国的民主主义发生了显著转变;在柏林墙倒塌以后,这些曾经盛极一时的史学方法和学术组织也都退出了历史舞台。

---

① 社会史的代表人物有尤根·库曾斯基(Jürgen Kuczynski)。

第三十章

介于想象和现实之间的世界历史

自第一次世界大战结束以来,历史研究日臻成熟,也取得了累累硕果,但是如何书写世界历史的问题仍然没能得到解决。然而,随着一个真正全球一体化世界的逐步形成,撰写世界历史的要求也变得越来越迫切。不过,人们并没有发展出一种能够提供统一研究框架,并为世人普遍接受的概念模式,而是试图以三种不同的方式来撰写世界历史:首先是认为任何文化都有相同发展方式的多样的文化模式;其次是以全球为研究范围的进步模式;最后是世界体系模式。

一 多样的文化模式

自古代以来,人们总会时不时地用多样的文化模式来考察历史发展的方式及其意义。多样的文化模式强调许多独立的统一体都遵循着普世的循环发展方式,于是最近几个世纪以来这种历史解释模式也就自然站在了历史发展进步论的对立面上了。根据这种历史解释模式,历史发展近似于有机生命的循环模式,因而多样的文化模式也在一定程度上带有了经验主义的色彩。

斯宾格勒学说的主旨及其轰动效应。 1918年,奥斯瓦尔德·斯宾格勒(Oswald Spengler)出版的《西方的没落》(*The Decline of the West*)一书,是人们在摸索撰写世界历史的过程中最具轰动效应的尝试。而实际上,斯宾格勒学说中的许多观点,早在第一次世界大战以前就产生了:他的哲学思想来源于歌德的有机论、叔本华的悲观主义,以及尼采的生机论;雅各布·布克哈特也已宣扬过西方衰落的论调,布克哈特担心这是考特·古比诺(Count Gobineau)和维尔弗雷多·帕累托(Vilfredo Pareto)所倡导的激进的平等主义的恶果。古比诺从种族问题出发预言了西方文明的衰落;在帕累托所呈现出来的世界历史中,社会精英已不再能决定整个社会的兴衰;而库特·布瑞希格(Kurt Breysig)则早已提出要打破欧洲中心论的观点,引导学生从事跨文化的比较史研究,他在自己的研讨班上告诫他们"在这里我们绝不会讨论进步问题"。斯宾格勒的学说富有创造性的想象力,预言了人类社会今后的命运。他发现在西方世界中,现代战争所带来的恐怖已经让许多人产生了幻灭感,具体到德国的情况,一战的溃败让德国人备尝艰辛。在特殊的时代氛围下,人们易于接受一种前途黯然的世界历史,斯宾格勒认为这便意味着一场史学革命:传统的以欧洲为中心的世界历史,已经被一种完全没有中心的世界历史所取代。

斯宾格勒笔下的世界历史是由各种不同的"高级"文化组成的,迄今为止在人类社会中存在过印度文明、巴比伦文明、中国文明、埃及文明、阿拉伯文明、墨西哥文明、古典文明和现代西方文明等八种"高级"文化。所谓的"高级"文化,就是那些自身具有特殊动力,并达到一定文明高度的文化。这些高级文化连同一些其他文化在内,在经过一段充满活力的发展阶段后,都会陷入一种停滞不前的状态。斯宾格勒的上述论断是基于这样的一种观点:认为每一种高等文化都是一个有机的统一体,有特定的生命周期,却不存在一种先在的目的:

> 当一颗伟大的灵魂开始摆脱原始人类蒙昧的精神状态,从无形逐渐归于有形,从无限永恒的状态渐渐趋于界限分明、生死有数的时候,一种文化也就应运而生了。它在一块特定的土地上落地生根、开花结果,一方水土养育一方文化。然而当这颗灵魂把民族、语言、教义、艺术、国家、科学这些文化形态的无限可能性全都化为现实的时

第三十章 介于想象和现实之间的世界历史

候,这种文化就陨落了,而这颗灵魂也就重新回复至原始的蒙昧状态。①

斯宾格勒口中的这颗心灵不仅赋予了文化以基本内涵、它的独特性,而且也决定了这种文化面对生命的永恒态度。文化的传播只会在很小的程度上使不同的文化交互影响。

斯宾格勒总结出来的高级文化广义的生命循环模式令广大读者感到着迷。见表30-1:

表30-1 高级文化特有的生命循环模式

文化的活力与创造性			
"没有历史的"阶段	鼎盛繁荣的阶段	衰落的文明阶段	重归"没有历史的"阶段

令人恐惧的文化衰落无可避免,因为各种文化都是有机的统一体,生命的活力有巅峰就有低谷。斯宾格勒把高级文化的衰落阶段称作文明时期,此时"在文明的沉沉暮霭中,心灵中燃烧的火焰也都熄灭了"。② 这时候传统失效了,已不再具有活力和创造性,大量农村人口涌入城市,但却世风日下,广大城市居民公民意识淡薄,原本虔诚的宗教信仰业已退变为讲求"技艺"的宗教狂热和拙劣的宗教虔信,这不仅会再现恺撒统治下的军国主义国家,而且还会带来帝国主义的征伐。

汤因比的两种文明模式。在斯宾格勒的著作刚刚出版不久,英国历史学家阿诺德·汤因比(Arnold Toynbee)就决定放弃自己追踪世界上各种文明兴衰的研究计划,但经过仔细研究后他才最终发现,斯宾格勒的研究方法实则与自己的研究方法相去甚远。斯宾格勒和汤因比都研究一些共同的历史现象(只是在斯宾格勒那里这些历史现象被称作文化,而在

---

① O. Spengler, *Today and Destiny: Excerpts from The Decline of the West of Oswald Spengler*, ed. E. F. Dakin (New York, 1940), p.144.

② Ibid., p.147.

汤因比那里则被称作文明),他们都把世界历史视为是这些统一体逐步发展的过程。然而,汤因比对文化的"灵魂"、一致的文化生命周期,以及有机的平行发展这些东西并不感兴趣。在他看来,文明并不是一些独特灵魂的衍生发展,而是人类与环境之间辩证关系的产物。世界上一些重要文明的诞生,都取决于人类能否创造性地回应外在环境的挑战。人类与外在环境之间的互动关系一经确立,一种文明也就会沿着自己独特的轨迹逐渐发展起来(见表30－2)。

表30－2　汤因比的文明发展模式

1 文明发展阶段　2 文明纷争时期　3 世界大同时期　4 文明的停顿与终结
时间线──────────────────────────────────▶
面临的挑战:1 大众"仿效"具有创造性的少数精英来回应外在环境的挑战人类对外在环境日益增加的控制力,使得自身的决断能力也不断增强;这时候阶级开始产生。2 具有创造性的少数精英成为统治集团社会的进一步发展受阻,导致既存的各项制度逐渐成为颠扑不破的真理社会进入纷乱的变革阶段。3 社会的内部纷争渐趋平息;这带来了社会的和平、稳定和繁荣;阶级已不复存在。4 社会内部的无产阶级(不包括权势集团在内的具有创造性的群体)和社会外部的无产阶级(是更具活力和创造性的敌人)联合起来颠覆国家政权。

《历史研究》(Study of History, 1934—1939)具有世界性的开阔视野,汤因比在这部著作中描述了世界上的二十多种文明,对它们进行了细致而全面的分析。然而经过多年研究,汤因比却发现,历史是文明的不断发展这种观点没有多大解释力。他在《历史研究》的第七卷中指出,人类生活中基本的结构性因素是宗教而非文明。唯有宗教才是孕育文明生长的土壤。除此之外,宗教也能够逾越文明之间的藩篱,使得文明的模式与意义不像文明本身那样孤立而短暂。实际上,历史作为上帝的想象在现实世界中的反映,也就意味着进步。汤因比所谓的进步是指世界朝着宗教融合的方向逐步发展的过程,甚至是形成世界文明和实现世界和平的过程。

第三十章 介于想象和现实之间的世界历史

二 进步与西化

关于进步的理论。很多个世纪以来,无论是基督教世界还是世俗世界,都认为世界历史的趋于统一便意味着人类历史的进步,而各种历史现象也都必然会以各自不同的方式,朝着神启和理性的方向稳步发展。这两种对历史进步的解释,都清楚地表明了这是一个"向上的"发展过程,这就违背了社会科学家们所定义的各种文化平等的发展模式。在社会科学家看来,文化仅仅是一种事实;不同的人类群体拥有不同的文化。特定的人类群体除了有"文化"之间的差别外,不会有理性程度的高低;文化之间没有高低优劣之分,同一文化的不同发展阶段也不存在进步与落后的区别。以这种平均化的、非历史性的观点来看,文化是一种能实现自我调适的、功能性的结构系统。不过,社会科学却自鸣得意地将文化称作"科学"。这里的潜台词即是说用科学的方式(即现代西方的方式)来思考社会现象,会得到更多的真实价值。总之,借助于科学现象,西方文化在传播的过程中会具有明显的优越性。

当历史学家们希望对数百年来西方国家的殖民扩张,及其在世界上的支配地位作出解释的时候,他们所要面对的也正是如何看待西方文化在世界上的地位这一问题。为了做到客观公正,或者尊重新兴的非西方世界的国家所表现出来的欣欣向荣的发展,就必得无视西方文化至少在目前更具活力这一事实吗?一部分相信历史进步的历史学家宣称,西方文化推动了世界的统一,他们对西方文化给予世界其他文化的影响大加赞誉,并指出其对医疗、教育、科学、政治自治和个人主义等方面的贡献。赫尔伯特·巴特菲尔德(Herbert Butterfield)称赞道,正是在西方的影响下人本主义才会在世界范围内大获全胜,即便这种西方化的过程本身也会最终消退。然而,其他一些学者并未对西方文化强加给非西方文化的这种在地位上不对等的影响予以积极评价。甚至有些历史学家还把世界历史描述成是一个酝酿强权和征服的过程,简言之是赤裸裸的西方帝国主义势力扩张的历程。

如何看待全世界正在经历的西方化的过程是个悬而未决的问题,这一问题长期以来困扰着人们如何从学术角度尝试撰写世界历史。只要历史学家不把西方化的过程作为世界历史中的一个统一的主题来处理,那么他们就只能在自己的著作中分门别类地罗列世界上的各种文化。许多历史学家都是在自己的著作中,以时间为序分章叙述世界上各个不同的民族与文化,然后再将它们结集成册、出版发行。而事实上,自1945年以来,大多数有关世界历史的著作都不能回避全世界西方化的过程。那些雄心勃勃的多卷本著作(通常也是集体合作的产物)也都不得不从不同层面、以不同方式,来论证全世界在西方化的过程中所表现出来的统一性力量。这些著作得到了人们的充分肯定,也招致了许多尖锐的批评。近年来,大多数像德国的《廊柱版世界史》(*Propyläen Weltgeschichte*)、意大利的《世界史》(*Historia Mundi*),以及联合国组织编写的《人类史》(*History of Mankind*)这样雄心勃勃的多卷本世界历史著作,在摒弃欧洲中心论的同时也对全世界西方化的过程予以了积极强调。

在1945年以后,人们对西方文化中科学技术的发展逐渐有了不同的看法。面对第二次世界大战中人类所遭受的空前浩劫,一些学者认为"历史业已终结",而带有反进步特征的后现代时代却不期而至。在罗德瑞克·塞登伯格(Roderick Seidenberg)、阿诺德·盖伦(Arnold Gehlen)和亨德里·德曼(Hendrik de Man)这些学者看来,历史的终结是理性失控的结果,西方文化具有创造性的潜能业已耗尽,步入了一个绝对稳定的发展阶段。在这个相对静止、但其影响却会很快波及全球的阶段,变迁只会在小范围内发生。但是随着情况变得越来越"客观化"(其特征就是发生变化的可能性越来越小),人们便会把一切概念都和具有理性、自由和创造性的主体相联系,而不考虑生成这些概念的时代背景。然而具有讽刺意味的是,最具活力的现代史却在历史学家们的笔下逐渐变得平淡无奇了。既然像历史发展的集体推动力(在马克思那里就是无产阶级)、艺术和批判性思想这些推动历史变迁的力量都会被抵消,那么在后现代这个

第三十章 介于想象和现实之间的世界历史

历史发展阶段情况也不会得到改变。不过,我们也要明白总体的历史意义和单一的发展模式也是不存在的。尽管后现代主义对世界历史的解释并没有在史学界引起多大反响,但是它却促使那些马克思主义史学家重新解释资本主义发展阶段,寻找推动历史变迁的新动力,并像弗雷德里克·詹姆森(Fredric Jameson)那样重新认识历史辩证法。多年以后,弗朗西斯·福山(Francis Fukuyama)从乐观的后现代主义的观点出发,发现"历史的终结"意味着现代自由民主的胜利和市场经济。

对基督教式的世界历史的新探索。一些学者曾认为,18世纪法国的进步历史观,已经很好地预言了在19世纪以后基督教式的普世性的历史会经历一个世俗化的过程。① 然而在18、19世纪之交,像尤斯比乌和博絮埃式的普世性的历史已经没有多大影响力了。19世纪圣经批判学研究的成果,使得许多基督教历史学家开始认为,《旧约》中讲述的有关人类有共同历史起源的故事,以及《新约》中所描述的许多历史事件并不具有历史真实性,而仅仅是些隐晦的象征。此外,近代以来的神学研究也并不热衷建构一种新的基督教史学,甚至在某种程度上可以说是嗤之以鼻。因此,一些信奉新教的神学家把基督教信仰解释成是个体意识层面的事情,与外在的集体性事件并没有明显联系。这部分学者和其他一些神学家都不认同"救世史"(Heilsgeschichte)这个概念,在"救世史"中上帝的计划会一一实现,意志也会化为行动,并且这些都能为人所见。但是另一部分基督教学者却并不认同这种彻底割裂历史发展的做法,尤其是那些发现可以把基督教信仰和进步理论结合起来的学者。通常人们会把当下社会中对社会正义和社会改革的呼求,和上帝对未来王国的美好期盼相结合。发生于20世纪初期的美国社会福音运动(the American Social Gospel movement)已经预言了一个现世的上帝王国,为这种学说建立了基本的理论框架,而到了20世纪60年代,在古斯塔沃·古铁雷斯(Gustavo Guit-errez)内容相对完善的解放神学的理论中,基督教的命运已经和广大第三

---

① 正如卡尔·L.贝克尔所说的那样。

世界的民族解放运动联系在一起了。这部分学者和其他一些学者经常谈到，犹太基督教的传统如何把信众从完全被自然界控制的状态下解放出来，人类又是如何在耶稣基督的拯救下，不仅救赎了自己的原罪，而且还能达到"更高层次"的生存状态。因此，在德日进（Teilhard de Chardin）看来，所谓的人类灵魂的得救，就是使人类意识达到尽可能复杂的状态。所有以上这些观点，都试图把进步主义历史观融入基督教史学之中。

不过，另外一些学者却认为，把世俗的历史进步理论和基督教神学加以调和并不恰当。卡尔·洛维特（Karl Löwith）在见证了20世纪一系列由人类亲手酿成的悲剧后，认为这是一段混乱无序、没有价值的经历，世界历史在更大程度上是与基督教信仰背道而驰的。此外，自20世纪20年代以来，卡尔·巴特（Karl Barth）就提请基督徒们注意上帝的"相异性"（otherness）问题，许多学者受其神学理论的影响，认为不能把基督教教义和那些世俗的理论混为一谈，人类的原罪也是和末世论紧密相关的，因而绝不能用进步史观来修正基督教信仰。显然，所谓的新正统派新教徒发现没有必要急于向历史学靠拢，尽管他们找到了莱因霍尔德·尼布尔（Reinhold Niebuhr）这位谈论历史的新教代言人。尼布尔曾把进步和救世主基督结合到信仰中，他知道用基督教的方式来向民众讲述历史是困难的，对于民众而言，大多数《圣经》中所记载的故事充其量只是些神话或象征，尼布尔所坚持强调的不是人类的原罪而是其内在之善，他同时也对世俗的进步深信不疑。尼布尔向大家证明了，人类对自然界控制能力的增强、理性程度的提高，以及个人自由度的增加，并不会像相信历史进步的理论家们所预言的那样带来快乐与幸福：人类过往的历史表明，恶不仅仅是人类道德行为与理性发展的不均衡在文化上的表现，而且甚至连最崇高的理想也会导致恶的后果。历史被证明并不是一个朝向进步的发展历程，而是人类生活的宗教性色彩逐渐消退的过程。然而在另一方面，尽管上帝和神灵在冥冥之中影响着现世世界，但却虚无缥缈。任何试图把尘世间的一些制度、民族或运动同宗教性的东西联系起来的努力都最终归于失败，并常常付出了不小的代价。尼布尔以奥古斯丁的方式告诫

第三十章 介于想象和现实之间的世界历史

世人,历史是具有创造性的而非是带有救赎性色彩的。

不过相反,在1945年之后,却出现了一股以福音主义来解释历史的趋势。这种学说严格按照《圣经》来解释历史,而以各种不同版本的千禧年主义来预想未来。它的落脚点是满怀憧憬的未来,而强调的重点却依旧是严格以《圣经》预言的方式来解释的普世性的历史。

不过,赫尔伯特·巴特菲尔德却并未从神学和哲学的角度出发来解释历史,他力图要解决的问题是,如何把他所实践的批判性的历史科学和他所坚持的基督教信仰结合起来。他认为,历史学家必须要从三个不同的角度来看待历史事件:作为个体决策和行动的历史事件;作为广义历史进程的历史事件;以及作为神意体现的历史事件。现代基督教史学承认上述三种不同的看待历史的角度皆自有其价值。那么,人们在撰写世界历史时也必须对此有所顾及。

三 世界体系理论

世界上诸多兴衰有数的不同文化模式,以及历史发展规律——无论是认为历史是在不断进步,还是认为历史是在趋向"终结"——都是世界体系理论的构成要素。1945年之后,出现了一些在此基础上发展而来的衍生的世界体系理论。这些理论认为,尽管历史不是必定要按照西方化的模式来发展,但是在历史发展过程中,借助一些外在动力,各种不同的东西能交织在一起构成一个独立的体系。因此,哲学家卡尔·雅斯贝斯(Karl Jaspers)认为,至少在现代产生之前的数个世纪中,人们能在所谓的轴心时代(公元前800年至公元前200年)中看出人类历史所呈现出来的某种统一性。中国的孔子和老子的学说;印度的奥义书和佛教哲学;伊朗的琐罗亚斯德教;巴勒斯坦的希伯来先知;以及古希腊像荷马那样的哲学家和剧作家,奠定了轴心时代人类共同的精神根基。然而,到了现代,新的沟通网络(很遗憾,这也同样是西方化的贡献)取代了那些精神理念,成了人类之间共通的东西。

尽管仍然存在冲突与分歧,但是不容否认,目前全世界正在逐步变成一个能实现相互沟通的联络体,而这又有助于朝着政治联合体的方向发展。这种政治联合体或是借助于某种专制的世界帝国的力量来完成,或是通过以法治为基础的世界秩序中的相互协议而实现。

或许人们也可以认为,迄今为止并不存在什么世界历史,有的只是一些地区史的拼接。①

近来的一些理论试图避免用元史学的方法来解释历史现象,而是经验性地明确历史的来龙去脉。它们希望通过一些在历史学家之间已经取得共识的方法、研究路径和概念框架,勾勒出全球范围内的历史发展过程。历史学家们也确实已经对经济发展过程做了重点描述。那些发展理论从经济学或社会学的角度出发来看待历史,因为它们是在已经实现工业化、经济相对繁荣的美国和欧洲地区,在应对所谓的第三世界国家挑战的过程中逐渐发展出来的。第三世界国家和发达国家之间的差距,促使一些研究经济发展的理论家认为,学者们应该把欧美国家的工业化过程作为经济发展的样本来加以研究,找出这一过程的内在机制,然后再把自己发现的经验运用到发展中国家制定的经济和社会政策中去。似乎世界历史是许多新兴的非西方国家不断重复西方国家实现工业化的发展过程。这里最关键的问题是传统社会是如何发展演变为现代社会的。然而"传统"的含义包罗万象,它既是现代的对立面,同时也意味着教育不普及、缺乏社会流动和社会平等、工业和技术不发达、劳动分工和世俗化尚未实现。可是,一旦传统社会开始出现一些现代特征,整个社会都会发生翻天覆地的变化,因为任何社会都被认为是一个各部分都互为关联的体系。我们很容易理解,这个新生的世界在历史发展模式上,与原先认为历史是从野蛮发展到文明的进步理论模式是多么相似。最终,一个全新的

---

① K. Jaspers, *The Origin and Goal of History*, trans. Michael Bullock (New Haven, 1953), p. 24.

第三十章　介于想象和现实之间的世界历史

"现代化"世界孕育而生——这是一个全球范围内的西方化过程,尽管人们会用工业化和发展这些中性色彩的措辞来代替"西方化"这个易受指摘的词汇。

而所谓的依附理论则恰好和经济发展理论相反,它认为自哥伦布发现新大陆和西方进行殖民扩张以来,全世界逐渐融为一体的过程有害无利。一些像安德烈·古恩德·弗兰克(André Gunther Frank)这样长期执教于拉美的学者认为,在西方国家成为世界上商业和工业高度发达的地区的过程中,一些在经济地位上相对边缘化的依附型国家就注定了贫困和被剥削的命运。而伊曼纽尔·沃勒斯坦(Immanuel Wallerstein)则通过借鉴包括马克思主义在内的其他一些理论,发展出了一种自成体系的依附理论。

不过,威廉·H.麦克尼尔(William H. McNeill)在《西方的兴起》(*Rise of the West*, 1963)以及随后出版的一系列著作中,则以一种完全不同的方法来研究世界体系问题。他认为,随着世界上各种不同文化的互动不断增多(不同文化之间能顺畅地互通有无),全世界逐渐变成了一个整体。随着全世界一体化进程的发展,各民族自身的传统会在一定程度上被削弱,同时也必定会使集体心理最终变得无所依托。世界历史本身是一个不断发展的过程,此时为使人类免遭灾难,就必须建立一个机构完善、军事强大,并同时拥有大量尽忠职守的技术人员和行政人员的世界政府。那么,历史学家也就必须逾越狭隘的区域史的藩篱,尽力撰写出全球范围内介于神话和现实之间的历史(在这样的历史中既有经验性的东西,也有神话的元素),这样的历史对人类往昔所历经的辉煌与苦难都能感同身受。

元史学的方法已不再受到历史学界的关注,而经验性的研究却越来越受到人们的重视,这表明历史学界已经开始关注一些历史发展过程中影响广泛的全球性力量。这种史学的研究对象没有限定、无所不包。杰里·本特利(Jerry Bentley)和菲利普·科汀(Philip Curtin)研究全球范围内商品和服务的交流;而阿尔弗雷德·W.克罗斯比(Alfred W. Crosby)和威廉·麦克尼尔则研究大范围内的文化影响、移民、技术和思想的传播、社会革命、经济情况,以及像生老病死这样的自然现象。上述许多变化是与近代以来西方国家的扩张和殖民帝国的发展相伴而生的。在这些新的研究成果基础上撰写出来的世界历史,既可以在更大程度上囊括人类生活的方方面面,也会明显带有经验研究的色彩。纵然这些新的研究成果本身并不能拼接成一部综合性的世界历史,但它们却细致地展现出了全球化的发展过程。

第三十一章

近来历史学所面临的
基本挑战及其影响

一些历史学家认为,带着怀旧的情感来描述从历史学产生到计量史学兴起的整个过程,无异于在故纸堆中进行无意义的探索。他们试图仅仅在回顾近几十年来的学术成果的基础上发展历史学,似乎他们自己并没有意识到,这种短视的做法恰恰承认了自己试图捍卫的史学方法具有多么大的局限性。这部分历史学家并不能顺畅地梳理出学术发展的来龙去脉,这也就暴露了他们这种忽视学术累积的做法并不可取。无论如何,只有对学术史进行全面而详尽的梳理,才能对当今的历史研究进行有效指导,表明历史学家的重要作用,同时也才能向世人证明历史学的用途及其生命力。

一 新史学的成熟

历史学全面现代化的问题。在过去很多个世纪中,人类生活的改善,或者一些突如其来的思想变革,有时都会使历史学作为一项重要而独立的学术研究的地位受到挑战。自19世纪末叶以来,历史学家就面临过两次这样的历史时期,而其中一次历史学危机就发生于19、20世纪之交。当时一些历史学家(后来这部分历史学家也被认为是新史学的代表人物)对历史学的未来深感忧虑。在这部分学者看来,面对现代性的挑战历史学的情况,似乎并不能用当时渐为兴起的社会科学的情况来进行类比。因为尽管批判性的主流史学可以保证历史学在当时整个新兴的知识领域拥有自己合适的位置,并在学术界占有一席之地,但是其地位并不稳固。然而事实却最终证明这部分学者是在杞人忧天。不过,人类在20世纪取得的巨大成就,以及历经的恐怖与残暴,都对历史学家构成了严峻的挑战。尽管种种新的情况未能在历史学中得到及时反映,但是史学研究却取得了长足发展。

那些倡导新史学的历史学家认为,自己的工作就是对当时的主流史学进行彻底革新,以应对现代性的挑战。然而,在第一次世界大战之后的数十年中,像社会史这样他们所期望的新兴的科学历史学却进展甚微。直到1945年以后,由于历经了两次世界大战、三十年代的经济大萧条、法西斯主义和共产主义等意识形态带来的极端恐怖、纳粹的种族灭绝,以及超乎人们想象的大范围的艰苦困顿,才使得史学研究开拓创新的思想气候渐趋成熟。

然而尽管如此,史学研究的开拓创新在一开始却并不顺利。事情的发展并不像人们想象的那么简单。差不多在第二次世界大战结束后的二十年时间里,欧美的主流史学仍然是为了寻求经历过社会动荡之后稳定社会秩序的恢复。历史经验表明,在任何一段较长的时间段内,人类生活总是既会有所变化,同时又保持一定程度的延续性。然而在不同的国度,人们强调的历史延续性却有着不同的体现,这在以下几个例子中就很明显:在德国,历史的延续性体现为如何对待已逝的历史;在法国,历史的延续性就是巩固自己的革命传统;在英国,历史的延续性就是如何在大英帝国衰落的情况下着手进行社会改革;在美国,历史的延续性就是快速地介入全球性的事务,并对美国的历史作出统一解释;而在苏联,历史的延续性则是如何重新评价正统马克思主义的问题。所有这些都有助于推动主要的史学思想和史学实践的发展,不过尽管如此,人们主要还是本着经验主义的态度来发展历史学的。

从20世纪60年代中期至20世纪90年代,史学思想和史学实践有了飞速发展,其中最为显著的一个方面是社会史的兴起。尽管传统的主

第三十一章 近来历史学所面临的基本挑战及其影响

流史学仍然深有影响,它的史学实践和史学理念也没有在总体上为人所抛弃;但是在历史主义开始兴起的时候,传统的主流史学就已经暴露出了自己的弱点,而到了此时更显弊端丛生。在社会史中通过经验性的研究可以获得历史真相,而相反在历史主义中却只会看到相对主义(在意识形态斗争中,历史主义中的这种相对主义对于增强道德确定性却有着实际的重要作用)。人们认为,以恰当的方式方法来研究大众社会中的种种现象,也延续了认为个人是推动历史发展的重要动力的观点。不过,经过发展后的主流史学也仍然不失为一种研究历史的有效方法。在这种新的史学中,个人不再无所不能,人们也以批判的眼光来重新审视先前的许多研究方法,而国家则褪去了其极度的民族主义色彩,这些因素都促使人们尝试一些激进的改革。因此,社会史的兴起并不会导致人们从总体上来重建史学思想和史学实践,而是在广义的层面上拓展历史学的视野、丰富研究的方法和手段。不过,某些类型的社会史也会暂时对人类生活的某些方面视而不见。在早期的"年鉴"史学中,我们就几乎看不到政治史、外交史和军事史的身影。在早期年鉴史家看来,国家是社会的某种次生现象。较之那些宏观的社会力量和社会结构,塑造国家的历史事件显得昙花一现般的短暂。因此,年轻的勒华拉杜里和一些美国社会史家认为,新史学的实质就是严格的计量化研究。对历史现象的定性分析已不再受欢迎。很快,社会史家把童年、婚姻、丧葬这些私人领域的现象也都纳入了自己的研究范围。不过饶有兴味的是,许多具有代表性的社会史家的基本世界观却颇有出入,费迪南·布罗代尔信仰的是新人文主义,吕西安·费弗尔对进步充满怀疑,而德国的历史社会学家则对社会整体的自由民主信念深信不疑。

到了20世纪80年代前后,社会史迸发出了空前的创造力,它的研究视角关注到人类生活的各个方面,也从中得到了许多有价值的启示。方法论的革新也相应地为历史学家提供了更多的理论工具。在这种新史学所预设的宏观力量和宏观结构中,也发展出了一种新的历史延续性。同样,除了像吕西安·费弗尔这样人所共知的特例,社会史家一般都强调进步这个概念具有多个不同的层面，无论是人性化的发展还是理性化的过程(也就是马克斯·韦伯所谓的"理性化过程"，是人类生活中理性程度不断提高的过程)都是如此。这样，社会史也就与现代精神并行不悖了。不过，不只是社会史，各种不同的史学都开始把生活的各个方面纳入自己的研究范围。史学研究领域的拓展，也相应地发展出了新的史学方法和研究视角。史学研究的进一步发展也为历史学注入了生机。

对新史学的有力抵制。然而，到了1980年前后，又出人意料地出现了20世纪的第二次历史学危机。正如史学理论的情况一样，一些迹象表明社会史的创造力也开始慢慢枯竭了。当时一些学者震撼于20世纪给人类带来的战争恐怖，抨击现代性对理性和进步的崇信即便不是危险的，也是虚幻的。那些预见了后现代这个全新的时代业已来临的学者，对各类体裁的历史学均发起了挑战。这部分学者要么认为进步并不是必然朝着一个理想的未来不断发展，要么干脆认为进步本身即是一个有害无利的概念。从现代到后现代的过渡，也将是一个重新来理解时间的过程，因为这关乎人类实际的生存状况。延续与变迁之间的关系，以及过去、现在和未来之间独特的历史联系也会相应地发生变化。结果，人类实际的生存状况不仅与进步理念的乐观估计渐行渐远，而且也与此前所有的人类经验相背离。

二 历史学及其对后现代性的两种想象

1945年以后，人们长期以来对各种现代性特征的批评，是和对包括进步史观在内的现代性的彻底排斥联系在一起的。人类在20世纪历经的空前浩劫为人们的这种批判态度提供了充分理由。有着特定生活方式和思维方式的后现代时代成了人们越来越关心的议题，后现代时代能够使现代性摆脱盛衰有数的宿命，即便它不能使任何历史都永恒赓续。先后有两股主旨各异的反对现代性的思潮。从第二次世界大战结束到20世纪60年代中期，有一部分学者并不反对进步这个现代性的核心历史概

第三十一章 近来历史学所面临的基本挑战及其影响

念,但是他们却对进步抱着一种悲观主义的态度。到了20世纪80年代,这部分学者被另外一些更具影响力的学者取代了,后面的这部分学者认为人类在过去几十年间所历经的灾难,并非是历史发展的偏差,相反却反映出了现代性的真实本质。上述这两种后现代主义学者,都以各自不同的方式指明了人类面临的严峻状况,同时也对史学研究进行了深入反省。

早期的后现代主义者及其停滞的后现代性。孔多塞侯爵(the Marquis de Condorcet)曾设想,人类社会会朝着一个和平自由、至善至美的社会不断进步,然而在第二次世界大战结束后的最初二十年里,一些后现代主义者却认为这样的目标并不可能实现。为此,他们拿19世纪法国博学派学者古尔诺(A. A. Cournot)的思想来加以比较,古尔诺发现在历史进步中也隐含着极大的矛盾:在理性的引导下历史会朝着一个全然理性的世界不断发展,可是出于对完美的追求,业已建立起来的理性世界也依旧会沿着相同的轨迹继续前行。历史发展的这种悖论使得进步意味着不停的变化,永远是在朝着一种固定的状态不断发展。古尔诺也同时指出了历史发展的最终结局:人类的生活就像是蜂窝里的生活,纵然井井有条但却缺乏自由。20世纪30年代,亚历山大·科耶夫(Alexandre Kojeve)曾发展出一种黑格尔式的后现代发展模式,他认为到了后现代时代人类也将不再能称其为人类。

在1945年之后的后现代主义者的著作中呈现出来的历史发展的最终阶段(人类生活受到严格限制的后现代时代),也仍然有着不同的面貌。亨德里·德曼认为,当大众产品、大众消费、大众传媒不期而至,一切人类活动都转变成了纯粹的技术的时候,人类生活也就变得单调乏味了。贝尔唐·德·茹弗内尔(Bertrand de Jouvenel)认为,后现代时代向人们承诺了一种完全靠物质来保障的安全,在这种承诺的诱惑下会导致一种"全面的保护制度"(国家会对任何事情负责,而其代价则是剥夺了人们的自由)。阿瑟·盖伦(Arthur Gehlen)预见了会出现一个呆滞化的社会,在这个社会中连人类的自然本能也都会被细微的社会组织取代。而罗德瑞克·塞登伯格则设想,后现代时代的社会组织是部功能完善的社会机器。总之,上述这些学者都不再认为进步是某种明确而稳定的力量。

不过,弗朗西斯·福山的著作《历史的终结及其最后之人》(*The End of History and the Last Man*, 1992)则是以一种通俗而乐观的方式对上述同一主题进行了演绎,他用更为乐观的态度来看待自由民主大获全胜的后现代时代的生活。在福山的后现代性中,人类生活不会受到一些条条框框的限定,但却会被掌控在一个安全的限度内。由于有一套自由民主的制度作为保障,"优越性"和"平等性"这两种关键但却相互冲突的人类认同,会转变为某种具有创造性的张力。此外,在一定程度上变化也仍将存在。

在福山的学说中我们可以清楚地看到:人们实际上是误解了进步的最终目标,因为历史发展的悖论被忽略了。倘若人类的发展会最终达到一种完美无缺的状态,那么人类的整个生存状态也就会陷于停顿。因此,并不能机械地认为现代社会的发展就必然预示着美好的未来,相反却要看到这会使人误认为能带来一种完全沿着相同轨迹永恒赓续的生活。

进步史观认为,历史发展过程中隐含的普世性价值,部分取决于那些能在经验层面上得以证实的人类生活的改善,但最主要还是有赖于对历史发展动力的高度概括:在理性的作用下,随着时间推移,发生的任何变化都会促使人类生活在道德和物质两个层面上最终归于完美。人类日益增长的理性会带来变化,但并不会从根本上酿成有害的后果。人类的发展变化最终又会彻底归于静止、无所不包,臻于一种至善至美的状态。那些后现代主义者也认为人类的生存状况会发生这种转变,只是最终并不会像人们乐观估计得那样是不断进步的结果。不过极具讽刺意味的是,尽管在这些后现代主义者看来人类发展的最终阶段千差万别,但他们却普遍接受传统进步史观所固有的彻底的化约主义倾向:即认为只要把变迁和延续这两种基本的时间经历合二为一,就可以使人类臻于至善至美的终极境界。不过,一些早期的后现代主义者在人类发展的最终阶段看到更多的还是历史发展的延续性,在历史发展过程中即便有变迁的一面,也会为人所忽略。

第三十一章 近来历史学所面临的基本挑战及其影响

理论上的危机不会使历史学家的工作陷于困顿,但却会使历史学家觉得历史学变成了一门思辨性的哲学。积极的方面是这些后现代主义者会运用一些社会科学式的方法,来从事经验性的学术研究,而事实证明这其中有些方法对于重建历史事实是有用的。不过,除了福山以外,其他一些历史学家却并不满于后现代时代对历史学家角色的定位,在后现代时代历史学家的任务只在于撰写一部对象明确、恒定不变的编年史。但历史学家们或许会指出,人类千年以来的历史表明,区分出变迁和延续这两种时间性的经历会有损于人类生存状态中恒定而全面的时间维度。理论并不能改变现实。

晚期的后现代主义者及其变化不定的后现代性。从20世纪70年代初开始,另外一些对现代性提出尖锐批评的声音变得越来越有市场,持有这种论调的主要是像米歇尔·福柯、雅克·德里达和让-弗朗索瓦·列奥塔(Jean-François Lyotard)这样的法国学者的著作。这批新生代的后现代主义者也同样对人类在20世纪所历经的浩劫感到震撼和失落,进而预言了一个能摆脱历史兴衰规律的新时代的到来。他们的基本观点是,无论是在理论上还是在生活中,一切对普世性和永恒性的强调都是危险的幻想。从他们的这种观点出发也容易得出这样的结论:一旦绝对的真理或知识和足够的权力结合在一起,便会酿成人类的悲剧。但倘若人们把世界看成是一个内容完整、界限不明、变化不定的存在体,那么就会避免这种知识和权力的结合。用史学理论的方式来表述,就是必须要重新定义变迁和延续这两种人类的时间经历。这部分晚期后现代主义者声称变迁将是现实中唯一的时间经历,这就解决了长久以来延续和变迁之间存在的重要冲突。历史延续在本质上是人类临时性观念的产物。在这样一个变动不居的世界中,真理不再被视为是绝对的了。而像"自然的""本质的"或者"内在的"这类被认为与一切有效历史延续相关的观念和特征的表述方式将被弃之不用。带有上述这种特征的有关个体、文本和真理的历史解释也"不再重要",这也就意味着历史发展的稳定性被打破了。此时唯有多样、多元和变化不定的东西才能取代人为的一致性。

"语言学转向"与历史学实践。早期的后现代主义者坚持认为,在人类生活和历史发展过程中起作用的是那些客观、永恒的力量和模式,但那些新生代的后现代主义者却并不认同这一点,确切地说他们属于后结构主义者。自列维-施特劳斯以来法国的结构主义者承认,在大千世界纷乱芜杂的现象背后,存在着一套恒定甚或普世性的代码。既然这些后结构主义者对结构主义学说中这种确定性的东西嗤之以鼻,那么他们就会借助更广阔的思想资源,因为自20世纪初以来语言就已成了所谓的"语言学转向"所要探讨的内容。在20世纪初,语言学领域的先驱费尔迪南·德·索绪尔就不再把语言解释成是现实世界的被动反映,而认为是一个由能指(组成语言的词汇)和所指(语言所表达的事物或思想)构成的能实现自我调控的网络。而语言所承载的意义则与语言系统中的各种关系密切相关。几十年后,罗兰·巴特(Roland Barthes)的观点在这种学说的基础上更近了一步,他认为(后现代主义的)观念可以随意地创造出一切意义和真理。历史记录也并不比任何其他文本具有更多的真实性。学术研究的整套机制试图确保历史记录与历史事实之间相互吻合,但实际上却根本不能复原历史事实,得到的只是"历史真实的幻象"。特别是通过米歇尔·福柯和雅克·德里达等人,后结构主义者对历史学产生了一定影响,旨在瓦解理性意识和塑造世界的主体在西方文化中的中心地位。在后结构主义者看来,主体本身也是由自己身处的语言网络所决定的。主体作为一种语言的产物,它的自我认同根本不是长效性的。因此这就又引出了有关主体死亡和另外一个与之相关的话题,即福柯所谓的历史学的终结。

到了20世纪80年代前后,后结构主义的一些概念已经在史学理论中得到了广泛运用。历史上真实发生过的(实际情况)被认为是完全弄不清楚的,而只有借助传统意义上的二手材料(是一些以历史事实为根据的历史叙述)才可以对其管窥蠡测,历史真实、历史研究、历史客观性、历史史实和历史意义这些东西也会有新的界定。任何历史记录都被认为是依据更早的一些文本(实则也是另外一些观念的产物)而进行的创作。

第三十一章 近来历史学所面临的基本挑战及其影响

文本与文本一一对应,除此之外再没有任何其他东西。此外,文本自身也充斥着许多内在的冲突和矛盾,故而文本并没有坚实的根基,人们只能从中获得一些并不真切的历史真相。历史研究不再是试图重建真实的过往,而是要在不断进行自我反思的基础上去阅读过去的文本。在分析历史记录时作者和读者实则是站在同一条起跑线上。就与历史事实的关系来看,文本与文本之间并无差异。因为在后结构主义的学说中,对历史记录进行严格的自我反思(即文本作者批判性的自省)已经取代了对历史记录客观性的要求。

后现代性的活力与历史学的功用。要把人类生存状态中变迁与延续之间存在的多方面冲突反映到语言世界中,就需要将其转化为取、舍这两种相互对立的形式表现出来。在米歇尔·福柯的学说(他的学说与语言学理论并无密切联系)中,曾特别强调历史是不同时代的连续发展,而每个时代本身则是由不同的话语组成的。主流话语依靠剔除另外一些话语而建构起集体认同。具有思考和行动能力的主体并不能创造出历史变迁(各种不同的话语也充斥其间),它是类似于地质运动的缓慢变动。因此,历史学家需要做的不是深入研究个体世界,而是要像考古学家那样去挖掘文字和制度背后隐藏的权力和压迫所构成的语言结构。

"延异"(différance)[①]是德里达自创的核心概念,它指出了这样一种事实,即在任何一种确定的事物之外存在着与之有别、但却被确定性剔除的"他者"(other)。然而尽管"他者"并不存在,但却以"延迟的"(deferred)形式表现出来,因而也仍然是"真实的"(real)。文本分析也就意味着解构,其目的也包括要明确文本的在场(presences)与不在场(absences)[②],以及同其他文本之间的联系。

[①] Différance 是德里达根据 différence 自创的一个法文词,是解构主义思想中的核心概念。所谓"延异",即延缓的踪迹,它与代表着稳定的语言—思想对应关系的逻各斯中心主义针锋相对,代表着意义的不断消解。"延异"作为后现代理论的代表,典型地体现了后现代主义平面化、碎片化的理论倾向。——译注

[②] 所谓"不在场"就是既定文本中所缺失的内容。

从这种理论出发,历史记录也与任何其他文本一样并无二致。它们也不能依靠建立文本与客观现实(非语言"参数")之间的联系来证明自身的权威性;而是通过不断创造出新的意义来取代知识累积;人们不再依赖一些人类生存状况中长期不变的特征来得到历史事实;在历史上并不存在一种理性的、能左右历史发展的具有自治性的个体;同样人们也从中找不到某种具有权威性的元史学的历史发展模式(这在让-弗朗索瓦·列奥塔的学说里就是元叙述)。由于进步史观(一种现代的元叙述)在过去一家独大,因此后现代主义尤其反对这种历史观。连同整个主张历史进步的西方文化,也被人们斥为是具有欧洲中心论和霸权主义特性的。不过具有讽刺意味的是,当后结构主义的后现代主义者在后现代的意义上来谈论"历史终结"的时候,实则已经发展出了一种他们自己的元史学。这种意义上的历史终结必然包含着人类历史发展过程中差异甚大的两个阶段,并且到了第二个阶段,人类的生存状况与之前相比已有了极大的改善。

理论层面的论辩愈演愈烈。人们对后现代主义的批评,主要集中在后现代主义认为历史事实是绝对不可获得的这一问题上。人们发现即便按照后现代主义的逻辑,后现代理论中的许多论说(通常所说的非指称性)也是不能成立的。因为历史记录依旧没有什么坚实的理论根基可循。反对后现代主义的学者可以说历史记录的不在场,也是完全符合后现代理论的。而支持后现代主义的学者却从语言学以及(或者)侧重于文学(叙述主义)的角度出发,撰述了大量试图与后现代主义的非指称性假说相符合的历史理论著作。① 然而,后结构主义的后现代主义者除了试图把历史记录看成是有着特殊真实性的叙述外,他们并没有证明如何才能实现一种对生活有所反思、又对其有所助益的历史学实践。上述理论缺陷主要根源于后结构主义的后现代主义学说,在另一种层面上对人

---

① 例如海登·怀特(Hayden White)、汉斯·凯勒(Hans Kellner)和安克施密特(F. R. Ankersmit)等学者。

第三十一章 近来历史学所面临的基本挑战及其影响

类生活的复杂性进行的高度理论概括。如同那些早期的后现代主义者一样,后结构主义的后现代主义者也把人类的两种时间经历合二为一。只不过这回他们强调的是变迁;而人类的第二种时间经历——延续,则被认为是危险的假象:这是历史兴衰的肇因,也是确保变动的世界恢复秩序、保持和谐稳定的障碍。

不过,后结构主义的后现代主义者虽然并没有彻底改变史学思想和史学实践的面貌,但对这两方面却都有所贡献。在史学实践中语言已不再被视为是一种纯粹被动的因素。它的作用也不仅仅在于形成特定的叙述风格,与之相关的另一面则是叙述变得更为重要了。那么历史学家对于研究中所运用的方法也会考虑得更为全面(甚至包括那些道德层面的内容)。研究方法的甄选不仅是个技术问题,因为它决定了研究的目标和对象。那些优秀的历史学家绝不会宣称自己的著作能揭示出绝对真理,而后现代主义者则一再强调对于广义的真理也要保持警惕。由于后现代主义者已经探讨了事物的包容性和排他性问题(the issue of inclusion and exclusion),因此也就等于提醒人们要注意到事物的异质性(heterogeneity)问题。这些理论思考对于历史学产生了长远影响。

上述两种无论是强调历史变迁还是侧重历史延续的后现代主义,都以一种在很大程度上不经意的方式丰富着史学思想。无论是强调历史变迁还是历史延续,后现代主义都注意到了时间在人类生活和历史发展中的重要性。总体而言学术关注点的转变是有益的,尽管人们就这一问题的讨论尚不全面。

三 新文化史

在20世纪的最后十年里,后结构主义的后现代主义对历史学产生的最重要影响,体现为以新文化史为代表的文化史的兴起。此时文化史成了一种备受推崇的史学类型。尽管文化史的源起可以追溯到遥远的古代,但是现代意义上的文化史却始于18世纪晚期。约翰·哥特弗里德·

赫尔德所说的集体认同感(collectives)已经与现代的文化概念颇为接近。19世纪早期的历史主义受到赫尔德学说的影响,也强调从文化的角度出发来定义那些集体性实体的特性,威廉·冯·洪堡和列奥波德·冯·兰克的学说便是其中的代表。现代文化史最具影响力的代表作,是雅各布·布克哈特那本讨论意大利文艺复兴的著作。多年以后,约翰·赫伊津哈(Johann Huizinga)那本探讨中世纪衰落的著作,则大大推动了现代文化史的发展。在那些有关文化史的著作中,某个民族或某个时代的精神状况被认为主要是以精神史(Geistesgeschichte)①、艺术、音乐以及思想的形式表现出来。一种文化所达到的高度越高,人们也就越发容易对这种文化的精髓进行批判性的观察。总之,文化史家试图通过找寻出文化发展的模式、主旨、形式和观念来对文化进行解析,他们认为文化的理想化模式可以反映出其背后隐藏的集体性意义。此外,赫伊津哈把知觉(feeling)和情绪(mood)也纳入文化史的研究范围。上述这些历史学家都开始重视象征物的重要价值,并尝试从象征物的角度去解释历史。象征物是理解文化的关键性概念,因为它具有双重性质:它既能揭示出文化的意义,又是文化意义的组成部分。

尽管不论是势头强劲的马克思主义和社会史,还是日渐式微的思想史都对文化史构成了挑战,但是后者还是在史学界站稳了脚跟。在带有强烈经验性色彩的社会史中,人们认为社会和经济环境能够影响甚至决定文化现象。而在马克思的学说中,文化首先是剥削阶级的压迫工具。因为上层建筑完全是由经济结构决定的。安东尼奥·葛兰西认为,文化是维护霸权的有效手段。像亚瑟·拉夫乔(Arthur Lovejoy)这样认为观念是种关键性力量的学者则发现,在过去的四十年中观念史有着巨大的影响力。甚至像比尔德夫妇这样主要从经济角度来解释历史的学者,也用美国文化中的精神感染力来解释美国对法西斯主义的成功抵制。不久以后,佩里·米勒(Perry Miller)那本探讨清教徒问题的著作代表了一种

---

① 是某种主要受非物质性力量左右的历史。

第三十一章 近来历史学所面临的基本挑战及其影响

作为思想史的文化史。

到了20世纪60年代,史学研究的状况发生了极大改变。历史研究的"人类学转向"要求人们在史学理论和史学实践这两个层面上也实现相应的转变。这把历史学和人类学前所未有地结合在了一起。在19世纪初,那些认为人类的发展就是不断进步的进化论人类学家,也对人类思想中的历史模式予以了肯定。然而在20世纪上半叶,人类学家们就已经开始从那些恒定不变的结构和功能的角度来思考问题和从事研究了。他们认为各种文化现象是人类的普遍需求,最好是用社会科学的方法来加以研究。数十年以后,到了20世纪70年代,一股人文主义思潮又开始风靡人类学界。克利福德·格尔茨受到马克斯·韦伯的影响,开始认为文化是一张意义之网。在塑造"现实"的过程中各种象征物也能起到一定作用。各种仪式和庆典活动是意义的表现形式,同时也规定了生活中的秩序。它们能在一定程度上维护既定的社会等级,因此不仅能巩固统治者的地位和权力,也能表明对现存秩序的抵制。甚至在那些例行公事中人们也能发现象征意味,其背后常常隐藏着反抗与压迫。在这种全新的文化观中,"深描"是理解一切人类行为的关键概念,它把各种人类行为区分为几个不同的层次。这种研究目的不是要发现那些持久而稳定的结构、力量甚或法则;而是要找寻出能使独特的生活模式为人所见的非正式的逻辑。

后结构主义的后现代主义思潮和新的人类学方法,都对"具体的历史学研究"产生了重要而深远的影响。甚至有学者建议把历史学并入新兴的文化人类学。然而实际上,新文化史的理论界定相当模糊,它主要受后现代主义的影响,它的一个主要观点是认为世界总是处于不停的变动之中。变迁是永恒的,是世界的固有状态,而延续和稳定至多只是成功地抵消了变化的暂时性尝试。但这种尝试并不真切,因为它们假设变迁和延续具有实际的平等地位。人们认为知识传承是以对现实世界的观察为基础的说法,实则是种幻象。叙述,或者一般而言,文本才是知识传承的唯一源泉。

新文化史家从后现代主义的观点出发,反对像"本质""特性",或者其他一些针对"整体"的一成不变的定性概括。人们认为任何群体、国家或文化都不具备一些固定甚或长期不变的特征。故而在一个整体中,也不会突兀地出现一些外来的元素(他者)。为了保持文化的一致性,一些与之相异的元素会变得越来越少。甚至像大众、大众文化和大众宗教这些表述方式,也被认为并不能很好地概括出某些群体或现象的一致性。人类这种表述方式也有着同样的问题,它忽视了人与人之间的重要差异(例如男女之别)。事实上,由于任何一种定性概括都既指出了某种稳定性,又具有不必要的排他性,因此泛泛的定性指谓是被全然舍弃了。从这种观点出发,一些历史学家并不赞同我们人类的身体是"自然"整体的真实反映这种观点。相反,他们认为这是人类一厢情愿的想法。

在文化史蓬勃发展的二十年时间里,它试图涵盖生活的全部内容。然而经过一段时期的发展,文化史也逐渐丧失了活力。人们再次发现,任何理论皆有其限度,并不能囊括现实生活的全部。对于非指称性的追求也尚未实现,它们的痕迹清晰可见。埃马纽埃尔·勒华拉杜里、罗伯特·达恩顿(Robert Darnton)和娜塔莉·戴维斯(Natalie Davies)对以文化为中心的叙事推崇备至,他们认为人类生活状态中那些非人为建构的因素明显而重要。不过,这些学者对于叙事的范围也做了一定规限。事实证明,对于纯粹的主观主义他们也是竭力反对的。后结构主义的后现代主义者在历史学的指称性问题上也有过些许修正,倘若对此前的观点不加批判地全盘接受,那么这对于理论和生活皆是有害的。不过,那些主张历史学是非指称性(即认为历史是纯粹建构的产物)的学者,也会在道德和认识论方面遇到极大困难。然而,文化史对于拓宽20世纪史学思想和史学实践的范围依然功不可没,主要是通过以下几个方面来得以实现:深入挖掘文化的概念、重新赋予意义以一定的自主性,并同时凸显事物的独特性与多样性。

第三十一章　近来历史学所面临的基本挑战及其影响

四　对未来史学的几点展望

20世纪的历史学为源远流长的历史写作注入了新的活力,这也证明了历史学科活力常在。无论在21世纪会出现什么样的历史著作,波谲云诡的生活仍将会对它们产生重要影响。历史学也依旧会像数百年以来那样,成为人类生活状态的必要组成部分。时间在历史写作和实际生活中都占据着中心位置,这也会影响到它们二者之间的联系。正如史学史所表明的那样,时间在历史学中的作用并不仅限于按编年顺序来讲述历史故事。时间几乎就是历史事件发生的空间。因此,它是生活的动力以及历史中具有决定意义的一个方面。以抽象的形式来表达就是人类在生活中试图平衡两类关键的时间性经历:在历史延续中变化总是无处不在——延续和变化相互对立,但同时也是时间中相互依赖的两个方面。落实到具体层面,个体和集体在生活中所经历的斗争,就是要在过去、当下和对未来的期盼之间建立起某种能为人普遍接受的联系。一直以来这种历史联系是人类生活的核心内容(将来也不会有所改变),其自身有着一种巨大的张力:人们对过去的看法(有效的历史经验)和对未来的憧憬(部分源于经验,部分源于创造性的想象),都会影响其在当下做出的行动和决定。通过历史记录人们可以发现,人类生活中必然会出现的变化,是如何被人类生存状态中那些实际存在和人为建构的延续性所抵消的。总之,对于上述所有这些内容,史学史会为我们提供不可或缺的引导。

要恰当地来理解时间的关键作用,就需要对历史学对于人类生活究竟有何用处这个老生常谈的问题进行一番新的审视。实际上,长久以来人们普遍公认的一个历史学的特质,便是相信其有益于生活。

对于历史学的用途,人们最常提及的有保存集体记忆、借鉴历史"教训"、得出科学结论,以及供人消遣娱乐等等。不过,历史学的功用也是十分有限的。乔治·M. 屈威廉(George M. Trevelyan)曾告诫道,不应当把历史学当作一门技术,因为"它不会像物理学那样具备实用性。任何人不论其在历史学方面有多深的造诣,皆不能借此发明出蒸汽机,照亮一座城市,治愈癌症,或者在北极圈附近播种小麦"。① 事实证明通过研究大量的历史记录,既不能获得技术性的东西,也不具备实用价值。当人们根据实际经验对这些历史记录进行修订、增补和做出简单更改的时候,它们就会变得越来越复杂了。在许多特定情况下,历史的延续性总是与不断的变迁相伴而生的。

  以这种观点看来,历史固有的变化会使人们怀疑那些富有启迪的历史"教训",而史学史则会增加人们的信心,尽管人们的疑虑并不会被彻底打消。史学史讲述的是许多种不同的历史联系,它们都曾经深刻影响过人类生活,然后根据历史联系的内在要求做出调整,最终又都被新的历史联系所取代。照这样来看,史学史似乎只是一堆无用、乏味甚至无聊的故事。然而,这些"被历史淘汰"的联系不仅仅是无言的历史尘埃,它们也同样见证了人类所取得的辉煌成就。更为难得的是,它们在实际和理论的层面上赋予生活以意义。但是这些"被历史淘汰"的联系并非是一些可以弥补的技术缺陷所致。它们实则是源于历史联系自身的两个特点,即人们对过去的认知总是有限的(历史经验的局限也会影响对未来的期盼),以及理想和现实之间总存在着差距。数百年来,无数历史学家的努力已经在很大程度上,弥合了上述历史联系的两个缺陷,但是因为人类生活本身总是处于不停的发展之中,所以这方面的问题并不能被彻底克服。实际上,人们对任何一个特定时代的有限认识和理解,以及对未来的有限想象,会导致一切历史联系都不具有开放性。由于历史发展并无定论,当实际情况与人们的想象越来越远的时候,这些历史联系也就最终消失了。

  历史学家们曾做过多次尝试,试图在理论和实际生活中最终建立起一些确定性的历史联系。人类生活的新环境或者理论根基(确定性的历史联系)是时间的立足点,它们绝不会被岁月侵蚀。在 20 世纪,许多历

---

① G. M. Trevelyan, *Clio, A Muse* (London, 1913), p.143.

第三十一章　近来历史学所面临的基本挑战及其影响

史学家都试图想解决这一问题,这些历史学家包括:依赖特殊的(根本性的)方式方法的"科学的"史学家;相信只要潜心研究经济发展问题便足矣的正统马克思主义史学家;以及注意到拥有支配地位的理性必然会使生活日臻完善的进步主义史家。甚至后现代主义的起源也是为了弥合理论与实际生活之间的差距。那些早期的后现代主义者对现代性中所体现出来的各种力量仍深信不疑,但具有讽刺意味的是,现代性的力量却只能为人们带来一种受到很大局限的、循规蹈矩的生活。过去和未来总是互为区隔,这就会使人为建构起来的历史联系显得画蛇添足。历史思想和历史研究对于这样的生活是百无一用的。

而后来的那些后现代主义者则普遍认为,唯有变化才是一种有效的时间性经历。因此,理论与实际生活之间的差距并不能被消除,事实上也不应该被消除。那种理论与实际的完全相符并不会使绝对的真理就带来绝对的力量。由于这些后现代主义者承认理论与实际之间的差距,他们也就否认了"延续"这种时间性经历,它除了能带来一些转瞬即逝的思想观念外不会产生任何实质性的影响。这些人为建构的思想观念,与生活的实际情况(生活的真相被认为是完全不可获得的)没有任何实质性的联系。这样也就不用担心依据可靠的历史经验(对历史延续的肯定)来获得真理的要求会带来什么不良的后果了。然而,由于在历史现实中缺乏一种历史记录的根基,因此这些记录在整个知识范畴中的地位并不稳固。

或许,"最终完美无缺"的历史学的美好理想,能有助于人们尽可能地解释和理解已逝的历史。然而,正如历史学的发展历程所表明的那样,历史学的发展并没有一个什么最终的定局。甚至也没有什么可以获得历史确定性的捷径。然而在另一方面,纵然没有亘古流长、尽善尽美的历史学,但记录历史仍不失为一项有益的事业。每一条历史记录都凝结着人类的智慧与心血,它能更好地让我们认识和理解生活。史学史便是这类经验的累积,它证明了对于人类生活历史学有着独一无二的作用。大致而言,在穿越数千年的时空后,人们能够看到人类生活状况的潜能与局限。照这样看来,人们可以以史为鉴。正因如此,历史学也便成了引导人们在时间向度内对人类的生存状况进行考察的良师益友。

到了21世纪初,历史学家们也仍然要面对如何表述历史这个老生常谈的问题。但他们会欣喜地发现,自己的先辈通过战胜一次次挑战,已经把历史学发展成了一门从内容到方法都更为全面的成熟的学科。然而,史学史在另一方面也会告诫历史学家,只有摆脱化约论和理论模型才能解决历史写作中一些根本性的理论问题。这些问题反映出了人类生存状况的复杂性。这种复杂性甚至会促进全世界范围内真正意义上的跨文化交流。探讨未来人类社会的共通性的比较史学会变得越来越重要。其中如何在变迁(外在环境不断变化的结果)和延续(试图确保长久的稳定状态)之间实现平衡,这个长期困扰人类的问题仍会引起人们的注意。如同以往一样,历史、时间和生活三者之间的联系,会把史学史变成一种有关人类试图克服生活的瞬时性的独特记录。这种瞬时性能让人类从过去走到现在,又从现在走向未来。

参考文献

由于无法列出全面的参考文献，作者根据以下标准进行了筛选：

1. 只收录主要以史学史为主题的文献，也有少数几本是包含与史学史紧密相关材料的著作。

2. 以1945年后出版的重要作品为主。

3. 未收录历史学家撰写的历史作品，因为这些作品可以通过图书馆的文献工具轻松下载。例如，塔西佗的著作并未列出，但列出了有关塔西佗的研究性著作。

4. 参考文献以方便使用的原则组织，大体按照字母顺序排列。

史学史参考文献

Useful volumes are:

Berding, Helmut, *Bibliographie zur Geschichtstheorie* (Arbeitsbücher zur mudernen Geschichte 4), Göttingen, 1977.
History and Theory. Beihefte 1, 3, 7, 10, 13, and 28.
Stephens, Lester D., comp. and ed. *Historiography: A Bibliography.* Metuchen, N.J., 1975.

史学史：通史著作

Surveys and Books of Readings
Barnes, H. E. *A History of Historical Writing.* Norman, Okla., 1937.
Bentley, M. *Modern Historiography. An Introduction.* London, 1999.
Bentley, M. *Companion to Historiography.* London, 1997.
Blanke, H. W. *Historiographieegeschichte als Historik.* Stuttgard-Cannstadt, 1991.

Burke, P., ed. *New Perspectives on Historical Writing*. Cambridge, Engl., 1991.
Cannadine, D. *What is History Now?* London, 2002.
Carbonell, C.-O. *Histoire et historiens*. Toulouse, 1976.
Conklin, P. K., and Stromberg, R. N. *The Heritage and Challenge of History*. New York, 1971.
Cook, A. S. *History/Writing. The Theory and Practice of History in Antiquity and Modern Times*. Cambridge, Engl., 1979.
Delbrück, H. *Geschichte der Kriegskunst im Rahmen der politischen Geschichte*. 6 vols. Berlin, 1900–1936.
Finley, M. I. *Use and Abuse of History*. New York, 1975.
Fitzsimons, M. A. *The Past Recaptured: Great Historians and the History of History*. Notre Dame, Ind., 1983.
Fogel, R. W. *Which Road to History? Two Views of History*. New Haven, 1983.
Fueter, E. *Geschichte der neueren Historiographie*. 3d ed. Berlin, 1936; reprint, 1968.
Gay, P., et al., eds. *Historians at Work*. 4 vols. New York, 1972–75.
Hay, D. *Annalists and Historians: Western Historiography from the Eighth to the Eighteenth Centuries*. London, 1977.
Hexter, J. H. *Reappraisals in History*. 2d ed. Chicago, 1979.
Higham, J. *History: Professional Scholarship in America*. Baltimore, Md., 1983.
———. *Writing American History. Essays on Modern Scholarship*. Bloomington, Ind., 1970.
Higham, J., Krieger, L., Gilbert, F. *History*. Englewood Cliffs, N.J., 1965.
Himmelfarb, G. *The New History and the Old: Critical Essays and Reappraisals*. Cambridge, Mass., 1987.
Iggers, G. G. *The German Conception of History*. Middletown, Conn., 1968.
———. *New Directions in European Historiography*, rev. ed. Middletown, Conn., 1984.
Iggers, G. G. *Historiography in the Twentieth Century: From Scientific Objectivity to the Postmodernist Challenge*. Hanover, N.H., 1997.
Kelley, D. R. *Versions of History from Antiquity to the Enlightenment*. New Haven, 1991.
Kelley, D. R. *Fortunes of History: Historical Inquiry from Herder to Huizinga*. New Haven, 2003.
Kenyon, J. *The History Men: The Historical Profession in England since the Renaissance*. London, 1983.
Kon, I. *Die Geschichtsphilosophie des 20. Jahrhunderts*. 2 vols. Berlin (East), 1964.
Koselleck, R. *Futures Past: On the Semantics of Historical Time*. Cambridge, Mass., 1985.
Kozicki, H., ed. *Western and Russian Historiography*. New York, 1993.
———, ed. *Developments in Modern Historiography*. New York, 1993.
Kraus, M., and Joyce, D. D. *The Writing of American History*. Rev. ed. Norman, Okla., 1985.
Lefebvre, G. *La Naissance de l'historiographie moderne*. Paris, 1971.
Lessing, T. *Geschichte als Sinngebung des Sinnlosen oder die Geburt der Geschichte aus dem Mythos*. Munich, 1921. Reprint Hamburg, 1962.
Loewenberg, B. J. *American History in American Thought: Christopher Columbus to Henry Adams*. New York, 1972.
Löwith, K. *Meaning of History*. Chicago, 1949.
Martin, G. *Past Futures: the Impossible Necessity of History*. Toronto, 2004.

Nash, Ronald, ed. *Ideas of History*. 2 vols. New York, 1969.
Ritter, H. *Dictionary of Concepts in History*. Westport, Conn., 1986.
Roehner, B. and T. Syme. *Pattern and Repertoire in History*. Cambridge, 2002.
Schulin, E. *Traditionskritik und Rekonstruktionsversuch. Studien zur Entwicklung von Geschichtswissenschaft und historischem Denken*. Göttingen, 1979.
Seliger, H. R. *Kirchengeschichte, Geschichtstheologie, Geschichtswissenschaft*. Düsseldorf, 1981.
Shotwell, J. T. *The History of History*. New York, 1939.
Srbik, H. Ritter von. *Geist und Geschichte vom deutschen Humanismus bis zur Gegenwart*. 2 vols. Munich, 1950–51.
Stern, Fritz, ed. *The Varieties of History*. New York, 1956.
Thompson, J. W. *A History of Historical Writing*. 2 vols. New York, 1942.
Tucker, A. *Our Knowledge of the Past: A Philosophy of Historiography*. Cambridge, Engl., 2004.
Van Tassel, D. D. *Recording America's Past*. Chicago, 1960.

其他

Aron, R. *Introduction to the Philosophy of History*. Boston, 1962.
Barzun, J. *Clio and the Doctors: Psychohistory, Quanto-history and History*. Chicago, 1974.
Bebbington, D. W. *Patterns in History. A Christian View*. Downers Grove, 1979.
Butterfield, Sir H. *Man on His Past*. Cambridge, 1955.
———. *The Whig Interpretation of History*. New York, 1965.
———. *The Origins of History*. New York, 1981.
Cairns, G. E. *Philosophies of History: Meeting of East and West in Cycle-Pattern Theories of History*. New York, 1962.
Carr, E. H. *What Is History?* New York, 1967.
Coleman, J. *Ancient and Medieval Memories: Studies in the Reconstruction of the Past*. Cambridge, Engl., 1992.
Dirlik, D., V. Bahl, and P. Gran. *History After the Three Worlds: Post-Eurocentric Historiography*. Lanham, Md., 2000.
Elton, G. R. *Future of the Past*. Cambridge, 1968.
Fischer, D. H. *Historians' Fallacies: Toward a Logic of Historical Thought*. New York, 1970.
Gay, P. *Style in History*. New York, 1974.
Gilbert, A. N., ed. *In Search of a Meaningful Past*. Boston, 1971.
Halperin, S. W., ed. *Essays in Modern European Historiography*. Chicago, 1970.
Hamerow, T. *Reflections on History and Historians*. Madison, Wis., 1987.
History and the Concept of Time. Studies in the Philosophy of History. *HT*, Beiheft 6 (1966).
Kinzig, W, V. Leppin, and G. Wartenberg, eds. *Historiography and Theologie*. Leipzig, 2004.
Kirn, P. *Das Bild des Menschen in der Geschichtsschreibung von Polybius bis Ranke*. Göttingen, 1956.
Küttler, W., Rüsen, J., and Schulin, E. *Geschichtsdiskurs*. Vol. 1: *Grundlagen der Methoden und Historiographiegeschichte*. Frankfurt a.M., 1993.
Lutz, H. and Rüsen, J. *Formen der Geschichtsschreibung*. Munich, 1982; Chicago, 2001.

Marrou, H. I. *The Meaning of History.* Trans. R. J. Olsen. Dublin, 1966.
Mazlish, B. *The Riddle of History.* New York, 1966.
Momigliano, A. *Essays in Ancient and Modern Historiography.* Oxford, 1977.
Muller, H. J. *The Uses of the Past.* New York, 1952.
Nadel, G. H., ed. *Studies in the Philosophy of History.* New York, 1960.
———. "Philosophy of History before Historicism," *HT* 3 (1964):291–315.
Nisbet, R. A. *Social Change and History: Aspects of Western Theory of Development.* New York, 1969.
Patrides, C. A. *The Grand Design of God: The Literary Form of the Christian View of History.* Toronto, 1972.
Randa, A., ed. *Mensch und Weltgeschichte.* Salzburg-Munich, 1969.
Rapoport-Albert, A., ed. *Essays in Jewish Historiography. HT* Beiheft 27 (1988).
Rüsen, J. *Zeit und Sinn. Strategien historischen Denkens.* Frankfurt a.M., 1990.
Stern, A. *Geschichtsphilosophie und Wertproblem.* Basel, 1967.
Tillinghast, P. E. *Th Specious Past.* Reading, Mass., 1972.
Tosh, J. *Pursuit of History: Aims, Methods and New Directions in the Study of Modern History.* London, 2000.
Trompf, G. W. *The Idea of Historical Recurrence in Western Thought.* Los Angeles, 1979.
Wang, Q. E. and Georg Iggers. *Turning Points in Historiography: A Cross-cultural Perspective.* Rochester, N.Y. 2002.
Wehler, H. U., ed. *Deutsche Historiker.* 9 vols. Göttingen, 1971–82.
Whitrow, C. J. *Time in History. View of Time from Prehistory to the Present.* Oxford, 1988.
Wilcox, D. F. *The Measure of Times Past: Pre-Newtonian Chronologies and the Rhetoric of Relative Time.* Chicago, 1987.
Woodward, E. L. *British Historians.* London, 1943.

古代史学史：通史著作

Breebart, A. B. *Clio and Antiquity: History and Historiography of the Greek and Roman World.* Hilversum, 1987.
Burstein, S. et al. *Ancient History: Recent Work and New Directions.* Claremont, Cal., 1997.
Canfora, L. *Teoria e tecnica della storiografia classica.* Bari, 1974.
Dentan, R. C. *The Idea of History in the Ancient Near East.* New Haven, 1955.
Dodds, E. R. *The Ancient Concept of Progress.* Oxford, 1973.
Edelstein, L. *The Idea of Progress in Classical Antiquity.* Baltimore, 1967.
Finley, M. I. *Ancient History: Evidence and Models.* New York, 1986.
Fornara, C. W. *The Nature of History in Ancient Greece and Rome.* Berkeley, Calif., 1983.
Gentili, B., and C. Giovanni. *History and Biography in Ancient Thought.* Translated by David Murray and Leonard Murray. Amsterdam, 1988.
Grant, M. *The Ancient Historians.* New York, 1970.
Ishida, T. *History and Historical Writing in Ancient Israel: Studies in Biblical Historiography.* Leiden, 1999.

Lemche, N. P. *Israelites in History and Tradition.* London, 1998.
Lemche, N. P. *Historical Dictionary of Ancient Israel.* Lanham, Md, 2004.
Marincola, J. *Authority and Tradition in Ancient Historiography.* Cambridge, 1997.
Momigliano, A. *The Classical Foundations of Modern Historiography.* Berkeley, Calif., 1990.
Morley, Neville. *Ancient History: Key Themes and Approaches.* London, 2000.
Preller, H. *Geschichte der Historiographie.* Vol. 1, *Altertum.* Aalen, 1967.
Shuttleworth, K. C., ed. *Limits of Ancient Historiography: Genre and Narrative in Ancient Historical Texts.* Leiden, 1999.
Smelik, K, A. D. *Converting the Past: Studies in Ancient Israelite and Moabite Historiography.* Leiden, 1992
Strasburger, H. *Die Wesensbestimmung der Geschichte durch die antike Geschichtsschreibung.* Wiesbaden, 1966.
Usher, S. *The Historians of Greece and Rome.* London, 1969.
Van Seters, J. *In Search of History: Historiography in the Ancient World and the Origin of Biblical History.* New Haven, 1983.
Woodman, A. J. *Rhetoric in Classical Historiography.* London, 1988.

希腊史学史

通史

Austin, N. *The Greek Historians.* New York, 1969.
Brown, T. S. *The Greek Historians.* Lexington, Mass., 1973.
Bury, J. B. *The Ancient Greek Historians.* New York, 1909; reprint, 1958.
De Sanctis, G. *Studi di storia della storiografia greca.* Florence, 1951.
Finley, M. I., ed. *The Greek Historians.* New York, 1959.
Fritz, K. von. *Die Griechische Geschichtsschreibung.* Vol. I (text and notes). Berlin, 1967.
Jacoby, F. *Griechische Historiker.* Stuttgart, 1956.
Luce, T. J. *The Greek Historians.* London, 1997.
Meister, K. *Griechische Geschichtsschreibung von den Anfängen bis zum Ende des Hellenismus.* Stuttgart, 1990.
Momigliano, A. *The Development of Greek Biography.* Cambridge, Mass., 1971.
———. "Greek Historiography," *HT* 17 (1978):1–20.
Romilly, J. de. *The Rise and Fall of States According to Greek Authors.* Jerome Lectures, no. 11. Ann Arbor, 1977.
Shrimpton, G. S. *History and Memory in Ancient Greece.* Montreal, 1997.
Toynbee, A. J., ed. *Greek Historical Thought.* London, 1950.
Walbank, F. W. "The Historians of Greek Sicily," *Kokalos* 14–15 (1968):476–98.

早期希腊史学史

Accame, S. "La concezione del tempo nell-età omerica e arcaica," *Rivista di filologia,* n.s., 39 (1961):359–94.
Chatelet, F. *La naissance de l'histoire.* 2 vols. Paris, 1973.
Forsdyke, J. *Greece before Homer: Ancient Chronology and Mythology.* New York, 1964.

Jacoby, F. *Atthis: The Local Chronicles of Ancient Athens.* Oxford, 1949.
Latte, K. "Die Anfänge der griechischen Geschichtsschreibung." *Entretiens Hardt,* 4" *Histoire et historiens dans l'antiquité.* Geneva, 1956, pp. 3–37.
Momigliano, A. D. "Time in Ancient Historiography," *HT,* Beiheft 6 (1966), pp. 1–23.
Page, D. L. *History and the Homeric Iliad.* Berkeley, 1959.
Pearson, L. *The Local Historians of Attica.* Lancaster, Pa., 1942.
———. *Early Ionian Historians.* Oxford, 1939.
Schadewaldt, W. "Die Anfänge der Geschichtsschreibung bei den Griechen." *Die Antike* 10 (1934):144–68.
Snell, B. "Homer und die Entstehung des geschichtlichen Bewusstseins bei den Griechen." *Varia Variorum.* Munster-Cologne, 1952, pp. 2–12.
Starr, C. G. *The Awakening of the Greek Historical Spirit.* New York, 1958.
Wardman, A. E. "Myth in Greek Historiography." *Hi,* 9 (1960):403–46.

城邦时代

希罗多德

"Erodoto." *Storia della Storiografia.* Numero speciale (1985).
Gould, J. *Herodotus.* London, 1989.
Hartog, F., ed. *The Mirror of Herodotus. The Representation of the Other in the Writing of History.* Berkeley, 1988.
Hunter, V. *Past and Process in Herodotus and Thucydides.* Princeton, N.J., 1982.
Lang, M. L. *Herodotean Narrative and Discourse.* Cambridge, Mass., 1984.
Lateiner, D. *The Historical Method of Herodotus.* Toronto, 1989.
Legrand, Ph.-E. *Herodote.* 2d ed. Paris, 1955.
Marg, W., ed. *Herodot. WDF,* 26. Darmstadt, 1965.
Myres, J. L. *Herodotus, Father of History.* Oxford, 1953.
Romm, J. *Herodotus.* Berkeley, Cal., 1998.
Selincourt, A. de. *The World of Herodotus.* Boston-Toronto, 1962.
Waters, K. H. *Herodotus, the Historian.* Norman, Okla., 1985.

修昔底德

Allison, J. W. *Word and Concept in Thucydides.* Atlanta, Ga.,1997.
Crane, G. *The Blinded Eye: Thucydides and the Written Word.* Lanham, Md., 1996.
Cochrane, C. N. *Thucydides and the Science of History.* Oxford, 1929; reprint, New York, 1965.
Connor, W. R. *Thucydides.* Princeton, N.J., 1984.
Cornford, F. M. *Thucydides Mythistoricus.* London, 1907; reprint, 1965.
Dover, K. J. *Thucydides.* Oxford, 1973.
Finley, J. W., Jr. *Thucydides.* Cambridge, Mass., 1942; reprint, Ann Arbor, 1963.
———. *Three Essays on Thucydides.* Cambridge, Mass., 1967.
Gomme, A. W. *A Historical Commentary on Thucydides.* 4 vols. Vol. 4 revised and edited by A. Andrewes and K. J. Dover. Oxford, 1945, 70.
Grundy, G. B. *Thucydides and the History of His Age.* 2 vols. Vol. 1, 2d ed. Oxford, 1948.
Herter, H., ed. *Thukydides. WDF,* 98. Darmstadt, 1968.
Hornblower, S. *Thucydides.* London, 1987.
Hunter, V. *Thucydides: The Artful Reporter.* Toronto, 1973.

Rawlings, H. R. *The Structure of Thucydides' History.* Princeton, N.J., 1981.
Romilly, J. de. *Thucydides and Athenian Imperialism.* Trans. P. Thody. New York-Oxford, 1963.

其他主题

Anderson, J. K. *Xenophon.* New York, 1974.
Bowie, E. L. "Greeks and Their Past in the Second Sophistic." *Past and Present* 46 (1970):3–41.
Bruce, I. A. F. *An Historical Commentary on the Hellenica Oxyrhynchia.* Cambridge, 1967.
———. "Theopompus and Classical Scholarship." *HT* 9 (1970):86–109.
Champion, C. B. *Cultural Politics in Polybius's Histories.* Berkeley, Cal., 2004.
Connor, W. R. *Theopompus and Fifth Century Athens.* Washington, D.C., 1968.
Delebecque, F. *Essai sur la Vie de Xenophon.* Paris, 1957.
Dillery, J. D. *Xenophon and the History of his Times.* London, 1995.
Flower, M. I. *Theopompus of Chios: History and Rhetoric in the Fourth Century B.C.* Oxford, 1994.
Fritz, K. von. *Aristotle's Contribution to the Practice and Theory of Historiography.* Berkeley, 1958.
Gigante, M. *Le Elleniche di Ossirinco.* Rome, 1949.
Gray, V. J. *The Character of Xenophon's Hellenica.* Baltimore, 1989.
Henry, R. *Ctesias: La Perse, L'Inde: Les Sommaires de Photius.* Brussels, 1947.
———. *Greek Historical Writing: A Historiographical Essay Based on Xenophon's Hellenica.* Chicago, 1967.
Nickel, R. *Xenophon.* Darmstadt, 1979.
Shrimpton, G. S. *Theopompus the Historian.* Buffalo, N.Y., 1992.
Weil, R. *Aristote et l'Histoire.* Paris, 1960.

亚历山大与希腊化时期

Andreotti, R. "Die Weltmonarchie Alexanders des Grossen in Überlieferung und geschichtlicher Wirklichkeit" *S* 8 (1957):120–66.
Baynham, E. *Alexander the Great: The Unique History of Quintus Curtius.* Ann Arbor, 1998.
Brown, T. S. *Timaeus of Tauromenium.* Los Angeles, 1958.
———. *Onesicritus. A Study in Hellenistic Historiography.* Berkeley-Los Angeles, 1949.
Brunt, P. A. *Arrian. Selections.* 2 vols. Cambridge, Mass., 1976–83.
Cartledge, P., P. Garnsey, and F. S. Gruen. *Hellenistic Constructs: Culture, History and Historiography.* Berkeley, Cal., 1997.
Hammond, N. G. L. *Three Historians of Alexander the Great: The So-Called Vulgate Authors, Diodorus, Justin, and Curtius.* New York, 1983.
Meister, K. *Historische Kritik bei Polybios.* Wiesbaden, 1975.
Pearson, L. *The Greek Historians of the West: Timaeus and His Predecessors.* New York, 1960.
———. *The Lost Histories of Alexander the Great.* New York-Oxford, 1960.
Pedech, P. *La méthode historique de Polybe.* Paris, 1964.
Sacks, K. S. *Diodorus and the First Century.* Princeton, 1990.

Sacks, K. *Polybius on the Writing of History.* Berkeley, Calif., 1981.
Schnabel, P. *Berossos und die babylonisch-hellenistische Literatur.* Berlin, 1923; reprint, 1968.
Schwanbeck, E. A. *Megasthenes Indica.* Bonn, 1846; reprint, 1967.
Walbank, F. W. *Aratos of Sicyon.* Cambridge, 1933.
———. *A Historical Commentary on Polybius.* 2 vol. Oxford, 1957–58.

罗马史学史

通史

Burck, E. "Grundzüge römischer Geschichtsauffassung und Geschichtsschreibung." *Geschichte in Wissenschaft und Unterricht* 25 (1974):1–40.
Deininger, J. *Der politische Widerstand gegen Rom in Griechenland.* Berlin, 1971.
Dorey, T. A., ed. *Latin Historians.* New York, 1966.
———. *Latin Biography.* London, 1967.
Fuchs, H. *Der geistige Widerstand gegen Rom in der antiken Welt.* 2d ed. Berlin, 1964.
Kraus, C. S., and A. J. Woodman. *Latin Historians.* Oxford, 1997.
Laistner, M. L. W. *The Greater Roman Historians.* Berkeley, 1947.
Mellor, R. *Roman Historians.* New York, 1999.
Pöschl, V., ed. *Römische Geschichtsschreibung.* WDF 90. Darmstadt, 1969.
Touloumakos, J. *Zum Geschichtsbewusstsein der Griechen in der Zeit der Römischen Herrschaft.* Göttingen, 1971.

王政时期

Alfoldi, A. *Die Trojanischen Urahnen der Römer.* Basel, 1957.
Gabbe, E. *Dionysios and the History of Archaic Rome.* Berkeley, 1991.
Galinsky, G. K. *Aeneas, Sicily, and Rome.* Princeton, 1968.
Gelzer, M. "Der Anfang römischer Geschichtsschreibung." *Kleine Schriften,* 3 Wiesbaden, 1964, pp. 93–110.
Gjerstad, E. *Legends and Facts of Early Roman History.* Lund, 1962.
Grant, M. *Roman Myths.* New York, 1971.
Miles, G. B. *Livy: Reconstructing Early Rome.* Ithaca, 1995.
Perret, J. *Les Origines de la légende troyenne.* Paris, 1942.

共和国时期

Astin, A. E. *Cato the Censor.* Oxford, 1978.
Badian, E. "The Early Historians." In *Latin Historians,* ed. T. A. Dorey. London, 1966, chap. 1.
Crake, J. E. A. "The Annals of the Pontifex Maximus." *Classical Philology* 35 (1940):375–86.
Forbe, N. W. *Cato the Censor.* Boston, 1975.
Schröder, W. A. *M. Porcius Cato: Das erste Buch des Origines.* Meisenheim, 1971.
Skutsch, O. *Studia Enniana.* London, 1968.

内战时期

Buchner, K. *Sallust.* Heidelberg, 1960.
———. *Cicero.* Heidelberg, 1964.

Earl, D. C. *The Political Thought of Sallust*. Cambridge, 1961.
Henderickson, G. L. "The Memoirs of Rutilius Rufus." *CP* 28 (1933):153–75.
Latte, K. *Sallust*. Darmstadt, 1962.
Pöschl, V., ed. *Sallust*. Darmstadt, 1970.
Syme, R. *Sallust*. Berkeley, Calif., 1964.
Ullman, R. *La Technique des discours dans Salluste, Tite-Live, et Tacite*. Oslo, 1927.
Welwei, K. W. *Römisches Geschichtsdenken in spätrepublikanischer und augusteischer Zeit*. Munich, 1967.
Zimmerer, M. *Der Annalist Qu. Claudius Quadrigarius*. Munich, 1937.

元首制时期

Barrow, R. H. *Plutarch and His Times*. Bloomington, Ind.-London, 1967.
Burck, E. *Wege Zu Livius*. *WDF* 132. Darmstadt, 1967.
Chaplin, J. D. *Livy's Exemplary History*. Oxford, 2000.
Dorey, T. A., ed. *Livy*. Toronto, 1971.
Gianakaris, C. J. *Plutarch*. New York, 1970.
Hellmann, F. *Livius Interpretationen*. Berlin, 1939.
Kajanto, I. *God and Fate in Livy*. Turku, Finld., 1957.
Levi, M. A. *Plutarco e il V secolo*. Milan, 1955.
Luce, T. J. *Livy: The Composition of His History*. Princeton, 1977.
Russell, D. A. *Plutarch*. London, 1973.
Stadter, P. A. *Plutarch and the Historical Tradition*. London, 1992.
Stübler, G. *Die Religiosität des Livius*. Amsterdam, 1964.
Walsh, P. G. *Livy*. Cambridge, 1961.
Wardman, A. *Plutarch's Lives*. London, 1974.
Willie, G. *Der Aufbau des Livianischen Geschichtswerks*. Amsterdam, 1973.

帝国时期

Avenarius, G. *Lukians Schrift zur Geschichtsschreibung*. Frankfurt am M., 1954.
Blockley, R. C. *The Fragmentary Classicising Historians of the Later Roman Empire: Eunapius, Olympiodorus, Priscus, and Malchus*. Liverpool, Engl., 1981.
Brugnoli, G. *Studi Suetoniani*. Lecce, 1968.
Büchner, K. *Publius Cornelius Tacitus—Die Historischen Versuche*. Stuttgart, 1963.
Croke, B., and A. M. Emmett, eds. *History and Historians in Late Antiquity*. New York, 1983.
Dorey, T. A., ed. *Tacitus*. New York, 1969.
Elliott, T. G. *Ammianus Marcellinus and Fourth Century History*. Sarasota, Fla., 1983.
Flach, D. *Tacitus in der Tradition der antiken Geschichtsschreibung*. Göttingen, 1973.
Goodyear, F. R. D. *Tacitus, Greece, and Rome*. New Surveys in the Classics, no. 4. Oxford, 1970.
Häussler, R. *Tacitus und das historische Bewusstsein*. Heidelberg, 1965.
Homeyer, H. *Lukian—Wie man Geschichte schreiben soll*. Munich, 1965.
MacCulloch, H. Y., Jr. *Narrative Cause in the Annals of Tacitus*. Koenigstein, 1984.
Martin, R. *Tacitus*. Berkeley-Los Angeles, 1981.
Millar, F. *A Study of Cassius Dio*. Oxford, 1964.
Mouchova, B. *Studie zu Kaiserbiographien Suetons*. Prague, 1968.
O'Gorman, Ellen. *Irony and Misreading in the Annals of Tacitus*. Cambridge, Engl., 2000.
Pöschl, V., ed. Tacitus. *WDF* 97. Darmstadt, 1969.

Stadter, P. A. *Arrian of Nicomedia.* Chapel Hill, N.C., 1980.
Steidle, W. *Sueton und die antike Biographie.* Munich, 1951.
Strasburger, H. "Poseidonios and the Problems of the Roman Empire." *JRS* 55 (1965):40–53.
Swain, J. B. "The Theory of the Four Monarchies: Opposition History under the Roman Empire." *CP* 35 (1940):1–21.
Syme, Sir R. *Tacitus.* 2 vols. Oxford, 1958.
———. *Ammianus and the Historia Augusta.* Oxford, 1968.
———. *The Historia Augusta.* Bonn, 1971.
Thompson, E. A. *The Historical Work of Ammianus Marcellinus.* Cambridge, 1947.
Walker, B. *The Annals of Tacitus.* Manchester, 1960.
Wallace-Hadrill, A. *Suetonius: The Scholar and His Caesars.* New Haven, 1984.
Woodman, A. J. and T. J. Luce, eds. *Tacitus and the Tacitean Tradition.* Princeton, 1993.
Woodman, A. J. *Tacitus Reviewed.* Oxford, 1998.

中世纪史学

通史

Balzani, U. *Early Chroniclers of Europe: Italy.* London, 1883.
Boehm, L. *Der wissenschaftstheoretische Ort der historia im früheren Mittelalter.* Munich, 1965.
Borst, A. *Geschichte an mittelalterlichen Universitäten.* Konstanz, 1969.
Boyce, G. C., comp. and ed. *Literature of Medieval History 1930–1975: A Supplement to Louis Paetow's A Guide to the Study of Medieval History.* 5 vols. Foreword by Paul Meyvaert. Millwoods, N.Y., and Cambridge, Mass., 1981.
Brandt, W. J. *The Shape of Medieval History.* New Haven, 1966.
Breisach, E., ed. *Classical Rhetoric and Medieval Historiography.* Kalamazoo, 1985.
Brincken, A-D. Van den. *Studien zur lateinischen Weltchronistik bis in das Zeitalter Ottos von Freising.* Dusseldorf, 1957.
———. *Die Lateinische Weltchronistik.* Munich, 1969.
Büdinger, M. *Die Universalhistorie im Mittelalter.* Vienna, 1900.
Bulst, N. and J.-P. Genet, eds. *Medieval Lives and the Historian. Studies in Medieval Prosopography.* Kalamazoo, 1986.
Caenegem, R. C. Van, and Ganshof, F. L. *Guide to the Sources of Medieval History.* New York, 1978.
Cantor, N. *Inventing the Middle Ages: The Lives, Works, and Ideas of the Great Medievalists of the Twentieth Century.* New York, 1991.
Cognasso, F. "Storiografia medievale." In *Questioni di storia medioevale,* ed. E. Rota. Milan, n.d., pp. 785–836.
Dahmus, J. *Seven Medieval Historians.* Chicago, 1981.
Damico, H. and J. R. Zavadil, eds. *Medieval Scholarship: Biographical Studies on the Formation of a Discipline.* New York, 1995.
David, D. C. "American Historiography of the Middle Ages, 1884–1934" *Speculum* 1935 (10):125–37.
Dübler, C. E. *Geschichtsschreibung im spanischen Mittelalter.* Barcelona, 1943.
Engen, J. van. "The Christian Middle Ages as an Historiographical Problem." *AHR,* 91/3 (June 1986):519–52.

Galbraith, V. H. *Historical Research in Medieval England.* London, 1951.
Given-Wilson, C. *Chronicles: The Writing of History in Medieval England.* London, 2004.
Goez, W. *Translatio Imperii. Ein Beitrag zur Geschichte des Geschichtsdenkens und der politischen Theorien im Mittelalter.* Tübingen, 1958.
Gransden, A. *Historical Writing in England, c. 550–c. 1307.* London, 1974.
Grundmann, H. *Geschichtsschreibung im Mittelalter.* Göttingen, 1965.
Guenée, B. "Histoires, Annales, Chroniques." *Annales: Economies, Sociétés, Civilisations* 28 (1972):997–1016.
———. *Histoire et Culture historique dans l'Occident médiéval.* Paris, 1980.
Haskins, C. *The Renaissance of the Twelfth Century.* Cambridge, Mass., 1927.
Hen, Y. and M. Innes, eds. *The Uses of the Past in the Early Middle Ages.* Cambridge, Engl., 2000.
Holdsworth, C., and T. P. Wiseman, eds. *The Inheritance of Historiography, 350–900.* Exeter, England, 1986.
Huizinga, J. *The Waning of the Middle Ages.* London, 1924.
Lacroix, B. *L'Historien au Moyen Age.* Montreal, 1971.
Lammers, W., ed. *Geschichtsdenken und Geschichtsbild im Mittelalter.* Darmstadt, 1965.
Löwe, H. *Von Theoderich dem Grossen zu Karl dem Grossen. Das Werden des Abendlandes im Geschichtsbild des frühen Mittelalters.* Darmstadt, 1956.
Morgan, D. O., ed. *Medieval Historical Writing in the Christian and Islamic Worlds.* London, 1982.
Oman, C. W. C. *History of the Art of War in the Middle Ages.* 2nd ed., 2 vols. New York, 1924.
Patze, H., ed. *Geschichtsschreibung und Geschichtsbewusstsein im Mittelalter,* 1987.
Scharer, A. and G. Scheibelreiter, eds. *Historiographie im frühen Mittelalter.* Vienna, 1994.
Smalley, B. *Historians in the Middle Ages.* London, 1974.
Southern, R. W. "Aspects of the European Tradition of Historical Writing." *TRHS* 20:173–96; 21:159–79; 22:159–80; 23;243–63.
Spiegel, G. M. *The Past as Text: The Theory and Practice of Medieval Historiography.* Baltimore, 1997.
Sterns, I. *The Greater Medieval Historians: An Interpretation and a Bibliography.* Lanham, Md, 1980.
(La) storiografia altomedievale. Settimane di studio del Centro italiano di studi sull'alto medioevo 17. Spoleto, 1970.
Stuard, S. M., ed. *Women in Medieval History and Historiography.* Philadelphia, 1987.
Van Engen, J. *The Past and the Future of Medieval Studies.* South Bend, Ind., 1994.
van Houts, E. *Memory and Gender in Medieval Europe, 900–1200.* Toronto, 1999.
Voss, J. *Das Mittelalter Im Historischen Denken Frankreichs.* Munich, 1972.
Wallace-Hadrill, J. M., ed. *The Writing of History in the Middle Ages.* Oxford, 1981.

早期基督教史学史

Amari, G. *Il concetto di storia in San Agostino.* Rome, 1950.
Brincken, A-D. v.d. "Weltären." *Archiv für Kulturgeschichte.* 39 (1957):133–49.
Campenhausen, H. v. "Die Entstehung der Heilsgeschichte. Der Aufbau des christlichen Geschichtsbildes in der Theologie des ersten und zweiten Jahrhunderts." *S* 21 (1970):189–212.

Chesnut, G. F. *The First Christian Histories: Eusebius, Socrates, Sozomen, Theodoret, and Evagrius.* Paris, 1977.
Cullman, O. *Christ and Time: The Primitive Christian Conception of Time and History.* Trans. F. V. Filson. London, 1962.
Foakes-Jackson, F. J. *Eusebius Pamphili, Bishop of Caesarea in Palestine and First Christian Historian.* Cambridge, 1933.
Gamble, W. M. T. "Orosius." In P. Guilday, ed., *Church Historians.* New York, 1926.
Geis, R. G. "Das Geschichtsbild des Talmud." *S* 6 (1955):119.
Gelzer, H. *Sextus Julius Afrikanus und die byzantinische Chronographie.* 2 vols. Leipzig, 1880–98.
Goetz, H-W. *Die Geschichtstheologie des Orosius.* Darmstadt, 1980.
Guthrie, H. H., Jr. *God and History in the Old Testament.* Greenwich, Conn., 1960.
Lacroix, B. *Orose et ses idées.* Montreal, 1965.
Loewenich, W. v. *Augustin und das christliche Geschichtsdenken.* Munich, 1947.
Markus, R. A. *From Augustine to Gregory the Great: History and Christianity in the Middle Ages.* London, 1983.
Marrou, H. I. *Time and Timeliness.* Trans. by V. Nevile. New York, 1969.
Milburn, R. L. P. *Early Christian Interpretations of History.* New York, 1954.
Momigliano, A. "Pagan and Christian Historiography in the Fourth Century A.D." In *The Conflict between Paganism and Christianity in the Fourth Century.* Oxford, 1963.
Mommsen, Th. "Augustine and the Christian Idea of Progress: The Background of the City of God." *JHI* 12 (1951):346.
Mosshammer, A. *The Chronicle of Eusebius and Greek Chronographic Tradition.* Lewisburg, Pa., 1979.
Patterson, L. G. *God and History in Early Christian Thought.* New York, 1967.
Pelikan, J. *The Mystery of Continuity: Time and History, Memory and Eternity in the Thought of Saint Augustine.* Charlottesville, Va., 1986.
Ruotolo, G. *La filosofia della storia e la città di Dio.* 2d ed. Rome, 1950.
Schmidt, "Aetates mundi. Die Weltalter als Gliederungsprinzip der Geschichte." *ZKG* 67 (1956):288–317.
Wallace-Hadrill, D. S., *Eusebius of Caesarea.* London, 1960.

融合时期

哥特人

Baar, P. A. van den. *Die kirchliche Lehre der translatio imperii Romani bis zur Mitte des 13. Jahrhunderts.* Rome, 1956.
Bassett, P. M. "The Use of History in the *Chronicon* of Isidore of Seville." *HT* 15 (1976):278–92.
Borst, A. "Das Bild der Geschichte in der Enzyklopädie Isidors von Sevilla." *DA* 22 (1966):1–62.
Diesner, H.-J. *Isidore von Sevilla und zeine Zeit.* Stuttgart, 1973.
Messmer, H. *Hispania—Idee und Gotenmythus.* Zurich, 1960.
O'Donnell, J. *Cassiodorus.* Berkeley, 1979.

大不列颠人和盎格鲁-萨克逊人

Bonner, G., ed. *Famulus Christi: Essays in Commemoration of the Thirteenth Century of the Birth of the Venerable Bede.* London, 1976.

Brown, G. *Bede the Venerable.* Boston, 1987.
Duckett, E. S. *Anglo-Saxon Saints and Scholars.* New York, 1947.
Hanning, R. W. *The Vision of History in Early Britain: From Gildas to Geoffrey of Monmouth.* New York-London, 1966.
Hunter, B. P. *The World of Bede.* Cambridge, Engl., 1990.
Jones, C. W. "Bede as Early Medieval Historian." *MH* 4 (1946):26–36.
———. *Saints' Lives and Chronicles in Early England.* Ithaca, N.Y., 1947.
Lapidge, M. ed. *Bede and His World. The Jarrow Lectures.* Aldershot, Engl., 1994.
Lapidge, M., and D. Dumville, eds. *Gildas: New Approaches.* Dover, N.H., 1984.
Levison, W. "Bede as Historian." *Aus rheinischer u. fränkischer Frühzeit.* Düsseldorf, 1948, pp. 347–82.
Lot, F. *Nennius et l'Historia Brittonum.* Paris, 1934.
Markus, R. A. *Bede and the Tradition of Ecclesiastical Historiography.* Jarrow on Tyne, Engl., 1975.
O'Sullivan, T. D. *The De Excidio of Gildas: Its Authenticity and Date.* Columbia Studies in the Classical Tradition, no. 7. Leiden, 1978.
Thompson, A. H., ed. *Bede, His Life, Times, and Writings.* London-Oxford, 1935; reprint, 1966.
Whitelock, D. *The Genuine Asser.* Reading, Eng., 1968.

法兰克人

Beumann, H. *Ideengeschichtliche Studien zu Einhard und anderen Geschichtsschreibern des früheren Mittelalters.* Darmstadt, 1962.
Gerberding, R. *The Rise of the Carolingians and the Liber Historiae Francorum.* Oxford, 1987.
Goetz, H.-W. *Translatio Imperii. Ein Beitrag zur Geschichte des Geschichtsdenkens und der politischen Theorien im Mittelalter.* Tübingen, 1958.
Krusch, B. "Die Chronicae des sogenannten Fredegar." *Neues Archiv* 7 (1882):421–516.
Löwe, H. "Regino von Prüm und das historische Weltbild der Karolingerzeit." *Rheinische Vierteljahrsblätter* 17 (1952):151–79.
Thurlemann, F. *Der historische Diskurs bei Gregory of Tours: Topoi and Wirklichkeit.* Bern, 1974.
Wehlen, W. v. *Geschichtsschreibung und Staatsauffassung im Zeitalter Ludwigs des Frommen.* Lübeck-Hamburg, 1970.
Werner, K. F. "Zur Arbeitsweise des Regino von Prüm." *Die Welt als Geschichte* 19 (1959):96–116.

其他主题

Delehaye, H. *The Legends of the Saints.* Trans. D. Attwater. 4th ed. New York, 1962. First published as *Les légendes hagiographiques* in Brussels, 1905.
Goffart, W. A. *Barbarians and Romans.* Princeton, 1980.
Goffart, W. A. *The Narrators of Barbarian History (A.D. 550–800): Jordanes, Gregory of Tours, Bede, and Paul the Deacon.* Princeton N.J., 1988.
Poole, R. L. *Chronicles and Annals.* Oxford, 1926.
Wolpers, T. *Die englische Heiligenlegende des Mittelalters.* Tübingen, 1964.

基督教共和国

帝国

Bach, E. *Politische Begriffe und Gedanken sächsischer Geschichtsschreiber der Ottonenzeit.* Osnabrück, 1948.

Beumann, H. *Widukind von Korvei. Untersuchungen zur Geschichtsschreibung und Ideengeschichte des 10. Jahrhunderts.* Weimar, 1950.

———. "Geschichtsbild und Reichsbegriff Hermanns von Reichenau." *AK* 42 (1960):37–60.

Mommsen, T. E., and Morrison, K. F. *Imperial Lives and Letters in the Eleventh Century.* New York-London, 1962.

Schieffer, Th., "Heinrich II. und Konrad II. Die Umprägung des Geschichtsbildes durch die Kirchenreform des 11. Jahrhunderts." *DA* 8 (1951):384–394.

英国

Chibnall, M. *The World of Orderic Vitalis.* Oxford, 1984.

Fletcher, R. H. *Arthurian Material in the Chronicles, Especially Those of Great Britain and France.* Boston, 1906; reprint, New York, 1958.

Jackson, K. H. "The Arthur of History." In R. S. Loomis, ed., *Arthurian Literature in the Middle Ages: A Collaborative History.* London, 1959.

Keeler, L. *Geoffrey of Monmouth and the Late Latin Chroniclers, 1300–1500.* Berkeley-Los Angeles, 1946.

Pahler, H. *Strukturuntersuchungen zur Historia Regum Britanniae des Geoffrey of Monmouth.* Bonn, 1958.

Partner, N. F. *Serious Entertainments: The Writing of History in Twelfth-Century England.* Chicago, 1977.

Richter, H. *Englische Geschichtsschreiber des 12. Jahrhunderts.* Berlin, 1938.

Schirmer, W. F. *Die frühen Darstellungen des Arthurstoffes.* Cologne-Opladen, 1958.

Southern, R. W. *Saint Anselm and His Biographer.* Cambridge, 1963.

Tatlock, J. S. P. *The Legendary History of Britain: Geoffrey of Monmouth's Historia Regum Britanniae and Its Early Vernacular Versions.* Berkeley-Los Angeles, 1950.

Werner, K. F. "Die Legitimität der Kapetinger und die Entstehung des *Reditus regni Francorum ad stirpem Karoli.*" *Die Welt als Geschichte* 12 (1952):203–25.

Wolter, H. *Ordericus Vitalis. Ein Beitrag zur kluniazensischen Geschichtsschreibung.* Wiesbaden, 1955.

法国

Boehm, L. "Gedanken zum Frankreich-Bewusstsein im frühen 12. Jahrhundert." *HJ* 74 (1954):681–87.

Kortüm, H.-H. *Richer von Saint-Remi: Studien zu einem Geschichtsschreiber des 10. Jahrhunderts.* Stuttgart, 1985.

Lindheim, H. v. *Rodulfus Glaber.* Leipzig, 1941.

Vogelsang, M. *Rodulfus Glaber, Studien zum Problem der cluniazensischen Geschichtsschreibung.* Diss. Munich, 1962.

十字军与向东扩张

Boase, T. S. R. *Kingdoms and Strongholds of the Crusaders*. London, 1971.
Edgington, S. B. and S. Lambert. *Gendering the Crusades*. New York, 2002.
Erdmann, C. *The Origins of the Idea of Crusade*. Translated by M. W. Baldwin and W. Goffart. Philadelphia, 1977. (German, 1935).
Knoch, P. *Studien zu Albert von Aachen. Der erste Kreuzzug in der deutschen Chronistik*, Stuttgart, 1966.
Larsen, S. *Saxo Grammaticus*. Copenhagen, 1925.
Madden, T. F. *New Concise History of the Crusades*. Lanham, Md., 2005.
Philipp, W. *Ansätze zum geschichtlichen und politischen Denken im Kiewer Russland*. Breslau, 1940.
Runciman, S. *The History of the Crusades*. 3 vols. Cambridge, 1951–55.
Schwinges, R. C. *Kreuzzugsideologie und Toleranz: Studien zu Wilhelm von Tyrus*. Stuttgart, 1977.

其他主题

Brincken, A.-D. v. d. "Die Welt- und Inkarnationsära bei Heimo von St. Jakob. Kritik an der christlichen Zeitrechnung durch Bamberger Komputisten in der ersten Hälfte des 12. Jahrhunderts." *DA* 16 (1960):155–94.
———. "Marianus Scottus. Unter besonderer Berücksichtigung der nicht veröffentlichen Teile seiner Chronik." *DA* 17 (1961):191–238.
Kirn, P. *Aus der Frühzeit des Nationalgefühls. Studien zur deutschen und französischen Geschichte sowie zu den Nationalkämpfen auf den britischen Inseln*. Leipzig, 1943.
Landis, C., E. Gow, E. Van Meter, and D. C. Van Meter, eds. *Apocalyptic Year 1000: Religious Expectation and Social Change, 950–1059*. Oxford, 2003.

巩固和加速变化时期 (1100—1400)

通史

Baron, R. "Hugues de Saint-Victor: contribution à un nouvel examen de son oeuvre." *T* 15 (1959):223–97.
Brooke, C. *The Twelfth Century Renaissance*. London, 1969.
Chenu, M. D. "Conscience de l'histoire et théologie zu XII^2 siècle." *Archives d'histoire doctrinale et littéraire du Moyen Age* 21 (1954):107–33.
Cohn, N. *The Pursuit of the Millennium—Revolutionary Messianism in the Middle Ages and Its Bearing on Modern Totalitarian Movements*. London, 1957.
Damian-Grint, P. *The New Historians of the Twelfth-Century Renaissance: Inventing Vernacular Authority*. Woodbridge, U.K., 1999.
Funkenstein, Amos. *Heilsplan und natürliche Entwicklung. Formen der Gegenwartsbestimmung im Geschichtsdenken des hohen Mittalalters*. Munich, 1965.
Goetz, H.-W. *Hochmittelalterliches Geschichtsbewusstsein im Spiegel nichthistoriographischer Quellen*. Berlin, 1999.
Helbling, H. *Saeculum Humanum. Ansätze zu einem Versuch über spätmittelalterliches Geschichtsdenken*. Schriften des Istituto Italiano per gli studi storici 11. Naples, 1958.

Mierau, H. J., A. Sander-Berke, and B. Studt. *Studien zur Überlieferung der Flores temporum.* Hannover, 1996.
Palmer, J. J. N. *Froissart: Historian.* Totowa, N.J., 1981.
Patz, H., ed. *Geschichtsschreibung und Geschichtsbewusstsein im späten Mittelalter.* Sigmaringen, 1987.
Schmeidler, B. *Italienische Geschichtsschreiber des 12. und 13. Jahrhunderts. Ein Beitrag zur Kulturgeschichte.* Leipzig, 1909.
Southern, R. W. *Medieval Humanism and Other Studies.* Oxford, 1970.
———. "Aspects of the European Tradition of Historical Writing." *TRHS,* 5th ser. 20:173–96; 21:159–79; 22;159–86; 23:243–63.
Spiegel, G. M. *Romancing the Past: The Rise of the Vernacular Prose Historiography in Thirteenth-Century France.* Berkeley, Cal., 1993.
Spörl, J. *Grundformen der hochmittelalterlichen Geschichtsanchauung. Studien zum Weltbild der Geschichtsschreiber des 12. Jahrhunderts.* Munich, 1935.
Töpfer, A. *Das kommende Reich des Friedens. Zur Entwicklung chiliastischer Zukunftshoffnungen im Spätmittelalter.* Berlin, 1964.

历史神学

Benz, E. *Ecclesia Spiritualis. Kirchenidee und Geschichtstheologie der franziskanischen Reformation.* Stuttgart, 1934; reprint, Darmstadt, 1964.
Bloomfield, M. W. "Joachim of Flora: A Critical Survey of His Canon, Teachings, Sources, Biography and Influence." *T* 13 (1957):248.
Classen, P. *Gerhoch von Reichersberg.* Wiesbaden, 1960.
Fina, K. "Anselm von Havelberg. Untersuchungen zu Kirchen- und Geistesgeschichte des 12. Jahrhunderts," *Analecta Praemonstratensia* 32 (1956):69–101, 193–227; 33 (1957):5–39, 268–301; 34 (1958):13–41.
Goetz, H-W. *Das Geschichtsbild Ottos von Freising.* Cologne, 1984.
Grundmann, H. *Neue Forschungen über Joachim von Fiore.* Marburg, 1950.
Kahles, W. *Geschichte als Liturgie. Die Geschichtstheologie des Rupertus von Deutz.* Münster, 1960.
Kamlah, W. *Apokalypse und Geschichtstheologie. Die mittelalterliche Auslegung der Apokalypse vor Joachim von Fiore.* Berlin, 1935.
Koch, J. "Die Grundlagen der Geschichtsphilosophie Ottos von Freising." In Lammers, *Geschichtsdenken,* pp. 321–49.
Magrassi, M. *Teologia e storia nel pensiero di Ruperto di Deutz.* Rome, 1959.
Petry, R. C. "Three Medieval Chroniclers: Monastic Historiography and biblical Eschatology in Hugh of St. Victor, Otto of Freising, and Ordericus Vitalis." *CH* 34 (1965):282–93.
Schneider, W. A. *Geschichte und Geschichtsphilosophie bei Hugo von St. Victor.* Münster, 1933.

中世纪基督教史学的转变（1350—1750）

通史

Baker, H. *The Race of Time: Three Lectures on Renaissance Historiography.* Toronto, 1967.

参考文献

Buch, A. *Das Geschichtsdenken der Renaissance*. Krefeld, 1957.
Buck, A., T. Klaniczay, and S. Németh. *Geschichtsbewusstsein und Geschichtsschreibung in der Renaissance*. Budapest, 1989.
Burckhardt, J. *Die Entstehung der modernen Jahrhundertrechnung*. Göppingen, 1972.
Burke, P. *The Renaissance Sense of the Past*. New York, 1970.
Chiantella, R. *Storiografia e pensiero politico nel Rinascimento*. Turin, 1973.
Cotroneo, G. *I Trattatisti dell' "Ars Historica."* Naples, 1971.
Dickens, A. G., J. M. Tonkin, and K. Powell. *The Reformation in Historical Thought*. Cambridge, Mass., 1985.
Ferguson, W. K. *The Renaissance in Historical Thought: Five Centuries of Interpretation*. Boston, 1948.
Fryde, E. B. *Humanism and Renaissance Historiography*. London, 1983.
Grafton A. *Defenders of the Text in an Age of Science 1450–1800*. Cambridge, Mass., 1991.
Grimm, H. J. *The Reformation in Historical Thought*. Washington D.C., 1967.
Headley, J. M. *Luther's View of Church History*. New Haven, 1963.
Kaegi, W. *Grundformen der Geschichtsschreibung seit dem Mittelalter*. Utrecht, 1948.
Kessler, E. *Theoretiker Humanistischer Geschichtsschreibung*. Munich, 1971.
Klempt, A. *Die Säkularisierung der universalhistorischen Auffassung. Zum Wandel des Geschichtsdenkens im 16. und 17*. Jahrhundert. Göttingen, 1960.
Landfester, R. *Historia Magistra Vitae. Untersuchungen zur humanistischen Geschichtstheorie des 14. bis. 16. Jahrhunderts*. Geneva, 1972.
Momigliano, A. "Ancient History and the Antiquarian." *Studies in Historiography*. New York, 1966.
Mousnier, R., and Pillorget, R. "Contemporary History and Historians of the Sixteenth and Seventeenth Centuries." *Journal of Contemporary History* 3, no. 2 (April 1968):93–109.
Muhlack, U. *Geschichtswissenschaft im Humanismus und in der Aufklärung: Die Vorgeschichte des Historismus*. Munich, 1991.
Popkin, R. H. "The Pre-Adamite Theory in the Renaissance." In *Philosophy and Humanism,* ed. E. P. Mahoney. New York, 1976, pp. 50–69.
Quinones, R. J. *The Renaissance Discovery of Time*. Cambridge, Mass., 1972.
Reynolds, B. R. "Latin Historiography: A Survey, 1400–1600." In *Studies in the Renaissance, II* (1955):7–66.
Schellhase, K. D. *Tacitus in Renaissance Political Thought*. Chicago, 1976.
Seifert, A. *Cognitio historica. Die Geschichte als Namensgeberin der frühneuzeitlichen lichen Empirie*. Berlin, 1976.
Struever, N. S. *The Language of History in the Renaissance*. Princeton, 1970.

意大利

Baron, H. *The Crisis of the Early Italian Renaissance*. Rev. 2d ed. Princeton, 1966.
Bertelli, S. *Ribelli, libertini e ortodossi nella storiografia barocca*. Florence, 1973.
Cochrane, E. *Historians and Historiography in the Italian Renaissance*. Chicago, 1981.
Gilbert, F. *Machiavelli and Guicciardini: Politics and History in Sixteenth-Century Florence*. Princeton, N.J., 1965.
Green, L. F. *Chronicle into History: An Essay on the Interpretations of History in Florentine Fourteenth-Century Chronicles*. Cambridge, 1972.

Hay, D. *Flavio Biondo and the Middle Ages.* London, 1959.
Kessler, E. *Petrarca und die Geschichte: Geschichtsschreibung, Rhetorik, Philosophie im Übergang vom Mittelalter zur Neuzeit.* Munich, 1978.
Labalme, P. *Bernardo Giustiniani.* Rome, 1969.
McCuaig, W. *Carlo Sigonio: The Changing World of the Late Renaissance.* Princeton, N.J., 1989.
Pertusi, A. *La storiografia veneziana fino al secolo xvi. Aspetti e problemi.* Florence, 1970.
Phillips, M. *Francesco Guicciardini: The Historian's Craft.* Toronto-Buffalo, 1977.
———. "Machiavelli, Guicciardini and the Tradition of Vernacular Historiography in Florence." *American Historical Review* 84 (1979):86–105.
Pullapilly, C. K. *Caesar Baronius, Counter-Reformation Historian.* Notre Dame, Ind., 1975.
Seigel, J. E. *Rhetoric and Philosophy in Renaissance Humanism.* Princeton, N.J., 1968.
Spini, G. "Historiography: The Art of History in the Italian Counter-Reformation." In *The Late Italian Renaissance,* ed. Eric Cochrane. New York, 1970.
Ullman, B. "Leonardo Bruni and Humanistic Historiography." *Medievalia et Humanistica* 4 (1946):45–61.
Wilcox, D. *The Development of Florentine Humanist Historiography in the Fifteenth Century.* Cambridge, Mass., 1969.
Wooton, D. *Paolo Sarpi: Between Renaissance and Enlightenment.* Cambridge, Engl., 1983.

德意志地区

D'Amico, J. F. *Theory and Practice in Renaissance Textual Criticism: Beatus Rhenanus between Conjecture and History.* Berkeley, 1988.
Grafton, A. *Joseph Scaliger: A Study in Classical Scholarship.* Oxford, 1983.
Joachimsen, P. *Geschichtsauffassung und Geschichtsschreibung in Deutschland unter dem Einfluss des Humanismus.* Berlin-Leipzig, 1910.
Menke-Glücker, E. *Die Geschichtsschreibung der Reformation und der Gegenreformation.* Osterwieck, 1912.
Scherer, E. C. *Geschichte u. Kirchengeschichte an den deutschen Universitäten.* Freiburg-Br., 1927.
Strauss, G. *Historian in an Age of Crisis: Aventinus.* Cambridge, Mass., 1963.

法国

Bouwsma, W. J. *Concordia Mundi: The Career and Thought of Guillaume Postel.* Cambridge, Mass., 1957.
Brown, J. *The Methodus Ad Facilem Historiarum Cognitionem of Jean Bodin.* Washington, D.C., 1939.
Dubois, C. G. *La Conception de l'histoire en France au 16e siècle (1560–1610).* Paris, 1977.
Franklin, J. H. *Jean Bodin and the Sixteenth Century Revolution in the Methodology of Law and History.* New York, 1963.
Gundersheimer, W. L. *The Life and Works of Louis le Roy.* Geneva, 1966.
Huppert, G. *The Idea of Perfect History. Historical Erudition and Historical Philosophy in Renaissance France.* Urbana, Ill., 1970.

Kelley, D. *Foundations of Modern Historical Scholarship. Language, Law, and History in the French Renaissance.* New York, 1970.
Kinser, S. *The Works of J.-A. de Thou.* The Hague, 1966.
Kuntz, M. L. *Guillaume Postel.* The Hague, 1981.
Reynolds, E. *Bossuet.* New York, 1963.

英国

Brooks, C., Kelley, D., and Sharpe, K. "Debate: History, English Law, and the Renaissance." *PP* 72 (August 1976), 133–46.
Dean, L. *Tudor Theories of Historical Writing.* Ann Arbor, 1947.
Ferguson, A. B. *Clio Unbound: Perception of the Social and Cultural Past in Renaissance England.* Duke Monographs in Medieval and Renaissance Studies, no. 2, Durham, N.C., 1979.
Fox, L., ed. *English Historical Scholarship in the Sixteenth and Seventeenth Centuries.* London, 1956.
Fussner, F. S. *The Historical Revolution, English Historical Thought and Writing, 1580–1640.* London, 1962.
——. *Tudor History and the Historians.* New York, 1970.
Hay, D. *Polydore Vergil: Renaissance Historian and Man of Letters.* Oxford, 1952.
Hill, C. *Intellectual Origins of the English Civil War.* Oxford, 1965.
Kelley, D. "History, English Law, and the Renaissance." *PP* 65 (Nov. 1974):24–51.
Kingsford, C. *English Historical Literature in the Fifteenth Century.* Oxford, 1913.
Korshin, P. J., ed. *Studies in Change and Revolution. Aspects of English Intellectual History, 1640–1800.* Menston, Eng., 1972.
Levine, J. M. *Humanism and History: Origins of Modern English Historiography.* Ithaca, NY, 1987.
Macgillivray, R. *Restoration Historians and the English Civil War.* The Hague, 1974.
McKisack, M. *Medieval History in the Tudor Period.* Oxford, 1971.
Levy, F. *Tudor Historical Thought.* San Marino, Calif., 1967.
Pocock, J. *The Ancient Constitution and the Feudal Law.* Cambridge, Mass., 1957.
Preston, J. "English Ecclesiastical Historians and the Problem of Bias, 1559–1742." *JHI* 32 (1971):203–2.
Sharpe, K. M. *Sir Robert Cotton, 1586–1631: History and Politics in Early Modern England.* Oxford 1979.
Trevor-Roper, H. R. *Queen Elisabeth's First Historian: William Camden.* London, 1971.
Trimble, W. "Early Tudor Historiography, 1485–1548." *JHI* 11 (1950):30–41.
Wormald, B. H. G. *Clarendon: Politics, Historiography and Religion, 1640–1660.* Cambridge, Mass., 1951.
Woolf, D. R. *Idea of History in Early Stuart England.* Toronto, 1990.

18世纪

通史

Anderson, M. S. *Historians and Eighteenth-Century Europe, 1715–1789.* Oxford, 1979.
Berlin, Sir I. *Vico and Herder: Two Studies in the History of Ideas.* New York, 1976.

Black, J. B. *The Art of History: A Study of Four Great Historians of the Eighteenth Century.* New York, 1926; reprint, 1965.
Bury, J. B. *The Idea of Progress. An Inquiry into Its Origin and Growth.* New York, 1932.
Corsano, A. *Bayle, Leibniz e la storia.* Naples, 1971.
Dobbek, W. *J. G. Herders Weltbild. Versuch einer Deutung.* Cologne-Vienna, 1969.
Hammer, K., and Voss, J. *Historische Forschung Im 18. Jahrhundert. Organisation, Zielsetzung, Ergebnisse.* Bonn, 1976.
Hazard, P. *The European Mind. The Critical Years, 1680–1715.* New Haven, 1953.
L. A. Muratori storiografo. Atti del Convegno internazionale di studi muratoriani, Modena 1972. Biblioteca dell'edizione del Carteggio di L. A. Muratori 2. Florence, 1975.
Schargo, N. *History in the Encyclopédie.* New York, 1970.
Shaffer, A. H. *The Politics of History: Writing the History of the Revolution, 1783–1815.* Chicago, 1975.
Stromberg, R. "History in the Eighteenth Century." *JHI* 12 (1951):295–305.
Trevor-Roper, H. "The Historical Philosophy of the Enlightenment." *Studies on Voltaire and the Eighteenth Century* 27 (1963):1667–87.
Voller, K. *Die Kirchengeschichtsschreibung der Aufklärung.* Tübingen, 1921.

法国启蒙运动

Baker, K. M. *Condorcet.* Chicago, 1975.
Brumfitt, J. H. *Voltaire, Historian.* New York, 1968.
Guerci, L. *Condillac Storica: Storica e politica nel "Cours d'études pour l'instruction du Prince de Parme."* Milan, 1978.
Leffler, P. K. "The 'Histoire Raisonnée', 1660–1720: A Pre-Enlightenment Genre." *JHI* 37 (1976):219–40.
Meek, R. *Turgot on Progress, Sociology, and Economics.* Cambridge, mass., 1973.
Vyerberg, H. *Historical Pessimism in the French Enlightenment.* Cambridge, Mass., 1958.
Wade, I. *The Intellectual Origins of the French Enlightenment.* Princeton, 1971.

德国启蒙运动

Barnard, F. M. *Johann Gottfried von Herder on Social and Political Culture.* Cambridge, 1969.
Barnes, S. B., and Skerpan, A. A. *Historiography under the Impact of Rationalism and Revolution.* Kent, Ohio, 1952.
Baur, E. *Johann Gottfried Herder.* Stuttgart, 1960.
Bödeker, H. E., et al., eds. *Aufklärung und Geschichte.* Göttingen, 1986.
Booth, W. J. *Interpreting the World: Kant's Philosophy of History and Politics.* Toronto, 1986.
Clark, R. T., Jr. *Herder: His Life and Thought.* Berkeley, 1969.
Despland, M. *Kant on History and Religion.* Montreal-London, 1973.
Engel, J. "Die deutschen Universitäten und die Geschichtswissenschaft." *HZ* 189 (1959):1–378.
Engel-Jänosi, F. *The Growth of German Historicism.* Baltimore, 1944.
Enlightenment Historiography: Three German Studies. Beiheft 11. *HT* 1971.
Fürst, F. *August Ludwig von Schlözer, ein deutscher Aufklärer im 18. Jahrhundert.* Heidelberg, 1928.

Galston, W. A. *Kant and the Problem of History.* Chicago, 1975.
Hammerstein, N. *Jus und Historie.* Göttingen, 1972.
Hunger, K. *Die Bedeutung der Universität Göttingen für die Geschichtsforschung am Ausgang des 18. Jahrhunderts.* Berlin, 1933.
Knudsen, J. *Justus Möser and the German Enlightenment.* Cambridge, 1986.
Liebel, H. P. "The Enlightenment and the Rise of Historicism in German Thought." *Eighteenth-Century Studies* 4 (1970):359–85.
Meinecke, F. *Die Entstehung des Historismus.* Munich, 1965.
Paulsen, F. *Geschichte des gelehrten Unterrichts an den deutschen Schulen und Universitäten vom Ausgang des Mittelalters bis zur Gegenwart.* 2 vols., Leipzig, 1885.
Reill, P. *The German Enlightenment and the Rise of Historicism.* Berkeley, 1975.
Sheldon, W. F. *The Intellectual Development of Justus Möser: The Growth of a German Patriot.* Osnabrück, 1970.
Spitz, L. W. "Leibniz's Significance for Historiography." *JHI* 13 (June 1952):333–48.
———. "Natural Law and the Theory of History in Herder." *JHI* 16 (October 1955):453–75.
Wells, G. A. "Herder's Determinism." *JHI* 19 (January 1958):103–13.
Yovel, Y. *Kant and the Philosophy of History.* Princeton, 1980.

英格兰与苏格兰历史学家

Bongie, L. *David Hume: Prophet of the Counter-revolution.* Oxford, 1965.
Carnochan, W. B. *Gibbon's Solitude: The Inward World of the Historian.* Stanford, Cal., 1987.
Fuglum, P. *Edward Gibbon. His View of Life and Conceptions of History.* Oslo-Oxford, 1953.
Giarrizzo, G. *Edward Gibbon e la cultura europea del settecento.* Naples, 1954.
Gossman, L. *The Empire Unpossess'd.* Cambridge, 1981.
Hale, J. R. *The Evolution of British Historiography: From Bacon to Namier.* Cleveland, 1964.
Jordan, D. P. *Gibbon and His Roman Empire.* Chicago, 1971.
Kramnick, I. "Augustan Politics and English Historiography: The Debate on the English Past, 1730–1735." *HT* 6 (1967):33–56.
Manuel, F. E. *Isaac Newton, Historian.* Cambridge, Mass., 1963.
Norton, D. F., and Popkin, R. H. *David Hume: Philosophical Historian.* New York, 1965.
Peardon, T. *The Transition in English Historical Writing, 1760–1830.* New York, 1933; reprint, New York, 1966.
Porter, R. *Gibbon: Making History.* New York, 1988.
Swain, J. *Edward Gibbon the Historian.* New York, 1966.
Thomson, Mark A. *Some Developments in English Historiography during the Eighteenth Century.* London, 1957.
Voigt, U. *David Hume und das Problem der Geschichte.* Berlin, 1975.
Wexler, V. G. *David Hume and the History of England.* Philadelphia, 1979.

维柯

The Autobiography of Giambattista Vico. Trans. M. H. Fisch and T. G. Bergin. Ithaca, N.Y., 1944.
Berry, T. M. *The Historical Theory of Giambattista Vico.* Washington, D.C., 1949.

Burke, P. *Vico.* Oxford, Eng., 1985.
Crease, R. *Vico in English: A Bibliography of Writings by and about Vico, 1668–1744.* Atlantic Highlands, N.J., 1978.
Lilla, H. G. B. *Vico: the Making of the Anti-Modern.* Cambridge, Mass., 1993.
Pompa, L. *Vico: A Study of the New Science.* New York, 1975.
Tagliacozzo, G., and White, H. *Giambattista Vico. An International Symposium.* Baltimore, 1969.
Verene, D. P. *Vico's Science of Imagination.* Ithaca, N.Y., 1981.

19世纪：进步与国家（1790—1880年代）

通史

Bann, S. *The Clothing of Clio: A Study of the Representation of History in Nineteenth-Century Britain and France.* New York, 1984.
Brancato, F. *Storia e Storiografia nell' età del Romanticismo.* Palermo, 1970.
Gooch, G. P. *History and Historians in the Nineteenth Century.* London, 1913; rev. ed., 1952.
Hamilton, P. *Historicism.* London, 1996.
Hünermann, P. *Der Durchbruch des Geschichtlichen Denkens im 19. Jahrhundert.* Freiburg-Vienna, 1967.
Knowles, D. *Great Historical Enterprises: Problems in Monastic History.* Toronto-New York, 1963.
Mandelbaum, M. *History, Man, and Reason: A Study in Nineteenth-Century Thought.* Baltimore, 1971.
McClelland, C. E. *The German Historians and England. A Study in Nineteenth-Century Views.* Cambridge, 1971.
Trevor-Roper, H. R. *The Romantic Movement and the Study of History.* London, 1969.
White, H. V. *Metahistory: The Historical Imagination in Nineteenth-Century Europe.* Baltimore, 1973.

德意志地区

Blanke, H. W., and J. Rüsen, eds. *Von der Aufklärung zum Historismus: Zum Strukturwandel des historischen Denkens.* Paderborn, 1984.
Dotterweich, V. *Heinrich von Sybel: Geschichtswissenschaft in politischer Absicht (1817–1861).* Göttingen, 1978.
Guilland, A. *Modern Germany and Her Historians.* London, 1915.
Krieger, L. *Ranke: The Meaning of History.* Chicago, 1977.
Laue, T. H. v. *Leopold Ranke, The Formative Years.* Princeton, 1950.
Mommsen, W., ed. *Leopold von Ranke und die Moderne Geschichtswissenschaft.* Stuttgart, 1988.
Southard, R. *Droysen and the Prussian School of History.* Lexington, Ky., 1995.
Spieler, K-H. *Untersuchungen zu Johann Gustav Droysens "Historik."* Berlin, 1970.
Wilkins, B. T. *Hegel's Philosophy of History.* Ithaca, N.Y., 1974.
Wucher, A. *Theodor Mommsen. Geschichtsschreibung und Politik.* 2d ed. Göttingen, 1969.
Ziolkowski, T. *Clio the Romantic Muse: Historicizing the Faculties in Germany.* Ithaca, NY, 2004.

英国

Ben-Israel, H. *English Historians on the French Revolution*. Cambridge, 1968.
Burrow, J. W. *A Liberal Descent*. Cambridge, 1981.
Clive, J. *Macaulay: The Shaping of the Historian*. New York, 1973.
Culler, A. D. *The Victorian Mirror of History*. New Haven, 1985.
Huth, A. H. *The Life and Writings of Henry Thomas Buckle*. 2 vols. New York, 1880.
Jann, R. *The Art and Science of Victorian History*. Columbus, Ohio, 1985.
Parker, C. *The English Historical Tradition since 1850*. Edinburgh, 1990.
Wormell, D. *Sir John Seeley and the Uses of History*. New York, 1980.
Young, L. M. *Thomas Carlyle and the Art of History*. Philadelphia, 1939; reprint, 1971.

法国

Baret-Kriegel, B. *Les historiens et la monarchie*. 4 vols. Paris, 1988.
Becher, U. A. J. *Geschichtsinteresse und historischer Diskurs: Ein Beitrag zur Geschichte der französischen Geschichtswissenschaft im 19. Jahrhundert*. Wiesbaden, 1986.
Boer, P den. *History as a Profession: The Study of History in France, 1818–1914*. Translated by Arnold J. Pomerans. Princeton, N. J., 1998.
Burton, J. K. *Napoleon and Clio: Historical Writing, Teaching, and Thinking during the First Empire*. Durham, N.C., 1979.
Campbell, S. L. *The Second Empire Revisited. A Study in French Historiography*. New Brunswick, N.J., 1978.
Clark, T. N. *Prophets and Patrons: The French University and the Emergence of the Social Sciences*. Cambridge, Mass., 1973.
Crossley, C. *Edgar Quinet, 1803–1875*. Lexington, Ky., 1983.
Hartog, F. *Le XIXe siecle et l'histoire: le cas Fustel de Coulanges*. Paris, 1988.
Herrick, J. *The Historical Thought of Fustel de Coulanges*. Washington, D.C., 1954.
Keylor, W. R. *Academy and Community: The Foundation of the French Historical Profession*. Cambridge, Mass., 1975.
Loubere, L. A. "Louis Blanc's Philosophy of History." *JHI* 17 (1956):70–88.
Mellon, S. *The Political Uses of History*. Stanford, Calif., 1958.
Mitzman, A. *Michelet, Historian: Rebirth and Romanticism in Nineteenth-Century France*. New Haven, 1990.
O'Connor, Sister M. C. *The Historical Thought of François Guizot*. Washington, D.C., 1955.
Orr, L. *Headless History: Nineteenth-Century French Historiography of the Revolution*. Ithaca, N.Y., 1990.
Smithson, R. N. *Augustin Thierry: Social and Political Consciousness in the Evolution of a Historical Method*. Geneva, 1972.
Stadler, P. *Geschichtsschreibung und historisches Denken in Frankreich, 1789–1871*. Zurich, 1958.
Walch, J. *Les Maitres de l'Histoire: Augustin Thierry, Mignet, Guizot, Thiers, Michelet, Edgar Quinet*. Paris, 1986.

美国

Bass, H. J., ed. *The State of American History*. Chicago, 1970.
Bellot, H. H. *American History and American Historians*. Norman, Okla., 1952.

Calcott, G. H. *History in the United States, 1800–1860; Its Practice and Purpose.* Baltimore, 1970.
Cooke, J. E. *Frederic Bancroft, Historian.* Norman, Okla., 1957.
Cruden, R. *James Ford Rhodes.* Cleveland, 1966.
Emerson, D. E. "Hildreth, Draper, and Scientific History." In *Historiography and Urbanization: Essays in American History in Honor of W. Stull Holt,* ed. E. F. Goldman. Baltimore, 1941, pp. 139–70.
Garraty, J. *Interpreting American History: Conversations with Historians.* New York, 1970.
Handlin, L. *George Bancroft: The Intellectual as Democrat.* New York, 1984.
Higby, C. P. *John Lothrop Motley.* New York, 1939.
Higham, J. *The Reconstruction of American History.* New York, 1965.
Higham, J., Krieger, L., and Gilbert, F. *History.* Englewood Cliffs, N.J., 1965.
Holt, W. S., ed. *Historical Scholarship in the United States, 1876–1901.* Baltimore, 1938.
Howe, M. A. D. *James Ford Rhodes: American Historian.* New York, 1929.
Levin, D. *History as Romantic Art.* New York, 1967.
Loewenberg, B. J. *American History in American Thought.* New York, 1972.
Nye, R. B. *George Bancroft, A Brahmin Rebel.* New York, 1944.
Pease, O. A. *Parkman's History: The Historian as a Literary Artist.* New Haven, 1953.
Vitzthum, R. C. *The American Compromise: Theme and Method in the Histories of Bancroft, Parkman, and Adams.* Norman, Okla., 1974.
Wade, M. *Francis Parkman: Heroic Historian.* New York, 1942.

近代史学史：1880年至今

一般性介绍

Burke, P., ed. *New Perspectives on Historical Writing.* University Park, Pa., 1991.
Iggers, G. G. *Geschichtswissenschaft im 20. Jahrhundert.* Göttingen, 1993.
Iggers, G. G., and Parker, H. T., eds. *International Handbook of Historical Studies. Contemporary Research and Theory.* Westport, Conn., 1979.
Meinecke, F. *Historism.* Translated by Anderson (rev. by H. D. Schmidt). London, 1972.
Raab, T. and Rotberg, T., eds. *The New History: The 1980s and Beyond. Studies in Interdisciplinary History.* Princeton, N. J., 1982.
Schlatter, R., ed. *Recent Views on British History: Essays on Historical Writing since 1966.* New Brunswick, N.J., 1984.
Schnadelbach, H. *Geschichtsphilosophie nach Hegel. Die Probleme des Historismus.* Freiburg im Br., 1974.
Schulz, G. *Geschichte heute: Positionen, Tendenzen und Probleme.* Göttingen, 1973.
Stone, L. *A History of the New History. The Past and Present.* Boston, 1981.

通史

Bann, S. *The Clothing of Clio: A Study of the Representation of History in Nineteenth-Century Britain and France.* Cambridge, Engl., 1984.
Bauer, G. *Geschichtlichkeit. Wege und Irrwege eines Begriffs.* Berlin, 1963.
Commager, H. S. *The Search for a Usable Past.* New York, 1967.
Gilbert, F., and Graubard, S. R., ed. *Historical Studies Today.* New York, 1972.
Gombrich, E. H. *In Search of Cultural History.* Oxford, 1969.

Halperin, S., ed. *Some Twentieth-Century Historians.* Chicago, 1961.
Hedinger, H-W. *Subjektivität und Geschichtswissenschaft. Grundzüge einer Historik.* Berlin, 1969.
Huizinga, J. "Über eine Formveränderung der Geschichte seit der Mitte des 19. Jahrhunderts." In Huizinga, *Im Banne der Geschichte.* Zurich, 1941.
Koselleck, R. *Historia Magistra Vitae. Uber die Auflösung des Topos im Horizont neuzeitlich bewegter Geschichte.* Stuttgart, 1967.
———. *Geschichte, Geschichten und formale Zeitstrukturen, Geschichte-Ereignis und Erzählung.* Munich, 1973.
Mandelbaum, M. *The Anatomy of Historical Knowledge.* Baltimore-London, 1977.
Murray, M. *Modern Philosophy of History: Its Origin and Destination.* The Hague, 1970.
Ortega y Gasset, J. *An Interpretation of Universal History.* Trans. Mildred Adams. New York, 1973.
Plumb, J. H. *The Death of the Past.* London, 1970.
Powicke, F. M. *Modern Historians and the Study of History.* London, 1955.

德国和意大利

Berengo, M. "Italian Historical Scholarship since the Fascist Era." *Daedalus* 100 (Spring 1971):469–84.
Bourgin, G. "Histoire contemporaine d'Italie." *RH* 175 (1935):316–97.
Chickering, R. *Karl Lamprecht: A German Academic Life (1856–1915).* Atlantic Highlands, N. J., 1993.
DeFelice, R. *Mussolini il rivoluzionario.* Turin, 1965.
DeFelice, R. *Mussolini il fascista.* 2 vols. Turin, 1966–68.
DeFelice, R. *Mussolini l'Alleato.* Vol. 1., *L'Italia in guerra.* Turin, 1990.
Dorpalen, A. *German History in Marxist Perspective: The East German Approach.* Detroit, 1985.
Faulenbach, B. *Ideologie des deutschen Weges: Die deutsche Geschichte in der Historiographie zwischen Kaiserreich und Nationalsozialismus.* Munich, 1980.
Fest, J. *Hitler. A Biography.* New York, 1974.
Friedman, S. S. *The History of the Holocaust.* London, 2004.
Graus, F. "Geschichtsschreibung und Nationalsozialismus." *Vierteljahrshefte für Zeitgeschichte* 17 (1969):87–95.
Historikerstreit. Die Dokumentation der Kontroverse um die Einzigartigkeit der nationalsozialistischen Judenvernichtung. Munich, 1987.
Lehmann, H., and Melton, J. V. H., eds. *Pathways of Continuity: Central European Historiography from the 1930s to the 1950s.* Washington, D.C., 1994.
Maier, C. *The Unmasterable Past. History, Holocaust, and German National Identity.* Cambridge, Mass., 1988.
Salvemini, G. *The Origins of Fascism in Italy.* New York, 1973.
Schorn-Schuette, L. *Karl Lamprecht.* Göttingen, 1984.
Schulin, E., ed. *Deutsche Geschichtswissenschaft nach dem Zweiten Weltkrieg (1945–1965).* Munich, 1989.
Schulze, W. *Deutsche Geschichtswissenschaft nach 1945.* Munich, 1989.
Stone, D. ed. *The Historiography of the Holocaust.* Basingstoke, Engl., 2004.
Vierhaus, R. "Walter Frank und die Geschichtswissenschaft im nationalsozialistischen Deutschland." *HZ* (1969):207, 617–27.

Weber, W. *Priester der Klio. Historisch-sozialwissenschaftliche Studien zur Herkunft und Karriere deutscher Historiker und zur Geschichte der Geschichtswissenschaft 1899–1970.* Frankfurt a. M., 1984.
Werner, K. F. *Das NS-Geschichtsbild und die deutsche Geschichtswissenschaft.* Stuttgart-Berlin, 1967.
Winkler, H. A. *Griff nach der Deutungsmacht: Zur Geschichte der Geschichtspolitik in Deutschland.* Göttingen, 2004.

近代美国史学史

早期"科学"历史学家

Altschuler, G. C. *Andrew D. White—Educator, Historian, Diplomat.* Ithaca, N.Y., 1979.
Cunningham, R. J. "The German Historical World of Herbert Baxter Adams: 1874–76." *Journal of American History* 68, no. 2 (1981):261–75.
Donovan, T. *Henry Adams and Brook Adams.* Norman, Okla., 1961.
Eisenstadt, A. S. *Charles McLean Andrews: A Study in American Historical Writing.* New York, 1956.
Goldman, E. F. *John Bach McMaster: American Historian.* Philadelphia, 1943.
Haines, D. "Scientific History as a Teaching Method: The Formative Years." *Journal of American History* 63 (1977):893–912.

一般性介绍与通史著作

Ausubel, H. *Historians and Their Craft: A Study of the Presidential Addresses of the American Historical Association.* New York, 1950.
Barzun, J. *Clio and the Doctors: Psycho-History, Quanto-History, and History.* Chicago, 1974.
Billias, G. A., and Grob, G. N., eds. *American History: Retrospect and Prospect.* Riverside, N.J., 1971.
Cunliffe, M., and R. W. Winks. *Pastmasters: Some Essays on American Historians.* Westport, Conn., 1979.
Dillon, M. L. *Ulrich Bonnell Philips: Historian of the Old South.* Baton Rouge, 1985.
Fetner, G. L. *Immersed in Great Affairs: Allan Nevins and the Heroic Age of American History.* Albany, 2004.
FitzGerald, F. *America Revised. History Schoolbooks in the Twentieth Century.* Boston, 1979.
Foner, E., ed. *The New American History.* Philadelphia, 1990.
Higham, J. *Writing American History: Essays on Modern Scholarship.* Bloomington, Ind., 1970.
Kammen, M. *The Past before Us: Contemporary Historical Writing in the United States.* Ithaca, N.Y., 1980.
Novick, P. *That Noble Dream: The "Objectivity Question" and the American Profession.* New York, 1988.
Skotheim, R. A. *American Intellectual Histories and Historians.* Princeton, 1966.
Wish, H., ed. *American Historians: A Selection.* New York, 1962.

"新史学",进步主义史学,共识派史学,新左派

Abelove, H., et al., eds. *Visions of History.* New York, 1983.
Billington, R. A. *The Frontier Thesis: Valid Interpretation of American History?* Chicago, 1966.

———, ed. *The Reinterpretation of Early American History*. San Marino, Calif., 1966.
———. *Frederick Jackson Turner*. New York, 1973.
Breisach, E. *American Progressive History: An Experiment in Modernization*. Chicago, 1993.
Brown, R. E. *Carl Becker on History and the American Revolution*. East Lansing, Mich., 1970.
Green, J. R. "American Radical Historians on Their Heritage." *PP*, 69 (1975):122–30.
Hofstadter, R. *The Progressive Historians*. New York, 1968.
Jacobs, W. R., ed. *The Historical World of Frederick Jackson Turner*. New Haven, 1968.
Marcell, D. W. "Charles Beard: Civilization and the Revolt against Empiricism." *American Quarterly* 21 (1969):65–86.
Siracusa, J. M. *New Left Diplomatic History and Historians: The American Revisionists*. Port Washington, N.Y., 1973.
Sternsher, B. *Consensus, Conflict, and American Historians*. Bloomington, Ind., 1975.
Strout, C. *The Pragmatic Revolt in American History: Carl Becker and Charles Beard*. New Haven, Conn., 1958.
White, M. G. *Social Thought in America: The Revolt against Formalism*. New York, 1949.
Wilkins, B. T. *Carl Becker*. Cambridge, Mass., 1961.

女性史与少数族裔史

Affeldt, W., and A. Kuhn, eds. *Frauen in der Geschichte*. Düsseldorf, 1986.
Bernal, M. *Black Athena The Afroasiatic Roots of Classical Civilization*. 2 vols. New Brunswick, N. J.,1987–91.
Duby, G. and M. Perrot, eds. *A History of Women in the West*. 5 vols. Cambridge, Mass., 1994–96.
Freedman, E. B. *Intimate Matters: A History of Sexuality in America*. New York, 1988.
Grimal, P., ed. *Historie mondiale de la femme*. Paris, 1966.
Hausen, K. ed. *Frauen suchen ihre Geschichte: Historische Studien zum 19. und 20. Jahrhundert*. Munich, 1983.
Hine, D. C. *The State of Afro-American History: Past, Present, and Future*. Baton Route, 1986.
Hufton, O. *The Prospects Before Her: A History of Women in Western Europe, 500–1800*. London 1995.
Kelly, J. W. *Women, History and Theory: Essays*. Chicago, 1984.
Lefkowitz, M. R., and Rogers, G. M. *Black Athena Revisited*. Durham, N.C., 1996.
Martin, C. *The American Indian and the Problem of History*. New York, 1987.
Meier, A., and Rudwick, E. *Black History and the Historical Profession: 1915–1980*. Urbana, Ill., 1986.
Nicholson, Linda, J. *Gender and History*. New York, 1986.
Ofen, K., et al. *Writing Women's History: International Perspectives*. Bloomington, Ind., 1991.
Partner, N., ed. *Studying Medieval Women*. Cambridge, Mass., 1993.
Quarles, B. *Black Mosaic: Essays in Afro-American History and Historiography*. Amherst, Mass. 1988.

Scott, J. W. *Gender and the Politics of History.* New York, 1988.
———. "Women's History," in P. Burke, ed. *New Perspectives in Historical Writing.* Cambridge, 1991.
Shapiro, A.-L., ed. *History and Feminist Theory.* HT, Beiheft, 31 (1991).
Smith, B. G. *Gender of History: Men, Women, and Historical Practice.* Cambridge, Mass., 1998.
Sicherman, B., et al. *Recent United States Scholarship on the History of Women.* Washington, D.C., 1980.

关于史学性质的争论

通史

Fischer, D. H. *Historians' Fallacies: Toward a Logic of Historical Thought.* New York, 1970.
Goldstein, L. J. *Historical Knowing.* Austin, Texas, 1976.
Murray, M. E. *Modern Philosophy of History: Its Origin and Destination.* The Hague, 1970.
Postan, M. M. *Fact and Relevance. Essays on Historical Method.* Cambridge, 1971.
Teggart, F. J. *Prolegomena to History.* Berkeley, 1916.
———. *Theory and Processes of History.* Berkeley, 1977.
White, M. *Foundations of Historical Knowledge.* New York, 1965.

乐观主义者、分析的观点

Acham, K. *Analytische Geschichtsphilosophie. Eine kritische Einführung.* Munich, 1974.
Atkinson, R. F. *Knowledge and Explanation in History: An Introduction to the Philosophy of History.* Ithaca, N.Y., 1978.
Dray, W. H. *Laws, and Explanation in History.* London, 1964.
———. *Philosophy of History.* Englewood Cliffs, N.J., 1964.
Fain, H. *Between Philosophy and History: The Resurrection of Speculative Philosophy of History within the Analytic Tradition.* Princeton, 1970.
Gallie, W. B. *Philosophy and the Historical Understanding.* 2d ed. New York, 1968.
Gardiner, P. *The Nature of Historical Explanation.* New York-Oxford, 1952.
Popper, K. R. *The Poverty of Historicism.* New York, 1964.
Walsh, W. H. *An Introduction to Philosophy of History.* 3d ed. London, 1967.

历史主义者、理想主义者、存在主义者的观点

Ales Bello, A. *Edmund Husserl e la storia.* Parma, 1972.
Antoni, C. *From History to Sociology: The Transition in German Historical Thinking.* Detroit, 1959.
Berlin, I. *The Hedgehog and the Fox: An Essay on Tolstoy's View of History.* New York, 1953.
———. *Historical Inevitability.* London, 1955.
Bianco, F. *Dilthey e la genesi della critica storica della ragione.* Milan, 1973.
Bulhof, I. N. *Wilhelm Dilthey.* Boston, 1980.
Carr, H. W. *The Philosophy of Benedetto Croce: The Problem of Art and History.* New York, 1969.
Engel-Janosi, F. *The Growth of German Historicism.* Baltimore, 1944.
English, J. C. "Existentialism and the Study of History." *Social Science* 41 (June 1966):153–60.

Ermarth, M. *Wilhelm Dilthey.* Chicago, 1978.
Essays on Historicism. HT, Beiheft 14 (1975).
Heussi, K. *Die Krise des Historismus.* Tübingen, 1932.
Hodges, H. A. *The Philosophy of Wilhelm Dilthey.* London, 1952.
Holborn, H. "Wilhelm Dilthey and the Critique of Historical Reason." *JHI* 11 (1950):93–118.
Krausz, M., ed. *Critical Essays on the Philosophy of R. G. Collingwood.* London-New York, 1972.
Lee, D. E., and Beck, R. N. "The Meaning of 'Historicism.'" *American Historical Review* 59 (1954):568–77.
Makkreell, R. A. *Dilthey: Philosopher of Human Studies.* Princeton, 1975.
Masur, G. "Wilhelm Dilthey and the History of Ideas." *JHI* 13 (January 1952):94–107.
Meinecke, F. *Die Entstehung des Historismus.* Munich, 1936.
Miller, J. *History and Human Existence.* Berkeley, 1979.
Mink, L. O. *Mind, History, and Dialectic: The Philosophy of R. G. Collingwood.* Bloomington-London, 1969.
Mommsen, W. J. *The Political and Social Theory of Max Weber.* Chicago, 1989.
Munz, P. *The Shapes of Time: A New Look at the Philosophy of History.* Middletown, Conn., 1977.
Oakeshott, M. *On History.* Oxford, 1983.
Owensby, J. *Dilthey and the Narrative of History.* Ithaca, NY, 1994.
Rickman, H. P. *Wilhelm Dilthey: Pioneer of the Human Studies.* Berkeley, 1979.
Roberts, D. D. *Benedetto Croce and the Uses of Historicism.* Berkeley, Calif., 1987.
Runciman, W. G. *A Critique of Max Weber's Philosophy of Social Science.* Cambridge, 1972.
Sprigge, J. S. *Benedetto Croce, Man and Thinker.* New Haven, 1952.

批评理论

Feenberg, A. *Lukács, Marx, and the Sources of Critical Theory.* Totowa, N.J., 1981.
Groh, D. *Kritische Geschichtswissenschaft in emanzipatorischer Absicht.* Stuttgart, 1973.
Jay, M. *The Dialectical Imagination: A History of the Frankfurt School and the Institute of Social Research, 1923–1950.* Boston, 1973.
McCarthy, T. *The Critical Theory of Jürgen Habermas.* Cambridge, Mass., 1978.
Tar, Z. *The Frankfurt School: The Critical Theories of Max Horkheimer and Theodor W. Adorno.* New York, 1977.
Wiggerhaus, R. *The Frankfurt School: Its History, Theories and Significance.* Translated by Michael Robinson. Cambridge, Mass., 1994.

经济解释

通 史

Engerman, S. L., and Fogel, R. W. *The Reinterpretation of American Economic History.* New York, 1971.
Fogel, R. W. "The New Economic History: Its Findings and Its Methods." *Economic History Review,* ser. 2, 19, no. 3 (1966):642–56.
Fogel, R. W., and Engerman, S. *Time on the Cross: The Economics of American Negro Slavery.* 2 vols. Boston, 1974.
Gerschenkron, A. *Continuity in History and Other Essays.* Cambridge, Mass., 1968.

Hershlag, Z. Y. "Theory of the Stages of Economic Growth in Historical Perspective." *Kyklos* 22 (1969):661–90.
Kindleberger, C. P. *Historical Economics: Art of Science?* New York, 1906.
Kuczynski, J. *Zur Geschichte der Wirtschaftsgeschichtsschreibung.* Berlin, 1978.
Levy-Leboyer, M. "La ~'New Economic history'." *Annales: Economies, Sociétés, Civilisations* 24 (1969):1035–69.
McClellan, P. D. *Causal Explanation and Model Building in History, Economics, and the New Economic History.* New York, 1975.
See, H. *The Economic Interpretation of History.* New York, 1929.
Temin, P., ed. *The New Economic History.* Harmondsworth, 1972.

马克思主义史学

Adamson, W. A. *Hegemony and Revolutions. Antonio Gramsci's Political and Cultural Theory.* Berkeley, Cal., 1980.
Barber, J. *Soviet Historians in Crisis, 1928–1932.* New York, 1981.
Bober, M. M. *Karl Marx's Interpretation of History.* Cambridge, Mass., 1927; reprint, 1965.
Cohen, G. A. *Karl Marx's Theory of History. A Defence.* Oxford, 1978.
Fleischer, H. *Marxism and History.* Trans. Eric Mosbacher. London, 1973.
Gandy, R. *Marx and History.* Austin, Texas, 1979.
Geyer, D. *Klio in Moskau und die sowjetische Geschichte.* Heidelberg, 1985.
Heer, N. W. *Politics and History in the Soviet Union.* Cambridge, Mass., 1971.
Hösler, Joachim. *Die Sowjetische Geschichtswissenschaft 1953 bis 1991.* Munich, 1995.
Jameson, F. *Postmodernism or the Cultural Logic of Late Capitalism.* London, 1991.
Karkwick, R. D. *Rewriting History in Soviet Russia: The Politics of Revisionist Historiography, 1956–1974.* Basingstoke, Engl., 2001.
Kaye, H. J. *The British Marxist Historians: An Introductory Analysis.* New York, 1984.
Kolakowski, L. *Marxism and Beyond: On Historical Understanding and Individual Responsibility.* Trans. Jane Zielonko Pell. London, 1969.
Lichtheim, G., ed. *George Lukács.* New York-London, 1970.
McLennan, G. *Marxism and the Methodologies of History.* London, 1981.
Mazour, A. G. *The Writing of History in the Soviet Union.* Stanford, 1971.
Petrovic, G. *Marx in the Mid-Twentieth Century.* New York, 1967.
Pundeff, M. *History in the U.S.S.R.* Stanford, Calif., 1967.
Rader, M. *Marx's Interpretation of History.* New York, 1979.
Seiffert, H. *Marxismus und bürgerliche Wissenschaft.* Munich, 1971.
Shaw, W. H. *Marx's Theory of History.* Stanford, Calif., 1978.
Shtepa, K. *Russian Historians and the Soviet State.* New Brunswick, N.J., 1962.

心理史学

Brown, N. O. *Life against Death: The Psychoanalytical Meaning of History.* Middletown, Conn., 1959.
Cocks, G., and Crosby, T., eds. *Psychohistory.* New Haven, 1987.
Erikson, E. H. *Young Man Luther.* New York, 1958.
Friedlander, S. *History and Psychoanalysis: An Inquiry into the Possibilities and Limits of Psychohistory.* New York-London, 1978.
Gay, P. *Freud for Historians.* New York, 1985.
Gilmore, W. J. *Psychohistorical Inquiry: A Comprehensive Research Bibliography.* New York, 1984.

Kren, G. M., and Rappoport, L. H. *Varieties of Psychohistory.* New York, 1976.
Loewenberg, P. *Decoding the Past: The Psychoanalytic Approach.* New York, 1983.
Mause, L. *Foundations of Psychohistory.* New York, 1982.
Mazlish, B. *Psychoanalysis and History.* New York, 1971.
Pomper, P. *The Structure of the Mind: Five Major Figures in Psychohistory.* New York, 1985.
Runyan, W. K. *Psychology and Historical Interpretation.* New York, 1988.
Stannard, D. E. *Shrinking History: On Freud and the Failure of Psychohistory.* New York, 1980.
Weinstein, F. *History and Theory after the Fall.* Chicago, 1990.

计量史学

Aydelotte, W. O. *Quantification in History.* Reading, Mass., 1971.
Aydelotte, W. O., Bogue, A. G., Fogel, R. W., eds. *The Dimensions of Quantitative Research in History.* Princeton, 1972.
Benson, L. *Toward the Scientific Study of History.* Philadelphia, 1972.
Kurgan, G., and Moureaux, Ph., eds. *La Quantification en histoire.* Brussels, 1973.
Lee, C. H. *The Quantitative Approach to Economic History.* New York, 1977.
Studies in Quantitative History and the Logic of the Social Sciences. HT, Beiheft 9 (1969).
Swierenga, R. R., ed. *Quantification in American History: Theory and Research.* New York, 1970.

社会史与结构史

Allegra, L., and Torre, A. *La nascità della storia sociale in Francia: Dalla Commune alle "Annales."* Turin, 1977.
Beidelman, T. O. "Lèvi-Strauss and History." *Journal of Interdisciplinary History.* 1 (1971):511–25.
Bosl, K., "Der soziologische Aspekt in der Geschichte. Wertfreie Geschichtswissenschaft und Idealtypus." *HZ* 201 (1965):613–30.
Burke, P. *The French Historical Revolution: The 'Annales' School, 1929–89.* Stanford, Calif., 1990.
Deleuze, G. *Foucault.* Paris, 1986.
Dreyfus, H. L., and Rabinow, P. *Michel Foucault: Beyond Structuralism and Hermeneutics.* 2d ed. Chicago, 1983.
Eribon, D. *Foucault.* trans. Betsy Wong. Cambridge, Mass., 1991.
Febvre, L. *A New Kind of History,* ed. Peter Burke, trans. K. Folca. London, 1973.
Fink, C. *Marc Bloch: A Life in History.* Cambridge, Eng., 1989.
Furet, F. "L'Histoire quantitative et la construction du fait historique." *Annales: Economies, Sociétés, Civilisations* 26 (1971):63–75.
Groh, D. "Strukturgeschichte als totale Geschichte." *Vierteljahresschrift für Sozial- und Wirtschaftsgeschichte* 58 (1971).
Iggers, G. G. "Die 'Annales' und ihre Kritiker. Probleme moderner französischer Sozialgeschichte." *HZ* 219 (1974):578–608.
———. *Ein anderer historischer Blick. Beispiele ostdeutscher Sozialgeschichte.* Frankfurt a. M., 1991.
Lai, C.-C. *Braudel's Historiography Reconsidered.* Dallas, Tx, 2004.
Nugent, W. *Structures of American Social History.* Bloomington, Ind., 1981.

Smart, Barry. *Michel Foucault.* London, 1985.
Stoianovich, T. *French Historical Method: The Annales Paradigm.* Ithaca-London, 1976.
Wehler, H.-U. *Geschichte als historische Sozialwissenschaft.* Frankfurt am M. 1977.

新视角、新领域、新方法

Berkhoffer, R. F., Jr. *A Behavioral Approach to Historical Analysis.* New York, 1969.
Burke, P. *History and Social Theory.* Ithaca, N.Y., 1992.
Dumoulin, J., and Moisi, D., eds. *The Historian between the Ethnologist and the Futurologist.* Paris-The Hague, 1973.
Frisch, M. "American Urban History as an Example of Recent Historiography." *HT* 18(3):350–77.
Furet, F. *Interpreting the French Revolution.* Cambridge, 1981.
Ginsburg, C. *Clues, Myths, and the Historical Method.* Translated by John Tedeschi and Ann C. Tedeschi. Baltimore, 1989.
Goldman, E. F., ed. *Historiography and Urbanization.* Baltimore, 1941.
Handlin, O., and Burchard, J. *The Historians and the City.* Cambridge, Mass., 1963.
Hollinger, D. A. *In the American Province: Studies in the History and Historiography of Ideas.* Bloomington, Ind., 1985.
Hollingsworth, T. H. *Historical Demography.* London, 1969.
Hunt, L., ed. *The New Cultural History.* Berkeley, Cal., 1989.
Lewis, I. M., ed. *History and Social Anthropology.* A.S.A. Monographs, no. 7. London, 1970.
Lüdtke, A., ed. *Alltagsgeschichte.* Frankfurt a. M., 1989.
McDonald, T. J. *The Historical Turn in the Human Sciences.* Ann Arbor, 1992.
Vansina, J. *Oral Tradition: A Study in Historical Methodology.* London, 1961.
Wilson, A. "The Infancy of the History of Childhood: An Appraisal of Philippe Ariès." *HT* 19 (1980):132–53.

叙事主义、文化转向与后现代主义

Ankersmit, F. R. *The Reality Effect in the Writing of History.* Amsterdam, 1989.
Ankersmit, F. R. and H. Kellner, eds. *A New Philosophy of History.* Chicago, 1995.
Appleby, J., L. Hunt, and M. Jacob. *Telling the Truth about History.* New York, 1994.
Berkhofer, Robert. F. *Beyond the Great Story. History as Text and Discourse.* Cambridge, Mass., 1995.
Bonnel, V. E. and L. Hunt, eds. *Beyond the Cultural Turn.* Berkeley, Cal., 1999.
Breisach, E. *On the Future of History: The Postmodernist Challenge and its Aftermath.* Chicago, 2003.
Canary, R. H., and H. Kozicki, eds. *The Writing of History: Literary Form and Historical Understanding.* Madison, Wis., 1978.
Carr, D. *Time, Narrative and History.* Bloomington, Ind., 1986.
Chartier, R. *Cultural History: Between Practices and Representations.* Translated by L. G. Cochrane. Ithaca, NY, 1988.
Clark, J. C. D. *Our Shadowed Past: Modernism, Postmodernism, and History.* Cambridge, Mass., 2004.
Danto, A. *Narration and Knowledge.* New York, 1985.

Evans, R. *In Defence of History.* New York, 1999.
Fukuyama, F. *The End of History and the Last Man.* New York, 1992.
Gossman, L. *Between History and Literature.* Cambridge, Mass., 1990.
Himmelfarb, G. *The New History and the Old: Critical Essays and Reappraisals.* Rev. ed., Cambridge, Mass., 2004.
Hoesterey, I. *Zeitgeist in Babel. The Postmodernist Controversy.* Bloomington, Ind., 1991.
Jenkins, K. *Rethinking History.* London, 2003.
Koselleck, R., and H-G. Gadamer. *Hermeneutik und Historik.* Heidelberg, 1987.
LaCapra, D. *History and Criticism.* Ithaca, N.Y., 1985.
LaCapra, D., and S. L. Kaplan, eds. *Modern European Intellectual History: Reappraisals and New Perspectives.* Ithaca, N.Y., 1982.
Levi, G. "On Microhistory." In *New Perspectives on Historical Writing,* 2nd ed., edited by Peter Burke. University Park, Penn., 2001.
Niethammer, L. *Posthistoire. Has History Come to an End?* Translated by Patrick Camiller. London, 1992.
Norris, C. *Derrida.* Cambridge, Mass., 1987.
Palmer, B. *Descent into Discourse: The Reification of Language and the Writing of Social History.* Philadelphia, 1989.
Poster, M. *Foucault, Marxism, and History.* New York, 1984.
Reassessing Collingwood. HT. Beiheft 29 (1990).
Shapiro, A.-L., ed. *History and Feminist Theory. HT,* Beiheft 31.
Taylor, D. S. *A Bibliography of the Publications and Manuscripts of R. G. Collingwood, with Selective Annotations. HT* Beiheft 24 (1985).
The Representation of Historical Events. HT Beiheft 26 (1987).
Thomas, B. *The New Historicism and Other Old-fashioned Topics.* Princeton, 1991.
Veeser, H. A., ed. *The New Historicism.* New York, 1989.
Weinsheimer, J. C. *Gadamer's Hermeneutics: A Reading of Truth and Method.* New Haven, 1985.
White, H. *Metahistory: The Historical Imagination in the Nineteenth Century Europe.* Baltimore, 1973.
White, H. *The Content of the Form: Narrative Discourse and Historical Representation.* Baltimore, 1987.
Windshuttle, K. *The Killing of History: How Literary and Social Theorists are Murdering Our Past.* New York, 1997.

普遍史与世界史

历史与哲学的解释

Aron, R. *Introduction à la philosophie de l'histoire.* Paris, 1938.
Brocke, B. v. *Kurt Breysig, Geschichtswissenschaft zwischen Historismus und Soziologie.* Lübeck-Hamburg, 1971.
Butterfield, H. et al. *Sir Herbert Butterfield, Cho Yun Hsu, and William H. McNeill on Chinese and World History.* Hong Kong, 1970.
Costello, P. *World Historians and Their Goals.* DeKalb, 1993.
Farrenkopf, John. *Prophet of Decline. Oswald Spengler on World History and Politics.* Baton Rouge, 2001.

Fuchs, E. and B. Stuchtey. *Across Cultural Borders: Historiography in Global Perspective.* Lanham, Md. 2002.
Green, W. A. *History, Historians, and the Dynamics of Change.* Westport, Conn., 1993.
Guha, R. *History at the Limit of World History.* New York, 2002.
Huntington, E. *Civilization and Climate.* New Haven, 1933.
Jaspers, K. *The Origin and Goal of History.* New Haven, 1953.
Kon, I. S. *Die Geschichtsphilosophie des 20. Jahrhunderts.* 2 vols. Berlin, 1964.
Lessing, T. *Geschichte als Sinngebung des Sinnlosen.* Munich, 1921.
Löwith, K. *Weltgeschichte und Heilsgeschehen. Die theologischen Voraussetzungen der Geschichtsphilosophie.* Stuttgart, 1953.
———. *Permanence and Change: Lectures on the Philosophy of History.* Cape Town, 1969.
Jung, T. *Vom Ende der Geschichte. Rekonstruktionen in kritischer Absicht.* Münster, 1989.
Ludz, P. C. *Spengler heute.* Munich, 1980.
McNeill, W. H. *Arnold J. Toynbee: A Life.* New York, 1989.
Meyerhoff, H. *The Philosophy of History in Our Time.* Garden City, N.Y., 1959.
Mommsen, W. J. *Die Geschichtswissenschaft jenseits des Historismus.* Droste, 1971.
Nolte, H.-H. *Weltsystem und Geschichte.* Göttingen, 1985.
Pomper, P., R. H. Elphick, and R. T.Vann, eds. *World History: Ideologies, Structures, and Identities.* Malden, Mass., 1998.
Riesterer, B. *Karl Löwith's View of History: A Critical Appraisal of Historicism.* The Hague, 1969.
Schnadelbach, H. *Geschichtsphilosophie nach Hegel. Die Probleme des Historismus.* Freiburg-Munich, 1974.
Stromberg, R. N. *Arnold J. Toynbee, Historian for the Age of Crisis.* Carbondale, Ill., 1972.
Stuchtey, B. and E. Fuchs, eds. *Writing World History 1800–2000.* New York, 2003.
Thompson, K. W. *Toynbee's Philosophy of History and Politics.* Baton Rouge, 1985.
Troeltsch, E. *Der Historismus und seine Probleme.* In *Gesammelte Schriften* 3, Tübingen, 1912–25.
Voegelin, E. *Order and History.* 4 vols. Baton Rouge, 1956–74.
Wallerstein, I. *The Modern World-System.* 3 vols. New York, 1974–89.
Webb, E. *Eric Voegelin: Philosopher of History.* Seattle-London, 1981.
Wehler, H.-U. *Modernisierungstheorie und Geschichte.* Göttingen, 1975.
Wells, H. G. *The New and Revised Outline of History.* Garden City, N.Y., 1931.
Winetrout, K. *Arnold Toynbee: The Ecumenical Vision.* Boston, 1975.
Wojtecki, A. W. *Vom Untergang des Abendlandes; zyklische, organische und morphologische Geschichtstheorien im 19. und 20. Jahrhundert.* Berlin, 2002.

基督教观点

Berkhof, H. *Christ: The Meaning of History.* Richmond, Va., 1966.
Bravo, F. *La Vision de l'histoire chez Teilhard de Chardin.* Paris, 1970.
Bultmann, R. *The Presence of Eternity: History and Eschatology.* New York, 1957.
Butterfield, H. *Christianity and History.* New York, 1950.
Daniélou, J. "The Conception of History in the Christian Tradition." *Journal of Religion* 30 (1950):171–77.

Dawson, C. *Progress and Religion: A Historical Enquiry.* New York, 1929.
———. *The Dynamics of World History.* New York, 1956.
Faricy, R. L. *Teilhard De Chardin's Theology of the Christian in the World.* New York, 1967.
Guthrie, H. H. *God and History in the Old Testament.* Greenwich, Conn., 1970.
Gutierrez, G. *The Theology of Liberation: History, Politics, and Salvation.* New York, 1973.
Hobert, M. "History and Religion in the Thought of Herbert Butterfield." *JHI* 32 (October–December 1971):543–4.
Keyes, G. L. *Christian Faith and the Interpretation of History.* Lincoln, Neb., 1966.
Löwith, K. *Meaning in History: The Theological Implications of the Philosophy of History.* Chicago, 1950.
McIntire, C. T. *God, History, and Historians: An Anthology of Modern Christian Views of History.* New York, 1977.
———, ed. *Writings on Christianity and History.* New York, 1979.
MacKenzie, R. *Faith and History in the Old Testament.* Minneapolis, 1963.
Marsden, G., and Roberts, F., ed. *A Christian View of History?* Grand Rapids, 1975.
Moltmann, J. *The Theology of Hope.* New York, 1967.
Niebuhr, R. *Beyond Tragedy: Essays on the Christian Interpretation of History.* New York, 1937.
———. *Faith and History: A Comparison of Christian and Modern Views of History.* New York, 1949.
Pannenberg, W. *Theology and the Kingdom of God.* Philadelphia, 1969.
Patrides, C. A. *The Grand Design of God: The Literary Form of the Christian View of History.* London, 1972.
Reinitz, R. *Irony and Consciousness: American Historiography and Reinhold Niebuhr's Vision.* East Brunswick, N.J., 1981.
Rienstra, M. H. "Christianity and History: A Bibliographic Essay." In *A Christian View of History?*, ed. G. Marsden, F. Roberts. Grand Rapids, 1975.
Teilhard de Chardin, P. *The Phenomenon of Man.* New York, 1965.
Tillich, P. *The Interpretation of History.* New York, 1936.
Young, N. J. *History and Existential Theology: the Role of History in the Thought of Rudolf Bultmann,* Philadelphia, 1969.

索 引

（页码为原书页码，本书边码）

人名及未署名的著作

Abernethy, Thomas Perkins (1890–1975), 342
Accursius, Franciscus (1182–1260), 164
Achery, Jean Luc D' (1609–85), 194
Aconcio, Giacomo (1492–1566), 176
Acosta, José de (1539–1600), 179
Acton, Lord (1834–1902), 284, 286, 321
Adair, James (mid-eighteenth century), 198
Adam of Bremen (d. 1081/85), 109, 111
Adams, Brooks (1848–1927), 322
Adams, Charles Francis, Jr. (1835–1915), 289
Adams, George Burton (1851–1925), 289
Adams, Henry Brooks (1838–1918), 289, 311
Adams, Herbert Baxter (1850–1901), 287, 311
Adams, James Truslow (1878–1949), 341
Adams, John (1735–1826), 225, 226, 227
Ado of Vienne (ca. 800–875), 104
Adolphus, John (1768–1845), 249
Adorno, Theodor W. (1903–69), 398, 407
Aelius Aristeides (128–89), 58
Africanus, Sextus Julius (ca. 180–ca. 250), 59, 74, 81, 82, 91, 92, 131, 177
Albert of Aachen (fl. early twelfth century), 133
Alciato, Andrea (1492–1550), 165
Alcimus (younger contemporary of Plato), 42
Alcuin (eighth century), 99
Alembert, Jean Le Rond d' (1717–83), 208
Alexander the Great (356–323 B.C.), 26– 30, 32, 33, 34, 35, 36, 72, 89, 117, 136, 235, 278
Alexander Polyhistor (ca. 105–ca. 35 B.C.), 35
Alfred the Great (d. 899), 99, 105
Alison, Sir Archibald (1792–1867), 250
Amatus of Monte Cassino (d. 1101), 116, 117
Ambroise (fl. late twelfth century), 136
Ammianus, Marcellinus (fl. late fourth century), 74, 174
Anmirato, Scipione (1531–1601), 187
Andrews, Charles McLean (1863–1943), 312, 334
Anglo-Saxon Chronicle, 105, 114
Ankersmit, F. R., 424
Annales Maximi, 43, 53, 101
Annals: of Bury St. Edmunds, 145; of Cologne (Great), 151; of Hersfeld (eleventh century), 121, 123; of Hildesheim (eleventh century), 121; of Quedlinburg (984–1025), 121
Annio da Viterbo, Giovanni (ca. 1432– 1502), 161, 177
Anselm of Havelberg (mid-twelfth century), 139, 141
Antiochus of Syracuse (fifth century B.C.), 31, 36
Apollodorus of Athens (second century B.C.), 57, 59
Appianus of Alexandria (second century A.D.), 70
Aquinas, Thomas (1225–74), 291
Aratus of Sicyon (ca. 271–213 B.C.), 49
Ariès, Philippe (1914–1984), 393

索引

Aristobulus of Cassandrea (contemporary of Alexander the Great), 29
Aristotle (384–322 B.C.), 28, 32, 36, 43, 80, 126, 139, 186, 192, 291
Arnold, Gottfried (1666–1714), 180
Arnold, Richard (publ. 1502), 165
Arnold, Thomas (1795–1842), 249
Aron, Raymond (1905–83), 387
Arrian(us), Flavius (second century A.D.), 72
Arthur (mythical Celtic king), 106, 112, 165
Asellio, Sempronius (ca. 100 B.C.), 53
Ashley, William J. (1860–1927), 300
Asser, Bishop (late ninth century), 99, 105
Atanagi, Dionigi (ca. 1504–73), 189, 190
Attidographers, 24
Aufidius, Bassus (d. after A.D. 60), 68
Augustine, Saint (Augustinus Aurelius; 354–430), 84–86, 87, 88, 92, 93, 94, 95, 103, 104, 143, 185
Augustus (Roman emperor; 31 B.C.–A.D. 14), 117, 119, 188
Aulard, Alphonse (1849–1928), 343, 375, 389
Aurelius Victor, Sextus (fl. second half of fourth century A.D.), 73
Aventinus, Johann (1477–1534), 163
Aydelotte, William O. (b. 1910), 372
Ayer, Alfred J. (1910–1989), 379

Bacon, Francis (1561–1626), 176, 191–92
Bailyn, Bernard (b. 1922), 362
Baker, Sir Richard (1568–1645), 199
Bale, John (1495–1563), 167, 174
Baluze, Etienne (1630–1718), 195
Bancroft, George (1800–1891), 255, 256–57, 258, 259, 260, 262, 309, 317, 319, 341, 360, 362
Barante, Prosper de (1782–1866), 239
Barnes, Harry Elmer (1889–1968), 330, 333, 358
Barnes, Robert (ca. 1495–1540), 156, 167
Baronius, Caesar (1538–1607), 167–68, 169
Barth, Karl (1886–1968), 413
Barthes, Roland (1915–80), 422
Barthold of Constance (b. ca. 1030), 123
Bartolo of Sassoferato (1314–57), 164
Basin, Thomas (1412–91), 149–50
Baudouin, François (1520–73), 172, 173
Bayle, Pierre (1647–1706), 191, 192

Beale, Howard Kenneth (1899–1959), 339
Beard, Charles (1874–1948), 301, 302, 317, 318, 329–32, 335–37, 338, 339, 358, 359, 361, 362, 363, 374, 375, 425
Beard, Mary Ritter (1876–1958), 361, 374, 425
Becker, Carl L. (1873–1945), 317, 329–332, 412
Becket, Thomas à (1118–70), 240
Bede (672/73–735), 82, 90, 92, 96, 99, 114, 131, 132, 178
Beer, George Louis (1872–1920), 312
Below, Georg von (1858–1927), 280, 334
Bembo, Pietro (1450–1547), 157
Bemis, Samuel Flagg (1891–1973), 334
Benedict of Peterborough (abbot; 1177–93), 120
Bentley, Jeremy, 416
Berkhof, Henriker (b. 1914), 402
Bernheim, Ernst (1850–1922), 281
Bernold of St. Blasien (ca. 1050–after 1100), 123
Bernstein, Eduard (1850–1932), 298, 397
Berossus (fl. ca. 280 B.C.), 34–35, 161
Berr, Henri (1863–1954), 277, 278, 313, 321, 344
Beverley, Robert (1675–1716), 197
Biglia, Andrea (1395–1435), 155
Billington, Ray Allen (1903–1981), 342
Biondo, Flavio (1392–1463), 156, 161, 163, 171, 174
Bismarck, Otto von (1815–98), 236, 237, 256, 262, 299, 304
Blanc, Louis (1811–82), 246
Blassingame, John W. (b. 1940), 367
Bloch, Marc (1886–1944), 344–46, 370, 387
Blundeville, Thomas (fl. 1561), 176
Bodin, Jean (1530–96), 180, 181, 182, 183, 186
Bodmer, Johann J. (1698–1783), 221
Boekh, August (1785–1867), 249, 256, 264
Böhm Bawerk, Eugen (1851–1914), 297
Bolland, John (d. 1665), 194
Bollandists, 194
Bolton, Herbert Eugene (1870–1953), 342
Book of the Popes, 100
Boorstin, Daniel (b. 1914), 361, 362
Bossuet, Jacques Benigne (1627–1704), 185, 320, 412

Bouquet, Dom Martin (1685–1754), 201
Bourgeois, Emile (1857–1934), 332
Bracciolini, Poggio (1380–1459), 155, 159
Bradford, William (1590–1657), 196
Brandeis, Louis (1856–1941), 316
Braudel, Fernand (1902–1985), 391–92, 419
Breysig, Kurt (1866–1940), 280, 409
Brial, Dom (1733–1828), 201
Bridenbaugh, Carl (1903–1992), 362
Briggs, Asa (b. 1921), 388
Broszat, Martin (1926–89), 404
Brown, Norman O. (b. 1913), 385
Brown, Robert E. (b. 1907), 362
Bruce, Philip A. (1856–1933), 342
Bruni, Leonardo (ca. 1370–1444), 154, 155, 160, 217, 226
Brunner, Otto (b. 1898), 404
Bruno (Saxon priest; eleventh century), 109
Brutus (mythical figure; also Britto, Brut), 106, 112
Buckle, Henry T. (1821–62), 269, 274, 275, 278, 279, 285, 289, 336, 357, 370
Budé, Guillaume (1467/68–1540), 164
Bullitt, William C. (1891–1967), 384
Burckhardt, Jacob (1818–97), 304, 305, 322, 336, 408, 425
Burdžalov, Eduard N. (1906–85), 404
Burgess, John W. (1844–1931), 311
Burghley, Lord William Cecil (1520–98), 175
Burke, Edmund (1729–97), 225, 248, 250
Burnet, Gilbert (1643–1715), 180
Bury, John Bagnell (1861–1927), 275, 285, 286
Butterfield, Herbert (1901–79), 250, 343, 381, 411, 414
Byrd, William, II (1674–1744), 197

Caesar, Gaius Julius (100–44 B.C.), 52, 57, 117, 151, 178, 237, 285, 286
Caffaro of Genova (d. 1166), 155
Calco, Tristano (before 1455–1515), 155
Callender, John (1706–48), 198
Callisthenes of Olynth (360–328 B.C.), 26, 36
Camden, William (1551–1623), 175, 176, 181, 193
Cantimori, Delio (1904–66), 348, 402

Capet, Hugh (king, 987–96), 112, 113, 117
Capitolinus, Julius (an author of *Historia Augusta*), 75
Caracciolo, Tristano (1437/39–1519/28), 157
Carion, Johann (1499–1537), 166
Carlyle, Thomas (1795–1881), 1, 253–55, 256, 303, 304, 309
Caron, Louis le (also Charondas; 1536–1617), 173
Carr, David, 382
Carr, Edward Hallett (1892–1982), 388
Casaubon, Isaac (1559–1614), 168
Cassiodorus, Flavius Marcus Aurelius (ca. 487–ca. 583), 82, 89, 90, 96, 125
Castor of Rhodes (first century B.C.), 59, 81, 82
Catiline, L. Sergius (108–62 B.C.), 55
Cato, Marcus Porcius, the Elder (234–149 B.C.), 46, 50–51, 53, 56, 66, 75
Caxton, William (1422–91), 148
Cellarius, Christopher (1638–1707), 181
Celsus (fl. ca. 180), 77
Celtis, Conrad (1459–1508), 162, 163
Chabod, Federico (1901–60), 348, 402
Chaereas (contemporary of Hannibal), 49
Chalmers, George (1836–78), 225
Chares of Mytilene (394–324 B.C.), 28
Charlemagne (768–814), 97, 99, 100, 104, 106, 108, 112, 117, 151, 185
Chartier, Jean (1385/90–1464), 146
Chartier, Roger (b. 1945), 393
Chastellain, Georges (1405–75), 150
Chateaubriand, François René de (1768–1848), 239, 242, 244–45, 252
Chaunu, Huguette, 393
Chaunu, Pierre (b. 1923), 370, 377, 393
Cheny, Jean (d. 1627), 201
Chronicles: of Bury St. Edwards, 145; of London, 151; of Nestor, 111; of Novgorod, 110–11
Cicero, M. Tullius (106–43 B.C.), 45, 53, 57–58, 72, 76, 85, 157, 161, 162, 187
Cieza de León, Pedro (ca. 1519–60), 179
Cincius, Alimentus, L. (wrote in 216–210/209 B.C.), 44–45
Clapham, John H. (1873–1946), 374
Clark, George Kitson (1900–1975), 388
Clark, John B. (1847–1938), 301
Claudius (Roman emperor; A.D. 41–54), 66

Cleitarchus (fl. 280 B.C.), 29
Clement of Alexandria (ca. 150–211/216), 80
Cobban, Alfred (1901–68), 389
Coccio, Marcantonio. *See* Sabellico
Cochran, Thomas C. (b. 1902), 374
Coelius Antipater, Lucius (180/70–after 117 B.C.), 53, 54, 63
Colden, Cadwallader (1688–1776), 198
Cole, Arthur H. (b. 1889), 374
Collegio Romano, 188
Collingwood, Robin (1889–1943), 380–81
Commons, John Rogers (1862–1945), 374
Commynes, Philippe de (ca. 1445–1511), 163
Compagni, Dino (1260–1324), 151
Comte, Auguste (1798–1857), 269, 272, 274, 275, 276, 277, 285, 289, 290, 320, 321, 382
Condillac, Etienne B. de (1715–80), 208
Condorcet, Marie-Jean-Antoine-Nicolas Caritat, marquis de (1743–94), 205, 207, 208, 209, 210, 224, 230, 272, 405, 420
Conrad, Alfred H., 377
Conring, Hermann (1606–81), 202
Conze, Werner (1910–86), 349, 404
Cooper, Thomas (1759–1840), 173
Corio, Bernardino (1459–1513), 157
Corwin, Edward S. (1878–1963), 313
Cosmas Pragensis (ca. 1045–1125), 110
Cott, Nancy (b. 1945), 367
Cotton, Sir Robert (1571–1631), 176, 193
Cournot, Antoine-Augustin (1801–77), 420
Cratippus (contemporary of Thucydides), 22
Craven, Avery O. (1886–1980), 338
Cremutius Cordus, Aulus (contemporary of Augustus and Tiberius), 65
Crespin, Jean (d. 1572), 169
Creuzer, Friedrich (1771–1858), 249
Crinito, Pietro (1465–1505), 164
Croce, Benedetto (1866–1952), 329, 347, 348, 401, 402
Croker, John (d. 1856), 250
Crosby, Alfred W. (b. 1931), 416
Cujas, Jacques (1520–90), 172
Cunningham, William (1849–1919), 300
Curti, Merle (b. 1897), 337

Curtin, Philip (b. 1922), 416
Cuspinianus, Johannes (1443–1529), 162
Cyrus the Younger (d. 401 B.C.), 25

Dahlmann, Friedrich (1785–1860), 235, 237, 262
Dandolo, Andrea (1306–54), 155
Daniel, Gabriel (1649–1728), 186, 199
Danilov, Alexandr I. (1916–80), 395
Darnton, Robert (b. 1939), 427
Darwin, Charles (1809–82), 269, 289, 290, 298, 307, 311, 321
Daumard, Adeline, 393
Davies, Natalie (b. 1928), 427
Davila, Enrico Caterino (1576–1631), 171, 187
Decembrio, Pier Candido (1399–1477), 155
Deeds of the Franks, 133
De Felice, Renzo (1929–96), 402
Degler, Carl (b. 1921), 366
Dehio, Ludwig (1888–1963), 404
Delbrück, Hans (1848–1929), 349
De Mause, Lloyd (b. 1931), 347
Derrida, Jacques (b. 1930), 422, 423
Descartes, René (1596–1650), 191, 192
Deschamps, Emile (1791–1871), 208
Dewey, John (1859–1952), 316
Dietrich of Bern (mythical figure), 122
Dilthey, Wilhelm (1833–1911), 281, 282, 305, 325, 328, 382
Dio Cassius (Cassius Dio Cocceianus; ca. 155–ca. 235), 73
Dio of Prusa (ca. 50–after 112), 58
Diodorus Siculus (fl. first century B.C.), 29, 61, 81
Dionysius Exiguus (ca. 500–ca. 550), 92, 131, 132
Dionysius of Halicarnassus (fl. ca. 20 B.C.), 60, 61–63, 76, 209
Diyllus of Athens (357–297 B.C.), 33
Dodd, William E. (1869–1940), 342
Dodsley, James (1724–97), 225
Dopsch, Alfons (1868–1953), 374
Dorislaus, Isaac (1595–1649), 187
Douaren, François (1509–59), 172
Douglass, William (1691–1752), 198
Draper, John William (1811–82), 289
Dray, William (b. 1921), 381
Droysen, Johann Gustav (1838–1908), 235, 236, 238, 278, 279, 280, 281

DuBois, W. E. Burghardt (1868–1963), 340
Dubois-Reymond, Emil (1818–96), 279
Dubos, Abbé Jean Baptiste (1670–1742), 214, 240
Duby, Georges (b. 1919), 376
DuCange, Charles Du Fresne, Sieur de (1610–88), 195
Dudo of St.-Quentin (ca. 960–d. before 1043), 107–8
Dumoulin, Charles (1500–66), 172
Dunning, William A. (1857–1922), 312, 339, 340, 342, 366
Durand, Ursin (1682–1771), 201
Duris of Samos (ca. 340–ca. 260 B.C.), 33, 49
Durkheim, Emile (1858–1917), 277
Duruy, Victor (1811–94), 276

Eadmer (ca. 1060–ca. 1128), 114
Eccleston, Thomas (wrote 1230–1258/59), 146
Edward the Confessor (king of England; 1042–66), 113
Eggleston, Edward (1837–1902), 316, 317, 336
Eichhorn, Karl F. von (1781–1854), 230, 256
Einhard (ca. 770–840), 99, 124
Ekkehard of Aura (ca. 1125), 123–24, 134
Elkins, Stanley M. (b. 1925), 366
Elmham, Thomas (d. ca. 1428), 149
Elton, Geoffrey R. (b. 1921), 381, 388
Emilio, Paolo (d. 1529), 164, 172
Engels, Friedrich (1820–95), 293, 295, 298, 351
Engerman, Stanley L. (b. 1936), 367, 377
Ennius of Rudiae, Quintus (239–169 B.C.), 50, 53
Ephippus of Olynth (contemporary of Alexander the Great), 29
Ephorus of Cyme (fl. in mid-fourth century B.C.), 23, 31, 38, 48
Epiphanius (monk; fl. A.D. 540), 82
Eratosthenes of Cyrene (ca. 284–ca. 194 B.C.), 36, 42, 44, 73
Erikson, Erik H. (b. 1902), 386
Ernesti, Johann August (1707–81), 220
Eumenes of Cardia (ca. 362–316 B.C.), 29
Eusebius of Caesarea (ca. 263–339), 35, 59, 74, 78, 81–82, 83, 84, 91, 92, 95, 103, 114, 124, 131, 177, 178, 181, 184, 320, 412
Eutropius (mid-fourth century), 73, 74, 104

Fabius, Pictor (fl. ca. 200 B.C.), 44–45, 49, 73
Fabyan, Robert (d. 1513), 165, 174
Fannius, Gnaeus (consul; 122 B.C.), 53
Fantosme, Jordan (fl. twelfth century), 119
Fauchet, Claude de (1744–93), 173
Fay, Sidney (1876–1967), 333
Febvre, Lucien (1878–1956), 344–46, 370, 382, 390
Fénelon, François de (1651–1715), 206
Fest, Joachim (1926–2006), 403
Festus, Rufius (fl. late fourth century), 73
Fichet, Guillaume (1433–80), 163
Ficker, Julius von (1826–1902), 307
Fischer, Fritz (b. 1908), 404
Fitz Thedmar, Arnold (1201–75), 151
Flacius Illyricus, Matthias (also Vlach; 1520–75), 167
Fleming, Walter Lynward (1874–1932), 342
Fleury, Michel (main works since 1950s), 371
Flodoard of Reims (893/94–966), 113
Florus, L. Annaeus (fl. early second century A.D.), 73
Fogel, Robert W. (b. 1926), 367, 376, 377
Foglietta, Uberto (ca. 1518–81), 188
Foner, Eric (b. 1943), 367
Foresti da Bergamo, Jacopo Filippo (1434–1520), 159, 188
Foucault, Michel (1926–1984), 421, 422, 423
Fix, Dixon Ryan (1887–1945), 341
Foxe, John (1516–87), 169
Frank, André Gunther (b. 1929), 415
Frank, Walter (1905–1945), 350
Franklin, John Hope (b. 1915), 366
Freculph (bishop of Lisieux; fl. ninth century), 104, 105
Fredegar(ius) (seventh century), 89, 96, 101, 108, 172, 239
Freeman, Edward Augustus (1823–92), 115, 136, 249, 255, 308, 309, 311
Freud, Sigmund (1856–1939), 382–86, 398

Froissart, Jean (ca. 1337–1404/10), 150, 163
Froude, James Anthony (1818–94), 309
Frutolf of Michelsberg (d. 1103), 123
Fukuyama, Francis (b. 1952), 412, 420–21
Fulcher of Chartres (ca. 1059–ca. 1127/29), 133
Furet, François (b. 1927), 389, 393
Fustel de Coulanges, Numa Denis (1830–89), 276, 307

Gabriel, Ralph H. (b. 1890), 364
Gaguin, Robert (1433–1501), 163–64, 172
Gaimar, Geoffrey (wrote mid-twelfth century), 119
Galbraith, John K. (b. 1908), 374
Gallicanus, Vulcacius (an author of *Historia Augusta*), 75
Gallie, William B. (b. 1912), 381
Gallus, Anonymous (wrote 1112–13), 110
Gandersheim, Roswitha of (ca. 935–after 975), 162
Gardiner, Samuel Rawson (1829–1902), 284
Gatterer, Johann Christoph (1727–99), 203, 219, 220, 233
Gay, Edwin F. (1867–1946), 374
Gay, Peter (b. 1923), 386
Geertz, Clifford (b. 1926), 406, 426
Gefter, Mikhail J. (b. 1918), 395
Gehlen, A. (b. 1904), 412, 420
Gellius, Aulus (ca. 130–70), 72, 188
Gellius, Gnaeus (second century B.C.), 54
Genovese, Eugene D. (b. 1930), 367
Geoffrey of Monmouth (ca. 1100–ca. 1152), 111–12, 115, 119, 136
Gerardo da Borgo San Donnino (d. 1276), 142
Gerbert of Reims (or of Aurillac; Pope Sylvester II, 999–1003), 113
Gerhoch von Reichersberg (1092/93–1169), 142–43
Gervinus, Georg Gottfried (1805–71), 235, 236, 262
Gesta Berengarii, 116
Gibbon, Edward (1737–94), 200, 215, 216, 217, 224, 248
Gildas (d. ca. 570), 90, 94, 112, 175
Gillies, John (1747–1836), 249

Giovio, Paolo (1483–1553), 159
Gipson, Lawrence Henry (1880–1971), 334
Giustinian(i), Bernardo (1406–89), 155, 157
Glaber, Rudolf (d. ca. 1050), 130
Gobineau, Joseph Arthur, comte de (1816–82), 321, 351, 408
Godechot, Jacques (1907–89), 389
Godwin, Francis (1562–1633), 201
Goff, Jacques le (b. 1924), 392
Gombrich, Ernst (1909–2001), 351
Gooch, George (1873–1968), 332
Gordon, William (1728–1807), 225
Goubert, Pierre (b. 1915), 392
Grafton, Richard (ca. 1513–d. 1572), 173
Gramsci, Antonio (1891–1937), 348, 402, 425
Grandes Chroniques de France, 118, 146, 163, 164
Gras, Norman S. B. (1884–1956), 374
Great Polish Chronicle, 110
Green, John R. (1837–83), 255, 271, 306, 309, 334
Gregory of Tours (538/39–594), 89, 90–91, 93, 94, 95, 96, 97, 127
Grimm, Jakob (1785–1863), 308
Grote, George (1794–1871), 249–50
Guenée, Bernard (b. 1927), 393
Guibert of Nogent (1053–1124), 133
Guicciardini, Francesco (1483–1540), 157, 158
Guido of Pisa, 147
Guillaume de Nangis (fl. 1285–1300), 146
Guizot, François (1787–1874), 240, 242, 243, 244, 256, 262, 263, 264, 319
Gutiérrez, Gustavo (b. 1928), 402
Guy of Amiens (fl. 1068), 113

Habermas, Jürgen (b. 1929), 398
Hadrian (Roman emperor; 117–138), 66
Hall, Edward (ca. 1498–1547), 173, 174
Hallam, Henry (1777–1859), 250, 252–53
Haller, Johannes (1883–1967), 349
Handlin, Oscar (b. 1915), 340
Hardyng, John (1378–1465), 174
Hare, Julius Charles (1795–1855), 249
Hart, Albert Bushnell (1854–1943), 288, 311
Hartz, Louis (1919–1986), 361
Hauser, Henri (1866–1946), 332

Hayes, C. J. H., 333
Headlam-Morley, James (1863–1929), 332
Hearne, Thomas (1678–1735), 194
Hecataeus of Abdera (fl. ca. 300 B.C.), 35
Hecataeus of Miletus (ca. 540–ca. 476 B.C.), 9, 10, 14, 17, 20, 31
Heeren, Arnold von (1760–1842), 220, 256
Hegel, Georg Wilhelm Friedrich (1770–1831), 231, 232, 234, 270, 295, 319, 320, 326, 352, 397, 398
Heimo of Bamberg (d. 1139), 132
Helgald (monk of Fleury-sur-Loire; fl. early eleventh century), 118
Hellanicus of Lesbos (fifth century B.C.), 10, 20, 24, 41
Helmold of Bosau (ca. 1120–ca. 1172), 109, 110
Helvetius, Claude Adrien (1715–71), 210
Hempel, Carl (b. 1905), 379
Henry, Louis (main works since 1950s), 371, 392
Henry IV (emperor; 1056–1106), 123, 125, 307; life of, 125
Henry of Huntingdon (ca. 1084–1155), 130–31, 174
Henry of Livonia (Henricus Lettus; thirteenth century), 110
Henskens, Godefroid (d. 1681), 194
Herder, Johann Gottfried (1744–1803), 200–201, 205, 222, 223, 233, 234, 241, 252, 282, 319, 325, 369, 403
Herlihy, David J. (1930–1991), 341
Hermann of Reichenau (1013–54), 122, 123
Herodotus (ca. 484–430/420 B.C.), 10–11, 12–21, 22, 23, 25, 27, 28, 30, 33, 36, 37, 38, 75, 155, 183, 369
Herzfeld, Hans (b. 1892), 349, 403
Hesiod of Ascra (fl. ca. 800 B.C.), 8, 17
Heussi, Karl (1877–1961), 328
Heyne, Christian G. (1729–1812), 230
Heywood, Thomas (ca. 1570–d. 1641), 174
Hieronymus of Cardia (ca. 350–260 B.C.), 33
Higden, Ranulph (ca. 1280–ca. 1363/64), 148
Hildebrand, Bruno (1812–78), 292
Hildebrand, Klaus (b. 1941), 383, 384

Hildreth, Richard (1805–65), 256, 257–58
Hilferding, Rudolf (1877–1941), 298
Hill, Christopher (b. 1912), 355
Hillgruber, Andreas (1925–1989), 383
Hincmar (archbishop of Reims; 806–82), 113
Hintze, Otto (1861–1940), 349, 404
Hippias of Elis (fifth century B.C.), 10
Hippolytus of Rome (d. ca. 235), 79, 81
Historia Augusta, 75
History of the Franks of Sens, 117
History of the Welfs, 125
Hobsbawm, Eric J. (b. 1917), 388, 399
Hofstadter, Richard John (1916–70), 361
Holbach, Paul Heinrich D. (1723–89), 210
Holborn, Hajo (1902–69), 351
Holinshed, Raphael (d. ca. 1580), 174
Holland, Philemon (1552–1637), 174, 175
Holmes, Oliver Wendell (1841–1935), 316
Holst, Hermann E. von (1841–1904), 261
Homer (possibly ninth century B.C.), 5–8, 9, 10, 12, 14, 15, 17, 18, 19, 20, 21, 25, 28, 31, 33, 57, 70, 78, 414
Honorius Augustodunensis (twelfth century), 147
Hooker, Richard (1554–1600), 168
Horace (65–8 B.C.), 119
Horkheimer, Max (1895–1973), 397, 398, 405
Horn(ius), Georg (1620–70), 184
Hotman, François (1524–90), 172, 187
Hubbard, William (1621–1704), 196, 197
Hugh of Fleury (twelfth century), 117
Hugh of St. Victor (d. 1141), 140–41, 143
Hughes, John (1677–1720), 199
Hugo, Gustav (1764–1844), 230
Huizinga, Johan (1872–1945), 425
Humboldt, Wilhelm von (1767–1835), 233, 425
Hume, David (1711–76), 200, 210, 215, 216, 240, 248, 285
Hutchinson, Thomas (1711–80), 198, 225, 227
Hyde, Edward (Lord Clarendon; 1609–74), 187
Hyperochus (Sicilian historian; date unknown), 42

Inama-Sternegg, Karl von (1843–1908), 374
Ion of Chios (ca. 490–422 B.C.), 25
Irenaeus of Lyons (second century A.D.), 79
Isidore of Seville (ca. 560–636), 89, 91, 92, 93, 94, 95, 96, 104, 125, 156
Isocrates (436–338 B.C.), 23

James of Vitry (d. 1240), 147
Jameson, Fredric, 412
Jameson, J. Franklin (1859–1937), 287
Jaspers, Karl (1883–1969), 414
Jaurès, Jean (1859–1914), 298, 375
Jean Juvénal des Ursins (1388–1473), 149
Jefferson, Thomas (1743–1826), 226, 227, 385
Jerome, Saint (ca. 347–420), 82, 84, 86, 91, 92, 95, 114, 124, 161, 177, 181
Joachim of Fiore (ca. 1130–d. 1202), 141–42
John of Biclaro (wrote chronicle 567–90), 91
John of Drasiče, 110
John of Joinville (1224–1317), 118, 137
John of Salisbury (d. 1180), 144
Johnson, Edward (1598–1672), 196
Jordanes (ca. 500–555/60), 89, 94, 103
Josephus, Flavius (A.D. 37/38–ca. 100), 35, 69–70, 78, 81, 174
Jouvenel, Bertrand de (1908–87), 420
Julian (archbishop of Toledo; ca. 651–90), 91
Justin Martyr (ca. 100–65), 78, 79, 80
Justinian (Roman emperor; 527–65), 164
Justin(us) Marcus (third century A.D.), 63, 103

Kadłubek, Vincent (bishop of Cracow; ca. 1160–1223), 110
Kant, Immanuel (1724–1804), 218, 233, 282, 372
Kantorowicz, Ernst (1895–1963), 351
Karamzin, Nicolai M. (1766–1826), 350
Kautsky, Karl (1854–1938), 298
Kehr, Eckart (1902–33), 349
Kellner, Hans, 424
Kemble, John Mitchell (1807–57), 249, 308
Kennett, White (1660–1728), 199
Kerber, Linda (b. 1940), 393

Keynes, John Maynard (1883–1946), 373, 393
Klyuchevsky, Vasily O. (1842–1911), 353
Knies, Karl (1821–98), 293
Kocka, Jürgen (b. 1941), 405, 406
Köhler, Johann David (1684–1755), 220
Kojeve, Alexandre (1902–68), 420
Kolko, Gabriel (b. 1932), 365
Koselleck, Reinhart (b. 1923), 335, 384
Krieck, Ernst, 351
Kuczynski, Jürgen (b. 1904), 407

Labienus Rabienus, T. (contemporary of Augustus), 63, 65
Labrousse, C.-Ernest (main works since 1930s), 339, 358, 375
Lacretelle, Jean-C. D. de (1766–1855), 245
Lactantius, L. Caecilius (ca. 260–ca. 340), 84, 85
La Feber, Walter (b. 1933), 363, 365
Lamartine, Alphonse M. C. (1790–1869), 262
Lambarde, William (1536–1601), 175, 176
Lambert of Saint-Omer or St. Bertin (ca. 1020–1125), 178
La Mettrie, Julien Offroy de (1709–51), 210
Lampert of Hersfeld (d. ca. 1088), 123
Lamprecht, Karl (1856–1915), 269, 279, 280, 290, 313, 326, 349, 382
Lampridius, Aelius (an author of *Historia Augusta*), 75
Lane, Frederic (1900–1984), 374
Langer, William (1896–1977), 344
Langlois, Charles-V. (1863–1929), 277, 344
Lanquet, Thomas (1521–95), 173
La Popelinière, Henri Voisin, sieur de (1540–1608), 183
Las Casas, Bartolomé de (1474–1566), 179
Lasch, Christopher (1932–94), 363
Laslett, Peter (b. 1915), 388
Lavisse, Ernest (1842–1922), 276
Lawrence, Barbara, 363
Lawrence, John, 363
Laziardus, Johann Coelestinus (fl. fifteenth century), 178

Le Bel, Jean (1280–1370), 150
Le Bras, Gabriel, 393
Lecky, William Edward (1838–1903), 275, 336
Lefebvre, Georges (1874–1959), 344, 375, 389
Le Goff, Jacques (b. 1924), 392, 393
Leibniz, Gottfried Wilhelm (1646–1716), 204
Leland, John (1691–1766), 175
Lenz, Max (1850–1930), 281
Leo of Ostia (ca. 1046–1115), 116
Lerner, Gerda (b. 1920), 367
Le Roy, Louis (1510–77), 182, 183
Le Roy Ladurie, Emmanuel (b. 1929), 372, 393, 394, 419, 427
Lessing, Theodor (1872–1933), 328
Leto, Pomponius (1428–98), 164
Lévi-Strauss, Claude (b. 1908), 390–91
Levine, Laurence W., 393
Lévy-Bruhl, Lucien (1857–1939), 393
Lewis, Richard W. B. (b. 1917), 360
Lipsius, Justus (1547–1606), 187
List, Friedrich (1789–1846), 292
Litwack, Leon F. (b. 1929), 392
Liutprand of Cremona (ca. 920–ca. 972), 116
Livio Frulovisi, Tito (ca. 1400–after 1465), 149
Livy, Titus (59 B.C.–A.D. 17), 50, 63–65, 66, 67, 69, 73, 174, 187, 188
Locke, John (1632–1704), 361
Lodge, Thomas (ca. 1558–1625), 174
Loisel, Antoine (1536–1617), 173
London Chronicles, 165
López De Gómara, Francisco (1511–57), 178
Louis the Pious (d. 840), 99, 100, 102, 112, 116
Lovejoy, Arthur O. (1873–1962), 425
Löwith, Karl (1897–1973), 402
Lucian of Samosata (ca. 120–ca. 180), 72–73, 76
Lüdtke, Alf (b. 1943), 406
Lukács, Gyorgy (Georg) (1885–1971), 399
Lutatius, Catulus Q. (ca. 120–61/60 B.C.), 57
Luther, Martin (1483–1546), 166, 180, 220
Luxemburg, Rosa (1870–1919), 298

Lycophron (fl. 280 B.C.), 44
Lynd, Staughton, 365
Lyotard, Jean-François (b. 1924), 422, 423

Mabillon, Jean (1632–1707), 194
Macaulay, Thomas B. (1800–1859), 216, 250–52, 253, 262, 263, 286
Macer, C. Licinius (d. 66 B.C.), 54, 63
Machiavelli, Niccolò (1469–1527), 157, 158, 159, 187, 190
McLaughlin, Andrew C. (1861–1947), 312
McMaster, John Bach (1852–1932), 334
McNeill, William H. (b. 1917), 415, 416
Macpherson, James (1736–96), 252
Macrobius (about A.D. 400), 124
Madox, Thomas (1666–ca. 1726), 194
Mahan, Alfred Thayer (1840–1914), 310
Maine, Sir Henry (1822–88), 309, 311
Maistre, Joseph de (1754–1821), 239, 242
Maitland, Frederick D. (1850–1906), 309
Malaterra, Gaufred (fl. eleventh century), 116, 117
Malispini, Ricordano (thirteenth century), 151
Man, Hendrik de, 412, 420
Mandelbaum, Maurice H. (1908–1987), 332
Mandrou, Robert (b. 1921), 393
Manetho of Sebennythus (fl. ca. 300 B.C.), 35, 161
Mannheim, Karl (1893–1947), 328
Marcks, Erich (1861–1938), 281
Marcuse, Herbert (1898–1979), 354
Mariana, Juan de (1536–1624), 178
Marianus Scotus (fl. eleventh century), 132, 178
Marshall, John (1755–1835), 226
Martène, Edmond (early eighteenth century), 201
Martin, Henri (1810–83), 240
Martinus Polonus (Martin of Troppau; d. ca. 1278), 147
Marx, Karl (1818–83), 240, 264, 270, 293–98, 300, 301, 319, 320, 321, 326, 351, 352–53, 354, 405
Mascardi, Agostino (1590–1640), 188
Mascov, Johann, 203, 221
Mather, Cotton (1663–1728), 196, 197
Mathiez, Albert (1874–1932), 344
Medick, Hans (b. 1939), 406

索 引

Megasthenes (ca. 350–290 B.C.), 34
Meinecke, Friedrich (1862–1954), 280, 329, 349, 402, 403
Melanchthon, Philip (1497–1560), 166, 167
Melito of Sardis (d. before A.D. 190), 81
Menger, Carl (1840–1921), 299
Merimée, Prosper (1803–70), 239
Merula, Giorgio (1430–97), 155
Meuvret, Jean, 392
Meyer, John R. (b. 1927), 377
Mézeray, François Eudes de (1610–83), 186, 199
Michaelis, Johann David (1717–91), 220
Michaud, Joseph François (1767–1839), 239
Michelet, Jules (1798–1874), 240, 241, 242, 243, 252, 262, 303, 306, 319
Mignet, François Auguste (1796–1884), 242, 262
Miller, Perry (1905–63), 341, 359, 425
Milton, John (1608–74), 221
Mira, Giovanni (1891–1966), 401
Mitford, William (1744–1827), 249
Moltmann, Jürgen (b. 1926), 402
Momigliano, Alberto (1908–87), 401
Mommsen, Theodor (1817–1903), 237, 264
Monod, Gabriel (1844–1912), 263
Monstrelet, Enguerrand de (d. 1453), 150
Montesquieu, Charles Louis, sieur de (1689–1755), 207, 208, 209, 214, 217, 219, 226
Montfaucon, Bernard de (1655–1741), 194
Moon, Parker T. (1892–1936), 333
More, Thomas (1478–1535), 165–66
Morgan, Edmund S. (b. 1916), 362
Morison, Samuel Eliot (1887–1976), 341
Morse, Jedidiah (1761–1826), 226
Möser, Justus (1720–94), 222
Mosheim, J. L. von (1693–1755), 180
Motley, John Lothrop (1814–77), 256, 258, 259, 260
Mousnier, Roland (b. 1907), 389
Müller, Alexander von (wrote in 1930s), 350, 351
Müller, Karl Otfried (1797–1840), 230, 249
Muratori, Ludovico Antonio (1672–1750), 201

Murdock, Kenneth B. (1895–1975), 341
Myrdal, Gunnar (1898–1987), 366

Naevius, Gnaeus (ca. 270–201 B.C.), 44
Namier, Sir Lewis B. (1888–1960), 343, 386
Napoleon I (1769–1821), 229, 232, 234, 236, 238, 245, 248
Nardi, Jacopo (1476–after 1563), 187
Naucler(us), Johannes (d. 1510), 163
Nearchus of Crete (ca. 360–ca. 312 B.C.), 28
Nef, John U. (1899–1988), 374
Nennius (ca. 830), 106, 112
Neo-Rankeans, 325
Nepos, Cornelius (ca. 100–ca. 24 B.C.), 56, 71
de' Nerli, Filippo (1485–1556), 158
Newton, Isaac (1642–1727), 269, 372
Nicholas of Damascus (fl. first century B.C.), 61
Nicholls, Thomas (fl. 1550), 174
Nicolson, Harold (1886–1968), 332
Niebuhr, Barthold (1776–1831), 229, 230, 237, 249, 264
Niebuhr, Reinhold (1892–1971), 360, 413–14
Niethammer, Lutz (b. 1939), 406
Nietzsche, Friedrich W. (1844–1900), 304, 305, 322, 408
Nipperdey, Thomas (b. 1927), 406
Nithard (d. 844), 102–3
Nobilior, M. Fulvius (consul, 189 B.C.), 53
Nolte, Ernst (b. 1923), 406
North, Thomas (ca. 1535–ca. 1601), 174
Notker, Balbulus of St. Gall (ca. 840–912), 100, 104
Nowell, Laurence (d. 1576), 175, 176
Nymphis of Heracleia Pontica (third century B.C.), 33

Oakeshott, Michael (d. 1901), 381, 388
Odo of Deuil (fl. mid-twelfth century), 135
O'Gorman, Frank (1906–95), 388
Oldmixon, John (1673–1742), 197
Oliver, Peter (1731–91), 224
Oliver Scholasticus (bishop of Paderborn, 1224–25), 137
Olivier de la Marche (ca. 1426–1502), 150

Oman, Charles (1860–1946), 286
Omodeo, Adolfo (1889–1946), 348, 401
Oncken, Hermann (1869–1945), 349
Onesicritus of Astypalaea (contemporary of Alexander the Great), 28
Orderic Vitalis (ca. 1075–ca. 1141/43), 114–15, 130
Origen (ca. 185/86–254/55), 80, 84, 85
Origin of the Lombard People, 106
Orosius, Paulus (fl. 414–17 A.D.), 63, 86, 88, 91, 94, 95, 103, 105, 114, 152
Ortega y Gasset, José (1883–1955), 305
Ortelius, Abraham (1527–98), 175
Osgood, Herbert L. (1855–1918), 312
Otto of Freising (1111/15–1158), 125, 143–44
Otto I (emperor; 936–73), 108, 121
Ovid (43–ca. 18 B.C.), 119
Oviedo y Valdés, Gonzalo Fernández de (1478–1577), 178, 179
Owsley, Frank L. (1890–1956), 337, 342
Ozouf, Jacques, 393

Pages, Georges (1867–1939), 332
Palgrave, Sir Francis (1788–1861), 308
Pallavicino, Sforza (1607–67), 170
Palmer, Robert (1909–2002), 389
Pankratova, Anna M. (1897–1957), 395
Panofsky, Erwin (1892–1968), 351
Panvinio, Onofrio (1529–68), 167, 174
Papenbroek, Daniel (d. 1714), 194
Pareto, Vilfredo (1848–1923), 408
Paris, Matthew (d. 1259), 145–46, 147, 149
Parker, Matthew (archbishop of Canterbury; 1504–75), 168, 169, 174, 176, 308
Parkman, Francis (1823–93), 255, 258–59, 260, 310
Parrington, Vernon L. (1871–1929), 337, 341
Paruta, Paolo (1540–98), 157
Pasquier, Etienne (1529–1615), 172–73, 183
Patrizi, Francesco (1529–97), 187, 188, 189, 190
Paulus Diaconus (also Wanefridus; ca. 720/30–799), 74, 100, 104, 105–6
Pennington, James W. C. (b. 1941), 339
Perkin, Harold J. (d. 2002), 388
Petavius, Dionysius (wrote in 1627), 178
Peter of Tours, 146

Peter Martyr of Anghierra (ca. 1455–1526), 178–79
Petrarch (1304–74), 181
Peucer, Casper (1525–1602), 166, 167
Peutinger, Konrad (1465–1547), 163
Peyrère, Isaac de la (1594–1676), 184
Philinus of Acragas or Agrigentum (second half of third century), 45, 49
Philipps, John A., 388
Philistus of Syracuse (ca. 430–356 B.C.), 37
Phillips, Ulrich B. (1877–1934), 312, 339, 340, 342, 366
Philostratus the Elder, Flavius (fl. first half of third century A.D.), 58
Phylarchus (fl. third century B.C.), 33, 34, 49
Piccolomini, Eneas Silvio (Pope Pius II, 1458–64), 162
Pictet, Adolphe (1799–1875), 351
Pippin III (mayor of the palace, 741–51; king, 751–68), 102
Pirenne, Henri (1862–1935), 346, 374
Pisan, Christine de (1364–ca. 1429), 149
Piso, Frugi Lucius Calpurnius (consul, 133 B.C.), 63
Pithou, Pierre (1539–96), 173, 181
Pitti, Jacopo (1519–89), 187
Platina, Bartolomeo Sacchi (1421–81), 156, 167
Plato (ca. 427–348/47 B.C.), 8, 46, 77, 80, 369
Plekhanov, Georgi (1857–1918), 298, 353
Pliny the Elder (A.D. 23–79), 68
Plumb, John H. (b. 1911), 378
Plutarch (ca. A.D. 46/50–after 120), 71, 98, 174
Pokrovsky, Mikhail N. (1868–1932), 353–54
Poliziano, Angelo (1454–94), 164
Pollio, Asinius (76 B.C.–A.D. 4), 61
Pollio, Trebellius (an author of *Historia Augusta*), 75
Pollock, Friedrich (1845–1937), 309, 397
Polybius (ca. 200–118 B.C.), 33, 34, 37, 45–50, 53, 54, 55, 58, 59, 62, 63, 64, 65, 67, 75, 159, 226
Pontano, Giovanni (ca. 1429–1503), 156
Popper, Karl (b. 1902), 379
Poseidonius of Apameia (135–ca. 51 B.C.), 54, 59, 76

索 引

Postan, Michael M. (1899–1981), 374
Postel, Guillaume (1510–81), 172
Potter, David (1910–71), 361, 362
Pound, Roscoe (1870–1964), 316
Prescott, William (1796–1859), 255–56, 258, 259, 260
Prince, Thomas (1687–1758), 197–98
Priuli, Girolamo (1476–1547), 157
Prosper of Aquitaine, Tiro (fifth century), 82
Ptolemaeus, Claudius (fl. second century A.D.), 73
Ptolemy I (323–283 B.C.), 29
Pufendorf, Samuel (1632–94), 202
Pyrrho of Elis (ca. 360–ca. 270 B.C.), 191
Pythagoras (sixth century B.C.), 369

Quadrigarius, Q. Claudius (wrote 80–70 B.C.), 54, 63
Quinet, Edgar (1803–75), 246, 262

Raimond d'Aguilers (wrote 1008–99), 133
Rainald of Dassel (archbishop of Cologne; ca. 1120–67), 125
Raleigh, Sir Walter (ca. 1552–1618), 184–85, 186–87
Ralph of Diceto (d. 1202), 120
Ramsay, David (1749–1815), 225, 226
Ramsdell, Charles (1877–1942), 338
Randall, James Garfield (1881–1953), 338
Ranke, Leopold von (1795–1886), 232, 233, 234, 236, 238, 255, 256, 262, 263, 264, 269, 278, 279, 280, 281, 282, 284, 287, 289, 303, 308, 319, 325, 353, 388, 402, 425
Ratio studiorum (1559), 188
Ratzel, Friedrich (1844–1904), 313
Rawick, George (1929–90), 367
Reddick, Lawrence (b. 1910), 340
Regino (abbot of Prüm; ca. 840–915), 104, 105
Reineccius, Reiner (main work publ. 1685), 181
Renan, Ernest (1823–92), 320
Renouvin, Pierre (1893–1974), 332
Rhenanus, Beatus (1485–1547), 163, 172
Rhodes, James F. (1848–1927), 261, 339
Richard I (king of England, 1189–99), 119, 136
Richard of Cluny, 146

Richard of Devizes (fl. late twelfth/early thirteenth century), 119, 136
Richer of Reims (991–98), 107, 113
Richter, Denis, 389
Ricoeur, Paul (b. 1913), 382
Rigord (fl. 1187–1207), 118, 136, 146
Ritter, Gerhard (1888–1967), 402, 403
Robert of Clari (wrote on Fourth Crusade), 136–37
Robert, Claude (d. 1637), 201
Robertson, William (1721–93), 200, 216, 224, 248
Robinson, James Harvey (1863–1936), 316, 317, 330, 335
Robortello, Francesco (1516–67), 188
Roger of Howden (d. ca. 1202), 120, 174
Roger of Wendover (d. 1236), 137, 145
Rogers, J. E. Thorold (1823–90), 300
Rolevinck, Werner (publ. 1474), 178
Romano, Rosario, 402
Roosevelt, Theodore (1858–1919), 288, 310, 362, 385
Roscher, Wilhelm (1817–94), 293
Rosenberg, Arthur (d. 1988), 349
Rosenberg, Hans (1904–1988), 382
Rossiter, Clinton (1917–70), 388
Rostow, Walter W. (b. 1916), 361, 400
Rosweyde, Herbert (d. 1629), 194
Roswitha of Gandersheim (fl. 960–73), 162
Rothacker, Erich (1888–1965), 328
Rothfels, Hans (1891–1976), 349, 402, 403, 404
Rotteck, Karl von (d. 1840), 235
Roupnel, Gaston (1871–1946), 346, 392
Rousseau, Jean-Jacques (1712–78), 201, 202, 209, 252
Royal Frankish Annals, 101
Rucellai, Bernardo (1448–1514), 157
Rufinus of Aquileia (345–410/11), 82
Rufus, Cluvius (fl. first century), 68
Rupert von Deutz (1075/80–1127/30), 140
Rüsen, Jörn (b. 1938), 406
Rutilius, P. Rufus (ca. 154–ca. 74 B.C.), 57

Sabellico, Marcantonio (Coccio; 1436–1506), 155, 159
Saint-Simon, Claude Henri de (1760–1825), 272
Salimbene, Fra (ca. 1221–ca. 1290), 147

Sallust, C. Crispus (ca. 86–ca. 35/34 B.C.), 54–56, 65, 67, 69, 103, 174
Salvatorelli, Luigi (1914–94), 401
Salvemini, Gaetano (1873–1957), 347, 402
Salvian of Marseille (fl. fifth century), 88
Sanudo, Marino (1466–1533), 157
Sardi, Alessandro (1520–88), 188
Sarpi, Pier Paolo (1562–1623), 169–70
Saussure, Ferdinand de (1857–1913), 390, 422
Savigny, Friedrich Karl von (1779–1861), 230, 309
Savile, Henry (1549–1622), 174
Saxo Grammaticus (ca. 1150–ca. 1203), 111
Say, Jean-Baptiste (1826–96), 292
Scaevola, Publius Mucius (d. before 115 B.C.), 53
Scala, Bartolomeo (1424/30–1497), 155
Scaliger, Joseph Justus (1540–1609), 177, 197
Schedel, Hartmann (1440–1514), 151, 159
Schieder, Theodor (1908–84), 349, 404
Schlesinger, Arthur M., Jr. (b. 1917), 359, 372
Schlesinger, Arthur M., Sr. (1888–1965), 341
Schlosser, Friedrich C. (1776–1861), 235
Schlözer, August Ludwig von (1735–1809), 203, 221, 319, 320
Schmitt, Bernadotte (1886–1968), 333
Schmoller, Gustav (1838–1917), 280, 299, 350
Schopenhauer, Arthur (1788–1860), 408
Schouler, James (1839–1920), 261, 362
Scipio Aemilianus, Publius Cornelius (185/84–ca. 129 B.C.), 46
Scott, Joan W. (b. 1941), 367
Scott, Sir Walter (1771–1832), 239, 252, 253
Scylax of Caryanda (ca. 510 B.C.), 25
Sée, Henri (1864–1936), 346
Seebohm, Sir Frederick (1833–1912), 309
Seeley, Sir John (1834–95), 286, 309
Seidenberg, Roderick, 412, 420
Seignobos, Charles (1854–1942), 277, 344
Selden, John (1584–1654), 193
Seligman, Edwin R. A. (1861–1939), 300

Semler, Johann Salomo (1725–91), 220
Seneca the Elder, C. Aeneas (ca. 55 B.C.–ca. 40 A.D.), 85
Sepúlveda, Juan Ginés de (1490–1573), 179
Shakespeare, William (1564–1616), 176
Shotwell, James T. (1874–1965), 333
Sigebert of Gembloux (ca. 1030–1113), 117, 124, 144
Sigonio, Carlo (1523–84), 159
Simiand, François (1873–1935), 346, 370, 377, 392
Sisenna, Lucius Cornelius (120–67 B.C.), 53–54
Sismondi, Jean Charles Leonard Simonde de (1773–1842), 243, 244
Sklar, Kathryn K. (b. 1939), 367
Sleidanus (Schleiden), Johann Philip (1506–56), 163
Slosson, Preston, 333
Smith, Adam (1723–90), 292
Smith Henry Nash (b. 1906), 342, 360
Smith, John (1579–1631), 195
Smith, Samuel (1720–76), 198
Smith-Rosenberg, Carroll, 367
Smyth, William (1765–1849), 249
Soboul, Albert (1914–82), 389
Socrates Scholasticus (ca. 379–ca. 450), 82
Solovyev, Sergei M. (1820–79), 353
Sombart, Werner (1863–1941), 280
Song of the Saxon War, 109
Sosilus (fl. second century B.C.), 49
Sozomen (d. ca. 447), 82
Sparks, Jared (1789–1866), 266, 267
Spartianus, Aelius (author of *Historia Augusta*), 75
Spelman, Sir Henry (ca. 1564–1641), 193
Spengler, Oswald (1880–1936), 324, 408–09
Speroni, Sperone (1500–1588), 188
Stalin (1879–1953), 353–54
Stampp, Kenneth M. (b. 1912), 366
Stilo Praeconinus, Aelius (146–74 B.C.), 53
Stith, William (1689–1755), 197
Stone, Lawrence (1919–99), 388
Stow, John (1525–1605), 174, 175, 176
Strabo (ca. 64/63 B.C.–after A.D. 23), 26, 27
Strada, Famiano (1572–1649), 188

索 引

Strype, John (1643–1737), 180
Stubbs, William (1825–1901), 249, 255, 284, 285, 308, 309
Stuckey, Sterling, 366
Stürmer, Michael (b. 1938), 406
Suetonius, Tranquillus (middle of second century A.D.), 71–72, 98, 99, 115, 174
Suger (abbot of St. Denis; ca. 1081–1151), 118, 135, 146
Sulla, Lucius Cornelius (138–78 B.C.), 52, 55, 57, 59
Sulpicius Severus (d. 420/25), 83, 98
Sybel, Heinrich von (1817–95), 235, 236, 237, 307

Tacitus (56–120), 56, 67–69, 162, 163, 174, 187, 188, 215
Taine, Hippolyte (1828–92), 269, 275, 276, 343, 375
Tansill, Charles C., 358
Tawney, Richard H. (1880–1962), 343
Taylor, A. J. P. (1906–1990), 388, 403
Teilhard de Chardin, Pierre (1881–1955), 413
Temperley, Harold W. (1879–1939), 332
Tertullian (ca. 155–ca. 222), 79, 80–81
Thales of Miletus (fl. ca. 580 B.C.), 9
Thegan (bishop; contemporary of Louis the Pious), 99–100
Theodoretus (393–ca. 457), 82
Theopompus of Chios (ca. 380 B.C.), 22, 23, 43, 49, 75
Thierry, Amédée (1797–1873), 240
Thierry, J. N. Augustin (1795–1856), 240, 241, 242, 243, 308
Thiers, Adolphe (1787–1877), 242, 243, 245, 262
Thietmar of Merseburg (d. 1018), 109
Thirlwall, Connop (1797–1875), 249
Thompson, Edward P. (d. 1993), 388, 399
Thou, Jacques-Auguste de (1553–1617), 173, 175, 193
Thucydides (ca. 460–after 400 B.C.), 10–11, 12–21, 22, 23, 24, 25, 27, 30, 33, 38, 46, 55, 62, 174, 186
Thünen, Johann H. von (1783–1850), 292
Tiberius (Roman emperor; 42 B.C.–A.D. 37), 63
Ticknor, George (1791–1871), 259
Tillemont, Sébastien le Nain de (1637–98), 194
Tillet, Jean du (d. 1570), 173

Timaeus of Tauromenium (ca. 356–ca. 260 B.C.), 36, 37–38, 43, 44, 45, 46, 49, 73
Timagenes (contemporary of Augustus), 61, 62, 63
Tocqueville, Alexis de (1805–59), 246–47, 322
Toulengeon, François E., comte de (1748–1812), 245
Toynbee, Arnold J. (1889–1974), 300, 324, 409–11
Trajan (Roman emperor; 98–117), 66
Trattatisti, 188–90
Treitschke, Heinrich von (1834–96), 235, 236, 238, 263
Trevelyan, George Macaulay (1876–1962), 269, 286, 343, 428
Trevet, Nicholas (1258–1328), 146
Trevisa, John of (ca. 1326–ca. 1412), 148
Trevor-Roper, Hugh R. (b. 1914), 388
Tribonian (d. 545/47), 164
Troeltsch, Ernst (1865–1923), 328, 349
Trogus, Pompeius (contemporary of Livy), 63, 103
Trumbull, Benjamin (d. 1820), 225
Tubero, Q. Aelius (first century B.C.), 63
Turgot, A. R. Jacques (1727–81), 207, 208, 213, 272
Turner, Edward E., 333
Turner, Frederick Jackson (1861–1932), 311, 313, 314, 315, 316, 317, 335, 341, 342, 363
Turner, Sharon (1768–1847), 249, 250, 252, 308
Tyler, Moses Coit (1835–1900), 336, 344
Tyndale, William (1492–1536), 168

Ughelli, Ferdinando (1595–1670), 201
Ussher, James (1581–1656), 177, 197

Valens (Roman emperor, 365–78), 73
Valentin, Veit (1885–1947), 349
Valerius, Antias (wrote 80–70 B.C.), 54, 63
Valla, Lorenzo (1407–57), 156, 160, 161, 162, 164
Varchi, Benedetto (1503–65), 158
Varro, Marcus Terrentius (116–27 B.C.), 53, 59, 76, 171
Veblen, Thorstein (1857–1929), 301, 316, 374
Vegio, Maffeo (1407–58), 164

Velleius Paterculus, Marcus (ca. 19 B.C.–ca. A.D. 30), 66, 163
Venturi, Franco (1914–94), 401
Vergil (70–19 B.C.), 65, 119
Vergil, Polydore (1470–1555), 165, 174, 175
Vertot, René Aubert de (1655–1735), 199
Vespasian (Roman emperor, A.D. 69–79), 66
Vico, Giambattista (1668–1744), 201, 203, 204, 205, 210, 211, 213, 222, 241, 382
Vidal de la Blache, Paul (1843–1918), 313, 392
Vignier, Nicholas (1530–96), 181, 182
Villani, Giovanni (ca. 1272–1348), 151–52, 155
Villani, Matteo (d. 1363), 152
Villehardouin, Geoffrey of (ca. 1160–ca. 1213), 136
Vincent of Beauvais (1190–1264), 147
Vinogradoff, Paul (1864–1925), 309
Viperano, Giovanni (ca. 1530–1610), 188–89, 190
Voltaire, François-Marie Arouet de (1694–1778), 206, 207, 209, 215, 222
Vopiscus, Flavius (an author of *Historia Augusta*), 75

Wace (ca. 1100–1170), 119
Wadding, Lucas (1588–1657), 201
Wahl, Albert, 349
Waitz, Georg (1813–86), 237, 280, 307, 308
Wallerstein, Immanuel (b. 1930), 415
Walsh, William (1913–1986), 381–82
Walsingham, Thomas (d. 1422), 146, 149
Warren, Mercy Otis (1728–1814), 225, 226, 227
Watson, John B. (1878–1958), 382
Webb, Walter Prescott (1888–1963), 342
Weber, Max (1864–1920), 283, 284, 297, 328, 329, 405, 419
Webster, Noah (1758–1843), 226
Weems, Parson Mason Locke (1759–1825), 226
Wehler, Hans-Ulrich (b. 1931), 405
Weil, Felix, 397

Welter, Barbara, 367
White, Andrew (1832–1918), 287
White, Hayden (b. 1928), 424
Widukind of Corvei (ca. 925–after 973), 108
William I (king of England, 1066–87), 113
William II (king of England, 1087–1100), 114
William of Apulia (wrote 1095–99), 116
William the Breton (fl. early thirteenth century), 118, 136
William of Jumièges (fl. ca. 1070), 113
William of Malmesbury (ca. 1095–1143), 114, 115, 174
William of Newburgh (1136–ca. 1198), 115
William of Poitiers (fl. eleventh century), 113
William of Tyre (ca. 1130–ca. 1183), 134–35, 136
Williams, George Washington (1849–91), 339–40
Williams, William A. (1921–1990), 364
Willibald (ca. 700–786), 99
Wilson, Woodrow (1856–1924), 345
Wimpheling, Jacob (1450–1528), 163
Windelband, Wilhelm (1848–1915), 281, 282, 283
Winslow, Edward (1595–1655), 196
Winsor, Justin (1831–97), 288
Winthrop, John (1588–1649), 196
Wipo (d. after 1046), 124–25
Wolf, Friedrich A. (1759–1824), 230, 249
Wolff, Philippe (b. 1913), 393
Wood, John (ca. 1775–1822), 226
Woodson, Carter G. (1875–1950), 340
Woodward, C. Vann (b. 1908), 337, 366
Wrigley, Edward A. (b. 1931), 371
Wundt, Wilhelm (1832–1920), 382
Wycliff, John (ca. 1320–84), 169

Xanthus the Lydian (older contemporary of Herodotus), 10, 25
Xenophon (ca. 431–before 350 B.C.), 22, 25–26, 27, 38, 72

Zinn, Howard (b. 1922), 365

索 引

主 題

Alltagsgeschichte, 406
Advocacy history: ancient, 45, 62, 70; medieval, 86, 101, 107–9, 112–19, 122–25, 128, 145, 146; 1300–1700, 157, 165, 166–70, 173, 176, 186–87, 195, 197; 1700–1800s, 235–38, 242–45, 256, 258–61, 262–63; of radical change, 366–67; since 1880, 297–98, 306–8, 314, 315–16, 331, 333, 397–98. *See also* Purpose of history, public role
Ages of history. *See* Stages in historical development
Anachronism, 161–62
Annales school of thought, 326, 344–45, 357, 370–71, 376, 377, 383, 388, 389–94, 404, 405, 419; influences on and by, 368, 369, 382
Annals as genre: Roman, 43, 45, 50, 53, 54, 58, 67, 69, 75; medieval, 95, 101–2, 113, 121–23, 124, 145, 146, 151; early modern, 167–68, 174, 177, 193, 421
Anthropology and history, 324, 390–91, 425–26
Antiquarian and erudite historiography, 189, 193–95, 199, 200, 201–2, 209, 216, 223, 229, 263, 269; ancient, 24, 39, 49, 53, 58, 62, 76; church, 194–95, 201; English and Scottish, 115, 168–69, 173–77, 187, 193–94, 197, 201, 215, 216; French, 172, 173, 193–95, 201, 209; German, 162–63, 167, 202, 203; Italian, 156, 161, 167–68, 174, 187, 201–2
Apocalyptic or chiliastic views, medieval, 79, 80, 83, 85, 94, 124, 141–43. *See also* End of history
Ars historica, 176, 188–90

Begriffsgeschichte, 405
Bible: as basis of historiography, 77, 78, 96, 126–27, 159, 195–96, 211; and biography, 98, 124; and chronology, 81, 83, 92; concern with text, 78; opposition to, as history, 13, 199, 320, 401; pre-Adamite view, 184; prophecy, 63, 79, 83–84, 93, 163, 168, 181. *See also* Apocalyptic or chiliastic views
Biography and hagiography: Greek, 23, 25–26, 28–29, 38; Roman, 56–57, 66, 70–72, 75; medieval, 98–100, 105, 113, 114, 118–19, 121, 124–25, 127, 136, 146, 149; after 1400, 155, 156, 167, 169, 194, 226, 254–55, 373; psychobiography, 342, 384–85, 406. See also *Gesta*
Biological models: evolution, 271, 278, 289, 307, 311, 316, 321, 364; general, 85–86, 200–201, 222, 223, 275, 344, 363, 398. *See also* Race and history
Black history, American, 338–40, 366–67

Causes and causal explanations: ancient, 15–16, 46–48, 53, 55, 63–64, 67–68, 69; Christian medieval, 79, 127–28; 1300–1700, 154–55, 158, 160, 180, 181–82, 184–85, 191; since 1700, 204–5, 210, 277, 279, 285, 286, 319, 337–39, 365, 376–77, 378–80, 384.

Causes and causal explanations (*continued*)
See also Scientific history, positivist varieties
Centuries, concept of, 167
Chorography, 156, 175
Chronicle as genre, 82, 95, 103, 107, 126–30, 144–52, 176; flowers of history, 145–46, 147–48; special traditions, 81, 105, 155, 165, 173–74; universal chronicles, 82, 103, 121–23, 154; urban chronicles, 150–52, 165
Chronology: ancient, 9–11, 34–36, 37, 38, 42–43, 44, 49, 59, 73, 75; Christian, 78, 80–82, 91–93, 123, 131–32, 147, 148, 177–78, 197, 202; Jewish, 80–81
City-state: ancient, 8–10, 12–26, 30, 32, 38, 58, 76; early modern, 154–55, 157–59, 162, 243–44
Cliometrics (New Economic History), 370–71, 376–77
Composition and style, in history writing: Greek, 6, 12–13, 17, 23, 32, 33, 34, 38; Roman, 45–46, 50, 53–54, 57, 59, 62, 64–65, 68–69, 72–73, 76; medieval, 95–97, 105, 115, 119, 127, 144, 149; early modern, 154–55, 157, 165–66, 168, 183, 186, 188–89; 1700–1880s, 209, 215, 216, 228, 239, 242, 251, 256, 257, 258, 259, 263–64; since 1880s, 288; set speeches, 17, 166, 189
Computers and historiography, 370–72
Conflict schemes: general, 183, 218, 231–32, 240, 241, 260–61, 312, 374–75; class, 243, 246, 258, 293–97, 298, 301–2, 315–17, 363–65, 389; dualistic, 13, 84–85, 86, 95, 143, 185, 190, 258–59, 335–36, 337–38, 359, 362, 381
Consensus school (American), 338, 359, 361–63, 365, 418
Contextualism, 336
Critical liberal historians, 359–61
Critical school, 397–98, 405
Crusades, 118, 119, 123–24, 132–37, 239
Cultural history: ancient, 9, 13, 14, 18, 20, 21, 22–23, 28–29, 34–35, 37, 38, 50; medieval and early modern, 102, 154, 182–83; since 1700, 216, 230, 274, 280, 304–5, 357–58, 425–27

Culture or civilization, concept of: emergence, 161–62, 182–83, 206; use, 209–10, 211–13, 241, 385, 390–91.
See also Cyclical model of change; World history and universal history, sequence of cultures model
Cyclical model of change: ancient, 46–48, 59; early modern, 158, 177, 183, 190; 1700–1880s, 199, 201, 208, 210–14, 223, 224, 318; since 1880s, 324, 331, 379, 392, 408–10; rejection of, 65, 66–67, 74, 76, 85, 379; in Christian thought (sin and punishment), 77, 90, 91, 94, 125, 128, 152

Daniel's scheme of empires. See Empire schemes, Daniel's version
Decadence, causes of: Christian religion, 83, 84, 217; institutional formalism, 242, 253; liberty's decline, 154; luxury, 50–51, 217; modernity, 305–6, 322; moral erosion, 46–48, 54–56, 64, 67–68, 76, 209–10; neuroticism, 385; political overextension, 217
Decadence phenomenon, 8, 66, 74, 156; apparent, 53, 63–65; as necessary pattern, 85–86, 158, 223, 408–10; in church, 166–67, 168
Deconstructionism, 423–24, 426–27
Democracy. See People as collective force
Demography, 371, 392
Dependency theory, 415
Development concept: ancient, 8, 38; medieval, 79–80, 139–44; 1300–1700, 162, 166, 183, 190; 1700–1880s, 204, 220–21, 229, 231–32, 248–49, 272–75; since 1880s, 353, 354, 377–78, 395, 399, 414–15. See also Biological models, evolution; Marxism; Progress
Différance, 423

Ecclesiastical history, 78, 82–83, 94–95, 199, 201; Roman Catholic, 167–70, 185, 195–96, 201; Protestant, 166–69, 180–81, 201, 220–21
Ecole des Chartes, 264, 277
Ecole Narrative, 239
Ecole Normale Supérieure, 276
Ecole Pratique des Hautes Etudes, 276; Sixth Section of, 390, 392

索 引

Economic history, 270, 280, 291–93, 298–301, 320, 350, 373–76; separation from economics, 299, 373. *See also* Cliometrics; Development concept

Economic interpretations of history: American, 302, 312, 314, 315, 316, 318, 363, 374–75, 376–77, 392–93; *Annales* group, 376; Marxist, 270, 293–98, 325, 349–56, 358, 376

Empire schemes, 59; cultural version, 182; Daniel's version, 83–84, 85, 86, 88, 103–5, 108, 143, 148, 163; opposition to, 91, 104, 159, 181; other schemes, 61, 70, 408–10; *translatio imperii*, 63, 103

End of history, 270, 357, 412, 419, 420–21, 423, 424

Epic and mythical historiography: Homeric tradition, 5–8, 9, 10, 13, 14, 15, 17, 18, 19, 20, 21, 25, 28, 31, 33, 57; Roman, 37–38, 41–42, 44, 53, 54, 62; German, 88–89, 100, 108, 122, 162; other traditions, 106, 111–12, 119, 183, 190; rejection of, 155. *See also* Myth, as conceptual model

Epitomes, 73–74, 75, 120, 145–46, 147–48

Erudite history. *See* Antiquarian and erudite historiography

Ethnic aspects of history. *See* National or ethnic identity

Evolution. *See* Biological models

Fascism: historiography of, 353; German, 350–51; Italian, 347–48, 401–02

Forgeries, 161, 177

Fortune or fate, 14, 48, 50, 57, 58, 63, 69, 125, 150, 158, 189

Frankfurt school. *See* Critical school

Freedom, as force or aim: affirmed value, 155, 159, 258–59; constitutionalism, 234–35, 363–64, 384; customary right, 215, 222, 224, 311; grand historical force, 13, 208, 225, 232, 242–45, 256–57, 266, 318; key to prosperous nation, 154, 217, 362; Whig view, 248–49, 250–53, 262–63, 308, 309, 342–43

Frontier, American, 258, 310, 313–14, 341–42

Geisteswissenschaft, 282–83, 288

Geography, 9, 10, 20, 29; ancillary to historiography, 46, 148, 175, 177, 179, 392–94; as causative factor, 106, 182, 184, 199, 208, 219, 231, 313–15; Turner's sectionalism, 315, 341–42. *See also* Frontier, American

German historical science (*Geschichtswissenschaft*). *See* Scientific history, German mode

Germanist thesis. *See* National origin accounts

Gesta, 100–101, 105, 113, 115, 124, 125, 133, 151; *chanson de geste,* 118–19, 133, 136, 149

God in history: ancient gods, 6–7, 10, 14–15, 20, 32, 63, 70; Christian-medieval, 77–88, 91, 93–95, 101, 102, 103, 113, 115, 117, 118, 119, 122, 124, 125, 127–28, 130–31, 135, 139–44, 149–50, 152; early modern, 154, 155, 158, 160, 166–67, 179–81, 184–85, 189, 191, 195–96; 1700–1880s, 199, 200, 205, 210, 211, 212, 216, 220–21, 223, 225, 228, 230, 233, 234, 236, 239, 241, 244, 253–54, 255, 256, 263, 266, 326; since 1880s, 274, 278, 280, 281, 293, 294, 301, 316, 319–20, 328, 412–14. *See also* Religion as force in history; World history and universal history, Christian

Great Men view of history, 254–55, 274, 278, 305, 341, 347–48, 349, 384

Hagiography. *See* Biography and hagiography

Handbooks on methodology or theory. *See* Theory of history, treatises

Heroic history. *See* Epic and mythical historiography; Homeric epics

Histoire événementielle, 345, 392

Histoire raisonnée, 206

Historia (Gr. ιστορια), 9, 12, 13, 18, 20, 23, 30, 38; transformation into history, 12, 13, 20

Historicism, 199, 205, 220, 222–23, 234, 239, 269–70, 280–86, 325–26, 327–29, 333, 343, 349, 356, 357, 401, 403, 405, 418. *See also* Uniqueness of historical phenomena

Historikerstreit, 406

Homeric epics, 5–8, 9, 10, 14, 15, 17, 18, 19, 20, 21, 25, 28, 31, 57, 65, 70; rejection of, 8, 19
Homeric heroes, 7, 9, 28, 30, 32; Aeneas, 40, 41, 43, 44, 70, 106; Achilles, 6, 29, 43, 117; Brutus (Brut, Britto), 106, 112, 119, 151, 175

Ideas as forces, 274, 277, 278, 305, 315, 317, 336–37, 349, 359–60, 380–81, 425; without autonomy, 293–94, 336–37, 388; of metaphysical nature, 231–34. *See also* Intellectual history
Imperial school (American), 311–12
Individual, role of: ancient, medieval, early modern, 16, 24, 51, 68, 158, 160, 196; 1700–1880s, 232, 234, 278, 294–96, 308; since 1880s, 328, 329, 332, 370, 382–85, 394, 404, 406, 412, 420. *See also* Biography and hagiography; Great Men view of history
Institutional economics, 301, 357
Institutional history, 15–16, 25, 46–48, 54–56, 67–68, 119–20, 160, 173, 186, 211–13, 216–17, 242, 306–13, 334, 373–74. *See also* Social history
Intellectual history, 281–84, 305, 318, 336–37, 351, 393, 394, 425. *See also* Ideas as forces

Journals, historical: *American Historical Review,* 287; *Annales d'histoire économique et sociale* (later *Annales*): *Economies, Sociétiés, Civilisations,* 390; *Historical Methods Newsletter,* 371; *Historische Zeitschrift,* 237–38, 278, 350, 351; *Journal of the History of Ideas,* 305; *Journal of Negro History,* 340; *Journal of Psychohistory,* 386; *Past and Present,* 388; *Revue Historique,* 389; *Revue de Synthèse Historique,* 344

Law and history, 186, 193, 200, 202, 203, 219–20, 229, 312–13; elevating national laws, 172–73, 176, 230–31, 309; historicizing Roman law, 164–65, 172
Laws, governing history: 272–75, 285–86, 289–90, 292, 294–95, 320–21, 326, 330, 364, 368–70, 373, 399; covering law, 378–80; opposed, 204, 276, 278–80, 286, 380–82
Learned societies, 202, 266; American Economic Association, 300; American Historical Association, 287–88, 300, 313–14; Mississippi Valley Historical Society (now Organization of American Historians), 287
Liberty as dynamic principle. *See* Freedom, as force or aim
Linguistic turn, 390, 422–23
Local and regional history: ancient, 10, 23, 24, 30, 32–33, 39, 53–54, 76; medieval and early modern, 125, 150–52, 163, 175, 195–98; since 1700, 222, 266, 315, 341–42

Marxist interpretations of history, 326, 327, 333, 347, 348, 375, 377–78, 425; American Left, 364, 366; criticism of, 297–98; revisions of, 298, 395–98, 399; Soviet version of, 354–55, 356, 398–99, 406–07
Maurists, 194–95, 201
Mentalité, 336, 346, 383, 393
Methodology: ancient, 19–21, 22, 31–32, 33–34, 38–39, 49, 57–58, 64, 66, 67, 68–69, 72–73, 75–76; medieval, 78–80, 95–97, 98–99, 114, 115, 126–27, 129–30, 141, 148; 1300–1800, 155, 156, 160–62, 173, 176–77, 180, 184–85, 186, 187–93, 197, 199–205, 219, 220; 1800–1880s, 229, 233–34, 237–38, 241, 249, 251, 255, 261, 264–66; since 1880s, 268, 269, 270, 272–75, 276–77, 279, 280–86, 288–90, 299, 313, 324, 325, 330, 342, 345, 356, 369–72, 376, 379, 382–83, 393–94, 395, 396, 404–5, 419, 423, 424; *Verstehen,* 203–5, 233, 274, 278, 281–82, 325, 330, 333, 405, 424. *See also* Scientific history; Theory of history
Middle Ages, attitudes toward, 156, 159–60, 181, 207, 209, 216, 223, 231, 239, 242, 252, 264, 307–8
Myth, as conceptual model, 190, 221–23, 241, 252, 328, 331, 360, 365, 405, 413, 415

Narrativism, 276, 286, 287, 380–82; metanarrative, 424

Native Americans, 367
National or ethnic identity, 34–35, 88–90, 105–6, 107–12, 116–17, 145–46, 266, 306–13, 314–15, 317, 361–63
National origin accounts: Britons, 106, 112; Carthaginians, 37; English, 151, 165, 175, 249, 252, 308–9; Franks and French, 89, 146, 163–64, 172, 239–40; Germans, 162, 163; Goths, 89; Indians (Native Americans), 178–79, 198; Jews, 70; Lombards, 105–6; Normans (including Danes), 107–8, 111; Romans, 5, 37, 40–42, 44; Saxons, 108, 125; Venetians, 155; Germanist thesis, 169, 172, 249, 252, 256–57, 308–9, 311, 314, 317; Romanist thesis, 172, 308, 309
New Economic History. *See* Cliometrics
New History: American, 270–71, 288, 306, 311, 313–15, 335; general, 313, 315, 326, 344, 417, 418. *See also* Progressive historians
New Left historians, 357, 363–66
New School of economic history (German), 298–99, 376–77
Nexus, historical, 324, 327, 346, 348, 349, 403, 406, 419, 427, 428–29

Objectivity and self reflexivity, modern, 330, 331, 335, 405, 415, 423, 424, 426, 427
Old School of economic history (German), 292–93
Omina (portents), 14–15, 91, 93–94, 128, 134
Oral tradition, 19, 88, 119, 183, 368
Origins of people. *See* National origin accounts

People as collective force, 154–55, 241, 254, 270–71, 303–4, 305, 310, 324, 341, 359, 362; linked to democracy, 16, 18, 23, 32, 44–48, 154–55, 246–47, 254, 256–61, 314–15, 341; opposition to democracy, 23, 235, 246–47; Third Estate, 240, 243, 244, 251, 319, 375; Fourth Estate, 235, 236, 244, 246, 253–54, 270–71, 303–6, 335
Periodization. *See* Stages in historical development
Philology and historiography, 154, 161, 162, 188, 189–90, 201, 223, 230, 232, 249–50, 276
Philosophy and history, 9, 28, 31–32, 34, 51, 138–39, 154, 161, 186, 188, 203, 204, 209, 218, 230; Cartesian, 191, 192, 203; empiricist/positivist, 192, 200, 215, 269, 272–76, 279, 280, 283, 285, 290, 323, 378–80, 397; idealist, 230, 231–34, 263–64, 280, 327–29, 380–81; utilitarian, 257
Polis. *See* City-state
Political history, 20, 22, 29, 77, 154, 157–58, 171, 185–87, 219, 233–35, 348, 388, 393
Positivism in historiography. *See* Philosophy and history, empiricist/positivist; Scientific history
Posthistory. *See* End of history
Postmodernism, 357–58, 412, 419–25. *See also* Deconstructionism; End of history
Pre-Adamite theory, 184
Progress views, 79–80, 140–41, 177, 182, 183, 185, 191; 1700–1800, 200, 205–10, 213, 215, 216, 218, 220, 223, 224; 1800–1914, 228, 231–32, 235, 239, 244, 256–57, 258, 270, 274–77, 285, 289, 292, 304, 313, 314, 316, 318–22, 324, 330, 331, 335–37, 359, 360, 364, 399, 410–12, 420–21, 424. *See also* Marxist interpretations of history
Progressive historians, American, 270, 301, 302, 313–14, 326, 329–32, 357, 359, 360, 363
Prophecy, 79, 91, 125, 128, 139, 141–42
Psychology and history, 275; behaviorism, 383; psychohistory, 382–86; psychological forces, 14, 15, 46, 64, 67–68, 71–72, 154–55, 160, 204, 382–83, 384, 385–86, 393. *See also* Human nature
Purpose of history: devotional, 95–96, 98–99, 118, 126–32, 144, 146, 147, 148, 152, 169, 176, 195–96; "dramatic," 33–34, 48–49, 53–54, 64–65, 76, 239, 258–60; memory or guardian of tradition, 18, 22, 24, 31, 50–51, 53–54, 56, 58–59, 65, 68–69, 76, 155, 156, 166–69, 176, 188, 248–49; pragmatic or lesson—ancient, 14, 16,

Purpose of history (*continued*)
18, 20, 24, 25, 32, 34, 49, 50, 53, 54–56, 57–58, 66, 69, 75; —medieval, 113, 126, 127–28, 130–31, 144, 146, 147, 148; —1300–1700, 155, 158, 161, 176, 189, 191; —since 1700, 203, 209, 210, 226, 248–49; public role, 18, 25, 31, 35, 53–54, 75, 155, 226–27, 228–29, 262–63, 267, 286, 287–88, 297–99, 335, 405, 408–10; pure scholarship, 30–33, 34, 38–39, 57, 234, 287–88. *See also* Antiquarian and erudite historiography

Quantitative history, 219, 362, 369–72, 376–77, 419. *See also* Cliometrics

Race and history, 271, 312, 321, 331, 338–40, 350–51, 366–67, 408. *See also* Black History, American
Revisionist historians. *See* New Left historians
Revolution: American, 198, 224–27, 248, 250, 302, 312, 335–36, 362–63; French, 228, 235–36, 238–39, 242, 243, 245, 248, 249, 254, 262, 389; Russian, 352–53, 375–76, 396; other, 244, 247, 253, 254
Rhetoric and history, 23, 32, 51, 57–58, 61–62, 70, 75, 96, 126, 154–55, 157, 160–61, 167, 176–77, 187, 203, 378–82
Rhythms of change, 360, 374, 375

Scientific history: American, 257, 260, 263, 266–67, 275, 287–90, 310, 311, 313, 314, 316, 329–30, 335; German, 203, 228, 229, 232–38, 249, 255, 257, 261, 263–66, 269, 274, 276–77, 278, 280–84, 286, 287, 288–89, 290, 325, 329, 350, 351, 353, 405; general, 201, 202, 234, 257, 260, 261, 329–31, 339, 344, 370–71, 405; positivist, 269–70, 272–78, 279, 281, 285, 288–89, 325, 330, 369–72, 376–77, 378–80, 397
Serial history, 393
Slavery (American), 258, 260–61, 337–38, 366–67, 377. *See also* Black history, American
Social history: ancient, 17, 46–48, 50–51, 54–56, 64–65, 67–68; early modern, 154–55, 172, 173, 186; 1700–1880s, 211–13, 242, 252–53, 254, 270–71, 303–13, 314–17; since 1880s, 280, 326–27, 341, 357, 371, 405, 418–19
Social sciences and historiography, 208, 210, 272, 277, 283, 297, 299, 300–301, 316, 345, 357, 401, 405, 406
Sonderweg thesis, 403, 405, 406
Sources, attitudes toward and uses of: ancient, 21–22, 23, 24, 49, 53, 54, 63, 66, 68; medieval, 78–79, 96, 114, 115, 124, 144, 155, 156, 158, 161; 1600–1800, 173, 193, 205, 219, 223, 225; since 1800, 233–34, 236, 237, 239, 241, 253, 255, 261, 264–67, 277, 279, 281, 329, 371–72. *See also* Text collection and criticism
Stages in historical development and periodization: economic, 292–93, 296, 377–78; general, 8, 18, 85, 159–60, 167, 181, 208, 211–13, 223, 241, 409–10; Judeo-Christian, 83–84, 85–88, 91, 92–93, 94, 139–42, 147, 148, 183–84, 185, 199; Marxist, 295, 296, 356; triadic patterns, 160, 181, 211–13, 272–74, 319–20, 382
Structuralism, 330, 390–92, 399, 404–05

Text collection and criticism: ancient and medieval, 19, 31, 78, 96, 115; humanist, 161–62, 163, 164–65; 1550–1800, 169, 174, 193, 194–95, 199, 201–2, 203, 219, 223, 227, 229; since 1800, 230, 233, 237, 249, 251, 264–67. *See also* Antiquarian and erudite historiography
Theory of history: accuracy as sole criterion, 18–19, 49, 54, 57–58, 66, 72, 75–76, 96, 155; objectivity, 21, 31, 67, 173, 181, 233, 237, 282–84; relativism and skepticism, 24, 115, 191, 282, 328, 329–31, 336, 357, 365, 418; in Renaissance, 19, 22, 24, 38–39, 49, 53, 66, 78–79, 96, 115, 126–27, 129–30; since Renaissance, 155, 161, 173, 176, 193–95, 197, 201–2, 209, 219, 227, 233, 241, 261, 264–67, 279, 280–86
Theory of history, treatises on: AHA Bulletin 54, 333; Bernheim, 281; Bloch, 371; Droysen, 238; Langlois and Seignobos, 227; Lucian, 72–73; Mabillon,

194; Maurists, 201; Pontano, 156; *trattatisti*, 176–77, 188–90. *See also* Methodology

Time: change and continuity, dynamic between, 327, 331, 349, 361, 364, 401, 402–3, 418, 419, 421, 422, 423, 424, 426, 427–28, 430; rhythm of, 377, 391–92, 393

Trattatisti, 176–77, 188–90

Tyche. *See* Fortune or fate

Uniqueness of historical phenomena, 204–5, 220, 221–23, 230–31, 263, 280–83, 289, 311, 314, 327, 328, 329, 361–63, 366, 372, 409. *See also* Individual, role of; Scientific history, German mode

Universities and historiography: medieval and early modern, 126, 138–39; Göttingen, 200, 203, 205, 218–22, 224, 230, 231, 235, 256, 259; Berlin, 230, 231, 232, 256, 259; English, 187, 249, 263, 379; French, 241, 276; American, 227, 256, 258, 259, 287–88, 300

Volk, 220, 222–23, 230, 233, 241, 255, 292, 303, 306, 318, 349, 398, 404;

Volksseele or *Volksgeist,* 231, 243, 261, 262, 264, 279, 307, 382–83

Whig interpretation of history. *See* Freedom, as force or aim

Women's history and gender studies (American), 367–68

World history and universal history: ancient, 38, 48–49, 58–59, 61, 63, 65, 66–67, 76, 81; ancient-Jewish, 70, 78, 85; Christian, medieval, 59, 74, 77–80, 83–88, 90–91, 92–93, 103–5, 114, 121–22, 123, 124, 128–30, 139–44, 146, 149–50, 152, 271; Christian, 1350–1700, 154, 159–60, 163, 166–67, 177–85; Christian, since 1700, 199, 206, 210, 211, 223, 231–32, 234, 256, 318–19, 412–15; secular, to 1800, 159–60, 179–85, 205–9; secular, since 1800, 256, 271, 272–74, 293–97, 319–21, 410–12; sequence of cultures concept, 408–10; world system theories, 414–16. *See also* Progress views; Marxist interpretations of history